Sc

und Prof. Dr. Stefan Harrendorf
Universität Greifswald

Band 67

Nicholas Mohr

Die Entwicklung des Sanktionenrechts im deutschen Strafrecht – Bestandsaufnahme und Reformvorschläge

MG 2020
Forum Verlag Godesberg

Bibliographische Information der Deutschen Nationalbibliothek

Die Deutsche Nationalbibliothek verzeichnet diese Publikation
in der Deutschen Nationalbibliografie; detaillierte bibliografische
Daten sind im Internet über http://dnb.d-nb.de abrufbar.

© Forum Verlag Godesberg GmbH, Mönchengladbach
Alle Rechte vorbehalten.
Mönchengladbach 2020
Gesamtherstellung: Books on Demand GmbH, Norderstedt
Printed in Germany

ISBN 978-3-96410-017-7
ISSN 2698-363X

Inhaltsübersicht

Vorwort

Die vorliegende Arbeit befasst sich mit der Reform des strafrechtlichen Sanktionensystems im Erwachsenenstrafrecht in Deutschland. Das eher sanktionsarme StGB in Deutschland mit im Wesentlichen nur drei Hauptsanktionen, der Geldstrafe (GS), Freiheitsstrafe (FS) zur Bewährung und der unbedingten Freiheitsstrafe hat immer wieder zu Diskussionen geführt, ob nicht durch eine Anreicherung mit weiteren Alternativen eine weitere Zurückdrängung der Freiheitsstrafe ohne Bewährung möglich sein könnte. Nachdem Ende der 1990er Jahre das seinerzeitige Bundesjustizministerium eine Kommission zur Reform des Sanktionenrechts eingesetzt hatte, deren Bericht aus dem Jahr 2000 in einige Reformentwürfe mündete, verflachte der Reformeifer zusehends und Reformüberlegungen wurden im Wesentlichen 2006 mit dem 2. Justizmodernisierungsgesetz, in dem von den Reformvorschlägen praktisch nichts mehr übrig blieb, begraben. Mit der vorliegenden Arbeit nimmt der Verf. einen neuen Anlauf, möglichweise in Zeiten einer neuen Regierung, realistische und z. T. überfällige Reformperspektiven des Sanktionenrechts auf die Agenda zu bringen.

In der *Einleitung* gibt der Verf. einen Überblick über die von ihm behandelten Problembereiche im Rahmen von möglichen Reformen des Erwachsenenstrafrechts. Obwohl die Suche nach weiteren Alternativen zum Freiheitsentzug bzw. nach Möglichkeiten, die vollstreckte Freiheitsstrafe zurückzudrängen in Deutschland (im Gegensatz zu zahlreichen europäischen Nachbarländern) nicht von Problemen der Überbelegung im Strafvollzug überschattet wird, sieht der Verf. darin die Chance, „die Prävention in den Fokus zu rücken" (S. 4).

Im *2. Kapitel* wird das geltende Sanktionenrecht zusammenfassend dargestellt, wobei der Verf. auch die zum 24.8.2017 in Kraft getretene Rerform der Erweiterung des Fahrverbots berücksichtigt. Bei den Nebenfolgen der Einziehung und des früheren Verfalls, die im Weiteren in der Arbeit nicht mehr behandelt werden, werden die Neuerungen des sog. Vermögensabschöpfungsgesetzes von 2017 kurz erwähnt, auf die im übrigen zutreffend in *Kapitel 3.8* näher eingegangen wird.

Im *3. Kapitel* geht der Verf. – im Wesentlichen unter Bezugnahme auf die Analysen von *Wolfgang Heinz* (Konstanzer Inventar zur Sanktionsforschung, KIS) auf die Sanktionspraxis ein. Für die weitere Untersuchung gelangt der Verf. zu der überzeugenden Schlussfolgerung, dass im Hinblick auf die verfahrensrechtliche Einstellung des Verfahrens gem. §§ 153 ff. StPO kein Reformbedarf zu erkennen ist. Ein polizeiliches Strafgeld anstatt der staatsanwaltschaftlichen bzw. richterlichen Einstellung des Verfahrens bei Bagatelldelinquenz lehnt der Verf. zu Recht aus verfassungsrechtlichen und kriminalpolitischen Gründen ab (S. 19 f.). Allerdings führen weitergehende Überlegungen zu Fragen der materiellrechtlichen Entkriminalisierung, die der Verf. in *Kapitel 5.6* erörtert. Damit könnte die durch die Analysen von *Heinz* (s. o.) evident regional unterschiedliche

Einstellungspraxis wenigstens in den für eine materiellrechtliche Entkriminlisie-
rung in Frage kommenden Deliktsbereichen überwunden werden.

Im Bereich der Geldstrafe sieht der Verf. weder in der Tagessatzanzahl noch
der möglichen Tagessatzhöhe Reformbedarf. Den sieht er dagegen zutreffend bei
der Geldstrafenvollstreckung, insbesondere der Ersatzfreiheitsstrafe (vgl. dazu
Kapitel 5.3 im Kontext der Reformfragen bzgl. Gemeinnütziger Arbeit, GA).

Hinsichtlich der Verwarnung mit Strafvorbehalt verweist der Verf. auf das
Schattendasein dieser in der Praxis nach wie vor nur ausnahmsweise zur Anwendung gelangenden Sanktion. Das Reformpotenzial sieht er unter *Kapitel 3.3.3* als
eher begrenzt an. Eine Präzision der zunächst nur angedeuteten Reformmöglich-
keiten erfolgt in *Kapitel 5.5.*

Eine Ausweitung der ebenfalls gesetzlich nur als Ausnahme vorgesehenen
Verbindung von Geld- und Freiheitsstrafe (vgl. § 41 StGB) lehnt der Verf. mit
guter Begründung ab (vgl. *Kapitel 3.3.4*), weshalb er darauf auch später nicht
mehr eingeht. Eine Verbindung von Freiheitsstrafe und Geldstrafe, etwa mit dem
Ziel, die Freiheitsstrafe auf ein Maß mindern zu können, das eine Aussetzung zur
Bewährung noch erlaubt ist de lege lata unzulässig und aus dogmatischen Gründen richtigerweise auch de lege ferenda nicht wünschenswert (vgl. S. 34).

Unstreitig hat Deutschland besondere Probleme der Geldstrafenvollstreckung, indem eine hohe Zahl von Geldstrafen letztlich im Wege der Ersatzfreihe-
iststrafenverbüßung vollstreckt wird. Deutschland nimmt bei den wegen Ersatzfreiheitsstrafen (ESF) stichtagsbezogen belegten Haftplätzen eine unrühmliche
Spitzenposition in Europa ein (vgl. *Tabelle 2*). Bei jährlich knapp 570.000 verhängten Geldstrafen (2015: 567.054, vgl. Strafverfolgungsstatistik 2015, S. 196)
machen die hochgerechnet ca. 54.000 jährlich vollstreckten Ersatzfreiheitsstrafen
(bei einer Stichtagszahl von ca. 4.500 ESF Verbüßenden und angenommenen
durchschnittlichen 30 Tagessätzen, vgl. dazu S. 41) knapp 10% aller Geldstrafen
aus. In jedem Fall ist der Reformbedarf in diesem Bereich evident (vgl. zusammenfassend S. 42), und sinnvollerweise behandelt der Verf. das Problem ausführlich in *Kapitel 5.3.4*).

Die Analyse zur Sanktionspraxis bei der kurzen Freiheitsstrafe (*Kapitel 3.4*)
gelangt zum Schluss, dass trotz der gesetzlichen Begrenzung in § 47 StGB immer
noch ein erheblicher Anteil verhängter Freiheitsstrafen unter 6 Monate beträgt
(vgl. *Abb. 6*). Bemerkenswert ist, dass die 2015 verhängten unbedingten Freiheitsstrafen von unter 6 Monaten (n = 8.172) 25,7% der insgesamt verhängten unbedingten Freiheitsstrafen ausmachten. Damit werden Defizite bei der Anwendung
von § 47 StGB angedeutet. In jedem Fall wird der Reformbedarf deutlich, zumal
unter *Kapitel 3.4.2* die Probleme und vor allem im Vollzug negativen Auswirkungen kurzer Freiheitsstrafen auch international vergleichend erschöpfend erörtert
werden. Allerdings ist die kurze Feiheitsstrafe keineswegs überall auf dem Rück-
zug, wie die jüngste Kehrtwende des schweizerischen Strafgesetzgebers von Anfang 2018 belegt (vgl. S. 44). Zu Recht kritisiert der Verf. die Rspr. einiger Ober-
gerichte, kurze Freiheitsstrafen auch bei Bagatelldelikten zuzulassen (vgl. S. 52).

In *Kapitel 3.5* widmet sich der Verf. den mittleren und langen Freiheitsstrafen, wobei es im ersteren Fall vor allem um die grds. aussetzungsfähigen Strafen von bis zwei Jahren geht. Zutreffend weist der Verf. darauf hin, dass vor allem bei BtM-, Raub- und Totschlagsdelikten ein erheblicher Anteil von Verurteilungen unter den gesetzlich vorgesehenen Mindeststrafrahmen bleiben, was auf das in *Kapitel 6.1* behandelte Thema hinführt.

Ein besonderer Abschnitt ist der Praxis der Verhängung lebenslanger Freiheitsstrafen gewidmet (*Kapitel 3.6*). Bemerkenswert ist hierbei, dass die Praxis die obligatorische Anwendung der lebenslangen Freiheitsstrafe bei vollendetem Mord seit Jahrzehnten unterläuft und durch Anwendung von (Teil-)Exkulpationsmöglichkeiten in 40-50% (1990-1999) bzw. ca. 25% der Fälle (seit 2000) zu einer zeitigen Freiheitsstrafe gelangt (vgl. *Abb. 7*). Auch hier stellt sich die lange diskutierte Reformfrage, ob nicht wenigstens die Abschaffung der *obligatorischen* Strafandrohung einem dringenden Bedürfnis der Praxis entspräche (dazu ausführlich dann *Kapitel 6.1.4*). Im europäischen Vergleich liegt Deutschland im oberen Mittelfeld bezogen auf die stichtagsbezogen eine lebenslange Freiheitsstrafe Verbüßenden (vgl. *Tabelle 4*). Die Fortschreibung der in *Abb. 8* ausgewiesenen deutschen Zahlen „Lebenslänglicher" im Vollzug ergibt seit 2011 (n = 2.048) einen leichten Rückgang auf 1.689 im Jahr 2018 (-12%), was aber – wie der Verf. zu Recht bemerkt, „die Lage" nicht „entspannen konnte" (S. 63).

Kapitel 3.7 widmet sich dem Fahrverbot des § 44 StGB, das vor der aktuellen Reform quantitativ eine untergeordnete Rolle spielte. In *Kapitel 5.2* werden die entsprechenden Reformfragen und -probleme bearbeitet.

Kapitel 3.8 ist den konfiskatorischen Nebenfolgen gewidmet, die aber nach der Reform von 2017 keinen Reformbedarf indizieren und deshalb in der weiteren Bearbeitung nicht mehr aufgegriffen werden.

Ebenfalls nur kurz, aber mit wichtigen kriminalpolitischen Vorschlägen werden der Verlust der Amtsfähigkeit, der Wählbarkeit und des Stimmrechts in *Kapitel 3.9* behandelt. Die Aberkennung der bürgerlichen Ehrenrechte spielt in der Praxis keine Rolle und wurde in den vergangenen Jahren nur in wenigen Einzelfällen angeordnet. Der Verf. möchte den Verlust der Amtsfähigkeit und das passive Wahlrecht außerhalb des Strafrechts in dem das entsprechende Amt regelnden Gesetz normieren, den Entzug des aktiven Stimmrechts möchte der Verf. mit guten Argumenten dagegen ganz abschaffen.

Der Täter-Opfer-Ausgleich (TOA) wird nur begrenzt von der Praxis als mögliche Rechtsfolge akzeptiert, obwohl die Rechtspolitik der vergangenen 25 Jahre den TOA auf allen verfahrens- und vollstreckungsrechtlichen Ebenen explizit hervorgehoben hat. Die statistischen Daten zu Praxis sind allerdings lückenhaft. Ein weiterer Ausbau dürfte eher durch gesetzliche Informationspflichten und gebührenrechtliche Anreize erzielt werden können, die „außerhalb des Sanktionenrechts liegen" und deshalb in der vorliegenden „Arbeit nicht weiter behandelt werden" (S. 74). Soweit die Wiedergutmachung im Rahmen der Strafaussetzung und der

Verwarnung mit Strafvorbehalt reformpolitisch eine Rolle spielt, wird sie dort erörtert.

In *Kapitel 3.11* fasst der Verf. die aus der Analyse der aktuellen Sanktionspraxis folgenden kriminalpolitischen Konsequenzen zusammen. Die Zurückdrängung der immer noch zu häufig verhängten kurzen Frieitsstrafe durch die Geldstrafe gelangt offenbar an ihre Grenzen, wie die häufige Anordnung der ESF belegt. Lösungen könnten in der Ausweitung der Verwarnung mit Strafvorbehalt, der gemeinnützigen Arbeit, des Fahrverbots oder der elektronischen Überwachung liegen, aber auch in der materiellrechtlichen Entkriminalisierung bestimmter Bagatelldelikte, Fragen, die der Verf. im *5. Kapitel* detailliert erörtert. Die Vermeidung bzw. Verkürzung langen Freigheitsentzugs wird als zweites kriminalpolitisch drängendes Anliegen herausgearbeitet. Der Ausweitung der Straf- und Strafrestaussetzung zur Bewährung, der Abschaffung der absoluten Androhung lebenslanger Freiheitsstrafen bei Mord und der gesetzgeberischen Korrektur im Bereich von Mindeststrafen allgemein widmet sich der Verf. in *Kapitel 6*.

Bevor der Verf. auf die konkreten Reformvorschläge zu den in *Kapitel 3* benannten „Problemzonen" eingeht, arbeitet er im *4. Kapitel* die bisherige Geschichte der Reformbemühungen im Sanktionenrecht insbesondere im Zeitraum nach 1945 auf. Wesentliche Reformvorschläge sind durch das 1. StRG 1969 (Zurückdrängung der kurzen FS durch die GS), das EGStGB 1974 (Vermeidung von ESF durch freie Arbeit, Einführung von § 153a StPO), das 20. StÄG 1981 (Einführung von § 57a StGB), das 23. StÄndG von 1986 (Abschaffung der allgemeinen Rückfallschärfung des § 48 StGB a. F., Ausweitung der Strafaussetzung zur Bewährung, § 56 StGB) umgesetzt worden (vgl. *Kapitel 4.2-4.5*). Weitere Meilensteine waren der AE Wiedergutmachung von 1992, der Deutsche Juristentag 1992, das Verbrechensbekämpfungsgesetz 1994 (Einführung des § 46a StGB), die Reform von 1999 (Einführung von §§ 155a, 155b StPO), und schließlich die SPD-Entwürfe der 12. und 13. Legislaturperiode, das 6. StRG 1998 (mit sanktionenrechtlich relevanten Anpassungen der Mindeststrafandrohungen), der „E 1998" (u. a. zum Umrechnungsschlüssel GS : ESF), der Abschlussbericht der Kommission zur Reform des strafrechtlichen Sanktionensystems von 2000 und die darauf basierenden Entwürfe des BMJ von 2000 sowie der Bundesregierung von 2002 und 2004 (vgl. *Kapitel 4.6-4.14*). Einen vorläufigen Abschluss fanden sanktionsrechtliche Reformüberlegungen im 2. JuMoG von 2006 (vgl. *Kapitel 4.15*). Einzige weitere nennenswerte Reform war die für Großverdiener vorgesehene Anhebung der maximalen Tagessatzhöhe von 5.000 auf 30.000 € im Jahr 2009. Bewusst spricht der Verf. die Reformen im Bereich des Maßregelrechts nur kurz an (*Kapitel 4.17*), deren detaillierte Behandlung ein eigenständiges Dissertationsthema wäre.

In *Kapitel 5* geht der Verf. auf die Problematik der Vermeidung kurzen Freiheitsentzugs ein. Die radikalste Lösung einer vollständigen Abschaffung der kurzen FS unter 6 Monaten lehnt der Verf. ebenso wie die gänzliche Abschaffung der

ESF ab (vgl. *Kapitel 5.1*), weil zum einen die Praxis ein Bedürfnis sehe, die kurze FS anzuwenden und die GS den Bereich bis zu 6 Monaten nicht auszufüllen in der Lage ist (mehr als 90 Tagessätze GS kommen in der Praxis selten vor), zum anderen die GS ohne Vollstreckungsmöglichkeit durch die ESF „leer liefe". Letzteres Argument erscheint vor dem Hintergrund, dass etliche Europäische Länder die ESF nicht vorsehen, also mit rein zivilrechtlichen Beitreibungsmodellen auskommen, nicht ganz überzeugend, wenngleich mit Blick auf die deutschen kriminalpolitischen Debatten realistisch.

Nachfolgend befasst sich der Verf. mit Fragen des Fahrverbots (*Kapitel 5.2*). Die zentral behandelte Problematik ist die 2017 eingeführte Möglichkeit, das Fahrverbot auch bei nicht im Zusammenhang mit Verkehrsdelikten begangenen Straftaten der allgemeinen Kriminalität verhängen zu können. Das so aufgewertete Fahrverbot wurde als zusätzliche Alternative zur Freiheitsstrafe konzipiert (S. 122). Allerdings wurde diese Zielsetzung schon mit der in letzter Minute des Gesetzgebungsverfahrens nicht realisierten Aufwertung des Fahrverbots zu einer Hauptstrafe konterkariert. Nach eingehender verfassungsrechtlicher Prüfung gelangt der Verf. zum Ergebnis, dass die Refom von 2017 zwar nicht verfassunsgwidrig, jedoch wegen der negativen Nebeneffekte (u. a. kostenintensive Kontrollmaßnahmen zur Durchsetzung des Fahrverbots; vermehrte Kriminalisierungen bei Nichtbefolgung, Net-widening-Effekte ohne Präventivwirkung; entsozialisierende Wirkung bei den neuen Zielgruppen) kriminalpoltisch abzulehnen. Zu Recht sieht der Verf. einen sinnvollen Anwendungsbereich einer Hauptstrafe des Fahrverbots bei Zusammenhangtaten und plädiert in diesem Fall auch für die Anhebung auf bis zu 6 Monate. Damit könnten Probleme vermieden werden, die nach bisherigen Recht (als Nebenstrafe) durch die Vollstreckung der Geldstrafe bei Personen in prekären Vermögensverhältnissen entstanden sind. Der Argumentation des Verf. stimme ich uneingeschränkt zu, sie ist ausgewogen und differenziert, schade, dass der Gesetzgeber lediglich darauf fokussiert war, eine besondere Übelzufügung i. S. eines die Verurteilten besonders treffenden Denkzettels einzuführen und damit Chancen spezialpräventiv sinnvoller Reaktionsformen vertan hat. Auch in der vom Verf. bewerteten Variante des Fahrverbots als Hauptstrafe wird eine Ersetzung kurzer Freiheits- und Ersatzfreiheitsstrafen allerdings nur sehr eingeschränkt möglich sein (S. 145).

In *Kapitel 5.3* setzt sich der Verf. mit der Gemeinnützigen Arbeit (GA) auseinander. Zunächst (*Kapitel 5.3.1*) entwickelt er einen Umrechnungsschlüssel, der allgemein bei der Ersetzung von Freiheitsstrafen, aber auch für die Ersatzfreiheitsstrafe als speziellem Anwendungsfall gelten soll. Mit gut vertretbarer Begründung gelangt der Verf. zum Ergebnis, dass 4 Stunden GA einen Tag unbedingter Freiheitsstrafe ersetzen können sollte. Für die bedingte Freiheitsstrafe sollten drei Stunden GA angesetzt werden, für die Geldstrafe zwei Stunden. Konsequenterweise folgt daraus, dass mit 4 Stunden GA (die einem Tag Freiheitsstrafe entsprechen) zwei Tagessätze Geldstrafe „abgearbeitet" werden können, was zu einem Umrechnungsschlüssel von einem Tag ESF zu zwei Tagessätzen GS führt. Genau dieser Umrechnungsschlüssel (der im Übrigen auch im österreichischen Strafrecht zugrunde gelegt wird), entspricht einer seit langem geäußerten Reformforderung (*Schöch* 1992 beim DJT; *Dünkel/Spieß* 1992 und die Reformentwürfe von 2002 bzw. 2004, s. o.). Dem Verf. gelingt es erstmals ein konsistentes Gesamtkonzept für die GA als Ersatz für kurzen Freiheitsentzug zu entwickeln, was – so ist zu hoffen – zukünftige Reformüberlegungen zum Sanktionenrecht inspirieren könnte.

Die GA als primäre Hauptstrafe (*Kapitel 5.3.2*) lehnt der Verf. mit überzeugenden verfassungsrechtlichen und rechtsdogmatischen Bedenken ab (*Kapitel 5.3.2.2*). Eine weitere Variante stellt die sog. Freiheitsstrafen-Ersetzungslösung dar. Diese war von der Kommission zur Reform des Strafrechtlichen Sanktionensystems im Jahr 2000 vorgeschlagen und im Entwurf des BMJ von 2000 aufgegriffen, später aber nicht weiterverfolgt worden. Der Verf. greift diesen Vorschlag nun erneut auf. Der Gesetzesvorschlag des Verf. sieht bis zu 6 Monate Freiheitsstrafenersetzung vor (vgl. S. 174 f.), was angesichts des von ihm entwickelten Umrechnungsschlüssels einem Stundensatz von maximal 720 Std. GA entspräche. Dies wäre allerdings ein im internationalen Vergleich relativ hoher maximaler Stundensatz, der für viele Täter eine erhebliche und u. U. kaum durchzuhaltende Belastung darstellt. Von daher sollte vor allem für berufstätige oder mit der Pflege von Angehörigen belastete Verurteilte eine Härtefallklausel, die eine Reduzierung der Stundenzahl pro Tag FS ermöglicht, vorgesehen werden. Diese spricht der Verf. zwar auf S. 173 an und hält sie auch für notwendig, jedoch findet sie sich im Entwurf eines § 58a StGB auf S. 174 f. nicht wieder.

Die GA zu ESF-Vermeidung gibt es zwar bereits nach geltendem Recht, jedoch greift der Verf. auch hier bereits in den frühen 2000er Jahren diskutierte Reformvorschläge auf (vgl. *Kapitel 5.3.4*) und fordert die GA als primäre Ersatzstrafe für die GS einzuführen, ferner einen bundeseinheitlichen Umrechnungsmaßstab von zwei Std. GA für einen Tagessatz GS sowie im Falle auch der Nichtleistung der GA eine Tilgung von zwei Tagessätzen GS durch einen Tag ESF. Das Gesamtkonzept ist stimmig und gut begründet, auch insoweit ist dem Verf. uneingeschränkt zuzustimmen.

In *Kapitel 5.4* setzt sich der Verf. mit der Möglichkeit kurze Freiheitsstrafen durch elektronische Überwachung (EÜ) zu ersetzen, auseinander. Die grundsätzliche Möglichkeit besteht nach wohl überwiegender Auffassung im Rahmen des § 56c StGB als Weisung im Rahmen des grds. offenen Weisungskatlogs zur Verfügung. Allerdings erging das Urteil des LG Frankfurt, das das hessische Modellprojekt als insoweit unbedenklich legitimierte, vor der Einführung der EÜ im Rahmen des § 68b Abs. 1 Nr. 12 StGB. Wegen der Eingriffsintensität insbesondere der GPS-gestützten Aufenthaltsüberwachung ist eine ausdrückliche gesetzliche Regelung auch bei der einfachen Straf(rest)aussetzung erforderlich (so auch *Dünkel/Thiele/Treig* 2017). Zu Recht verweist der Verf. in einem Umkehrschluss aus der ausdrücklichen Regelung in § 68b StGB und der Unterlassung bei § 56c StGB auf die Notwendigkeit einer ausdrücklichen gesetzlichen Regelung

(S. 188). Nach einer ausführlichen verfassungsrechtlichen Prüfung gelangt der Verf. zum Ergebnis, dass die EÜ mit Zustimmung der Betroffenen grds. zwar zulässig wäre (*Kapitel 5.4.4.5*), für sie aber bei strikter Anwendung des Verhältnismäßigkeitsprinzips (dazu *Dünkel* 2018 in GS für Joecks) kein nennenswerter Anwendungsbereich verbleibt und vielmehr – wie im Ausland in vielfältiger Weise zu beobachten – erhebliche Net-widening-Effekte wahrscheinlich sind. Auch als Maßnahme zur U-Haftvermeidung eignet sich die EÜ nach zutreffender Ansicht des Verf. grundsätzlich nicht.

Auch die Reform der Sanktion der Verwarnung mit Strafvorbehalt wurde bereits anlässlich des 59. DJT 1992 intensiv diskutiert. Die bescheidenen Lockerungen der engen gesetzlichen Voraussetzungen (zuletzt im 2. JuMoG 2006) haben das Schattendasein der Verwarnung nicht zu beseitigen vermocht. Der Verf. will die Verwarnung mit Strafvorbehalt spezialpräventiv ähnlich der Betreuungsweisung im JGG für ein stärker problembelastetes Klientel weiterentwickeln (so bereits *Dünkel/Spieß* 1992) mit einer sozialarbeiterischen Begleitung von maximal einem Jahr Dauer. Dies insbesondere in Fällen, bei denen eine Vergleichsprognose ergibt, dass insb. mit Blick auf Weisungen und Auflagen (wobei er hierzu in § 59a StGB die Betreuungsweisung explizit mit aufnehmen will) die Verwarnung besser geeignet ist, den Täter von zukünftigen Straftaten abzuhalten als im Falle einer Verurteilung (so sein Vorschlag eines § 59 Abs. 1 Nr. 2 StGB). Gleichwohl soll es aber bei der Verwarnung als Ausnahmevorschrift bleiben. In § 59 Abs. 1 Nr. 1 werden nach wie vor „besondere Umstände" gefordert. Ob der dogmatisch gut begründete Ansatz, Resozialisierungshifen durch Betreuungshelfer im Rahmen der Verwarnung mit Strafvorbehalt auszubauen, die Verwarnung aus ihrem Schattendasein herausführen wird, muss derzeit offen bleiben, darf aber nach den bisherigen Reformen eher zweifelhaft erscheinen.

Als letzte und zugleich radikalste Lösung zur Zurückdrängung kurzer Freiheitsstrafen diskutiert der Verf. die materiellrechtliche Entkriminalisierung von bestimmten Bagatelldelikten, womit auch bei Wiederholungstätern in diesem Bereich ein (kurzer) Freiheitsentzug unmöglich genmacht würde (vgl. *Kapitel 5.6*). Erstes Beispiel dafür bildet das sog. Schwarzfahren (d. h. die Beförderungserschleichung). Das Ergebnis, das einfache Schwarzfahren (ohne Umgehung von Kontrollmaßnahmen i. S. eines „Erschleichens") zu entkriminalisieren, ist kriminalpolitisch überfällig und wird wohl von so gut wie allen Parteien vertreten. Es bliebe dann bei der Möglichkeit der Verkehrsbetriebe ein erhöhtes Beförderungsentgelt zu verlangen (vgl. S. 231).

Beim Ladenbdiebstahl geringwertiger Sachen (*Kapitel 5.6.2*) handelt es sich gleichfalls um eine schon seit den 1970er diskutierte Reformforderung. Der Verf. setzt sich für eine sehr bescheidene Form der Entkriminalisierung des Bagatellladendiebstahls ein. Der Diebstahl einer geringwertigen Sache aus einem Ladengeschäft während der Öffnungszeiten soll ledifglich mit einer Geldstrafe von bis zu 90 Tagessätzen sanktionierbar werden. Damit wird die Strafandrohung nicht aufgehoben, aber auch im Wiederholungsfall eine Freiheitsstrafe ausgesclossen. Die

Gefahr eines Freiheitsentzugs im Wege der Ersatzfreiheitsstrafe sieht der Verf., möchte dieser aber mit der Einschränkung der ESF im Rahmen der Geldstrafenvollstreckung (s. *Kapitel 5.3.4*) vorbeugen. Mit dem Verweis auf die geringwertige Sache wird die „Entkriminalisierung" auf einen Schaden von ca. 50,- € begrenzt (vgl. die Rspr. zur Wertgrenze für die Strafantragsgrenze des § 248a StGB). Weitergehende Reformforderungen der vollständigen Entkriminalisierung von Bagatelleigentumsdelikten verwirft er mit gut vertretbaren Argumenten. Was die Schadenshöhe anbelangt, lehrt allerdings der Blick ins osteuropäische Ausland, dass die Entkriminalisierung von bis zu 114,- € Schaden in Litauen nicht zu besonderen Verwerfungen geführt hat, wobei dieser Betrag umgerechnet auf das deutsche Gehaltsniveau ein Vielfaches dessen betragen dürfte. Der Vorschlag, es bei dem unbestimmten Rechtsbegriff der geringwertigen Sache zu belassen, erscheint daher eher bescheiden. Zu Recht lehnt der Verf. allerdings eine Verlagerung in das Ordnungswidrigkeitenrecht ab, zumal auch im OWi-Verfahren letztlich Erzwingungshaft und damit kurzer Freiheitsentzug möglich ist. Auch die Ablehnung einer Verlagerung des Ladendiebstahls in das Zivilrecht ist rechtsdogmatisch vertretbar begründet.

In *Kapitel 5.6.3* geht der Verf. auf die Frage der Entkriminalisierung des Besitzes und Erwerbs geringer Mengen von Betäubungsmitteln (BtM) ein. Auch insoweit besteht – jedenfalls in der Wissenschaft – weitgehender Konsens, dass jenseits der verfahrensrechtlichen Entkriminalisierung (§§ 29 Abs. 5, 31a BtMG) Handlungsbedarf gegeben ist, zumal die Bundesländer sich nach wie vor über das Urteil und die Forderung des BVerfG von 1994 hinwegsetzen, bundeseinheitlich einheitliche Grenzen für die „geringe Menge" an BtM festzulegen.

Der Verf. befürwortet nur in sehr bescheidenem Umfang eine Entkriminalisierung im Bereich der Drogenpolitik, und zwar bzgl. des Anbaus, Besitzes und Erwerbs von Cannabisprodukten zum Eigengebrauch. Allerdings will er auch nicht nur Gelegenheitskonsumenten, die im Besitz der bisherigen „geringen Menge" von Cannabis (ca. 3-5 Konumeinheiten) aufgegriffen werden, sondern auch regelmäßige Konsumenten bis zur Menge von 20 Konsumeinheiten (ca. 40g Marihuana) straffrei stellen. Insoweit wird man ihm ohne Weiteres Recht geben. Der Verf. sieht diese Lösung als einen „Einstieg" in eine weitergehende Entkriminalisierung in der Drogenpolitik (S. 253). Man hätte sich gewünscht, dass der Verf. etwas mutiger das Cannabisverbot insgesamt in Frage stellt und ein staatliches Vertriebsmonopol wie es z. B. in immer mehr Bundesstaaten der USA oder den Niederlanden praktiziert wird, oder die Lösung eines therapie-/beratungsorientierten Ansatzes wie in Portugal, vorgeschlagen hätte. Ferner bleibt er mit der Beschränkung der Entkriminalisierung des Besitzes zum Eigengebrauch von Cannabis weit hinter gesamtgesellschaftlich zunehmend akzeptierten Einschätzungen zurück, wonach der Besitz und Erwerb zum Eigengebrauch auch anderer illegaler Drogen entkriminalisiert werden sollte. So hat der Bund Deutscher Kriminalbeamter die Entkriminalisierung auch von z. B. opiatabhängigen Konsumenten gefordert. Ebenso tritt beispielsweise *Harrendorf* (in FS für Dünkel 2020, S. 351 ff.)

für eine Entkriminalisierung des Besitzes zum Eigengebrauch aller illegalen Drogen ein. Die Einschränkung lediglich auf Cannabisprodukte wäre allenfalls mit dem Gefährlichkeitspotenzial harter Drogen begründbar, da es aber lediglich um die Strafbarkeit selbstgefährdenden Handelns und zudem bei harten Drogen um eine Suchtproblematik geht, erscheint eine Heraushebung von Cannabis systemfremd. Die vom Verf. angeführte geringere Gefährlichkeit von Cannabis wäre ein gutes Argument für die vollständige Entkriminalisierung, für die Privilegierung des Besitzes zum Eigengebrauch ist sie weniger geeignet.

Zutreffend begründet der Verf., dass einer entsprechenden Teilentkriminalisierung internationale Suchtmittelabkommen nicht entgegen stehen (was ja schon aus den ausländischen Regelungen in Portugal, USA, Uruguay, de facto auch den Niederlanden etc. deutlich wird). Im Ergebnis will der Verf. in § 29 Abs. 5 BtMG den Anbau, Besitz, Erwerb etc. (mit Ausnahme des Handels) von geringen Mengen zum Eigengebrauch entkriminalisieren.

Im *6. Kapitel* behandelt der Verf. Möglichkeiten langen Freiheistentzug stärker zu vermeiden bzw. zu verkürzen. Diese Problematik wird anhand der Frage von Mindeststrafen (*Kapitel 6.1*) und der Straf(rest)aussetzung zur Bewährung (*Kapitel 6.2*) erörtert.

Was die Mindeststrafenproblematik anbelangt, so nimmt der Verf. die mit dem 6. StRG 1998 „harmonisierten", tatsächlich aber zumeist erhöhten Mindeststrafen bei Gewalt- und Sexualdelikten zum Ausgangspunkt. Zunächst beleuchtet der Verf. die strafrechtsdogmatischen und verfassungsrechtlichen Probleme von Mindeststrafen und sieht trotz des dem Gesetzgeber grds. einzuräumenden Spielraums die Grenze dann erreicht, wenn die Mindestrafe so hoch angesetzt ist, „dass auch trotz möglicher Milderungsgründe bzw. der Annahme eines minder schweren Falles keine schuldangemessene Strafe mehr verhängt werden kann" (S. 270 f.). Anschließend belegt der Verf. anhand der neueren Gesetzgebungsgeschichte, dass das derzeitige kriminalpolitische Klima eher auf eine Erhöhung denn eine Absenkung von Mindeststrafen ausgerichtet ist, was die 2020 aktuelle Debatte um die Aufwertung des Tatbestands des Kindesmissbrauchs zum Verbrechen eindrucksvoll belegt. Um so wichtiger ist die „antizyklische" Orientierung des Verf., der sich auf die empirische Forschung stützen kann, wonach eine Abschreckungswirkung durch erhöhte (Mindest-)Strafrahmen nicht belegt werden kann (S. 275). Als wichtige Auswirkung außerhalb der Strafzumessung (*Kapitel 6.1.2*) führt der Verf. zu Recht die Grenze von zwei Jahren FS an, die entscheidend für die Frage einer noch möglichen Strafaussetzung ist. Darauf sollte bei der Formulierung von Mindeststrafen geachtet werden, weil bei höheren Mindeststrafen damit zugleich jegliche Aussetzungsmöglichkeit genommen wird, auch wenn diese prognostisch angezeigt wäre.

In *Kapitel 6.1.3* geht der Verf. auf konkrete Problemfälle ein. Trotz der seit 1998 differenzierten Strafandrohung für den schweren Raub (blosses Mitführen einer Waffe: 3 Jahre Mindeststrafe; Verwenden der Waffe: wie zuvor 5 Jahre) identifiziert der Verf. nach wie vor bestehende Unzulänglichkeiten mit immer noch unverhältnismäßig häufigen Annahmen eines minder schweren Falles, um den als ungerecht und schuldinadäquat angenommenen hohen Strafandrohungen zu entgehen. Die vom Verf. vorgeschlagene Lösung erscheint sinnvoll: Die zukünftige Mindeststrafe in § 250 Abs. 1 StGB sollte auf zwei Jahre gesenkt werden, womit in weniger schweren Fällen auch eine Aussetzung zur Bewährung möglich wäre. Bei der Verwendung von Waffen (Abs. 2) will der Verf. den geltenden Strafrahmen dagegen beibehalten.

Auch beim räuberischen Angriff auf Kraftfahrer macht der Verf. eine Diskrepanz zwischen erhöhter Mindeststrafandrohung (5 Jahre) und der Strafzumessungspraxis aus (weniger als 30% aller Verurteilungen lagen über 5 Jahre FS), 46% der Strafen lagen im Bereich bis zu 3 Jahren. Daher fordert er zu Recht eine Absenkung der Mindeststrafe auf 3 Jahre, sinnvollerweise durch Integration des Tatbestands in § 250 Abs. 1 StGB.

Ein weiteres Problem stellen die erhöhten Mindeststrafen im BtMG dar. Hier findet der Verf. die entscheidenden Argumente für eine Herabsetzung der erhöhten Mindeststrafrahmen der §§ 29a, 30, 30a BtMG in einem Vergleich mit den Tötungsdelikten und anderen Schwerstverbrechen und Beispielen minder schwerer Fälle in der BtMG-Sanktionspraxis. Die Abstufung von 6 Monaten, einem und zwei Jahren bei den drei o. g. Tatbeständen erscheint sachgerecht, zumal auch hier weder eine Abschreckungswirkung noch eine Verringerung des Drogenproblems angenommen werden kann (vgl. S. 285 f.).

Ausführlich widmet sich der Verf. schlussendlich der absoluten Starfandrohung lebenslanger FS bei vollendetem Mord. Dass auch diese Strafandrohung in der Praxis häufig durch die Annahme teilexkulpierender Umstände unterlaufen wird, hat der Verf. schon in *Kapitel 3.6* (S. 59) dargelegt. Nach Aufarbeitung der rechtsdogmatischen Probleme und der zur Reform der Tötungsdelikte unterbreiteten Vorschläge entwickelt der Verf. eine eigenständige Lösung, wonach es nur noch einen Tatbestand der vorsätzlichen Tötung geben soll und für Fälle der qualifizierten Tötung (Abs. 2, basierend auf den bisherigen Mordmerkmalen) eine zeitige FS von mindestens 5 Jahren oder die lebenslange FS angedroht werden (vgl. S. 310 f.). Die Begründung für die Beibehaltung von Mordmerkmalen ist gut nachvollziehbar und überzeugend.

In seinem Zwischenfazit *(Kapitel 6.1.5)* zitiert der Verf. den schönen Satz des ehemaligen Bundesrichters *Horstkotte*: „Zu hohe Maxima sind nutzlos, zu hohe Minima sind schädlich". Insgesamt ist sich der Verf. jedoch darüber im Klaren, dass das kriminalpolitische Klima wohl kaum eine Herabsetzung von Strafrahmen als realistische Perspektive erscheinen lässt. Dennoch ist es wichtig, dass der Verf. mit rationalen Argumenten Denkanstöße gibt, die wenigstens langfristig dazu beitragen könnten, die größten der von ihm benannten Unzulänglichkeiten zu überwinden.

Die Ausweitung der Straf(rest)aussetzung zur Bewährung ist ebenfalls seit den letzten Änderungen 1986 ein Dauerthema der sanktionsrechtlichen Literatur. Der Verf. schlägt hier eine grundlegende Reform dahingehend vor, dass Freiheitsstrafen von bis zu zwei Jahren grudsätzlich aussetzungsfähig sein sollen (§ 56 Abs. 1 des Gesetzesvorschlags), was einer gesetzlichen Anpassung an die Praxis der Aussetzung auch bei Strafen von mehr als einem bis zu zwei Jahren entspricht. Nach einem neuen § 56 Abs. 2 sollen Freiheitsstrafen bis zu drei Jahren ausnahmsweise (unter den Bedingungen des geltenden § 56 Abs. 2 StGB) ausgesetzt werden können. Die Argumente und zu berücksichtigende Verbesserungen bei der Ausstattung der Bewährungshilfe sind überzeugend dargelegt. Auch rechtsvergleichende Beispiele können zugunsten der Vorschläge des Verf. angeführt werden. Den generalpräventiven Vorbehalt des bisherigen § 56 Abs. 3 möchte der Verf. abschaffen, auch das verdient Zustimmung. Den Einwand, dass bei einer Aussetzungsmöglichkeit auch von Freiheitsstrafen von mehr als zwei bis zu drei Jahren eineVerschärfung der Strafzumessungspraxis zu befürchten ist, kann der Verf. zwar nicht vollständig entkräften, jedoch verweist er zu Recht auf die bei längeren Freiheitsstrafen besonders niedrigen Widerrufsquoten einerseits und die Bindung der Richter an den Schuldgrundsatz andererseits (S. 325).

In *Kapitel 6.2.2* geht der Verf. auf Fragen der Strafrestaussetzung ebenso wie der teilbedingten Freiheitsstrafe ein. Letztere gibt es z. B. in Österreich, indem bereits der Tatrichter quasi antizipierend eine bedingte Entlassung verfügt, indem er die FS in einen unbedingten und bedingten Teil aufspaltet. Letztere Möglichkeit birgt ohne Zweifel die Chance eines Net-widening, indem die Richter einer bedingten FS i. S. eines short-sharp shock einen unbedingt zu verbüßenden Teil hinzufügen. Im Ergebnis ist dem Verf. zuzustimmen, dass die teilbedingte Strafe in Deutschland nicht empfehlenswert erscheint, auch die österreichischen Erfahrungen sprechen nicht dafür. Nicht zuletzt hat sich im Bereich des Jugendstrafrechts mit der Einführung des sog. Warnschussarrests im Jahr 2013 die große Missbrauchsanfälligkeit im repressiven Sinn (mit einer überproportional häufigen Anwendung in Bayern) bestätigt.

Zu Recht konzentriert sich der Verf. ab S. 332 daher auf die Ausweitung der Strafrestaussetzung im Rahmen des § 57 StGB. Im Ergebnis gelangt der Verf. in Anlehnung an die Nomos-StGB-Kommentierung (*Dünkel* 2017, § 57 Rn. 134 ff.) zu einer Zweidrittelentlassung im Regelfall, es sei denn „konkrete Tatsachen" ergeben eine Rückfallgefahr hinsichtlich „erheblicher Straftaten".

Für eine Regelentlassung sowohl bei § 57 Abs. 1 wie Abs. 2 Nr. 1 spricht die vom Verf. zitierte Gesetzesregelung in der Schweiz, die die bedingte Entlassung zum Regelfall macht, von dem nur mit entsprechender Begründung abgewichen werden darf (§ 86 Abs. 1schwStGB). Zu nennen ist ferner die österreichische Regelung des § 46 Abs. 1 öStGB, wonach eine bedingte Entlassung nur dann verweigert werden soll, wenn die Vollverbüßung spezialpräventiv günstiger erscheint, was nach dem Stand der empirischen Forschung in diesem Bereich eher

BGBl.	Bundesgesetzblatt
BGH	Bundesgerichtshof
BGHSt	Entscheidungen des Bundesgerichtshofs in Strafsachen
BGHZ	Entscheidungen des Bundesgerichtshofs in Zivilsachen
BJagdG	Bundesjagdgesetz
BKAG	Bundeskriminalamtsgesetz
BMJV	Bundesministerium für Justiz und für Verbraucherschutz
BR-Drucks.	Bundesratsdrucksache
BRAGebO	Bundesgebührenordnung für Rechtsanwälte
BT-Drucks.	Bundestagsdrucksache
BtmG	Betäubungsmittelgesetz
BVerfG	Bundesverfassungsgericht
BVerfGE	Entscheidungen des Bundesverfassungsgerichts
Bzgl.	bezüglich
BZRG	Bundeszentralregistergesetz
bzw.	beziehungsweise
ca.	circa
CDU	Christlich Demokratische Union
CSM	Recommendation of the Council of Europe concerning Community Sanctions or Measures
CSU	Christlich Soziale Union
DAR	Deutsches Autorecht
DAV	Deutscher Anwaltverein
DDR	Deutsche Demokratische Republik
DJB	Deutscher Juristinnenbund

DJT	Deutscher Juristentag
DM	Deutsche Mark
DÖV	Die Öffentliche Verwaltung
DRB	Deutscher Richterbund
DriZ	Deutsche Richterzeitung
DStR	Deutsches Steuerrecht
DVBl.	Deutsches Verwaltungsblatt
E	Entwurf
E-1962	Entwurf eines Strafgesetzbuches vom 04. Oktober 1962
EAStVollzG	Gesetz über elektronische Aufsicht im Vollzug der Freiheitsstrafe
EGMR	Europäischer Gerichtshof für Menschenrechte
EGMR-E	Deutschsprachige Sammlung der Rechtsprechung des Europäischen Gerichtshofs für Menschenrechte
EGStGB	Einführungsgesetz zum Strafgesetzbuch
EMRK	Europäische Menschenrechtskonvention
ERCS	European Rules on Community Sanctions
ERJOSSM	European Rules for juvenile offenders subject to sanctions or measures
ErsFrhStrAbwV BB	Verordnung über die Abwendung der Vollstreckung einer Ersatzfreiheitsstrafe durch freie Arbeit, Brandenburg
ErsFrhStrAbwV BE	Verordnung über die Abwendung der Vollstreckung von Ersatzfreiheitsstrafen durch freie Arbeit, Berlin
ErsFrhStrAbwV MV	Verordnung über die Abwendung der Vollstreckung einer Ersatzfreiheitsstrafe durch freie Arbeit, Mecklenburg-Vorpommern
ErsFrhStrAbwV ND	Verordnung über die Abwendung der Vollstreckung von Ersatzfreiheitsstrafe durch freie Arbeit, Niedersachsen

ErsFrhStrAbwV SH	Landesverordnung über die Abwendung der Vollstreckung von Ersatzfreiheitsstrafen durch freie Arbeit, Schleswig-Holstein
ErsFrhStrAbwV SN	Verordnung des Sächsischen Staatsministeriums der Justiz und für Europa über die Abwendung der Vollstreckung einer Ersatzfreiheitsstrafe durch Arbeit
etc.	et cetera
EU	Europäische Union
EUGRZ	Europäische Grundrechte-Zeitschrift
f./ff.	folgende
FDP	Freie Demokratische Partei
FeV	Fahrerlaubnis-Verordnung
FS	Forum Strafvollzug – Zeitschrift für Strafvollzug und Straffälligenhilfe
GA	Goltdammers Archiv für Strafrecht
GdP	Gewerkschaft der Polizei
GG	Grundgesetz für die Bundesrepublik Deutschland
ggf.	gegebenenfalls
GPS	Global Positioning System
GStrTilgVO HB	Geldstrafen-Tilgungs-Verordnung Bremen
GStrTilgVO HE	Geldstrafen-Tilgungs-Verordnung Hessen
GStrTilgV HH	Geldstrafen-Tilgungs-Verordnung Hamburg
GVG	Gerichtsverfassungsgesetz
HansOLG	Hanseatisches Oberlandesgericht
HessVGH	Hessischer Verwaltungsgerichtshof
h. M.	herrschende Meinung

HRRS	Onlinezeitschrift für Höchstrichterliche Rechtsprechung zum Strafrecht
Hrsg.	Herausgeber
i. d. R.	in der Regel
i. E.	im Ergebnis
ILO	Internationale Arbeitsorganisation
i. V. m.	in Verbindung mit
JA	Juristische Arbeitsblätter
JGG	Jugendgerichtsgesetz
JR	Juristische Rundschau
JURA	Juristische Ausbildung
JuS	Juristische Schulung
JVA	Justizvollzugsanstalt
JZ	Juristenzeitung
Kap.	Kapitel
KG	Kammergericht Berlin
KrimJ	Kriminologisches Journal
KritV	Kritische Vierteljahresschrift
LG	Landgericht
LT-Drucks.	Landtagsdrucksache
MDR	Monatsschrift des Deutschen Rechts
MschrKrim	Monatsschrift für Kriminologie und Strafrechtsreform
MedR	Medizinrecht
mistra	Anordnung über Mitteilungen in Strafsachen
m. w. N.	mit weiteren Nachweisen

NJ	Neue Justiz
NJW	Neue Juristische Wochenschrift
NJW-RR	Neue Juristische Wochenschrift – Rechtsprechungsreport
NK	Neue Kriminalpolitik
Nr.	Nummer(n)
NStZ	Neue Zeitschrift für Strafrecht
NStZ-RR	Neue Zeitschrift für Strafrecht – Rechtsprechungsreport
NZV	Neue Zeitschrift für Verkehrsrecht
Ö.StGB	Österreichisches Strafgesetzbuch
OLG	Oberlandesgericht
o. Ä.	oder Ähnliches
OwiG	Gesetz über Ordnungswidrigkeiten
PKS	Polizeiliche Kriminalstatistik
RGStGB	Reichsstrafgesetzbuch
Rn.	Randnummer(n)
RuP	Recht und Politik
Russ.StGB	Russisches Strafgesetzbuch
R & P	Recht und Psychiatrie
S.	Seite(n)
Schw.BetmG	Schweizer Bundesgesetz über die Betäubungsmittel und die psychotropen Stoffe
Schw.StGB	Schweizer Strafgesetzbuch
SexBKG	Gesetz zur Bekämpfung von Sexualdelikten und anderen gefährlichen Straftaten
SKG	Schweizerische Kriminalistische Gesellschaft

sog.	Sogenannte(r/s)
SPD	Sozialdemokratische Partei Deutschlands
StV	Strafverteidiger
StGB	Strafgesetzbuch
StPO	Strafprozessordnung
StraFo	Strafverteidiger Forum
StrRG	Strafrechtsreformgesetz
StVG	Straßenverkehrsgesetz
StVollstrO	Strafvollstreckungsordnung
StVollzG	Strafvollzugsgesetz
SVR	Straßenverkehrsrecht
TOA	Täter-Opfer-Ausgleich
u. a.	und andere; unter anderem/n
UN	Vereinte Nationen
Urt.	Urteil
USA	Vereinigte Staaten von Amerika
Var.	Variante
vgl.	vergleiche
VwVG	Verwaltungsvollstreckungsgesetz
wistra	Zeitschrift für Wirtschafts- und Steuerstrafrecht
z. B.	zum Beispiel
ZfStrVo	Zeitschrift für Strafvollzug und Straffälligenhilfe
ZIS	Zeitschrift für Internationale Strafrechtsdogmatik
ZJJ	Zeitschrift für Jugendkriminalrecht und Jugendhilfe

ZJS	Zeitschrift für das juristische Studium
ZRP	Zeitschrift für Rechtspolitik
ZSR	Zeitschrift für das schweizerische Recht
ZStrR	Schweizerische Zeitschrift für Strafrecht
ZStW	Zeitschrift für die gesamte Strafrechtswissenschaft
z. T.	zum Teil

Die Entwicklung des Sanktionenrechts im deutschen Strafrecht – Bestandsaufnahme und Reformvorschläge

1. Einleitung

Strafrecht ist „zeitbedingt und gesellschaftsabhängig",[1] es ist also stets den gesellschaftlichen Gegebenheiten der jeweiligen Zeitperiode angepasst. Das System der Hauptstrafen in Deutschland ist jedoch seit der Großen Strafrechtsreform aus dem Jahre 1969[2] im Wesentlichen unverändert.[3] Das Strafrecht kennt mit der Geldstrafe und der Freiheitsstrafe nur zwei Hauptstrafen, dazu das Fahrverbot als einzige Nebenstrafe. Trotz zahlreicher Reformvorschläge sowohl aus akademischen Kreisen als auch aus der Politik sind tiefgreifende Änderungen unterblieben. Über 40 Jahre nach der letzten großen Reform soll in dieser Arbeit untersucht werden, inwieweit Reformen im Bereich des Sanktionenrechts angezeigt und umsetzbar sind. Dabei sollen sowohl neue Sanktionsmöglichkeiten als auch die Reform bereits bestehender Sanktionen behandelt werden und neben den Arten der Sanktionen auch eine mögliche Reform der Strafrahmen (insbesondere im Bereich der Mindeststrafen), die Strafvollstreckung und mögliche Entkriminalisierungen eine Rolle spielen.

Auch wenn im Allgemeinen von einer grundsätzlichen Bewährung des strafrechtlichen Sanktionensystems in seiner aktuellen Ausgestaltung ausgegangen wird,[4] so haben sich doch die gesellschaftlichen, politischen und technischen Gegebenheiten seit den 1970er Jahren erheblich gewandelt.[5] Es soll dennoch nicht versucht werden, ein grundsätzlich neues System der strafrechtlichen Sanktionen

---

1   *Frisch* 2007, S. 189.

2   In Kraft getreten 1969 bzw. 1975.

3   *Meier* 2015, S. 47; *Heinz* 2007, S. 9.

4   *Dünkel/Morgenstern* 2003, S. 25; *Kommission* 2000, S. 12; *Schöch* 1992, C 11; *Robra* 1992, O 14.

5   *Kommission* 2000, S. 12.

zu erarbeiten, sondern das bestehende System weiterzuentwickeln. Das Vorhaben beschränkt sich dabei auf Strafen im Erwachsenenstrafrecht. Das Recht der Maßregeln sowie das Jugendstrafrecht sollen nicht behandelt werden. Aufgrund der kompetenzrechtlichen Schwierigkeiten unterbleibt auch eine Untersuchung des Strafvollzugsrechts im Hinblick auf Reformen. Die Arbeit geht dabei nur auf die Bestrafung natürlicher Personen ein. Die Einführung eines sog. Verbandsstrafrechts für juristische Personen wird nicht behandelt.[6]

In den Jahren nach der Großen Strafrechtsreform mangelte es nicht an Vorschlägen zur Reform des Sanktionenrechts. Themen wie der Ausbau des strafrechtlichen Fahrverbots oder der gemeinnützigen Arbeit wurden vielfach zur Sprache gebracht, ohne dass es zu größeren Änderungen kam. Bedarf für alternative Sanktionen wird insbesondere im Bereich der geringen und mittleren Kriminalität gesehen,[7] um besser auf die spezialpräventiven Bedürfnisse der verschiedenen Straftäter eingehen zu können. Vor allem an der „Schnittstelle" zwischen (hoher) Geldstrafe und (kurzer) Freiheitsstrafe könnten alternative Sanktionsformen zum Einsatz kommen.

Besondere Aktualität erlangt das Thema durch einen Vorstoß der Großen Koalition der vergangenen Legislaturperiode (2013-2017), das Fahrverbot zu einer Hauptstrafe aufwerten zu wollen und es von Kfz-bezogenen Delikten zu entkoppeln. Dies wurde im Herbst 2013 im Koalitionsvertrag festgehalten.[8] Im Dezember 2016 folgte ein entsprechender Regierungsentwurf, der vorsieht, das Fahrverbot zwar als Nebenstrafe zu belassen, es jedoch nicht mehr von der Begehung eines Kfz-bezogenen Delikts abhängig zu machen.[9] Diese Regelung ist zum 24.08.2017 in Kraft getreten. Seitdem kann das Fahrverbot unabhängig von der zugrunde liegenden Straftat verhängt werden.

Ebenfalls aktuell erscheint die Frage, inwieweit bestimmte Bagatelldelikte materiellrechtlich entkriminalisiert werden könnten und sollten. In Betracht kommen dabei vor allem alltägliche Eigentums- und Vermögensdelikte mit einem geringen Schaden wie das Schwarzfahren oder der Ladendiebstahl geringwertiger

---

6   Siehe dazu unter anderem die aktuellen Beiträge von *Kubiciel* 2014, S. 133 ff.; *Kubiciel/Gräbener* 2016, S. 137 ff.; *Leipold* 2013, S. 34 ff. und *Rönnau/Wegner* 2014, S. 158 ff.; auch der aktuelle Koalitionsvertrag der Bundesregierung sieht zumindest eine Prüfung vor, ob ein Unternehmensstrafrecht wünschenswert ist, vgl. *CDU/CSU/SPD* 2013, S. 103.

7   *BMJ* 2000, S. 1; BR-Drucks. 3/04, S. 1; *Dünkel* 2003, S. 123.

8   *CDU/CSU/SPD* 2013, S. 102; *Winkelmeier-Becker* 2014, S. 233; Für einen Überblick über die übrigen Reformpläne der Großen Koalition auf dem Gebiet des Strafrechts vgl. *Bachmann* 2014, S. 401 ff. Der Vorschlag ist zum Ende der Legislaturperiode noch in einer leicht veränderten Form umgesetzt worden, vgl. Gesetz zur effektiveren und praxistauglicheren Ausgestaltung des Strafverfahrens vom 17.08.2017 (in Kraft getreten am 24.08.2017) und unten Kap. 5.2.

9   *BMJV* 2016.

Sachen sowie die geringfügige Betäubungsmitteldelinquenz (Besitz und Erwerb geringer Mengen zum Eigenbedarf). Nach einem Vorstoß der rot-grünen Niedersächsischen Landesregierung auf der Justizministerkonferenz im Juni 2014 in Binz auf Rügen[10] wird nun diskutiert, ob man diese Delikte statt mit dem Strafrecht auf ordnungsrechtlicher Ebene regeln sollte. Hier geht es vor allem um Wiederholungstäter, bei denen eine Einstellung nach §§ 153 ff. StPO nicht mehr in Betracht kommt und die daher mit strafrechtlichen Sanktionen zu rechnen haben.[11]

Hinzu kommen kriminalpolitische Dauerthemen wie der Ausbau der gemeinnützigen Arbeit, der elektronisch überwachte Hausarrest bzw. die elektronische Aufenthaltsüberwachung oder die Art der Vollstreckung der Geldstrafe. Dabei stellt sich zum einen die Frage, was „Regelsanktion" bei Uneinbringlichkeit der Geldstrafe sein soll, zum anderen die des Umrechnungsschlüssels zwischen Geldstrafe und Ersatzfreiheitsstrafe.

Ebenfalls auf der tagespolitischen Agenda befinden sich die Strafrahmen des besonderen Teils. Mit beängstigender Regelmäßigkeit werden Forderungen nach Anhebungen laut. Widerstand gegen Vollstreckungsbeamte,[12] Wohnungseinbruchsdiebstahl,[13] Kinderpornographie,[14] quer durch das StGB wird der Schutz bestimmter Gruppen durch Anhebung der Strafrahmen postuliert. Dies gibt den Anlass, sich mit den aktuellen Strafrahmen des StGB und den möglichen Auswirkungen einer Veränderung auseinanderzusetzen. Einen Sonderfall in diesem Bereich stellt die Reform der vorsätzlichen Tötungsdelikte dar, bei der die absolute Androhung der lebenslangen Freiheitsstrafe für Mord eine wesentliche Rolle spielt. Durch eine vom seinerzeitigen Justizminister *Maas* eingesetzte Kommission zur Reform der Tötungsdelikte ist auch dieses Thema erneut in den politischen Fokus gerückt worden.[15]

Auch ein Blick ins Ausland kann Reformperspektiven im sanktionsrechtlichen Bereich aufzeigen,[16] denn in vielen europäischen Ländern ist bereits eine größere Sanktionsvielfalt vorhanden.[17] Als Vorbild kann zum Beispiel die Schweizer Reform des Sanktionenrechts aus dem Jahre 2007 dienen. In dieser wurde un-

---

10 Vgl. S. 3 der Pressemitteilung Nr. 54/14 des Justizministeriums Mecklenburg-Vorpommern vom 17.06.2014.

11 *Niewisch-Lennartz* 2014, S. 187.

12 *Bausback* 2017, S. 62; *Schellenberg* 2017, S. 62.

13 *Busch* 2017, S. 30; *Esposito* 2017, S. 30.

14 *Fechner* 2014, S. 226; *Winkelmeier-Becker* 2014, S. 223

15 *Kommission* 2015.

16 *Eser* 1991, S. 47.

17 *Kommission* 2000, S. 22.

ter anderem die kurze Freiheitsstrafe (unter sechs Monaten) im Wesentlichen abgeschafft (Art. 40 schw.StGB a. F.), die gemeinnützige Arbeit wurde als eigene Sanktion eingeführt (Art. 37 schw.StGB a. F.) sowie die Möglichkeit einer Teilaussetzung der Freiheitsstrafe (Art. 43 schw.StGB) geschaffen.[18] Art. 43 schw.StGB a. F. ermöglichte zudem die teilweise oder vollständige Aussetzung von Geldstrafen oder gemeinnütziger Arbeit. Große Teile der Reform standen jedoch früh in der Kritik und so wurden zahlreiche Neuerungen zum 01.01.2018 wieder revidiert.[19] Es erscheint daher angezeigt, aus der Schweizer Reform zu lernen und die Fehler, die zu ihrer Revision führten, nicht zu wiederholen.

Auf den ersten Blick überraschen mag die Tatsache, sich in Zeiten rückläufiger Belegungszahlen und eines nicht überbelegten Strafvollzugs mit einer Reform des Sanktionenrechts auseinanderzusetzen. Dies kann jedoch eine Chance darstellen. Denn die Reform stünde nicht von Anfang an unter der Prämisse, eine Überbelegung zu beheben oder Kosten zu senken, und könnte so allein die Prävention in den Fokus rücken.[20]

Hinzu kommt, dass kriminalpolitische Debatten häufig sehr stark emotional geprägt sind. Insbesondere nach medial wirksamen besonders schweren Einzelfällen von Kriminalität wird schnell der Ruf nach härteren Strafen laut. Versuche der Entkriminalisierung und des Zurückdrängens stationärer Sanktionen werden reflexartig als „zu weich" zurückgewiesen. Besonders während Wahlkämpfen gehören vermehrte Forderungen nach Strafschärfungen zum Alltag,[21] „alles was nicht offensichtlicher Strafschärfung dient, wird erst einmal abgelehnt".[22] Erkenntnisse der empirischen Rückfallforschung geraten in emotionalen Diskussionen zu häufig in den Hintergrund. Bei allen politischen Forderungen nach Abschreckung und Sicherung darf der Gedanke nach Resozialisierung nicht vergessen werden.

In dieser Arbeit werden zunächst das aktuelle Sanktionensystem (*Kap. 2*) und die gerichtliche Sanktionspraxis (*Kap. 3*) dargestellt. Daraufhin sollen anhand der Sanktionspraxis der Reformbedarf und die Ziele, die mit einer möglichen Reform verfolgt werden sollen, herausgearbeitet werden. Anschließend erfolgt ein historischer Abriss (*Kap. 4*), der sich auf die Strafgesetzgebung und die Reformbestrebungen seit der Großen Strafrechtsreform im Bereich des Sanktionenrechts konzentriert. Im Hauptteil der Arbeit (*Kap. 5*) werden schließlich verschiedene konkrete Reformbestrebungen auf ein praktisches Bedürfnis und die rechtliche

---

18 *Kunz* 2007, S. 470 ff.

19 Art. 37 Schw.StGB wurde ersatzlos gestrichen und die Einschränkung von kurzen Freiheitsstrafen entfernt. Nach dem neuen Art. 40 S. 1 Schw.StGB beträgt die Mindestdauer einer Freiheitsstrafe drei Tage ohne besondere Einschränkungen für kurze Freiheitsstrafen.

20 *Pollähne* 2012 S. 12 f.

21 *Heinz* 2007, S. 1.

22 *Dünkel* 2003, S. 123.

Umsetzbarkeit hin zu untersuchen sein. Ziel soll sein, konkrete Gesetzesvorschläge herauszuarbeiten. Dabei widmet sich die Arbeit zunächst dem kurzen Freiheitsentzug (kurze Freiheits- und Ersatzfreiheitsstrafen) und geht anschließend auf längere Freiheitsstrafen ein.

In *Kap. 5.2* geht die Arbeit auf Reformen im Bereich des Fahrverbotes ein. Dabei wird zunächst untersucht, inwieweit das im Sommer 2017 eingeführte deliktsunabhängige Fahrverbot eine sinnvolle Alternative im Sanktionsspektrum darstellen kann. Darüber hinaus stellt sich die Frage, ob das Fahrverbot zu einer Hauptstrafe aufgewertet werden sollte, um auch ohne Verbindung mit Geld- oder Freiheitsstrafe verhängt werden zu können. Zuletzt wird die Maximaldauer des Fahrverbotes in Frage gestellt.

Das folgende *Kap. 5.3* erörtert verschiedene Probleme der gemeinnützigen Arbeit. Nachdem zu Beginn der Umrechnungsschlüssel zwischen Geldstrafe, Freiheitsstrafe und gemeinnütziger Arbeit festgelegt wird, folgt ein Abschnitt zur gemeinnützigen Arbeit als Alternative zur Freiheitsstrafe. Dabei werden sowohl eine Primärsanktion als auch eine „Ersetzungslösung" untersucht. Der letzte Teil dieses Kapitels steht im Zeichen der Ersatzfreiheitsstrafenvermeidung und stellt sich die Frage, wie die bereits praktizierte Vermeidung von Ersatzfreiheitsstrafen durch gemeinnützige Arbeit verbessert werden kann.

Die in *Kap. 5.4* untersuchte elektronische Überwachung wird im Wesentlichen im Rahmen ihrer Funktion als Bewährungsweisung bearbeitet, wie es auch das hessische Modellprojekt vorsieht. In einem kurzen Exkurs wird darüber hinaus noch auf die Möglichkeit der Untersuchungshaftvermeidung durch elektronische Überwachung eingegangen.

Anschließend erfolgt in *Kap. 5.5* eine Auseinandersetzung bzgl. einer möglichen Ausweitung der Verwarnung mit Strafvorbehalt. *Kap. 5.6* setzt abschließend noch eine Stufe vor den Alternativen zum Freiheitsentzug an, indem über mögliche materiellrechtliche Entkriminalisierungen nachgedacht wird. Konkret werden dabei drei für eine Entkriminalisierung in Frage kommende Verhaltensweisen erörtert: das sog. einfache Schwarzfahren, der Ladendiebstahl geringwertiger Sachen und der Besitz und Erwerb geringer Mengen Cannabis zum Eigenverbrauch. Der geringe Unrechtsgehalt dieser Taten wirft die Frage auf, ob sie tatsächlich den Gebrauch der *ultima ratio* des Strafrechts rechtfertigen oder ob es nicht genügt, sie in anderen Rechtsgebieten (Zivil- oder Verwaltungsrecht) zu regeln.

In den Folgekapiteln wechselt der Fokus vom kurzen Freiheitsentzug hin zu längeren Freiheitsstrafen. *Kap. 6.1* untersucht dabei Reformen im Bereich von Mindeststrafen. Nach allgemeinen Ausführungen über Auswirkungen und Zweck von Strafrahmen werden konkrete anhand der Sanktionspraxis ausgemachte Probleme behandelt: die (qualifizierten) Raubdelikte sowie die Verbrechen nach dem BtMG. In *Kap. 6.1.4* folgen Ausführungen zur Reform der Tötungsdelikte. Zwar liegt der Schwerpunkt dabei auf der Strafandrohung, doch aufgrund der darüber hinausgehenden Probleme der aktuellen gesetzlichen Ausgestaltung werden Reformvorschläge für eine grundlegende Reform der Tötungsdelikte behandelt.

Kap. 6.2 setzt sich schließlich mit verschiedenen Reformen im Bereich der Strafaussetzung zur Bewährung auseinander. Das erste Unterkapitel erörtert dabei die Höchstgrenzen des § 56 StGB. Anschließend werden die Möglichkeit einer teilbedingten Strafe sowie Reformen im Rahmen der Strafrestaussetzung geprüft. Abschließend folgt ein Kapitel zum Widerruf der Strafaussetzung, insbesondere zur Frage nach einem teilweisen Widerruf.

Die Frage nach Neuerungen im strafrechtlichen Sanktionensystem kann nur mit einem Blick auf den mit der Strafe verfolgten Zweck beantwortet werden. Das Problem des Zwecks staatlicher Strafe ist daher nicht rein theoretischer Natur. An dieser Stelle soll zunächst ein kurzer Überblick gegeben werden, auf verschiedene straftheoretische Aspekte wird dann im weiteren Verlauf der Arbeit noch eingegangen. Hierzu werden im Wesentlichen drei Grundauffassungen vertreten, die noch heute in verschiedensten Ausprägungen und Kombinationen vertreten werden.[23]

Die Vergeltungstheorie (oder auch absolute Straftheorie) verfolgt das Ziel, die Schuld, welche der Täter durch seine Tat auf sich geladen hat, durch die Strafe auszugleichen. Durch die Strafe soll Gerechtigkeit für das vorhergegangene Unrecht hergestellt werden. Historische Vertreter dieses Ansatzes waren in Deutschland vor allem *Kant* und *Hegel*.[24]

Dementgegen hat die Strafe nach den relativen Straftheorien den Zweck, zukünftige Straftaten zu verhindern. Dabei wird innerhalb der relativen Theorien danach unterschieden, an wen sich die Prävention richtet, und danach, wie die Prävention erreicht werden soll. Nach der Theorie der Spezialprävention soll auf den Straftäter selbst eingewirkt werden. Dies kann zum einen durch Abschreckung oder Wegsperren des Täters geschehen (sog. negative Spezialprävention), zum anderen durch Resozialisierung (sog. positive Spezialprävention). Dieser Ansatz wurde in Deutschland vor allem durch *Franz von Liszt* geprägt.[25] Die Theorie der Generalprävention richtet sich hingegen an die Allgemeinheit. Auch hier wird zwischen Abschreckung (negative Generalprävention) und dem Bestärken des Vertrauens der Allgemeinheit in die Rechtsordnung (positive Generalprävention) unterschieden. Bedeutendster historischer Vertreter in Deutschland war *Anselm Feuerbach*.

Das StGB folgt nicht ausdrücklich einer Straftheorie, die verschiedenen Theorien finden sich jedoch in unterschiedlichen Vorschriften des StGB wieder.[26] Zum Beispiel ist nach § 46 Abs. 1, S. 1 die Schuld die Grundlage der Strafzumessung, was einen vergeltungstheoretischen Ansatz widerspiegelt. § 46 Abs. 1 S. 2 StGB spricht hingegen davon, dass auch die Wirkungen, die von der Strafe

---

23 MüKo-*Joecks* 2017, Einl. Rn. 52.

24 *Kant* 1990, *Hegel* 1986.

25 Vgl. *von* Liszt 1982, S. 1 ff.

26 *Baumann/Weber/Mitsch* 1995, S. 25.

für das künftige Leben des Täters in der Gesellschaft zu erwarten sind – also spezialpräventive Aspekte –, zu berücksichtigen sind.[27] Generalpräventive Aspekte lassen sich zum Beispiel in dem Merkmal der „Verteidigung der Rechtsordnung" finden, welches an verschiedenen Stellen des Allgemeinen Teils verwendet wird.[28]

Das Bundesverfassungsgericht legt sich nicht auf eine Theorie fest, da es nicht seine Aufgabe sei, diesen Streit zu entscheiden.[29] Die unterschiedlichen Ansätze werden jedoch vom Bundesverfassungsgericht alle als angemessene Aspekte der Strafe anerkannt.[30]

Gegen eine reine Vergeltungstheorie spricht, dass ein irdisches Strafrecht auch einen irdischen Zweck verfolgen sollte. Bei dem Konzept der Vergeltung handelt es sich jedoch um eine metaphysische Konstruktion.[31] Die Strafe darf kein Selbstzweck sein, sie muss einem legitimen gesellschaftlichen Ziel dienen. Zudem kann die Vergeltungstheorie nicht erklären, warum es ausgerechnet einer Strafe braucht, um Gerechtigkeit zu erreichen.[32]

Die Generalprävention sieht sich dem Einwand ausgesetzt, dass der Täter nur deshalb bestraft wird, um einen Effekt bei Dritten zu erzielen.[33] Daraus könnte der Vorwurf erwachsen, man mache den Täter zum Objekt des staatlichen Strafens, was zu einem Konflikt mit der Menschenwürde führt. Daraus folgt, dass die Strafe zumindest auch Effekte für den Bestraften erzielen sollte.

Die Theorie der positiven Spezialprävention kann hingegen nicht erklären, warum Täter, bei denen faktisch keine Rückfallmöglichkeit besteht, bestraft werden sollen, unabhängig davon, wie schwer ihre Straftaten möglicherweise waren. Ein Beispiel wären hier die während des Dritten Reiches in den Konzentrationslagern begangenen Straftaten. Nach dem Untergang des NS-Regimes wird es den damaligen Tätern in Zukunft nicht mehr möglich sein, entsprechende Straftaten zu begehen.[34]

Zudem birgt der Ansatz der positiven Spezialprävention die Gefahr ausufernder Strafen. Selbst für noch so geringe Straftaten könnten hohe Strafen verhängt werden, wenn sie denn im Sinne der Resozialisierung als erforderlich angesehen

---

27 Sch/Sch-*Kinzig* 2019, vor § 38, Rn. 7.

28 Z. B. §§ 47 Abs. 1 und 56 Abs. 3 StGB.

29 BVerfGE 45, S. 187 ff.

30 BVerfGE 28, S. 278; 32, S. 109; 45, S. 253 f.

31 *Roxin* 1980, S. 224.

32 *Meier* 2015, S. 19.

33 *Roxin* 1966, S. 380.

34 *Roxin* 1966, S. 379.

werden.[35] Da jedoch der Grundsatz der Verhältnismäßigkeit gewahrt werden muss, können allein spezialpräventive Überlegungen nicht ausschließlich Grundlage der Strafe sein, es ist eine Begrenzung der Strafe nach oben erforderlich.

Im Rahmen der negativen Präventionsansätze erscheint deren Wirksamkeit fraglich; inwieweit Strafe bzw. Strafandrohung tatsächlich abschreckend wirken, konnte bisher nicht nachgewiesen werden. Selbst drakonische Strafen haben üblicherweise nicht zu einer merklichen Reduzierung von Kriminalität geführt.[36] Eine abschreckende Wirkung von besonders hohen Strafen bzw. Strafen überhaupt konnte bisher nicht nachgewiesen werden.[37]

Da alle Ansätze Schwachstellen aufweisen, erscheint es sinnvoll, die verschiedenen Theorien miteinander zu verbinden. Ansätze, die derart vorgehen, werden üblicherweise als „Vereinigungstheorien" bezeichnet. Umstritten innerhalb der Vereinigungstheorien ist jedoch, wie die unterschiedlichen Strafzwecke zu gewichten und gegeneinander abzuwägen sind. Dies wird insbesondere in den Fällen relevant, in denen sich die unterschiedlichen Straftheorien widersprechen. Dieses Problem wird üblicherweise als die Antinomie der Strafzwecke bezeichnet.[38]

Da die Strafe wie bereits angesprochen kein Selbstzweck sein darf, sollte der Fokus auf den relativen Strafzwecken liegen. Dabei stellt sich dann die Frage, wie die relativen Zwecke untereinander zu gewichten sind. Dafür, der Resozialisierung im Rahmen der relativen Strafzwecke den Vorrang einzuräumen, spricht zunächst die Existenz des § 46 Abs. 1 S. 2 StGB. Dafür spricht auch, dass als resozialisierungsfeindlich angesehene kurze Freiheitsstrafen eine Ausnahme sein sollen.[39] Zudem handelt es sich bei der Resozialisierung um ein Gebot mit Verfassungsrang.

Der angesprochenen Gefahr, dass rein an präventiven Aspekten orientierte Strafen im Verhältnis zur Tat unverhältnismäßig hoch ausfallen könnten, kann damit vorgebeugt werden, dass die Strafe nach oben durch den Aspekt der Schuld limitiert wird. Der Aspekt des Schuldausgleichs muss also so verstanden werden, dass eine Strafe immer im Verhältnis zur Tat stehen muss, auch wenn präventive Gesichtspunkte für eine höhere Strafe sprächen.[40] Präventive Zwecke dürfen im-

---

35   *Naucke* 1982, S. 547 f.

36   Siehe zu diesem Problem auch *Kap. 6.1.1.*

37   NK-*Streng* 2017, § 46, Rn. 43.

38   *Meier* 2015, S. 19.

39   Sch/Sch-*Kinzig* 2019, vor § 38, Rn. 7.

40   BGH NStZ 1997, S. 337.

mer nur im Rahmen der Tatschuld verfolgt werden. Dies unterstützt auch den positiv generalpräventiven Aspekt, denn nur als für die Tat angemessen empfundene Strafen können das Rechtsgefühl der Allgemeinheit stärken.[41]

Daher wird der Arbeit im Folgenden eine präventive Vereinigungstheorie zugrunde gelegt. Zweck der Strafe ist also die Vermeidung weiterer Straftaten. Vergeltung ist nicht die Aufgabe des Strafrechts, die Schuld dient aber dazu, die Strafe nach oben hin zu begrenzen. Widersprechen sich die relativen Strafzwecke in einem Fall, ist der positiven Spezialprävention grundsätzlich der Vorrang einzuräumen. Zudem ist eine aus spezialpräventiven Gründen die Schuld unterschreitende Strafe möglich, wobei dann zumindest eine an generalpräventiven Erwägungen orientierte Untergrenze der Strafe zu beachten ist. Eine Strafe darf also auch aus spezialpräventiven Gründen nicht so niedrig sein, dass sie von der Allgemeinheit gar nicht mehr nachvollzogen werden kann.

---

41 *Baumann/Weber/Mitsch* 1995, S. 26; Sch/Sch-*Kinzig* 2019, vor § 38, Rn. 16.

2. Das Sanktionensystem des StGB

Bevor auf mögliche Reformen des Sanktionensystems eingegangen werden kann, soll zunächst das gegenwärtige System des StGB kurz dargestellt werden. Es beruht im Wesentlichen auf den durch die ersten beiden Strafrechtsreformgesetze geschaffenen Strukturen.[42] Es unterscheidet zwischen Strafen, die Schuld voraussetzen und durch die Schuld begrenzt werden, sowie schuldunabhängigen Maßregeln der Besserung und Sicherung. Mit der Freiheitsstrafe und der Geldstrafe kennt es lediglich zwei Hauptstrafen und mit dem Fahrverbot nur eine Nebenstrafe.

2.1 Verfahrensrechtliche Erledigung

Unterhalb der Sanktionen des Strafgesetzbuches besteht die Möglichkeit der informellen Erledigung als am wenigsten eingriffsintensive Reaktion auf strafrechtlicher Ebene.[43] Die Einstellung kann entweder durch das zuständige Gericht (§ 153 Abs. 2 StPO) oder durch die Staatsanwaltschaft (§§ 153 Abs. 1, 153a Abs. 1 StPO) erfolgen.[44] Somit werden dem Täter ein Strafverfahren und eine Verurteilung erspart. Gänzlich sanktionslos bleibt er allein deshalb aber nicht, denn ihm können Auflagen oder Weisungen erteilt werden. Beispiele für Auflagen und Weisungen sind die Zahlung einer Geldbuße, die Teilnahme an einem sozialen Trainingskurs oder auch das Bemühen um einen Täter-Opfer-Ausgleich, wobei zu beachten ist, dass der Katalog in § 153a Abs. 1 StPO keinesfalls abschließend ist.[45] Die Möglichkeit der informellen Erledigung beschränkt sich dabei nicht allein auf den Bereich der Bagatellkriminalität, sondern ist theoretisch bei allen Vergehen möglich.[46]

2.2 Freiheitsstrafe

Die Freiheitsstrafe als „klassische Hauptstrafe schlechthin"[47] kann sowohl bedingt als auch unbedingt verhängt werden. Ihre Dauer beträgt mindestens einen Monat bis maximal 15 Jahre oder lebenslänglich (§ 38 Abs. 1 und 2 StGB). Sie

---

42 NK-*Villmow* 2017, vor § 38 Rn. 24; *Meier* 2008, S. 263.

43 *Schäfer/Sander/v. Gemmeren* 2017, Rn. 23.

44 Im Betäubungsmittelstrafrecht besteht daneben noch die Möglichkeit der Einstellung nach § 37 BtMG.

45 *Streng* 2012, Rn. 94.

46 *Spieß* 2013, S. 92.

47 *Streng* 2012, Rn. 156.

soll dabei dem Verurteilten nur die Freiheit als solche entziehen.[48] Darüber hinausgehende Übel sollen ihm soweit möglich erspart bleiben. Eine Strafaussetzung kann nur bei einer Freiheitsstrafe bis maximal zwei Jahre erfolgen (§ 56 Abs. 2 StGB), höhere Freiheitsstrafen sind zwingend zu vollstrecken. Die Voraussetzungen einer Strafaussetzung sind dabei bei Freiheitsstrafen von bis zu einem Jahr geringer als bei Freiheitsstrafen von mehr als einem bis zu zwei Jahren. Ausschlaggebend ist die Legalprognose des Täters. Generalpräventive Aspekte können nach § 56 Abs. 3 StGB nur bei Freiheitsstrafen von über sechs Monaten eine Rolle spielen. Die Freiheitsstrafe ist gemäß § 38 Abs. 1 StGB immer zeitig, es sei denn, das Gesetz droht ausdrücklich die lebenslange Freiheitsstrafe an.[49]

Bei vollstreckten zeitigen Freiheitsstrafen kann gemäß § 57 StGB eine Strafrestaussetzung erfolgen. Dies kann entweder nach zwei Dritteln der Strafe (Abs. 1) oder unter engeren Voraussetzungen bereits nach der Hälfte der Verbüßungsdauer (Abs. 2) geschehen. Eine lebenslange Freiheitsstrafe kann nach § 57a Abs. 1 StGB frühestens nach 15 Jahren Verbüßungsdauer ausgesetzt werden.

Freiheitsstrafen von weniger als sechs Monaten sollen nach § 47 Abs. 1 StGB nur dann verhängt werden, wenn besondere Umstände, die in der Tat oder der Persönlichkeit des Täters liegen, sie unerlässlich machen oder sie zur Verteidigung der Rechtsordnung unerlässlich sind. Sie können damit sowohl mit spezial- als auch mit generalpräventiven Erwägungen gerechtfertigt werden.[50] Ob eine kurze Freiheitsstrafe unerlässlich ist, lässt sich nur unter Berücksichtigung der einschlägigen Alternativen (also aktuell nur der Geldstrafe) feststellen.[51] Weitere Alternativen sollten also dazu führen, dass das Merkmal der Unerlässlichkeit in der Praxis häufiger verneint wird. Im Bereich von Strafen bis zu sechs Monaten hat der Gesetzgeber also der Geldstrafe den Vorrang eingeräumt. Im Bereich bis zu einem Jahr stehen beide Sanktionen gleichberechtigt nebeneinander. Im Bereich über ein Jahr hinaus verbleibt allein die Freiheitsstrafe (außer wenn eine Gesamtstrafe gebildet wird, vgl. § 54 Abs. 2 S. 2 StGB).

2.3 Geldstrafe

Die Geldstrafe ist die zweite Hauptstrafe im StGB. Statt in die Freiheit greift sie in das Vermögen des Täters ein. Sie wird nach dem Tagessatzsystem zugemessen. Dabei ist die Anzahl der Tagessätze von der individuellen Schuld des Täters abhängig, genau wie die Länge der Freiheitsstrafe. Die Höhe eines Tagessatzes

---

48 *Meier* 2015, S. 87.

49 Übersichten über die Delikte aus dem StGB und dem Völkerstrafgesetzbuch welche die lebenslange Freiheitsstrafe androhen, findet sich im Bericht von *Kinzig* in *Kommission* 2014, S. 530 ff., sowie bei *Kett-Straub* 2011, S. 67 ff.

50 NK-*Streng* 2017, § 47 Rn. 4 f.

51 *Kommission* 2000, S. 102.

hängt hingegen von dem Einkommen des Täters ab.[52] Auf diese Weise soll eine möglichst gleiche Belastung unterschiedlicher Täter erreicht und zudem eine finanzielle Überforderung verhindert werden. Maßgeblich ist dabei nach § 40 Abs. 2 S. 2StGB das monatliche Nettoeinkommen des Täters, welches er an einem Tag durchschnittlich hat oder haben könnte. Davon sind jedoch Unterhaltsverpflichtungen, denen der Täter auch tatsächlich nachkommt, abzuziehen.[53] Der Strafrahmen liegt dabei in der Regel bei fünf bis 360 Tagessätzen (§ 40 Abs. 1 S. 2 StGB), allerdings sehen einige Delikte einen reduzierten Strafrahmen (bis zu 180 Tagessätze) vor.[54] Zudem kann in Fällen einer Gesamtstrafe eine Geldstrafe von bis zu 720 Tagessätzen verhängt werden (§ 54 Abs. 2 S. 2 StGB). Ein Tagessatz kann zwischen einem und 30.000 € betragen (§ 40 Abs. 2 S. 3 StGB). Die Geldstrafe ist als Summenstrafe in der Regel unmittelbar gänzlich zu bezahlen, es können jedoch Zahlungserleichterungen, insbesondere Ratenzahlung, gewährt werden.

Ist eine Geldstrafe uneinbringlich, tritt gemäß § 43 StGB die Ersatzfreiheitsstrafe an ihre Stelle. Ein Tag Ersatzfreiheitsstrafe entspricht dabei einem Tagessatz. Die Ersatzfreiheitsstrafe kann jedoch durch das Leisten gemeinnütziger Arbeit abgewendet werden. Alle Bundesländer haben gemäß Art. 293 EGStGB entsprechende Verordnungen erlassen.[55] Ein Tag Ersatzfreiheitsstrafe kann dabei durch vier bis sechs Stunden gemeinnützige Arbeit (je nach Bundesland) abgearbeitet werden, wobei sechs Stunden die Regel sind.[56] Es unterscheidet sich jedoch nicht nur die Anzahl der abzuleistenden Arbeitsstunden pro Tag Ersatzfreiheitsstrafe, auch die organisatorische Ausgestaltung variiert erheblich zwischen den verschiedenen Bundesländern.[57] Eine Strafaussetzung zur Bewährung nach § 56 StGB ist bei Ersatzfreiheitsstrafen nach überwiegender Ansicht ausgeschlossen.[58] Ob eine Strafrestaussetzung nach zwei Dritteln bzw. der Hälfte der Vollstreckungsdauer nach § 57 StGB möglich ist, ist umstritten.[59] Auch die Rechtsprechung der Oberlandesgerichte ist in diesem Bereich unterschiedlich, wobei

---

52   *Streng* 2012, Rn. 125.

53   BGH BeckRS 2002, 3377; wistra 2008, S. 19.

54   Z. B. §§ 160 Abs. 1, 285 StGB.

55   DDKR-*Hartmann* 2017, § 43 Rn. 1; NK-*Albrecht* 2017, § 43 Rn. 9.

56   *Heinz* 2014, S. 77; NK-*Albrecht* 2017, § 43 Rn. 10.

57   *Dünkel* 2011, S. 148 ff.; NK-*Albrecht* 2017, § 43 Rn. 10.

58   *Meier* 2015, S. 108; MüKo-*Radkte* 2016, § 43 Rn. 23; *Streng* 2012, Rn. 139; kritisch NK-*Albrecht* 2017, § 43 Rn. 7.

59   Für eine Aussetzung: *Dölling* 1981, S. 86 ff.; *Meier* 2015, S. 139 f.; NK-*Albrecht* 2017, § 43 Rn. 7; Sch/Sch-*Kinzig* 2019, § 43 Rn. 2; *Weber* 1978, S. 186 f.; a. A: *Frank* 1978, S. 142 f.; MüKo-*Radtke* 2016, § 43 Rn. 23.

sich tendenziell die Mehrzahl der Oberlandesgerichte gegen eine Aussetzung ausspricht.[60] Die Bedeutung dieser Frage ist in der Praxis jedoch nur von untergeordneter Bedeutung, da § 57 StGB aufgrund der Mindestverbüßungsdauer von zwei Monaten auf einen Großteil der Ersatzfreiheitsstrafen ohnehin nicht anwendbar sein dürfte.[61]

2.4 Nebenstrafe

Das StGB kennt mit dem Fahrverbot lediglich eine Nebenstrafe. Sie kann nur in Verbindung mit einer Geld- oder Freiheitsstrafe verhängt werden, nicht als eigenständige Sanktion (§ 44 Abs. 1 StGB). Auch eine Kombination mit einer Verwarnung mit Strafvorbehalt ist nicht möglich.[62] Anstatt in allgemeine Rechtspositionen wie die Freiheit oder das Vermögen einzugreifen, wird hier also mit dem Recht, ein Kfz führen zu dürfen, eine ganz spezielle, nicht jedem zur Verfügung stehende Rechtsposition entzogen.

Bis zum 24.08.2017 setzte die Verhängung zudem noch voraus, dass die Tat in Zusammenhang mit dem Führen eines Kraftfahrzeuges begangen wurde. Was genau darunter zu verstehen war, ist umstritten.[63] Es galten dabei nach herrschender Ansicht dieselben Kriterien wie bei der Entziehung der Fahrerlaubnis (§ 69 Abs. 1 StGB), weshalb derselbe Wortlaut gewählt wurde.[64] Einigkeit herrscht zudem darüber, dass nicht nur traditionelle Verkehrsdelikte erfasst sind, sondern das Merkmal weiter zu verstehen ist.[65] Die Rechtsprechung ist in diesem Punkt jedoch nach wie vor sehr uneinheitlich.[66] Die Voraussetzung der Zusammenhangstat ist durch das Gesetz zur effektiveren und praxistauglicheren Ausgestaltung des Strafverfahrens gestrichen worden. Seitdem kann das Fahrverbot bei allen Straftaten als Nebenstrafe verhängt werden.

---

60 Für eine Aussetzung: OLG Koblenz NStZ 1995, S. 254 f.; OLG Hamm NStZ-RR 1998, S. 127; OLG Düsseldorf NJW 1977, S. 308; OLG Zweibrücken JR 1976, S. 466 f.; a. A.: OLG Oldenburg NStZ-RR 2007, S. 253; OLG Bamberg NStZ-RR 1998, S. 380 ff.; OLG Stuttgart MDR 1986, S. 1043; OLG Celle JR 1977, S. 121 f.; OLG Karlsruhe vom 10.01.1978 2 Ws 329/77; OLG Jena NStZ 1999, S. 318 f.; AG Berlin-Tiergarten, NJW 1972, S. 457.

61 *Bublies* 1989, S. 11; *Schatz* 2002, S. 439.

62 BeckOK-*von Heintschel-Heinegg* 2019, § 44 Rn. 1.

63 MüKo-*Athing/von Heintschel-Heinegg* 2016, § 69 Rn. 33; *Streng* 2012, Rn. 348 f.

64 BT-Drucks. 04/651, S. 13; BGHSt 50, S. 93 ff.; *Fischer* 2019, § 69 Rn. 9; Sch/Sch-Stree/Kinzig 2014, § 44 Rn. 7; kritisch *Streng* 2012, Rn. 349.

65 BGH, NJW 2005, S. 1957; MüKo-*Athing/von Heintschel-Heinegg* 2016, § 69 Rn. 31.

66 *Kulemeier* 1993, S. 215, MüKo-*Athing* 2016, § 69 Rn. 34 f.

2.5 Verwarnung mit Strafvorbehalt

Neben den Strafen kennt das StGB noch die Verwarnung mit Strafvorbehalt
(§ 59 StGB) als Sanktionsform eigener Art mit dem Charakter einer Maßnahme.[67] Sie stellt zwar keine Bewährungsstrafe im eigentlichen Sinne dar (die
Strafe wird ja gerade vorbehalten), aber zumindest der Gedanke der Bewährung
ist auch bei der Verwarnung mit Strafvorbehalt erkennbar.[68] Daher kommt sie
einer Geldstrafe zur Bewährung zumindest dem Grundsatz nach nahe, denn in
beiden Fällen wird eine konkrete Sanktion festgelegt, deren tatsächliche Verbüßung jedoch vom weiteren Verhalten des Täters abhängt.[69] Nach § 59a StGB
kann die Verwarnung auch mit Auflagen und Weisungen verbunden werden. Der
Anwendungsbereich ist mit Geldstrafen bis zu 180 Tagessätzen auf den unteren
Bereich der Kriminalität zugeschnitten. Die Verwarnung mit Strafvorbehalt ist als
Ausnahmevorschrift konzipiert,[70] was sich auch in ihrer gerichtlichen Anwendungspraxis niederschlägt.[71]

2.6 Nebenfolgen

Zusätzlich zu den Strafen und Maßregeln besteht noch die Möglichkeit, sog. Nebenfolgen mit der Sanktionierung zu verbinden. In Betracht kommen sowohl kon-
fiskatorische Folgen (Einziehung) als auch persönliche Statusfolgen (Verlust der
sog. bürgerlichen Ehrenrechte).[72]

Um dem Täter die Vorteile aus seiner Tat wieder entziehen zu können, steht,
nachdem die Vermögensstrafe vom BVerfG für verfassungswidrig erklärt
wurde,[73] noch die Einziehung (§§ 73 ff. StGB) zur Verfügung. Dabei wird unterschieden zwischen der Einziehung von Taterträgen (§ 73 StGB; früher Verfall)

---

67 Strittig, so jedoch die herrschende Meinung, vgl. BeckOK-*von Heintschel-Heinegg* 2019,
§ 59 Rn. 4; LK-*Hubrach* 2008, vor § 59 Rn. 4; *Füglein/Lagardère* 2013, S. 49; NK-
Albrecht 2017, § 59 Rn. 2; MüKo-*Groß* 2016, vor § 59 Rn. 1.

68 BT-Drucks. 05/4095, S. 25; *Heinz* 2014, S. 31; *Schubert* 2017, S. 237; *Streng* 2013,
Rn. 151; dafür spricht auch der Verweis in § 59b Abs. 1 StGB auf § 56f StGB; Dogma-
tisch ist sie jedoch gerade keine Geldstrafe zur Bewährung, so stellt sie zum Beispiel, im
Gegensatz zu einer ausgesetzten Freiheitsstrafe, nie eine Vorstrafe dar, vgl. HessVGH
DÖV 2007, S. 755 f.; *Keiser* 2009, S. 350.

69 MüKo-*Groß* 2016, vor § 59 Rn. 3; auch wenn die Verwarnung mit Strafvorbehalt gerade
keine Vollstreckungsform der Geldstrafe ist.

70 Sch/Sch-*Kinzig* 2019, § 59 Rn. 1.

71 Vgl. *Kap. 3.3.3.*

72 Zur dogmatischen Einordnung siehe *Sobota* 2017, S. 250 ff.

73 BVerfG NJW 2002, S. 1779 ff.

und der Einziehung von Tatprodukten, Tatmitteln und Tatobjekten (§ 74 StGB). Die erweiterte Einziehung von Taterträgen nach § 73b StGB stellt dabei eine eigene Form der Einziehung von Taterträgen dar, die es ermöglicht, Taterträge auch dann zu konfiszieren, wenn die Taterträge nachweislich aus einer anderen rechtswidrigen Tat stammen. Nach Verfahrensende besteht dann die Möglichkeit, die eingezogenen Gegenstände bzw. Wertersatz an den Verletzten herauszugeben (vgl. § 459h StPO).

Als weitere Nebenfolge sieht das StGB noch die Aberkennung der sog. bürgerlichen Ehrenrechte vor. Diese erfolgt entweder kraft Gesetzes (§ 45 Abs. 1 StGB) oder kraft richterlicher Entscheidung (§ 45 Abs. 2, Abs. 5 StGB). Mit „bürgerlichen Ehrenrechten" gemeint sind das aktive und passive Wahlrecht sowie die Fähigkeit, öffentliche Ämter bekleiden zu können. Nach Abs. 1 hat dabei jede Verurteilung wegen eines Verbrechens zu einer Freiheitsstrafe von mindestens einem Jahr zwangsweise den Verlust dieser Rechte für fünf Jahre zur Folge. Dem Richter steht dann kein Spielraum mehr zur Verfügung. Nach Abs. 2 kann der Richter den Verlust anordnen, sofern die verwirklichte Norm dies explizit vorsieht. Das aktive Wahlrecht kann ebenfalls nur dann aberkannt werden, wenn das Gesetz dies ausdrücklich vorsieht (§ 45 Abs. 5 StGB).

2.7 Täter-Opfer-Ausgleich und Wiedergutmachung

Mit dem Täter-Opfer-Ausgleich und der Wiedergutmachung haben auch opferbezogene Reaktionsmöglichkeiten Eingang ins Sanktionssystem gefunden. Sie sind dabei jedoch nicht als eigene Sanktion vorgesehen, sondern können bei der Einstellung des Verfahrens aus Opportunitätsgründen (§ 153a Abs. 1 Satz 1 Nr. 1, Nr. 5 StPO) sowie bei der Strafzumessung (§ 46a StGB) eine Rolle spielen. Im Rahmen der Strafzumessung können TOA und Wiedergutmachung neben der eigenen Regelung in § 46a StGB auch noch als Nachtatverhalten gemäß § 46 Abs. 2 Var. 6 StGB oder als Grund für die Annahme eines unbenannten minder schweren Falls relevant werden.[74]

Eine genaue Abgrenzung der beiden Institute ist dabei kaum möglich. Zwar bezieht sich nach der Rechtsprechung des BGH der TOA tendenziell eher auf die immateriellen Folgen der Tat, während sich die Wiedergutmachung eher auf den

---

74 *Schroth* 2011, S. 84 f.

materiellen Schaden bezieht.[75] Beides ist jedoch teilweise eng miteinander verknüpft und vor allem, wenn eine Tat sowohl materielle als auch immaterielle
Schäden verursacht, ist eine strikte Trennung unangebracht.[76]

2.8 Maßregeln der Besserung und Sicherung

Als „zweite Spur" neben den Strafen enthält das StGB noch die Maßregeln der
Besserung und Sicherung. Diese werden üblicherweise in ambulante (ohne Freiheitsentzug) und stationäre (mit Freiheitsentzug) Maßregeln unterteilt.[77] Sie werden allein aufgrund der Gefährlichkeit des Täters verhängt, die Tat ist dabei nur
der Anlass.[78] Die Schuld ist damit weder die Grundlage der Sanktionierung, noch
limitiert sie diese. Stationäre Maßregeln sind die Unterbringung in einem psychi-
atrischen Krankenhaus (§ 63 StGB), Unterbringung in einer Erziehungsanstalt
(§ 64 StGB) sowie die Sicherungsverwahrung (§§ 66 ff. StGB). Ambulante Maßregeln sind die Führungsaufsicht (§§ 68 ff. StGB), die Entziehung der Fahrerlaubnis (§§ 69 ff. StGB) und das Berufsverbot (§ 70 ff. StGB). Die Maßregeln können
unabhängig von der Schuld des Täters verhängt werden. Eine Maßregel setzt weder schuldhaftes Handeln voraus, noch werden Art oder Dauer der Maßregel
durch die Schuld begrenzt.[79] Aufgrund der thematischen Einschränkung soll eine
Reform des Maßregelrechts in dieser Arbeit jedoch nicht behandelt werden.

---

75 BGH StV 1995, S. 464; NStZ 1999, S. 605; NStZ 2000, S. 205; zustimmend *Bals* 2008,
    S. 84; Zweifel jedoch in BGH NStZ 2002, S. 364 ff.

76 MüKo-*Maier* 2016, §46a Rn. 11, wie z. B. im oben genannten Urteil BGH NStZ 2002,
    S. 364 ff. in dem ein Banküberfall sowohl materielle Schäden bei der Bank als auch im-
    materielle Schäden bei den Angestellten verursacht hatte.

77 MüKo-*van Gemmeren* 2012, § 61 Rn. 4.

78 MüKo-*van Gemmeren* 2016, § 61 Rn. 1; NK-*Pollähne* 2017, § 61 Rn. 2.

79 *Streng* 2013, Rn. 335.

3. Die Sanktionspraxis

Um Probleme, Lücken und Verbesserungsmöglichkeiten des Sanktionensystems ausmachen zu können, ist es zunächst erforderlich, einen Blick auf die aktuelle Sanktionspraxis sowie deren Entwicklung zu werfen.[80] Dies erfolgt im Wesentlichen anhand der Daten aus der Strafverfolgungsstatistik.[81] Darin werden alle wegen Straftaten nach dem StGB und dem Nebenstrafrecht Abgeurteilten sowie Verurteilten erfasst und die Abgeurteilten und Verurteilten nach Geschlecht, demographischen Merkmalen, Art des Delikts, dem angewandten Strafrecht[82] sowie Art und Höhe der Sanktion aufgeschlüsselt. Sie ist daher am ehesten geeignet, ein zutreffendes Bild der aktuellen Sanktionspraxis wiederzugeben. Nicht erfasst sind dabei Strafrestaussetzungen zur Bewährung. Diese werden jedoch zumindest teilweise in der Statistik der Bewährungshilfe ausgewiesen.[83] Auch informelle Erledigungen vor Klageerhebung durch die Staatsanwaltschaft sind nicht enthalten, da die Betroffenen weder abgeurteilt noch verurteilt werden. Diese sind jedoch in der Staatsanwaltschaftsstatistik[84] enthalten. Die gerichtlichen Einstellungen werden zudem in der Statistik der Strafgerichte erfasst.[85] Für die Freiheits- und Ersatzfreiheitsstrafe ist zudem die Strafvollzugsstatistik[86] relevant. In dieser wird die Vollzugspopulation in Deutschland stichtagsbezogen nach unterschiedlichen Merkmalen aufgeschlüsselt wiedergegeben.

Die Erhebungsmethoden der unterschiedlichen Statistiken sind jedoch nicht identisch, woraus sich Probleme der Vergleichbarkeit ergeben können.[87] Zum einen unterscheiden sich die Registrierungsmethoden der Statistiken, zum anderen ist die regionale Verfügbarkeit von Daten verschieden. Bei der Betrachtung der Entwicklung der Sanktionspraxis ist neben dem Problem der teilweise fehlenden Daten zudem die Einigung Deutschlands zu berücksichtigen, welche vor allem bei Längsschnittbetrachtungen beachtet werden muss.

Trotz der teilweise fehlenden Vergleichbarkeit bilden die Rechtspflegestatistiken dennoch die beste Möglichkeit, sich ein objektives Bild von der Sanktions-

---

80 *Stöckel* 2007, S. 618; *Streng* 1999, S. 828.

81 *Statistisches Bundesamt* 2018.

82 Jugend- oder Erwachsenenstrafrecht.

83 *Statistisches Bundesamt* 2013; Wobei streng genommen nur die Unterstellungen unter einen Bewährungshelfer erfasst werden, vgl. *Heinz* 2014, S. 49.

84 *Statistisches Bundesamt* 2019.

85 *Statistisches Bundesamt* 2019b.

86 *Statistisches Bundesamt* 2018a.

87 *Rat für Sozial- und Wirtschaftsdaten* 2009, S. 16.

praxis machen zu können. Im Folgenden sollen daher die Daten aus den verschiedenen Statistiken ausgewertet und die sich daraus ergebenden Probleme dargestellt werden.

3.1 Allgemeines

Die am häufigsten verhängte Strafe im deutschen Strafrecht ist mit großem Abstand die Geldstrafe. 2017 wurden insgesamt 551.957 Geldstrafen verhängt, dies betraf 84,5% aller nach Erwachsenenstrafrecht Verurteilten. Auf die Freiheitsstrafe entfielen lediglich 15,5% (absolut: 104.417 Verurteilungen), wobei 68,1% dieser Freiheitsstrafen gemäß § 56 StGB zur Bewährung ausgesetzt wurden.[88] Die unbedingte Freiheitsstrafe ist also mit lediglich 33.285 der 656.376 Verurteilungen (bzw. 5,1%) eher die Ausnahme. Insgesamt dominieren damit die Sanktionen ohne Freiheitsentzug. Die zeitliche Entwicklung der Sanktionspraxis ist dabei gekennzeichnet von einem kontinuierlichen Rückgang der freiheitsentziehenden Sanktionen.[89]

Zur Bedeutung der monetären Sanktionen ist hinzuzufügen, dass zu den eigentlichen Geldstrafen noch Einstellungen nach Zahlung einer Geldauflage hinzukommen. Dies waren 2015 allein auf staatsanwaltlicher Ebene 140.035 Einstellungen unter Zahlung eines Geldbetrags an eine gemeinnützige Organisation oder die Staatskasse.[90] Die Geldauflage hat damit im Bereich der verfahrensrechtlichen Entkriminalisierung einen deutlich größeren Anwendungsbereich als die übrigen Auflagen und Weisungen.[91] Ebenfalls hinzu kommen Fälle mit Bewährungsauflagen zur Zahlung eines Geldbetrags.[92] Monetäre Sanktionen sind damit sogar noch weit bedeutsamer, als bereits der hohe Anteil an Geldstrafen vermuten lässt.

Nach Inkrafttreten des RGStGB 1871 waren verschiedene Formen der Freiheitsstrafe die primäre Sanktion mit 76,8% der Verurteilungen.[93] Das Verhältnis zwischen stationären und ambulanten Strafen war im Vergleich zu heute also umgekehrt.[94] Größere Sprünge sind dabei vor allem durch das Geldstrafengesetz in den zwanziger Jahren, die Einführung der Strafaussetzung zur Bewährung 1953 sowie durch die Große Strafrechtsreform 1969 zu beobachten gewesen (vgl.

---

88 *Statistisches Bundesamt* 2018, S. 160 ff.

89 *Heinz* 2014, S. 70 f.; *Kaiser* 1997, § 92 Rn. 9; *Walter/Geiter/Fischer* 1990, S. 16 f.

90 *Statistisches Bundesamt* 2019a, S. 26.

91 *Kaiser* 1997, § 92 Rn. 11.

92 *Heinz* 2014, S. 71.

93 *Heinz* 2014, S. 59: auf Geldstrafen entfielen 23,2%, die Todesstrafe spielte mit regelmäßig unter 0,1% kaum eine Rolle.

94 MüKo-*Radtke* 2016, § 40 Rn. 10; NK-*Villmow* 2017, vor § 38 Rn. 31.

Abb. 1). Seit 1969 ist das Verhältnis zwischen Geldstrafe, Freiheitsstrafe und bedingter Freiheitsstrafe im Wesentlichen konstant geblieben.

Durch diesen Rückgang hat sich auch die Strafvollzugspopulation in Deutschland entspannt und eine Überbelegung liegt nicht mehr vor.[95] Allerdings spielt für diese Zahlen nicht nur die Sanktionspraxis eine Rolle, sondern auch die allgemeine Kriminalitätsentwicklung, das Anzeigeverhalten sowie die Entlassungspraxis.

Abbildung 1: Entwicklung der Sanktionierungspraxis im Allgemeinen Strafrecht. Absolute Zahlen. Früheres Bundesgebiet mit Westberlin, seit 1995 mit Gesamtberlin, seit 2007 früheres Bundesgebiet sowie Bundesrepublik Deutschland

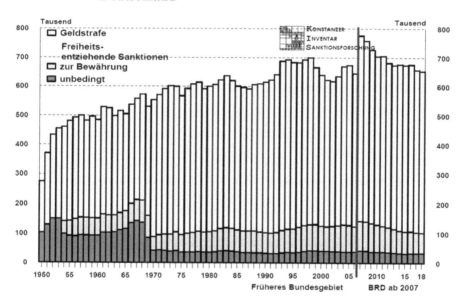

Quelle: *Heinz* 2020, Schaubild 13.

---

95   Die Strafvollzugsanstalten waren am Stichtag 30.11.2018 zu ca. 85% ausgelastet, vgl. *Statistisches Bundesamt* 2019, S. 5, eine volle Belegung wird erst ab 85-90% angenommen, vgl. *Dünkel* 2005, S. 55; *Dünkel/Geng* 2007, S. 17.

3.2 Verfahrensrechtliche Erledigung

Verändert hat sich neben den verhängten Sanktionen auch die Praxis der informellen Erledigungen. Die Diversion als verfahrensrechtliche Entkriminalisierung hat über die Jahre erheblich an Bedeutung gewonnen. Doch seit Anfang der 2000er Jahre stagnieren auch hier die Fallzahlen. Seit den 1990er Jahren machen Diversionsentscheidungen regelmäßig mindestens fast die Hälfte der Verfahrensbeendigungen aus. Ihre Vorteile liegen zum einen in der geringen Eingriffsintensität: Dem Täter bleibt ein stigmatisierendes Strafverfahren erspart,[96] er muss nicht vor Gericht erscheinen und sein Kontakt mit dem Justizapparat ist minimal. Zum anderen sind Einstellungen für die Justiz schneller und kostengünstiger als ein aufwendiges Strafverfahren und auch dem Täter werden Verfahrens- und Anwaltskosten erspart.[97] Es werden also sowohl ökonomische als auch präventive Zwecke verfolgt.[98]

Insgesamt kann der weitgehende Ausbau der Diversion in Deutschland als Erfolg gewertet werden, was sich auch in der Annahme des Instituts durch die Praxis zeigt. Die Rückfallraten nach einem Diversionsverfahren sprechen auch dafür, dass in diesen Fällen keine weitere staatliche Intervention notwendig ist und die Diversion spezialpräventiv zumindest nicht schlechter ist als eine formelle Sanktion.[99]

Ein Großteil dieser Einstellungen erfolgt durch die Staatsanwaltschaften nach § 153 Abs. 1 und § 153a Abs. 1 StPO, was auch dem Zweck dieser Normen entspricht.[100] Einstellungen durch den Richter nach den Abs. 2 der jeweiligen Vorschrift sind eher die Ausnahme (vgl. *Abb. 2*): Die häufigsten Einstellungen erfolgen ohne Auflage, also nach § 153 StPO. Die Einstellungen unter Auflagen machten 2018 nur noch 35% aller Einstellungen aus.[101] Sowohl bei Anzahl als auch bei Art der Einstellung sind zudem erhebliche regionale Unterschiede zu beobachten.[102]

Mit Blick auf die bereits jetzt hohen Diversionsraten ist ein Reformbedarf in diesem Bereich eher nicht zu erkennen. Der Bereich, in dem entweder keine oder nur eine minimale staatliche Reaktion auf kriminelles Verhalten angemessen ist, scheint nach oben hin bereits ausgeschöpft und eine Einschränkung der Diversion

---

96   *Jung* 2001, S. 61.

97   SK-StPO-*Weßlau* 2011, § 153 Rn. 2.

98   *Fasoula* 2003, S. 128; *Heinz* 2014, S. 65.

99   *Fasoula* 2003, S. 128; *Heinz* 2006, S. 188. Für Einstellungen bei Jugendlichen und Heranwachsenden *Linke* 2011, S. 75 ff.; *Crasmöller* 1996, S. 124.

100   SK-StPO-*Weßlau* 2011, § 153 Rn. 3.

101   1981 waren es noch 57%, vgl. *Heinz* 2014, S. 66.

102   *Heinz* 2014, S. 67 f.

sollte aufgrund der positiven Erfahrungen ebenfalls nicht vorgenommen werden. Denkbar wäre es noch, einen Schritt vor der staatsanwaltschaftlichen Einstellung anzusetzen und bestimmte Bagatelldelikte bereits durch die Polizei durch ein „Strafgeld" zu erledigen. Dies würde noch weniger bürokratischen Aufwand und noch weniger Kontakt mit der Justiz für den Täter bedeuten. Eine derartige Sanktion würde auf den untersten Bereich der Kriminalität abzielen,[103] zum Beispiel Ladendiebstähle von geringwertigen Sachen, Schwarzfahren im öffentlichen Nahverkehr oder leichte Sachbeschädigungen. Bedenken bestehen vor allem aufgrund des Richtervorbehalts, wenn letztlich die Polizei über strafrechtliche Sanktionen bzw. die Einstellung eines Verfahrens entscheiden kann.[104] Dieses verfassungsrechtliche Hindernis erscheint kaum überwindbar zu sein. Strafrechtliche Sanktionen sollten keinesfalls außerhalb der Judikative verhängt werden dürfen. Zudem bleibt das Problem, dass auch dieses Strafgeld bei Zahlungsunfähigkeit vollstreckt werden muss, was voraussichtlich erneut durch eine Form des Freiheitsentzugs geschehen würde. Das Strafgeld dient damit eher der Vereinfachung des Verfahrens und der Kostenersparnis für den Staat als einer tatsächlichen Entkriminalisierung bzw. der Vermeidung von kurzen Freiheits- oder Ersatzfreiheitsstrafen. Hinzu kommt, dass durch ein Strafgeld möglicherweise strafverfahrensrechtliche Garantien unterlaufen werden. Wenn man bestimmte Bagatellen also bereits auf polizeilicher Ebene erledigen möchte, dann kommt nur eine materielle Entkriminalisierung in Betracht. Die entsprechenden Tatbestände müssten also (ggf. nur bis zu einer gewissen Schadensgrenze) ins Ordnungswidrigkeiten- oder Zivilrecht verlagert werden. Eine allein von der Polizei zu verhängende strafrechtliche Sanktion ist jedoch entschieden abzulehnen. Zu denken wäre daher nur an eine materiellrechtliche Entkriminalisierung bestimmter Bagatelldelikte, dies wäre vor allem für Intensiv- und Wiederholungstäter, bei denen eine prozessuale Erledigung nach aktueller Rechtslage nicht in Betracht kommt, relevant.

---

103 *Landau/Fünfsinn* 2000, S. 6.

104 *Schaefer* 1999, S. 544; *Streng* 1999, S. 855 f.

Abbildung 2: Nach Allgemeinem Strafrecht informell und formell Sanktionierte. Anteil bezogen auf (informell und formell) Sanktionierte insgesamt (Diversionsraten). Früheres Bundesgebiet mit Westberlin, seit 1995 mit Gesamtberlin, seit 2007 früheres Bundesgebiet sowie Bundesrepublik Deutschland

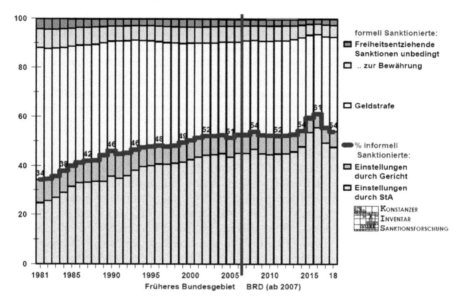

Quelle: *Heinz* 2020, Schaubild 10.

3.3 Die Geldstrafe und ihre Surrogate

Die Geldstrafe ist die der absoluten Anzahl der Verhängungen nach mit Abstand bedeutendste Strafe im StGB (vgl. *Abb. 1*). Ihr Zweck besteht darin, den Täter durch einen zeitweisen Konsumverzicht zu bestrafen.[105] Sie hat damit im Wesentlichen eine Art „Denkzettelfunktion". Zusätzliche der Resozialisierung dienende Maßnahmen können, anders als bei der Verwarnung mit Strafvorbehalt oder einer zur Bewährung ausgesetzten Freiheitsstrafe, nicht mit ihr verbunden werden.[106] Ihre Vorteile liegen vor allem in ihrer Einfachheit, ihrer Anonymität

---

105 MüKo-*Radtke* 2016, § 40 Rn. 11 f.

106 *Meier* 2015, S. 55; MüKo-*Radtke* 2016, § 40 Rn. 12.

und der relativ geringen Eingriffsintensität.[107] Sie ist mit verhältnismäßig geringem bürokratischem Aufwand verbunden und kann im Idealfall schnell abgewickelt werden. Anstatt wie die Freiheitsstrafe mit weiteren Kosten verbunden zu sein, sorgt sie sogar für Einnahmen in die Staatskasse.[108]

Zudem sind die negativen Auswirkungen auf den Täter in der Regel nicht zu gravierend.[109] Er kann in seinem gewohnten Umfeld verbleiben und weiter seiner beruflichen Tätigkeit oder Ausbildung nachgehen.[110] Auch die stigmatisierende Wirkung ist im Vergleich zur Freiheitsstrafe gering. Eine Geldstrafe kann üblicherweise „im Stillen" bezahlt werden, ohne dass das soziale Umfeld des Täters dies notwendigerweise erfährt, während dies bei einer Freiheitsstrafe kaum möglich sein dürfte.[111] Die Geldstrafe kann zudem durch das Tagessatzsystem den unterschiedlichen Einkommenssituationen der Täter Rechnung tragen (auch wenn so nicht alle Ungleichheiten beseitigt werden können). Als Ergebnis lässt sich festhalten, dass gerade viele der negativen Folgen der Freiheitsstrafe bei der Geldstrafe vermieden werden können.[112] Die Rückfallrate nach Verurteilung zu einer Geldstrafe ist zudem verhältnismäßig niedrig.[113]

Am häufigsten wird die Geldstrafe bei Bagatell- oder leichter bis mittlerer Kriminalität wie z. B. bei Straßenverkehrsdelikten, Sachbeschädigungen, Diebstählen oder einfacher Körperverletzung verhängt.[114] Sie spielt aber darüber hinaus im Bereich der schwereren (Gewalt-)Kriminalität eine Rolle, zum Beispiel beim Raub bzw. räuberischen Diebstahl[115] oder auch der Brandstiftung.[116] Die geringen Fallzahlen bei den genannten Delikten zeigen zwar auf der einen Seite die praktisch geringe Bedeutung der Geldstrafe bei solch schweren Delikten, auf der anderen Seite jedoch, dass auch bei diesen Delikten Fälle denkbar sind, in

---

107 *Fehl* 2001, S. 80; NK-*Albrecht* 2017, § 40 Rn. 7.

108 Auch wenn, wie *Zipf* 1962, S. 46 zutreffend feststellt, fiskalische Gründe weder bei der gesetzlichen Implementation noch bei der Zumessung von Strafen eine Rolle spielen dürfen, ist dies doch zumindest ein positiver Nebeneffekt.

109 NK-*Albrecht* 2017, § 40 Rn. 10.

110 *Fehl* 2001, S. 80.

111 *Fehl* 2001, S. 82; MüKo-*Radtke* 2016 § 40 Rn. 12; *Zipf* 1962, S. 45 f.

112 *Fehl* 2001, S. 80; LK-*Häger* 2006, vor § 44 Rn. 42; *Zipf* 1962, S. 45 f.

113 *Jehle u. a.* 2016, S. 57 ermittelten ca. 30% Rückfälle zwischen 2010 und 2013; niedrigere Rückfallraten sind aber natürlich aufgrund der vorherigen Auswahl der Täter im Vergleich zu beispielsweise kurzen Freiheitsstrafen auch zu erwarten.

114 NK-*Villmow* 2017, vor §§ 38 ff. Rn. 31.

115 2017 65 Fälle der §§ 249, 252 und 255 StGB, hinzu kamen ein Fall des § 250 StGB und ein Fall des § 316a StGB.

116 2015 elf Fälle des § 306 StGB und 15 des § 306a StGB.

denen eine Geldstrafe trotz der Mindeststrafe von eigentlich einem Jahr Freiheitsstrafe schuldangemessen ist. Anwendbar wird die Geldstrafe in diesen Fällen entweder durch minder schwere Fälle und/oder durch Milderungsgründe aus dem
Allgemeinen Teil, ggf. verbunden mit § 47 Abs. 2 S. 1 StGB. Die Geldstrafe
deckt damit insgesamt ein sehr weites Spektrum von Kriminalität bzw. verschiedenen Straftatbeständen ab.

3.3.1 Tagessatzzahl

Der Regelstrafrahmen der Geldstrafe von fünf bis zu 360 Tagessätzen wird in der
Praxis nach oben hin kaum ausgeschöpft. 2017 wurden lediglich 3.366 Geldstrafen von mehr als 180 Tagessätzen[117] verhängt. Dies waren nur 0,6% aller Geldstrafen insgesamt, obwohl es sich dabei um die Hälfte des gesetzlichen Strafrahmens handelt. Im Bereich von mehr als 180 Tagessätzen dominiert also mit
großem Abstand die Freiheitsstrafe. Selbst wenn man den Bereich von 91 bis 180
Tagessätzen hinzunimmt, kommt man lediglich auf 44.821 Verurteilungen, was
8,1% aller Geldstrafen ausmacht. 91,9% aller Geldstrafen bewegen sich damit im
Bereich zwischen fünf und 90 Tagessätzen,[118] also lediglich dem unteren Viertel
des gesetzlichen Strafrahmens. Vor allem für den Bereich zwischen 91 und 180
Tagessätzen verwundert dies im Hinblick auf die Wertung des § 47 Abs. 1 StGB,
der die Freiheitsstrafe in diesem Bereich eigentlich als Ausnahme vorsieht. Daher
wäre eigentlich zu erwarten, dass auch im Bereich bis zu 180 Tagessätzen ein
größerer Anteil an Geldstrafen verhängt werden würde, um entsprechend kurze
Freiheitsstrafen zu vermeiden. Eine Ausnahme bilden dabei die Delikte nach der
AO. Bei Verstößen gegen diese werden überdurchschnittlich häufig auch Geldstrafen von über 180 Tagessätzen verhängt.[119]

Im Bereich von über 90 Tagessätzen scheint die Praxis also der Auffassung
zu sein, dass allein eine Geldstrafe nur selten zielführend ist. Aufgrund fehlender
Alternativen kommt dann in der Regel nur eine (möglicherweise bedingte) Freiheitsstrafe in Betracht. Die Geldstrafe ist in diesem Bereich allerdings für einen
großen Teil der Täter auch aus rein tatsächlichen Gründen nicht geeignet. Geldstrafen von einem Viertel Jahresgehalt (also ab 90 Tagessätzen) oder mehr dürften, selbst mit Hilfe von Zahlungserleichterungen, für viele Täter kaum bezahlbar
sein, vor allem da man in vielen Fällen von einem geringen Einkommen ausgehen
muss.[120] In solchen Fällen bergen höhere Geldstrafen dann oft die Gefahr, durch

---

117 Dies schließt auch die im Rahmen einer Gesamtstrafe verhängten Geldstrafen von mehr
     als 360 Tagessätzen ein.

118 *Heinz* 2014, S. 72.

119 *Harrendorf* 2017, S. 525; NK-*Albrecht* 2017, § 40 Rn. 5.

120 Vgl. *Kap. 3.3.2.*

Ersatzfreiheitsstrafen vollstreckt werden zu müssen.[121] Trotz der Versuche, die Geldstrafe durch das Tagessatzsystem für alle Täter gleich belastend auszugestalten, sind ihre Auswirkungen auf Geringverdiener ungleich schwerwiegender. Denn Besserverdienende werden häufiger Zugriff auf ein erspartes Vermögen haben[122] (welches bei der Berechnung der Geldstrafe keine Rolle spielt) und darüber hinaus dürfte es ihnen ohnehin leichter fallen, den finanziellen Verlust zu kompensieren. Dies könnte eine Erklärung dafür sein, dass bei Delikten nach der AO der Strafrahmen der Geldstrafe häufiger nach oben hin ausgeschöpft wird. Bei Steuerstraftätern dürften die Richter eher davon ausgehen können, dass Geldstrafen mit einer höheren Anzahl an Tagessatzzahlen bezahlt werden können, ohne dass eine Ersatzfreiheitsstrafe zu befürchten ist. Zwar dürfen derartige Erwägungen bei der Strafzumessung eigentlich keine Rolle spielen, jedoch wird damit deutlich, dass es in diesem Bereich an Alternativen im Sanktionensystem mangelt. Daneben ist jedoch zu beachten, dass auch registerrechtliche Gründe für eine besondere Bedeutung der Grenze von 90 Tagessätzen bestehen.[123] Denn gemäß § 32 Abs. 2 Nr. 5a BZRG werden Geldstrafen von bis zu 90 Tagessätzen nicht im Führungszeugnis eingetragen.

Selbst wenn eine solch hohe Geldstrafe unter großer finanzieller Anstrengung bezahlt und eine Ersatzfreiheitsstrafe so vermieden werden kann, kann sie entsozialisierende Folgen für sozial schwächer gestellte Täter haben und zu einer finanziellen Überlastung führen.[124] Denn der Täter muss als Folge seiner Verurteilung nicht ausschließlich die Geldstrafe bezahlen. Hinzu kommen Anwalts- und Verfahrenskosten sowie ggf. Schadensersatz an das Opfer.[125] Diese finanziellen Folgen betreffen dann nicht ausschließlich den Täter, sondern auch sein Umfeld, insbesondere Familie und unterhaltsberechtigte Kinder.[126] Daneben können mögliche Opferansprüche durch finanzielle Überforderung gefährdet werden.[127] Aus diesem Grund wäre zu befürchten, dass der Täter wegen der drohenden Ersatzfreiheitsstrafe wahrscheinlich eher die Geldstrafe zahlen wird, anstatt einen zivilrechtlich möglicherweise ohnehin nicht vollstreckbaren Schadensersatzanspruch

---

121 *H.-J. Albrecht* 1980, S. 252; *Villmow* 1998, S. 1292.

122 *Fehl* 2001, S. 83; NK-*Albrecht* 2017, § 40 Rn. 11.

123 *Harrendorf* 2017, S. 520.

124 BT-Drucks. 15/2725, S. 15; *Bublies* 1992, S. 184; *Streng* 2012, Rn. 133.

125 *Kommission* 2000, S. 1 f.

126 *Schaffmeister* 1985, S. 998 f.; dabei sollte jedoch beachtet werden, dass dies für die anderen Strafen des StGB gilt, auch Freiheitsstrafe und Fahrverbot beeinflussen das Umfeld des Verurteilten negativ, vgl. *Fehl* 2001, S. 82.

127 DDKR-*Hartmann* 2017, § 40 Rn. 1.

des Opfers zu erfüllen.[128] Die negativen Folgen können also sowohl Täter als auch Opfer treffen. Außerdem sollte die mögliche Belastung, die mit einer Ratenzahlung verbunden ist, nicht unterschätzt werden. Die Strafe wird nicht, wie eigentlich bei der Geldstrafe vorgesehen, direkt erledigt, sondern kann eine monate- oder sogar jahrelange Belastung für den Betroffenen darstellen.[129] Dies wird umso gravierender, je länger die Ratenzahlung andauert, also je höher die Geldstrafe ist.

Hier ist daher Handlungsbedarf auszumachen. Geldstrafen mit einer hohen Anzahl von Tagessätzen führen teilweise zu erheblichen Problemen und die vom Gesetzgeber zur Verfügung gestellten Alternativen reichen ebenfalls nicht aus. Die kurze Freiheitsstrafe ist ohnehin als Ausnahme konzipiert und mit erheblichen negativen Folgen für den Täter verbunden.[130]

Ein weiteres Problem kann sich ergeben, wenn die Geldstrafe nicht durch den Täter selbst, sondern von Dritten gezahlt wird,[131] zum Beispiel durch gutverdienende Eltern oder den Arbeitgeber.[132] Sie ist also, im Gegensatz zu einer Freiheitsstrafe oder einem Fahrverbot, nicht höchstpersönlicher Natur und zwangsweise vom Täter selbst zu erbringen. Zudem wäre die Tagessatzhöhe am Einkommen des Täters orientiert und nicht an dem der möglicherweise finanziell deutlich besser gestellten Person, die die Geldstrafe u. U. bezahlt. Auch wenn davon auszugehen ist, dass die tatsächliche Anzahl der Fälle, in denen die Geldstrafe von einem Dritten übernommen wird, minimal ist,[133] gibt das Problem doch zumindest einen Anlass, über die Schaffung von alternativen Hauptstrafen neben der Freiheitsstrafe, bei der die Höchstpersönlichkeit garantiert ist, nachzudenken.

---

128 Bei dessen Nicht-Zahlung droht keine Vollstreckung durch Freiheitsentzug; eine Priorität des Opferanspruchs ist bei der Geldstrafe nicht vorgesehen. *Schöch* 1992, C. 83 spricht von einem „faktischen Vorrang" der Geldstrafe durch die Möglichkeit der Vollstreckung durch Ersatzfreiheitsstrafe.

129 *Wilde* 2016, S. 366.

130 Vgl. *Kap. 3.4.2.*

131 Dies stellt nach herrschender Auffassung keine strafbare Strafvereitlung dar, vgl. BGH NStZ 1991, S. 486 f.; *Kapp* 1992, S. 2797; Lackner/Kühl-*Kühl* 2018, § 258 Rn. 13; Differenzierend Sch/Sch-*Hecker* 2019, § 258 Rn. 29; *Wodicka* 1991, S. 488; Für die Schaffung eines entsprechenden Straftatbestands LK-*Häger* 2006, vor § 44 Rn. 32; *Scholl* 1999, S. 605.

132 Dies kommt zum Beispiel bei Delikten in Betracht, durch die der Arbeitgeber unmittelbar oder mittelbar profitiert hat, also vor allem im Bereich der Wirtschafts- und Umweltkriminalität, vgl. NK-*Altenhain* 2017, § 258 Rn. 65; *Scholl* 1999, S. 600.

133 NK-*Albrecht* 2017, § 40 Rn. 12.

Abbildung 3: Nach Allgemeinem Strafrecht zu Geldstrafe Verurteilte nach Anzahl der Tagessätze. Anteile bezogen auf nach allgemeinem Strafrecht zu Geldstrafe Verurteilte. Früheres Bundesgebiet mit Westberlin, seit 1995 mit Gesamtberlin, seit 2007 früheres Bundesgebiet sowie Bundesrepublik Deutschland

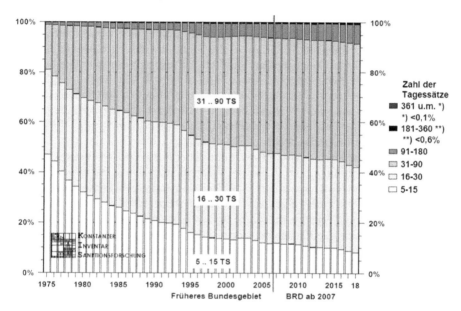

Quelle: *Heinz* 2020, Schaubild 14.

3.3.2 *Tagessatzhöhe*

Neben der Tagessatzzahl ist auch die Höhe eines Tagessatzes maßgeblich für die Summe der Geldstrafe. Ein Tagessatz liegt dabei gemäß § 40 Abs. 2 S. 2 StGB zwischen einem und 30.000 Euro. Die Höhe der Tagessätze erschöpft sich in der Praxis weitestgehend im Bereich bis zu 25 €. Der Bereich bis zu 50 € wird noch ansatzweise verhängt, Tagessätze von über 50 € stellen hingegen eine Ausnahme dar.[134] Dies zeigt zum einen, dass ein Großteil der damit Bestraften über ein relativ geringes Einkommen verfügt, lässt zum anderen jedoch vermuten, dass die

---

134 *Heinz* 2014, S. 73; NK-*Villmow* 2017, vor § 38 Rn. 32; Auch die Strafverfolgungsstatistik weist lediglich Tagessatzhöhen „über 50 €" aus, darüber hinaus werden die Tagessatzhöhen nicht weiter aufgeschlüsselt, damit wird der Bereich zwischen 51 und 30.000 €

Ermittlung der korrekten Tagessatzhöhe Probleme bereitet. Wie bereits von *Heinz* angemerkt, ist wohl kaum davon auszugehen, dass lediglich ca. 1% aller Straftäter in Deutschland über ein Nettoeinkommen von mehr als 1.500 € verfügen.[135] Damit wird ein weiteres Problem der Geldstrafe offenbart: die konkrete Bemessung der Tagessatzhöhe im Einzelfall. Teilweise ist das Einkommen eines Täters schwer zu bestimmen, insbesondere bei Verhängungen im Rahmen eines Strafbefehlsverfahrens (die einen erheblichen Anteil der Verfahren ausmachen[136]), in welchem dem Richter üblicherweise allein die Berufsbezeichnung des Täters bekannt ist. Untersuchungen legen nahe, dass die Richter sich daher häufig ohne weitere Nachforschung dem Vorschlag der Staatsanwaltschaft anschließen.[137] Zwar kann der Verurteilte gegen den Strafbefehl Einspruch einlegen und es so zu einer Hauptverhandlung kommen lassen (§§ 410 Abs. 1, 411 Abs. 1 S. 1 StPO), doch müsste er sich dazu zunächst einmal der unzutreffenden Feststellung der Tagessatzhöhe bewusst sein.[138] Hinzu kommt, dass durch die erzwungene Hauptverhandlung weitere Prozesskosten drohen. Daher wird der Strafbefehl in den meisten Fällen rechtskräftig werden.[139]

Probleme bereitet zudem die Bestimmung bei Personen mit einem Einkommen am Existenzminimum (z. B. Hartz-IV-Empfänger) sowie Personen ohne eigenes Einkommen (z. B. Studenten, Hausfrauen/-männer).[140] Dieses Problem ist jedoch zwangsweise eine Folge des Tagessatzsystems: Will man die Geldstrafe am Tätereinkommen orientieren, folgen daraus Schwierigkeiten, dieses zu ermitteln. „Das ist der Preis, ohne den die Vorteile des Systems nicht zutage treten."[141] Behoben werden kann dies allein durch strafprozessuale Maßnahmen, nicht jedoch auf dem Gebiet des Sanktionenrechts. Ein Entfernen von einer am Einkommen orientierten Geldstrafe wird jedoch – zu Recht – von niemandem ernsthaft gefordert.

---

gemeinsam erfasst. In diesem Bereich lagen 2017 lediglich 1,1% aller Geldstrafen, vgl. *Statistisches Bundesamt* 2018, S. 199.

135 *Heinz* 2014, S. 73; ähnliche Probleme sieht *Stöckel* 1992, O. 31.

136 Nach *Kawamura-Reindl/Sonnen* 2003, S. 297 ca. 75%; Sondererhebungen in Baden-Württemberg und Nordrhein-Westfalen ergaben 78,5% (BaWü) bzw. 64% (NRW), vgl. *Heinz* 2017, S. 107; zudem werden in einem Strafbefehlsverfahren verhältnismäßig weniger Ratenzahlungen gestattet, als wenn eine Hauptverhandlung stattfand, vgl. *Villmow* 1998, S. 1302, der Grund dafür dürfte darin liegen, dass der Verurteilte keine realistische Möglichkeit bekommt, auf eine Notwendigkeit von Zahlungserleichterungen hinzuweisen.

137 *Guthke/Kiglikoglu* 2015 S. 12; *Janssen* 1994, S. 134.

138 *Wilde* 2016, S. 259.

139 *Heischel* 2011, S. 158; *Janssen* 1994, S. 134; *Wilde* 2016, S. 261.

140 *Heinz* 2014, S. 73; NK-*Albrecht* 2017, § 40 Rn. 38 ff.

141 LK-*Häger* 2006, vor § 40 Rn. 11.

Abbildung 4: Nach allgemeinem Strafrecht zu Geldstrafe Verurteilte nach Höhe der Tagessätze. Anteile bezogen auf nach allgemeinem Strafrecht zu Geldstrafe bis 360 Tagessätze Verurteilte. Früheres Bundesgebiet mit Westberlin, seit 1995 mit Gesamtberlin, seit 2007 früheres Bundesgebiet und Bundesrepublik Deutschland

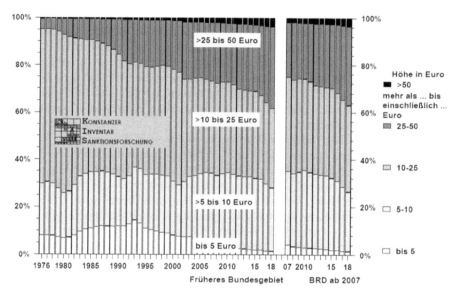

Quelle: *Heinz* 2020, Schaubild 16.

Für die Mindest- bzw. Höchstgrenzen der Tagessatzhöhe lässt sich aus der Sanktionspraxis kein Reformbedarf herleiten. Ein Tagessatz von unter einem Euro erscheint unrealistisch und auch die Obergrenze von 30.000 € sollte mehr als ausreichend sein, wenn man sich vor Augen hält, in welchem Ausmaß die geringen Tagessatzhöhen in der Praxis dominieren (vgl. *Abb. 4*). Gegen ein vollständiges Abschaffen der Obergrenze, um auch den reichsten Täter erfassen zu können, spricht neben dem fehlenden praktischen Bedürfnis zudem noch das Bestimmtheitsgebot (Art. 103 Abs. 2 GG).[142] Selbst die Anhebung von vorher

---

142 BT-Drucks. 16/11606, S. 7; Sch/Sch-*Kinzig* 2019, § 40 Rn. 7; abweichend davon die Stellungnahme des Bundesrates, vgl. BT-Drucks. 16/11606, S. 9.

5.000 € auf 30.000 € im Jahre 2009 war daher eher als ein Akt symbolischer Kriminalpolitik anzusehen. Ein ernsthaftes praktisches Bedürfnis lag ihr nicht zugrunde.[143] Bedarf nach einer weiteren Erhöhung besteht aus diesem Grund nicht.

Die Behauptung, die Mindesthöhe eines Tagessatzes sei zu erhöhen, da jeder Mensch in Deutschland einen Anspruch auf eine höhere Summe pro Tag zur Existenzsicherung habe,[144] ist hingegen abzulehnen. Zum einen bezieht nicht jeder diese Leistungen,[145] zum anderen dienen diese Leistungen ausschließlich der Existenzsicherung. Es ist daher ohnehin problematisch, überhaupt darin einzugreifen, da dem Täter bereits nur das nötige Minimum zur Verfügung stehen soll. Nimmt man ihm davon etwas, müsste er unter dem Existenzminimum leben. Dieses Existenzminimum ist jedoch verfassungsrechtlich in Art. 1 Abs. 1, 20 Abs. 1 GG verankert und darf nicht unterschritten werden.[146] Daher ist es auch zulässig, bei Tätern, die am Existenzminimum leben, vom Nettoeinkommensprinzip abzuweichen und die Tagessatzhöhe entsprechend zu senken.[147] Bei einem höheren Mindesttagessatz als einem Euro besteht die Gefahr, den Täter verfassungswidrig in seinem Existenzminimum zu beschneiden. Dass niedrige Tagessätze im Bereich von nur wenigen Euro nur deshalb zustande kämen, weil ohne Nachprüfung den Angaben des Angeklagten bzgl. seines Einkommens geglaubt wird,[148] ist zum einen zweifelhaft, zum anderen kein Problem des minimalen Tagessatzes, sondern Folge unzureichender Ermittlungen. Die teilweise fehlerhafte Ermittlung des Einkommens durch den Tatrichter ist nicht durch eine Anhebung der Mindesthöhe zu korrigieren. Vielmehr bleibt es hier Aufgabe des Richters, das Einkommen im Einzelfall korrekt zu ermitteln bzw. eine adäquate Schätzung nach § 40 Abs. 3 S. 2 StGB vorzunehmen.

---

143 *Heinz* 2014, S. 73; MüKo-*Radtke* 2016, § 40 Rn. 54; NK-*Albrecht* 2017, § 40 Rn. 18; a. A. BeckOK-*von Heintschel-Heinegg* 2019, § 40 Rn. 8, der sich sogar für eine vollständige Streichung der Höchstgrenze ausspricht, was jedoch, unabhängig vom fehlenden praktischen Bedürfnis, wohl auch mit dem Bestimmtheitsgebot (Art. 103 Abs. 2 GG) unvereinbar wäre. Auch international ist die maximale Höhe damit vergleichsweise hoch angesetzt. In der Schweiz beispielsweise liegt sie mit 3.000 Franken gemäß Art. 34 Abs. 2 Schw.StGB weit unter dem deutschen Wert.

144 LK-*Häger* 2006, vor § 40 Rn. 12. Der Regelbedarf liegt aktuell bei 399 €, was einem Tagessatz von ca. 13 € entsprechen würde.

145 Z. B. Schüler, Studenten, Obdachlose oder auch Strafgefangene.

146 BVerfG NZS 2010, S. 270 ff.

147 OLG Köln StV 2009, S. 592; OLG Dresden StV 2008, S. 488; OLG Hamburg NStZ 2001, S. 655 f.; OLG Stuttgart 1994, S. 745; OLG Hamm NJW 1979, S. 1534 f.; OLG Köln NJW 1976, S. 636; Zustimmend Baseler-Kommentar-*Dolge* 2007, Art. 34 Rn. 77; LK-*Häger* 2006, § 40 Rn. 37; Siehe zu dieser Problematik auch *Wilde* 2016, S. 358 ff., der diesem Problem durch das Einbußeprinzip Rechnung tragen will.

148 *Bösling* 2002, S. 107.

Zwar mögen Geldstrafen in Höhe von z. B. fünf bis 20 € (wie sie bei einem Tagessatz von einem Euro z. T. zu erwarten wären) auf den ersten Blick geradezu absurd gering wirken,[149] sie sind jedoch im Zusammenhang mit dem geringen Einkommen der Täter zu sehen. Auch das Argument einer angeblich fehlenden Strafwirkung bei einer so geringen Tagessatzhöhe[150] kann nicht überzeugen. Gerade für Menschen am Existenzminimum (oder möglicherweise auch darunter) können selbst noch so geringe Geldstrafen erhebliche Auswirkungen haben. Selbst wenn durch Geldstrafen dieser Höhe die abstrakt generalpräventive Wirkung der Strafe verloren gehen sollte, was nicht nachgewiesen ist, so kann negative Generalprävention unter keinen Umständen eine Rechtfertigung dafür sein, einen Täter in seiner verfassungsrechtlich garantierten Grundsicherung einzuschränken. Zudem wird eingewandt, dass ein Tagessatz von nur einem Euro zu Unverhältnismäßigkeiten bei der Ersatzfreiheitsstrafe führe. So sei ein Tag Freiheitsstrafe für lediglich einen Euro unverhältnismäßig und für die Täter sei es unverständlich, dass sie für einen Euro einen Tag in Haft verbringen bzw. vier bis sechs Stunden arbeiten müssen (also umgerechnet für einen Stundenlohn von 25 bzw. 17 Cent).[151] Dies ist jedoch vielmehr ein Argument gegen die Ersatzfreiheitsstrafe in ihrer derzeitigen Ausgestaltung als primäre Ersatzsanktion bei uneinbringlichen Geldstrafen als ein Argument für die Anhebung der Mindesthöhe eines Tagessatzes. Die Mindesthöhe über ein für einige Täter angemessenes Maß anzuheben, nur damit die ggf. nötige Ersatzfreiheitsstrafe nicht unverhältnismäßig ist, kann nicht die Lösung des Problems sein. Es ist vielmehr an der Ersatzfreiheitsstrafe an sich anzusetzen. An der Mindesthöhe von einem Euro ist daher festzuhalten.[152]

---

149 So z. B. das OLG Hamburg NJW 1978, S. 551 f.; bei einer Geldstrafe von 20 DM (10 Tagessätze von je zwei DM) für Widerstand gegen Vollstreckungsbeamte („unvertretbar milde"); zustimmend *Naucke* 1978, S. 1171.

150 LK-*Häger* 2006, vor § 40 Rn. 12; MüKo-*Radtke* 2016, § 40 Rn. 54.

151 LK-*Häger* 2006, vor § 40 Rn. 12; MüKo-*Radtke* 2016, § 40 Rn. 54.

152 Zustimmend BeckOK-*von Heintschel-Heinegg* 2019, § 40 Rn. 8; NK-*Albrecht* 2017, § 40 Rn. 18; Sch/Sch-*Kinzig* 2019, § 40 Rn. 7, vgl. zudem auch das Schweizer Strafrecht, welches keine Mindesthöhe festgeschrieben hat (auch wenn diese dann faktisch bei einem Franken liegen dürfte) Basler-Kommentar-*Dolge* 2007, Art. 34, Rn. 43 f.; diskutiert wird jedoch die Einführung eines Mindesttagessatzes von 10 oder 30 Franken, vgl. *Riklin* 2014, S. 252; diese Reformbestrebungen werden am 01.01.2018 realisiert werden, indem eine Mindesthöhe von 30 Franken eingeführt wird (was immerhin einem 900 Franken Monatsgehalt entspricht). Dabei ist jedoch zu berücksichtigen, dass in Ausnahmefällen eine Reduzierung auf bis zu 10 Franken möglich ist, vgl. Medienmitteilung des Schweizer Bundesrats v. 29.03.2016.

3.3.3 Die Verwarnung mit Strafvorbehalt

Die Verwarnung mit Strafvorbehalt als mögliche Alternative zur Geldstrafe hingegen hat in der Praxis kaum Relevanz erlangt. 2017 kam es lediglich zu 6.492 Verhängungen dieser Sanktion. Dies stellt zwar einen leichten Anstieg seit der Einführung der Verwarnung dar,[153] ein wirklicher Durchbruch konnte ihr bis jetzt jedoch nicht gelingen. Im Vergleich zur informellen Erledigung und Geld- oder Freiheitsstrafen spielt sie nach wie vor nur eine untergeordnete Rolle.[154] Hauptsächlich wird sie im Bereich von 16 bis 90 Tagessätzen verhängt. Verwarnungen mit Strafvorbehalt bei zwischen 90 und 180 Tagessätzen werden dabei seltener verhängt (ca. 8% aller Verwarnungen). Dies deckt sich jedoch im Wesentlichen mit der allgemeinen Verteilung der Tagessatzzahl bei der Geldstrafe (vgl. Tabelle 1). Es ist daher nicht davon auszugehen, dass die Anzahl der Tagessätze einen maßgeblichen Einfluss darauf hat, ob der Täter zu einer Geldstrafe verurteilt oder lediglich mit Strafvorbehalt verwarnt wird.[155]

Tabelle 1: Verwarnungen mit Strafvorbehalt im Verhältnis zu Geldstrafen im Bereich bis zu 180 Tagessätzen 2017

Anzahl Tagessätze	5-15	16-30	31-90	91-180
Geldstrafen bis zu 180 Tagessätzen (absolut)	48.595	188.809	269.733	41.455
Verwarnungen mit Strafvorbehalt (absolut)	716	2.344	2.880	552
Geldstrafen bis zu 180 Tagessätzen (in Prozent)	8,8	34,2	48,9	7,5
Verwarnungen mit Strafvorbehalt (in Prozent)	11	36,1	44,4	8,5

Quelle: *Statistisches Bundesamt* 2018 (eigene Berechnung).

Wahrscheinlicher erscheint hingegen, dass die Art des begangenen Delikts Einfluss auf die Anwendung von § 59 StGB hat. So wird die Verwarnung mit Strafvorbehalt auffällig häufig bei Betrug und Untreue angewandt. 28,2% aller

---

153 NK-*Albrecht* 2017, § 59 Rn. 1.

154 Drastisch NK-*Albrecht* 2017 § 59 Rn. 1: „Praktisch bedeutungslos...".

155 Was insoweit auch dem Wortlaut des § 59 StGB entspricht, der die Schuld bzw. Höhe der Strafe außerhalb der Höchstgrenze von 180 Tagessätzen nicht erwähnt.

Verwarnungen entfielen 2015 auf diese Delikte.[156] Darauf folgten die Straftaten gegen die körperliche Unversehrtheit mit 14,8%. Überraschend selten wird die Verwarnung bei Diebstahl und Unterschlagung verhängt. Diese Delikte machten 2017 zwar 16,6% aller Verurteilten aus, jedoch lediglich 8,1% aller Verwarnten. Dies überrascht vor allem deshalb, weil auch Diebstahl und Unterschlagung typische Delikte für Geldstrafen im Bereich bis 180 Tagessätze sind.[157] Es spricht daher vieles dafür, dass die Gerichte bei Betrugsdelikten eher von einer positiven Legalprognose ausgehen als bei Diebstahl oder Unterschlagung.[158] Auch fällt auf, dass Frauen häufiger zu einer Verwarnung verurteilt werden: 2017 machten Frauen ca. 20% aller Verurteilten aus, jedoch ca. 31% aller Verwarnten.[159] Auch hier liegt nahe, dass dies mit der Rückfallprognose zusammenhängt.[160]

Die leichte Zunahme an Verwarnungen in den letzten Jahren könnte daher auch mit der insgesamt erfolgten Zunahme an Betrugsstraftaten und nicht mit den Reformen oder einer erhöhten Akzeptanz in der Praxis zu erklären sein.[161] Ein merklicher Anstieg der Bedeutung der Sanktion kann daher bei der aktuellen Rechtslage nicht erwartet werden.

Grund für die geringe Anwendungspraxis der Verwarnung mit Strafvorbehalt dürfte neben den engen gesetzlichen Voraussetzungen vor allem die Tatsache sein, dass die Straftaten, bei denen die Anwendung des § 59 StGB in Frage kämen, im Wesentlichen informell im Rahmen der Diversion erledigt werden.[162] Die Verwarnung kommt häufig dann in Betracht, wenn die nötige Zustimmung für eine Einstellung verweigert wird.[163] Für einen Ausbau der Sanktion wäre es daher wohl erforderlich, die Voraussetzungen der Norm zu lockern. Denn der potenzielle Anwendungsbereich (Geldstrafen bis zu 180 Tagessätzen) sind fast alle verhängten Geldstrafen und eine Anhebung der Höchstgrenze dürfte daher keinen merklichen Effekt haben. Um eine echte Alternative für diese Geldstrafen zur

---

156 1.831 der 6.492 Verwarnungen im Jahr 2017.

157 2017 wurden 74,7% aller wegen Diebstahl und Unterschlagung Verurteilten zu einer Geldstrafe bis maximal 180 Tagessätzen verurteilt. Bei Betrug und Untreue liegt dieser Wert mit 87,6% zwar sogar noch höher, jedoch nicht so hoch, dass allein den erheblichen Unterschied der verhängten Verwarnungen erklären könnte.

158 So sind z. B nach *Jehle u. a.* 2016, S. 98, die Rückfallraten nach einer Bezugsentscheidung wegen Betrugs deutlich niedriger als bei einer Bezugsentscheidung wegen Diebstahls.

159 Nur Verurteilte/Verwarnte nach dem StGB, vgl. Statistisches Bundesamt 2018, S. 162, 262; ähnliche Zahlen auch bei *Schöch* 1992a, S. 263, der bereits 1992 einen über Jahre anhaltenden erhöhten Frauenanteil bei den Verwarnungen mit Strafvorbehalt feststellte.

160 Vgl. z. B. die geschlechtsspezifischen Daten von *Jehle u. a.* 2016, S. 51.

161 NK-*Albrecht* 2017, § 59 Rn. 1.

162 *Heinz* 2014, S. 104; *Schubert* 2017, S. 237; *Wiss* 1989, S. 622.

163 *Horn* 1980, S. 106.

Verfügung zu stellen, wäre daher an den Merkmalen der § 59 Abs. 1 Nr. 1-3 StGB anzusetzen. Lockerungen an dieser Stelle könnten die Bedeutung der Verwarnung mit Strafvorbehalt in der Praxis steigern. Ebenso denkbar wäre die Umgestaltung zu einer echten Geldstrafe zur Bewährung, wie sie zum Beispiel in Österreich und der Schweiz vorgesehen ist. Diese wäre im Gegensatz zur Verwarnung eine echte Kriminalstrafe mit allen damit verbundenen Konsequenzen. In Betracht käme dann die Möglichkeit einer teilweisen Aussetzung der Geldstrafe. Ein gewisser Teil der Strafe wäre dann sofort zu vollstrecken, während der ausgesetzte Teil, sollte der Täter sich bewähren, erlassen wird. Zudem kämen zusätzlich Auflagen und Weisungen in Betracht, die mit einer (teilweise) ausgesetzten Geldstrafe verbunden werden können. In einer dieser Ausgestaltungen könnte eine Form der ausgesetzten Geldstrafe möglicherweise einen wichtigen Platz zwischen Diversion und unbedingter Geldstrafe einnehmen.

3.3.4 Verbindung von Geld- und Freiheitsstrafe

Die Verhängung einer Geldstrafe neben einer Freiheitsstrafe nach § 41 StGB stellt in der Praxis eine absolute Ausnahme dar. Dies entspricht auch dem Wortlaut und der Intention des § 41 StGB.[164] 2015 wurde in gerade einmal 498 Fällen eine Geldstrafe neben einer Freiheitsstrafe verhängt.[165] Hauptsächlich handelte es sich dabei um Betrug, Untreue sowie Verstöße gegen die Abgabenordnung.[166] Die Regelung des § 41 StGB ist schon insoweit bedenklich, als dem Täter durch die Haft weitere Einkünfte fehlen.[167] Dies dürfte die Zahlung der Geldstrafe weiter erschweren und Ersatzfreiheitsstrafen befürchten lassen. Daneben ist zusätzlich die Abgrenzung zu anderen das Vermögen betreffenden Sanktionen (insbesondere der Einziehung von Taterträgen) problematisch. Durch die Einziehung soll die Abschöpfung des durch die Tat Erlangten erreicht werden. Dies ist nicht Aufgabe der Geldstrafe, denn sie hat gerade keinen konfiskatorischen Charakter.[168] Aufgrund der Formulierung des § 41 StGB liegt jedoch die Befürchtung nahe, dass sie wegen der einfacheren Anwendung trotzdem dazu genutzt wird.[169] Dagegen spricht jedoch, dass eine am Monatseinkommen orientierte Geldstrafe kaum dazu geeignet sein dürfte, die in der Regel deutlich höheren Einnahmen

---

164 MüKo-*Radtke* 2016, § 41 Rn. 6; NK-*Albrecht* 2017, § 41 Rn. 1; Sch/Sch-*Kinzig* 2019, § 41 Rn. 1.

165 *Statistisches Bundesamt* 2018, S. 92 (0,08% aller Verurteilten).

166 NK-*Albrecht* 2017, § 41 Rn. 2.

167 *Zipf* 1974, S. 140.

168 BGH NStZ-RR 2004, S. 167 f.; NStZ 2003, S. 198; daher ist auch die Einziehung neben einer zusätzlich zu einer Freiheitsstrafe verhängten Geldstrafe denkbar, vgl. BeckOK-*von Heintschel-Heinegg* 2019, § 41 Rn. 14.

169 *Streng* 2012, Rn. 142.

durch Straftaten zu konfiszieren.[170] Die geringen Fallzahlen in der Praxis bestätigen diese Befürchtung zwar aktuell nicht, sie wären jedoch bei einem Ausbau der Verknüpfung zu berücksichtigen. Die teilweise strengen Voraussetzungen der konfiskatorischen Sanktionen dürfen nicht dadurch unterlaufen werden, dass ihr Zweck stattdessen durch eine mit einer Freiheitsstrafe verbundene Geldstrafe erreicht wird.

Bedenken bereitet auch, dass bei Anordnung einer Geldstrafe neben der Freiheitsstrafe Letztere aufgrund des Schuldprinzips entsprechend der zusätzlich verhängten Geldstrafe reduziert werden muss. Dadurch könnte es letztlich dazu kommen, dass der Täter, der mit Bereicherungsabsicht handelte, eine kürzere Zeit in Haft verbringen muss, während bei anderen Tätern ein solches „Aufteilen" der Strafe nicht erfolgen kann.[171] Besonders gravierend kann dieser Unterschied dann sein, wenn so die Freiheitsstrafe auf bis zu zwei Jahre reduziert werden kann und daher eine Strafaussetzung zur Bewährung ermöglicht wird. Dieses Vorgehen ist grundsätzlich auch von § 41 StGB gedeckt.[172]

Eine Kumulierung von Geld- und Freiheitsstrafe, welche ausschließlich den Zweck verfolgt, die Freiheitsstrafe aussetzbar zu machen, stellt jedoch einen unzulässigen Verstoß gegen die Wertungen des § 56 StGB dar. Die Erwägungen zur Kombination der Strafen und der Strafaussetzung dürfen nicht vermischt werden. Die Entscheidung, ob eine Kumulation nach § 41 StGB erfolgt, darf nicht von den Grenzen des § 56 StGB beeinflusst werden.[173] Zwar erscheint es möglicherweise wünschenswert, eine Freiheitsstrafe durch Verbindung mit einer Geldstrafe aussetzbar zu machen und dem Täter den Freiheitsentzug unter Wahrung des Schuldgrundsatzes zu ersparen, dies ist nach aktueller Gesetzesfassung allerdings nicht möglich. Dies würde letztlich auch dazu führen, dass der mit Bereicherungsabsicht handelnde Täter privilegiert werden kann, da nur bei ihm eine „Aufteilung" und damit eine Strafaussetzung der Freiheitsstrafe ermöglicht wird. Eine Ausweitung der Verknüpfungsmöglichkeiten von Geld- und Freiheitsstrafe nach § 41 StGB sollte daher nicht erfolgen. Sie sollte nach wie vor die Ausnahme bleiben.

3.3.5 Geldstrafenvollstreckung

Wird eine Geldstrafe nicht bezahlt und bleiben Vollstreckungsversuche erfolglos, tritt an ihre Stelle gemäß § 43 StGB die Ersatzfreiheitsstrafe mit einem Tag Frei-

---

170 *Streng* 2012, Rn. 142.

171 Dies könnte auch gegen Art. 3 Abs. 1 GG verstoßen, vgl. MüKo-*Radtke* 2016, § 41 Rn. 14, ebenfalls kritisch dazu NK-*Albrecht* 2017§ 41 Rn. 5; Sch/Sch-*Kinzig* 2019, § 41 Rn. 1.

172 *Detter* 1999, S. 498 f.

173 BGH NJW 1984, S. 2170 ff.; Lackner/Kühl-*Kühl* 2018, § 41 Rn. 1a.

heitsstrafe pro Tagessatz. Die genaue Anzahl der in der Praxis angeordneten Ersatzfreiheitsstrafen und ihre jeweiligen Längen sind aufgrund der statistischen Lage nicht exakt zu ermitteln. Die zur Verfügung stehenden Stichtagsdaten der Strafvollzugsstatistik lassen jedoch vermuten, dass es sich um ein nicht zu unterschätzendes Problem handelt.

Stichtagsbezogen zum 30.11.2018 waren 4.503 Häftlinge in Deutschland zur Verbüßung einer Ersatzfreiheitsstrafe inhaftiert.[174] Diese machten damit 7,1% der gesamten Gefangenenpopulation an diesem Tag aus. Im europäischen Vergleich ist Deutschland damit sowohl bei der absoluten Zahl der Ersatzfreiheitsstrafen verbüßenden Häftlinge als auch beim prozentualen Anteil „Spitzenreiter". Dabei ist allerdings zu bedenken, dass Stichtagsdaten, besonders bei kurzen Freiheitsstrafen (und das sind Ersatzfreiheitsstrafen in der Regel), ein verfälschtes Bild abgeben[175] und weder die genaue Anzahl noch die Länge der Ersatzfreiheitsstrafen wiedergeben können. Dies führt dazu, dass Langzeitgefangene in der Statistik überrepräsentiert sind.[176]

Auch wenn die Daten aufgrund der unterschiedlichen Rechtssysteme nicht ohne Vorbehalte vergleichbar sind, so zeigt der wesentlich höhere prozentuale Anteil in Deutschland doch, dass kein anderes europäisches Land im selben Umfang wie Deutschland mit diesem Problem zu kämpfen hat.

Tabelle 2: Ersatzfreiheitsstrafen in Europa, Stichtagsdaten vom 01.09.2015:[177]

Land	Inhaftierte insgesamt am 01.09.2015	davon: Verbüßung von Ersatzfreiheitsstrafe	%
Albanien	5.981	5	0,1
Andorra	52	0	0,0
Belgien	12.841	0	0,0
Bosnien Herzegowina (Rep. Srpska)	877	36	4,1

174 *Statistisches Bundesamt* 2017a, S. 11.

175 *Heinz* 2014, S. 50.

176 *Heghmanns* 1999, S. 297.

177 Ein erheblicher Anstieg der Ersatzfreiheitsstrafen fand in Polen statt. Waren es am 01.09.2012 noch 490 Ersatzfreiheitsstrafen (0,6%), stieg diese Zahl bis 2014 auf 1.008 Inhaftierte (1,3%). Für 2015 fehlen die Daten.

Land	Inhaftierte insgesamt am 01.09.2015	davon: Verbüßung von Ersatzfreiheitsstrafe	%
Deutschland[178]	*63.628*	4.476	7,0
England/Wales	86.193	107	0,1
Finnland	3.007	44	1,5
Griechenland	9.646	14	0,1
Irland	3.746	13	0,3
Kroatien	3.341	54	1,6
Lettland	4.399	1	0,0
Liechtenstein	8	0	0,0
Luxemburg	667	9	1,3
Mazedonien	3.498	12	0,3
Moldawien	7.813	236	3,0
Montenegro	1.100	29	2,6
Niederlande	9.002	320	3,6
Nordirland	1.690	5	0,3
Norwegen	3.664	67	1,8
San Marino	2	0	0,0
Schottland	7.746	21	0,3
Schweiz	6.884	306	4,4
Spanien (Katalonien)	8.932	137	1,5
Ungarn	17.773	0	0,0
Zypern	654	8	1,2

Quelle: *Aebi, M. F., Tiago, M., Burkhardt, C.* (2016): S. 74 (eigene Berechnungen; fehlende Länder: keine Angaben oder keine Anwendung von Ersatzfreiheitsstrafen).

Außerhalb von Stichtagsdaten gestaltet sich die statistische Analyse der Ersatzfreiheitsstrafe schwierig. Eine eigene Statistik für die Strafvollstreckung, in der die nicht einbringlichen Geldstrafen registriert werden, existiert nicht und in

---

178 Zum Zwecke der Vergleichbarkeit wird hier die Stichtagszahl vom 01.09.2015 genutzt und nicht die aktuellere vom 01.11.2016.

der Strafverfolgungsstatistik sind sie nicht aufgeführt. Auch die Strafvollzugsstatistik weist seit 2003 die Neuzugänge wegen Ersatzfreiheitsstrafen nicht mehr eigens aus.[179] Stichtagsdaten sind insofern ungenau, als die Belegungszahlen sowohl mit den Zugangszahlen als auch mit der Haftdauer zusammenhängen können.[180] Sie können daher keine Auskunft darüber geben, ob und wie sich Dauer und Anzahl der Ersatzfreiheitsstrafen entwickelt haben. Damit lässt sich auch aus den Statistiken nicht entnehmen, wie viele Geldstrafen letztlich tatsächlich durch eine Ersatzfreiheitsstrafe vollstreckt werden mussten.

Ein Trend lässt sich aus den Stichtagszahlen in den letzten Jahren kaum erkennen: Nach einer Absenkung der Zahlen zwischen 1996 und 2005 kam es bis 2010 wieder zu einem leichten Anstieg.[181] Auch innerhalb der Bundesländer unterschieden sich die Entwicklungen (siehe *Abb. 5*). Auffällig ist jedoch der zum Teil sehr starke Rückgang der Stichtagszahlen bis 2005 in den neuen Bundesländern. Teilweise wird in Zukunft auch ein Anstieg der Anordnungen von Ersatzfreiheitsstrafen befürchtet.[182] Zwar bietet die Entwicklung der Stichtagszahlen in den letzten Jahren zu dieser Befürchtung nur wenig Anlass, doch lassen sie auch nicht vermuten, dass sich die Situation innerhalb der nächsten Jahre merklich entspannen könnte. Das weitere Zurückdrängen der Ersatzfreiheitsstrafe ist damit auf gesetzgeberische Tätigkeit angewiesen.

Neben den Stichtagszahlen weisen auch Einzeluntersuchungen auf die Tragweite des Problems hin. So ermittelte *Barkemeyer*, dass 2010 mehr als 50% der Strafantritte in der JVA Oldenburg aufgrund von Ersatzfreiheitsstrafen erfolgten.[183] Derartige Zahlen deuten an, dass Ersatzfreiheitsstrafen deutlich weiter verbreitet sind, als dies bereits die Stichtagszahlen vermuten lassen.

Straftaten, die zu Ersatzfreiheitsstrafen führen, sind am häufigsten Eigentums- und Vermögens- (inklusive Erschleichen von Leistungen[184]) sowie Stra-

---

179 *Bundesministerium der Justiz* 2006, S. 569, aber auch die bis 2002 in der Strafvollzugsstatistik ausgewiesenen „Zugänge" konnten keine exakten Zahlen liefern, da auch Verlegungen eines Häftlings, der eine Ersatzfreiheitsstrafe verbüßte, jeweils als „Zugang" gewertet wurde, vgl. *Dünkel* 2011, S. 146; *Dünkel/Scheel* 2006, S. 37.

180 *Heinz* 2011, S. 15; *ders.* 2014a, S. 67 f.

181 *Dünkel* 2011, S. 146.

182 NK-*Albrecht* 2017, § 43 Rn. 1.

183 *Barkemeyer* 2011, S. 139 f.; bei den Freiheitsstrafen bis zu drei Monaten waren es sogar mehr als 70% (S. 141).

184 *Heischel* 2011, S. 154 geht davon aus, dass ca. 60% der Täter, die in der JVA Plötzensee (Berlin) eine Ersatzfreiheitsstrafe verbüßen, wegen Schwarzfahrens verurteilt wurden. Nach Auskunft der Berliner Senatsverwaltung lag 2011 der Anteil der nach § 365a StGB Verurteilten bei den Ersatzfreiheitsstrafen in Berlin insgesamt bei 31%, vgl. AO-Berlin-

ßenverkehrsdelikte, gefolgt von Körperverletzungs- und Betäubungsmitteldelikten.[185] Im Wesentlichen handelt es sich also um gewaltlose Bagatelldelikte. Dies ist aufgrund der ursprünglich verhängten Geldstrafen auch nicht überraschend.[186] Im Bundesländervergleich waren in den 1990er Jahren vor allem die neuen Bundesländer von dem Problem betroffen, jedoch ist es gelungen, die Raten bis zum Jahr 2010 in allen neuen Ländern erheblich zu reduzieren und sich so dem Bundesdurchschnitt anzunähern (siehe *Abb. 5*).

Abbildung 5: Anteil von Ersatzfreiheitsstrafen verbüßenden Gefangenen im Erwachsenenstrafvollzug im Bundesländervergleich. 1996, 2005, 2010 und 2017, jeweils am 31.08.

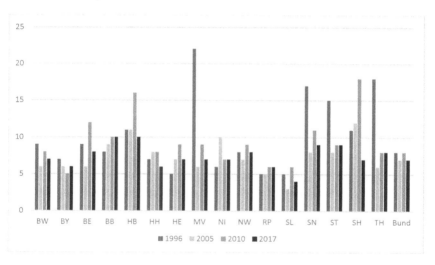

Quelle: *Statistisches Bundesamt*

Die Vollstreckung von Ersatzfreiheitsstrafen wird aus verschiedenen Gründen für unvorteilhaft gehalten. Zum einen ist sie mit hohen Kosten für den Staat

---

Drucks. 17/0529, S. 3; *Matt* 2005, S. 342 ermittelte für Bremen 25% für § 265a StGB und 28% für § 242 StGB.

185 *Dolde* 1999, S. 587; *Feest* 2016, S. 492 *Villmow* 1998, S. 1299; eine kleine Anfrage im Landtag Mecklenburg-Vorpommerns ergab Ähnliches, vgl. LT-Drucks.6/4406, S. 2 f. Diebstahl 19,3%, Erschleichen von Leistungen 13,9%, Straßenverkehrsdelikte 10,7%, Körperverletzungsdelikte 8,6%, BtMG-Delikte 3,2%.

186 *Redlich* 2005, S. 80 f.; *Villmow* 1998, S. 1298 f.

verbunden: Ein Tag Haftvollstreckung kostet den Steuerzahler ca. 100 Euro.[187] Eine Geldstrafe von 60 Tagessätzen kostet damit ca. 6.000 Euro, anstatt wie eigentlich erhofft Geld für die Staatskasse einzubringen.[188] Für kurzzeitig Inhaftierte können zusätzlich noch erhebliche Kosten für medizinische Versorgung anfallen.[189] Hinzu kommt der organisatorische Aufwand für die JVA in Form einer Aufnahmeuntersuchung und dem Anlegen einer Akte für Häftlinge, die sich nur für kurze Zeit in der Anstalt aufhalten.[190] Zudem wird die Wertung des Richters, der einen Freiheitsentzug gerade nicht für angemessen hielt, unterlaufen.[191] Damit wird ein Täter den negativen Einwirkungen der Freiheitsstrafe ausgesetzt, obwohl ihm ein Freiheitsentzug und die damit verbundenen Folgen gerade erspart bleiben sollten. Der Freiheitsentzug kann zudem berufliche Konsequenzen bis hin zum Arbeitsplatzverlust mit sich bringen und so eine weitere Entsozialisierung oder Überschuldung fördern. Dadurch werden auch die Opferansprüche weiter gefährdet. Die allgemeinen Probleme der Geldstrafe werden also teilweise durch die Ersatzfreiheitsstrafe weiter verschlimmert. Resozialisierende Effekte sind aufgrund der Kürze des Vollzugs ebenfalls unrealistisch.[192] Probleme können sich zudem im Hinblick auf die Tätergleichheit ergeben. Denn trotz der Berücksichtigung des Einkommens durch die Tagessatzhöhe werden wohlhabende Täter häufig eher Erspartes zur Verfügung haben, um (auch hohe) Geldstrafen bezahlen zu können, während ärmere Täter inhaftiert werden.[193]

Daraus folgt auch die Problembelastung der Klientel der Ersatzfreiheitsstrafe. Die Insassen haben häufig keinen Arbeitsplatz und/oder keine Ausbildung, keinen Schulabschluss. Auch Wohnungslosigkeit ist weit verbreitet. Hinzu kommen Alkohol- und Drogenprobleme sowie häufig Vorstrafen.[194] Während der kurzen Ersatzfreiheitsstrafe können jedoch weder Schulabschlüsse nachgeholt noch arbeitsfördernde Maßnahmen unternommen oder Suchttherapien durchgeführt werden.

---

187 *Dünkel* 2011, S. 143.

188 *Dünkel u. a.* 2010, S. 175 gehen von Kosten in Höhe von mehr als neun Millionen Euro pro Jahr für die Vollstreckung von Ersatzfreiheitsstrafen insgesamt aus.

189 *Dünkel* 2011. S. 144; siehe dazu auch die Extrembeispiele bei *Barkemeyer* 2011, S. 140.

190 *Dünkel* 2011, S. 144.

191 *Bublies* 1992, S. 180; *Dünkel/Scheel* 2006, S. 2.

192 *Konrad* 2003, S. 261; *Redlich* 2005, S. 62.

193 *Bublies* 1992, S. 180; *Wilde* 2016, S. 117; zu diesem Ergebnis kam auch die Untersuchung von *Janssen* 1994, S. 167.

194 *Barkemeyer* 2011, S. 142; *Bögelein/Ernst/Neubacher* 2014, S. 284; *Cornel* 2010, S. 15 ff.; *Dünkel/Scheel* 2006, S. 92 f., 107 ff.; *Feest* 2016, S. 492; *Guthke/Kitlikoglu* 2015 S. 12; *Villmow* 1999, S. 1297 f.; *Kawamura-Reindl/Sonnen* 2003, S. 295 f.; *Dolde* 1999, S. 585 f.; *Redlich* 2005, S. 77 f.; *Rolinski* 1981, S. 55 f.; *Schädler* 1985, S. 189; *Lürßen* 2011, S. 160; speziell für den Vollzug der Ersatzfreiheitsstrafe bei Frauen, vgl. *Krüger* 2002, S. 176 f.

Ähnlich wie auch bei der kurzen Freiheitsstrafe ist eine Besserung durch den Vollzug daher nicht zu erwarten. Im Gegenteil, die sozialen Probleme können sich sogar verschlimmern. Hauptaufgabe des Vollzugs ist daher eher die Vermeidung von negativen Auswirkungen als die Resozialisierung.[195] Damit werden letztlich Hilfsbedürftige aufgrund von größtenteils gewaltlosen Bagatelldelikten unter erheblichen Kosten inhaftiert,[196] ohne dass damit für sie eine ernsthafte Chance auf Resozialisierung oder Unterstützung besteht.

Da 99,4% aller Geldstrafen in den Bereichen bis zu 180 Tagessätzen liegen (vgl. *Abb. 3*), stellen die Ersatzfreiheitsstrafen nahezu immer Freiheitsstrafen von unter sechs Monaten dar, welche gerade der Wertung des § 47 StGB widersprechen. Erschwerend kommt hinzu, dass die Mindestgrenze von einem Monat aus § 38 Abs. 2 StGB nicht gilt und eine Ersatzfreiheitsstrafe gemäß § 43 S. 3 StGB daher theoretisch auch lediglich einen Tag betragen kann.[197] Die durchschnittliche Vollstreckungsdauer wird auf ungefähr 30 Tage geschätzt,[198] also exakt die Untergrenze für normale Freiheitsstrafen. Das Problem der kurzen Freiheitsstrafen wird damit durch theoretisch noch kürzere Freiheitsstrafen sogar noch intensiviert.[199] Die Insassen stellen faktisch Fehlbelegungen dar[200] und sinnvoller Vollzug ist in einer solchen Zeit nicht möglich.[201] Der Vollzug läuft zwangsweise auf reine Verwahrung hinaus.[202] Kurze Freiheitsstrafen können so „durch die Hintertür"[203] auch ohne Rücksicht auf §§ 38 Abs. 2, 47 StGB einen Eingang in die Sanktionspraxis finden.

Von Heintschel-Heinegg kommt daher zutreffend zu dem Schluss, „dass alle Anstrengungen unternommen werden müssen, dass es nicht zur Verbüßung der Ersatzfreiheitsstrafe kommt".[204] Zu diesem Zweck ist in Deutschland *de lege lata* vor allem die gemeinnützige Arbeit vorgesehen (vgl. Art. 293 Abs. 1 EGStGB

---

195 *Guthke/Kitlikoglu* 2015 S. 12.

196 *Dolde* 1999a, S. 334.

197 NK-*Albrecht* 2017, § 43 Rn. 8.

198 *H.-J. Albrecht/Schädler* 1988, S. 279; NK-*Albrecht* 2017, § 43 Rn. 2; *Redlich* 2005, S. 62.

199 *Dolde* 1999, S. 596: „Extrem kurze Freiheitsstrafe"; *Weber* 1978, S. 177 f.; *Zimmermann* 1982, S. 115 f.

200 *Hamdorf/Wölber* 1999, S. 929; *Kawamura-Reindl/Sonnen* 2003, S. 294; *Matt* 2005, S. 339; *Schädler* 1983, S. 6.

201 MüKo-*Radtke* 2016, § 43, Rn. 2.

202 *Heischel* 2011, S. 153.

203 *Bublies* 1992, S. 182; *Weber* 1978, S. 178.

204 BeckOK-*von Heintschel-Heinegg* 2019, § 43 Rn. 1.

i. V. m. den entsprechenden Länderverordnungen). Durch sie konnten in den letzten Jahren bereits beachtliche Erfolge verzeichnet[205] und so eine nicht unerhebliche Reduzierung der vollstreckten Ersatzfreiheitsstrafen erreicht werden.

Nach aktueller Gesetzeslage käme möglicherweise noch eine Reduzierung der Dauer der verhängten Ersatzfreiheitsstrafen durch eine Strafrestaussetzung nach § 57 StGB (ggf. in analoger Anwendung) in Betracht. Doch unabhängig davon, ob dieser überhaupt anwendbar ist,[206] ist die Norm durch die zweimonatige Mindestverbüßungsdauer für Ersatzfreiheitsstrafen praktisch ohnehin nur in wenigen Fällen geeignet.[207] Gerade wenn man von einer Durchschnittsverbüßungsdauer von 30 Tagen ausgeht, dürfte der Anwendungsbereich sehr gering sein. Auch die Sanktionspraxis bzgl. der Tagessatzzahl[208] spricht dafür, dass Ersatzfreiheitsstrafen von über zwei Monaten die Ausnahme darstellen: Da auch Teilzahlungen der Geldstrafe bei der Ersatzfreiheitsstrafe berücksichtigt werden, wäre die Norm nicht einmal bei allen durch Ersatzfreiheitsstrafe vollstreckten Geldstrafen von über 60 Tagessätzen anwendbar. In Betracht kommt daher möglicherweise die Einführung einer eigenen Norm zur Restaussetzung[209] von Ersatzfreiheitsstrafen.

Wie die oben genannten Zahlen zeigen, bleiben Ersatzfreiheitsstrafen in Deutschland ein erhebliches Problem. Die Tatsache, dass immer noch 7% aller Strafgefangenen (stichtagsbezogen) eine Ersatzfreiheitsstrafe verbüßen, zeigt Handlungsbedarf auf. Trotz der guten Erfahrungen mit der Ersatzfreiheitsstrafenvermeidung durch gemeinnützige Arbeit bleibt ein Bedarf an Alternativen zu erkennen. Das Problem konnte so zwar eingedämmt, jedoch nicht vollständig behoben werden.[210] Insbesondere auch mit Blick ins europäische Ausland, welches zu einem großen Teil wenig bis gar nicht mit dem Problem zu kämpfen hat,[211] erscheint es angezeigt, nach weiteren Lösungsansätzen zu suchen. Aufgrund der Natur der Ersatzfreiheitsstrafe sind die möglichen Anknüpfungspunkte vielfältig.

---

205 *Dünkel/Scheel* 2006, S 50 ff.; eher kritisch *Feest* 2016, S. 493; *Guthke/Kitlikoglu* 2015 S. 13.

206 Vgl. *Kap 2.3.*

207 *Schatz* 2002, S. 439.

208 Vgl. *Kap. 3.3.1.*

209 Oder möglicherweise auch zur Strafaussetzung.

210 *Köhne* 2004, S. 453; die Zahlen bzgl. der Personen, die Ersatzfreiheitsstrafen erfolgreich durch gemeinnützige Arbeit vermieden haben, sind ebenso wie die insgesamt vermiedenen Hafttage tendenziell rückläufig, vgl. *Statistisches Bundesamt* 2016a, S. 13.

211 Lediglich die Niederlande und die Schweiz kommen ansatzweise an die deutschen Zahlen heran; vgl. Tabelle 2.

Ansetzen könnte man sowohl bei der Geldstrafe selbst, bei möglichen Alternativen zur Geldstrafe, der Vollstreckung der Geldstrafe sowie bei der Vollstreckung der Ersatzfreiheitsstrafe.

3.3.6 Zusammenfassung

Die Probleme der Geldstrafe sind hinlänglich bekannt. Dennoch werden sie weitgehend hingenommen, da die negativen Konsequenzen einer Freiheitsstrafe als noch gravierender angesehen werden.[212] Dies legt eine Suche nach weiteren Alternativen zur Freiheitsstrafe nahe. Doch trotz der oben genannten Kritikpunkte ist an der Geldstrafe als bedeutendster Sanktion im StGB festzuhalten. Sie hat sich als Rückgrat des strafrechtlichen Sanktionensystems im Wesentlichen bewährt.[213] Ziel einer Reform sollte es daher keinesfalls sein, ihr diese zentrale Stellung streitig zu machen oder sie im Grundsatz neu zu gestalten. Vielmehr sollte untersucht werden, ob durch gezielte Anpassungen unterschiedliche Probleme der Geldstrafe in verschiedenen Fallkonstellationen vermieden oder zumindest verringert werden können. Auch mögliche Alternativsanktionen sollten nicht den Anspruch haben, die Geldstrafe umfassend zu verdrängen, sondern eher ergänzend ins Sanktionensystem eingepasst werden. Das Hauptproblem bleibt dabei der kurze Freiheitsentzug als Folge einer nicht bezahlten Geldstrafe in Form der Ersatzfreiheitsstrafe sowie die fehlende positiv spezialpräventive Wirkung der Geldstrafe. Gerade an diesen Problemen müsste eine mögliche Reform anknüpfen.

3.4 Die kurze Freiheitsstrafe

Ein weiterer Kritikpunkt an der aktuellen Sanktionspraxis ist die kurze Freiheitsstrafe. Dabei ist zunächst zu klären, was überhaupt unter einer kurzen Freiheitsstrafe zu verstehen ist. *Franz von Liszt* verstand darunter 1892 noch eine Freiheitsstrafe von unter sechs Wochen.[214] Andere Autoren setzen die Grenze bei neun[215] oder auch zwölf Monaten an.[216] Ein Großteil der Literatur sieht die

---

212 *Schöch* 1992, C. 83.

213 *Kommission* 2000, S. 83.

214 Vgl. *von Liszt* 1892a, S. 382 f. Diese Grenze dürfte jedoch schon wegen des Mindestmaßes von einem Monat Freiheitsstrafe (§ 38 Abs. 2 StGB) heutzutage nicht mehr angemessen sein, zudem wollte auch *von Liszt* die Grenze höher ansetzen, sein Ziel war jedoch einen Vorschlag zu machen, der „einigermaßen Aussicht auf Billigung in weiten Kreisen habe"; *von Liszt* (1892, S. 171) nennt sogar ein Jahr als wünschenswerte Mindestdauer, wenn die Strafe auch einen bessernden Effekt auf den Täter haben soll.

215 *Stenner* 1970, S. 28 f.

216 *Hall* 1954, S. 77.

Grenze in Anlehnung an § 47 Abs. 1 StGB bei sechs Monaten.[217] Hinzu kommt, dass erst ab einer Haftlänge von sechs Monaten ein planmäßiger auf Resozialisierung angelegter Vollzug möglich erscheint.[218] Auch die Strafverfolgungsstatistik weist Freiheitsstrafen von sechs Monaten oder darunter explizit aus. Daher bietet sich auch aus Gründen der statistischen Auswertung eine Orientierung an der Grenze des § 47 Abs. 1 StGB an.

3.4.1 Praxis der kurzen Freiheitsstrafe

Das Gesetz sieht Freiheitsstrafen von unter sechs Monaten in § 47 StGB eigentlich als Ausnahme vor. Sie sollen nur dann verhängt werden, wenn besondere Umstände sie unerlässlich machen. Die Sanktionspraxis spiegelt diesen Grundsatz jedoch, wenn überhaupt, nur ansatzweise wider. 2017 wurden 26.899 Freiheitsstrafen von unter sechs Monaten verhängt,[219] mehr als ein Viertel aller verhängten Freiheitsstrafen insgesamt. Von einer Ausnahme kann also keinesfalls gesprochen werden.[220] Zwar wurden 19.183 dieser Freiheitsstrafen nach § 56 StGB zur Bewährung ausgesetzt, aber selbst wenn man diese herausrechnet, bleiben noch 7.716 unmittelbar vollstreckte kurze Freiheitsstrafen, immerhin 7,4% aller Freiheitsstrafen insgesamt. Hinzu kommen noch die ausgesetzten Freiheitsstrafen, bei denen die Bewährung widerrufen wurde, sowie die oben genannten Ersatzfreiheitsstrafen. Auch bedingte Entlassungen sowie die Anrechnung von Untersuchungshaft können zu einer Vollstreckungsdauer von weniger als sechs Monaten führen.[221] Entsprechend der Intention des § 47 Abs. 1 StGB nahm der Anteil an zu einer Freiheitsstrafe von unter sechs Monaten Verurteilten seit der Großen Strafrechtsreform kontinuierlich ab. Auch aktuell ist noch ein (wenn auch nur sehr leichter) Rückgang erkennbar (siehe *Abb. 6*).

---

217 *Schaffmeister* 1985, S. 996; *Schäferdiek* 1997, S. 25 f.; *Kürzinger* 1984, S. 1829; *Weigend* 1986, S. 261.

218 *Jescheck* 1984, S. 2039; *Kunz* 1986, S. 183.

219 *Statistisches Bundesamt* 2018, S. 160.

220 *Harrendorf* 2017, S. 521; *Heinz* 2014, S. 95 f.

221 *Heinz* 2014, S. 96; *Kinzig* 2010, S. 650; *Kunz* 1986, S. 195; *Villmow/Sessar/Vonhoff* 1993, S. 206.

Abbildung 6: Nach allgemeinem Strafrecht zu Freiheitsstrafen Verurteilte nach Dauer der insgesamt verhängten Freiheitsstrafen. Anteile bezogen auf zu Freiheitsstrafe insgesamt Verurteilte. Früheres Bundesgebiet mit Westberlin, seit 1995 mit Gesamtberlin, seit 2007 früheres Bundesgebiet und Bundesrepublik Deutschland

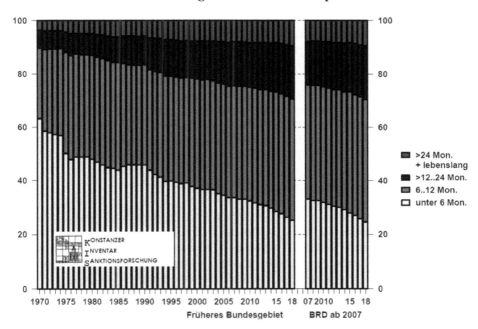

Quelle: *Heinz* 2020, Schaubild 33.

Ein Großteil der kurzen Freiheitsstrafen entfällt auf Diebstahls- und Unterschlagungsdelikte.[222] Vor allem Fälle des schweren Diebstahls führen häufig zu unbedingten kurzen Freiheitsstrafen.[223] Darauf folgen Betrugs- und Körperverletzungsdelikte. Dies zeigt auf, dass in der Praxis noch ein Bedarf nach Verhängung und auch Vollstreckung von kurzen Freiheitsstrafen gesehen wird, unabhängig von der Wertung des § 47 StGB. Unbedingte Freiheitsstrafen von un-

---

222 *Kinzig* 2010, S. 651 ff.; NK-*Albrecht* 2017, § 40 Rn. 5, so führten zum Beispiel 2016 13,5% aller einfachen Diebstähle zu einer Freiheitsstrafe, in der Regel kurze, zur Bewährung ausgesetzte Freiheitsstrafen, vgl. *Statistisches Bundesamt* 2018, S. 160.

223 *BMJ* 2006, S. 36.

ter sechs Monaten werden vor allem bei (schweren) Diebstählen, Betrug und Straßenverkehrsdelikten verhängt,[224] also in der Regel auch bei Nicht-Gewaltkriminalität.

Auch die Zahlen des Strafvollzugs zeigen, dass vollstreckte Freiheitsstrafen von unter sechs Monaten keinesfalls eine Ausnahme darstellen. Am 30.11.2018 waren 9.404 Personen für eine voraussichtliche Vollstreckungsdauer von unter sechs Monaten inhaftiert (nur Freiheitsstrafen). Sie machten damit 21,3% aller wegen Freiheitsstrafen Inhaftierter aus. Auch hier muss jedoch zusätzlich, wie bereits oben angemerkt, das Problem der Stichtagszahlen beachtet werden, weshalb davon auszugehen ist, dass kürzere Freiheitsstrafen unterrepräsentiert sind.[225] Dies sind jedoch nicht nur Täter, die zu einer unbedingten Freiheitsstrafe von unter sechs Monaten verurteilt wurden, sondern auch andere Häftlinge, bei denen sich die voraussichtliche Inhaftierungsdauer auf weniger als sechs Monate beschränkt (z. B. widerrufene Strafaussetzungen; Strafrestaussetzungen oder aufgrund von Anrechnung vorheriger Untersuchungshaft).

Die kurze Freiheitsstrafe ist damit insgesamt entgegen der gesetzgeberischen Wertung aus § 47 StGB in der Sanktionspraxis noch immer weit verbreitet.

3.4.2 Probleme der kurzen Freiheitsstrafe

Freiheitsstrafen von unter sechs Monaten werden aus verschiedenen Gründen für problematisch gehalten. Zunächst wird der Gefangene durch die Strafe aus seinem gewohnten Umfeld gerissen, er verliert möglicherweise familiäre oder freundschaftliche Kontakte und wird als „Häftling" stigmatisiert.[226] Eine mindestens einmonatige Haftstrafe dürfte sich zudem kaum vor dem beruflichen oder privaten Umfeld verheimlichen lassen.[227] Hinzu kommt, dass bereits eine kurzzeitige Entfernung von Familie und/oder Arbeitsstelle erhebliche Folgen für den Inhaftierten haben kann.[228] Dadurch kann es zu einem Bruch im Leben des Betroffenen kommen und er verliert möglicherweise Partner oder Arbeitsplatz, was höchstwahrscheinlich negative Auswirkungen auf seine Legalbewährung haben wird. Hinzu kommen die hohen Kosten des Strafvollzugs für die Staatskasse sowie der gewaltige organisatorische Aufwand durch die vielen Zu- und Abgänge, die mit kurzen

---

224 *Statistisches Bundesamt* 2018, S. 160 ff.

225 *Statistisches Bundesamt* 2019, S. 6.

226 DDKR-*Kempfer* 2017, § 47 Rn. 2; *Plack* 1987, S. 10 f.

227 *Kohlmann* 1996, S. 614 zieht daraus den Schluss, dass man kurze Freiheitsstrafen sogar ausweiten sollte, indem man die Mindestdauer auf eine Woche absenkt, da eine so kurze Strafe „unbemerkt abgesessen" werden könne. Die übrigen Probleme der kurzen Freiheitsstrafe beseitigt dies jedoch nicht und eine „Denkzettelwirkung" ist ebenfalls empirisch nicht nachgewiesen.

228 *Kunz* 1986, S. 187; *Villmow/Sessar/Vonhoff* 1993, S. 212.

Freiheitsstrafen verbunden sind.[229] Die Kosten liegen insgesamt deutlich über denen für die in Frage kommenden ambulanten Alternativen.[230]

Eine sinnvolle Behandlung dürfte in so kurzer Zeit ebenfalls kaum möglich sein, weshalb der Haftaufenthalt wahrscheinlich im Wesentlichen auf einen reinen Verwahrvollzug hinauslaufen dürfte.[231] Auch sinnvolle langfristige Weiterbildungsmaßnahmen sind in so kurzer Zeit nicht möglich. Teilweise wird zudem befürchtet, dass der Kontakt mit dem Gefängnismilieu die Gefahr einer „kriminellen Ansteckung" birgt.[232] Die Gefängnisse seien eine Art „Schule des Verbrechens".[233] Auch wenn es dafür keine empirischen Belege gibt[234] und selbst wenn sich die negativen Folgen des Freiheitsentzugs durch eine moderne Ausgestaltung des Vollzugs verhindern oder zumindest minimieren lassen, bleibt es trotzdem eine rein repressive Maßnahme ohne positive Einwirkung auf den Betroffenen.[235] Zudem kann der Täter unter der Stigmatisierung als Strafgefangener zu leiden haben und auch ein Verlust der „Scheu vor dem Strafvollzug" wird befürchtet.[236]

International sind unterschiedliche rechtspolitische Entwicklungen bezüglich der kurzen Freiheitsstrafe zu beobachten.[237] In der Schweiz zum Beispiel wurde zunächst das Ziel des unbedingten Zurückdrängens der kurzen Freiheitsstrafe ausgegeben, welches letztlich in Art. 40 schw.StGB (mit einer Ausnahme nach Art. 41 schw.StGB, die jedoch recht eng gefasst und zudem im Einzelfall vom Richter zu begründen ist) zumindest theoretisch auch umgesetzt wurde. Auch in der Praxis scheint die Reform auf den ersten Blick erfolgreich gewesen zu sein, denn die Geldstrafe ist inzwischen die zahlenmäßig bedeutsamste Sanktion in der Schweiz.[238] Dieser Erfolg bzgl. des Zurückdrängens der kurzen Freiheitsstrafe scheint jedoch nur von kurzer Dauer gewesen zu sein. Nachdem die Zahlen der unbedingten kurzen Freiheitsstrafen nach der Reform 2007 zunächst erheblich sanken (von 11.910 in 2006 auf 3.741 in 2007), stiegen sie danach stetig wieder

---

229 *Besozzi/Kunz* 2012, S. 581.

230 *Riklin* 2009: „Primitivste und kostspieligste aller Sanktionen".

231 MüKo-*Maier* 2016, § 47 Rn. 2; NK-*Streng* 2017, § 47 Rn. 2; *Dünkel/Morgenstern* 2010, S. 175; *Schäferdiek* 1997, S. 129; BT-Drucks. 5/4094, S. 5 f.; *Kommission* 2000, S. 13.

232 BT-Drucks. 5/4094, S. 5; *Köhne* 2004, S. 454; *Kunz* 1986, S. 187; *Schall* 1985, S. 107.

233 *Plack* 1987 S. 14.

234 *Schäferdiek* 1997, S. 190 f.; *Eisenberg/Kölbel* 2017, § 35 Rn. 14.

235 *Brughelli* 1989, S. 7.

236 Basler-Kommentar-*Mazzucchelli* 2007, Art. 41 Rn. 6.

237 *Eisenberg/Kölbel* 2017, § 35 Rn. 13; *Kaiser* 1996, § 93 Rn. 15; *Villmow/Sessar/Vonhoff* 1993, S. 205.

238 *Dollge* 2010, S. 59; 2015 wurden 85,7% aller Verurteilten zu einer Geldstrafe verurteilt (davon waren 81,9% bedingt).

an und 2015 waren es bereits 7.043 unbedingte Freiheitsstrafen von unter sechs Monaten (nachdem zwischenzeitlich 2013 mit 9.253 Verurteilungen ein Höchststand nach der Reform erreicht war). Trotz der engen Voraussetzungen an die Verhängung einer solchen Strafe in Art. 41 schw.StGB hält die Praxis also anscheinend dennoch an der unbedingten kurzen Freiheitsstrafe fest.[239]

In Schweden hingegen ist die (auch unbedingte) kurze Freiheitsstrafe deutlich weiter verbreitet, vor allem als Denkzettel für (alkoholbedingte) Verkehrskriminalität.[240] Die kurze Freiheitsstrafe ist dort also für eine ganz andere Klientel vorgesehen als diejenige, die sich im deutschen Strafvollzug befindet (dazu sogleich). Denn grundsätzlich sozial integrierte Täter, die alkoholbedingte Straftaten im Straßenverkehr begehen, dürften in Deutschland sehr selten zu unbedingten Freiheitsstrafen verurteilt werden.[241] Teilweise wurde befürchtet, die weite Verbreitung kurzer Freiheitsstrafen könnte darauf hin deuten, dass der *ultima-ratio*-Gedanke in Schweden immer mehr an Bedeutung verloren und sich das kriminalpolitische Klima insgesamt verschärft habe.[242] Dagegen spricht jedoch, dass die Gefangenenzahlen in den letzten fünf Jahren um mehr als 30% gesunken sind,[243] wobei es sich dabei nach wie vor im Wesentlichen um kurze Freiheitsstrafen handelt.[244]

Eine vollständige Abschaffung von Freiheitsstrafen von unter sechs Monaten scheint bis jetzt kein europäisches Land vorgenommen zu haben. Selbst wenn die Mindestdauer der Freiheitsstrafe in einigen Ländern sechs Monate beträgt, sehen diese Länder entweder Ausnahmen vor (wie die Schweiz) oder es ist zusätzlich eine weitere, kurzfristig angelegte stationäre Sanktion (z. B. Arrest) vorgesehen (wie z. B in Litauen oder Spanien).[245]

Die zum Teil weite Verbreitung von kurzen Freiheitsstrafen beruht hauptsächlich auf der angenommenen positiven „Denkzettelwirkung". Dabei soll in Form eines *short sharp shock* negativ spezialpräventiv auf den Täter eingewirkt

---

239   Auch im Strafvollzug verbüßten am 01.09.2014 17,1% der Insassen eine Freiheitsstrafe von weniger als sechs Monaten, vgl. *Aebi/Tiago/Burkhardt* 2016, S. 89; diese Entwicklung in der Praxis schlug sich dann auch rechtspolitisch nieder, indem die Wiedereinführung der kurzen Freiheitsstrafe in der Schweiz zum 01.01.2018 beschlossen wurde.

240   *Schäferdiek* 1996, S. 83; *Dünkel* 1986, S. 155; *Bösling* 2002, S. 117.

241   *Haverkamp* 2002, S. 407; *Lindenberg* 1999, S. 18; *Stern* 1990, S. 341.

242   Vgl. *von Hoffer* 2010, S. 767 ff.

243   *Dünkel* 2017, S. 641.

244   *Dünkel* 2017, S. 631.

245   Eine Übersicht findet sich bei NK-*Dünkel* 2017, § 38 Rn. 46.

werden.[246] Dies wird vor allem für sozial integrierte Täter favorisiert, die keine unterstützenden Maßnahmen benötigen und bei denen zum Teil von einem besonders wirksamen Schock ausgegangen wird.[247] Aus diesem Grund wurde von *Jescheck* beispielsweise eine sehr kurze Freiheitsstrafe für Trunkenheit am Steuer oder bei Wirtschaftskriminalität erwogen.[248] Gerade bei den letztgenannten erscheint eine Abschreckungswirkung allerdings schon aufgrund der geringen Entdeckungswahrscheinlichkeit in diesem Kriminalitätsbereich unwahrscheinlich.[249] Auch *Hirsch* geht von einer „wichtigen kriminalpolitischen Funktion"[250] der kurzen Freiheitsstrafe im Rahmen des *short sharp shock* aus. Empirische Belege für einen solchen erzieherischen „heilsamen Schock" gibt es jedoch nicht. Die Rückfallforschung lässt sogar eher das Gegenteil vermuten.[251]

Auch die Reformerfahrungen aus der Schweiz bestätigen beispielsweise weder eine Abschreckung noch eine kriminelle Ansteckung. Es konnte durch das (wohl vorübergehende) Zurückdrängen der kurzen Freiheitsstrafe kein merklicher Einfluss auf die Rückfallstatistik festgestellt werden. In den ersten Jahren nach der grundlegenden Einschränkung des Anwendungsbereichs der kurzen Freiheitsstrafe blieben die Rückfallraten im Wesentlichen konstant.[252] Dabei ist zu beachten, dass es sich um einen relativ kurzen Zeitraum handelt und ein abschließendes Fazit für die Schweizer Reform noch nicht gefällt werden kann.[253] Allerdings hatte auch die erhebliche Eindämmung der kurzen Freiheitsstrafe in Deutschland

---

246   *Hirsch* 1986, S. 136; *Knüsel* 1995, S. 108; *Kohlmann* 1996, S. 604; Motion 09/3300 vom 20.03.2009 – Zur Wiedereinführung der Freiheitsstrafe unter sechs Monaten (Abgelehnt durch den Schweizer Bundesrat); *CVP* 2010.

247   Basler-Kommentar-*Mazzucchelli* 2007, Art. 41 Rn. 8.

248   *Jescheck* 1979, S. 1058; *Cramer* 1975, S. 228, ging ebenfalls von einer spezialpräventiven Überlegenheit der kurzen Freiheits- gegenüber der Geldstrafe bei Straßenverkehrsdelikten aus; auch *Kunz* 1986, S. 203 spricht vom Potenzial des *short sharp shock* für Straßenverkehrs- und Wirtschaftskriminalität.

249   *Knüsel* 1995, S. 116.

250   *Hirsch*, 1986, S. 136.

251   *Weigend* 1986, S. 266. Basler-Kommentar-*Mazzucchelli* 2007, Art. 41, Rn. 9; *H.-J. Albrecht/Dünkel/Spieß* 1981, S. 321; *Dolde/Rössner* 1987, S 431; *Knüsel* 1995, S. 116. *Kunert* 1969, S. 705; *Kunz* 1986, S. 193; auch hier ist die befürchtete Gefahr der „kriminellen Ansteckung" zu nennen, vgl. *H.-J. Albrecht* 1980, S. 255; wobei zu beachten ist, dass aufgrund der fehlenden Vergleichbarkeit der Tätergruppen eine definitive Aussage über die Wirksamkeit kaum zu treffen ist, vgl. *Besozzi/Kunz* 2012, S. 583; *Heinz* 2007a, S. 7; *Killias* 2011, S. 634.

252   *BFS* 2011, S. 8; *Bundesrat (Schweiz)* 2012, S. 4730.

253   Aufgrund der angesprochenen Reform bzgl. der kurzen Freiheitsstrafe in der Schweiz zum 01.01.2018 wird es auch keinen langfristigen Wandel in der Praxis der kurzen Freiheitsstrafe geben, der untersucht werden könnte.

durch die Einführung von § 47 StGB keinen merklichen Einfluss auf die Rück-fallraten.[254] Insgesamt konnte damit weder ein positiver noch ein negativer prä-ventiver Effekt der kurzen Freiheitsstrafe nachgewiesen werden.[255] Obwohl keine negativen Folgen der erheblichen Einschränkung der kurzen Freiheitsstrafe in der Schweiz zu beobachten waren, hat sich der Gesetzgeber aufgrund von po-litischem Druck dennoch dazu entschieden, die Reform von 2007 teilweise wieder zu relativieren.[256] So wurde zum 01.01.2018 die bedingte Freiheitsstrafe von un-ter sechs Monaten wieder eingeführt und auch die Voraussetzungen für die Ver-hängung einer unbedingten kurzen Freiheitsstrafe wurden gelockert.[257] Es ist nun nicht mehr nötig, dass zu erwarten ist, dass gemeinnützige Arbeit oder Geldstrafe nicht vollzogen werden können, sondern es ist ausreichend, dass die kurze Frei-heitsstrafe nötig erscheint, um den Täter von weiteren Straftaten abzuhalten.[258] Einen Vorrang der Geldstrafe im Bereich bis zu 180 Tagessätzen ähnlich dem § 47 StGB sieht das neue Schweizer Strafrecht damit nicht mehr vor.[259]

Bei sozial integrierten Tätern ist zudem davon auszugehen, dass bereits der Vorgang der Strafverfolgung und das anschließende Strafverfahren an sich eine große Schockwirkung haben können.[260] Auch wäre das angesprochene Risiko der sozialen Desintegration durch einen Freiheitsentzug gerade bei dieser Täter-gruppe besonders hoch.[261] So könnte eine mögliche „Denkzettelwirkung" unmit-telbar konterkariert werden. Außerdem ist anzumerken, dass die Gruppe der sozial integrierten Täter, für die eine „Denkzettelsanktion" angeblich wirksam ist, ge-rade nicht die Regel im deutschen Kurzstrafenvollzug ist. Beim Großteil der Häft-linge, die kurze Freiheitsstrafen verbüßen, handelt es sich um eine stark problem-belastete Klientel. Ähnlich wie im Bereich der Ersatzfreiheitsstrafe ist auch hier

---

254 *Kunz* 1986, S. 192; *Spiess* 2012, S. 26.

255 *H.-J. Albrecht/Dünkel/Spiess* 1981, S. 310; *Knüsel* 1989, S. 55.

256 *Weber/Pruin* 2017, S. 444.

257 Kritisch dazu *P. Albrecht* 2014, S. 280 ff.; insgesamt zur Kritik an der Erneuten Reform, vgl. die Übersicht bei *Konopatsch* 2015, S. 119.

258 Medienmitteilung des Schweizer Bundesrates v. 29.03.2016; von ausdrücklich normier-ten Kriterien zur Abgrenzung (wie die „Unerlässlichkeit" in § 47 StGB) wurde dabei be-wusst Abstand genommen, vgl. *Bundesrat (Schweiz)* 2012, S. 4736.

259 *Bommer* 2014, S. 278; *Bundesrat (Schweiz)* 2012, S. 4744; *Konopatsch* 2015, S. 148; hinzu kommt, dass die Geldstrafe nur noch mit bis zu 180 Tagessätzen verhängt werden kann, im Bereich darüber stellt sie also keine Alternative zur Freiheitsstrafe mehr dar, wodurch der Anwendungsbereich der Freiheitsstrafe bewusst ausgeweitet werden soll. Zudem werden mit einer Mindestgrenze von lediglich drei Tagen auch sehr kurze Frei-heitsstrafen ermöglicht.

260 *Roxin* 1980, S. 549; außerdem würde ja auch ohne kurze Freiheitsstrafe eine Sanktion verhängt werden (i. d. R. dann eine Geldstrafe).

261 *Dolde/Rössner* 1987, S. 432.

Arbeitslosigkeit weit verbreitet.[262] Auch ist der Großteil der Täter bereits vorbestraft, z. T. mit „Vollzugserfahrung".[263] Hinzu kommen oft schwierige soziale Bedingungen.[264] Die Klientel ist also mit der Gruppe der wegen einer Ersatzfreiheitsstrafe Inhaftierten vergleichbar.[265] Für diese Tätergruppe ist eine abschreckende Schockwirkung durch kurzen Freiheitsentzug jedoch nicht zu erwarten.[266] Zudem können die angesprochenen Probleme dieser Klientel im Rahmen einer kurzen Freiheitsstrafe nicht behoben werden (s. o.).

Die Ergebnisse der Rückfallforschung sprechen vielmehr für die „Austauschbarkeitsthese" im unteren Bereich des Sanktionsspektrums. Diese geht davon aus, dass die spezialpräventive Wirkung von ambulanten Sanktionen in diesem Bereich zumindest nicht schlechter ist als die von kurzen Freiheitsstrafen.[267] Aufgrund des verfassungsrechtlich verankerten Verhältnismäßigkeitsprinzips müsste dann als geringstmöglicher Eingriff die weniger einschneidende, also eine ambulante Sanktion verhängt werden (als gleich geeignetes und milderes Mittel).[268] Die kurze Freiheitsstrafe stellt damit aus präventiver Sicht keine erfolgversprechende Sanktion dar: Eine im Vergleich zu den ambulanten Alternativen bessere präventive Wirkung ist nicht nachweisbar und sie ist belastender für den Täter und die Justiz.

Hinzu kommt, dass die kurze Freiheitsstrafe neben den kriminologischen auch mit verfassungsrechtlichen Bedenken behaftet ist. Problematisch sind dabei vor allem Bagatelldelikte mit einem geringen Erfolgsunrecht (zum Beispiel „Schwarzfahren", der Besitz/Erwerb geringer Mengen Betäubungsmittel oder Diebstähle geringwertiger Sachen), bei denen der Täter jedoch mehrfach (einschlägig) vorbestraft ist und deshalb trotz des verhältnismäßig geringen Unwerts der Tat eine (unbedingte) kurze Freiheitsstrafe verhängt wird. Dabei sind nicht nur die allgemeinen negativen Folgen von kurzen Freiheitsstrafen zu erörtern, sondern es kann auch ein Problem mit dem verfassungsrechtlich garantierten Übermaßverbot entstehen.[269] Das BVerfG hat diesbezüglich entschieden, dass das Übermaßverbot zwar zu berücksichtigen sei, aber eine kurze Freiheitsstrafe nicht schon allein deshalb gegen das Übermaßverbot verstoße, weil es sich um

---

262 *Villmow/Sessar/Vonhoff* 1993, S. 210.

263 *Dolde/Jehle* 1986, S. 196.

264 *Dolde/Jehle* 1986, S. 198; *Villmow* 1998, S. 1296 f.

265 Vgl. *Kap. 3.3.5.*

266 *Kunz* 1987, S. 53; *Laun* 2002, S. 196.

267 *Heinz* 2007a, S. 9; Basler-Kommentar-*Mazzucchelli* 2007, Art. 41, Rn. 9; *Kunz* 1986, S. 192 f.; *Knüsel* 1995, S. 22.

268 *Illert* 2005, S. 54; *Kaiser* 1996, § 93 Rn. 21.

269 *Krumm* 2004, S. 328 ff.; *Dolde/Jehle* 1986, S. 195.

eine Bagatellstraftat handelt.[270] Im genannten Fall ging es um einen Zechbetrug mit einem Schaden von 13,60 DM und einen (in Tatmehrheit begangenen) Diebstahl mit einem Schaden von 1,40 DM. Das Bundesverfassungsgericht sah hier keinen Verstoß gegen das Übermaßverbot durch Verhängung einer Freiheitsstrafe. Anschließend folgte noch ein Vorlagebeschluss des OLG Naumburg an den BGH,[271] der sich mit der Frage befasste, ob eine kurze Freiheitsstrafe für bestimmte Bagatelldelikte stets gegen das Übermaßverbot verstoße.[272] Dem voraus gingen Urteile der Oberlandesgerichte Celle[273] und Stuttgart[274], in denen jeweils ein Verstoß angenommen wurde. Der BGH verneinte jedoch einen dadurch geschaffenen allgemeinen Grundsatz, dass bei Verhängung einer kurzen Freiheitsstrafe für eine Bagatellstraftat stets ein Verstoß gegen Übermaßverbot vorläge. Damit lag keine Abweichung des OLG Naumburg von der übrigen OLG-Rechtsprechung vor. Da es sich jeweils um Einzelfallprobleme handele und nicht um ein Rechtsproblem, war die Frage einer Vorlage nach § 121 Abs. 2 GVG laut dem BGH nicht zugänglich.

Insgesamt ist die Judikatur der Oberlandesgerichte in diesem Bereich weit gefächert.[275] Es bleibt daher festzuhalten, dass nach aktueller Rechtsprechung

---

270   BVerfG vom 09.06.1994 – 2 BvR 710/94.

271   BGH NJW 2008, S. 672 f.

272   In diesem Fall ging es um neun Schwarzfahrten mit einem Schaden von je 1,10 € sowie einen Diebstahl von zwei Flaschen Bier im Wert von 62 Cent sowie das Betreten eines Supermarktes trotz Hausverbots.

273   OLG Celle NStZ-RR 2004, S. 142 bejaht einen Verstoß gegen das Übermaßverbot bei einer Freiheitsstrafe von drei Monaten für einen Diebstahl von zwei Tuben Kleber im Wert von insgesamt 11,18 € trotz „zahlreicher Vorstrafen“.

274   OLG Stuttgart NJW 2006, S. 1222 ff. bejaht einen Verstoß gegen das Übermaßverbot bei einer Gesamtfreiheitsstrafe von drei Monaten für dreimaliges Schwarzfahren mit einem Gesamtschaden von 4,95 € auch bei mehreren einschlägigen Vorstrafen.

275   Einen Verstoß gegen das Übermaßverbot angenommen haben z. B. OLG Stuttgart NJW 2002, S. 3188 f. (Diebstahl einer Milchschnitte – 50 Pfennig, trotz erheblicher einschlägiger Vorstrafen); OLG Braunschweig NStZ 2002, S. 75 (Diebstahl einer Schachtel Zigaretten – 5 DM); LG Hamm, v. 18.11.2002 – 2 Ss 768/02 (Diebstahl einer Tafel Schokolade und mehrerer CDs – 50 Cent bzw. 18,40 €, bei mehrfachen einschlägigen Vorstrafen); OLG Karlsruhe NJW 2003, S. 1825 f. (Besitz geringer Mengen „weicher“ Drogen zum Eigenkonsum eines mehrfach vorbestraften Drogenabhängigen); OLG Brandenburg v. 19.01.2009 – 1 Ss 99/08 (mehrfaches Schwarzfahren bei laufender Bewährung und einschlägigen Vorstrafen); ein Verstoß abgelehnt wurde unter anderem von LG Freiburg Urt. v. 06.06.2011 – 7 Ns 85 Js 4476-08/AK 129/10 (Beleidigung, Volksverhetzung und öffentliche Aufforderung zu Straftaten in mehreren Fällen bei einschlägigen Vorstrafen); BayOLG NJW 2003, S. 2926 (Diebstahl von Nagellack im Wert von 31,26 DM bei einschlägigen Vorstrafen); OLG Celle NStZ-RR 2004, S. 142 (Diebstahl von zwei Tuben „Uhu“-Kleber – 5,99 € bzw. 5,29 €); OLG Hamm NStZ-RR 2015, S. 205 ff. (Diebstahl einer Flasche Wodka – 4,99 €); OLG Köln BeckRS 2015 19593, Rn. 7 (mehrfaches

eine kurze Freiheitsstrafe wegen einer Bagatellstraftat nicht automatisch einen Verstoß gegen das Übermaßverbot darstellt. Es müssen stets die Tatumstände und Vorstrafen des Täters berücksichtigt werden, um im Einzelfall zu einer Entscheidung zu kommen.[276]

Doch trotz der Feststellung der Verfassungskonformität durch das BVerfG erscheint das Problem dennoch nicht gelöst. Eine einheitliche OLG-Rechtsprechung ist, da der BGH eine Vorlage zu dieser Frage ablehnt, auch in Zukunft nicht zu erwarten.[277] Wenn selbst bei solchen Bagatellen teilweise kurze Freiheitsstrafen verhängt werden, kann kaum noch von einer *ultima ratio* gesprochen werden. Auch bei mehrfachen Wiederholungstätern bleibt die eigentliche Tatschuld in derartigen Fällen sehr gering. Eine Freiheitsstrafe kann dann nicht verhältnismäßig bzw. schuldangemessen sein. Es stellt sich daher die Frage, wie man anderweitig auf derartige Bagatellen reagieren könnte.

In Betracht kommen hier beispielsweise alternative Sanktionen wie die gemeinnützige Arbeit, das Fahrverbot oder elektronisch überwachter Hausarrest. Allerdings wäre bzgl. der Bagatellstraftaten auch an eine materiellrechtliche Entkriminalisierung zu denken. So könnten bestimmte Bagatellstraftaten wie Schwarzfahren oder Ladendiebstähle bis zu einem bestimmten Sachwert in das Ordnungswidrigkeitenrecht verlagert oder anderweitig darauf reagiert werden.[278] Denkbar wäre auch, sie im Strafrecht zu belassen, jedoch keine Freiheitsstrafe anzudrohen.[279] Ein anderer Ansatz wäre es, die Voraussetzungen der Strafaussetzung zur Bewährung in § 56 StGB zu lockern und so zumindest die Vollstreckung kurzer Freiheitsstrafen weiter zurückzudrängen. Dies erscheint jedoch aufgrund der bereits weiten Aussetzungspraxis sowie der zu erwartenden hohen Widerrufszahlen nicht so erfolgversprechend wie die Suche nach ambulanten Alternativen.

Schwarzfahren bei einschlägigen Vorstrafen – 6,20 €); einen anderen Weg versucht das LG Kleve zu beschreiten, indem es bei Bagatellen das Merkmal der „Unerlässlichkeit" aus § 47 StGB trotz einiger einschlägiger Vorstrafen verneint und so die kurze Freiheitsstrafe für rechtswidrig erachtet, vgl. Urt. v. 14.07.2008 – 216 NS 12/08; auch der BGH (StV 2003, S. 485 f.) weist darauf hin, dass die „Unerlässlichkeit" bei Bagatelldelinquenz nicht zu pauschal bejaht werden dürfe; ähnlich OLG Hamburg StV 2007, S. 205 f.; zum Verhältnismäßigkeitsgrundsatz bei Verhängung einer unbedingten Freiheitsstrafe für den Besitz geringer Mengen Betäubungsmittel siehe BGH StV 2014, S. 611; OLG Karlsruhe NJW 2003, S. 1825.

276 Die Gerichte sind daher auch verpflichtet diese Punkte in ihren Urteilen zu berücksichtigen, vgl. OLG München v. 23.07.2009 – 5 St RR 180/09; auch das OLG Naumburg verlangt eine „besondere und eingehende Begründung" der Unerlässlichkeit der kurzen Freiheitsstrafe nach § 47 StGB bei Bagatelldelikten, vgl. Beschluss v. 28.06.2011 – 2Ss 68/11.

277 *Grosse-Wilde* 2009, S. 364.

278 *Niewisch-Lennartz* 2014, S. 187.

279 Was insoweit ein Novum im StGB wäre, zumal aktuell jeder Tatbestand zumindest auch eine Freiheitsstrafe androht, vgl. BT-Drucks. 7/550, S. 192.

Denn es soll sich ja gerade um die Täter handeln, die aktuell eine unbedingte kurze Freiheitsstrafe bekämen, also solche mit schlechter Legalprognose, bei denen zudem noch eine kurze Freiheitsstrafe unerlässlich ist, was für eine erhöhte Widerrufswahrscheinlichkeit spricht. Diesen sollte daher bei der Zurückdrängung der kurzen Freiheitsstrafe die Priorität eingeräumt werden.

Die Tatsache, dass von der kurzen Freiheitsstrafe trotz dieser anhaltenden und überzeugenden Kritik weiterhin so umfangreich Gebrauch gemacht wird, indiziert, dass sie nach aktueller Gesetzeslage, also ohne zusätzliche Alternativen, unverzichtbar sein dürfte.[280] Ein weiteres Zurückdrängen der Freiheitsstrafe unter sechs Monaten kann daher nur zu erreichen sein, wenn gleichzeitig Maßnahmen geschaffen werden, die an ihre Stelle treten können. Ansonsten wäre zu erwarten, dass das Problem durch zu hohe Geldstrafen und damit einhergehende Ersatzfreiheitsstrafen lediglich verlagert wird[281] oder dass ein „*net-widening*-Effekt" einsetzt und anstatt einer Freiheitsstrafe von weniger als sechs Monaten eine höhere Freiheitsstrafe statt einer Geldstrafe oder einer alternativen Sanktion verhängt wird. Es fehlt also neben der Geldstrafe an weiteren ambulanten Alternativen zur kurzen Freiheitsstrafe.

3.5 Mittlere und lange Freiheitsstrafen

Freiheitsstrafen ab sechs Monaten sind in der Sanktionspraxis eher die Ausnahme. 2017 wurden 77.512 Freiheitsstrafen dieser Art verhängt.[282] Mit 11,8% der Verurteilten insgesamt machen sie zwar nur einen verhältnismäßig geringen Anteil aller Strafen aus, sind jedoch aufgrund ihrer belastenden Auswirkungen auf die Betroffenen und den Vollzug problematisch.[283] 51.949 der Freiheitsstrafen von mehr als sechs Monaten wurden nach § 56 StGB zur Bewährung ausgesetzt (ca. 67%). Dabei ist zu beachten, dass 9.450 Freiheitsstrafen über zwei Jahre betrugen und eine Strafaussetzung damit ohnehin nicht in Betracht kam. Damit wurden 2017 insgesamt über 76,3% aller Freiheitsstrafen ab sechs Monaten, bei denen eine Strafaussetzung zur Bewährung rechtlich möglich war, tatsächlich nach § 56 StGB ausgesetzt. Der Anwendungsbereich der Strafaussetzung zur Bewährung erscheint in diesem Bereich daher nahezu ausgeschöpft.

Freiheitsstrafen von über zwei Jahren machten mit 9.450 Verurteilten lediglich 9,1% der Freiheitsstrafen und 1,4% der Verurteilten insgesamt aus. Diese Grenze ist wegen des Ausschlusses der Strafaussetzung zur Bewährung besonders

---

280 MüKo-*Maier* 2016, § 47 Rn. 4.

281 Vgl. *Kap. 3.3.5.*

282 *Statistisches Bundesamt* 2017, S. 160 f.

283 *P.-A. Albrecht* 2000, S. 449 sieht sogar hier das Hauptproblem des aktuellen Sanktionenrechts und nicht bei kurzen Freiheits- und Geldstrafen.

relevant (vgl. § 56 Abs. 2 StGB). Sie machen damit zwar absolut nur einen kleinen Teil der Freiheitsstrafen aus, können aber gerade aufgrund der fehlenden Aussetzungsmöglichkeit dennoch mit erheblichen Problemen verbunden sein. Auch wenn eine Strafaussetzung aus Gesichtspunkten der Prävention vorzugswürdig wäre und der Täter auch eine positive Sozial- und Legalprognose aufweist, muss die Strafe dennoch vollstreckt werden.

Es dominieren im Bereich von Freiheitsstrafen von mehr als zwei Jahren vor allem die Raub- (§§ 249 ff. StGB) und Betäubungsmitteldelikte.[284] 2017 wurden 34% aller wegen Raubdelikten Verurteilten zu einer Freiheitsstrafe von mehr als zwei Jahren verurteilt.[285] Im Rahmen der BtMG-Delikte sind die Zahlen im Verhältnis mit 5,2% zwar recht niedrig, absolut jedoch mit ca. 2.963 Fällen im Jahre 2017 sehr hoch. Dabei ist zu berücksichtigen, dass damit alle Delikte nach dem BtMG erfasst sind, nicht nur solche mit relativ hohen Strafrahmen. Daher war auch ein niedrigeres Verhältnis zu erwarten. Die übrigen Freiheitsstrafen von mehr als zwei Jahren verteilen sich hauptsächlich auf Straftaten gegen die sexuelle Selbstbestimmung (§§ 174 ff. StGB), Körperverletzungs- (§§ 223 ff. StGB) sowie Diebstahls- (§§ 242 ff. StGB) und Betrugsstraftaten (§§ 263 ff. StGB).

Im Bereich von Freiheitsstrafen von über einem bis zu zwei Jahren (also dem Grenzbereich einer möglichen Strafaussetzung) wurden 2017 14.460 der 20.397 Freiheitsstrafen zur Bewährung ausgesetzt (70,9%). Die Tatsache, dass in diesem Bereich noch ein so hoher Prozentsatz der Freiheitsstrafen ausgesetzt werden kann, spricht dafür, dass auch bei höheren Freiheitsstrafen noch Strafaussetzungen angezeigt sein könnten. Daher wäre darüber nachzudenken, die Höchstgrenzen aus § 56 Abs. 1, 2 StGB anzuheben.

Im Vollzug machten Insassen mit einer voraussichtlichen Vollzugsdauer von mehr als zwei Jahren[286] am 31.03.2016 mit 34,0% einen nicht unerheblichen Teil der Vollzugspopulation im Erwachsenenstrafvollzug aus.[287] Obwohl, wie bereits im Rahmen der kurzen Freiheitsstrafen beschrieben, längere Freiheitsstrafen bei Stichtagserhebungen überrepräsentiert sein dürften, stellen diese dennoch, gerade im Hinblick auf die geringen Verurteilungszahlen in diesem Bereich, eine erhebliche Belastung des Strafvollzugs dar. Sie sollten daher auch im Rahmen reformpolitischer Überlegungen berücksichtigt werden.[288]

Auffällig ist zudem, dass einige Delikte mit hohen Mindeststrafen einen hohen Anteil an Verurteilungen unterhalb dieser Mindeststrafe aufweisen. Die ge-

---

284 *Statistisches Bundesamt* 2017, S. 160 f.

285 1.485 der 4.364 Fälle.

286 Ohne lebenslange Freiheitsstrafe.

287 *Statistisches Bundesamt* 2018a, S. 11.

288 *P.-A. Albrecht* 2000, S. 449.

setzliche Praxis bei der Verhängung von Freiheitsstrafen in Bezug auf die Mindeststrafen gestaltet sich jedoch insoweit schwierig, dass in der Statistik die verhängten Strafen nicht genau angezeigt werden. Es wird lediglich ausgewiesen, wie viele Strafen innerhalb eines bestimmten Rahmens verhängt wurden. Deshalb lässt sich i. d. R. nicht exakt bestimmt, wie viele Strafen unterhalb der Mindeststrafe verhängt werden. Einzige Ausnahmen sind die Freiheitsstrafe von sechs Monaten sowie die lebenslange Freiheitsstrafe. Daher können keine genauen Prozentsätze ermittelt werden, sondern lediglich ein Rahmen angegeben werden, in dem sich der Anteil an Strafen unterhalb der Mindeststrafe befindet.

2017 wurden z. B. von den 303 wegen Totschlags Verurteilten 120 zu einer Freiheitsstrafe von fünf Jahren oder weniger verurteilt (39,6%). Zudem fällt auf, dass dabei von den elf Freiheitsstrafen von bis zu zwei Jahren, die also theoretisch aussetzungsfähig waren, alle auch tatsächlich ausgesetzt wurden.

Auch bei den Verurteilungen wegen Raubes lagen 136 der insgesamt 880 Verurteilungen im Bereich bis zu neun Monaten. Hinzu kommen noch 124 Freiheitsstrafen im Bereich von über neun Monaten bis zu einem Jahr. Der Anteil von Strafen unterhalb der Mindeststrafe von einem Jahr liegt damit zwischen 15,5 und 29,6%. Bei den entsprechend hoch zu bestrafenden Delikten der räuberischen Erpressung (§ 255 StGB) und des räuberischen Diebstahls (§ 252 StGB) ist die Sanktionspraxis nur teilweise vergleichbar. Im Rahmen des § 252 StGB lagen zwischen 23,8 und 41% der Strafen unter einem Jahr. Die räuberische Erpressung zeigt hingegen ein anderes Bild. Dort lagen lediglich zwischen 12,4 und 22,4% von Freiheitsstrafen unter der Mindeststrafe von einem Jahr. Gravierender erscheinen die Unterschiede beim schweren Raub. Dort lagen 2017 sogar zwischen 25,2 und 41,3% der Strafen unterhalb der Mindeststrafe von drei Jahren.[289]

Die Sanktionspraxis bei den Verbrechen im Betäubungsmittelstrafrecht zeigt ein ähnliches Bild. Bei § 29a Abs. 1 Nr. 1 BtMG lagen die verhängten Strafen in 31,9-42,2% der Fälle unterhalb der Mindeststrafe von einem Jahr Freiheitsstrafe. Auch aus den Zahlen bzgl. § 30 BtMG lässt sich Ähnliches vermuten. Dennoch sind die Zahlen mit Vorsicht zu genießen, da die Fallzahlen relativ gering sind und ein großer Teil der Strafen in den Bereichen genau auf bzw. knapp unter der Mindeststrafe liegt.[290] Daher kommt die relativ weite Spanne von 14,2 bis 49,3% der Strafen unterhalb der Mindeststrafe zustande.

Am deutlichsten wird die Problematik bei den Verbrechen des § 30a BtMG. Bei Abs. 1 dieser Norm lagen 2017 zwischen 36,5 und 64,7% der Strafen unterhalb der Mindeststrafe von fünf Jahren; in Abs. 2 sind es sogar zwischen 64,5 und 80,7% (Nr. 1) bzw. 62,5 und 88% (Nr. 2). Die Mindeststrafe wird hier

---

289 *Statistisches Bundesamt* 2018, S. 172 f.; 2014 noch zwischen 33,2 und 53,6%; hinzu kommt, dass beide Absätze des § 250 StGB trotz der unterschiedlichen Strafrahmen in der Strafverfolgungsstatistik gemeinsam ausgewiesen werden, die Strafen aufgrund eines Verbrechens nach Abs. 2 mit einer Mindeststrafe von fünf Jahren sind hier also enthalten.

290 *Statistisches Bundesamt* 2018, S. 186 f.

also in über der Hälfte der Fälle für nicht schuldangemessen gehalten. Eine Ausnahme im Rahmen der Verbrechen des BtMG scheint § 29a Abs. 1 Nr. 2 BtMG zu sein. Dort wurden lediglich zwischen 16,7 und 29,7% der Täter zu einer Strafe unterhalb der Mindeststrafe verurteilt. Insgesamt wird allerdings dennoch ein erheblicher Teil der Strafen bei Verbrechen nach dem BtMG unterhalb der Mindeststrafe verhängt.

Diese Verurteilungspraxis gibt Anlass, sich mit den Mindeststrafen im StGB und im BtMG näher auseinanderzusetzen. Wenn ein beachtlicher Anteil der verhängten Strafen unter der eigentlich vom Gesetzgeber als Minimum festgesetzten Grenze liegt, dann spricht dies dafür, dass das im Tatbestand vertypte Unrecht nicht im Einklang mit der angedrohten Rechtsfolge steht.[291] Die Mindeststrafen lassen sich dann möglicherweise „nicht mehr als Leitdimension, sondern nur noch als Hindernis für eine gerechte Strafzumessung verstehen".[292]

Die Zahlen lassen erkennen, dass der Anteil an Strafen unterhalb des gesetzlichen Minimums beachtlich ist. Das obere Ende des Strafrahmens wird hingegen kaum ausgeschöpft. Verurteilungen zur Höchststrafe oder in der Nähe der Höchststrafe sind absolute Ausnahmen. Die praktischen Auswirkungen einer Reform in diesem Bereich dürften daher marginal sein. Änderungen der Höchststrafen, insbesondere Anhebungen, dürften eher im Bereich symbolischer Kriminalpolitik eine Rolle spielen. Tatsächlicher Bedarf ist in dieser Hinsicht jedoch nicht zu erkennen.[293] Auch gibt die Sanktionspraxis keine Anhaltspunkte dafür, dass die allgemeine Höchstgrenze der zeitigen Freiheitsstrafe von 15 Jahren reformbedürftig ist, da Freiheitsstrafen im Bereich von zehn bis 15 Jahren ohnehin kaum verhängt werden[294], und mit der lebenslangen Freiheitsstrafe ist für die Fälle der schwersten Kriminalität, zumindest bei bestimmten Delikten, auch noch eine härtere Sanktion vorhanden.

Mindeststrafen auf der anderen Seite haben erhebliche Auswirkungen auf die Strafzumessung im Bereich der höheren Freiheitsstrafen. Dies zeigt die Verbreitung längerer Freiheitsstrafen bei Raub- und BtM-Delikten. Gerade bei diesen Delikten erscheint eine Untersuchung der Mindeststrafenandrohung daher geboten. Auch im Hinblick auf die häufige Anwendung der eigentlichen Ausnahme des unbenannten minder schweren Falles ist es angezeigt, die Strafandrohungen einiger Delikte zu hinterfragen.

Auch wenn die Mindeststrafen das Hauptproblem im Bereich der längeren Freiheitsstrafen sind, bleiben sie nicht der einzig denkbare Anknüpfungspunkt zu

---

291 *Streng* 2012, Rn. 766.

292 NK-*Streng* 2017, § 46 Rn. 200.

293 NK-*Streng* 2017, § 46 Rn. 200 ist jedoch insoweit zuzustimmen, dass wenn überhaupt eher an eine Senkung gedacht werden sollte. Auch die Sanktionspraxis spricht dafür, da die Strafrahmen bereits jetzt kaum ausgeschöpft werden.

294 2017 waren es 116 Fälle.

deren Vermeidung. Möglich wäre auch ein Ansetzen bei der Strafvollstreckung. Zum einen wäre die Möglichkeit einer Strafaussetzung nach § 56 StGB auch für längere Freiheitsstrafen denkbar, zum anderen könnten längere Freiheitsstrafen durch eine Erweiterung der Restaussetzung zumindest verkürzt werden. Vor allem eine Streichung der Höchstgrenze aus § 57 Abs. 2 Nr. 1 StGB wäre möglicherweise zielführend, um auch für Freiheitsstrafen von über zwei Jahren eine Halbstrafenaussetzung zu ermöglichen. Zudem ließe sich über eine Lockerung des Prognoseerfordernisses aus § 57 Abs. 1 Nr. 2 StGB nachdenken. Ebenfalls denkbar wäre eine teilweise Aussetzung der längeren Freiheitsstrafen bereits im Urteil, wie es z. B. Österreich oder die Schweiz vorsehen.

3.6 Die lebenslange Freiheitsstrafe

Die lebenslange Freiheitsstrafe als härteste und einzige zeitlich unbestimmte Strafe im deutschen Strafrecht[295] bildet in der Praxis die Ausnahme. 2017 wurden in Deutschland insgesamt 91 lebenslange Freiheitsstrafen verhängt. Dies waren 0,01% aller Verurteilten insgesamt bzw. 0,09% aller Freiheitsstrafen.[296] Am 31.03.2018 waren 1.689 „Lebenslängliche" in deutschen Gefängnissen inhaftiert.[297] Sie machten damit 3,6% aller wegen Freiheitsstrafen Inhaftierten insgesamt aus. Die Auswirkungen der lebenslangen Freiheitsstrafe auf den Täter sind aufgrund der langen Mindestvollstreckungsdauer von 15 Jahren (§ 57a Abs. 1 Nr. 1 StGB) und ihrer stigmatisierenden Wirkung („Lebenslänglicher") gravierend. Die allgemeinen Probleme langer Freiheitsstrafen sind hier noch einmal intensiviert. Die lebenslange Freiheitsstrafe wird in der Praxis fast ausschließlich bei Mord verhängt. Von 1977 bis 2006 entfielen lediglich 3,3% aller lebenslangen Freiheitsstrafen auf andere Delikte als Mord oder versuchten Mord.[298] Von 2008 bis 2017 waren es sogar lediglich 1,4% (vgl. Tabelle 3).

---

295 *Dessecker* 2012, S. 81.; NK-*Dünkel* 2017, § 38 Rn. 26.

296 *Statistisches Bundesamt* 2018, S. 160.

297 *Statistischen Bundesamt* 2018a, S. 11.

298 NK-*Dünkel* 2017, § 38 Rn. 27.

Tabelle 3: Lebenslange Freiheitsstrafe in Deutschland nach Art des verwirklichten Delikts (2008-2017)

Jahr	Mord	versuchter Mord	Totschlag	sonstige[299]	Gesamt
2008	109	1	-	1	111
2009	102	2	-	-	104
2010	128	5	2	2	137
2011	90	3	1	-	94
2012	93	2	-	-	95
2013	87	4	-	1	92
2014	83	6	3	2	94
2015	85	4	1	-	90
2016	80	9	-	-	89
2017	87	3	-	1	91
Gesamt	944	39	7	7	997

Quelle: *Statistisches Bundesamt* (2009-2018): Strafverfolgungsstatistiken.

Anhand dieser Tabelle lässt sich die Bedeutung sowie die Problematik an der absoluten Strafandrohung im Mordparagraphen erkennen. Lebenslange Freiheitsstrafen werden fast ausschließlich dann verhängt, wenn das Gesetz sie zwangsweise anordnet. Lediglich in 53 der 997 Fälle, in denen eine lebenslange Freiheitsstrafe verhängt wurde, fand eine Strafzumessung im eigentlichen Sinne statt.[300] Dies erscheint gerade aufgrund der Schwere der Strafe problematisch. Das oben angesprochene Problem der Mindeststrafen wird hier noch einmal auf die nächste Stufe gehoben, da nicht alle Tatumstände durch den Richter berücksichtigt werden können. Es können nur solche Umstände berücksichtigt werden,

---

299 Hier je einmal Brandstiftung mit Todesfolge, sowie Herbeiführen einer Explosion durch Kernenergie; viermal Raub mit Todesfolge und einmal sexuelle Nötigung/Vergewaltigung mit Todesfolge; für einen weiteren Überblick über die Delikte wegen denen in den letzten 20 Jahren eine lebenslange Freiheitsstrafe verhängt wurde vgl. *Dessecker* 2016, S. 15.

300 Zwar kann über die Feststellung der Schwere der Schuld (§ 57a StGB) zumindest faktisch Einfluss auf die Länge der Strafe genommen werden. Zu den Besonderheiten bzgl. der Antinomie der Strafzwecke im Rahmen des § 57a StGB siehe *Revel* 1989, S. 33 ff.

die zum gesetzlichen Tatbestand oder zu einem gesetzlichen Strafmilderungs-
grund gehören. Andere Umstände, die ansonsten für die Strafzumessung relevant
wären, müssen streng nach dem Wortlaut des Gesetzes unberücksichtigt bleiben.
Dies kann zu einem Konflikt mit dem Schuldprinzip führen.[301]
Diese Praxis gibt den Anstoß, die zwangsweise Androhung der lebenslangen
Freiheitsstrafe in § 211 StGB zu hinterfragen. Sollte das Gesetz eine Strafe absolut androhen, die, sofern Spielraum besteht, von den Gerichten so gut wie nie verhängt wird? Die Rechtsprechung scheint bei der lebenslangen Freiheitsstrafe außerhalb des Mordtatbestands eine erhebliche Zurückhaltung an den Tag zu legen.
Ihre zwanghafte Verhängung bei Verwirklichung eines bestimmten Tatbestandes
ist daher zumindest bedenklich. Allerdings gibt es auch nach aktueller Gesetzeslage Möglichkeiten, die lebenslange Freiheitsstrafe bei Mord zu verhindern. Neben den Milderungsgründen aus dem Allgemeinen Teil des StGB hat die Rechtsprechung die sog. Rechtsfolgenlösung entwickelt, nach der bei Vorliegen
besonderer Umstände eine Milderung nach § 49 StGB analog erfolgen kann (obwohl es im Gesetz keinerlei Anhaltspunkte für diese Konstruktion gibt). Die Praxis macht von diesen Möglichkeiten jedoch immer zurückhaltender Gebrauch. So
wurden 1990 lediglich 49% aller wegen vollendeten Mordes Verurteilten zu einer
lebenslangen Freiheitsstrafe verurteilt, zwischen 2000 und 2012 jedoch in der Regel zwischen 70 und 80% (vgl. *Abb. 7*). Dies spricht für eine insgesamt strengere
Linie der Rechtsprechung in diesem Bereich.[302] Eine erwiesene Erklärung für
diese Entwicklung gibt es nicht. Vermutet wird jedoch zum einen eine durch die
Einführung von § 57a StGB gesenkte Hemmschwelle der Richter, eine lebenslange Freiheitsstrafe zu verhängen, zum anderen eine allgemein gestiegene Punitivität.[303] Der Anteil an lebenslangen Freiheitsstrafen bei Mord scheint im Wesentlichen konstant zu bleiben. Auch wenn 2014 mit einer Quote von 64,3%
lebenslanger Freiheitsstrafen für vollendeten Mord[304] ein nicht unerheblicher
Rückgang im Vergleich zu den Vorjahren zu verzeichnen war, stieg die Quote
2015 bereits wieder auf 73,1% und betrug 2017 77%.[305]

---

301 Vgl. *Kap. 6.1.4.1.*

302 *Kommission* 2015, S. 563; *Kett-Straub* 2011, S. 74 f; *Weber* 1999, S. 49.

303 *Kett-Straub* 2011, S. 342.

304 83 lebenslange Freiheitsstrafen bei 129 vollendeten Morden, vgl. *Statistisches Bundesamt*
2016, S. 165.

305 *Statistisches Bundesamt* 2018, S. 168 f.

Abbildung 7: Verurteilungsquote wegen Mordes (ohne Versuch) zu lebenslanger Freiheitsstrafe (in Prozent)

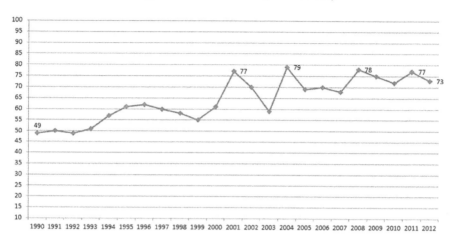

Quelle: *Kommission* 2015, Schaubild 5, S. 563.

Tabelle 4: Wegen lebenslanger Freiheitsstrafe Inhaftierte in Europa am 1.9.2015[306]

Land	Inhaftierte insgesamt am 01.09.2015	davon: Verbüßung von lebenslanger Freiheitsstrafe	%
Albanien	5.981	155	2,6
Andorra	52	0	0,0
Armenien	3.888	101	2,6
Aserbaidschan	24.197	272	1,2
Belgien	12.841	214	1,7
Bulgarien	7.583	173	2,3
Dänemark	3.203	21	0,7
Deutschland[307]	*63.628*	1.883	3,0
England/Wales	86.193	7.439	8,6
Estland	2.768	41	1,5
Finnland	3.007	203	6,8
Georgien	10.242	77	0,8
Griechenland	9.646	958	9,9
Irland	3.746	345	9,2
Italien	52.389	1.611	3,1
Lettland	4.399	55	1,3
Liechtenstein	8	0	0
Luxemburg	667	12	1,8
Mazedonien	3.498	37	1,1
Moldawien	7.813	106	1,4

306 Bosnien-Herzegowina, Kroatien, Montenegro, Norwegen, Portugal, San Marino, Serbien und Spanien sehen die lebenslange Freiheitsstrafe nicht vor (*Kommission* 2015, S. 537) und sind daher hier nicht berücksichtigt.

307 Zum Zwecke der Vergleichbarkeit wird hier die Stichtagszahl vom 01.09.2015 genutzt und nicht die aktuellere vom 01.11.2016.

Land	Inhaftierte insgesamt am 01.09.2015	davon: Verbüßung von lebenslanger Freiheitsstrafe	%
Niederlande	9.002	32	0,4
Nordirland	1.690	164	9,7
Österreich	9.037	110	1,2
Rumänien	28.642	164	9,7
Russland	642.470	1.804	0,3
Schottland	7.746	1.029	13,3
Schweden	5.770	142	2,5
Schweiz	6.884	36	0,5
Slowakei	10.087	41	0,4
Slowenien	1.399	0	0,0
Tschechische Republik	20.866	48	0,2
Türkei	173.522	7.101	4,1
Ungarn	17.773	315	1,8
Zypern	654	23	3,5

Quelle: *Aebi, M. F., Tiago, M., Burkhartd, C.* (2016): Council of Europe Annual Penal Statistics. SPACE I. Survey 2014, S. 88 f. (eigene Berechnungen).

Im europäischen Vergleich liegt Deutschland bezüglich des Anteils eine lebenslange Freiheitsstrafe verbüßender Insassen im Vollzug im oberen Mittelfeld. Zwar liegt der Wert bei weitem nicht so hoch wie in der „Spitzengruppe" bestehend aus Großbritannien, Irland, Griechenland und Finnland (dort sind zwischen ca. 7 und 10% der Inhaftierten „Lebenslängliche", „Spitzenreiter" ist Schottland mit 13,3%), doch anschließend folgt direkt Deutschland mit knapp 3% gemeinsam mit der Türkei, Zypern und Italien. Damit liegen die Raten weit höher als in vielen mitteleuropäischen Ländern wie Frankreich, Österreich oder der Schweiz. Auch einige osteuropäische Länder wie Russland oder Polen haben einen prozentual geringeren Anteil an lebenslangen Häftlingen. Zwar kann der internationale Vergleich aufgrund der verschiedenen Rechtssysteme nur ein eingeschränktes Bild liefern, doch kann er zumindest ein Indiz für die verhältnismäßig hohe Vollzugspopulation an lebenslänglich Inhaftierten in Deutschland sein. Nicht nur im

Verhältnis von „Lebenslangen" zu Strafgefangenen insgesamt, auch im Verhältnis von lebenslang Inhaftierten zur Gesamtbevölkerung liegt Deutschland im internationalen Vergleich im oberen Mittelfeld.[308]

Doch neben dem internationalen Vergleich erscheint auch die Entwicklung der absoluten Anzahl an „Lebenslänglichen" im Vollzug problematisch. Waren 1977 noch weniger als 1.000 Gefangene wegen einer lebenslangen Freiheitsstrafe inhaftiert, so ist die Zahl seit Mitte der 1980er Jahre konstant gestiegen und hat sich bis 2013 beinahe verdoppelt. 2010 waren in Deutschland so viele Personen wegen einer lebenslangen Freiheitsstrafe inhaftiert wie noch nie zuvor[309] und das, obwohl die Verurteilungszahlen bereits Jahre zuvor zu stagnieren begannen.[310] Zwar ist zu berücksichtigen, dass die neuen Bundesländer nach 1992 hinzugezählt wurden, diese machen jedoch nur einen kleinen Teil des Anstiegs aus.[311] Dies lässt sich auch aus *Abb. 8* erkennen, denn die Zahlen steigen auch nach 1992 zunächst konstant weiter an. Auch wenn in den letzten Jahren nur noch ein leichter Anstieg (bzw. seit 2011 sogar ein minimaler Rückgang auf 1.689 Häftlinge am 13.03.2018[312]) der Häftlingszahlen stattfand, ist ein wirklicher Trend zur Abnahme der Zahlen nicht zu erkennen. Dies ergibt sich vor allem aus dem Trend der Gerichte, häufiger die lebenslange Freiheitsstrafe bei Mord zu verhängen (vgl. *Abb. 7*). Auch ein konstanter Rückgang der Tötungskriminalität über die letzten Jahre führte nicht dazu, dass sich die Lage entspannen konnte.

---

308 NK-*Dünkel* 2017, § 38 Rn. 28.

309 *Dessecker* 2012, S. 81; *Dünkel/Geng/Morgenstern* 2010, S. 22.

310 *Kett-Straub* 2011, S. 73.

311 *Kett-Straub* 2011, S. 75 f.

312 *Statistisches Bundesamt* 2018a S. 11.

Abbildung 8:   Wegen lebenslanger Freiheitsstrafe Inhaftierte (1977-2013)

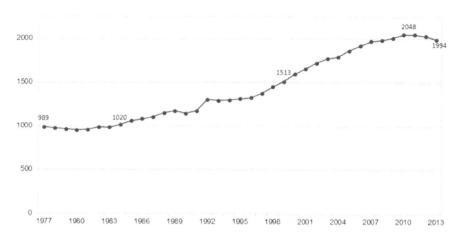

Quelle: *Kommission* 2015, Schaubild 8, S. 566.

Eine amtliche Statistik über die tatsächliche Dauer lebenslanger Freiheitsstrafen in Deutschland gibt es nicht. Die *Kriminologische Zentralstelle* in Wiesbaden erhebt jedoch seit 2002 jährlich mit Hilfe eines standardisierten Fragebogens die entsprechenden Daten bei den jeweiligen Landesjustizverwaltungen.[313] Der von *Dessecker* anhand dieser Daten ermittelte Median der Verbüßungsdauer von den lebenslangen Freiheitsstrafen, deren Strafrest zur Bewährung ausgesetzt wurde, lag zwischen 2002 und 2010 zwischen ca. 16 und 18 Jahren, der Mittelwert bei ca. 18 bis 19 Jahren.[314] Eine Tendenz ist dabei schwer auszumachen. Der Mittelwert stieg seit 2010 an (20,3 Jahre in 2013 und 19,3 in 2014), der Median pendelte sich hingegen eher am unteren Ende bei knapp über 16 Jahren ein.[315] Ein langfristiger Trend lässt sich aufgrund der Daten jedoch nicht erkennen.[316]

In einem Großteil der Fälle wird die lebenslange Freiheitsstrafe entgegen ihrem Namen also nicht lebenslang vollstreckt. Im oben genannten Zeitraum endeten jährlich zwischen 10 und 20% der lebenslangen Freiheitsstrafen aufgrund des Todes des Inhaftierten.[317] Die lebenslange Vollstreckung ist damit zwar nicht die

---

313 *Kett-Straub* 2011, S. 80.

314 *Dessecker* 2012 S. 85; *Dünkel/Morgenstern* 2011, S. 128.

315 *Dessecker* 2016, S. 22.

316 *Dessecker* 2016, S. 23.

317 *Dessecker* 2012, S. 86.

Regel, kommt jedoch dennoch in einer nicht unbeachtlichen Anzahl von Fällen vor.[318] Die meisten „Lebenslänglichen" werden allerdings irgendwann nach § 57a StGB bedingt entlassen.

Doch trotz der regelmäßig erfolgenden Strafrestaussetzung ist die lebenslange Freiheitsstrafe keinesfalls unbedenklich. Auch wenn das Bundesverfassungsgericht in seinem Urteil zur lebenslangen Freiheitsstrafe[319] betonte, dass es keinen Beweis für irreparable Haftschäden als zwangsweise Folge der lebenslangen Freiheitsstrafe gäbe, sind diese dennoch nicht ausgeschlossen. Zunächst bezog sich das Bundesverfassungsgericht auf den „gegenwärtigen Stand der Erkenntnisse", also den Stand von 1977.[320] Außerdem reicht nach der Aussage des Bundesverfassungsgerichts bereits ein Gefangener ohne irreparable Haftschäden aus, um die Aussage zu verifizieren.[321] Nur weil Haftschäden nicht nachgewiesenermaßen zwangsweise bei jedem „Lebenslangen" auftreten, heißt dies nicht, dass lange Freiheitsstrafen nicht erhebliche Schäden hervorrufen können. Auch die vom Bundesverfassungsgericht angehörten Sachverständigen kamen zu unterschiedlichen Ergebnissen.[322] Es ist davon auszugehen, dass durch längere Inhaftierung die Gefahr von Haftschäden ansteigt. Gerade bei lebenslanger Haft sind Haftdeprivation, Verlust der Kontakte zur Außenwelt und Prisonisierung zu befürchten.[323] Die Probleme der längeren zeitigen Freiheitsstrafen werden hier noch einmal verschlimmert. Auch wenn diese möglichen Haftschäden nach der Rechtsprechung des Bundesverfassungsgerichts keine Verfassungswidrigkeit begründen, sind sie dennoch ein Argument für eine möglichst restriktive Anwendung dieser Strafe.

Außerdem ist die lebenslange Freiheitsstrafe verhältnismäßig unbestimmt („15 Jahre + X"[324] vgl. § 57a Abs. 1 Nr. 1 StGB). Dies kann zu Problemen mit dem verfassungsrechtlichen Bestimmtheitsgebot führen.[325] Außerdem kann sich diese Unsicherheit bezüglich des Entlassungszeitpunkts negativ auf den Inhaftierten auswirken. Er weiß nie genau, wie lange seine Strafe noch vollstreckt wird, was auch für sich genommen schon eine Form der Bestrafung darstellen kann.[326] Diese Ungewissheit erschwert es zudem, den Behandlungsvollzug zu planen, da

---

318 *Meier* 2015, S. 87, *Kett-Straub* 2011, S. 79.

319 BVerfG NJW 1977, S. 1525 ff.; siehe dazu auch unten *Kap. 6.1.4.1.*

320 BT-Drucks. 13/4830, S. 2.

321 *Weber* 1999, S. 88.

322 *Kett-Straub* 2011, S. 48; *Müller-Dietz* 1983, S. 630.

323 *Laubenthal* 1987, S. 120 ff.

324 *Große* 1996, S. 221.

325 NK-*Dünkel* 2017, § 38 Rn. 30.

326 *Nestler/Uwer* 2015, S. 19 f.

dieser üblicherweise gezielt auf einen bestimmten Entlassungszeitpunkt hinarbeitet.[327]

Es erscheint daher im Hinblick auf die möglichen Haftschäden sowie die Grundsätze der Verhältnismäßigkeit und der Bestimmtheit notwendig, die lebenslange Freiheitsstrafe als besonders einschneidende Sanktion nur für die schwersten Fälle vorzusehen und ihre Anwendung möglichst weit einzuschränken. Sie sollte nicht ohne Strafzumessung im eigentlichen Sinne und lediglich aufgrund der Verwirklichung eines bestimmten Tatbestandes verhängt werden.

Aufgrund der absoluten Dominanz des § 211 StGB im Bereich der lebenslangen Freiheitsstrafe müssen Reformbemühungen auch primär dort ansetzen. Die fakultative Anordnung der lebenslangen Freiheitsstrafe bei Verwirklichung des § 211 StGB erscheint dabei als logischer und vorrangiger Anknüpfungspunkt für eine Reform.

3.7 Das Fahrverbot

2017 wurden insgesamt 26.072 Fahrverbote gemäß § 44 StGB verhängt. In 4% aller strafrechtlichen Verurteilungen wurde also zusätzlich zu einer Geld- oder Freiheitsstrafe noch ein Fahrverbot verhängt. Das Fahrverbot ist als „Denkzettelstrafe" konzipiert;[328] es soll durch Übelzufügung verwarnend spezialpräventiv auf den Täter einwirken.[329]

Dabei lagen 38% der Fahrverbote im Bereich von mehr als zwei Monaten. Bzgl. der Anlasstaten dominieren wenig überraschend die Straßenverkehrsdelikte wie zum Beispiel §§ 142, 315c und 316 StGB. Aber auch die Nötigung (§ 240 StGB) spielt eine verhältnismäßig große Rolle.[330]

Die Bedeutung dieser Zahlen ist jedoch schwer einzuschätzen. Zum einen wird in der Strafverfolgungsstatistik nicht die Zahl der „Zusammenhangstaten" (also die Taten, bei denen ein Fahrverbot theoretisch in Betracht käme) aufgeführt.[331] Zum anderen werden die Fahrverbote nicht ins Verhältnis zu der jeweils parallel verhängten Hauptstrafe gesetzt. Festhalten lässt sich jedoch, dass die Anzahl der verhängten Fahrverbote verhältnismäßig niedrig ist sowie dass das

---

327 *Laubenthal* 2015, S. 212.

328 BGH NStZ 2004, S. 147; OLG Hamm NZV 2004, S. 598; MüKo-*Athing/von Heintschel-Heinegg* 2016, § 44 Rn. 1; BeckOK-*von Heintschel-Heinegg* 2019, § 44 Rn. 3. Burmann-*Burmann* 2018, § 44 StGB Rn. 1.

329 Sch/Sch-*Kinzig* 2019, § 44 Rn. 1; DDKR-*von Danwitz* 2017, § 44 Rn. 1.

330 *Wedler* 2015, S. 209; dies ist aufgrund der großen Relevanz dieses Tatbestandes im Rahmen des Straßenverkehrs auch nicht weiter verwunderlich, vgl. die Übersichten bei *Maatz* 2006, S. 340 und NK-Verkehrsrecht-*Kastenbauer* 2017 § 240 StGB Rn. 28.

331 Zwar werden Verkehrsdelikte einzeln ausgewiesen, doch als Zusammenhangstaten kommen nicht nur traditionelle Verkehrsdelikte in Betracht, vgl. NK-*Böse* 2017, § 44 Rn. 12.

Höchstmaß des Fahrverbots im Gegensatz zum Höchstmaß von Geld- und Freiheitsstrafe bis nach obenhin ausgeschöpft wird (38% der Fahrverbote befinden sich im oberen Drittel[332]). Längere Fahrverbote werden dabei insbesondere für alkoholbedingte Verkehrsdelinquenz verhängt.

Allein die ausgewiesenen Verkehrsdelikte machten 2016 jedoch schon 23,6% aller Verurteilungen aus,[333] also einen weit größeren Anteil als den der verhängten Fahrverbote. Damit wird nur in relativ wenigen Fällen von Zusammenhangstaten ein Fahrverbot verhängt. Bereits seit längerer Zeit wird über eine Ausweitung des Fahrverbotes als Alternative zu Geld- und Freiheitsstrafen nachgedacht. In Betracht kommen dabei zum einen die Aufwertung des Fahrverbotes zu einer selbstständigen Hauptstrafe, zum anderen die Entfernung des Erfordernisses der „Zusammenhangstat" und damit die Entkoppelung von Verkehrsdelikten. Es könnte in den Bereichen und Fällen Anwendung finden, in denen Geld- oder Freiheitsstrafe aufgrund der oben genannten Probleme nicht praktikabel erscheint. Zusätzlich könnte eine Verlängerung der Höchstdauer des Fahrverbotes angezeigt sein, um so Geld- oder Freiheitsstrafen effektiver ersetzen zu können und um die „Lücke" zur Entziehung der Fahrerlaubnis zu schließen.

Mit der im Sommer 2017 in Kraft getretenen Ausweitung des Fahrverbots auch auf Nicht-Zusammenhangstaten[334] ist grundsätzlich ein Anstieg der verhängten Fahrverbote zu erwarten. Abzuwarten bleibt jedoch, wie die Reform in der Praxis angenommen wird oder ob der wesentliche Anwendungsbereich des Fahrverbots nach wie vor die Verkehrsdelinquenz sein wird.[335]

3.8 Konfiskatorische Folgen

2015 kam es in 56.584 Fällen zu Anordnungen nach §§ 73 ff. StGB. Damit wurde in 8,6% aller Verurteilungen zusätzlich zur eigentlichen Sanktion Verfall oder Einziehung angeordnet.[336] Dabei dominiert die Einziehung mit großem Abstand

---

332 Im Vergleich dazu liegen lediglich 0,5% der Geldstrafen in der oberen Hälfte von 180 bis 360 Tagessätzen.

333 *Statistisches Bundesamt* 2018, S. 160; dieser Anteil war in den letzten Jahren relativ konstant, vgl. auch *Hatz* 2012, S. 88.

334 Vgl. dazu *Kap. 5.2.*

335 Zum möglichen Anwendungsbereich des neuen § 44 StGB vgl. *Schöch* 2018, S. 16 f.

336 Da noch keine Zahlen zur neuen Rechtslage vorliegen, können hier nur die Zahlen zu den alten §§ 73 ff. StGB dargestellt werden.

gegenüber dem Verfall. Einziehung und Verfall sind vor allem im Betäubungsmittelstrafrecht relevant. 2017 erfolgten 49,7% aller Anordnungen nach §§ 73 ff. StGB in Zusammenhang mit Delikten nach dem BtMG.[337]

Die geringe Bedeutung des Verfalls dürfte dabei vor allem mit § 73 Abs. 1 Satz 2 StGB zusammenhängen,[338] der den Verfall bereits beim theoretischen Vorliegen eines Opferanspruchs ausschließt.[339] Dies ist unabhängig davon, ob dieser dann auch tatsächlich geltend gemacht wird.[340] Außerhalb des Betäubungsmittelstrafrechts dürften die Fälle, in denen sich der Täter bereichert hat, jedoch nicht einmal ein theoretischer Opferanspruch besteht, eher selten sein.

Der erweiterte Verfall wird in der Strafverfolgungsstatistik nicht eigenständig, sondern nur gemeinsam mit allen Formen des Verfalls ausgewiesen. Aufgrund der bereits geringen Bedeutung des Verfalls ist beim erweiterten Verfall von einer noch geringeren Bedeutung auszugehen, da der einfache Verfall stets vor dem erweiterten Verfall zu prüfen ist.[341] Reformbedarf lässt sich dabei möglicherweise aus der geringen Anwendung aufgrund von § 73 Abs. 1 S. 2 StGB herleiten. Hinzu kommen bzgl. des erweiterten Verfalls Bedenken in Bezug auf den Grundsatz der Verhältnismäßigkeit, das Bestimmtheitsgebot und die Unschuldsvermutung.[342] Diese Bedenken wurden jedoch vom BVerfG, zumindest unter Berücksichtigung der verfassungskonformen Auslegung durch den BGH,[343] nicht geteilt.[344]

Die §§ 73 ff. StGB wurden zum 01.07.2017 unter anderem aufgrund der oben genannten Bedenken grundlegend reformiert. Der gesamte Abschnitt wird nur noch mit Einziehung überschrieben und der Verfall wird zur „Einziehung von Taterträgen". Ziel der Reform war zum einen eine Vereinfachung der als zu kompliziert empfundenen Regelungen, zum anderen eine Steigerung der Anwendung von konfiskatorischen Rechtsfolgen und die Schließung von Schutzlücken, ohne dabei mögliche Opferansprüche zu gefährden.[345] Der erweiterte Verfall bzw. die

---

337 *Statistisches Bundesamt* 2017, S. 366.

338 *Eberbach* 1987, S. 491; MüKo-*Joecks* 2016, vor §§73 ff. Rn. 44: „Totengräber des Verfalls".

339 Dies dürfte auch ein Grund für die weitere Verbreitung im Betäubungsmittelstrafrecht sein, wo es i. d. R. ohnehin keine Opferansprüche gibt.

340 BGH NStZ 1984, S. 409 f.; NStZ 2001, S. 258; NStZ-RR 2006, S. 138 f.; NK-*Saliger* 2017, § 73 Rn. 22;

341 BGH NStZ-RR 2012, S. 312 f.; NStZ 2014, S. 82 NK-*Saliger* 2017, § 73d Rn. 14a.

342 NK-*Saliger* 2017, § 73d Rn. 2 ff.

343 BGH NJW 1995, S. 470; NStZ 2000, S. 137; NStZ 2001, S. 531.

344 BVerfG NJW 2004, S.2073 ff.

345 BT-Drucks. 18/9525, S. 1. f.

erweiterte Einziehung von Taterträgen wird nicht mehr auf bestimmte Katalogtaten beschränkt. Dafür entfällt die Beweislastumkehr. Es muss also nachgewiesen werden, dass das Erlangte aus irgendeiner rechtswidrigen Tat stammt.[346] Die Bedenken bzgl. der Unschuldsvermutung wurden so entschärft. Außerdem gibt es keine § 73 Abs. 1 S. 2 StGB a. F. vergleichbare Vorschrift, welche die Entziehung von Taterträgen bei möglichen Opferansprüchen generell ausschließt. Die Opferentschädigung soll im Rahmen des Vollstreckungs- oder des Insolvenzverfahrens erfolgen.[347] Ist der durch die Tat erlangte Gegenstand noch vorhanden, wird er nach Rechtskraft des Urteils an den Verletzten zurückübereignet. Während des Verfahrens wird der Gegenstand strafprozessual gesichert und für das Opfer soll kein Risiko mehr bestehen, dass ein durch eine rechtswidrige Tat entwendeter Gegenstand in eine Insolvenzmasse fällt (§ 111b StPO).[348] Ist der Gegenstand nicht mehr vorhanden, kann stattdessen nach § 73c StGB Wertersatz eingezogen werden. So soll ein für die Tatopfer einfacher Weg geschaffen werden, ihre Ansprüche geltend zu machen und gleichzeitig für Gerechtigkeit in Insolvenzfällen zu sorgen. Außerdem wird erreicht, dass dem Täter das Erlangte auch dann entzogen werden kann, wenn das Opfer den ihm zustehenden Anspruch aus irgendwelchen Gründen nicht geltend macht.[349]

Durch die Streichung von § 73 Abs. 1 S. 2 StGB wird die Anwendungshäufigkeit der Einziehung von Taterträgen wohl erwartungsgemäß zunehmen. Kernfrage für den Erfolg der Neugestaltung wird jedoch sein, ob die getroffenen Maßnahmen zur Sicherung der Opferansprüche tatsächlich greifen. Die direkte Herausgabe des Eingezogenen von den Behörden an die Verletzten erscheint dabei sinnvoll. Das Verfahren wird vereinfacht und Gegenstände des Verletzten werden vor der Insolvenzmasse geschützt. Ein abschließendes Urteil über die Neugestaltung kann hier jedoch ohne statistische Daten noch nicht getroffen werden. Die Anwendung in der Praxis muss zeigen, ob die neuen Regelungen praktikabel sind und wo ihre Schwächen liegen. Bis dahin muss die Frage nach weiteren Reformen in diesem Bereich offenbleiben.

---

346 BT-Drucks. 18/9525, S. 57 f.

347 BT-Drucks. 18/9525, S. 49.

348 BT-Drucks. 18/9525, S. 52.

349 Dies kann z. B. in Betrugsfällen relevant werden, in denen eine Vielzahl von Geschädigten um jeweils kleine Beträge betrogen wird. Die Geschädigten werden die Ansprüche aufgrund des Aufwands oft nicht geltend machen und § 73 Abs. 1 S. 2 StGB hätte einen Verfall ausgeschlossen und dem Täter bliebe der Vermögensvorteil erhalten.

3.9 Verlust von Amtsfähigkeit, der Wählbarkeit und des Stimmrechts

Die Aberkennung der bürgerlichen Ehrenrechte kraft richterlicher Entscheidung spielt in der Praxis kaum eine Rolle, so kam es 2017 lediglich zu einer Aberkennung.[350] Auch in den vorherigen Jahren kam es pro Jahr nur zu wenigen Aberkennungen nach richterlicher Entscheidung.[351] Wenn die Richter, sofern ihnen Ermessen zusteht, diese Sanktion so gut wie nie verhängen, dann spricht dies dafür, dass sie von der Praxis für nicht erforderlich gehalten wird. Die Aberkennung kraft Gesetzes erfolgt zwar deutlich häufiger, aufgrund der verpflichtenden Regelung kann damit jedoch keine Aussage über die Akzeptanz der Sanktion getroffen werden.

Die §§ 45 ff. StGB stehen jedoch im Widerspruch zum auf Resozialisierung und Schuldausgleich ausgerichteten modernen Präventionsstrafrecht.[352] Die Aberkennung stellt im Prinzip eine reine Übelzufügung ohne präventive Zielrichtung dar. Durch eine stigmatisierende Wirkung kann sie einer Resozialisierung sogar eher entgegenwirken, als sie zu unterstützen.[353] Der Verurteilte wird noch weiter aus der Gesellschaft ausgeschlossen und nicht wieder integriert.[354] Hinzu kommen verfassungs- und menschenrechtliche Bedenken.[355] Dies wirft daher insgesamt die Frage auf, ob Ehrenstrafen als solche überhaupt noch zeitgemäß sind oder ob sie insgesamt abgeschafft werden sollten.[356] Das Heraushalten bestimmter Straftäter aus öffentlichen Ämtern mag zwar präventiven Zwecken dienen und

---

350 *Statistisches Bundesamt* 2018, S. 374.

351 BeckOK-*von Heintschel-Heinegg* 2019, § 45 Rn. 5; NK-*Albrecht* 2017, § 45 Rn. 2; so kam es beispielsweise in den Jahren 2014 und 2015 zu keiner einzigen Aberkennung.

352 NK-*Albrecht* 2017, § 45 Rn. 1; *Oelbermann* 2015, S. 14 f.; so auch bereits *Schmidt* 1925, S. 26 f.; anzuerkennen ist jedoch zumindest eine negativ-spezialpräventive Wirkung, da der von einem Amt Ausgeschlossene keine mit diesem Amt verbundenen Amtsdelikte mehr begehen kann, vgl. *Sobota* 2017, S. 253.

353 Drastischer *Baumann* 1968, S. 39: „In höchstem Maße resozialisierungsfeindlich".

354 *Schmidt* 1926, S. 28; *Schwarz* 1991, S. 103.

355 Art. 38 Abs. 1 GG (Allgemeinheit der Wahl), bzw. Art. 3 des 1. Zusatzprotokolls zur EMRK, vgl. NK-*Albrecht* 2017, § 45 Rn. 1; *Stein* 2004, S. 27 ff.; *Meyer* 2005, § 46 Rn. 4 geht sogar von der Verfassungswidrigkeit der Aberkennung des aktiven Wahlrechts aus; a. A. jedoch die h. M., vgl. Hömig/Wolff-*Risse/Witt* 2018, Art. 38 Rn. 9; Maunz/Dürig-*Klein* 2019, Art. 38 Rn. 94; Sachs-*Magiera* 2018, Art. 38 Rn. 83.

356 *Lambrecht* 1996, S. 186; Sch/Sch-*Kinzig* 2019, § 45 Rn. 1; *Streng* 2013, Rn. 365; NK-*Albrecht* 2017, § 45 Rn. 1.

auch sinnvoll sein, es bietet sich jedoch eine Regelung in den entsprechenden Gesetzen an.[357] Diese Lösung hätte auch den Vorteil, dass so eine flexiblere Ausgestaltung entsprechend den verschiedenen Ämtern möglich wäre.[358] Es mag zwar gerechtfertigt sein, Täter bestimmter Straftaten von einigen öffentlichen Ämtern ausschließen zu wollen, ein umfassender (wenn auch zeitlich begrenzter) Ausschluss aller, die wegen irgendeines Verbrechens zu einer Freiheitsstrafe von über einem Jahr verurteilt wurden, ist dabei jedoch zu pauschal.[359] Gleiches gilt für die Wählbarkeit: Wenn als Folge eines Strafurteils bestimmte Wahlämter nicht mehr ausgeübt werden können sollen, dann sollten dies die entsprechenden Gesetze regeln, nicht das StGB.

Die Aberkennung des aktiven Wahlrechts ist jedoch ersatzlos zu streichen. Von der einzelnen Stimme eines (selbst wegen noch so gravierender Staatsschutzdelikte) Vorbestraften geht keine Gefahr aus.[360] Trotz der vorhergegangenen Strafftat wird der Täter noch in vollem geistigem Bewusstsein seine Stimme abgeben können. Es ist außerdem zu berücksichtigen, dass er ohnehin nur über vorher zugelassene Wahlvorschläge abstimmen kann, also z. B. gerade nicht für verbotene Parteien oder Organisationen.[361] Damit werden keinerlei präventive Zwecke verfolgt.[362] Das aktive Wahlrecht ist kein Privileg, welches der Staat seinen rechtstreuen Bürgern einräumt, sondern ein jedem Bürger zustehendes subjektives Recht.[363] Es sollte einem Bürger nur dann nicht zustehen, wenn anzunehmen ist, dass der Betroffene nicht frei selbstbestimmt entscheiden kann.[364] Dies ist jedoch bei wegen Staatsschutzdelikten Verurteilten nicht pauschal anzunehmen.

Im Ergebnis ist damit bzgl. §§ 45 ff. StGB Folgendes festzuhalten: Die Fähigkeit, öffentliche Ämter zu bekleiden, und das passive Wahlrecht sollten nicht strafrechtlich pauschal entzogen werden können. Wenn die Verurteilungen zu bestimmten Strafen wegen bestimmter Straftaten dazu führen sollen, dass ein (Wahl-)Amt nicht mehr bekleidet werden soll, dann sollte dies in dem dieses Amt betreffenden Gesetz geregelt werden. Das aktive Stimmrecht hingegen sollte gar

---

357 *Baumann* 1968, S. 40; MüKo-*Radtke* 2016, § 45 Rn. 41; *Nelles* 1991, S. 23 f.; *Schwarz* 1991, S. 104.

358 *Lambrecht* 1996, S. 185; *Schwarz* 1991, S. 185.

359 *Stein* 2004, S. 30 f.

360 *Stein* 2004, S. 30.

361 *Schwarz* 1991, S. 104.

362 *Sobota* 2017, S. 253.

363 *Stein* 2004, S. 30.

364 Daher können z. B. das Voraussetzen eines Mindestwahlalters und der Ausschluss von Geisteskranken gerechtfertigt sein, vgl. *Meyer* 2005, § 46 Rn. 4.

nicht wegen strafrechtlicher Verurteilungen aberkannt werden können. Von einzelnen Stimmen geht keine Gefahr aus und die Aberkennung dient dann ausschließlich der Übelzufügung und Herabwürdigung des Täters. Folgen dieser Art sind mit einem modernen Präventionsstrafrecht nicht vereinbar. Konkrete gesetzgeberische Initiativen zur Abschaffung der §§ 45 ff. StGB gab es trotz der anhaltenden Kritik an diesen Normen bisher jedoch nicht.

3.10 Täter-Opfer-Ausgleich und Wiedergutmachung

Die statistische Erfassung von Täter-Opfer-Ausgleich (TOA) und Wiedergutmachung in der Praxis bereitet teilweise Schwierigkeiten. Zwar wird seit 1993 regelmäßig eine bundesweite TOA-Statistik veröffentlicht, die Teilnahme an der Statistik ist für die Träger jedoch freiwillig.[365] Ein vollständiges Bild über den TOA kann sie daher nicht abgeben.[366] Vor allem da nicht in jedem Jahr dieselben Träger teilnehmen, gestaltet sich eine Beschreibung der Entwicklung schwierig.[367] Dennoch können Tendenzen über die Bedeutung des TOA sowie die Deliktsstruktur gezeigt werden und aufgrund der verhältnismäßigen Konstanz der Zahlen kann zumindest ein in „Grundzügen stimmiges"[368] Bild der Praxis abgegeben werden.

Statistisch ausgewiesen sind jedoch die staatsanwaltschaftlichen Einstellungen nach § 153a StPO mit der Auflage der Wiedergutmachung oder des TOA. Diese Statistik für das Jahr 2015 zeigt insgesamt 17.381 Einstellungen nach TOA (10.542) und Wiedergutmachung (6.839).[369] Dies sind lediglich 10,4% aller staatsanwaltschaftlichen Einstellungen unter Auflagen und 1,2% aller Erledigungen insgesamt. Die Anwendungszahlen stagnieren hier seit Jahren.[370] Auch wenn damit TOA als Bewährungsauflage sowie im Rahmen der Strafzumessung statistisch nicht erfasst sind, zeigen diese Zahlen, dass die Bedeutung von TOA und Wiedergutmachung noch überschaubar ist. Denn der Hauptanwendungsbereich von TOA und Wiedergutmachung ist die Auflage im Rahmen des § 153a StPO.[371] Ebenfalls inzwischen in der Strafverfolgungsstatistik ausgewiesen werden die Personen, denen die Weisung oder Auflage auferlegt wurde, sich um einen TOA zu bemühen. 2015 waren dies im Erwachsenenstrafrecht 868 Verurteilte, davon wurden 540 zu einer Geldstrafe und 328 zu einer Freiheitsstrafe

365 *BMJ* 2004 S. 3; *Winter* 2005, S. 199.
366 *Hartmann u. a.* 2014, S. 1.
367 *Winter* 2005, S. 201.
368 *Hartmann u. a.* 2014, S. 3.
369 *Statistisches Bundesamt* 2016a, S. 26.
370 *Streng* 2013, S. 501.
371 *Hartmann u. a.* 2014, S. 55.

verurteilt (davon waren 76 unbedingt).[372] Der Schwerpunkt lag bei Straftaten gegen die Person sowie Vermögensdelikten.

Details über die Beschuldigten im TOA-Verfahren liefert die Staatsanwaltschaftsstatistik nicht, weshalb auf die TOA-Statistik zurückzugreifen ist. Waren TOA und Wiedergutmachung zu Beginn noch hauptsächlich dem Jugendstrafrecht vorbehalten, so ist der Anteil erwachsener Täter in diesem Bereich stark angestiegen; seit 2003 ist der Anteil Erwachsener sogar größer als der der Jugendlichen und Heranwachsenden.[373] Bzgl. des TOA bei Verurteilungen sind jedoch immer noch die nach JGG Verurteilten in der Überzahl.[374]

Hauptanwendungsbereich für den Täter-Opfer-Ausgleich sind Gewalt- und Körperverletzungsdelikte. Die in diesem Bereich konstant hohen Zahlen lassen darauf schließen, dass sich der TOA gerade hier etablieren konnte.[375] Darauf folgen Beleidigungsdelikte, Delikte gegen die persönliche Freiheit und Sachbeschädigungsdelikte.[376] Diebstahls- und Betrugsdelikte, die laut der Strafverfolgungsstatistik und der PKS einen erheblichen Anteil der Kriminalität ausmachen, spielen bei TOA und Wiedergutmachung nur eine untergeordnete Rolle. Damit stehen in erster Linie persönliche Rechtsgüter und nicht die finanziellen Aspekte im Vordergrund.[377] Obwohl die genannten Delikte in der Praxis weit überwiegen, sind grundsätzlich keine Delikte von Täter-Opfer-Ausgleich und Wiedergutmachung ausgeschlossen.[378]

Initiiert wird er in einem Großteil der Fälle von den Staatsanwaltschaften während des Vorverfahrens.[379] Die Daten lassen darauf schließen, dass sowohl die erfolgreiche Durchführung eines TOA als auch allein die Bereitschaft des Beschuldigten zu einem TOA einen positiven Einfluss auf die Bereitschaft der Staatsanwaltschaft zur Einstellung des Verfahrens haben.[380]

Über die spezialpräventive Wirkung des TOA ist noch keine abschließende Aussage zu treffen. Die Ergebnisse der Rückfallforschung sind nicht eindeutig,

---

372 *Statistisches Bundesamt* 2018, S. 524.

373 Mit Ausnahme des Jahres 2006, vgl. *Hartmann u. a.* 2014, S. 11.

374 *Statistisches Bundesamt* 2018, S. 524.

375 *BMJ* 2004, S. 33.

376 *Hartmann u. a.* 2014, S. 28.

377 *BMJ* 2004, S. 37.

378 *Bals* 2008, S. 84 f.

379 *Hartmann u. a.* 2014, S. 14 ff.

380 *Hartmann u. a.* 2014, S. 58.

lassen jedoch einen vorsichtigen Optimismus zu.[381] Aussagekräftige Langzeitstudien zum Rückfall nach TOA gibt es allerdings nicht, weshalb die bisherigen Ergebnisse mit Vorsicht zu genießen sind. Allerdings ist zu berücksichtigen, dass mit dem TOA auch weitergehende Zwecke, vor allem die Berücksichtigung von Opferbelangen, verfolgt werden.[382] Der TOA kann dem Opfer z. B. helfen, die Tat zu verarbeiten und Ängste abzubauen. Die Wiedergutmachung hingegen sichert den materiellen Ausgleich des Opfers.[383] Das Opfer kann so aktiv am Verfahren teilhaben und die Rolle des Opfers im Strafverfahren wird allgemein aufgewertet.[384] Die voraussichtliche Legalbewährung des Täters ist also nicht alleiniges Merkmal für die Bewertung des Erfolgs. Hinzu kommt, dass opferbezogene Maßnahmen wie TOA und Wiedergutmachung sowohl in der Bevölkerung als auch bei den im Verfahren beteiligten Parteien eine hohe Akzeptanz zu genießen scheinen.[385] So können durch TOA und Wiedergutmachung die oben angesprochenen Probleme der Ersatzfreiheitsstrafe und der kurzen Freiheitsstrafe möglicherweise verringert werden.[386] Verfahrenseinstellungen und weniger Tagessätze dank Milderung vermeiden uneinbringliche Geldstrafen. Zudem können TOA und Wiedergutmachung Geldstrafe statt Freiheitsstrafe oder zumindest die Aussetzung einer kurzen Freiheitsstrafe ermöglichen.

Diese positiven Eindrücke in Verbindung mit der relativ geringen Anwendungspraxis sprechen dafür, dass in diesem Bereich noch ungenutztes Potenzial vorhanden ist und man sich mit Möglichkeiten des Ausbaus von TOA und Wiedergutmachung auseinandersetzen sollte. Ein sanktionsrechtlicher Ausbau des TOA erscheint dabei schwierig und von seiner Natur her dürfte eine Verpflichtung zum TOA nicht sinnvoll sein. Setzt man Freiwilligkeit voraus, sollte es bei der Möglichkeit zur Strafmilderung nach § 46a StGB bleiben. Daneben denkbar wäre der Versuch, die praktische Relevanz des TOA durch weitere gesetzliche Informationspflichten oder gebührenrechtliche Anreize für Anwälte zu erhöhen. Da diese Möglichkeiten außerhalb des Sanktionenrechts liegen, sollen sie in dieser Arbeit nicht weiter behandelt werden. Die Wiedergutmachung hingegen könnte durch einen Ausbau der Strafaussetzung zur Bewährung in Form einer Auflage einen größeren Anwendungsbereich erhalten. Zu denken ist dabei nicht nur an

---

381 *Rössner* 2007, S. 371; Handbuch-Mediation-*Kerner* 2009, § 33 Rn. 53 ff.; *Keudel* 1999, S. 109 ff.; *Dölling/Hartmann/Traulsen* 2002, S. 189; zum europäischen Vergleich siehe *Dünkel/Grzywa-Holten/Horsfield* 2015, S. 1038 ff.

382 *Meier* 2010, S. 120; Handbuch-Mediation-*Kerner* 2009, § 33 Rn. 11 ff.

383 Dieser kann aktuell vor allem durch den faktischen Vorrang der Geldstrafe (vgl. *Kap. 3.3.5*) gefährdet werden.

384 *Kaspar* 2004, S. 10.

385 *Kilchling* 1995, S. 558 ff. NK-*Streng* 2017, § 46a Rn. 4; *Streng* 2006, S. 217 f.

386 *Meier* 2000, S. 257.

eine Erweiterung der Strafaussetzung von Freiheitsstrafen, sondern die Wiedergutmachung könnte auch als Auflage bei der Verwarnung mit Strafvorbehalt relevant werden.

3.11 Kriminalpolitische Konsequenzen

Wie soeben aufgezeigt, ergeben sich verschiedene Probleme aus dem aktuellen
Sanktionensystem und der Sanktionspraxis. Das Zurückdrängen der kurzen Freiheitsstrafen ist zwar weit vorangeschritten, die Entwicklung jedoch bei weitem
noch nicht abgeschlossen. Die Geldstrafe scheint dabei an ihre Grenzen zu stoßen.
In bestimmten Bereichen ist sie nicht mehr zweckmäßig. Hohe Tagessatzzahlen
sind für einen Großteil der Täter kaum realistisch zahlbar und schon aktuell werden zu viele Ersatzfreiheitsstrafen angeordnet, was zu grundsätzlich unerwünschtem und spezialpräventiv eher abträglichem kurzem Freiheitsentzug führt.[387]
Eine Ausweitung der Geldstrafe hin zu höheren Tagessatzzahlen würde dieses
Problem noch verschärfen. Andere Alternativen zur Freiheitsstrafe liegen für diesen Bereich *de lege lata* nicht vor und gerade hier könnten daher neue Sanktionen
eine Rolle spielen. Diese „Schnittstelle" zwischen kurzer Freiheitsstrafe und hoher Geldstrafe ist aufgrund der unerwünschten Nebenfolgen der beiden Sanktionen besonders problematisch. Eine bereits im Gesetz vorgesehene Alternative zur
Geldstrafe könnte die Verwarnung mit Strafvorbehalt sein, wenn man ihren Anwendungsbereich entsprechend erweitert bzw. die Anwendungsvoraussetzungen
lockert. Auch ein von Verkehrsstraftaten abgekoppeltes, als Hauptstrafe ausge-
staltetes Fahrverbot, die gemeinnützige Arbeit oder der elektronisch überwachte
Hausarrest als selbstständige Strafen könnten diese „Lücke" schließen. Zudem
könnten die gemeinnützige Arbeit und die elektronische Überwachung als vollstreckungsrechtliche Alternativen kurzen Freiheitsentzug vermeiden.

Einige Probleme der Geldstrafe sind zwangsläufig mit der Art ihrer Ausgestaltung verbunden und lassen sich nicht durch einfache Anpassungen der Geldstrafe beseitigen. Gemeint sind die Bezahlung durch Dritte, die trotz des Tagessatzsystems unterschiedliche Belastung der Täter, die finanzielle Überbelastung
sowie die Belastung unschuldiger Dritter.[388] Ist eines oder sind mehrere dieser
Probleme zu befürchten, bleibt in der Praxis nur, dieses Risiko in Kauf zu nehmen
oder eine ebenfalls mit negativen Effekten verbundene (i. d. R. kurze) Freiheitsstrafe zu verhängen, sofern eine Einstellung oder eine Verwarnung mit Strafvorbehalt nicht mehr in Betracht kommen. Auch kann die Geldstrafe hilfsbedürftigen
Tätern keine Hilfestellung bieten und soziale Probleme werden durch sie eher verschärft als behoben.[389] Für bestimmte Tätergruppen könnten daher Sanktionen

---

387 Vgl. *Kap 3.3.5.*

388 *Schaffmeister* 1985, S. 999.

389 BT-Drucks. 13/9612, S. 5.

mit eher unterstützendem und resozialisierendem Charakter neben der Freiheitsstrafe erforderlich sein. Gerade Bagatelldelikte, die im Falle von einschlägigen Vorstrafen in der Regel zu Geldstrafen führen, wie kleinere Diebstähle, BtMG-Delikte oder Ähnliches, werden häufig von hilfebedürftiger Klientel begangen. Die Geldstrafe kann die in diesen Fällen erforderliche Unterstützung gerade nicht geben, sondern dürfte die bereits vorhandenen sozialen Probleme noch weiter verschlimmern. Eine Lösung des Problems könnte ein vollstreckungsrechtlicher Ansatz in Form einer Geldstrafe zur Bewährung sein. Denn dann könnte die (ausgesetzte) Geldstrafe mit Weisungen verbunden und müsste nicht zwangsweise vollstreckt werden. Sie wäre damit keine eigene Sanktionsform unterhalb der Geldstrafe wie die Verwarnung mit Strafvorbehalt, sondern wäre nur eine anders vollstreckte Geldstrafe und damit echte Kriminalstrafe. In Betracht kommt dabei nicht nur eine Aussetzung der gesamten Geldstrafe, sondern auch lediglich eine teilweise Aussetzung. Dies könnte eine Alternative zu dem oben angesprochenen Ausbau der Verwarnung mit Strafvorbehalt sein und die „Denkzettelwirkung" der Geldstrafe mit resozialisierenden Komponenten verbinden.

Darüber hinaus denkbar wäre in diesem Bereich eine materiellrechtliche Entkriminalisierung bestimmter Bagatellstraftaten.[390] Die verfahrensrechtliche Entkriminalisierung ist bereits sehr weit ausgebaut und der Anwendungsbereich dürfte weitgehend ausgeschöpft sein. In Betracht kommt daher die Verlagerung bestimmter Verhaltensweisen vom Strafrecht in das Verwaltungs- oder Zivilrecht. Gerade im Bereich TOA und Wiedergutmachung besteht möglicherweise noch ein erweiterter potenzieller Anwendungsbereich. In diesem Bereich erscheint eine Lösung über das Sanktionenrecht jedoch schwierig. Prozessuale und gebührenrechtliche Anreize könnten eher in der Lage sein, die Bedeutung von TOA und Wiedergutmachung zu steigern. Eine Entkriminalisierung auf polizeilicher Ebene durch von der Polizei zu verhängende strafrechtliche Sanktionen („Strafgeld") ist hingegen schon allein aus verfassungsrechtlichen Gründen abzulehnen.

Hauptproblem der Geldstrafe bleibt jedoch die hohe Anzahl an vollstreckten Ersatzfreiheitsstrafen. Die gemeinnützige Arbeit als Mittel zur Abwendung von Ersatzfreiheitsstrafen hat sich zwar grundsätzlich bewährt und sollte auch beibehalten werden, sie konnte allerdings keine abschließende Lösung des Problems darstellen. Es befinden sich trotz der Möglichkeiten zur Vermeidung noch immer zu viele Ersatzfreiheitsstrafen verbüßende Insassen in den Gefängnissen (vgl. *Abb. 5*). Lösungsansätze können zum einen darin bestehen, bereits angeordnete Ersatzfreiheitsstrafen nachträglich (möglicherweise auch nur teilweise) zu vermeiden, also ähnlich der aktuellen Ausgestaltung der gemeinnützigen Arbeit. Andererseits könnte eine Reform daran ansetzen, die Anordnung der Ersatzfreiheitsstrafe von Beginn an zu verhindern. Umgesetzt werden könnte dies entweder durch Reformen unmittelbar im Bereich der Geldstrafe, durch Einführung von

---

390 Entkriminalisierungen dieser Art könnten auch zusätzlich die Verhängung von kurzen Freiheitsstrafen für Wiederholungstäter von Bagatelldelikten vermeiden.

Alternativen zur Geldstrafe oder auch durch alternative Vollstreckungsmethoden der Geldstrafe. Eine dritte Möglichkeit wäre es, die Restaussetzung der Ersatzfreiheitsstrafe gesetzlich zu regeln, um den Freiheitsentzug zumindest zu verkürzen. Daneben wäre auch eine direkte Aussetzung vergleichbar zu § 56 StGB für Ersatzfreiheitsstrafen möglich. Ebenfalls zur zeitlichen Verkürzung denkbar wäre eine Anpassung des Umrechnungsschlüssels zwischen Geld- und Freiheitsstrafe.[391]

Das Problem der kurzen Freiheitsstrafe könnte durch eine Erweiterung bekannter Sanktionen oder mit der Einführung von neuen Sanktionen wie der gemeinnützigen Arbeit,[392] einem erweiterten Fahrverbot oder dem elektronisch überwachten Hausarrest[393] möglicherweise verringert werden. Ebenfalls in Frage kommt eine vollstreckungsrechtliche Lösung wie eine Freiheitsstrafen-Ersetzungslösung, nach der nicht nur Ersatz-, sondern auch kurze Freiheitsstrafen durch gemeinnützige Arbeit „abgearbeitet" werden können, oder die bundesweite Einführung des (ggf. elektronisch überwachten) Hausarrests im Rahmen der Strafaussetzung zur Bewährung. Neben der Schaffung von Alternativen zur kurzen Freiheitsstrafe besteht die Möglichkeit, die kurze Freiheitsstrafe zusätzlich noch von Gesetzes wegen weiter einzudämmen. Zu denken wäre dabei entweder an engere Voraussetzungen ihrer Anordnung durch eine Reform des § 47 StGB bis hin zu einer gänzlichen Abschaffung der Freiheitsstrafe von weniger als sechs Monaten.[394]

Das Problem der mittleren und langen Freiheitsstrafen ist trotz ihrer geringen absoluten Anzahl nicht zu unterschätzen. Freiheitsstrafen bis zu zwei Jahren werden bereits jetzt zum größten Teil zur Bewährung ausgesetzt, so dass eine weitergehende Ausweitung in diesem Bereich schwierig erscheint. Möglich wäre jedoch eine teilweise Aussetzung solcher Freiheitsstrafen, bei denen eine gesamte Aussetzung nicht mehr in Betracht kommt.[395] Denkbar ist dabei auch, eine teilweise Aussetzung von Freiheitsstrafen von mehr als zwei Jahren zuzulassen. Zudem gibt die hohe Aussetzungsrate im Bereich bis zu zwei Jahren Anlass dazu, über eine Anhebung der Höchstgrenze in § 56 StGB nachzudenken und statt oder neben einer teilweisen Aussetzung auch die vollständige Aussetzung von Freiheitsstrafen von über zwei Jahren zu ermöglichen.[396] Diese längeren Strafen sind häufig die

---

391 Sowie insgesamt ein bundeseinheitlicher Umrechnungsschlüssel, vgl. *Kap. 5.3.1.*

392 Vgl. *Kap. 5.3.*

393 Wobei letzterer sowohl als eigene Sanktion als auch als vollstreckungsrechtliche Alternative in Betracht kommt, vgl. insgesamt *Kap. 5.4.*

394 Beide Varianten wären dabei wohl nur bei einer gleichzeitigen Schaffung von Alternativen durchsetzbar, vgl. *Kap. 5.1.*

395 Vgl. *Kap. 6.2.2.*

396 Vgl. *Kap. 6.2.1.*

Folge hoher gesetzlicher Mindeststrafandrohungen, was zunächst auch nicht verwunderlich erscheint. Allerdings fällt ebenfalls auf, dass bei einigen Delikten mit hohen Strafandrohungen die eigentliche Ausnahme des minder schweren Falles eher zur Regel geworden ist. Dies zeigt, dass auch die Praxis der Ansicht ist, dass das gesetzliche Mindestmaß bei einigen Delikten häufig nicht schuldangemessen ist. Diese Strafandrohungen sind daher genauer zu untersuchen.[397]

Besonders in den Fokus rückt dabei die absolute Strafandrohung in § 211 StGB, die fast den gesamten Anwendungsbereich der lebenslangen Freiheitsstrafe ausmacht (vgl. *Tabelle 3*). Die schwerste Strafe des deutschen Strafrechts wird also im Wesentlichen nur dann verhängt, wenn sie von Gesetzes wegen zwangsweise verhängt werden muss. Die Zurückhaltung, diese Strafe darüber hinaus zu verhängen, sowie die Tatsache, dass die Rechtsprechung nach Wegen sucht, die lebenslange Freiheitsstrafe trotz vollendeten Mordes zu vermeiden, gibt Anlass, die absolute Androhung zu hinterfragen.[398]

Im Bereich der Aberkennung der bürgerlichen Ehrenrechte ist aufgrund der geringen Relevanz in der Praxis und der fehlenden Verfolgung von anerkannten Strafzwecken eine Reform anzuregen. Die Aberkennung des aktiven Wahlrechts sollte strafrechtlich insgesamt nicht möglich sein. Die Aberkennung der Amtsfähigkeit hingegen ließe sich besser speziell in den entsprechenden Gesetzen regeln als allgemein im StGB. Im Rahmen der konfiskatorischen Rechtsfolgen müssen hingegen erst die praktischen Auswirkungen der Neugestaltung zum 01.07.2017 abgewartet werden, bevor erneute Reformen in Betracht gezogen werden sollten.

Zusammenfassend ergeben sich damit einige Kernprobleme des aktuellen strafrechtlichen Sanktionssystems, die sich thesenartig folgendermaßen zusammenfassen lassen:

- Die kurze Freiheitsstrafe ließ sich nicht vollständig zurückdrängen. Auch wenn ihre Anwendung nach 1969 erheblich zurückging, macht sie trotz ihres Ausnahmecharakters nach § 47 Abs. 1 StGB einen nicht unerheblichen Anteil der verhängten Strafen aus.
- Die Geldstrafe ist nicht in der Lage, die kurze Freiheitsstrafe vollständig zu ersetzen; im Bereich über 90 Tagessätzen stößt auch sie an ihre Grenzen. In diesem Bereich besteht daher eine Lücke, wodurch es noch zu häufig zu einem kurzen Freiheitsentzug kommt, sowohl durch kurze Freiheits- als auch durch Ersatzfreiheitsstrafen.
- Den Sanktionen für den unteren Kriminalitätsbereich fehlt es an spezialpräventiver Wirkung, die Geldstrafe ist nicht in der Lage, positiv spezialpräventiv auf den Täter einzuwirken. Dem Richter stehen hier nur wenige Alternativen zur Verfügung, aus denen er die für den Täter am besten geeignete Sanktion auswählen kann.

---

397 Vgl. *Kap. 6.1.*
398 Vgl. *Kap. 6.1.4.*

- Täter-Opfer-Ausgleich und Wiedergutmachung sind trotz der positiven Erfahrungen mit diesen Instituten bisher nur ansatzweise ins Sanktionensystem integriert. Hier stellt sich die Frage, mit welchen Mitteln und wie weit eine weitergehende Integration erfolgen kann. Während für die Wiedergutmachung vor allem eine erweiterte Anwendung als Auflage in Betracht kommt, sollte der TOA als grundsätzlich freiwillige Maßnahme durch Reformen außerhalb des Sanktionenrechts erweitert werden.
- Die Geldstrafenvollstreckung ist aufgrund der hohen Zahl von Ersatzfreiheitsstrafen, welche mit erheblichen negativen Folgen verbunden ist, weiterhin reformbedürftig.
- Hohe Freiheitsstrafen sind trotz ihrer absolut geringen Anzahl aufgrund der erheblichen Einwirkungen auf den Täter und ihres großen Einflusses auf die Vollzugspopulation problematisch. Besonders hervor sticht dabei die absolute Strafandrohung des § 211 StGB, aber auch im Übrigen sind im Wesentlichen Delikte mit hohen Mindeststrafen für lange Freiheitsstrafen verantwortlich. Bei einigen Tatbeständen wurde die eigentliche Ausnahme „minder schwerer Fall" die Regel. Die Mindeststrafe spiegelt also gerade nicht das im Tatbestand vertypte Unrecht wider.
- Bzgl. der §§ 73 ff. StGB ist zunächst die Entwicklung im Rahmen der neuen Rechtslage abzuwarten.

Im Folgenden soll nun der Versuch unternommen werden, unterschiedliche Lösungsansätze in Bezug auf die genannten Probleme zu untersuchen. Einige Ansätze sind dabei spezifisch auf einzelne Probleme zugeschnitten, während andere eine Lösung für mehrere Probleme gleichzeitig sein können. Neben einer rechtspolitischen Abwägung werden die Vorschläge zudem auch auf ihre Verfassungskonformität überprüft und die jeweiligen Abschnitte sollen mit einem konkreten Reformvorschlag abgeschlossen werden.[399]

---

[399] Vgl. *Kap. 5* und *6*.

4. Die historische Entwicklung des Sanktionensystems

Bevor unterschiedliche Lösungsansätze zu den verschiedenen Problemen des strafrechtlichen Sanktionenrechts untersucht werden sollen, wird zunächst kurz auf die Geschichte des strafrechtlichen Sanktionensystems eingegangen. Das deutsche Sanktionensystem beruht zum größten Teil auf der Großen Strafrechtsreform von 1969. Diese war ein Kompromiss aus zwei unterschiedlichen der Reform vorangegangenen Entwürfen: dem Entwurf 1962[400] sowie dem vier Jahre später erschienen sog. Alternativentwurf.[401] An dieser Stelle soll zunächst die Entwicklung vom ersten einheitlichen deutschen Strafgesetzbuch, dem Reichsstrafgesetzbuch von 1871, bis hin zur Großen Strafrechtsreform dargestellt werden. Daraufhin werden die Inhalte der Großen Strafrechtsreform erläutert und schließlich sollen die weiteren Reformen nach 1969 sowie ausgewählte Reformvorschläge kurz beschrieben werden. Dabei liegt der Fokus im Wesentlichen auf dem sanktionsrechtlichen Teil der jeweiligen Reform; Reformen des materiellen Strafrechts oder des Strafprozessrechts werden, wenn überhaupt, am Rande behandelt oder dann, wenn sie eng mit den sanktionsrechtlichen Reformen verknüpft sind.

4.1 Der Weg zur Großen Strafrechtsreform

Der Weg zur Großen Strafrechtsreform war lang und schwierig. So sprach *Bockelmann* bereits 1951 von einem „tragischen Schicksal",[402] da trotz zahlreicher Entwürfe lange Zeit keine grundlegende Reform verabschiedet werden konnte.

Ausgangspunkt der Reformbestrebungen war das Reichsstrafgesetzbuch aus dem Jahre 1871, welches seinerseits auf dem preußischen Strafgesetzbuch von 1851 basierte.[403] Das Reichsstrafgesetzbuch bildete die Grundlage für das heutige StGB.[404] Strafrechtstheoretisch beruhte es im Wesentlichen auf dem Vergeltungsgedanken *Kants* und *Hegels*.[405] Im Sanktionenrecht des RGStGB waren die Todesstrafe, vier Formen des Freiheitsentzugs[406] sowie die Geldstrafe als Strafen vorgesehen. Zusätzlich zum angesprochenen Vergeltungsgedanken wurde auch

---

400 BT-Drucks. 04/650.

401 *Baumann* 1966.

402 *Bockelmann* 1951, S. 494.

403 LK-*Weigend* 2007, Einleitung, Rn. 22.

404 *Roxin* 2006, § 4 Rn. 1.

405 *Heinz* 2014, S. 18.

406 Zuchthaus, Festungshaft, Gefängnis und Haft.

die Generalprävention in Form der Abschreckung als Strafzweck anerkannt. Resozialisierung bzw. positive Prävention insgesamt spielten hingegen kaum eine Rolle.[407] Eine Form der Strafaussetzung zur Bewährung oder Maßregeln der Besserung und Sicherung waren nicht vorgesehen. Positiv hervorgehoben wird häufig die Präzision, mit der bereits damals die verschiedenen Tatbestände umschrieben worden sind. Häufig genanntes Beispiel ist dabei der bis heute kaum veränderte Diebstahlstatbestand (hinzugefügt wurde lediglich die Drittzueignungsabsicht im Jahre 1998).[408]

Doch insbesondere im Bereich des Sanktionenrechts wurde bereits kurz nach dem Inkrafttreten des RGStGB Reformbedarf erkannt.[409] Erste Reformüberlegungen zum RGStGB lassen sich schon Ende des 19. Jahrhunderts im *Marburger Programm* von *Franz von Liszt* finden.[410] Seiner Meinung nach durfte das Strafrecht nur der Prävention weiterer Straftaten dienen (sog. Zweckgedanke), nicht aber der Vergeltung.[411] Im Bereich des Sanktionenrechts sprach sich *von Liszt* vor allem gegen die kurze Freiheitsstrafe aus. Er forderte stattdessen die Möglichkeit einer bedingten Verurteilung sowie einen Ausbau des Anwendungsbereichs der Geldstrafe.[412]

Aufgrund der genannten Mängel wurde bereits zu Beginn des 20. Jahrhunderts ein *Vorentwurf zu einem deutschen Strafgesetzbuch* erarbeitet[413]. Ziel dieses Entwurfs war es, das klassische Vergeltungsstrafrecht mit dem Präventionsgedanken der modernen Schule zu verbinden.[414] Kern des Strafensystems sollten weiterhin die verschiedenen Formen der Freiheitsstrafe sein.[415] Der Geldstrafe wurde noch nicht zugetraut, im Zentrum des Sanktionenrechts stehen zu können.[416] Positiv hervorzuheben ist jedoch, dass der Entwurf in den §§ 38 ff. bereits eine Form der Strafaussetzung zur Bewährung vorsah. Außerdem wurde der Anwendungsbereich der Todesstrafe zumindest eingeschränkt.[417] Der Ausbruch des Ersten

---

407   *Eser* 1986, S. 50; *Heinz* 2014, S. 16.

408   *Roxin* 2006, § 4 Rn. 1; MüKo-*Joecks* 2017, vor § 1 Rn. 83.

409   LK-*Weigend* 2007, Einleitung, Rn. 24.

410   Nach von Liszt war das RGStGB „Bei seiner Geburt bereits veraltet."

411   *von Liszt* 1892, S. 163 ff.

412   Vgl. die Übersicht bei *Sträcker* 2012, S. 42 ff.

413   MüKo-*Joecks* 2017, vor § 1 Rn. 84.

414   *Roxin* 2006, § 4 Rn. 4.

415   *Strafrechtskommission des deutschen Reiches* 1909, S. 28.

416   *Strafrechtskommission des deutschen Reiches* 1909, S. 45.

417   *Strafrechtskommission des deutschen Reiches* 1909, S. 23 f.

Weltkriegs verhinderte jedoch, dass die Reformbestrebungen weiterverfolgt werden konnten.[418]

In der Weimarer Republik wurden die Bestrebungen einer Modernisierung des Strafrechts jedoch nicht aufgegeben. So legte der damalige Justizminister *Gustav Radbruch* der Regierung im Jahre 1922 einen Entwurf für ein neues Strafgesetzbuch vor. Dieser zeichnete sich unter anderem dadurch aus, dass er weder die Todesstrafe noch das Zuchthaus vorsah.[419] Er unterschied bei Freiheitsstrafen jedoch noch zwischen strengem Gefängnis, Gefängnis und Einschließung.[420] Auch waren im Gegensatz zum RGStGB von 1871 erstmals Maßregeln vorgesehen. Innovativ war zudem, dass das bis heute geltende vikariierende System zwischen Maßregeln und Strafen bereits damals von *Radbruch* vorgeschlagen wurde.[421] Doch auch dieser Entwurf erlangte nie Gesetzeskraft.[422] Dies lag im Wesentlichen an den instabilen politischen Verhältnissen in der Weimarer Zeit.[423] Als weiterer möglicher Grund für das Scheitern des Entwurfs wird angeführt, dass er zu viele traditionelle Konstanten des damaligen Strafrechts auf einmal reformieren wollte,[424] was politisch nur schwer umsetzbar erschien. Zwar gingen aus dem *Radbruch'schen Entwurf* noch weitere Entwürfe hervor, der Entwurf 1925 und der Entwurf 1927, welche auch beide im Reichstag behandelt wurden.[425] Die liberalen Tendenzen *Radbruchs* fanden sich in den neueren Entwürfen jedoch kaum noch wieder. So sahen beide Entwürfe zum Beispiel weiterhin die Todesstrafe und das Zuchthaus vor.[426] Doch aufgrund der zahlreichen Reichstagsauflösungen sowie der anschließenden Machtergreifung der Nationalsozialisten konnten auch die *Radbruch* nachfolgenden Entwürfe nie Gesetzeskraft erlangen.[427] Verabschiedet werden konnte jedoch das Geldstrafengesetz von 1923. Ziel dieses Gesetzes war es, die kurze Freiheitsstrafe zugunsten der Geldstrafe zurückzudrängen sowie die Berücksichtigung der finanziellen Lage des Täters bei der Zumessung der Geldstrafe zu ermöglichen.[428] Auf diese Weise sollte der An-

---

418 *Roxin* 2006, § 4 Rn. 6.

419 MüKo-*Joecks* 2017, vor § 1 Rn. 85.

420 *Goltsche* 2010, S. 258.

421 *Vormbaum* 2011, S. 173.

422 *Goltsche* 2010, S. 3.

423 Aschrott/Kohlrausch-*Liepmann* 1926, S. 120.

424 *Eser* 1986, S. 51.

425 *Roxin* 2006, § 4 Rn. 9 f.

426 *Vormbaum* 2011, S. 175.

427 LK-*Weigend* 2007, Einleitung, Rn. 26.

428 *Sellert/Rüping* 1994, S. 178.

wendungsbereich der Geldstrafe gegenüber der Freiheitsstrafe insgesamt ausgebaut werden.[429] Ebenfalls 1923 eingeführt wurde das Jugendstrafrecht für jugendliche Täter (zunächst bis 18 Jahre, aber ab 1953 dann auch bis 21 Jahre) im JGG. Im Zuge dieser Reform wurde auch die Strafmündigkeitsgrenze von zwölf auf die noch heute gültigen 14 Jahre angehoben.[430]

In der Zeit des Nationalsozialismus wurden die liberalen Reformtendenzen – wenig überraschend – nicht weiter fortgeführt. Die z. T. in der Weimarer Zeit verfolgten kriminalpolitischen Ziele der Prävention und Resozialisierung wurden zugunsten von Vergeltung und Abschreckung verdrängt.[431] Dies geschah erwartungsgemäß durch erhebliche Strafverschärfungen bis hin zum „Kriegsrecht", welches ab 1939 für eine Vielzahl von (teilweise sehr unbestimmten) Delikten lange Gefängnis- und Zuchthausstrafen androhte, auch der Anwendungsbereich der Todesstrafe wurde sowohl im Gesetz als auch in der Praxis erheblich ausgebaut.[432] Die Todesstrafe wurde für die Verurteilungen im Reichstagsbrandprozess sogar rückwirkend für anwendbar erklärt.[433]

Bis heute bestehende Überbleibsel nationalsozialistischer Strafrechtsreform bleiben die Einführung des Maßregelsystems, welches jedoch bereits in den Entwürfen vor 1933 enthalten war, und die aktuelle Fassung des Mordparagraphen (§ 211 StGB).[434]

Wichtigste Reform auf dem Gebiet des Strafrechts nach dem Ende des Zweiten Weltkriegs war zunächst die Abschaffung der Todesstrafe 1949. 1952 wurde zudem mit dem Ordnungswidrigkeitrecht die Möglichkeit einer verwaltungsrechtlichen Sanktionierung von unerwünschtem Verhalten geschaffen. Ein weiterer Meilenstein war ferner die erstmalige Einführung der Strafaussetzung zur Bewährung im Erwachsenenstrafrecht durch das 3. Strafrechtsänderungsgesetz 1953.[435] Bei seiner ersten Ausgestaltung des Instituts war der Gesetzgeber jedoch noch sehr zurückhaltend. So war die Vorschrift eine Kann-Regelung und es konnten lediglich Freiheitsstrafen bis zu neun Monaten ausgesetzt werden.[436] Ebenfalls noch kurz vor der Großen Strafrechtsreform wurde das Fahrverbot 1964 als bis heute einzige Nebenstrafe in das StGB eingefügt. Aufgrund der steigenden

429 *Weigend*-LK 2007, Einleitung, Rn. 27.

430 *Eisenberg* 2018, Einleitung, Rn. 1 f.; *Heinz* 2014, S. 18 f.

431 *Roth* 2008, S. 46.

432 *Roth* 2008, S. 47.

433 *Rüping/Jerouscheck* 2011, S. 99.

434 *Roxin* 2006, § 4 Rn. 11 f.; in § 211 StGB wurde lediglich die Androhung der Todesstrafe nach dem 2. Weltkrieg durch die lebenslange Freiheitsstrafe ersetzt.

435 NK-*Ostendorf* 2017, vor § 56 Rn. 2.

436 MüKo-*Groß* 2016, vor § 56 Rn. 6.

Verbreitung von Kraftfahrzeugen in Deutschland wurde eine Reform noch vor der bereits geplanten Großen Strafrechtsreform für notwendig erachtet.[437]

4.1.1 Der Entwurf 1962

Ausgangspunkt für die Große Strafrechtsreform war der in den 1950er Jahren von der *Großen Strafrechtskommission* erarbeitete sog. Entwurf 1962 oder kurz E-1962. Der E-1962 wurde erstmals in der 4. Legislaturperiode in den Bundestag eingebracht.[438] Nachdem eine Reform bis zum Ende der Legislaturperiode nicht durchgeführt werden konnte, wurde der Entwurf in der 5. Legislaturperiode ein zweites Mal eingebracht.[439] Inhaltlich orientierte sich der Entwurf eher an den Reformideen der 1920er Jahre.[440] Den Hauptzweck der Strafe sah der Entwurf demgemäß in der Vergeltung der Schuld. Allerdings wurde die Prävention zumindest auch als (untergeordneter) Zweck des Strafrechts anerkannt.[441] Der E-1962 beschränkte sich bzgl. der Prävention jedoch weitgehend auf generalpräventive Aspekte, Resozialisierung spielte hingegen kaum eine Rolle.[442]

Der Entwurf hielt in § 43 E-1962 weiter an der Trennung zwischen Zuchthaus, Gefängnis und Strafhaft fest. Dies wurde im Hinblick auf den Schuldgrundsatz für notwendig erachtet. Die Autoren des Entwurfs gaben dabei sogar zu, dass eine einheitliche Form der Freiheitsstrafe aus spezialpräventiven Gesichtspunkten zielführender gewesen wäre.[443] Die Resozialisierungsfeindlichkeit der Zuchthausstrafe wird im Entwurf auch offen angesprochen.[444] Sie wurde jedoch hingenommen und nicht weiter in der Entwurfsbegründung erörtert. Die Frage, inwieweit sich die drei verschiedenen Formen des Freiheitsentzugs in der Praxis unterscheiden sollten, konnte der Entwurf ebenfalls nicht beantworten. Die fehlende Unterscheidung in der Praxis war einer der Gründe, warum eine Abschaffung der unterschiedlichen Arten des Freiheitsentzugs gefordert wurde.[445]

Der Anwendungsbereich der kurzen Freiheitsstrafe war nicht gesondert eingeschränkt, sie war sogar in Form der Strafhaft nach § 47 E-1962 ausdrücklich

---

437 BT-Drucks. 04/651, S. 9.

438 BT-Drucks. 04/650.

439 BT-Drucks. 05/32.

440 *Sturm* 1970, S. 81.

441 BT-Drucks. 04/650, S. 96.

442 *Roxin* 2006, § 4 Rn. 18.

443 BT-Drucks. 04/650, S. 98.

444 BT-Drucks. 04/650, S. 164.

445 BT-Drucks. 05/4094, S. 8.

vorgesehen.[446] Die negative Wirkung einer kurzen Freiheitsstrafe wurde zwar für kriminell gefährdete Personen anerkannt, für sozial integrierte Täter jedoch bestritten[447] und für Letztere war die Sanktion der Strafhaft vorgesehen.[448] Der Entwurf ging dabei von einer „heilsamen Schockwirkung" des kurzen Freiheitsentzugs aus.[449] Die Mindestdauer der Gefängnisstrafe war nach § 46 Abs. 1 E-1962 mit einem Monat beziffert. Eine Strafaussetzung zur Bewährung sollte weiterhin nur für Freiheitsstrafen bis maximal neun Monaten möglich sein, eine Ausweitung des Anwendungsbereichs der Strafaussetzung wurde abgelehnt. Die Geldstrafe sollte zwar in der Lage sein, die kurze Freiheitsstrafe teilweise zurückzudrängen, sie jedoch nicht vollständig ersetzen können.[450] In § 51 E-1962 war außerdem das damals dem deutschen Recht unbekannte, jedoch im skandinavischen Raum schon verbreitete[451] Tagessatzsystem bei der Geldstrafe vorgesehen.

Trotz eines großen dogmatischen Fortschritts, insbesondere im besonderen Teil,[452] zeigte der Entwurf auf dem Gebiet des Sanktionenrechts wenig Innovation gerade im Vergleich zu den vorherigen Reformvorschlägen (insbesondere dem *Radbruch'schen Entwurf* von 1922). Wesentliche, seit Jahren bestehende Forderungen wie zum Beispiel die Abschaffung oder Einschränkung der kurzen Freiheitsstrafe sowie die Einführung einer einheitlichen Form der Freiheitsstrafe wurden nicht weiterverfolgt. Einen großen Anteil daran hatte das Festhalten am Vergeltungsgedanken als primärem Strafzweck sowie der weitgehende Verzicht auf Resozialisierung bzw. Prävention allgemein.[453]

Im besonderen Teil beschränkte sich der Entwurf nicht allein auf den Rechtsgüterschutz.[454] So waren auch als unsittlich bezeichnete Handlungen wie zum Beispiel die Kuppelei (§§ 226 ff. E-1962), die Unzucht mit Tieren (§ 218 E-1962) sowie die Homosexualität unter Männern (§ 216 E-1962) mit Strafe bedroht. Auch in diesem Bereich waren also kaum moderne Tendenzen zu erkennen.

Der E-1962 musste sich insgesamt den Vorwurf gefallen lassen, kriminalpolitisch nicht auf der Höhe der Zeit zu sein. So bezeichnete ihn *Baumann* bereits kurz nach seinem Erscheinen als „verstaubt, kleinbürgerlich, moraltriefend, an

---

446 Die Länge der Strafhaft sollte eine Woche bis sechs Monate betragen.

447 BT-Drucks. 04/650 S. 98 f.

448 Insbesondere für Taten mit geringem Schuldgehalt und Fahrlässigkeitsdelikte.

449 BT-Drucks. 04/650 S. 99.

450 BT-Drucks. 04/650 S. 169.

451 MüKo-*Radtke* 2016, § 40 Rn. 2.

452 *Kubink* 2002, S. 426; *Roxin* 2006, § 4 Rn. 17.

453 *Roxin* 2006, § 4 Rn. 18.

454 *Roxin* 2006, § 4 Rn. 18.

vielen Stellen verlogen".[455] Aufgrund eines fehlenden neuen und modernen kriminalpolitischen Konzepts sprach *Baumann* dem Entwurf sogar die Bezeichnung „Strafrechtsreform" gänzlich ab.[456]

4.1.2 Der „Alternativentwurf"

Die andauernde Kritik am E-1962 manifestierte sich in einem von 14 Strafrechtsprofessoren im Jahre 1966 veröffentlichten sog. Alternativentwurf (AE).[457] Dieser konnte zwar auf den Vorarbeiten zum E-1962 aufbauen,[458] verfolgte jedoch kriminalpolitisch eine völlig andere Zielrichtung. Er verstand sich diesbezüglich als Gegenentwurf zum E-1962.[459] Gemeinsam war beiden Entwürfen, dass sie die Schuld als Notwendigkeit für die Verhängung einer Strafe betrachteten, ebenso wie das Konzept der Unterscheidung zwischen Strafen und Maßregeln (sog. Zweispurigkeit des Sanktionensystems).[460] Der Alternativentwurf wurde zwar 1968 von der FDP-Fraktion in den Bundestag eingebracht.[461] Er erlangte jedoch genau wie der E-1962 nie Gesetzeskraft.

Den Zweck der Strafe sah der Entwurf gemäß § 2 Abs. 1 AE im Rechtsgüterschutz sowie der Wiedereingliederung des Täters in die Gemeinschaft. Die Schuld sollte die Höhe der Strafe gemäß § 2 Abs. 2 AE ausschließlich nach oben hin begrenzen. Sie war damit für die Strafe gleichzeitig notwendige Voraussetzung und Begrenzung.[462] Trotz der Priorität der Resozialisierung sollte ein hohes Sozialisierungsbedürfnis also nicht zu einer die Schuld überschreitenden Strafe führen können.[463] Damit verzichtete der Entwurf gänzlich auf den Vergeltungsgedanken und verschrieb sich allein dem Grundsatz der Prävention.[464] Neben materiellem Strafrecht enthielt der AE zudem auch in den §§ 37 ff. AE Regelungen für die Ausgestaltung des Strafvollzugs. Darin wurde die Resozialisierung als alleiniges Vollzugsziel der Freiheitsstrafe in § 37 AE festgelegt. Auch Vollzugslockerungen

---

455 *Baumann* 1965, S. 26; *ders.* 1968, S. 28: „in wichtigen Bereichen versagt"; ähnlich, wenn auch weniger drastisch *Rüping/Jerouscheck* 2011, S. 113.

456 *Baumann* 1968, S. 23 f.

457 *Baumann* 1966.

458 *Baumann* 1966, S. 3.

459 *Rüping/Jerouscheck* 2011, S. 114: „Bewusster Gegensatz"

460 LK-*Weigend* 2007, Einleitung, Rn. 35.

461 LK-*Weigend* 2007, Einleitung, Rn. 35.

462 *Baumann* 1966, S. 29.

463 *Baumann* 1968, S. 32.

464 *Baumann* 1968, S. 30; *Roxin* 2006, § 4 Rn. 20.

sollten allein nach präventiven Gesichtspunkten gestattet werden.[465] Festgelegt wurde daneben auch die Trennung von Untersuchungshäftlingen und Strafgefangenen (§ 38 Abs. 1 AE), Grundsätze der Freizeitgestaltung (§ 38 Abs. 2 bis 5 AE) sowie ein Anspruch der Häftlinge auf Arbeit im Vollzug (§ 39 Abs. 1 AE). Im besonderen Teil beschränkte sich der AE auf den Rechtsgüterschutz. Ein Sittlichkeitsstrafrecht war nicht mehr vorgesehen. Zu diesem Zweck wurde insbesondere das Sexualstrafrecht liberalisiert.[466] Aber auch im Bereich des Verkehrsstrafrechts kam es zu materiellrechtlichen Entkriminalisierungen.[467]

Auf der Ebene des Sanktionenrechts tat sich der Entwurf vor allem durch die Abschaffung des Zuchthauses und der Strafhaft[468] sowie der kurzen Freiheitsstrafe unter sechs Monaten (§ 36 Abs. 1 AE) hervor. Diese Sanktionen wurden für nicht vereinbar mit dem Resozialisierungsgedanken gehalten.[469] Der Entwurf war ebenfalls bemüht, Alternativen zur Freiheitsstrafe und zur unbedingten Vollstreckung der Freiheitsstrafe zu finden. Zu diesem Zweck wurde die Höchstgrenze für eine Strafaussetzung zur Bewährung auf zwei Jahre angehoben (§ 40 Abs. 1 AE). Dies sollte dem Richter ermöglichen, im Einzelfall eine der Resozialisierung am besten Rechnung tragende Strafe verhängen zu können.[470] Für Wiederholungstäter war die Möglichkeit der Strafaussetzung jedoch in § 40 Abs. 2 AE stark eingeschränkt. Ein Versagen der Strafaussetzung aus generalpräventiven Erwägungen war hingegen nicht vorgesehen. Der Richter hatte in der Entscheidung bezüglich der Strafaussetzung allein spezialpräventive Aspekte zu berücksichtigen. Auch die Voraussetzungen der Strafrestaussetzung wurden erheblich gelockert, so hatte eine Aussetzung regelmäßig nach einer Verbüßung von zwei Dritteln der Strafe zu erfolgen (§ 48 Abs. 1 AE). Eine Entlassung nach Verbüßung der Hälfte der Strafe war ebenfalls möglich (§ 48 Abs. 2 AE). Damit sollte den Vollstreckungsgerichten ermöglicht werden, für jeden Täter individuell den aus spezialpräventiver Sicht am besten geeigneten Entlassungszeitpunkt wählen zu können.[471] Außerdem sollte die Restaussetzung einer lebenslangen Freiheitsstrafe in § 48 Abs. 2 AE erstmals ermöglicht werden.[472]

Durch die geplante Abschaffung der Freiheitsstrafe von unter sechs Monaten musste zwangsweise die Bedeutung der Geldstrafe ansteigen, um die entstehende

---

465 *Baumann* 1966, S. 75.

466 *Roxin* 2006, § 4 Rn. 22.

467 *Kubink* 2002, S. 433.

468 *Baumann* 1966, S. 73.

469 *Baumann* 1966, S. 73.

470 *Baumann* 1966, S. 79.

471 *Baumann* 1966, S. 91.

472 *Kubink* 2002, S. 439.

Lücke zu schließen.[473] Neue alternative Hauptstrafen waren im Entwurf nämlich nicht enthalten. Die Geldstrafe war als „Laufzeitstrafe" in Tages-, Wochen- oder Monatssätzen vorgesehen (§ 49 Abs. 1 AE). Damit sollte sie im Gegensatz zu einer nach dem Tagessatzsystem verhängten Strafe nicht eine einmalige, sondern eine sukzessive Einbuße für den Täter darstellen.[474] Dies sollte zum einen durch die „Quasi-Ratenzahlung" der Resozialisierung dienen und die Gefahr von Zahlungsunfähigkeit verringern, zum anderen sollten so die Richter ermutigt werden, eher eine Geldstrafe anstatt einer Freiheitsstrafe zu verhängen.[475] § 54 AE sah auch eine Restaussetzung eines Teiles der Geldstrafe bei pünktlicher Zahlung vor. Ebenfalls neu war die Verwarnung mit Strafvorbehalt in § 57 AE. Sie war im Wesentlichen für Erst- und Gelegenheitstäter im Bagatellbereich gedacht.[476] Im Vergleich zu den sehr engen Voraussetzungen des heutigen § 59 StGB[477] war für eine Verwarnung nach dem AE nur eine Geld- oder Freiheitsstrafe von bis zu einem Jahr sowie die Erwartung der zukünftigen Straffreiheit notwendig. Daraus lässt sich schließen, dass sie nicht, wie heute, allein als Ausnahme vorgesehen war, sondern eine echte sanktionsrechtliche Alternative für Kriminalität im unteren Bereich darstellen sollte. Das Fahrverbot war in § 55 AE als eigene Hauptstrafe konzipiert. Es konnte allein oder in Verbindung mit einer Geldstrafe verhängt werden.[478] Allerdings war es nur dann einschlägig, wenn das verwirklichte Delikt selbst das Fahrverbot androhte oder die Tat in Zusammenhang mit einem Kfz begangen wurde (§ 55 Abs. 4 AE). Zur positiv spezialpräventiven Einwirkung auf den Täter war zudem bei Geldstrafen oder Anordnungen eines Fahrverbots von über sechs Monaten die Möglichkeit eröffnet, dem Verurteilten Weisungen aufzuerlegen oder ihn einem Bewährungshelfer zu unterstellen (§ 56 AE). Die Autoren des Entwurfs waren der Meinung, dass auch in solchen Fällen diese Art der Hilfestellung nötig sein könne.[479]

Der AE war also insgesamt von einer liberalen Tendenz geprägt, genauer von Entkriminalisierung und dem Zurückdrängen strafrechtlicher Intervention, insbesondere der Freiheitsstrafe. Gerade im Bereich des Sanktionenrechts unterschied sich der AE erheblich vom E-1962. Er erinnerte eher an den Entwurf *Radbruchs*

---

473 *Baumann* 1966, S. 93.

474 *Kubink* 2002, S. 442.

475 *Baumann* 1966, S. 93.

476 *Baumann* 1966, S. 107.

477 Sch/Sch-*Kinzig* 2019, § 59 Rn. 1.

478 *Baumann* 1966, S. 105.

479 *Baumann* 1966, S. 107.

aus dem Jahre 1922[480] als an das RGStGB.[481] Darin könnte jedoch auch ein Grund liegen, warum der Entwurf schließlich nicht Gesetz wurde, es wurden zu viele grundlegende Änderungen auf einmal versucht: Die Abschaffung der kurzen Freiheitsstrafe, die regelmäßige Aussetzung von Freiheitsstrafen bis zu zwei Jahren, die Laufzeitgeldstrafe sowie die zahlreichen Entkriminalisierungen im besonderen Teil – all diese Reformen schienen zu viel zu sein, um für sie eine gemeinsame politische Mehrheit zu finden.[482]

4.2 Die Große Strafrechtsreform

Der Gesetzgeber entschied sich letztlich für einen Mittelweg und verknüpfte Elemente beider Entwürfe im Jahre 1969 zu einer Art Kompromisslösung.[483] Mit den „Gesetzen zur Reform des Strafrechts" (den ersten fünf Strafrechtsreformgesetzen) wurde das deutsche Strafrecht daraufhin grundlegend reformiert. Die grundlegendsten Reformen, insbesondere im Bereich des Sanktionenrechts, brachten dabei die ersten beiden Strafrechtsreformgesetze.[484] Das Erste Strafrechtsreformgesetz setzte zunächst einige als besonders dringend empfundene Reformbestrebungen um, während das Zweite Strafrechtsreformgesetz den Allgemeinen Teil des StGB gänzlich umgestaltete.[485] Strafrechtstheoretisch versuchte die Reform ebenfalls beide Entwürfe miteinander zu verbinden. Zwar wurde einerseits in § 46 Abs. 1 Satz 1 StGB am Schuldgrundsatz festgehalten, gemäß § 46 Abs. 1 S. 2 StGB sollte jedoch auch die Wirkung der Strafe auf den Täter in der Gesellschaft berücksichtigt werden. Damit wurden spezialpräventive Aspekte in der Strafzumessung ausdrücklich vom Gesetzgeber anerkannt. Daneben waren jedoch auch generalpräventive Aspekte vorgesehen. Sie manifestierten sich zum Beispiel in generalpräventiven Vorbehalten in §§ 47 Abs. 1 und 59 Abs. 1, Nr. 3 StGB („Verteidigung der Rechtsordnung").[486]

Wie vom AE vorgesehen, wurden Zuchthausstrafe und Strafhaft zugunsten einer einheitlichen Freiheitsstrafe abgeschafft.[487] Grund dafür war neben der Resozialisierungsfeindlichkeit der Zuchthausstrafe auch, dass es in der Praxis kaum

---

480   Vgl. *Kap. 4.1.*

481   *Schmidt* 1967, S. 1929.

482   *Horstkotte* 1984, S. 3.

483   *Roxin* 2006, § 4 Rn. 24.

484   *Kubink* 2002, S. 459; *Heinz* 1982, S. 632.

485   *Meier* 2015, S. 47.

486   *Kubink* 2002, S. 460 f.

487   Die zwangsweise mit einer Zuchthausstrafe verbundene Aberkennung der bürgerlichen Ehrenrechte wurde als Reaktion auf die Abschaffung jedoch als eigene Sanktion in

einen Unterschied zwischen den Vollzugsformen gab.[488] Die kurze Freiheitsstrafe wurde weder wie im AE gefordert komplett abgeschafft, noch wie vom E-
1962 vorgesehen gar nicht eingeschränkt, sondern im Rahmen einer Kompromisslösung als Ausnahme ausgestaltet.[489] Außerdem wurde eine Untergrenze von einem Monat für Freiheitsstrafen festgelegt, was der Grenze des § 46 Abs. 1 des E-
1962 entsprach. Im Bereich von unter einem Monat sollten daher nur noch Geldstrafen verhängt werden können. Der Anwendungsbereich der Strafaussetzung
zur Bewährung wurde ebenfalls ausgeweitet. Während vor der Reform nur Freiheitsstrafen von bis zu neun Monaten aussetzungsfähig waren, konnten nach der
Reform in Ausnahmefällen sogar Freiheitsstrafen bis zu zwei Jahren ausgesetzt
werden. Eine Strafaussetzung von Freiheitsstrafen bis zu einem Jahr sollte dabei
die Regel sein.[490] Die Strafaussetzung zur Bewährung wurde als eines der wichtigsten Instrumente einer modernen Kriminalpolitik angesehen.[491] Eine Ein-
schränkungsmöglichkeit aus Gründen der Generalprävention (§ 23 Abs. 3 des
Entwurfs) wurde jedoch entgegen dem Vorschlag des Alternativentwurfs für notwendig erachtet, um einen effektiven Rechtsgüterschutz zu garantieren.[492]

Die in beiden Entwürfen vorgesehene Orientierung am Einkommen des Täters für die Bemessung einer Geldstrafe wurde ebenfalls übernommen, allerdings
nicht in Form einer Laufzeitgeldstrafe wie im AE angedacht, sondern in Form
einer nach Tagessätzen bemessenen Summenstrafe wie im E-1962 gefordert.[493]
Neu eingeführt wurde die Verwarnung mit Strafvorbehalt, § 59 StGB, wenn auch
mit deutlich engeren Voraussetzungen als im AE, sowie die Möglichkeit des Absehens von Strafe, § 60 StGB, ebenfalls als Ausnahmevorschrift[494]. Das bereits
1922 von *Radbruch* vorgeschlagene vikariierende System zwischen Strafen und
Maßregeln wurde zudem erstmals kodifiziert. Neue Hauptstrafen wurden allerdings nicht eingeführt. Dies war allerdings wenig überraschend, da weder der E-
1962 noch der AE neue Hauptstrafen vorsahen.[495] Die Geldstrafe sollte als einzige Alternative zur Freiheitsstrafe ausreichend sein. Das Fahrverbot wurde zwar

---

§§ 33 ff. StGB (a. F. – heute § 45 ff. StGB) eingeführt, vgl. MüKo-*Radtke* 2016, § 45
Rn. 2.

488 *Kuhnert* 1970, S 537 f.

489 BT-Drucks 05/4094, S. 2.

490 *Hirsch* 1986, S. 136.

491 BT-Drucks 05/4094, S. 9.

492 BT-Drucks 05/4094, S. 11.

493 *Kubink* 2002, S. 472.

494 BT-Drucks 05/4094, S. 7; MüKo-*Groß* 2016, § 60 Rn. 6.

495 Der AE sah das Fahrverbot zwar als Hauptstrafe vor, jedoch nur bei Straftaten mit Kfz-
Bezug.

als Sanktion beibehalten, war jedoch ausschließlich als Nebenstrafe bei verkehrs-
bezogenen Straftaten vorgesehen.

Die Reform des besonderen Teils zeichnete sich vor allem durch Entkriminalisierungen aus. Als überholt geltende Straftatbestände wie der Ehebruch
(§ 172 StGB a. F.) oder der Zweikampf (ehemals § 208 StGB) wurden abgeschafft.[496] Die Liberalisierung des Sexualstrafrechts wurde durch das Vierte
Strafrechtsreformgesetz weiter vorangetrieben, der Gesetzgeber entfernte sich dabei vom Sittlichkeitsstrafrecht hin zu einem grundsätzlich auf den Rechtsgüterschutz („sexuelle Selbstbestimmung") beschränkten Strafrecht.[497] Weitere zentrale Reformen der ersten fünf Strafrechtsreformgesetze waren das
Abtreibungsstrafrecht (5. StrRG) sowie das Demonstrationsstrafrecht
(3. StrRG).[498]

Insgesamt lässt sich feststellen, dass sich im Bereich des Sanktionenrechts
eher die liberalen, dem Resozialisierungsgedanken verschriebenen Tendenzen des
AE in der großen Strafrechtsreform niedergeschlagen haben.[499] Im Besonderen
Teil hat sich hingegen eher die Dogmatik des E-1962 durchgesetzt. Zudem kris-
tallisierte sich der Grundgedanke heraus, dass im Regelfall auf die Verhängung
kurzer und die Vollstreckung mittlerer Freiheitsstrafen verzichtet werden soll.[500]
Diese Tendenzen schlugen sich auch unmittelbar in der Sanktionspraxis in den
Jahren nach der Reform nieder. So wurden bereits 1970 über 80% aller Täter mit
einer Geldstrafe bestraft, 1968 waren es noch 62% gewesen.[501] Die kurze Freiheitsstrafe unter sechs Monaten konnte zwar zurückgedrängt werden, machte in
den siebziger Jahren jedoch noch immer ungefähr 50% aller Freiheitsstrafen
(ohne Ersatzfreiheitsstrafen) aus.[502] Von der kurzen Freiheitsstrafe als Ausnahme
konnte daher keine Rede sein. Es ist jedoch zu berücksichtigen, dass ein Großteil
dieser kurzen Freiheitsstrafen zur Bewährung ausgesetzt wurde.[503] Dies kann immerhin als Teilerfolg angesehen werden. Die Reform hat die deutsche Sanktionspraxis somit nachhaltig geprägt.[504]

---

496 *Hirsch* 1986, S. 146.

497 *Roxin* 2006, § 2 Rn. 30.

498 *Sturm* 1977, S. 517.

499 *Kubink* 2002, S. 468; *Hirsch* 1986, S. 135.

500 BGH NJW 1971, S. 152; NJW 1971, S. 439.

501 *Heinz* 1982, S. 639 f.

502 *Kubink* 2002, S. 480.

503 *Heinz* 1982, S. 652.

504 Vgl. *Kap. 3.1.*

Von der Praxis kaum angenommen wurden die Institute der Verwarnung mit Strafvorbehalt und des Absehens von Strafe,[505] obwohl der Gesetzgeber bei der Einführung der Verwarnung mit Strafvorbehalt, trotz der engen Voraussetzungen, von einer „erheblichen Bedeutung"[506] der Sanktion ausging. Die Große Strafrechtsreform war jedoch in der Lage, den Anwendungsbereich der Geldstrafe auszuweiten, die kurze Freiheitsstrafe zumindest zurückzudrängen sowie allgemein die Tendenz zugunsten ambulanter statt stationärer Sanktionen weiterzuführen, vor allem durch eine Reduzierung der unbedingten Freiheitsstrafen. Damit kann die Reform in diesem Bereich insgesamt als geglückt angesehen werden.[507]

Eine dauerhafte Senkung der Gefangenenzahlen konnte durch die Große Strafrechtsreform jedoch nicht erreicht werden, nach einem kurzen Rückgang stiegen die Gefangenraten wieder an.[508] Allerdings ist zumindest zu vermuten, dass die Gefangenenraten ohne die Große Strafrechtsreform noch weit mehr gestiegen wären.[509]

4.3 Das Einführungsgesetz zum Strafgesetzbuch

Das EGStGB vom 02.03.1974 entfernte die Deliktskategorie der *Übertretung* gänzlich aus dem Strafrecht. Sie wurden entweder gestrichen, zu Ordnungswidrigkeiten herabgestuft oder gingen in Vergehen auf.[510] Zudem wurde zur Erledigung von Bagatellfällen die prozessuale Entkriminalisierung in §§ 153 ff. StPO vereinfacht.[511] Hauptanliegen war es jedoch, den Besonderen Teil und das Nebenstrafrecht an den erst kürzlich vollständig umgestalteten Allgemeinen Teil anzupassen.[512] Auch die Möglichkeit der Kombination von Geld- und Freiheitsstrafe wurde in § 41 StGB einheitlich für alle Delikte geregelt.[513] Außerdem wurden erstmals die Landesregierungen in Art. 293 Abs. 1 S. 1 EGStGB ermächtigt, Verordnungen zur Vermeidung der Ersatzfreiheitsstrafe durch gemeinnützige

---

505 *Heinz* 1982, S. 663 f.

506 BT-Drucks. 05/4095, S. 25.

507 *Kaiser* 1997, § 92 Rn. 8 f.; *Arbeitskreis* 1992, S. 9; *Heinz* 2014, S. 60.

508 *Wilkitzki* 2000, S. 448.

509 *Kaiser* 1997, § 92 Rn. 13.

510 BT-Drucks. 7/550, S. 194; *Roxin* 2006 § 4 Rn. 43 führt das Beispiel des ehemaligen Mundraubs an, der heute als Diebstahl bestraft wird.

511 BT-Drucks. 7/550 S. 190; *Meier* 2008, S. 263.

512 BT-Drucks. 7/550, S. 1, 189.

513 BT-Drucks. 7/550, S. 204.

Arbeit zu erlassen.[514] Ergänzt wurde darüber hinaus das System der verfahrens-rechtlichen Erledigung durch die Einführung der Einstellung unter Auflagen/Wei-sungen im neuen § 153a StPO.[515] Dessen Ziel war es, eine flexiblere und ange-messenere Behandlung von Bagatellkriminalität zu ermöglichen.[516]

Ebenfalls durch das EGStGB eingeführt wurde der Straftatbestand des Ver-stoßes gegen Weisungen während der Führungsaufsicht in § 145a StGB, eine so-wohl kriminalpolitisch[517] als auch verfassungsrechtlich[518] umstrittene Vor-schrift. Ihr Zweck sollte es sein, die Befolgung der Weisungen zu fördern.[519] Hinzu kamen zahlreiche weitere Änderungen des Maßregelrechts, des Besonde-ren Teils und des Strafprozessrechts.[520]

4.4 Das 20. und das 23. Strafrechtsänderungsgesetz

1981 wurde als Reaktion auf ein Urteil des Bundesverfassungsgerichts[521] die Aussetzung einer lebenslangen Freiheitsstrafe ermöglicht, indem durch das 20. StrÄG der § 57a StGB eingeführt wurde. Das Bundesverfassungsgericht hatte die lebenslange Freiheitsstrafe nur unter der Voraussetzung, dass der Gefangene eine realistische Aussicht darauf hat, seine Freiheit wiederzuerlangen, für verfas-sungskonform erklärt. Bis dahin war die Beendigung des Vollzugs einer lebens-langen Freiheitsstrafe allein auf dem Gnadenweg möglich.[522] Dies war nach An-sicht des Bundesverfassungsgerichts verfassungsrechtlich nicht ausreichend. Nach § 57a StGB kann die lebenslange Freiheitsstrafe nun auch nach einer Ver-büßungsdauer von mindestens 15 Jahren[523] zur Bewährung ausgesetzt werden, wenn nicht die besondere Schwere der Schuld im Urteil festgestellt worden war und die übrigen Voraussetzungen der allgemeinen Strafrestaussetzung vorliegen.

---

514 *Dünkel* 2011, S. 144.

515 Meyer-Goßner/Schmitt-*Schmitt* 2018, § 153a Rn. 1.

516 BT-Drucks. 7/550, S. 190.

517 *Schöch* 1992, C. 112 f.; Lackner/Kühl-*Kühl* 2018, § 145a Rn. 1.

518 NK-*Kretschmer* 2017, § 145a Rn. 7.

519 Sch/Sch-*Sternberg-Lieben* 2019, § 145a Rn. 1.

520 Vgl. BT-Drucks. 7/550, S. 8 ff.

521 BVerfGE 45, S 187 ff.; dabei ist jedoch zu berücksichtigen, dass bereits vor dem Urteil des Bundesverfassungsgerichts Bestrebungen in diese Richtungen vorlagen und auch in der Praxis die Begnadigung bereits die Regel und nicht die Ausnahme war, vgl. *Kunert* 1982, S. 89 ff.; auch der Alternativentwurf sah in § 48 Abs. 2 Nr. 2 AE die Möglichkeit einer vorzeitigen Entlassung nach 15 Jahren vor.

522 MüKo-*Groß* 2016, § 57a Rn. 5; *Kunert* 1982, S. 89.

523 Diskutiert wurden auch zwölf oder zwanzig Jahre, vgl. *Kunert* 1982, S. 92.

Die zwangsweise Anhebung der Mindeststrafe für Wiederholungstäter des ehemaligen § 48 StGB wurde 1986 mit dem 23. Strafrechtsänderungsgesetz aufgehoben.[524] Nach dieser erst mit der Strafrechtsreform eingeführten Vorschrift waren Täter, die bereits zweimal verurteilt waren (und davon mindestens einmal zu einer Freiheitsstrafe von mindestens drei Monaten), zwangsweise mit einer Freiheitsstrafe von mindestens sechs Monaten zu bestrafen. Durch die Streichung dieser Norm sollte eine flexiblere Strafzumessung bei der wiederholten Begehung von Bagatelldelikten ermöglicht werden.[525]

Zusätzlich wurde durch das 23. Strafrechtsänderungsgesetz der Anwendungsbereich der Strafaussetzung sowie der Strafrestaussetzung zur Bewährung erweitert. Wobei im Rahmen der Voraussetzungen der Strafaussetzung bei Freiheitsstrafen von über einem Jahr gemäß § 56 Abs. 2 StGB lediglich die damals bereits stetige Rechtsprechung des BGH kodifiziert wurde.[526] Dies ist auch der Grund, warum sich trotz der neuen Gesetzeslage die quantitative Bedeutung der Strafaussetzung zur Bewährung nicht merklich erhöhte.[527] Ebenfalls erweitert wurde die Halbstrafenaussetzung des Strafrestes nach § 57 Abs. 2 StGB, indem die Mindestverbüßungszeit gesenkt sowie die übrigen Voraussetzungen gelockert wurden (besonders für Täter, die erstmalig eine Freiheitsstrafe verbüßen).[528]

Auch die Voraussetzungen der Verwarnung mit Strafvorbehalt wurden gelockert. Ähnlich wie in § 56 StGB sollte nun auch im Rahmen des § 59 StGB eine „Gesamtwürdigung" von Tat und Täterpersönlichkeit maßgeblich für die Entscheidung sein, ob besondere Umstände im Sinne der Norm vorliegen.[529] Außerdem wurde in § 59a Abs. 3 StGB[530] erstmals die Verbindung der Verwarnung mit Strafvorbehalt mit einigen genannten Weisungen ermöglicht. Ziel dieser Reformen war es, die praktische Bedeutung der Verwarnung zu steigern.[531]

Abschließend enthielt das 23. Strafrechtsänderungsgesetz noch Klarstellungen bezüglich der Ersatzfreiheitsstrafenvermeidung durch gemeinnützige Arbeit

524 *Dölling* 1987, S. 1045; *Roxin* 2006, § 4 Rn. 43.

525 *Greger* 1986, S. 353; *Jung* 1986, S. 743.

526 *Dölling* 1987, S. 1043; *Greger* 1986, S. 353.

527 Siehe auch *Abb. 1*; die Ausweitung der Strafaussetzung im Bereich von Freiheitsstrafen von mehr als einem Jahr fand bereits vorher durch die Rechtsprechung statt, vgl. *Dölling* 1987, S. 1043.

528 *Dölling* 1987, S. 1043; *Greger* 1986, S. 355.

529 BeckOK-*von Heintschel-Heinegg* 2017, § 59 Rn. 2; *Neumayer-Wagner* 1998, S. 64.

530 A. F., heute Abs. 2.

531 *Dölling* 1987, S. 1046.

in Art. 293 EGStGB, Reform im Rahmen des Maßregelrechts sowie strafprozessuale Regelungen, unter anderem zum Bewährungswiderruf und zur Unterbre-
chung der Vollstreckung einer Freiheitsstrafe.[532]

4.5 Das Gesetz zur Bekämpfung der Organisierten Kriminalität

1992 wurde das „Gesetz zur Bekämpfung des illegalen Rauschgifthandels und
anderer Formen der Organisierten Kriminalität" (OrgKG) erlassen. Mit ihm sollte
der organisierten Kriminalität vor allem durch die Abschöpfung der in der Regel
nicht unerheblichen Gewinne entgegengetreten werden. Dabei sollte die Begehung durch den drohenden Entzug des Gewinns nicht nur unattraktiver gemacht
werden (*„crime does not pay"*[533]), sondern auch das Kapital für zukünftige illegale Geschäfte entzogen werden.[534]

Zu diesem Zweck wurde eine gänzlich neue Sanktion in Form der Vermögensstrafe (§ 43a StGB) eingeführt. Durch diese sollte ein Zugriff auf das (theoretisch) gesamte Vermögen eines Täters ermöglicht werden und sie konnte nur
dann verhängt werden, wenn das Gesetz ausdrücklich auf sie verwies.[535] Die Vermögensstrafe wurde jedoch 2002 vom Bundesverfassungsgericht für unvereinbar
mit dem Bestimmtheitsgebot des Art. 103 Abs. 2 GG und damit für verfassungswidrig erklärt.[536] Dabei ist jedoch auch zu berücksichtigen, dass die Vermögensstrafe in den zehn Jahren ihrer Existenz ohnehin nur zwölf Mal verhängt wurde,
also in der Praxis kaum Bedeutung erlangte.[537] Daneben wurde, ebenfalls zur
Bekämpfung der organisierten Kriminalität, eine neue Form des Verfalls, der erweiterte Verfall, in § 73d StGB eingeführt.[538] Dieser sollte durch eine Beweis-
lasterleichterung den Zugriff auf die Vorteile der Tat erleichtern.[539]

Neben Regelungen zum Entzug der Vorteile der Tat wurden auch die Strafrahmen einiger Straftatbestände des Besonderen Teils verschärft, und zwar bei
solchen Delikten, die häufig im Rahmen organisierter Kriminalität zu finden sind,

---

532 *Dölling* 1987, S. 1046 ff.

533 NK-*Saliger* 2017, vor §§ 73 ff. Rn. 2.

534 BT-Drucks 12/989, S. 1, 21; *Meier* 2015, S. 441.

535 Dies war vor allem bei solchen Delikten der Fall, die in der organisierten Kriminalität
üblich sind, wie z. B. Bandendelikte, Geldwäsche oder BtMG-Delikte. Vgl. auch die
Übersicht von *Ries* 1999, S. 79 f.

536 BVerfGE 105, S. 135 ff.

537 *Dünkel/Morgenstern* 2003, S. 25.

538 Die Beweiserleichterung wurde durch das Gesetz zur Reform der strafrechtlichen Ver-
mögensabschöpfung 2017·erheblich eingeschränkt, vgl. auch *Kap. 3.8.*

539 NK-*Saliger* 2017, § 73d Rn. 1; MüKo-*Joecks* 2016, § 73d Rn. 2.

wie z. B. Bandendelikte oder besonders schwere Fälle des Rauschgifthandels. Daneben wurden auch einige strafprozessuale Regelungen geschaffen, um die organisierte Kriminalität effektiver bekämpfen zu können (zum Beispiel zum Einsatz verdeckter Ermittler oder die Möglichkeiten der technischen Überwachung).[540]

4.6 Der Alternativentwurf „Wiedergutmachung"

Der *Arbeitskreis deutscher, schweizerischer und österreichischer Strafrechtslehrer* veröffentlichte 1992 den sog. *Alternativ-Entwurf Wiedergutmachung* (AE-WGM).[541] Sein Ziel war es, die Wiedergutmachung im Erwachsenenstrafrecht langfristig zu etablieren.[542] Zuvor hatte sich der Deutsche Juristentag bereits 1984 für eine Erweiterung von TOA und Wiedergutmachung ausgesprochen,[543] nachdem das Thema bereits seit Beginn der 1980er Jahre in den Fokus der Rechtswissenschaft gerückt war.[544] Der Entwurf von 1992 sah vor, dass die Gerichte nach einer Wiedergutmachung durch den Täter von Strafe abzusehen hatten, sofern sie nicht aus spezial- oder generalpräventiven Gründen unerlässlich sein sollte (§ 4 Abs. 1 AE-WGM). § 5 Abs. 1 AE-WGM sah zudem vor, dass, sollte die Strafe trotz Wiedergutmachung unerlässlich sein, diese von Gesetzes wegen zu mildern war. Die Wiedergutmachung sollte zudem die Strafaussetzung einer Freiheitsstrafe von über zwei Jahren ermöglichen (§ 7 AE-WGM). Eine Höchstgrenze war dabei nicht vorgesehen. Daher wäre theoretisch jede zeitige Freiheitsstrafe nach Wiedergutmachung aussetzbar gewesen. Auch bei einer möglichen Strafrestaussetzung nach Verbüßung der Hälfte einer Freiheitsstrafe sollte eine Wiedergutmachung Berücksichtigung finden (§ 9 AE-WGM). Daneben war eine umfangreiche strafprozessuale Verankerung der Wiedergutmachung geplant (§§ 10 ff. AE-WGM). Als Ausprägung des Subsidiaritätsprinzips, wonach die Strafe als schärfste staatliche Sanktion nur dann eingesetzt werden darf, wenn die verfolgten Ziele anders nicht erreicht werden können, sollten Wiedergutmachung und TOA durch Absehen von Strafe oder Milderung (zumindest teilweise) an die Stelle der Strafe treten.[545]

Durch diese Reformen sollte die nach Meinung der Mitglieder des Arbeitskreises zu geringe Bedeutung der Wiedergutmachung im Gesetz und in der Praxis gesteigert werden.[546] Sie sollte als vom Täter selbst ausgehende opferbezogene

---

540 BT-Drucks. 12/989, S. 21 f.

541 *Arbeitskreis* 1992.

542 *Roxin* 1992, S. 243.

543 *Deutscher Juristentag* 1984, S. 2681.

544 *Fehl* 2001, S. 155.

545 *Roxin* 1992, S. 244.

546 *Arbeitskreis* 1992, S. 11.

Reaktion auf strafbares Verhalten und als eine von der Strafe abzugrenzende eigene „Spur"[547] im Sanktionensystem etabliert werden.[548]

Zwar ist der Gesetzgeber in der Verankerung der Wiedergutmachung dem Entwurf letztlich nicht gefolgt, aber es kam dennoch in den 1990er Jahren zu Ausweitungen auf dem Gebiet der Wiedergutmachung und des TOA.[549] Insbesondere die Einführung des § 46a StGB ist hier zu nennen, eine Vorschrift, die zumindest den „Kerngedanken des AE-WGM übernommen habe".[550] Auf dem Gebiet des Strafprozessrechts blieb die entsprechende Reform 1999 jedoch hinter den Erwartungen der Autoren des Entwurfs zurück.[551] So war unter anderem keine Möglichkeit vorgesehen, laufende Ermittlungs- oder gerichtliche Verfahren zum Zwecke des TOA zu unterbrechen. Dies hatte der AE-WGM noch in §§ 13 Abs. 1 bzw. 16 Abs. 1 vorgesehen. Eine in § 17 AE-WGM geforderte richterliche Wiedergutmachungslösung wurde ebenfalls nicht umgesetzt. Die Wiedergutmachung wurde im Wesentlichen in die Diversion integriert. Dies entsprach nach *Schöch*[552] nicht dem Grundsatz der Freiwilligkeit, wie sie von den Autoren des AE-WGM vorgesehen war. Zusätzlich sollten TOA und Wiedergutmachung durch zahlreiche gesetzliche Hinweispflichten (z. B. §§ 10, 14 und 15 AE-WGM) gestärkt werden.

Insgesamt konnte der AE-WGM also immerhin einen Teilerfolg mit der Einführung von § 46a StGB verbuchen, auch wenn die gesetzgeberische Tätigkeit insgesamt noch weit hinter dem Entwurf zurückblieb.[553] Von einer echten „Dritten Spur" des Sanktionenrechts, wie vom AE-WGM gefordert, kann bei der aktuellen Ausgestaltung jedoch kaum gesprochen werden.[554] TOA und Wiedergutmachung wurden eher in die Strafzumessung (§ 46a StGB) sowie das Strafprozessrecht (in Form der Diversion) integriert.

---

547 Die Wiedergutmachung wird dabei teilweise als „Dritte Spur" bezeichnet, der Arbeitskreis sah sie jedoch als „Erste Spur", die Strafe als „Zweite Spur" und die Maßregeln der Sicherung und Besserung als „Dritte Spur". Die Frage, ob die Spuren chronologisch oder nach Eingriffsintensität geordnet werden, ist allerdings eher deklaratorischer Natur.

548 *Arbeitskreis* 1992, S. 24.

549 Vgl. *Kap. 4.8.*

550 *Schöch* 2001, S. 1060.

551 *Schöch* 2001, S. 1062.

552 *Schöch* 2001, S. 1062 f.

553 *Dahs* 1995, S. 554.

554 MüKo-*Radtke* 2016, vor § 38 Rn. 88.

4.7 Der Deutsche Juristentag 1992

Im Jahre 1992 befasste sich die strafrechtliche Abteilung des 59. Deutschen Juristentags in Hannover mit der Frage, ob sich Erweiterungen bei den Sanktionen ohne Freiheitsentzug[555] empfehlen. Dabei ist vor allem das umfangreiche Gutachten von *Schöch* zu berücksichtigen, in dem er sich ausführlich mit verschiedenen Alternativen zum Freiheitsentzug auseinandersetzt, sowie die letztendlich vom Deutschen Juristentag gefassten Beschlüsse zu dem Thema.

4.7.1 Gutachten

Schöch geht in seinem Gutachten[556] auf unterschiedliche Ansätze zur Reform des Sanktionenrechts ein. Da sich das Gutachten nicht mit den freiheitsentziehenden Sanktionen beschäftigt, liegt der Fokus insgesamt auf dem Anwendungsbereich der ambulanten Sanktionen, also der Kriminalität im unteren und mittleren Bereich. Laut eigener Aussage[557] legt *Schöch* den Schwerpunkt dabei auf die Integration der Wiedergutmachung in das Sanktionensystem. Die Möglichkeiten, die dieses Institut bietet, sieht er als noch nicht ausgeschöpft an.[558] Im Bereich der Wiedergutmachung nimmt er dabei insbesondere auf den unmittelbar vor dem Juristentag veröffentlichten Alternativentwurf Wiedergutmachung[559] Bezug, was insoweit nicht überrascht, da *Schöch* selbst Mitglied des Arbeitskreises war. Neben der Wiedergutmachung sprach sich *Schöch* zudem für eine präzisere und einheitliche Regelung der Ersatzfreiheitsstrafenvermeidung durch gemeinnützige Arbeit sowie für eine Lockerung der Voraussetzungen der Verwarnung mit Strafvorbehalt aus. Die Verwarnung sollte außerdem mit einer Betreuungsweisung und einem Fahrverbot kombiniert werden können.[560] Der elektronischen Überwachung als Haftalternative stand Schöch hingegen skeptisch gegenüber.[561] Im Rahmen der Führungsaufsicht sollte die Möglichkeit der richterlichen Anordnung und die strafrechtliche Ahndung von Weisungsverstößen gestrichen werden.[562] Das Fahrverbot sollte nach *Schöch* als Hauptstrafe mit einer Dauer von bis zu

---

555 Dies schließt die zur Bewährung ausgesetzte Freiheitsstrafe zwar grundsätzlich mit ein, vgl. *Schöch* 1992, C. 15, Reformfragen zu Bewährung wurden jedoch auf Grund der Schwerpunktsetzung im Gutachten nicht weiter erörtert, vgl. *Schöch* 1992, C. 82 f.

556 *Schöch* 1992.

557 *Schöch* 1992, C. 12.

558 *Schöch* 1992, C. 60.

559 Vgl. *Kap. 4.6.*

560 *Schöch* 1992, C. 92 f.; ähnlich *Dünkel/Spieß* 1992, S. 132.

561 *Schöch* 1992, C. 100 f.

562 *Schöch* 1992, C. 111 ff.

einem Jahr ausgestaltet werden. Darüber hinaus sprach er sich dafür aus, das Fahrverbot auch bei allgemeiner Kriminalität verhängen zu können.[563] Insgesamt sah *Schöch* damit verschiedene Anknüpfungspunkte für einen Ausbau der ambulanten Sanktionen im deutschen Recht, ohne dabei die Bewährung des Sanktionensystems grundsätzlich in Frage zu stellen.

4.7.2   Beschlüsse

In seinen Beschlüssen[564] stellte der *DJT* 1992 zunächst fest, dass die damaligen Entwicklungen trotz einer grundsätzlichen Bewährung des Sanktionenrechts zumindest Anlass zur Prüfung einer Reform gaben. Dabei sprach sich der *DJT* zunächst für eine Erweiterung von TOA und Wiedergutmachung aus. Der Vorschlag, eine eigenständige „Dritte Spur" einzuführen, wurde allerdings nicht angenommen. TOA und Wiedergutmachung sollten eher in das Strafprozessrecht integriert werden. Einer Erweiterung der Sanktionsvielfalt stand der *DJT* jedoch eher kritisch gegenüber, vor allem aufgrund des befürchteten Aufwands in der Praxis.

Da der *DJT* von einer grundsätzlichen Bewährung der Geldstrafe in ihrer damaligen Form ausging, wurden in diesem Bereich nur wenige zustimmende Beschlüsse gefasst. Unter anderem angenommen wurde der Vorschlag, eine Geldstrafe zur Bewährung aussetzen zu können, aber nur dann, wenn so eine Entschädigung des Verletzten ermöglicht wird. Auch hier lässt sich der Wiedergutmachungsgedanke erkennen. Zudem wurde (wenn auch nur knapp) eine bundeseinheitliche Regelung der zu leistenden Stunden gemeinnütziger Arbeit pro Tagessatz (bzw. pro Tag Ersatzfreiheitsstrafe) gefordert. Als eigenständige Sanktion wurde die gemeinnützige Arbeit mit großer Mehrheit abgelehnt.[565] Ebenso abgelehnt wurde die Einführung von Sanktionen aus dem Strafrecht der DDR.[566]

Darüber hinaus sollte der Anwendungsbereich der Verwarnung mit Strafvorbehalt ausgeweitet[567] sowie das Fahrverbot zu einer Hauptstrafe aufgewertet werden.[568] Erwähnenswert ist noch die eindeutige Ablehnung des elektronisch überwachten Hausarrestes als Neben- oder Hauptstrafe. Im Bereich des Maßregelrechts wurden kaum Änderungen befürwortet. Allein die Abschaffung der Führungsaufsicht kraft richterlicher Anordnung wurde, wie im Gutachten vor-

---

563   *Schöch* 1992, C. 116 ff.

564   Veröffentlicht in *59. Deutscher Juristentag* 1992, S. 3021 ff.

565   Ihre Bedeutung im Rahmen von Auflagen soll jedoch erhöht werden.

566   Öffentliche Bekanntmachung, Öffentliche Missbilligung, sowie die Bürgschaft.

567   Sie sollte jedoch nach wie vor eine Ausnahme darstellen.

568   Die Koppelung an Kfz-bezogene Straftaten sollte allerdings bestehen bleiben.

geschlagen, angenommen. Ebenfalls befürwortet wurde die Streichung der Bestrafung von Weisungsverstößen im Rahmen der Führungsaufsicht gemäß § 145a StGB.

Insgesamt blieben die Beschlüsse hinter den Ergebnissen des Gutachtens von *Schöch* zurück, insbesondere bei der Wiedergutmachung und dem Fahrverbot wurden seine Vorschläge nur teilweise übernommen. Zumindest in einigen Bereichen konnte jedoch eine Einigung erzielt werden.

In der Praxis konnten im Bereich des Täter-Opfer-Ausgleichs und der Wiedergutmachung im Anschluss an den *DJT* Fortschritte erzielt werden.[569] Auch der geforderte maßvolle Ausbau der Verwarnung mit Strafvorbehalt fand, wenn auch erst über 20 Jahre später und mit eher mäßigem Erfolg, mit dem 2. Gesetz zur Modernisierung der Justiz statt.[570] Die insgesamt sehr moderaten Reformideen wurden damit zumindest teilweise verwirklicht. Tiefer greifende Beschlüsse wie die Möglichkeit, eine Geldstrafe unter bestimmten Voraussetzungen zur Bewährung aussetzen zu können, oder ein einheitlicher Umrechnungsschlüssel bei der Abwendung der Ersatzfreiheitsstrafe wurden jedoch kaum weiterverfolgt. Auch die vorgeschlagenen Änderungen der Führungsaufsicht sind nicht erfolgt. Damit waren die gesetzgeberischen Folgen des *DJT* für eine Reform des Sanktionenrechts letztlich marginal.

4.8 Das Verbrechensbekämpfungsgesetz und der Täter-Opfer-Ausgleich

Eine erste Erweiterung des Täter-Opfer-Ausgleichs im Erwachsenenstrafrecht fand in den 1990er Jahren statt. Als Folge der guten Erfahrungen, die mit dem Institut im Jugendstrafrecht gemacht wurden, sollte der TOA auch in das Erwachsenenstrafrecht integriert werden.[571] So wurde mit dem Verbrechensbekämpfungsgesetz 1994 der § 46a StGB eingeführt. Nach dieser Norm kann das Gericht nach durchgeführtem TOA oder geleisteter Wiedergutmachung die Strafe mindern oder ggf. ganz von ihr absehen. Ziel dieser Vorschrift sollte es sein, dem Täter einerseits einen Anreiz zur Wiedergutmachung zu liefern, andererseits sollte auch den Gerichten die Möglichkeit gegeben werden, generalpräventive Aspekte sowie einen gerechten Schuldausgleich im Einzelfall zu berücksichtigen. Deshalb wurde die Vorschrift als „Kann-Regelung" ausgestaltet, anstatt eine verpflichtende Strafmilderung bei TOA bzw. Wiedergutmachung vorzusehen.[572]

---

569   Vgl. *Kap. 4.8.*

570   Vgl. *Kap. 4.15*; auf Grund des zeitlichen Abstands ist allerdings nicht davon auszugehen, dass dies noch unmittelbar auf den *DJT* 1992 zurückzuführen ist.

571   BT-Drucks. 12/6853, S. 21.

572   BT-Drucks. 12/6853, S. 21 f.; *König* 1995, S. 2; *Dahs* 1995, S. 553 f.

Diese Vorschrift stellt die erste gesetzliche Verankerung von TOA und Wiedergutmachung im materiellen Erwachsenenstrafrecht dar.[573] Sie geht zwar über die
Empfehlungen des 92. DJT hinaus, bleibt dafür jedoch weit hinter dem AE-WGM
zurück.[574]

Des Weiteren wurde 1999 in § 155a StPO eine Pflicht für Gericht und Staatsanwaltschaft eingeführt, in jedem Stadium des Verfahrens auf einen TOA bzw.
die Wiedergutmachung hinzuwirken, wodurch TOA und Wiedergutmachung
auch im Strafprozessrecht verankert wurden. Zudem wurden die Wiedergutmachung und der TOA in die Weisungskataloge der §§ 59a Abs. 2 StGB, 153a
Abs. 1 StPO aufgenommen.[575] Daneben wurde § 155b StPO eingeführt, um die
Übermittlung der benötigten Informationen an die entsprechenden Stellen daten-
schutzrechtlich zu ermöglichen.[576] Zusätzlich wurde ein gebührenrechtlicher Anreiz für Anwälte durch die explizite Erwähnung des TOA in § 87 BRAGebO geschaffen.[577]

Ebenfalls mit dem Verbrechenbekämpfungsgesetz begonnen wurde der Pro-
zess der sog. Harmonisierung der Strafrahmen.[578] Da die Strafrahmen der Körperverletzungsdelikte als unverhältnismäßig niedrig im Vergleich zu den Strafrahmen der Eigentumsdelikte eingestuft wurden (einfache Körperverletzung sah
eine Höchststrafe von drei Jahren vor, während einfacher Diebstahl und Betrug
fünf Jahre vorsahen), sah die Reform einer Erhöhung der Höchststrafe der einfachen sowie der gefährlichen Körperverletzung von drei auf fünf Jahre vor.[579]

4.9 Die SPD-Entwürfe der 12. und 13. Legislaturperiode

Die SPD-Bundestagsfraktion brachte 1993 (12. Legislaturperiode) sowie 1996
(13. Legislaturperiode) zwei inhaltlich sehr ähnliche Entwürfe zur Reform des
Sanktionenrechts in den Bundestag ein.[580] Ziel war zum einen die Stärkung von

---

573 *Kilchling* 1996, S. 309.

574 LK-*Theune* 2006, § 46a Rn. 1.

575 BT-Drucks. 14/1928, S. 7 f.

576 BT-Drucks. 14/1928, S. 8 f.

577 BT-Drucks. 14/1928, S. 9 f.

578 Dieser wurde 1998 durch das 6. Strafrechtsreformgesetz weitergeführt, siehe dazu unten
Kap. 4.10.

579 BT-Drucks. 12/6853, S. 25; daneben wurden auch die Strafrahmen der besonders schweren Körperverletzung, der Misshandlung von Schutzbefohlenen und der Körperverletzung im Amt angehoben; kritisch dazu *Hettinger* 1995, S. 420 ff.; *Vormbaum* 1995,
S. 754 ff.

580 BT-Drucks 12/6141; BT-Drucks 13/4462.

Opferinteressen. Dies sollte insbesondere durch die Vereinfachung der Durchsetzung von Schadensersatzansprüchen sowie Unterstützung bei der psychischen Verarbeitung der Tat durch das Opfer erreicht werden. Zum anderen wollten die Entwürfe (kurze) Freiheitsstrafen sowie Ersatzfreiheitsstrafen vermeiden, um die Resozialisierung des Täters nicht zu gefährden.[581]

Diese Ziele sollten durch eine stärkere Berücksichtigung des Täter-Opfer-Ausgleichs und der Wiedergutmachung bei der Diversionsentscheidung, der Strafzumessung, ebenso wie bei der Entscheidung über die Strafaussetzung zur Bewährung erreicht werden. Der Entwurf von 1996 verzichtete dabei jedoch auf die Berücksichtigung im Rahmen der Strafzumessung.[582] §§ 24a, 56 Abs. 1 Satz 2 des Entwurfs von 1993 beschränkten den Anwendungsbereich des TOA bei der Strafzumessung und Strafaussetzung jedoch auf Eigentums- und Vermögensdelikte, bei denen es weder zu einer Gewaltanwendung noch zu einer Drohung mit Gewalt oder Gefahren für Leib oder Leben gekommen war. Diese dem deutschen Recht bis dahin unbekannte Unterscheidung zwischen Gewalt- und Nicht-Gewalt-Delikten sollte nach § 56 Abs. 2 auch bei der Aussetzung von Freiheitsstrafen von einem Jahr bis zu drei Jahren eine Rolle spielen. Freiheitsstrafen von über zwei Jahren sollten nur dann zur Bewährung ausgesetzt werden können, wenn es sich nicht um entsprechende Gewalttaten handelte. Ein gerichtliches Ermessen war dabei nicht vorgesehen. Wenn es sich um eine entsprechende Tat handelte, hatte nach dem Entwurf die Strafmilderung bzw. Strafaussetzung zu unterbleiben.

§ 40a der Entwürfe sah zudem eine echte Geldstrafe zur Bewährung vor. Voraussetzung für die Aussetzung einer Geldstrafe von bis zu 180 Tagessätzen sollte allein sein, dass dies als Warnung für den Täter ausreicht, sowie eine positive Legalprognose. Unter diesen Voraussetzungen sollten Geldstrafen von bis zu 180 Tagessätzen zwingend zur Bewährung auszusetzen sein. Höhere Geldstrafen sollten nach § 40a Abs. 2 unter „besonderen Umständen" aussetzbar sein. Die Voraussetzungen waren damit deutlich weiter gefasst als diejenigen der Verwarnung mit Strafvorbehalt. Die Vorschrift erinnerte zudem vom Aufbau her eher an § 56 StGB als an § 59 StGB. Besonders hervorzuheben ist, dass theoretisch die Möglichkeit hätte bestehen sollen, jede Geldstrafe, unabhängig von ihrer Höhe, zur Bewährung auszusetzen. Die Verwarnung mit Strafvorbehalt sollte neben der Geldstrafe zur Bewährung bestehen bleiben und sogar im Anwendungsbereich ausgebaut werden. So sollte nach § 59 Abs. 1 Satz 2 die „Würdigkeitsklausel" bei Ersttätern, die eine Geldstrafe bis zu 90 Tagessätzen verwirkt haben, gelockert werden und die Verwarnung auch für Wiederholungstäter ermöglicht werden. Zudem sollte die Verwarnung nach § 59 Abs. 3 mit einem Fahr- oder Berufsverbot

581   BT-Drucks 12/6141 S. 1 f.; BT-Drucks 13/4462, S. 2.

582   BT-Drucks 12/6141 S. 2 f.; BT-Drucks 13/4462, S. 3.

sowie mit Einziehung und Verfall kombiniert werden können.[583] Die Verwarnung mit Strafvorbehalt sollte die Regelsanktion für verwirkte Geldstrafen bis zu 90 Tagessätzen sein, die Geldstrafe zur Bewährung für Strafen bis zu 180 Tagessätzen.[584] Es stellt sich aber zumindest die Frage, ob zwischen Geldstrafe zur Bewährung und prozessualer Erledigung noch ein Anwendungsbereich für die Verwarnung bestanden hätte. Der Entwurf nahm zum Verhältnis der Sanktionen nicht genauer Stellung, insbesondere nicht zu der Frage, warum nicht die Geldstrafe zur Bewährung allein für den Bereich der geringen Kriminalität ausreicht.

Das Fahrverbot sollte von einer Neben- zu einer Hauptstrafe aufgewertet werden. Zudem sollte die Höchstdauer von drei Monaten auf ein Jahr angehoben werden. An der Koppelung an Taten mit einem Kfz-Bezug hielten beide Entwürfe jedoch fest.[585] Ebenfalls neu war eine bundesrechtliche Festlegung der Anzahl von zu leistenden Stunden gemeinnütziger Arbeit pro Tag Ersatzfreiheitsstrafe. Nach dem neuen Art. 293 Abs. 1 Satz 1 EGStGB sollte ein Tag Ersatzfreiheitsstrafe durch sechs Stunden gemeinnützige Arbeit ersetzt werden. Sechs Stunden wurden als angemessen angesehen, um den Geldstrafenschuldnern einen entsprechenden Anreiz zur Leistung der Arbeit zu schaffen.[586] Zudem sollte eine bundeseinheitliche Regelung verhindern, dass die Anzahl der zu leistenden Arbeitsstunden sich zwischen den Bundesländern zu sehr unterscheidet.

Insgesamt unterschieden sich die beiden Entwürfe im Ergebnis kaum. Ziele sowie zu reformierende Sanktionen waren im Wesentlichen identisch. Auffällig ist nur, dass die Reformbestrebungen des Entwurfs von 1993 noch weiter gingen als die des Entwurfs von 1996. Grund dafür könnte sein, dass bei den weniger einschneidenden Reformen eher die Möglichkeit einer parlamentarischen Mehrheit gesehen wurde. Im Ergebnis wurden beide Entwürfe nicht abschließend im Bundestag beraten.[587]

4.10 Das 6. Strafrechtsreformgesetz

Ebenfalls im Laufe der Zeit reformiert wurden die Strafrahmen verschiedener Straftatbestände des Besonderen Teils. Das 6. StrRG aus dem Jahre 1998 hatte es sich dabei zur Aufgabe gemacht, die Strafrahmen zu „harmonisieren".[588] Erreicht werden sollte dies vor allem durch eine Anhebung der Strafrahmen für Sexual-

---

583 Der Entwurf von 1996 sah eine solche Kombinationsmöglichkeit nicht mehr vor.

584 BT-Drucks. 12/6141, S. 11.

585 BT-Drucks. 12/6141, S. 11.

586 BT-Drucks. 12/6141, S. 11 f.; BT-Drucks 13/4462, S. 9 f.

587 *Kommission* 2000, S. 15.

588 BT-Drucks. 12/6164, S. 2; kritisch zum Erreichen dieses Ziels *Hettinger* 2007, S. 112.

und Gewaltkriminalität.[589] Ziel war es, ein vermeintliches Ungleichgewicht zwischen den geschützten Rechtsgütern und den für die entsprechenden Delikte angedrohten Strafrahmen zu beseitigen.[590] Daneben wurden auch einige Tatbestände des Besonderen Teils neu gestaltet. Auf diese Weise sollten Strafbarkeitslücken geschlossen und die Auslegung der Tatbestände erleichtert werden.[591] Dies gelang allerdings maximal ansatzweise und keineswegs, wie eigentlich vorgesehen, abschließend.[592] Überarbeitet wurden unter anderem die Körperverletzungsdelikte (§§ 223 ff. StGB) sowie die Brandstiftungsdelikte (§§ 306 ff. StGB).[593] Eine weitere Änderung im Besonderen Teil war zudem die Erweiterung der Diebstahls-, Unterschlagungs- und Raubdelikte um die Absicht der Drittzueignung.[594]

Nachdem das Verbrechensbekämpfungsgesetz sich bezüglich der Strafandrohungen hauptsächlich auf Höchststrafen konzentrierte, rückten im 6. StrRG die Mindeststrafen in den Fokus. Der Gesetzgeber verfolgte im 6. StrRG dabei eine eher punitive Linie. Die vermeintliche Unausgewogenheit der Strafrahmen wurde im Wesentlichen durch Anhebung von Mindeststrafen behoben. So wurden beispielsweise die Mindeststrafen für erfolgsqualifizierte Tötungen insgesamt angehoben und aneinander angeglichen. Ebenfalls erhöht wurden die Mindeststrafen für die gefährliche Körperverletzung (§ 224 StGB), den qualifizierten Diebstahl (§ 244 StGB) und bei sämtlichen sexuellen Gewalt- und Missbrauchsdelikten. Absenkungen gab es hingegen im Rahmen des Computer- und Versicherungsbetruges. Letzterer wurde dabei als „Versicherungsmissbrauch" in § 265 StGB vollständig neu gefasst.[595] Besonders im Fokus der Reformbestrebungen stand der qualifizierte Raub (§ 250 StGB).[596] Die Norm bereitete aufgrund ihrer hohen Mindeststrafandrohung von fünf Jahren Freiheitsstrafe erhebliche praktische Probleme. Denn bereits das Mitführen von Waffen und gefährlichen Werkzeugen (einschließlich sog. Scheinwaffen[597]) war bei Gebrauchsabsicht[598] ausreichend,

---

589 *Wolters* 1998, S. 397.

590 *Freund* 1997, S. 456; *Kudlich* 1998, S. 496.

591 BT-Drucks. 13/8587, S. 1.

592 Zusammenfassend zur, teilweise erheblichen, Kritik an der Reform der Tatbestände des Besonderen Teils, vgl. *Fischer* 2013, S. 35 ff. m. w. N.

593 Vgl. dazu die Übersicht bei BT-Drucks. 13/8587, S. 2.

594 *Bussmann* 1999, S. 615; *Stächelin* 1998a, S. 100.

595 Siehe dazu z. B. die Übersicht von *Stächelin* 1998a, S. 98 ff.

596 MüKo-*Sander* 2017, § 250 Rn. 4 ff.

597 BGH NJW 1976, S. 248; NStZ 1981, S. 436; NJW 1992, S. 920.

598 Lediglich bei Schusswaffen war bereits das bei sich führen ohne Gebrauchsabsicht ausreichend um den Tatbestand zu erfüllen (§ 250 Abs. 1 Nr. 1 StGB a. F.).

um den Tatbestand zu erfüllen. Dies führte dazu, dass der eigentlich als Ausnahme konzipierte minder schwere Fall in der Praxis zur Regel wurde.[599] Im Ergebnis wurde § 250 StGB schließlich in zwei Alternativen mit unterschiedlichen Strafandrohungen gespalten. Ob die Reform in der Lage war, sämtliche Probleme der Mindeststrafe des § 250 StGB zu lösen, erscheint jedoch zweifelhaft.[600]

4.11 Der „E 1998"

Der Entwurf des Bundesrates aus dem Jahre 1998 hatte sich zum Ziel gesetzt, die Sanktionsmöglichkeiten in Fällen, in denen eine Diversion nicht mehr in Frage kommt, zu erweitern, die Umrechnung von Geldstrafe in Ersatzfreiheitsstrafe angemessener zu gestalten sowie die Wiedergutmachung im Rahmen der Diversion zu stärken.[601] Dies sollte durch einen Ausbau der Verwarnung mit Strafvorbehalt, eine Anpassung der Umrechnung bei der Ersatzfreiheitsstrafe und durch die explizite Aufnahme der Wiedergutmachung in § 153 StPO erreicht werden.

In § 59 StGB sollte zum Zwecke des Ausbaus der Verwarnung mit Strafvorbehalt die sog. Würdigkeitsklausel (§ 59 Abs. 1 Nr. 2 StGB) gestrichen werden. Zudem war vorgesehen, die Verwarnung mit einem Fahrverbot verknüpfen zu können. Damit sollte ihre Anwendung vor allem im Bereich der Straßenverkehrsdelikte gesteigert werden.[602] Um die Verwarnung auch darüber hinaus für die Praxis attraktiver zu machen, sollte sie in den Katalog in § 267 Abs. 4 S. 1 StPO aufgenommen werden, wodurch ein abgekürztes Urteil auch bei einer Verwarnung möglich geworden wäre.

Der Umrechnungsschlüssel zwischen Geldstrafe und Ersatzfreiheitsstrafe sollte auf einen Tag Ersatzfreiheitsstrafe pro zwei Tagessätze Geldstrafe angepasst werden, wodurch dem Schuldgrundsatz eher Rechnung getragen werden sollte als durch den alten Schlüssel von 1 : 1.[603] Zuletzt war vorgesehen, die Wiedergutmachung als Merkmal in § 153 StPO aufzunehmen, um den Wert der Wiedergutmachung zu verdeutlichen, auch wenn die Wiedergutmachung in der Praxis ohnehin bereits als ungeschriebenes Merkmal des § 153 StPO gesehen wurde.[604]

---

599 BT-Drucks. 13/8587, S. 44.

600 Vgl. *Kap. 6.1.3.1.*

601 BT-Drucks. 13/9612, S. 1.

602 BT-Drucks. 13/9612, S. 5.

603 BT-Drucks. 13/9612, S. 6.

604 BT-Drucks. 13/9612, S. 7.

Die damalige Bundesregierung lehnte die Vorschläge jedoch fast durchgehend ab.[605] Daher ist es nicht weiter verwunderlich, dass bis auf die Möglichkeit eines abgekürzten Urteils bei der Verwarnung mit Strafvorbehalt keine der Reformideen Eingang ins Gesetz gefunden hat.

4.12 Die Kommission zur Reform des strafrechtlichen Sanktionensystems

Im Januar 1998 wurde vom damaligen Justizminister *Schmidt-Jortzig* (FDP) eine *Kommission zur Reform des strafrechtlichen Sanktionensystems* eingesetzt. Sie bestand aus Wissenschaftlern, Praktikern und Politikern.[606] Hintergrund dieser Bestrebungen waren die zahlreichen vorausgegangenen Reformvorschläge aus der Praxis und aus akademischen Kreisen.[607]

Die Kommission legte im März 2000 einen über 200 Seiten langen Abschlussbericht vor,[608] in dem die zahlreichen Vorschläge zur Reform des strafrechtlichen Sanktionensystems vorgestellt und diskutiert wurden. Der Bericht geht dabei von einer grundsätzlichen Bewährung des strafrechtlichen Sanktionensystems aus. Die Kommission erkennt jedoch an, dass das Sanktionensystem möglicherweise nicht flexibel genug sei und dass sowohl die Geldstrafe als auch die Freiheitsstrafe ungewollte Nebenfolgen mit sich brächten.[609] Besonders kritisch sieht sie dabei die kurze sowie die Ersatzfreiheitsstrafe.[610]

Im Rahmen des Fahrverbots sprach sich die Kommission für eine Aufwertung zu einer selbstständigen Hauptstrafe und eine Ausweitung der Höchstgrenze auf sechs Monate aus, um die „Sanktionslücke" zwischen Fahrverbot und Entziehung der Fahrerlaubnis zu schließen. Das Öffnen des Fahrverbots für den Bereich der allgemeinen Kriminalität wurde von der Kommission einstimmig abgelehnt,[611] ebenso die Anhebung der Höchstgrenze des Fahrverbots auf ein Jahr.[612]

Die Verwarnung mit Strafvorbehalt sollte in ihrem Anwendungsbereich erweitert werden, indem die „Würdigkeitsklausel" gelockert sowie die Anwendung

---

605 Vgl. die entsprechende Stellungnahme der Bundesregierung BT-Drucks. 13/9612, S. 8; lediglich die Einbeziehung der Verwarnung mit Strafvorbehalt in § 267 Abs. 4 StPO fand Zustimmung.

606 *Kommission* 2000, S. 18.

607 *Heinz* 2014, S. 27.

608 Abrufbar unter: https://www.bib.uni-mannheim.de/fileadmin/pdf/fachinfo/jura/ abschlussber-der-komm-strafreform.pdf (zuletzt abgerufen am 10.08.2017)

609 *Kommission* 2000, S. 12 f.

610 *Kommission* 2000, S. 13.

611 *Kommission* 2000, S. 32 ff.

612 *Kommission* 2000, S. 32.

auch bei Wiederholungstätern ermöglicht werden sollte.[613] Zudem war vorgesehen, den Weisungskatalog zu erweitern und die maximale Dauer der Bewährungszeit zu senken.[614] Eher deklaratorischer Natur war der Vorschlag, die Sanktion in Verurteilung mit Strafvorbehalt umzubenennen.[615] Das Ausweiten des Anwendungsbereiches der Sanktion auch auf Geldstrafen von mehr als 180 Tagessätzen wurde zwar diskutiert,[616] im Ergebnis von der Kommission jedoch nicht angenommen. Ziel der Kommission war dabei insgesamt, die praktische Bedeutung der Verwarnung mit Strafvorbehalt zu steigern.

Die Vorschläge zur Vermeidung von Ersatzfreiheitsstrafen, die nachträgliche Änderung der Tagessatzhöhe einer Geldstrafe nach dem Urteil, eine Veränderung des Umrechnungsschlüssels des § 43 Satz 1 StGB sowie die Möglichkeit der Strafrestaussetzung bei Ersatzfreiheitsstrafen wurden von der Kommission ebenso wenig angenommen wie eine bundesrechtliche Festlegung der Anzahl zu leistender Stunden gemeinnütziger Arbeit pro Tag Ersatzfreiheitsstrafe.[617] Damit wurden letztlich, obwohl die Problematik von Ersatzfreiheitsstrafe von der Kommission ausgemacht worden war, alle diesbezüglich diskutierten Vorschläge abgelehnt.

Den Täter-Opfer-Ausgleich wollte die Kommission lediglich durch gebührenrechtliche Anreize für Verteidiger attraktiver machen. Ein gesetzlich vorgeschriebener Vorrang wurde ebenso wie die Anerkennung von symbolischer Wiedergutmachung, die ausdrückliche Erwähnung von TOA in § 57 Abs. 2 StGB und eine strafprozessuale Belehrungspflicht über den TOA nicht angenommen.[618]

Eine echte Geldstrafe zur Bewährung fand ebenfalls keine Mehrheit. Stattdessen befürwortete die Kommission mehrheitlich ein sog. Geldstrafen-Ersetzungsmodell. Gemeint ist damit die Möglichkeit, dass der Geldstrafenschuldner seine Strafe ganz oder teilweise durch gemeinnützige Arbeit oder Wiedergutmachungsleistung ersetzen kann, ohne dass vorher eine Ersatzfreiheitsstrafe angeordnet wurde.[619]

Die gemeinnützige Arbeit sollte nach der mehrheitlichen Meinung der Kommissionsmitglieder zwar ausgebaut werden, insbesondere im Rahmen der Diversion nach § 153a StPO, die Einführung der gemeinnützigen Arbeit als selbstständige Sanktion wurde jedoch mehrheitlich abgelehnt.[620] Auch ein vom

613 *Kommission* 2000, S. 42.

614 *Kommission* 2000, S. 43 f.

615 *Kommission* 2000, S. 44.

616 *Kommission* 2000, S. 38.

617 *Kommission* 2000, S. 54 ff.

618 *Kommission* 2000, S. 69 ff.

619 *Kommission* 2000, S. 149 ff.

620 *Kommission* 2000, S. 107 ff.

Bundesministerium der Justiz vorgelegter Entwurf zur gemeinnützigen Arbeit als eigenständige Sanktion wird nicht angenommen.[621] Das Potenzial der gemeinnützigen Arbeit wird jedoch insoweit anerkannt, als eine Vorschrift befürwortet wurde, nach der der Richter es dem Täter gestatten können sollte, eine kurze Freiheitsstrafe durch das Ableisten von gemeinnütziger Arbeit zu tilgen (sog. Freiheitsstrafen-Ersetzungslösung).[622]

Im Rahmen der Strafaussetzung zur Bewährung stellte sich die Kommission hauptsächlich die Frage, ob die Höchstgrenze für aussetzbare Freiheitsstrafen von zwei auf drei Jahre angehoben werden sollte. Dabei wurde auch eine Beschränkung auf solche Taten, die ohne Gewalt oder Drohung mit Gefahr für Leib oder Leben begangen wurden, in Betracht gezogen. Im Ergebnis hielt die Kommission jedoch die Möglichkeit, Freiheitsstrafen bis zu zwei Jahren aussetzen zu können, für ausreichend.[623]

Von der Mehrheit befürwortet wurde das Ersetzen der Gesamtstrafenbildung durch das bereits aus dem Jugendstrafrecht in § 31 JGG bekannte System der Einheitsstrafe,[624] eine Problematik, welche vor allem nach der Aufgabe der Figur der „fortgesetzten Handlung" durch den BGH[625] an Bedeutung gewonnen hatte. Ein von der Polizei verhängtes Strafgeld als Reaktion auf Bagatellkriminalität wurde im Hinblick auf die flexiblere Einstellungsmöglichkeit aus Opportunitätsgründen und rechtsstaatliche Bedenken (in Bezug auf die Gewaltenteilung und den Richtervorbehalt) abgelehnt.[626] Ebenfalls abgelehnt wurde der elektronisch überwachte Hausarrest sowohl als eigene Sanktionsform als auch im Rahmen der Strafvollstreckung, des Strafvollzugs oder zur Vermeidung von Untersuchungshaft.[627] Daneben wurde auch der Alkohol als Strafminderungsgrund behandelt.[628] Dabei sprach sich die Kommission dafür aus, dem Täter die Strafminderung des § 21 StGB zu verweigern, wenn er die alkoholbedingte verminderte Schuldfähigkeit selbst verschuldet hat. Außerdem wurde eine Kodifikation der seit langem bereits anerkannten Figur der *actio libera in causa* befürwortet. Reformen im Bereich des Vollrauschtatbestands wurden jedoch abgelehnt.

Die Einführung einer strafrechtlichen Verantwortlichkeit für juristische Personen („Verbandsstrafbarkeit") wurde von der Kommission mehrheitlich abge-

---

621 *Kommission* 2000, S. 155 ff.

622 *Kommission* 2000, S. 120 ff.

623 *Kommission* 2000, S. 129 ff.

624 *Kommission* 2000, S. 138 ff.

625 BGHSt 40, S. 138 ff.

626 *Kommission* 2000, S. 157 f.

627 *Kommission* 2000, S. 173 ff.

628 *Kommission* 2000, S. 175 ff.

lehnt. Stattdessen wurden entsprechende Erweiterungen im Bereich des Ordnungswidrigkeitenrechts angeregt.[629] Zuletzt setzte sich die Kommission noch mit der Verjährung von Taten im Bereich der Wirtschaftskriminalität auseinander. Dort wurden jedoch keine wesentlichen Änderungen befürwortet.[630]

Insgesamt sah die Kommission also trotz der zu Beginn erwähnten „grundsätzlichen Bewährung des strafrechtlichen Sanktionensystems" in verschiedenen Bereichen Reformbedarf insbesondere im Hinblick auf den Umgang mit Kriminalität im unteren und mittleren Bereich. Dementsprechend konzentrierten sich die konkreten Reformvorschläge auf Sanktionen, die für eben diesen Bereich vorgesehen sind: die Verwarnung mit Strafvorbehalt, die Geldstrafe (einschließlich ihrer Vollstreckung), das Fahrverbot sowie die zur Bewährung ausgesetzte Freiheitsstrafe. Längere Freiheitsstrafen und alternative Sanktionen für schwere Kriminalität wurden, mit Ausnahme des elektronisch überwachten Hausarrests, nicht von der Kommission behandelt.

Mehr als 15 Jahre nach Veröffentlichung des Berichts muss das Fazit bescheiden ausfallen. Von den Vorschlägen der Kommission wurde in der Praxis fast keiner tatsächlich umgesetzt. Zwar wurde die Verwarnung mit Strafvorbehalt durch das 2. Justizmodernisierungsgesetz auch für Wiederholungstäter eröffnet, indem § 59 Abs. 2 (a. F.) StGB gestrichen wurde, darüber hinaus wurde jedoch keiner der Vorschläge der Kommission umgesetzt. Auch ein von namhaften Rechtswissenschaftlern aus Wissenschaft und Praxis über Jahre ausgearbeiteter ausführlicher Vorschlag konnte damit die weitere Entwicklung des Sanktionenrechts nicht voranbringen. Selbst länger geforderte, in ihren praktischen Auswirkungen eher moderate Vorschläge wie zum Beispiel die Kodifikation der *actio libera in causa* wurden nicht umgesetzt. Zwar wurden viele Ideen im Entwurf von 2004[631] aufgegriffen, letzten Endes jedoch wieder verworfen. Die Arbeit der Kommission blieb also trotz der in großen Teilen gut begründeten und fortschrittlichen Vorschläge im Ergebnis eher ein Misserfolg. Obwohl die Vorschläge der Kommission kaum umgesetzt wurden, können die Ideen dennoch möglicherweise für zukünftige Reformen nutzbar gemacht werden und als Grundlage für einen neuen Reformvorschlag dienen.

4.13 Referentenentwurf des BMJ zur Reform des Santionenrechts 2000 und der Regierungsentwurf 2002

Im Anschluss an den Abschlussbericht der *Kommission* veröffentlichte das *Bundesministerium der Justiz* Ende des Jahres 2000 einen Entwurf zur Reform des

---

629 *Kommission* 2000, S. 191 ff.

630 *Kommission* 2000, S. 200.

631 Vgl. *Kap. 4.14.*

Sanktionenrechts. Sein Hauptziel war die Vermeidung von kurzen sowie Ersatzfreiheitsstrafen und die Schaffung neuer Möglichkeiten zur spezialpräventiven Einwirkung auf den Täter.[632] Dies sollte hauptsächlich durch eine Aufwertung der gemeinnützigen Arbeit geschehen. Diese war im Entwurf jedoch nicht als eigene Sanktion ausgestaltet, sondern als primäre Ersatzsanktion für uneinbringliche Geldstrafen unter Festlegung eines bundeseinheitlichen Umrechnungsmaßstabs von drei Arbeitsstunden pro Tagessatz (§ 43 Abs. 1 S. 2 StGB-E). Zudem war gemeinnützige Arbeit als Möglichkeit der Ersetzung kurzer Freiheitsstrafen sowie als Auflage im Rahmen der Verwarnung mit Strafvorbehalt vorgesehen. Ebenfalls zum Zweck der Ersatzfreiheitsstrafenvermeidung sollten die Voraussetzungen der Verwarnung mit Strafvorbehalt gelockert werden. Wie von der *Kommission* vorgeschlagen sollte die Verwarnung auch für Täter mit vorherigen Verurteilungen eröffnet werden. Auch das Fahrverbot war als Alternative zur Geld- und Freiheitsstrafe angedacht. Es war als eigene Hauptstrafe mit einer Maximaldauer von sechs Monaten vorgesehen. Am Erfordernis einer Zusammenhangstat wurde jedoch festgehalten. Zudem war in § 44 StGB-E ein neuer Abs. 2 enthalten, wonach das Fahrverbot bei bestimmten Delikten in der Regel anzuordnen war. Im Bereich der längeren Freiheitsstrafen zeichnete der Entwurf sich dadurch aus, dass die Halbstrafenrestaussetzung für alle zeitigen Freiheitsstrafen ermöglicht werden sollte anstatt nur für Freiheitsstrafen von bis zu zwei Jahren.

Daneben waren noch Anpassungen im Rahmen der Geldstrafe geplant, um die Stellung des Opfers zu verbessern. So sollten Wiedergutmachungsansprüche bei der Vollstreckung der Geldstrafe berücksichtigt werden. Außerdem war in § 40a StGB-E vorgesehen, dass 10% jeder vollstreckten Geldstrafe unmittelbar Opferschutzorganisationen zugutekommen sollten.

Zwei Jahre später wurde eine wenn auch gekürzte Version des Entwurfs von der Bundesregierung in den Bundestag eingebracht.[633] Gestrichen wurde darin insbesondere die Möglichkeit, die Vollstreckung von Freiheitsstrafen durch gemeinnützige Arbeit abzuwenden (§ 55a StGB-E), sowie die Ausweitung der Halbstrafenrestaussetzung. Dieser Regierungsentwurf konnte jedoch vor Abschluss der Legislaturperiode nicht mehr verabschiedet werden. Die Entwürfe blieben damit im Ergebnis weit hinter den Vorschlägen des Kommissionsentwurfes zurück.

---

632 *BMJ* 2000, S. 1

633 BT-Drucks. 14/9358.

4.14 Der Entwurf 2004

Der jüngste große Versuch zu einer umfassenden Reform des Sanktionenrechts war der *Entwurf 2004*.[634] Ziel des Entwurfs war es, die Palette der strafrechtlichen Sanktionsmöglichkeiten zu erweitern sowie die negativen Folgen von (kurzen) Freiheitsstrafen zu vermeiden.[635] Er beruht im Wesentlichen auf den Ideen aus dem Abschlussbericht der von der Bundesregierung eingesetzten *Kommission zur Reform des Strafrechtlichen Sanktionensystems*[636] sowie dem zwei Jahre zuvor veröffentlichtem *BMJ*-Entwurf und dem darauf folgenden Regierungsentwurf.[637] Eine Reform des Sanktionensystems und die „Schaffung zeitgemäßer Sanktionsformen"[638] wurde auch im Koalitionsvertrag der damaligen Bundesregierung ausdrücklich angesprochen. Die Formulierung war jedoch sehr allgemein gehalten. Einzig die gemeinnützige Arbeit wurde als konkreter Vorschlag ausdrücklich benannt, ohne dabei jedoch auf die konkrete Ausgestaltung hinzuweisen.[639] Der geplante Entwurf ging darüber jedoch weit hinaus und strebte eine tiefer greifende Reform des Sanktionenrechts an. Der Entwurf knüpfte inhaltlich an die Entwürfe der SPD in der 12. und 13. Legislaturperiode[640] an. Er zielte vor allem auf den Umgang mit der kleineren und mittleren Kriminalität ab und wollte bessere spezialpräventive Einwirkungsmöglichkeiten auf Täter in diesem Bereich schaffen.

Der *Entwurf 2004* konzentrierte sich dabei auf den Ausbau der gemeinnützigen Arbeit, des Fahrverbots sowie der Verwarnung mit Strafvorbehalt, also auf Vorschläge, die bereits vorher im Fokus sanktionsrechtlicher Reformbestrebungen standen.[641] Ebenfalls enthalten waren Reformen zum Opferschutz, der Geldstrafenvollstreckung und zum Widerruf der Strafaussetzung zur Bewährung.[642] Bzgl. der gemeinnützigen Arbeit orientierte sich der *E-2004* dabei stark an den oben genannten Entwürfen. Auffällig ist jedoch, dass die Stundenanzahl bei der Freiheitsstrafenersetzung von vier Stunden im *BMJ*-Entwurf (bzw. drei im Falle einer ausgesetzten Strafe) auf einheitlich sechs Stunden pro Tag Freiheitsstrafe

---

634 BT-Drucks. 15/2725.

635 BT-Drucks. 15/2725, S. 1.

636 *Meier* 2009, S. 390; *Deutscher Juristinnen Bund* 2003, S. 5; *Stöckel* 2007, S. 617; zum Kommissionsbericht vgl. *Kap. 4.12*.

637 Vgl. *Kap 4.13*.

638 *SPD/Bündnis 90/Die Grünen* 1998, S. 32.

639 *SPD/Bündnis 90/Die Grünen* 1998, S. 32.

640 Vgl. *Kap. 4.9*.

641 *Stöckel* 2007, S. 619 f.

642 BT-Drucks. 15/2725, S. 2.

erhöht wurde (§ 55a Abs. 2 S. 1 E-2004). Auch wurden die Voraussetzungen der Gestattung einer Ersetzung von Freiheitsstrafen verschärft. War es im *BMJ*-Entwurf erstmalig zu einer unbedingten Freiheitsstrafe Verurteilten noch zwingend zu gestatten, diese abzuarbeiten, sah der *E-2004* nur noch eine Soll-Vorschrift vor (§ 55a Abs. 1 E-2004).

Die Reformen des Fahrverbots wurden hingegen im Wesentlichen aus den vorherigen Entwürfen übernommen (Heraufstufung zu einer Hauptstrafe mit einer Maximaldauer von sechs Monaten unter Festhalten am Erfordernis des Kfz-Bezugs der Straftat). Nicht weiterverfolgt wurde hingegen die Möglichkeit der Halbstrafenrestaussetzung für alle zeitigen Freiheitsstrafen unabhängig davon, ob besondere Umstände nach § 57 Abs. 2 Nr. 2 StGB vorliegen.

Ähnlich wie in den beiden vorherigen Entwürfen sollte auch nach dem E-2004 ein gewisser Teil jeder vollstreckten Geldstrafe Opfereinrichtungen zugutekommen. Nach § 40a Abs. 1 E-2004 waren jedoch nur noch 5% statt der bisherigen 10% vorgesehen.

Aufgrund der vorzeitigen Bundestagswahlen im Jahre 2005 wurde der Entwurf jedoch nicht weiterverfolgt.[643] Es war der vorerst letzte Anlauf zu einer tiefergreifenden Reform des Sanktionenrechts.

4.15 Das 2. Gesetz zur Modernisierung der Justiz

Das 2. Gesetz zur Modernisierung der Justiz (JuMoG) aus dem Jahre 2006[644] brachte noch einmal minimale Bewegung auf dem Gebiet des Sanktionenrechts. Dabei waren allerdings lediglich kleinere Anpassungen vorgesehen, der Kern des Sanktionenrechts sollte unverändert bleiben.[645] Zum einen wurde in § 42 StGB ein Satz 3 eingefügt. Danach soll das Gericht bei einer Geldstrafe Zahlungserleichterungen gewähren, wenn ansonsten die Wiedergutmachung gefährdet wäre. Damit sollten die Stellung der Wiedergutmachung und des Interesses des Opfers im Strafrecht gestärkt werden.[646]

Außerdem wurde ein weiterer Versuch unternommen, den Anwendungsbereich der Verwarnung mit Strafvorbehalt zu erweitern. Zu diesem Zweck wurde die alte Fassung des § 59 Abs. 2 StGB gestrichen. Dieser hatte die Anwendung der Verwarnung mit Strafvorbehalt bei bestimmten Wiederholungstätern untersagt. Durch diese Streichung sollte eine individuellere Beurteilung ermöglicht werden.[647] Außerdem wurde die maximale Dauer des Bewährungszeitraums bei

---

643   *Stöckel* 2007, S. 617.

644   BGBl. I, S. 3416.

645   BT-Drucks 16/3038, S. 2.

646   MüKo-*Radtke* 2016, § 42 Rn. 1; BT-Drucks 16/3038, S. 2.

647   BT-Drucks 16/3038, S. 59; *v. Preuschen* 2007, S. 324.

der Verwarnung mit Strafvorbehalt von drei auf zwei Jahre abgesenkt und die Möglichkeit der abgekürzten Urteilsgründe gemäß § 267 Abs. 4 StPO auf die Verwarnung mit Strafvorbehalt erstreckt. In der Praxis konnte die Anwendung des Instituts durch die Reform jedoch nicht merklich erhöht werden.[648]

Die praktischen Auswirkungen des 2. JuMoG auf das Sanktionenrecht waren damit minimal. Progressive Vorschläge, wie sie zum Beispiel von der *Kommission zur Reform des strafrechtlichen Sanktionensystems* gemacht wurden oder auch noch im *Entwurf 2004* enthalten waren, wurden nicht weiterverfolgt.[649] Statt einer tatsächlichen Modernisierung kam es lediglich zu kleinen Anpassungen. Die Chance auf tiefergreifende Reformen wurde vom Gesetzgeber an dieser Stelle vertan. Nicht einmal die bezweckte „moderate Erweiterung"[650] der Verwarnung mit Strafvorbehalt wurde in der Praxis erreicht.

4.16 Maximale Tagessatzhöhe

Eine weitere Reform war die Anhebung der Maximalhöhe eines Tagessatzes in § 40 Abs. 2 S. 3 StGB von 5.000 auf 30.000 € im Jahr 2009. Damit sollte auch gegenüber Spitzenverdienern ein gerechtes Strafen ermöglicht werden,[651] eine Reform, die nur einen minimalen Anteil der Verfahren betrifft, da bis heute nur ca. zwei Prozent aller Tagessätze überhaupt mehr als 50 € betragen.[652] Außerdem waren bereits mit der alten Regelung Monatseinkünfte von bis zu 150.000 € erfasst.

4.17 Maßregelrecht, insbesondere Sicherungsverwahrung

Zum Abschluss des historischen Teils soll noch auf die wichtigsten Reformen im Maßregelrecht eingegangen werden.[653] Eine wesentliche Veränderung im Rahmen des Maßregelrechts war die Entwicklung der Sicherungsverwahrung in den letzten beinahe 20 Jahren. Die Verschärfung des Rechts der Sicherungsverwahrung begann 1998 mit Inkrafttreten des Gesetzes zur Bekämpfung von Sexualdelikten und anderen gefährlichen Straftaten (SexBekG), ein Gesetz, welches wohl hauptsächlich durch einige wenige spektakuläre Einzelfälle, die massenmedial

---

648 NK-*Albrecht* 2017, § 59 Rn. 1; *Streng* 2012, Rn. 155; SSW-*Mosbacher/Claus* 2016, § 59 Rn. 2.

649 *Dünkel* 2011, S. 151.

650 BT-Drucks 16/3038, S. 59.

651 BT-Drucks. 16/11606, S. 6.

652 *Heinz* 2014, S. 73; vgl. auch *Kap. 3.3.2.*

653 Für einen Überblick zu Reformen insgesamt auf dem Gebiet des Strafrechts siehe *Roxin* 2006, § 4 Rn. 43.

aufbereitet wurden, initiiert wurde.[654] Darin wurde die zehnjährige Höchstgrenze für die Sicherungsverwahrung rückwirkend entfernt. Es betraf also auch Personen, die sich bereits in Sicherungsverwahrung befanden und deren Entlassung möglicherweise kurz bevorstand. Zudem wurde die Sicherungsverwahrung durch das Herabsetzen der Anforderungen an die Anordnung erweitert.[655] Daneben wurde die unbefristete Führungsaufsicht für Sexualstraftäter ermöglicht und deren Anwendungsbereich erweitert.[656] Auch wurde die Prognoseklausel bei der Restaussetzung einer Freiheitsstrafe aus § 57 Abs. 1 S. 1 Nr. 2 StGB neu formuliert, was jedoch nach überwiegender Meinung lediglich eine klarstellende Funktion hatte.[657] Ein weiterer Ausbau der Sicherungsverwahrung fand 2002 durch die Einführung der vorbehaltenen Sicherungsverwahrung in § 66a StGB und 2004 durch die Einführung der nachträglichen Sicherungsverwahrung in § 66b StGB a. F. statt.[658]

Als Folge dieser drastischen Verschärfungen des Maßregelrechts mussten sich sowohl der EGMR[659] als auch das BVerfG[660] mit der Problematik auseinandersetzen. Die neuen Bestimmungen der Sicherungsverwahrung wurden für konventions- bzw. verfassungswidrig erklärt.[661] Diese Rechtsprechung hatte zahlreiche Änderungen im Bereich des Rechts der Sicherungsverwahrung zur Folge. Die §§ 66 ff. StGB wurden in den letzten Jahren vielfach reformiert.[662] Die Debatte um die Sicherungsverwahrung scheint jedoch mit der Kodifizierung des Abstandsgebots in § 66c StGB und der Absegnung der Umsetzung dieses Gebots in

---

654 *Rohrbach* 2014, S. 88; häufig mit diesem Gesetz in Verbindung gebracht wird die in der Bildzeitung veröffentlichte Aussage des damaligen Bundeskanzlers *Schröder*: „Wegschließen, und zwar für immer!"

655 MüKo-*Ullenbruch/Drenkhahn/Morgenstern* 2012, § 66 Rn. 20

656 Siehe dazu insgesamt auch die Übersichten bei *Hammerschlag/Schwarz* 1998, S. 321 ff.; *Rohrbach* 2014, S. 90 ff.

657 *Fischer* 2019, § 57 Rn. 13; LK-*Hubrach* 2013, § 57 Rn. 9; NK-*Dünkel* 2017, § 57 Rn. 14; *Cornel* 2002, S. 429 spricht von einer symbolischen Gesetzgebung, dem Wähler sollte also eine vermeintliche Verschärfung vorgespiegelt werden, ohne die Rechtspraxis tatsächlich zu ändern; a. A. MüKo-*Groß* 2016, § 57 Rn. 16; *Schöch* 1998, S. 1258.

658 Landesrechtliche Regelungen zur nachträglichen Sicherungsverwahrung wurden zuvor vom BVerfG aus kompetenzrechtlichen Gründen für verfassungswidrig erklärt, vgl. BVerfGE 109, S. 190 ff.

659 EGMR NJW 2010, S. 2495 ff.

660 BVerfG NJW 2011, S. 1931 ff.

661 Wobei das BVerfG in BVerfGE 109, S. 133 ff. noch von einer Verfassungskonformität der Normen ausging und erst in Folge der EGMR Rechtsprechung seine Meinung änderte.

662 Siehe zu den erfolgten Reformen den Überblick bei MüKo-*Ullenbruch/Drenkhahn/ Morgenstern* 2016, § 66 Rn. 22 ff.

der Praxis durch den EGMR[663] ein vorläufiges Ende gefunden zu haben. Sie soll daher in dieser Arbeit auch nicht noch einmal geführt werden.

Im Bereich des Maßregelrechts ist zudem die Abschaffung der Unterbringung in einer sozialtherapeutischen Anstalt (ehemals § 65 StGB) im Jahre 1984 als maßgebliche Reform zu nennen (seitdem ist die Sozialtherapie vollzugsrechtlich geregelt, vgl. §§ 9, 123 ff. StVollzG und die entsprechenden Normen der Länderstrafvollzugsgesetze).

4.18 Zusammenfassung und Zwischenfazit

Anhand der geringen Anzahl tatsächlicher Reformen nach der Großen Strafrechtsreform lässt sich bereits erkennen, dass es nur wenig Bewegung auf dem Gebiet des Sanktionenrechts gegeben hat. Vor allem, wenn man berücksichtigt, dass eine der einschneidendsten Reformen nach 1975, die Einführung der Vermögensstrafe, bereits zehn Jahre später wieder rückgängig gemacht wurde. Insbesondere was die Einführung neuer Strafen angeht, war der deutsche Gesetzgeber seit dem Zweiten Weltkrieg sehr zurückhaltend. Einzig das Fahrverbot blieb dauerhaft als neue Strafe im Sanktionensystem erhalten. Dementgegen stand jedoch eine Vielzahl von Vorschlägen aus verschiedenen Kreisen, teilweise mit übereinstimmenden, teilweise mit unterschiedlichen Reformideen. Gemeinsam ist diesen Vorschlägen, dass sie i. d. R. von einer grundsätzlichen Bewährung des Sanktionensystems ausgehen. Eine vollständige Neugestaltung des Sanktionensystems sah keiner der Vorschläge vor. Doch auch wenn sich das System grundsätzlich bewährt hat, zeigen die zahlreichen Vorschläge dennoch, dass Räume zur Verbesserung erkannt wurden. Die ausgearbeiteten Entwürfe und Ideen seit der Großen Strafrechtsreform können dabei auch weiterhin als Grundlage für reformpolitische Überlegungen dienen.

Im Hauptteil der Arbeit sollen nun die verschiedenen Lösungsansätze daraufhin untersucht werden, inwieweit sie in der Lage wären, die dargestellten Probleme des aktuellen Sanktionenrechts zu beheben. Daneben wird auch zu berücksichtigen sein, welche Nebenfolgen mit einer solchen Reform verbunden wären, also welche weiteren Auswirkungen auf die Sanktionspraxis zu erwarten wären und welche Probleme damit verbunden sein könnten. Diese sind dann gegeneinander abzuwägen, um zu ermitteln, ob die diskutierte Reform tatsächlich wünschenswert ist. Daneben werden auch verfassungsrechtliche Aspekte zu untersuchen sein, denn strafrechtliche Sanktionen greifen regelmäßig besonders schwerwiegend in die Grundrechte der Betroffenen ein.

Der Fokus soll dabei, wie oben dargestellt, auf den kurzen Freiheitsentziehungen liegen. Damit sind sowohl kurze Freiheitsstrafen als auch Ersatzfreiheitsstrafen gemeint. Diese stellen das Hauptproblem des aktuellen Sanktionenrechts dar.

---

663 EGMR Nr. 23279/14 – Urt. v. 7.1.2016 (Bergmann v. Germany).

Da kurze Freiheitsstrafen und Ersatzfreiheitsstrafen bzw. die (hohen) Geldstrafen, die für sie ursächlich sind, teilweise thematisch verbunden sind, werden sie unter einer Überschrift behandelt und die Vorschläge auf beide Problemkreise hin untersucht. Es ist dabei einerseits nach Alternativen zu suchen, welchen die negativen Folgen des kurzen Freiheitsentzugs nicht anhaften. Alternativen könnten dabei entweder auf der primären Sanktionierungsebene oder auch im Rahmen der Strafvollstreckung zu finden sein. Andererseits sind allerdings auch Ausweitungen bereits bestehender Formen der Vermeidung von kurzem Freiheitsentzug wie zum Beispiel der Strafaussetzung kurzer Freiheitsstrafen oder der Ersatzfreiheitsstrafenvermeidung durch gemeinnützige Arbeit zu untersuchen.

Im abschließenden *Kap. 6* werden die Probleme der längeren Freiheitsstrafen einschließlich der lebenslangen Freiheitsstrafe untersucht. Längere Freiheitsstrafen können erhebliche Auswirkungen auf die Betroffenen haben und prägen die Vollzugspopulation maßgeblich. Diesbezüglich werden die zugrunde liegenden Mindeststrafen sowie Ansätze im Rahmen der Straf(rest)aussetzung untersucht.

5. Kurzer Freiheitsentzug

Die Möglichkeiten, kurzen Freiheitsentzug zu vermeiden, sind vielfältig. Es bieten sich dabei unterschiedliche Herangehensweisen an. Zum einen könnte man daran denken, Freiheitsstrafen von unter sechs Monaten sowie Ersatzfreiheitsstrafen schlicht abzuschaffen.[664] Zum anderen könnten neue ambulante Sanktionen in das Sanktionensystem aufgenommen werden, die anstatt kurzer Freiheitsstrafen oder Geldstrafen verhängt werden können. In Betracht kommt hier vor allem ein Ausbau des Fahrverbots,[665] der gemeinnützigen Arbeit[666] oder der elektronischen Überwachung von Straftätern.[667] Denkbar sind auch Ansätze im Rahmen der Strafvollstreckung, zum einen bei Ersatzfreiheitsstrafen,[668] zum anderen auch bei der Vollstreckung von Geldstrafen durch eine (Teil-)Aussetzung zur Bewährung oder einen Ausbau der Verwarnung mit Strafvorbehalt.[669] Zuletzt sind auch (materiellrechtliche oder verfahrensrechtliche) Entkriminalisierungen zu diskutieren.[670] Zwar sind nicht alle Vorschläge notwendigerweise sowohl auf kurze Freiheitsstrafen als auch auf Ersatzfreiheitsstrafen anwendbar, doch da sich die Anwendungsbereiche größtenteils überschneiden, bietet es sich an, beide Problemkreise gemeinsam zu behandeln.

5.1 Abschaffung der kurzen Freiheitsstrafe als realistische Alternative?

Der auf den ersten Blick einfachste Ansatz, das Problem der kurzen Freiheitsstrafen zu beheben, wäre es, die Freiheitsstrafe von unter sechs Monaten schlicht aus dem Sanktionensystem zu streichen und die Mindestgrenze in § 38 Abs. 2 StGB von einem auf sechs Monate anzuheben. Einen ähnlichen Weg ist beispielsweise die Schweiz in der Strafrechtsreform 2007 gegangen. Art. 40 schw.StGB setzt die Dauer der zeitigen Freiheitsstrafe von sechs Monaten bis 20 Jahre fest.[671] Auch

---

664 Zwar blieben dann noch einige Fälle kurzen Freiheitsentzuges, wie z. B. bei der Anrechnung von Untersuchungshaft, aber ein Großteil des kurzen Freiheitsentzugs wäre vermieden. Vgl. dazu außerdem *Kap. 5.1.*

665 Vgl. *Kap. 5.2.*

666 Vgl. *Kap. 5.3.*

667 Vgl. *Kap. 5.4.*

668 Vgl. *Kap. 5.3.4.4.*

669 Vgl. *Kap. 5.5.*

670 Vgl. *Kap. 5.6.*

671 Bei der Rechtsvergleichung ist jedoch zu berücksichtigen, dass das Schweizer Strafrecht eine Vielzahl an (teilweise kombinierbaren) Alternativsanktionen kennt; zudem sind in

der Alternativentwurf 1966 sah in § 36 Abs. 1 AE eine Mindestdauer der Freiheitsstrafen von sechs Monaten vor. Vorteil wäre, dass auf den ersten Blick die Problematik der negativen Wirkung auf den Verurteilten sowie die verfassungsrechtlichen Probleme unmittelbar behoben wären.[672] Zudem wäre die Lösung gesetzestechnisch denkbar simpel. Es würde lediglich die Grenze des § 38 Abs. 2 StGB von einem Monat auf sechs Monate angehoben.

Die Strafverfolgungsstatistik spricht jedoch dafür, dass die Praxis aktuell ein Bedürfnis nach der kurzen Freiheitsstrafe sieht. Anders sind die hohen Verurteilungszahlen trotz der Regelung in § 47 Abs. 1 StGB kaum zu erklären. Außerdem kann die Geldstrafe als einzige Alternative nicht die Freiheitsstrafe im Bereich von bis zu sechs Monaten ersetzen.[673] In diesem Bereich ist sie in vielen Fällen nicht geeignet und weitere Alternativen sieht das StGB nicht vor. Dies würde dazu führen, dass die Gerichte, anstatt kurze Freiheitsstrafen durch Geldstrafen oder möglicherweise informelle Erledigungen zu ersetzen, direkt eine Freiheitsstrafe von mindestens sechs Monaten verhängen.

Hebt man allein die Mindestdauer der Freiheitsstrafe an, wäre also zu befürchten, dass zum einen hohe Geldstrafen zu Ersatzfreiheitsstrafen und weiteren Problemen führen und zum anderen, dass es insgesamt zu einer Strafschärfung kommt, indem dann längere Freiheitsstrafen verhängt werden. Damit lässt sich im Ergebnis festhalten, eine vollständige Abschaffung der kurzen Freiheitsstrafe unter sechs Monaten ist ohne Schaffung angemessener Alternativen weder wünschenswert noch durchsetzbar.[674]

Die vollständige Abschaffung der Ersatzfreiheitsstrafe erscheint ebenfalls schwer umsetzbar. Ohne Vollstreckungsmöglichkeit droht die Geldstrafe leerzulaufen und eine rein zivilrechtliche Vollstreckung würde bei zahlungsunfähigen

---

der Schweiz auch kurze Freiheitsstrafen noch in Ausnahmefällen möglich und die Sanktionspraxis zeigt nach einem erheblichen Rückgang unmittelbar nach der Reform inzwischen wieder einen starken Anstieg in der Verhängung von kurzen Freiheitsstrafen. Diese Entwicklung führte schließlich auch zur Umkehr der Reform und die kurze Freiheitsstrafe wird auch in der Schweiz zum 01.01.2018 wieder eingeführt werden. Für das Schweizer Strafrecht heißt dies, dass die traditionellen Strafen der Freiheits- und Geldstrafe (bzw. Busse) wieder mehr ins Zentrum der Sanktionspraxis rücken werden, vgl. *Konopatsch* 2015, S. 149.

672   Vgl. *Kap. 3.4.2.*

673   Vgl. *Kap. 3.3.1.*

674   Zustimmend MüKo-*Maier* 2016, § 47 Rn. 4; *Bemmann* 1975, S. 211; *Dölling* 1992, S. 272 f.

Tätern zu Problemen führen. Fehlt in diesen Fällen die Vollstreckungsmöglichkeit, könnte dies den Eindruck eines „Freifahrtscheins" erwecken.[675] Eine verwaltungsrechtliche Lösung würde wahrscheinlich ebenfalls eine Form des Freiheitsentzugs voraussetzen.[676] Die Bemühungen sollten daher eher in die Richtung gehen, die Ersatzfreiheitsstrafe so weit wie möglich zurückzudrängen. Dies kann sowohl durch alternative Sanktionen zur Geldstrafe als auch durch vollstreckungsrechtliche Reformen unmittelbar im Bereich der Ersatzfreiheitsstrafe geschehen. Auch die Entkriminalisierung von Delikten, die häufig Ersatzfreiheitsstrafen nach sich ziehen, kann ein sinnvoller Anknüpfungspunkt sein. Aktuell dürfte die Ersatzfreiheitsstrafe als letzte Instanz der Geldstrafenvollstreckung jedoch unverzichtbar sein.[677]

5.2 Das Fahrverbot[678]

Am 01.01.2019 waren in der Bundesrepublik laut Kraftfahrt-Bundesamt ca. 47,1 Millionen Pkw zugelassen.[679] Bei ca. 83 Millionen Einwohnern[680] ist damit mehr als ein Pkw pro zwei Einwohner zugelassen. Dabei ist noch mit zu bedenken, dass in der Gesamtbevölkerungszahl auch minderjährige Einwohner berücksichtigt sind. Zudem schätzt das Kraftfahrzeug-Bundesamt, dass im Jahr 2018 ca. 56 Millionen Menschen in Deutschland im Besitz einer Fahrerlaubnis

---

675 Eine Vollstreckung ins Einkommen dürfte z. B. häufig gar nicht erst in Betracht kommen, da ca. drei Vierteln der Geldstrafen ein Tagessatz von bis zu 25 € zugrunde liegt und das Einkommen damit unter der Pfändungsobergrenze des § 805c Abs. 1 ZPO liegt.

676 Erzwingungshaft oder Beugearrest hätten zudem den Nachteil, dass die Geldstrafe nach Verbüßung noch vollständig bestehen würde, vgl. *Schädler* 1985, S. 191.

677 BeckOK-*von Heintschel-Heinegg* 2019, § 43 Rn. 1; MüKo-*Radtke* 2016, § 43 Rn. 1; LK-*Häger* 2006, § 43 Rn. 1; *Schädler* 1985, S. 191; Sch/Sch-*Kinzig* 2019, § 43 Rn. 1; SSW-*Mosbacher/Claus* 2016, § 43 Rn. 1; a. A. *Grebing* 1976, S. 1112; *Guthke/Kitlitoglu* 2015, S. 12 f.; Henning 1990, S. 103; *Köhne* 2004, S. 454 f.

678 Zu Beginn der Erstellung der Arbeit, war eine Ausweitung des Fahrverbots noch ein Reformvorschlag. Aus diesem Grund wird die Reform des Fahrverbots an dieser Stelle behandelt.

679 Zum Ende des Jahres 2018; vgl. https://www.destatis.de/DE/Themen/Gesellschaft-Umwelt/Bevoelkerung/Bevoelkerungsstand/_inhalt.html (Zuletzt abgerufen am 02.10.2019)

680 Am 31.12.2015 laut Statistischem Bundesamt https://www.destatis.de/DE/ZahlenFakten/GesellschaftStaat/Bevoelkerung/Bevoelkerung.html (zuletzt abgerufen am 02.10.2019).

waren.[681] Diese Zahlen zeigen die beachtliche Bedeutung des Kfz in der Gesellschaft auf.[682] Aufgrund dieses hohen Stellenwertes der individuellen Mobilität in der heutigen Zeit[683] erscheint der Eingriff in diese mit dem Mittel des Strafrechts zumindest als naheliegender Schritt.[684] Bis zum 24.08.2017 war dies nur neben einer Geld- oder Freiheitsstrafe bei Verkehrskriminalität (§ 44 StGB) oder bei Ungeeignetheit zum Führen von Kraftfahrzeugen (§ 69 StGB) möglich, also nur dann, wenn ein Zusammenhang zwischen der Straftat und dem Führen eines Kraftfahrzeugs bestand. Doch mit dem Gesetz zur effektiveren und praxistauglicheren Ausgestaltung des Strafverfahrens wurde das Erfordernis der „Zusammenhangstat" gestrichen. Außerdem wurde die Höchstdauer des Fahrverbotes gemäß § 44 Abs. 1 S. 1 StGB auf sechs Monate angehoben. Nicht umgesetzt wurde hingegen eine Aufwertung des Fahrverbots zu einer eigenständigen Hauptstrafe, die ohne Verbindung mit einer Geld- oder Freiheitsstrafe verhängt werden kann. Diese drei unterschiedlichen Facetten des Fahrverbots sollen im Folgenden diskutiert werden.

5.2.1 Deliktsunabhängiges Fahrverbot

Die Anwendung des Fahrverbots bei allgemeiner Kriminalität ist ein bereits seit vielen Jahren diskutierter Vorschlag,[685] der in den letzten Jahren wieder verstärkt aufgegriffen wurde.[686] Durch das Gesetz zur effektiveren und praxistauglicheren

---

681 Siehe https://de.statista.com/statistik/daten/studie/172091/umfrage/besitz-eines-pkw-fuehrerscheins/ (zuletzt abgerufen am 02.10.2019) (also ca. ein Drittel der Bevölkerung).

682 So bereits *Laun* 2002, S. 85 f.

683 *Streng* 1999, S. 852; BT-Drucks. 16/8695, S. 7; wobei wohl anzuerkennen ist, dass die Bedeutung des Autos als Statussymbol in den letzten Jahren eher abgenommen haben dürfte; ähnlich *DRB* 2016, S. 3.

684 *Laun* 2002, S. 86.

685 Vgl. nur *Schöch* 1992 C 116 ff.; *von der Aa/Pöppelmann* 1999, S. 462 ff.; *König* 2001, S. 6 ff.; *Streng* 2004, S. 237 ff.; *Busemann/Meyer* 2010, S. 239. Der lange Zeitraum, seit dem über die Ausweitung des Fahrverbotes diskutiert wird, diente bereits als Inspiration für Aufsatz- bzw. Artikelüberschriften zu dem Thema: „Steter Tropfen höhlt den Stein" (*Zopfs* 2013); „Eine (fast) unendliche Geschichte" (http://www.lto.de/recht/nachrichten/n/fuehrerschein-fahrverbot-hauptstrafe-koalition-gesetz-2016; zuletzt abgerufen am 10.08.2017)); „Kriminalpolitischer Wiedergänger" (*Berwanger* 2014); „Sie schien doch schon tot" (http://community.beck.de/2008/09/25/sie-schien-doch-schon-totdie-hauptstrafe-fahr-verbot-lebt-noch; zuletzt abgerufen am 10.08.2017).

686 *CDU; CSU; SPD* 2013, S. 102; *Kubiciel* 2014a; *Zopfs* 2013, S. 815 ff.; *Berwanger* 2014, S. 89 f., insbesondere die Aufnahme in den Koalitionsvertrag hat die Debatte noch einmal neu entfacht.

Ausgestaltung des Strafverfahrens wurde dieser Vorschlag 2017 tatsächlich umgesetzt. Hierzu wurde das Erfordernis der „Zusammenhangstat" aus § 44 StGB entfernt (Stichwort: „Fahrverbot für Ladendiebe"[687]) und das Fahrverbot so zu einer deliktsunabhängigen Strafe aufgewertet.[688] Bezüglich der Zielsetzung der Reform heißt es im Koalitionsvertrag von *CDU, CSU* und *SPD* von 2013 dazu, dass ein Ziel des neuen Fahrverbotes sein soll, eine „Alternative zur Freiheitsstrafe"[689] zu sein, also nicht lediglich an die Stelle von Geldstrafen zu treten.[690] Es wird demnach eine doppelte Zielrichtung verfolgt: die Reduktion der Verhängung von kurzen Freiheitsstrafen sowie die Vermeidung von hohen Geldstrafen und der damit verbundenen Ersatzfreiheitsstrafen.

Zuletzt wäre auf das Verhältnis von Fahrverbot, Geld- und Freiheitsstrafe einzugehen, sollte es sich nun nicht mehr um eine Nebenstrafe handeln. Denkbar wäre dabei zunächst, das Fahrverbot einfach neben die beiden anderen Hauptstrafen zu stellen. Hierbei könnte folgender Umrechnungsschlüssel angewandt werden: Ein Tagessatz entspricht einem Tag Freiheitsstrafe bzw. einem Tag Fahrverbot.[691] *De lege lata* besteht ein solcher Umrechnungsschlüssel bzgl. des Fahrverbots nicht.[692] Aufgrund der sehr unterschiedlichen Wirkung des Fahrverbots auf verschiedene Täter[693] erscheint dies auch weder praktisch umsetzbar noch wünschenswert.[694] Ein fester Umrechnungsfaktor würde es unmöglich ma-

---

687 Dieser Slogan taucht immer wieder, insbesondere in den Massenmedien, im Zusammenhang mit der Ausweitung des Fahrverbots auf allgemeine Kriminalität auf, hat aber auch in der rechtswissenschaftlichen Literatur Einzug gehalten, vgl. z. B. *Streng* 2014, S. 62.

688 Die meisten Vorschläge in der Vergangenheit sahen dabei eine Hauptstrafe Fahrverbot vor. Anders das 2017 verabschiedete Gesetz zur effektiveren und praxistauglicheren Ausgestaltung des Strafverfahrens, durch dieses wurde das Fahrverbot zu einer deliktsunabhängigen Nebenstrafe; vgl. auch *BMJV* 2016, S. 5; kritisch dazu *Wedler* 2016, S. 186.

689 *CDU/CSU/SPD* 2013, S. 102.

690 So auch: *BMJV* 2016, S. 8, *König* 2001, S. 7.

691 So sah es zum Beispiel der Bundesratsentwurf aus dem Jahr 2008 vor, vgl. BR-Drucks. 39/08, S. 2.

692 *Halecker* 2008, S. 101; BGHSt 29 S. 61; wobei es natürlich trotzdem bei der Strafzumessung zu berücksichtigen ist, da Haupt- und Nebenstrafe gemeinsam schuldangemessen sein müssen; a. A. *Plank* 1990, S. 108, der § 43 S. 2 StGB analog anwendet und daraus folgert, dass ein Tag Fahrverbot einem Tagessatz bzw. einem Tag Freiheitsstrafe entspricht. Anhaltspunkte im Gesetz gibt es dafür jedoch nicht. Zudem ist die Lösung bereits deshalb abzulehnen, weil es sich um eine Analogie handelt, die nicht eindeutig den Täter begünstigt, es käme daher zu einem Konflikt mit dem Analogieverbot aus Art. 103 Abs. 2 GG.

693 Vgl. *Kap. 5.2.1.1* und *5.2.1.2.*

694 LK-*Geppert* 2007, § 44 Rn. 51.

chen, „Opfergleichheit" beim Fahrverbot herzustellen. Daher müsste die Strafzumessung wie beim Fahrverbot als Nebenstrafe ohne Umrechnungsmaßstab in das Ermessen des Richters gelegt werden.

Zunächst soll unabhängig von der Frage, ob Haupt- oder Nebenstrafe, diskutiert werden, ob die Entkoppelung des Fahrverbots von Kfz-bezogenen Delikten zu begrüßen ist. Erst anschließend wäre zu klären, ob das Fahrverbot (mit oder ohne Voraussetzung der Zusammenhangstat) eine Haupt- oder Nebenstrafe darstellen sollte.

5.2.1.1 Verfassungsrechtliche Probleme

Bevor auf die Vor- und Nachteile eines allgemeinen Fahrverbotes und auf die Geeignetheit zur Vermeidung von kurzen Freiheitsstrafen eingegangen werden kann, muss zunächst der rechtliche Rahmen erörtert werden, also inwieweit die Reform überhaupt umsetzbar wäre.

Dabei werden teilweise verfassungsrechtliche Bedenken gegen eine Ausweitung des Fahrverbotes auf allgemeine Kriminalität geäußert. Die Aufwertung zur Hauptstrafe an sich erscheint verfassungsrechtlich unbedenklich. Im Folgenden soll daher untersucht werden, ob die 2017 in Kraft getretene Ausweitung des Fahrverbots auf allgemeine Kriminalität verfassungskonform ist.

In Betracht käme ein Verstoß gegen das allgemeine Gleichheitsgebot aus Art. 3 Abs. 1 GG, und zwar auf zweierlei Ebenen.[695] Zum einen ist nicht jeder Straftäter im Besitz eines Führerscheins. Im Gegensatz zum Vermögen und der Fortbewegungsfreiheit kann in das „Rechtsgut" Fahrerlaubnis nicht bei jedermann eingegriffen werden. Es bestünde die Gefahr eines „Sonderstrafrechts für Fahrerlaubnisinhaber".[696] Denjenigen, die eine Fahrerlaubnis besitzen, bleiben im Gegenzug für das Fahrverbot Geld- oder Freiheitsstrafe erspart; gerade für Mittäter erscheint dies problematisch.[697] Denn in Fällen der Mittäterschaft könnten dann zwei Täter für gleiche Handlungen nur aufgrund der Eigenschaft als Fahrerlaubnisinhaber unterschiedlich sanktioniert werden. Ob dies nun eine Besser- oder Schlechterstellung darstellt, wird wohl von Person zu Person unterschiedlich zu beurteilen sein. Ohne Zweifel wäre es jedoch eine Ungleichbehandlung. Auch wenn man für Personen ohne Fahrerlaubnis an eine entsprechende Sperre zur Erlangung der Fahrerlaubnis denken könnte, hätte diese zweifellos eine abweichende Strafqualität unabhängig davon, dass eine solche Sperre wohl ohnehin ihren Zweck verfehlen würde.

---

695 *Laun* 2002, S. 111.

696 *Kommission* 2000, S. 34.

697 *Franke* 2002, S. 22.

Ein Eingriff in Art. 3 GG liegt nach der Rechtsprechung des BVerfG dann vor, wenn wesentlich Gleiches rechtlich relevant ungleich behandelt wird.[698] Sachverhalte sind dann wesentlich gleich, wenn sie unter einen gemeinsamen Oberbegriff gefasst werden können.[699] Der gemeinsame Oberbegriff sind hier Straftäter, die für dieselbe Tat verurteilt werden. Eine unterschiedliche Behandlung liegt vor, wenn sich die Rechtsfolgen unterscheiden.[700] In diesem Fall würden verschiedene Straftäter bei gleicher Straftat unterschiedlich sanktioniert. Dem Fahrerlaubnisinhaber wird ggf. ein Fahrverbot erteilt, während gegenüber demjenigen, der keine Fahrerlaubnis besitzt, eine Geld- oder Freiheitsstrafe verhängt wird. Damit liegt hier ein Eingriff in Art. 3 GG vor.

Dieser Eingriff kann jedoch gerechtfertigt werden. Der Maßstab dieser Rechtfertigung richtet sich nach dem BVerfG je nach Art des Eingriffs entweder nach der „Neuen Formel" oder der „Willkürformel".[701] Die beiden Theorien werden anhand verschiedener Kriterien abgegrenzt. Der Übergang kann dabei jedoch fließend sein. Für eine Anwendung der „Neuen Formel" spricht es, wenn die Unterscheidung anhand personenbezogener Kriterien erfolgt. Ebenfalls für die neue „Neue Formel" spricht, wenn das unterscheidende Kriterium vom Betroffenen nicht beeinflusst werden kann[702] oder es zu den genannten Fällen in Art. 3 Abs. 3 GG gehört, sowie dann, wenn sich die Ungleichbehandlung stark auf andere grundrechtlich geschützte Freiheiten auswirkt.[703]

Nach der „Willkürformel" ist eine Ungleichbehandlung dann ungerechtfertigt, „wenn sich ein vernünftiger, sich aus der Natur der Sache ergebender oder sonst wie sachlich einleuchtender Grund für die gesetzliche Differenzierung oder Gleichbehandlung nicht finden läßt, kurzum, wenn die Bestimmung als willkürlich bezeichnet werden muß".[704] Hier wird dem Gesetzgeber also ein großer Einschätzungsspielraum eingeräumt. Danach verletzen allein willkürliche Ungleichbehandlungen Art. 3 GG.

Nach der „Neuen Formel" kann eine Ungleichbehandlung nur dann gerechtfertigt werden, wenn Unterschiede von solchem Gewicht zwischen den beiden Gruppen bestehen, dass eine unterschiedliche Behandlung geboten ist.[705] Damit

---

698 BVerfG NJW 1951, S. 878; NJW 1967, S. 386; NJW-RR 2004, S. 1658; DStR 2010, S. 435.

699 *Gentsch* 2010, S. 597.

700 BeckOK-GG-*Kischel* 2019, Art. 3, Rn. 15.

701 BVerfGE 1, S. 14; NJW 1981, S. 271; *Gentsch* 2010, S. 597.

702 BVerfG NJW 1981, S. 271.

703 BVerfG NJW 1990, S. 2247.

704 BVerfGE 1, S. 14.

705 BVerfG NJW 1981, S. 271 f.

findet letztlich eine vollständige Verhältnismäßigkeitsprüfung statt und die widerstreitenden Interessen müssen gegeneinander abgewogen werden. Zur Feststellung des genauen Prüfungsmaßstabes muss keine Festlegung auf eine der beiden Formeln erfolgen, sondern es wird anhand der eben genannten Kriterien der Maßstab erarbeitet, der dann zwischen reiner Willkür- und strenger Verhältnismäßigkeitsprüfung liegt.[706] Hier wird zum einen zwischen Fahrerlaubnisinhabern und Nicht-Inhabern unterschieden. Dies ist nicht personenbezogen und vom Betroffenen selbst zu beeinflussen. Beides spricht also für eine Anwendung der „Willkürformel". Für die „Neue Formel" spricht allein, dass grundrechtliche Freiheiten (hier Art. 2 Abs. 1 GG) betroffen sind. Die Tendenz geht damit eindeutig zur Prüfung eines reinen Willkürverbotes.[707] Damit ist nach einem sachlichen Grund für die Ungleichbehandlung zu suchen. Zweck der Reform wäre hier, die Effektivität des Strafrechts zu erhöhen und die Bandbreite der strafrechtlichen Sanktionen zu vergrößern,[708] um damit unnötigen Freiheitsentzug durch die Reduzierung von Freiheits- und Ersatzfreiheitsstrafen zu vermeiden. Dies ist ein legitimer vom Staat zu verfolgender Zweck. Die Unterscheidung nach dem Vorhandensein einer Fahrerlaubnis ist ein vernünftiger, sich aus der Natur der Sache ergebender Anknüpfungspunkt für die Ungleichbehandlung.

Für eine Rechtfertigung spricht zudem, dass dieses Problem bereits bei der aktuellen Ausgestaltung des Fahrverbots besteht. Auch Zusammenhangstaten werden nicht zwangsläufig von Fahrerlaubnisinhabern begangen[709] (man denke bspw. an das Fahren ohne Fahrerlaubnis gemäß § 21 Abs. 1 StVG) und bei der aktuellen Ausgestaltung wird die Verfassungskonformität des Fahrverbotes dennoch von niemandem ernsthaft angezweifelt. Im Ergebnis liegt ein einleuchtender Grund für die Ungleichbehandlung und keine willkürliche Ungleichbehandlung vor. Damit ist der Eingriff gerechtfertigt und ein Verstoß gegen Art. 3 GG ist nicht anzunehmen.

Doch auch innerhalb derjenigen, die eine Fahrerlaubnis besitzen, kann es zu Ungleichbehandlungen kommen. Die verschiedenen Verurteilten werden in unterschiedlichem Ausmaß und zu unterschiedlichen Zwecken von ihren Fahrerlaubnissen Gebrauch machen. Einige mögen beruflich auf die Fahrerlaubnis angewiesen sein (Berufskraftfahrer oder Pendler), andere hingegen werden ihren Pkw hauptsächlich zum Vergnügen nutzen oder trotz Fahrerlaubnis gar keinen

706 BVerfG NJW 2007, S. 574; NJW 2009, S. 211; DStR 2010, S. 435; *Gentsch* 2010, S. 597; NK-GG -*Bergmann* 2013, Art. 3, Rn. 5.

707 a. A. *Berwanger* 2014, S. 89, der die Neue Formel anwendet, jedoch auch damit letztlich zur Verfassungskonformität gelangt.

708 *Bachmann* 2014, S. 402; *Wedler* 2015, S. 212.

709 BR-Drucks. 449/99, S. 15.

Pkw besitzen. Auch der Wohnort des Täters kann die Auswirkungen eines Fahrverbotes beeinflussen. Der Großstadtbewohner wird ohne größere Schwierigkeiten auf öffentliche Verkehrsmittel zurückgreifen können, während für Menschen aus ländlichen Regionen oftmals kaum derartige Alternativen bestehen.[710] Während das eben Gesagte zweifellos ein Argument gegen das Fahrverbot und seine Erweiterung darstellt, ist fraglich, ob dies ausreichend ist, um einen Verstoß gegen Art. 3 GG anzunehmen. Auch hier erfolgt die Ungleichbehandlung nicht anhand personenbezogener Kriterien und sie kann zudem vom Betroffenen beeinflusst werden. Daher kann auch hier nur eine Willkürkontrolle stattfinden. Sachlicher Grund für die Ungleichbehandlung ist – wie bereits oben festgestellt – die Erweiterung des Sanktionskatalogs.

Für eine Rechtfertigung spricht, dass Sanktionen nie alle Verurteilten gleich betreffen. Auch Geld- und Freiheitsstrafe können, obwohl die Rechtsgüter allgemein vorhanden sind, unterschiedliche Auswirkungen auf die Verurteilten haben.[711] Eine Sanktion, die jeden Täter gleich trifft, ist praktisch nicht vorstellbar. Diese spezifischen Unterschiede in der Wirkung der Strafe müssen vom Richter im Rahmen der Strafzumessung angemessen berücksichtigt werden. Ein schuldangemessenes Fahrverbot muss sich an den individuellen Umständen des Täters orientieren und so für Gleichheit bei den Strafen sorgen.

Der Einschätzungsspielraum des Gesetzgebers wäre daher hier zu respektieren.[712] Die Ungleichbehandlung erfolgt also nicht rein willkürlich und es liegt kein Verstoß gegen Art. 3 GG vor. Die Ausweitung des Fahrverbots auf Straftaten der allgemeinen Kriminalität war danach insgesamt verfassungsrechtlich zulässig.[713]

5.2.1.2 Stellungnahme

Nachdem die verfassungsrechtlichen Bedenken geklärt werden konnten, soll im Folgenden diskutiert werden, ob die Streichung des Erfordernisses der Zusammenhangstat aus § 44 Abs. 1 S. 1 StGB kriminalpolitisch wünschenswert war. Dabei ist einerseits zu klären, für welche Tätergruppen das neue Fahrverbot sinnvoll wäre, andererseits sind die möglichen Folgen dieser Reform aufzuzeigen.

Ein Argument für die Ausweitung des Fahrverbots ist seine relativ einfache und kostengünstige Vollstreckung im Vergleich zu den aktuellen Hauptstrafen, es

---

710 *Meier* 2010, S. 239.

711 BR-Drucks. 449/99, S. 15; *Berwanger* 2014, S. 89.

712 *Berwanger* 2017, S. 26.

713 *Berwanger* 2014, S. 89; *Bode* 2017, S. 5; *Schmidt* 2015, S. 345; zumindest Bedenken bei *DAV* 2017.

vollstrecke sich „gewissermaßen von selbst".[714] Das mag zwar insoweit stimmen, als kaum Kosten für die Entziehung der Fahrerlaubnis an sich anfallen und der Verwaltungsaufwand verhältnismäßig gering ist. Probleme ergeben sich aber dahingehend, dass die Kontrolle der tatsächlichen Einhaltung des Fahrverbotes schwierig ist.[715] Geld- und Freiheitsstrafe sind zwangsweise zu erbringen und können ggf. persönlich vollstreckt werden.[716] Beim Fahrverbot kann der Führerschein zwar in Gewahrsam genommen werden (vgl. § 59a StVollStrO), doch dies hält den Täter nicht notwendigerweise auch tatsächlich von der Nutzung seines Kfz ab. Während es keinen Weg für den Täter gibt, sich Geld- oder Freiheitsstrafen zu entziehen, obliegt es beim Fahrverbot erst einmal ihm selbst, ob er sich daran hält. Freilich macht er sich bei Zuwiderhandlung nach § 21 Abs. 1 Nr. 1 StVG strafbar, aber er entscheidet dennoch grundsätzlich selbst darüber, ob er das Fahrverbot befolgen möchte oder nicht. Die relative geringe Dichte an allgemeinen Verkehrskontrollen und die damit verbundene hohe Dunkelziffer[717] dürfte wohl eine große Verlockung zur Missachtung des Fahrverbots darstellen.[718] Die Folge von vermehrten Fahrverboten wäre daher wohl eine Zunahme von kostenintensiven und den Straßenverkehr belastenden Verkehrskontrollen.[719] Auch das Argument, die entsprechenden Täter seien der zuständigen Polizeibehörde ohnehin nach Nr. 45 Abs. 3 MiStra bekannt zu machen und könnten daher auch außerhalb allgemeiner Verkehrskontrollen „ertappt" werden,[720] kann, wenn überhaupt, nur für ländliche Gegenden gelten. In jeder größeren Stadt ist dies jedoch unrealistisch, gerade dann, wenn als Folge eines deliktsunabhängigen Fahrverbotes auch mehr Verbote verhängt werden. Eine Sanktion, die sich in der

---

714 *Wedler* 2015, S. 211; ähnlich *BMJV* 2016, S. 10; *König* 2001, S. 7; BeckOK-*von Heintschel-Heinegg* 2019, § 44 Rn. 33; dass die Kosten weit unter denen einer Freiheitsstrafe liegen, dürfte unbestritten sein, bis jetzt nicht abschließend geklärt ist jedoch die Frage, ob und wenn ja in welchem Umfang ein erheblicher Anstieg der verhängten Fahrverbote ggf. mittelbar negative volkswirtschaftliche Folgen nach sich ziehen könnte.

715 *Berwanger* 2017, S. 26; *Cornel* 2008, S. 63; *DRB* 2016, S. 4; *Verrel* 2014, S. 138.

716 Notfalls mittels Ersatzfreiheitsstrafe.

717 *DBH-Fachverband* 2016, S. 3; a. A. *Bode* 2017, S. 2, der davon ausgeht, dass bereits aktuell die Kontrolldichte hoch genug ist, um das Fahren ohne Fahrerlaubnis zu riskant zu machen; dagegen spricht jedoch, dass gerade bei unauffälligen Fahrern i. d. R. nicht mit einer Kontrolle zu rechnen ist bzw. zumindest vom Betroffenen nicht mit einer Kontrolle gerechnet wird, vgl. *Streng* 2000, S. 229.

718 *Laun* 2002, S. 114; die Behauptung des *BMJV*, dass bei einer Beschränkung des Fahrverbots auf „nur" sechs Monate aufgrund der kurzen Dauer von einer entsprechenden Mitarbeit des Verurteilten auszugehen sei, dürfte eher naiv sein (vgl. *BMJV* 2016, S. 11).

719 *DAV* 2017; wobei aufgrund der aktuellen Belastung der Ordnungsbehörden fraglich ist, ob eine höhere Kontrolldichte überhaupt gewährleistet werden kann, vgl. *DAV* 2016, S. 7.

720 *König* 2001, S. 9; *Schmidt* 2015, S. 346.

Praxis schwer bis gar nicht kontrollieren lässt, droht leerzulaufen[721] und eine vollständige Kontrolle des Straßenverkehrs dürfte weder rechtlich möglich noch vom Aufwand her praktikabel sein.[722]

Die Strafbarkeit nach § 21 Abs. 1 Nr. 1 StVG bringt zudem noch die Problematik der weiteren Kriminalisierung mit sich. Allein das Sichwidersetzen gegen die Sanktion begründet eine erneute Strafbarkeit, dies ist bei den aktuellen Hauptstrafen nicht der Fall. Das Nicht-Zahlen einer Geldstrafe[723] oder das Nicht-Antreten einer Freiheitsstrafe sind für sich genommen nicht strafbar.[724] Der Staat setzt beim Fahrverbot als Reaktion auf eine Straftat unmittelbar die Ursache für eine erneute Strafbarkeit.[725] Zu befürchten wäre ein beachtlicher Anstieg der Verurteilungen nach § 21 Abs. 1 Nr. 1 StVG. Befürchtungen dieser Art haben sich z. B. in Australien bestätigt. *Hoel/Freiberg* haben dort festgestellt, dass auf einen Anstieg der verhängten Fahrverbote (in Australien im Wesentlichen aufgrund unbezahlter Geldbußen) auch ein Anstieg der Verurteilungen wegen Fahrens ohne Fahrerlaubnis folgte.[726]

Insbesondere aufgrund der geringen Kontrolldichte, die den Tätern auch regelmäßig bekannt sein wird, dürfte die Verlockung der Nicht-Befolgung des Fahrverbotes gerade für jüngere Täter relativ hoch sein.[727] Gleiches gilt für bereits sanktionserfahrene Wiederholungstäter. Es erscheint zweifelhaft, dass diese sich bei so geringem Entdeckungsrisiko von einem Verbot (mit Strafandrohung) abhalten lassen.[728] Die Bestrafung des Fahrens trotz Fahrverbotes ist daneben auch

---

721 *Streng* 2000, S. 229.

722 *Röwer* 2001, S. 94.

723 Die Ersatzfreiheitsstrafe nach § 43 StGB ist keine erneute Kriminalisierung, sondern lediglich eine Vollstreckungsmöglichkeit der alten Strafe.

724 *Zopfs* 2013, S. 824.

725 *Dankert* 1992, O 47.

726 *Hoel/Freiberg* 2008, S. 294 f. und dies trotz der in Victoria verhältnismäßig hohen Strafandrohung, die im Fall von Wiederholungstätern als einziger Bundesstaat in Australien zwangsweise eine Freiheitsstrafe vorsieht (*Hoel/Turner* 2007, S. 2 f.; wobei im Vergleich zu Deutschland berücksichtigt werden muss, dass es sich in Australien beim „Fahren ohne Fahrerlaubnis" und „Fahren trotz Fahrverbots" um jeweils eigene Delikte mit unterschiedlichen Strafandrohungen handelt; das „Fahren ohne Fahrerlaubnis" sieht dabei auch im Wiederholungsfall nicht zwangsweise eine Freiheitsstrafe vor); a. A. *König* 2001, S. 10, der keinen Anstieg an Verurteilungen nach § 21 Abs. 1 StVG befürchtet.

727 *Streng* 2004, S. 240; a. A. *BMJV* 2016, S. 11 geht von einer abschreckenden Wirkung der Strafandrohung des § 21 StVG aus.

728 *Berwanger* 2017, S. 27.

aus verfassungsrechtlicher Sicht problematisch, denn das Strafrecht darf als *ultima ratio* nur zum Zwecke des Rechtsgüterschutzes eingesetzt werden.[729] Grundsätzlich dürfte § 21 StVG zwar den Schutz des Straßenverkehrs bezwecken,[730] aber von Personen, die keine Straftat mit Kfz-Bezug begangen haben, wird gerade keine erhöhte Gefahr für den Straßenverkehr ausgehen.[731] Was bleibt, ist letztlich eine Strafbarkeit für „Ungehorsam" gegenüber einer hoheitlichen Anordnung. Allein dieser „Ungehorsam" stellt jedoch kein Rechtsgut dar, welches mit Hilfe des Strafrechts verteidigt werden sollte.[732] Dies gilt im Grundsatz zwar auch für das Fahrverbot in seiner aktuellen Ausgestaltung, doch ist zu berücksichtigen, dass Täter, die aufgrund einer Zusammenhangstat verurteilt wurden, zumindest möglicherweise eine gewisse Gefahr (trotz grundsätzlicher Geeignetheit zum Führen eines Kfz) für den Straßenverkehr darstellen können.[733] Damit ließe sich in derartigen Fällen eine Gefahr für das Schutzgut begründen. Warum aber von einem Straftäter, dessen Tat keinerlei Bezug zum Straßenverkehr aufwies, eine erhöhte Gefahr für den Straßenverkehr ausgehen soll, lässt sich nicht

---

729 BVerfG NJW 2008, S. 1138 auch wenn das BVerfG dem Gesetzgeber dabei einen erheblichen Einschätzungsspielraum zugesteht.

730 LG Potsdam Beschl. v. 24.08.2007, 21 Qs 95/07; Burmann-*Hühnermann* 2018, § 21 StVG Rn. 1; NK-Verkehrsrecht-*Kerkmann/Blum* 2017, § 21 StVG Rn. 2; *Zopfs* 2013, S. 824; darüber hinaus werden jedoch auch individuelle Interessen geschützt, was auch durch die Anerkennung der Norm als Schutzgesetz i. S. von § 823 Abs. 2 BGB bekräftigt wird, vgl. BGH VersR 1955, S. 186 f. (noch zur Vorgängervorschrift); NJW 1979, S. 2309; NJW 1991, S. 418 f. allerdings wäre auch bzgl. des Schutzes von Individualinteressen davon auszugehen, dass dieser darin bestehen soll, den Einzelnen vor Verkehrsteilnehmern zu schützen, die nicht geeignet sind ihr Fahrzeug sicher zu führen.

731 *Frommel* 1999, S. 12; anders *Denzliger* 1988, S. 370, der davon ausgeht, dass nur das Fahren trotz Fahrverbots kriminalisiert werden sollte und stattdessen das Fahren ohne Fahrerlaubnis in das Ordnungswidrigkeitenrecht verlagern möchte. Dabei wird jedoch übersehen, dass von Personen, die nie eine Fahrerlaubnis erlangt haben, eher eine Gefahr für das Schutzgut der Sicherheit des Straßenverkehrs ausgehen dürfte als von Personen, denen nur für eine gewisse Dauer das Führen eines Kraftfahrzeuges verboten ist. Wenn also eine Alternative des § 21 Abs. 1 Nr. 1 StVG entkriminalisiert werden sollte, dann das Fahren trotz Fahrverbots; für eine vollständige Entkriminalisierung des § 21 StVG *P.-A. Albrecht/Hassemer/Wolf* 1992, S. 18.

732 BVerfGE 9, S. 171, 90 S. 184; *P.-A. Albrecht/Hassemer/Wolf* 1992, S. 49; *Mitsch* 2007, S. 68; gleiches sollte dann auch für den Ungehorsam bei Weisungen innerhalb der Führungsaufsicht gemäß § 145a StGB gelten, vgl. zu dieser Problematik *Rohrbach* 2014, S. 41 ff.

733 *Zopfs* 2013, S. 824; Abgesehen davon wäre eine Abschaffung der Strafandrohung für das Fahren trotz Fahrverbots zumindest wünschenswert, unabhängig vom Anwendungsbereich des Fahrverbots, denn das Verhalten ähnelt einer (straflosen) Selbstbegünstigung, vgl. *Mitsch* 2007, S. 68; NK-*Böse* 2017, § 44 Rn. 32; a. A. *Deutscher* 2008, S. 183; Hentschel-*König* 2007, § 21 StVG Rn. 9.

erklären. Eine Ausweitung des Fahrverbotes könnte also auch zu neuen verfassungsrechtlichen Bedenken bzgl. § 21 Abs. 1 Nr. 1, 2. Alt. StVG führen.[734]

Wenn *Stöckel* in dieser erneuten Kriminalisierung gerade die präventive Wirkung des Fahrverbotes sieht,[735] muss dem entschieden widersprochen werden. Eine erneute Kriminalisierung kann erhebliche Probleme mit sich bringen (vor allem kurze Freiheits- und Ersatzfreiheitsstrafen), ohne einen nachgewiesenen präventiven Effekt zu haben. Dem Täter wird es eher darauf ankommen, seinen Pkw nicht nutzen zu dürfen, unabhängig davon, ob die drohenden Konsequenzen strafrechtlicher oder verwaltungsrechtlicher Art sind.

Als weiteres Argument gegen einen Ausbau des Fahrverbots wird eine befürchtete Zunahme an Rechtsmitteln angeführt.[736] Gerade beim Fahrverbot wird es dem Verurteilten darauf ankommen, den Zeitpunkt des Wirksamwerdens möglichst selbst bestimmen zu können, um die Auswirkungen so gering wie möglich zu halten.[737] Dies kann in der Praxis durch die aufschiebende Wirkung der Rechtsmittel[738] erreicht werden, was bei einer Zunahme der verhängten Fahrverbote zu einer erheblichen Mehrbelastung der Justiz führen könnte.[739] Dem könnte jedoch durch eine analoge Anwendung des § 25 Abs. 2a StVG oder die Schaffung einer vergleichbaren Regelung für das Strafrecht abgeholfen werden.[740] Um dies zu vermeiden, trittdas Fahrverbot seit der Reform 2017 erst mit der amtlichen Verwahrung des Führerscheins, spätestens jedoch einen Monat nach Rechtskraft in Kraft (§ 44 Abs. 2 S. 1 StGB). Dies erscheint jedoch zu kurz angesetzt, um ernsthaft einer möglichen „Rechtsmittelflut" Herr zu werden. In einem so kurzen Zeitraum dürfte es für den Betroffenen kaum möglich sein, die notwendigen Vor-

---

734 Auch wenn aufgrund der eher großzügigen Rechtsprechung des BVerfG zum Grundgedanken des Strafrechts als *ultima ratio* zum Rechtsgüterschutz wohl auch bei einer Ausweitung des strafrechtlichen Fahrverbotes wahrscheinlich nicht mit einer festgestellten Verfassungswidrigkeit des § 21 Abs. 1 Nr. 1, 2. Alt. StVG zu rechnen wäre, sollten die genannten Bedenken dennoch berücksichtigt werden; zur Verfassungskonformität *de lege lata* siehe BVerfG NJW 1979, S. 1981; zustimmend NK-Verkehrsrecht-*Kerkmann/Blum* 2017, § 21 StVG Rn. 2; Bedenken bei *Cramer* 1998, S. 464.

735 *Stöckel* 2007, S. 628.

736 *Bittmann* 2001, S. 513; *DAV* 2016, S. 7; *Maurer* 1994, S. 403.

737 Ein weiterer Grund für eine Zunahme an Rechtsmitteln könnte sein, dass das Fahrverbot als besonders einschneidend empfunden wird (so zumindest *Piesker* 2002, S. 298).

738 *Laun* 2002, S. 123; nach § 44 Abs. 2 S. 1 StGB wird das Fahrverbot erst mit Rechtskraft wirksam. Ein derartiges Vorgehen wird auch teilweise von Anwälten beworben, vgl. z. B. http://www.ra-hartmann.de/bussgeld-und-fahrverbot-lohnt-sich-der-einspruch-dr.-hartmann-partner.html (zuletzt abgerufen am 10.08.2017).

739 *Fehl* 1998, S. 439; *Stöckel* 1992, O. 34; 2007, S. 627.

740 *BMJV* 2016, S. 13; *Kommission* 2000, S. 29.

kehrungen zu treffen, weshalb bei Tätern, die intensiv von einem Fahrverbot betroffen sind, auch bei einem um einen Monat verzögerten Wirksamwerden des Fahrverbotes mit einer höheren Anzahl an Rechtsmitteln zu rechnen ist. Der Gesetzgeber sollte daher im Falle eines Ausbaus des Fahrverbots eher eine flexiblere Regelung nach dem Vorbild des § 25 Abs. 2a StVG einführen, um die Einlegung von Rechtsmitteln nur mit dem Zweck, den Zeitpunkt des Fahrverbotes zu beeinflussen, zu verhindern.

Fraglich ist, inwieweit der Einwand durchgreift, einem verkehrsunabhängigen Fahrverbot würde es an Akzeptanz in der Bevölkerung und beim Täter mangeln, da es an einem ausreichenden Bezug zwischen Tat und Sanktion fehle.[741] Dabei ist zunächst einmal zu konstatieren, dass ein Grundsatz spiegelnder Strafen nicht besteht.[742] Auch Geld- oder Freiheitsstrafen weisen nicht notwendigerweise einen konkreten Bezug zur Tat auf, ansonsten könnten sie konsequenterweise nur für Vermögensdelikte bzw. Delikte gegen die Fortbewegungsfreiheit verhängt werden. Ein solch talionsartiges Prinzip wird auch nicht ernsthaft gefordert und ist, wie von *Schöch* festgestellt, bereits seit der Aufklärung überwunden.[743] Allerdings ist zu beachten, dass sich das Fahrverbot, was den Tatbezug angeht, erheblich von Geld- und Freiheitsstrafe unterscheidet. Es greift in eine sehr spezielle Art der Freiheit – die Freiheit, ein Kraftfahrzeug führen zu dürfen – ein und nicht in die allgemein zugänglichen „großen bürgerlichen Freiheiten" des Vermögens und der persönlichen Freiheit.[744] Gerade bei Eingriffen in spezielle Freiheiten ist jedoch ein Bezug zur Tat zu fordern, denn nur so erscheint das Urteil nachvollziehbar. Entfernt man die Voraussetzung der Zusammenhangstat, verliert das Fahrverbot seinen Charakter als Denkzettel für Fehlverhalten im Straßenverkehr.[745] Die Spiegelung von Straftat und Sanktion erfolgt hier also nicht um der Spiegelung willen, sondern aus Präventionsgesichtspunkten.[746]

Zwar ist *Wedler* darin zuzustimmen, dass das Problem der Akzeptanz wohl bei allen (nicht offensichtlich strafschärfenden) Neuerungen des Sanktionenrechts zu erwarten wäre, bis sie „im Bewusstsein verankert"[747] sind. Doch gerade weil das Fahrverbot im Gegensatz zu Geld- und Freiheitsstrafen in eine sehr spezifische Art der Freiheit eingreift, erscheint eine Verurteilung ohne ersichtlichen Zu-

---

741   *Born* 2014, S. 154.

742   *Meier* 2009, S. 394.

743   *Schöch* 1992, C. 120.

744   *Streng* 2004, S. 239.

745   *Haleker* 2009, S. 154.

746   *DAV* 2016, S. 5; *Laun* 2002, S. 145.

747   *Wedler* 2015, S. 214, ähnlich auch *Kaspar* 2014, S. 855, der von einer Gewöhnung an „Sanktionsroutinen" ausgeht.

sammenhang zur Tat problematisch. Sie könnte häufig als „reine Schikane" verstanden werden, worunter ein möglicher spezial- und generalpräventiver Effekt zu leiden hätte.[748] Ein solcher kann nur einsetzen, wenn eine gewisse Akzeptanz bzgl. der Sanktionsauswahl besteht. Die Befürchtung von Schikane dürfte anhand der Argumentation vieler Befürworter dieser Reform zudem auch nicht ganz unberechtigt sein (s. u.). Ob daher tatsächlich im Laufe der Zeit mit Gewöhnung und Akzeptanz zu rechnen ist, erscheint fragwürdig.

Für eine Abkoppelung von den Verkehrsdelikten könnten allerdings das verfassungsrechtliche Bestimmtheitsgebot (Art. 103 Abs. 2 GG) und die Rechtssicherheit sprechen, denn der unbestimmte Rechtsbegriff der „Zusammenhangstat" sorgt teilweise für eine sehr uneinheitliche Rechtsprechung. Gerade in Grenzfällen erweist sich die Definition der Zusammenhangstat als schwierig, insbesondere weil der Begriff in der Praxis sehr weit gefasst wird.[749] Nach der Rechtsprechung ist es ausreichend, „dass das Führen des Kraftfahrzeugs dem Täter für die Vorbereitung oder Durchführung der Straftat oder anschließend für ihre Ausnutzung oder Verdeckung dienlich sein soll".[750] Andererseits soll es nicht ausreichen, dass das Kfz nur „bei Gelegenheit" der Tatausführung geführt wird.[751] Dies stellt eine letztlich sehr weite Formulierung dar, die dem Begriff kaum Konturen verleiht. Dass die Trunkenheitsfahrt oder das Vortäuschen eines Verkehrsunfalls zu Betrugszwecken[752] im Zusammenhang mit dem Führen eines Kraftfahrzeugs begangen wurden, steht wohl außer Frage. Warum aber zum Beispiel der Transport von Diebesgut mit einem Pkw oder die Nutzung eines Pkw zum Vorspiegeln von Kreditwürdigkeit[753] einen ausreichenden Zusammenhang begründen soll, jedoch die Flucht von beispielsweise einer Vergewaltigung in einem Pkw nicht,[754] lässt sich mit den oben genannten Kriterien kaum begründen, vor allem wenn man berücksichtigt, dass, wenn überhaupt, im zuletzt genannten Fall von einer erhöhten Gefahr für den Straßenverkehr ausgegangen werden kann.[755] Diese Fragen wür-

---

748 *Kommission* 2000, S. 29; in eine ähnliche Richtung gehen auch die Ergebnisse der Jurastudentenbefragung von *Streng* 2006, S. 216 f.; a. A. *Lempp* 2017, S. 21.

749 BGH NJW 1969, S. 1126; NJW 2005, S. 1957.

750 BGH NJW 2005, S. 1957; NStZ 2001, S. 477.

751 BGH v. 24.01.1990 – 2 StR 548/89; OLG Stuttgart NJW 1973, S. 2213 f.

752 OLG München NJW 1992, S. 2776 f.

753 BGHSt 5, S. 181.

754 BGH NStZ 1995, S. 229 (wenn auch zu § 69 StGB, aber die Rechtsprechung unterscheidet bei der Zusammenhangstat nicht zwischen § 44 und § 69, ebenso die h. M. s. o.); NJW 1969, S. 1125.

755 Es wäre wohl eher davon auszugehen, dass der Fahrer, der Diebesgut geladen hat, besonders vorsichtig fährt um keinesfalls Aufmerksamkeit zu erregen.

den sich mit einer Öffnung des Fahrverbots für Straftaten der allgemeinen Kriminalität erübrigen.[756] Dem ist allerdings entgegenzuhalten, dass allein die praktischen Abgrenzungsschwierigkeiten kein Argument dafür sein können, das Fahrverbot als Sanktion für die allgemeine Kriminalität zu öffnen. Hier ist es an der Rechtsprechung, entsprechende Kriterien zur Auslegung der Zusammenhangstat zu erarbeiten, um Art. 103 Abs. 2 GG angemessen Rechnung zu tragen.

Auch die oben genannten Probleme der Ungleichbehandlung stellen einen Kritikpunkt dar, selbst wenn sie nicht zu einer Verfassungswidrigkeit führen.[757] In der Praxis dürfte es Schwierigkeiten bereiten zu ermitteln, wie sehr das Fahrverbot den Täter tatsächlich beeinträchtigt. Beruf und Wohnort können zwar Indikatoren sein, aber in vielen Fällen wird sich eine genaue Feststellung als nahezu unmöglich erweisen und darüber hinaus mit einem erheblichen investigativen Aufwand verbunden sein.[758] Diese Ungleichheiten in der Strafzumessung zu berücksichtigen, um dem Schuldgrundsatz Rechnung zu tragen, wird die Richter folglich vor beträchtliche Probleme stellen.[759] Es müssten möglicherweise tiefgreifende Nachforschungen über das Leben des Täters angestellt werden, die keinen Bezug zur Tat haben, nur um feststellen zu können, wie sehr ihn ein Fahrverbot tatsächlich einschränken würde. Die Spannweite reicht daher von so gut wie keiner Einschränkung (z. B. für den Gelegenheitsfahrer ohne eigenen Pkw) bis hin zu einem faktischen Berufsverbot (für Berufskraftfahrer oder je nach Situation ggf. für Pendler).[760] Aber auch Faktoren wie die Anbindung an öffentliche Verkehrsmittel oder die Verfügbarkeit von „Ersatzfahrern" spielen eine Rolle.[761] Dieses ohnehin bereits schwerwiegende Problem wird im Strafbefehlsverfahren noch einmal intensiviert.[762] Hier gibt es für den Richter kaum die Möglichkeit, die maßgeblichen Umstände in Erfahrung zu bringen.[763] Belastungsgleichheit

---

756 *Fehl* 1998a, S. 381.

757 Vgl. *Kap. 5.2.1.1.*

758 *Streng* 1999, S. 854.

759 *Haleker* 2009, S. 154.

760 *DAV* 2017; *DBH-Fachverband* 2016, S. 2; *Kubiciel* 2014a, S. 5 f.; für die zuerst genannten Berufskraftfahrer käme jedoch wie von *Bode* vorgeschlagen eine Regelung nach französischem Vorbild in Betracht, wonach berufliche Nutzung von Kraftfahrzeugen vom Verbot ausgenommen ist, vgl. *Bode* 2017, S. 7; eine derartige Regelung könnte jedoch zu Abgrenzungs- und Beweisproblemen führen.

761 *Berwanger* 2014, S. 90; *Laun* 2002, S. 110.

762 *Streng* 2004, S. 238.

763 Das ausgebaute Fahrverbot vom Strafbefehl auszuschließen könnte zwar helfen, würde letztlich die Akzeptanz der Sanktion in der Praxis erheblich mindern. Warum ein aufwendiges und kostspieliges Strafverfahren für ein Fahrverbot führen, wenn auch im Rahmen eines Strafbefehls eine Geld- oder Freiheitsstrafe verhängt werden kann? *Zopfs*

wäre also noch schwerer herzustellen, als es bei Freiheits- und Geldstrafe ohnehin schon der Fall ist.[764] Denkbar wäre auch, dass durch den Täter bewusst versucht wird, den Richter über die persönliche Betroffenheit bei einem Fahrverbot zu täuschen, um eine Geld- oder Freiheitsstrafe zu vermeiden.[765] Zudem ist hier das Problem der Mittäterschaft zu bedenken, wie beim Fall zweier Mittäter mit identischem Tatbeitrag. Sollte sich deren Sanktion wirklich nur deshalb unterscheiden, weil einer von ihnen mehr auf den Pkw angewiesen ist als der andere?[766]

Diese Ungleichbehandlungen wären, wenn überhaupt, nur unter erheblichem Ermittlungsaufwand auflösbar. In der aktuellen Gesetzesfassung soll diesen Bedenken dadurch begegnet werden, dass das Fahrverbot zwar für die allgemeine Kriminalität geöffnet wird, jedoch eine Nebenstrafe bleibt.[767] Der Gesetzgeber ging davon aus, dass die Gesamtsanktion so flexibel genug zugemessen werden kann, um die unterschiedliche Wirkung des Fahrverbotes zu berücksichtigen.[768] Überzeugen kann dies jedoch nicht. Auch die Kombination aus Haupt- und Nebenstrafe muss insgesamt schuldangemessen sein: Selbst wenn das Fahrverbot nur einen Teil der Gesamtsanktion ausmacht, muss dennoch für jeden Verurteilten ermittelt werden, wie sehr ihn das Fahrverbot individuell trifft, um die Hauptstrafe entsprechend anzupassen. Der Ermittlungsaufwand und die zu befürchtende Ungleichheit werden also auch dann nicht reduziert, wenn man das deliktsunabhängige Fahrverbot als Nebenstrafe ausgestaltet.[769]

Auch die Befürchtungen bezüglich eines „*net-widening*-Effekts" sind ernst zu nehmen. Denkbar wäre, dass das neue Fahrverbot nicht, wie vorgesehen, zur Vermeidung von (kurzen) Freiheitsstrafen und längeren Geldstrafen angewandt wird, sondern als zusätzlicher „Nadelstich" zu einer ohnehin verhängten Geldstrafe hinzugefügt wird.[770] Bei einer zur Bewährung ausgesetzten Freiheitsstrafe kann sich ein ähnliches Problem stellen,[771] wenn Richter davon ausgehen, eine ausgesetzte

---

(2016, S. I) wirft zudem ein, dass der erhöhte Ermittlungsaufwand die Gerichte dazu zwingen könnte Verfahren vermehrt durch Absprachen zu beenden.

764 *Bittmann* 2001, S. 513; bei der Geldstrafe steht immerhin die Tagessatzhöhe zur Verfügung um der unterschiedlichen Belastung zumindest teilweise Rechnung tragen zu können und das Tageseinkommen eines Angeklagten dürfte deutlich einfacher festzustellen sein als die Wirkung eines Fahrverbots.

765 *König/Klatt/Bliesener* 2016, S. 5.

766 *Franke* 2002, S. 22, führt zudem das Problem an, wenn nur einer der Mittäter eine Fahrerlaubnis besitzt; diese Ungleichheit dürfte kaum verständlich zu machen sein.

767 *BMJV* 2016, S. 12.

768 *BMJV* 2016, S. 12.

769 Ähnlich *Zopfs* 2016, S. I.

770 *Kaspar* 2014, S. 856.

771 *P.-A. Albrecht* 2000, S. 452.

Freiheitsstrafe würde für den Täter nicht ausreichend „spürbar" sein, und daher die Möglichkeit nutzen würden, eine zusätzliche Sanktion zu verhängen. Anstatt also Belastungen wie kurze Freiheits- oder Ersatzfreiheitsstrafen zu vermeiden, könnte das neue Fahrverbot das genaue Gegenteil bewirken und den Täter zusätzlich, wenn auch vom Gesetzgeber nicht gewollt, belasten. Durch die Folgekriminalisierung durch Fahren ohne Fahrerlaubnis kann es zudem auch zu weiteren Geld- oder Freiheitsstrafen kommen.

Dies stellt allgemein einen problematischen Aspekt in der gesamten Debatte über die Erweiterung des Fahrverbots dar. Vielen Befürwortern der Reform geht es anscheinend nicht um eine Erweiterung des Sanktionsspektrums zur Förderung der Prävention und um die Vermeidung kurzen Freiheitsentzugs, sondern darum, eine weitere Übelzufügung zu ermöglichen.[772] Es soll dabei entweder um solche Täter gehen, bei denen die Geldstrafe aufgrund ihres Vermögens vermeintlich kein ausreichendes Übel darstellt (also zum Beispiel bei Wirtschafts- und Steuerstraftätern), oder Täter, für die die Fahrerlaubnis einen besonderen immateriellen Wert hat und für die ein Verbot daher besonders einschneidend wäre.[773] Dieser Ansatz vermag nicht zu überzeugen. Ziel im modernen Präventionsstrafrecht muss die Verhinderung weiterer Straftaten sein; es darf nicht ausschließlich darum gehen, den Täter möglichst empfindlich zu treffen.[774] Während im Bereich der Verkehrsstraftaten die „Denkzettel- und Besinnungsfunktion" des Fahrverbotes gerade für unvorsichtige oder leichtsinnige Fahrer Wirkung entfalten und so die zukünftige Einhaltung der Verkehrsregeln fördern kann,[775] fehlt eine solche spezialpräventive Wirkung bei einem Fahrverbot bei allgemeiner Kriminalität.[776] Darüber hinaus ist mehr als fraglich, wie sinnvoll ein Fahrverbot gerade für die typische Klientel der kurzen Freiheitsstrafe bzw. den problematischen Teil der Geldstrafenklientel ist. Als Denkzettel kann das Fahrverbot, neben dem Schuldausgleich, letztlich nur negativ spezialpräventive Wirkung im Sinne einer

---

772 So z. B. BR-Drucks. 39/08, S. 12: „empfindliches Übel"; auch *König* 2001, S. 6: „[…] dass die Sanktion geeignet ist, empfindlich zu treffen"; *Schily* 1998, S. 236: „[…] damit man Täter an einer empfindlichen Stelle treffen kann"; BR-Drucks 449/99 S. 10: „ […]daß der Richter in geeigneten Fällen ein Strafübel verhängen kann, das den Verurteilten hart trifft"; *Busemann* 2010, S. 239: „Ein Fahrverbot würde von vielen Betroffenen als schärfere Sanktion empfunden […]"; Auch der aktuelle Entwurf der Bundesregierung führt an, das Fahrverbot sei ein „spürbares, empfindliches Übel", *BMJV* 2016 S. 9; dies wird auch von den *Strafverteidigervereinigungen* als problematisch angesehen, vgl. *Strafverteidigervereinigungen* 2016, S. 1; ähnliche Bedenken bei *von Selle* 2002, S. 231.

773 Dies dürften vor allem junge Täter sein, vgl. *Wedler* 2015, S. 209.

774 *Cornel* 2008, S. 56; *Streng* 2004, S. 240.

775 *Wedler* 2015, S. 210.

776 *Prätorius* 2008, S. 335 f.

Abschreckung haben.[777] Es soll eine Ermahnung für den Täter sein.[778] Daneben wird teilweise auch eine abschreckende Wirkung für andere leichtsinnige Autofahrer angenommen.[779] Diesem Gedankengang liegt jedoch der weit verbreitete Irrglaube zugrunde, eine Strafe, welche den Täter besonders hart trifft, hätte einen besonders großen abschreckenden Effekt.

Eine positiv (general- oder spezial-)präventive Wirkung ist ebenfalls nicht zu erwarten. Denn gerade dann, wenn das Fahrverbot ohne einen Bezug zum Straßenverkehr auch von der Bevölkerung nur als Schikane zur reinen Übelzufügung verstanden wird, steht dies einer positiv generalpräventiven Wirkung im Wege.[780] Das Fahrverbot zielt damit, wenn überhaupt, auf eine negative Präventionswirkung ab,[781] deren Wirksamkeit jedoch insbesondere bzgl. der Klientel kurzer Freiheits- und Ersatzfreiheitsstrafen mehr als fragwürdig ist.

Bezüglich des Ersetzens von kurzen Freiheitsstrafen ist zu berücksichtigen, dass gerade im Bereich der Freiheitsstrafen von unter sechs Monaten die Klientel häufig sehr problembelastet ist. Es handelt sich in der Regel um Wiederholungstäter mit schlechter Legalprognose, denn ansonsten wäre eine (unbedingte) kurze Freiheitsstrafe gar nicht erst verhängt worden (vgl. § 47 StGB).[782] Zur kriminellen Belastung kommt hinzu, dass bei diesem Täterkreis oft noch weitere Probleme wie fehlender Schulabschluss oder Berufsausbildung, Langzeitarbeitslosigkeit und Überschuldung sowie Suchtprobleme eine Rolle spielen.[783] Die oben genannten sozialen Probleme sind nicht allein mit einer Denkzettelsanktion zu lösen. Diese könnten sich im Gegenteil durch die eingeschränkte Mobilität sogar verschlimmern. Vor allem für berufstätige Täter sind erhebliche Beeinträchtigungen zu erwarten,[784] die bis zum Verlust des Arbeitsplatzes reichen können. Die Auswirkungen können damit sogar über die negativen Folgen einer möglichen Geldstrafe hinausgehen.[785] Aufgrund der angesprochenen sozialen Probleme

---

777 *Haleker* 2009, S. 66 f.

778 NK-*Böse* 2013, § 44 Rn. 4; OLG Köln NZV 1992, S. 159.

779 *Fehl* 1998, S. 441; *Hentschel* 1996, S. 287; MüKo-*Athing/von Heintschel-Heinegg* 2016, § 44 Rn. 1; a. A. NK-*Böse* 2017 § 44 Rn. 4.

780 *Kommission* 2000, S. 29.

781 *Haleker* 2009, S. 73; *Streng* 1999, S. 853.

782 *Laun* 2002, S. 129 f.

783 *Villmow* 1993, S. 210 f.; *H.-J. Albrecht* 1980, S. 257; *Schädler* 1985, S. 186 f.; *Dolde/Jehle* 1986, S. 198 f.

784 *Lempp* 2017, S. 22; *Streng* 2000, S. 228.

785 *Streng* 1999, S. 854; auch wenn die negativen Folgen i. d. R. weniger gravierend sein dürften als bei einer Freiheitsstrafe, ist z. B. die stigmatisierende Wirkung eines Fahrverbots (gerade in bestimmten Kreisen) nicht zu unterschätzen, vgl. *König/Klatt/Bliesener* 2016, S. 5; *Piesker* 2002, S. 298.

wird zudem in vielen Fällen davon auszugehen sein, dass kein eigener Pkw vorhanden ist. In diesen Fällen dürfte das Fahrverbot ohnehin als ernsthafte Alternative ausscheiden.[786]

Das Fahrverbot mag für leichtsinnige Fahrer, die fahrlässig Straftaten im Straßenverkehr begangen haben, ein wirksamer Denkzettel sein und sie dazu ermahnen, in Zukunft aufmerksamer zu fahren.[787] Hier besteht ein konkreter Bezug, mit dessen Hilfe das Fehlverhalten aufgezeigt werden kann. In diesem Fall benötigen die Täter keine weitergehenden Resozialisierungsmaßnahmen. In derartigen Fällen kann das Fahrverbot eine präventiv wirksame Sanktion darstellen. Die vorhandenen Probleme der Klientel der kurzen Freiheitsstrafe kann es jedoch nicht beheben, ein Denkzettel ist hier nicht angebracht und das Fahrverbot damit kein geeignetes Mittel, um kurze Freiheitsstrafen zu vermeiden.[788]

Auch in Bezug auf die Ersetzung der Geldstrafe stellt sich eine vergleichbare Problematik.[789] Für den wirklich problembelasteten Teil der Geldstrafenklientel, nämlich diejenigen, die häufig Ersatzfreiheitsstrafen zu verbüßen haben,[790] stellt das erweiterte Fahrverbot keine angemessene Sanktion dar. Wie Untersuchungen zur Klientel der Ersatzfreiheitsstrafe gezeigt haben, ist diese, ähnlich wie bei der kurzen Freiheitsstrafe, häufig mit sozialen und/oder Suchtproblemen belastet.[791] Für diese Tätergruppe dürfte ein „Denkzettel" ohne resozialisierende Maßnahmen, ebenso wie bei zu unbedingten kurzen Freiheitsstrafen Verurteilten, wenig wirksam sein.[792]

Die von den Befürwortern eines ausgeweiteten Fahrverbots häufig genannte Tätergruppe der Besserverdienenden, die eine Geldstrafe „mit links" bezahlen könne, so dass die Geldstrafe für sie daher kein ausreichendes Übel darstelle,[793] stellt hingegen kein zentrales Problem der Geldstrafe dar. Zum einen macht sie nur einen minimalen Anteil an Geldstrafen aus und zum anderen kann nicht ohne weiteres davon ausgegangen werden, dass die Geldstrafe für sehr wohlhabende Täter kaum spürbar ist, vor allem im Hinblick auf die maximale Tagessatzhöhe

---

786 *Laun* 2002, S. 131.

787 LK-*Geppert* 2006, § 44 Rn. 2.

788 *Kaiser* 2001, S. 997; *Kommission* 2000, S. 34.

789 Die Probleme der Klientel der wegen kurzen Freiheitsstrafen und der wegen Ersatzfreiheitsstrafen Inhaftierten sind allgemein ähnlich, vgl. *Dolde* 1999, S. 585.

790 Vgl. *Kap. 3.3.5.*

791 *Dünkel/Scheel* 2006, S. 92 f., 107 ff.; *Villmow* 1999, S. 1297 f.; *Kawamura-Reindl/ Sonnen* 2003, S. 295 f.

792 *Weßlau* 1999, S. 279.

793 *König* 2001, S. 8; auch der Koalitionsvertrag spricht diese Tätergruppe ausdrücklich an, *CDU/CSU/SPD* 2013, S. 102.

von immerhin 30.000 €.[794] Der Anteil der Täter, für die dies nicht „spürbar" ist, dürfte sehr gering sein.[795] Zudem wird es in solchen Fällen für den Betroffenen ein Leichtes sein, bei der Verhängung eines Fahrverbots Alternativen zu finden, wie zum Beispiel die Nutzung eines Taxis oder auch eines eigenen Fahrers.[796] Diese Möglichkeit steht wirtschaftlich schwächeren Tätern nicht zur Verfügung. Übrig bleibt damit letztlich auch hier nur das Argument der Übelzufügung für diejenigen, die von einer Geldstrafe vermeintlich nicht schwer genug getroffen würden. Mit dieser Argumentation wären der Fantasie, neue Strafen zu entwickeln, jedoch keine Grenzen gesetzt. Was wäre mit dem Multi-Milliardär (den die Geldstrafe wesentlich geringer bzw. fast gar nicht belastet), der jedoch selbst keine Fahrerlaubnis besitzt? Sollte man diesem das geliebte Haustier für eine gewisse Zeit entziehen, um ihm ein spürbares Übel zuzufügen? Oder besitzt er kein Haustier, ist aber leidenschaftlicher Jäger, die Jagderlaubnis entziehen, oder sollte man möglicherweise den Flachbildfernseher verwahren oder den Internetanschluss sperren?[797] Die Möglichkeiten, Straftäter möglichst dort treffen zu wollen, „wo es wehtut", scheinen nahezu unbegrenzt. Es ließe sich an jede Form der Freizeitunterhaltung anknüpfen.[798] Dies ist jedoch ein im modernen Präventionsstrafrecht nicht überzeugender Gedankengang. *Streng* spricht diesbezüglich zutreffend von einer „zu Abschreckungszwecken zu applizierenden Schmerzzufügung".[799] Es kann nicht der Sinn des Strafrechts sein, sich immer neue Sanktionen für spezifische Tätergruppen zu überlegen, die von den aktuellen Sanktionen vermeintlich nicht spürbar genug betroffen sind.

---

794 *Zopfs* 2013, S. 818; hier liegt es dann auch an den Gerichten für Strafgerechtigkeit zu sorgen, indem die Tagessatzhöhe korrekt ermittelt wird, vgl. *Deutscher Verkehrsgerichtstag* 2017, S. 1.

795 *Kilger*, 2016, S. 186; auch die Sanktionspraxis zeigt kaum Geldstrafen im hohen Bereich. Aus den Statistiken lässt sich jedoch nicht entnehmen, wie häufig die Obergrenze von 30.000 € verhängt wird, bzw. ob sie überhaupt verhängt wird, da alle Geldstrafen über 50 € gemeinsam erfasst werden. Allerdings wäre mit einem Tagessatz von 30.000 € immerhin ein (netto) Monatseinkommen von bis zu 900.000 € erfasst.

796 *Riehe* 2000, S. 147 ff.

797 Damit wäre das oben dargestellte Problem der fehlenden Nachvollziehbarkeit und Akzeptanz auf die Spitze getrieben; ähnliche Bedenken äußern auch der *Deutsche Richterbund*, vgl. *DRB* 2016, S. 4, sowie *P.-A. Albrecht* 2000, S. 452.

798 *Robra* 1992, O 17; vorgesehen ist im deutschen Recht z. B. das Verbot der Jagdausübung in § 41 BJagdG, das jedoch ebenfalls nur bei Straftaten mit Bezug zur Jagdausübung verhängt werden kann.

799 *Streng* 2004, S. 239.

Auch eine vom Bundesrat im Gesetzesentwurf 2008 vermeintlich ausge-machte[800] Regelungslücke bei Straftaten, die in Zusammenhang mit anderen Ver-kehrsmitteln (z. B. Luft- oder Bahnverkehr) begangen werden, da dort keine fahr-erlaubnisbezogenen Sanktionen nach dem StGB verhängt werden können, besteht in der Realität nicht. Zwar ist es richtig, dass z. B. auch das betrunkene Führen eines Flugzeugs oder einer Bahn die Ungeeignetheit zum Führen von Kraftfahr-zeugen indizieren kann,[801] doch wie von *Haleker*[802] ausgeführt, sind genau in diesen Fällen die verwaltungsrechtlichen Maßnahmen bezüglich des Fahrverbots, namentlich § 46 Abs. 1 FeV einschlägig. § 46 Abs. 1 S. 2 FeV spricht sogar ex-plizit von Verstößen gegen Strafgesetze, welche die Ungeeignetheit indizieren können. Ein Defizit in dieser Hinsicht besteht daher nicht und selbst wenn es be-stünde, wäre es nicht durch eine Ausweitung des Fahrverbots auf alle Straftaten zu beheben.

Zwar wird zu Recht darauf hingewiesen, dass einige der genannten Probleme auch bei der aktuellen Ausgestaltung des Fahrverbots auftreten können,[803] doch kann man Bedenken nicht einfach damit entkräften, dass sie an anderer Stelle ebenfalls auftreten.[804] Außerdem sprechen bekannte Probleme einer Sanktions-form gerade nicht dafür, den Anwendungsbereich dieser Sanktion zu erweitern, vor allem vor dem Hintergrund, dass die Kernaufgabe des Fahrverbots als Denk-zettel für unachtsame Autofahrer bei einer Ausweitung so nicht mehr erfüllt wer-den kann.[805]

Folglich ist eine Ausweitung des Fahrverbots als Strafe unabhängig von ei-nem Kfz-Zusammenhang insgesamt abzulehnen.[806] Diese Reform könnte weder

---

800 BT-Drucks. 16/8695, S. 7; ebenso *Cramer* 1978, S. 543 f.; *Stöckel* 2007, S. 626.

801 BT-Drucks. 16/8695. S. 7.

802 *Haleker* 2009, S. 154 f.

803 *Stöckel* 2007, S. 628; 1992, O 33; *König* 2001, S. 10; BT-Drucks 16/8695, S. 7; BR-Drucks 792/16, S. 10.

804 *Laun* 2002, S. 113.

805 Zustimmend Pressemitteilung des *ADAC* vom 20.04.2015 https://presse.adac.de/ stand-punkte/fueherscheinentzug-fuer-kriminelle.html (zuletzt abgerufen am 10.08.2017); *Kil-ger* 2009, S. 14.

806 Ebenso *Bachmann* 2014, S. 402; *DAV* 2016, S. 5; *DBH-Fachverband* 2016, S. 1; *DRB* 2016, S. 1; *Deutscher Verkehrsgerichtstag* 2017, S. 1; *Verhandlungen des Deutschen Ju-ristentages* 1992, S. 3022; *Frommel* 1999, S. 12; *Kommission* 2000, S. 31; *Kö-nig/Klatt/Bliesener* 2016, S. 7. *Strafverteidigervereinigungen* 2016, S. 1; *Streng* 1999, S. 855; *Weßlau* 1999, S. 285; *Zopfs* 2016, S. I; a. A. *DJB* 2003, S. 11; *Schöch* 1992, C. 120; *Stöckel* 2007, S. 624 f.; *Verrell* 2014, S. 158; *Wedler* 2015, S. 214; mit Einschrän-kungen *Bode* 2017, S. 7; auch die *Gewerkschaft der Polizei (GdP)* hat eine Ausweitung in einer Pressemitteilung vom 21.11.2013 befürwortet vgl. https://www.gdp.de/gdp/ gdp.nsf/id/de_gdp-unterstuetzt-ausweitung-von-fahrverboten-auf-junge-mehrfachtaeter (zuletzt abgerufen am 10.08.2017).

die Probleme der kurzen Freiheitsstrafe noch die im Bereich der Geldstrafe beheben. Sie stützt sich eher darauf, Tätern zusätzlich ein Strafübel beizubringen, wenn man befürchtet, eine Geld- oder (ausgesetzte) Freiheitsstrafe würde den Täter nicht hart genug treffen. Gesichtspunkte der Prävention werden dabei nicht ausreichend berücksichtigt.

Es werden ganz im Gegenteil entsozialisierende Folgen des Fahrverbots mit den Argumenten des „Denkzettels" und der Abschreckung beiseitegeschoben. Die wirklichen Probleme der kurzen Freiheitsstrafen und der Geldstrafe werden nicht behoben. Es werden sogar weitere Probleme im Bereich der Strafzumessung, der Kontrolle der Fahrverbote sowie der weiteren Kriminalisierung geschaffen. Das Fahrverbot sollte damit weiterhin nur bei Taten verhängt werden können, die mit einem Kfz-Bezug begangen werden.

Auch zeigt die Art der im Vorfeld der Reform erfolgten Debatte über die Ausweitung des Fahrverbots sehr eindrücklich die Problematik aktueller kriminalpolitischer Diskussionen in der Öffentlichkeit auf. Anstatt nach der aus präventiver Sicht für den individuellen Täter passendsten Sanktion zu suchen und so zukünftige Straftaten zu vermeiden, wird versucht, solchen Tätern, bei denen man davon ausgeht, die aktuellen Sanktionen würden sie nicht genug treffen, ein größeres Übel zuzufügen. Als präventiver Aspekt wird dabei häufig das recht fadenscheinige Argument der Abschreckung genannt. Es scheint, als sei der Fehlschluss „je größer das zugefügte Übel, umso größer die Präventionswirkung" nach wie vor weit verbreitet.[807]

Es ist geradezu beängstigend, wenn Hauptgrund für die Reform einer Sanktion sein soll, dem Täter möglichst viel zu schaden und ihn möglichst hart zu treffen. Damit würde der Aspekt der Abschreckung zu sehr in den Mittelpunkt gerückt. Neue ambulante Sanktionen sollten sich stattdessen auf Resozialisierung und Prävention fokussieren. Zur Ersetzung von kurzen Freiheitsstrafen bzw. zur Vermeidung von Ersatzfreiheitsstrafen ist ein Fahrverbot für allgemeine Kriminalität daher i. E. nicht geeignet.

5.2.2 Fahrverbot als Hauptstrafe bei Kfz-bezogenen Delikten

Ein anderer, nicht ganz so weitreichender Vorschlag wäre es, das Fahrverbot zwar zu einer Hauptstrafe zu machen, jedoch am Erfordernis des Kfz-Bezugs der Anlasstat festzuhalten.[808] Damit könnte das Fahrverbot zwar weiterhin nur als Reaktion auf Zusammenhangstaten verhängt werden, allerdings könnte es auch alleinstehend, das heißt ohne eine zusätzliche Geld- oder Freiheitsstrafe, verhängt werden. Dies würde es dem Richter ermöglichen, allein auf ein Fahrverbot zu

---

807 *Weßlau* 1999, S. 284; auch die *GdP* stellt in der oben genannten Pressemitteilung im Wesentlichen auf eine vermeintlich abschreckende Wirkung des Fahrverbots ab.

808 Ähnlich sah es bereits der Alternativentwurf in § 55 AE vor, vgl. *Baumann u. a.* 1969, S. 110 f.

erkennen, wenn er der Meinung ist, dies wäre schuldangemessen und aus präventiven Erwägungen heraus am sinnvollsten. Er müsste dann nicht zusätzlich eine Geld- oder Freiheitsstrafe verhängen, die er vielleicht selbst gar nicht für präventiv sinnvoll (bzw. sogar der Prävention hinderlich) oder schuldangemessen erachtet, sie jedoch verhängen muss, um (zusätzlich) ein Fahrverbot verhängen zu können. In derartigen Fällen könnte es durch die Kombination von Haupt- und Nebenstrafe zu Problemen im Rahmen der Strafzumessung kommen.[809]

Die Verhängung eines eigenständigen Fahrverbots erscheint vor allem dann sinnvoll, wenn zu befürchten ist, dass eine mit dem Fahrverbot verbundene Geldstrafe nicht bezahlt werden kann und daher eine Ersatzfreiheitsstrafe droht oder andere negative Folgen zu befürchten sind (z. B. Überschuldung, Gefährdung von Opfer- oder Unterhaltsansprüchen).[810] Zwar dürfte das Durchschnittseinkommen bei Verkehrsstraftätern im Schnitt höher als bei allgemeiner Kriminalität sein,[811] was die genannten Folgen insgesamt unwahrscheinlicher macht, dennoch wird damit grundsätzlich das Sanktionsspektrum für den Richter erweitert und flexibler gestaltet.[812]

Aber das Fahrverbot bliebe dann auf den Täterkreis beschränkt, der von einem „Denkzettel" auch tatsächlich profitieren kann. Für eine solche Denkzettelwirkung für einen rücksichtslosen Fahrer ist eine Verknüpfung mit einer zusätzlichen Geld- oder Freiheitsstrafe nicht zwangsweise erforderlich. Allerdings ist es unwahrscheinlich, dass durch diese erhöhte Flexibilität tatsächlich kurze Freiheitsstrafen vermieden werden können. Denn diese sollen ohnehin nur dann verhängt werden, wenn sie unerlässlich sind (§ 47 StGB), und dass eine solche „unerlässliche" Freiheitsstrafe durch ein Fahrverbot ersetzt werden kann, erscheint zweifelhaft.[813] Die alleinige Verhängung eines Fahrverbots kann vor allem dann sinnvoll sein, wenn das Fahrverbot als Denkzettel allein ausreichend und zur spezialpräventiven Auswirkung auf den Täter besser geeignet erscheint als ein

---

809 *Grebing* 1978, S. 1348; zur Vermeidung schuldunangemessener Strafen kommt *Wolters* (2002, S. 72) daher zu dem Schluss, dass eine Aufwertung des Fahrverbots zur Hauptstrafe gleichzeitig die Einführung eines gesetzlichen Umrechnungsmaßstabes in Geld- und Freiheitsstrafe erfordert. Wie bereits in *Kap. 5.2.1.1* dargestellt ist ein fester Umrechnungsschlüssel aufgrund der unterschiedlichen Wirkung des Fahrverbots kaum umsetzbar und auch *Wolters* unterbreitet keinen konkreten Vorschlag zur Umrechnung.

810 *DJB* 2003, S. 10; *Kommission* 2000, S. 31.

811 *Heinz* 2014, S. 73; *Traulsen* 1993, S. 91.

812 *Kommission* 2000, S. 31; *Laun* 2002, S. 106.

813 *Wolters* 2002, S. 71; allerdings wäre es nach der hier vorgeschlagenen Lösung auch nach wie vor möglich beispielsweise eine Geldstrafe in Verbindung mit einem Fahrverbot anstatt einer kurzen Freiheitsstrafe zu verhängen.

Fahrverbot in Kombination mit einer anderen Hauptstrafe, oder auch dann, wenn andere negative Folgen der Geldstrafe zu erwarten sind.[814]

Auch ein „*net-widening*-Effekt" wäre nicht zu befürchten, denn dem Richter wird es ja gerade ermöglicht, eine zusätzliche Sanktion zu vermeiden. Die Gefahr höherer Punitivität besteht nicht, da diese Reform keine höheren Sanktionen als die aktuellen ermöglicht. Es wird damit lediglich die Flexibilität des Sanktionensystems in dem Sinne erhöht, dass zusätzliche Strafen vermieden bzw. ersetzt werden können. Vor allem für leichteste Kriminalität im Straßenverkehr kann die Hauptstrafe jedoch sinnvoll sein, wenn das Fahrverbot als solches ohne eine zusätzliche Geld- oder Freiheitsstrafe bereits ausreichend ist. In einem derartigen Fall ist nicht zu erklären, warum zwangsweise eine zusätzliche (wenn auch geringe) Geld- oder Freiheitsstrafe verhängt werden muss.

Auch wenn das Fahrverbot als Hauptstrafe in einigen Fällen eine sinnvolle Ergänzung des Sanktionensystems wäre, ist Folgendes im Rahmen der Diskussion zu berücksichtigen: Die Kernprobleme des aktuellen Sanktionenrechts können mit einer „Hauptstrafe Fahrverbot" nicht gelöst werden. Dies ergibt sich aus dem unter *Kap. 5.2.1.2* Dargestellten. Für die problematische Klientel der kurzen Freiheitsstrafen und der Ersatzfreiheitsstrafen ist das Fahrverbot keine geeignete Sanktion.[815] Die notwendige Beschränkung auf Verkehrsdelinquenz limitiert den Anwendungsbereich zudem zwangsläufig erheblich und dürfte die angesprochene problematische Klientel damit ohnehin größtenteils ausschließen.

Als Hauptstrafe kann das Fahrverbot im Einzelfall zwar zusätzliche Geldstrafen (und möglicherweise in seltenen Fällen auch Freiheitsstrafen) vermeiden und ist, da keine wesentlichen Nachteile durch die Reform zur Hauptstrafe zu befürchten sind, grundsätzlich zu befürworten. Allerdings wäre flächendeckendes Zurückdrängen von kurzem Freiheitsentzug damit nicht zu erreichen. Dennoch würde eine aus präventiver Sicht flexiblere Sanktionierung von Verkehrsdelinquenten ermöglicht werden, indem nicht zwangsweise zusätzlich zum Fahrverbot auch eine Geld- oder Freiheitsstrafe verhängt werden muss.

Bittmann[816] führt hingegen praktische Bedenken gegen eine Hauptstrafe Fahrverbot an. Dabei geht es ihm um Fälle, in denen gegen eine Entziehung der Fahrerlaubnis nur aus dem Grund ein Rechtsmittel eingelegt wird, weil sich davon erhofft wird, dass zum Zeitpunkt der Rechtsmittelentscheidung die Ungeeignetheit zum Führen eines Kraftfahrzeugs nicht mehr festgestellt werden kann. In diesen Fällen werde laut *Bittmann* dann regelmäßig auch ein Fahrverbot verhängt. Dieses wird dann durch die vorläufige Entziehung der Fahrerlaubnis abgegolten, sollte die Rechtsmittelinstanz die Entziehung tatsächlich nicht aufrechterhalten.

---

814 *Dünkel* 2003, S. 124.

815 *Laun* 2002, S. 154, der u. a. aus diesem Grund auch i. E. eine Aufstufung zur Hauptstrafe ablehnt.

816 *Bittmann* 2001, S. 513.

Das Problem sieht *Bittmann* dann darin, dass der Täter trotz Verurteilung durch die Rechtsmittelinstanz keine weitere Sanktion zu erwarten hätte, da das Fahrverbot als einzig verhängte Strafe bereits abgegolten sei. Dem steht jedoch entgegen, dass entsprechend dem hier unterbreiteten Vorschlag eine Geldstrafe nach wie vor mit einem Fahrverbot verbunden werden könnte. In derartigen Fällen könnten die Gerichte also wie auch bereits *de lege lata* weiterhin ein mit einer Geldstrafe kombiniertes Fahrverbot verhängen.

Ziel dieser Reform wäre es auch nicht, dass im Ergebnis eine größere Zahl Fahrverbote verhängt werden soll. Fahrverbote sollten weiterhin in den Fällen angeordnet werden, in denen sie bereits *de lege lata* verhängt werden. Es wird lediglich durch die Entfernung der zwangsweisen Verbindung mit einer Geld- oder Freiheitsstrafe mehr Flexibilität geschaffen. Dies ist auch der Grund, warum die in *Kap. 5.2.1.2* genannten Argumente gegen eine Entkoppelung des Fahrverbots von Zusammenhangstaten hier nicht durchschlagen.

Die Einordnung als eigene Hauptstrafe klingt damit zwar zunächst sehr einschneidend, die Auswirkungen in der Praxis dürften jedoch eher gering sein. Im Ergebnis handelt es sich bei der Aufwertung des Fahrverbots zu einer Hauptstrafe lediglich um eine Ergänzung des Sanktionensystems, die in einer voraussichtlich geringen Anzahl an Fällen eine flexiblere und gerechtere Strafzumessung ermöglicht. Ein wirksames Instrument zur flächendeckenden Vermeidung von Freiheitsentzug kann in ihr jedoch nicht gesehen werden.

5.2.3 Höchstdauer des Fahrverbots

Mit dem Gesetz zur effektiveren und praxistauglicheren Ausgestaltung des Strafverfahrens wurde nicht nur das Erfordernis der Zusammenhangstat gestrichen, sondern auch die Höchstgrenze des Fahrverbots wurde von drei auf sechs Monate angehoben. Die Grenze von sechs Monaten bot sich aus verschiedenen Gründen an. Zum einen ist so die Abgrenzung zur Entziehung der Fahrerlaubnis bereits von Gesetzes wegen gewährleistet. Ein Verschwimmen der Grenze zwischen beiden Sanktionen ist nicht mehr zu befürchten[817]. Zum anderen ist die „Lücke" zwischen dem Fahrverbot und der Entziehung der Fahrerlaubnis nun geschlossen.[818] Dadurch kann das Fahrverbot nun ggf. in der Lage sein, die Entziehung

---

817 *Kommission* 2000, S. 29.

818 BT-Drucks. 15/2725, S. 18; *Kommission* 2000, S. 30; *Schöch* 1992, C 117; auch wenn *Schöch* noch weiter geht und eine teilweise Überschneidung der Längen von Fahrverbot und Entziehung der Fahrerlaubnis befürwortet. Der Bayerische Landtag befürwortete 1999 sogar ein Fahrverbot von bis zu zwei Jahren, vgl. BayLT-Drucks. 14/931; der Alternativentwurf sah in § 55 AE eine Obergrenze von einem Jahr vor.

der Fahrerlaubnis in einigen Fällen zu ersetzen, um dem Täter die deutlich gravierendere Folge der Entziehung der Fahrerlaubnis zu ersparen.[819] Denn auch wenn beide Sanktionen eigentlich unterschiedliche Ziele verfolgen, hatte sich in der Praxis die Konstellation, dass das Fahrverbot bei drei Monaten endet und die Entziehung erst ab sechs Monaten möglich ist, in bestimmten Fällen als unpraktisch erwiesen.[820]

Die höhere Obergrenze ist zudem auch mit Blick auf die hier vorgeschlagene Aufwertung des Fahrverbots zu einer (deliktsabhängigen) Hauptstrafe sinnvoll, um schuldangemessenes Strafen zu ermöglichen.[821] Beließe man es bei den drei Monaten, wäre die Möglichkeit, ein alleinstehendes Fahrverbot zu verhängen, eher eingeschränkt. Es käme dann beispielsweise nur bei einem kleinen Teil der Fälle, in denen *de lege lata* ein Fahrverbot verhängt würde, überhaupt als Alternative in Betracht.

Auch die Sanktionspraxis gab keine Anhaltspunkte dafür, dass die Grenze zwingend bei drei Monaten zu belassen war. Denn das Fahrverbot ist insoweit eine Ausnahme unter den Strafen, als die gesetzliche Höchstgrenze auch in der Praxis regelmäßig vollständig ausgeschöpft wird.[822] Es kann also vermutet werden, dass auch längere Fahrverbote Akzeptanz in der Praxis finden würden. Zusätzlich zum alleinigen Fahrverbot könnte so zudem ein verlängertes Fahrverbot in Verbindung mit einer Geldstrafe zum Beispiel kurze Freiheitsstrafen ersetzen.[823] Zu bedenken sind jedoch mögliche „*net-widening*-Effekte", indem längere Fahrverbote neben Geld- und Freiheitsstrafen verhängt werden, ohne Letztere entsprechend zu reduzieren.[824] Dabei ist jedoch zu berücksichtigen, dass auch bei einer Kombination von Hauptstrafen das Schuldprinzip gewahrt werden muss. Dies gilt *de lege lata* bereits für § 41 StGB und würde auch *de lege ferenda* für eine Hauptstrafe Fahrverbot gelten. Um jedoch einer Anhebung des Strafniveaus vorzubeugen sowie zur klaren Abgrenzung zum Entzug der Fahrerlaubnis sollte der Entzug der Fahrerlaubnis im Rahmen des Fahrverbots auf maximal sechs Monate beschränkt bleiben.[825] Zudem brächte ein Fahrverbot von über

---

819 *Kommission* 2000, S. 30; zur Ersetzung einer Entziehung der Fahrerlaubnis mit einem Fahrverbot, vgl. *Piesker* 2002, S. 301 f. (Der i. E. auch eine Anhebung auf sechs Monate befürwortet).

820 *BMJV* 2016, S. 11 weist auf Fälle hin, in denen ein dreimonatiges Fahrverbot für nicht ausreichend erachtet wird, die Ungeeignetheit zum Führen eines Kraftfahrzeugs i. S. von § 69 Abs. 1 StGB jedoch nicht nachgewiesen werden kann.

821 BT-Drucks. 15/2725, S. 18.

822 Vgl. *Kap. 3.7.*

823 BT-Drucks. 15/2725, S. 22.

824 *Dünkel/Morgenstern* 2003, S. 28.

825 Im Ergebnis zustimmend *Kommission* 2000, S. 33; LK-*Geppert* 2006, § 44 Rn. 120; *Schöch* 1992, C. 117; *Streng* 2012, Rn. 792; BT-Drucks. 15/2725, S. 18 ff.; *von der*

sechs Monaten auch praktische Probleme mit sich. Der Täter verliert möglicherweise seine Fahrpraxis und die Versuchung, gegen das Verbot zu verstoßen,
steigt, umso länger es andauert. Daher sollte das Fahrverbot auf sechs Monate
beschränkt bleiben (auch wenn das Fahren natürlich nicht vollständig „verlernt"
wird,[826] ist bei einem Fahrverbot von mehr als sechs Monaten wohl von einem
bemerkbaren Effekt auszugehen). Eine Beschränkung auf sechs Monate wäre daher auch deshalb erforderlich, um eine Folgekriminalisierung nach § 21 Abs. 1
Nr. 1 2. Alt. StVG möglichst zu vermeiden und die Fahrpraxis des Betroffenen zu
erhalten.

Im Ergebnis ist eine Anhebung der Höchstgrenze also sinnvoll, um höhere
Geldstrafen und möglicherweis auch kurze Freiheitsstrafen besser ersetzen zu
können. Eine Erhöhung auf mehr als sechs Monate ist jedoch zum Zwecke der
besseren Abgrenzung des Fahrverbots von der Entziehung der Fahrerlaubnis und
auch aus praktischen Erwägungen heraus abzulehnen. Bezüglich der effektiven
Vermeidung von Freiheitsentzug gilt jedoch das zur Aufwertung des Fahrverbots
zur Hauptstrafe Gesagte. Auch nach der Anhebung der Höchstgrenze auf sechs
Monate wird das Fahrverbot nur sehr eingeschränkt an die Stelle von Freiheitsstrafen treten können und wird auch nach wie vor i. d. R. nicht für die Klientel der
Ersatzfreiheitsstrafe einschlägig sein.

5.2.4 Fazit

Insgesamt ist eine Aufwertung des Fahrverbots zur selbstständigen Sanktion nur
sehr eingeschränkt geeignet, kurze Freiheitsstrafen und Ersatzfreiheitsstrafen zu
verhindern. Zwar können durch eine Aufstufung des Fahrverbots als Hauptstrafe
unter Beibehaltung des Erfordernisses einer Zusammenhangstat Fälle erfasst werden, in denen eine Freiheits- oder Geldstrafe vermieden wird, da ein Fahrverbot
allein ausreichend ist. Die Anzahl dieser Fälle dürfte allerdings überschaubar sein.
Nichtsdestotrotz könnte das Fahrverbot als Hauptstrafe mit einer Maximaldauer
von sechs Monaten für Verkehrsdelikte eine sinnvolle Ergänzung des Sanktionskatalogs darstellen. Durch die Anhebung auf eine Maximaldauer von sechs Monaten wurde zudem die Lücke zwischen Fahrverbot und Entziehung der Fahrerlaubnis geschlossen. Der Anwendungsbereich des Fahrverbots soll damit jedoch
nicht ausgeweitet werden. Durch die Aufwertung zur Hauptstrafe soll lediglich
die Flexibilität in der Strafzumessung innerhalb des bereits bestehenden Anwendungsbereichs erhöht werden.

Das Fahrverbot als deliktsunabhängige Strafe ist hingegen abzulehnen. Der
Kfz-Bezug ist notwendig. Nur so kann das Fahrverbot seine Denkzettelwirkung

---

Aa/Pöppelmann 1999, S. 463; von Selle 2002, S. 231; a. A. Haleker 2009, S. 155 f., die
an einer Höchstdauer von drei Monaten festhalten will.

826 Laun 2002, S. 121.

entfalten. Ein darüber hinausgehendes Fahrverbot ist aus Präventionsgesichtspunkten verfehlt. Zudem ergeben sich Probleme im Hinblick auf die Gleichheit im Rahmen der Strafzumessung und die Folgekriminalisierung. Eine tatsächliche Abschreckungswirkung ist hingegen nicht zu erwarten. Zwar könnten einige Probleme der Geldstrafe (etwa die fehlende Strafwirkung bei sehr reichen Tätern oder die Zahlung der Geldstrafe durch Dritte) bei einem erweiterten Fahrverbot vermieden werden, doch die dargestellten Nachteile können damit nicht aufgewogen werden. Das Fahrverbot sollte damit als Denkzettel allein für in Zusammenhang mit einem Kfz begangene Straftaten einschlägig sein und die im August 2017 in Kraft getretene Ausweitung auf alle Straftaten ist abzulehnen.

5.3 Gemeinnützige Arbeit

Eine weitere Alternative zum kurzen Freiheitsentzug könnte die Ausweitung von verschiedenen Formen der gemeinnützigen Arbeit sein. Statt in Vermögen oder Freiheit wird hier in die Freizeit des Täters eingegriffen. Arbeit als Strafe ist für sich genommen keine neuartige Idee, bereits im Altertum gab es Formen der Arbeit als Sanktion.[827] Erste Formen einer Arbeitsstrafe lassen sich in Deutschland bis in das 17. Jahrhundert zurückverfolgen.[828]

Die gemeinnützige Arbeit ist international bereits seit langem auf dem Vormarsch.[829] Besonders im englischsprachigen Raum (England/Wales, USA, Australien) hat der sog. *community service* seit den 1970er Jahren erheblich an Bedeutung gewonnen.[830] Gerade Großbritannien nahm eine Art Vorreiterrolle für Arbeitssanktionen in Westeuropa ein.[831] Aber auch in den skandinavischen Ländern (Norwegen, Schweden, Dänemark) stieg die strafrechtliche Bedeutung der gemeinnützigen Arbeit.[832]

In Deutschland ist ihr Anwendungsbereich im Erwachsenenstrafrecht aktuell auf die Vermeidung von Ersatzfreiheitsstrafen (Art. 293 EGStGB i. V. m. der jeweiligen landesrechtlichen Verordnung) und auf Auflagen bzw. Weisungen (entweder im Rahmen der Diversion nach § 153a StPO oder der Strafaussetzung zur Bewährung nach § 56b Abs. 2 S. 1 Nr. 3 StGB) beschränkt.[833] Deutschland liegt

---

827 *Feuerhelm* 1997, S. 85.

828 *Feuerhelm* 1991, S. 17; *Gerken/Henningsen* 1989, S. 222 f.

829 *Krell* 2003, S. 11.

830 *Feuerhelm* 1991, S. 21.

831 *Morgenstern* 2007, S. 249.

832 *Dünkel* 2013, S. 245; *Brughelli* 1989, S. 5.

833 Hinzu kommt die gemeinnützige Arbeit als Auflage oder Weisung im Jugendstrafrecht, vgl. §§ 45 Abs. 3, 47 Abs. 1 Nr. 3, 10 Abs. 1 Nr. 4, 15 Abs. 1 Nr. 3, 23 Abs. 1 JGG.

daher, was die Entwicklung betrifft, noch weit hinter den oben genannten Ländern zurück.

Grundgedanke der gemeinnützigen Arbeit ist dabei zunächst, dass der Täter, der durch seine Tat die Rechtsgemeinschaft in irgendeiner Weise geschädigt hat, dieser in Form einer Arbeitsleistung etwas zurückgibt.[834] In ihren aktuellen Ausgestaltungsformen gilt die gemeinnützige Arbeit in Fachkreisen als bewährte Alternative.[835] Dies spricht dafür, weitere Anwendungsbereiche in Betracht zu ziehen und die Sanktionsform über den bisherigen Anwendungsbereich hinaus auszuweiten. Sie soll dabei nicht nur der Vermeidung von Freiheitsentzug dienen, sondern kann auch selbst (vor allem durch die Verbindung mit entsprechender Betreuung) einen eigenen resozialisierenden Effekt haben.[836]

Zur Durchführung bieten sich v. a. Tätigkeiten an, denen keine tragende Bedeutung auf dem Arbeitsmarkt zukommt, welche allerdings trotzdem einen gewissen Nutzen für die Gemeinschaft bringen.[837] So lassen sich Konflikte mit dem regulären Arbeitsmarkt vermeiden und die Tätigkeiten wirken nicht ausschließlich wie nutzlose „Beschäftigungsmaßnahmen".[838] Beispiele aus der Praxis sind zahlreich: Häufig handelt es sich um Reinigungsarbeiten in öffentlichen Parks bzw. sonstigen öffentlichen Anlagen oder um Hilfstätigkeiten in Krankenhäusern, Jugendzentren, Pflegeeinrichtungen, Sportvereinen oder Vergleichbarem.[839] Allgemein handelt es sich mithin um eine nützliche Tätigkeit, die keiner spezifischen Ausbildung bedarf, um so möglichst vielen Personen den Zugang zur gemeinnützigen Arbeit zu gewähren.

Es werden im Wesentlichen drei verschiedene Ausgestaltungen für eine Erweiterung der gemeinnützigen Arbeit im Erwachsenenstrafrecht diskutiert. Zunächst wird vorgeschlagen, deren bereits vorhandene Form zu erweitern, indem sie als primäre Alternative zu nicht-einbringlichen Geldstrafen eingeführt wird. Die gemeinnützige Arbeit stünde damit vor der Ersatzfreiheitsstrafe; diese müsste überhaupt nur noch in den Fällen, in denen die gemeinnützige Arbeit nicht abgeleistet wird, vollstreckt werden. In diesem Zusammenhang wird auch eine Anpassung der jeweiligen Umrechnungsschlüssel zwischen Ersatzfreiheitsstrafe und gemeinnütziger Arbeit sowie zwischen Ersatzfreiheits- und Geldstrafe diskutiert.

---

834 *Dünkel* 2013, S. 245; *Schneider* 2001, S. 276.

835 *Bittmann* 2001, S. 509; *Feuerhelm* 1997, S. 15 ff.; *Heghmanns* 1999, S. 300.

836 *Kommission* 2000, S. 101.

837 *Brughelli* 1989, S. 10.

838 Gleiches sollte bereits für die gemeinnützige Arbeit *de lege lata* gelten, vgl. *Cornel u. a.* 2015, S. 77 f.

839 Kurze Übersichten finden sich zum Beispiel bei *Schöch* 1992, C 97 und *Schall* 1985, S. 105.

Als zweite Möglichkeit wird eine sog. Freiheitsstrafen-Ersetzungslösung angedacht. Damit ist gemeint, dass (ggf. auch bedingte) Freiheitsstrafen bis zu einer gewissen Länge „abgearbeitet" werden können. Ein bestimmter Stundensatz an gemeinnütziger Arbeit ersetzt dann einen Tag Freiheitsstrafe, also ähnlich dem aktuellen Modell der Ersatzfreiheitsstrafenvermeidung.

Eine noch darüber hinausgehende Reform wäre die Einführung der gemeinnützigen Arbeit als eigenständige Hauptstrafe ins StGB. Sie würde dann gleichberechtigt neben Geld- und Freiheitsstrafe stehen und könnte direkt vom verurteilenden Gericht verhängt werden, ohne den „Umweg" über die (Ersatz-)Freiheitsstrafe.

Die erste Lösung würde sich also mit dem Problem der Ersatzfreiheitsstrafen befassen, die Ersetzungslösung wäre auf das Problem der kurzen Freiheitsstrafen fokussiert, während die dritte Lösung in beiden Bereichen einschlägig sein könnte. Bevor jedoch eine Untersuchung der einzelnen Vorschläge erfolgt, soll zunächst auf die möglichen Umrechnungsschlüssel zwischen Geld- und Freiheitsstrafe sowie gemeinnütziger Arbeit eingegangen werden. Da dieser konsequent für das gesamte Sanktionensystem gelten muss, sollte dieses Problem vor den einzelnen Formen der gemeinnützigen Arbeit erörtert werden.

5.3.1 Umrechnungsschlüssel

Um die korrekte Anzahl an Stunden für die im Folgenden zu diskutierenden Reformen bestimmen zu können, sind verschiedene Umrechnungsfaktoren zu bestimmen. Zunächst wäre festzulegen, in welchem Verhältnis Geld- und (Ersatz-)Freiheitsstrafe zueinander stehen. Anschließend wäre dann ein Verhältnis zwischen einer Stundenzahl gemeinnütziger Arbeit und einem Tag Freiheitsstrafe oder einem Tagessatz Geldstrafe zu bestimmen. In Verbindung mit dem ermittelten Schlüssel zwischen Geld- und Freiheitsstrafe ergibt sich dann das Verhältnis aller drei Sanktionen. Da es hier nicht nur um die Ersatzfreiheitsstrafe gehen soll, sondern eine primäre Ersetzungslösung diskutiert wird, ergibt sich zudem noch ein weiteres Problem: die Berücksichtigung einer Strafaussetzung zur Bewährung. Es wäre zu hinterfragen, ob die Gewährung einer Strafaussetzung bei der Umrechnung zu berücksichtigen wäre und wenn ja, in welchem Umfang.

Zu beginnen ist jedoch mit dem Umrechnungsschlüssel zwischen der Geld- und der Ersatzfreiheitsstrafe. Aktuell entspricht nach § 43 S. 2 StGB ein Tagessatz Geldstrafe einem Tag Ersatzfreiheitsstrafe. Damit wird also einem Tageseinkommen derselbe Wert beigemessen wie einem Tag Freiheit, was grundsätzlich bedenklich erscheint. Denn auf den ersten Blick erscheint ein Tag Freiheitsentzug deutlich eingriffsintensiver als der Verlust eines Tageseinkommens. Daher soll im Folgenden untersucht werden, ob eine 1 : 1-Umrechnung gerechtfertigt ist oder ob ein anderer Umrechnungsschlüssel gefordert werden muss.

Für eine 1 : 1-Umrechnung spricht zunächst die Klarheit und Einfachheit der Regelung sowie die langjährige Erfahrung mit diesem Faktor in der Praxis.[840] Für eine Änderung spricht jedoch vor allem der Gesichtspunkt der Strafgerechtigkeit. Ein Tag Freiheitsentzug wird den Täter in der Regel deutlich härter treffen, als ein Tageseinkommen zu verlieren.[841] Dies wird vor allem dadurch deutlich, dass der Täter in Haft nicht seiner Erwerbstätigkeit nachgehen kann, er verliert also nicht nur seinen (hypothetischen) Verdienst, sondern auch noch seine Freiheit für den Tag.[842] Die Freiheitsentziehung ist also ein zusätzliches, kein alternatives Übel zum Verlust eines Tageseinkommens.[843] Der eine Ersatzfreiheitsstrafe Verbüßende wird auch im Vergleich zu einem unmittelbar mit Freiheitsstrafe Sanktionierten insoweit härter bestraft, als für ihn keine Strafaussetzung und nach überwiegender Meinung in der Rechtsprechung keine Strafrestaussetzung in Betracht kommt.[844]

Auch ist der Bruch im Leben des Betroffenen bei Verbüßung einer Freiheitsstrafe deutlich gravierender als bei einer Geldstrafe.[845] Die Auswirkungen auf Privatleben, Arbeitsplatz und Wohnsituation können sehr viel weitreichender sein und eine Wiederherstellung des Status vor dem Freiheitsentzug dürfte nahezu unmöglich sein.[846] Die mit einer Ersatzfreiheitsstrafe verbundene Stigmatisierung ist ebenfalls ungleich höher einzuschätzen.[847] Für die höhere Eingriffsintensität

---

840 *Horn* 1977, S. 100; *Vogler* 1978, S. 354 f.

841 BT-Drucks, 15/2725, S. 19; *Feest* 2016, S. 492; *Kommission* 2000, S. 47; *Weber* 1978, S. 184; *Zipf* 1974, S 141; daher sieht zum Beispiel das Österreichische Recht in § 19 Abs. 3 S. 2 ö.StGB einen Umrechnungsschlüssel von 2 Tagessätzen für einen Tag Freiheitsstrafe vor, vgl. *Jescheck* 1976, S. 379; *Triffterer* 1994, S. 473; *Horn* 1977, S. 100 ist hingegen skeptisch, ob ein Tag Freiheitsentzug stets einschneidender ist, ohne dies jedoch genauer zu begründen.

842 NK-*Albrecht* 2017, § 43 Rn. 6; BT-Drucks. 14/761, S. 5; LK-*Häger* 2006, § 43 Rn. 6; *Schall* 1985, S. 106.

843 *Meier* 2008, S. 269; *Weber* 1978, S. 184.

844 Lackner/Kühl-*Kühl* 2018, § 43 Rn. 4; *Streng* 2012, Rn. 139; *von Selle* 1997, S. 105 f.; Siehe auch die Übersicht oben in *Kap. 2.3*; *Preisendanz* 1976, S. 468, sieht hierin sogar einen Verstoß gegen den allgemeinen Gleichheitssatz (Art. 3 GG) und verlangt daher bereits die Aussetzung *de lege lata*.

845 *Hörnle* 1999, S. 172.

846 *Redlich* 2005, S. 176.

847 *Schott* 2003, S. 316.

spricht auch, dass das Verbot der *reformatio in peius* (§ 331 StPO) eine Umwandlung von Geld- in Freiheitsstrafe verbietet. Dies gilt sogar dann, wenn die Freiheitsstrafe nach § 56 StGB zur Bewährung ausgesetzt wird.[848] Ein solches Mehr an Strafe erscheint schon aufgrund des Schuldprinzips unzulässig. Die Ersatzfreiheitsstrafe darf keine zusätzliche Strafe sein, sondern sollte die Geldstrafe möglichst gleichwertig ersetzen. Aufgrund der oben dargestellten zusätzlichen Belastung durch den Freiheitsentzug muss die Gleichsetzung eines Tagessatzes der Geldstrafe mit einem Tag der verbüßten Ersatzfreiheitsstrafe als schuldunangemessen angesehen werden.[849] Allein die Tatsache, dass ein Täter nicht in der Lage ist, eine Geldstrafe zu bezahlen, darf keine zusätzliche Strafe nach sich ziehen.[850] Zudem ist nicht davon auszugehen, dass Richter in der Praxis die Schuldangemessenheit einer ggf. an die Stelle der Geldstrafe tretenden Ersatzfreiheitsstrafe prüfen.[851]

Hierbei handelt es sich also nicht, wie teilweise behauptet, um eine Privilegierung des säumigen Geldstrafenschuldners,[852] sondern es geht darum, ihm kein zusätzliches Übel neben der eigentlichen Strafe aufzubürden und ihn schuldangemessen zu bestrafen. Diese Schuldangemessenheit ist bei einer Umrechnung eins zu eins nicht gegeben.[853]

Eine positive Folge der Anpassung des Umrechnungsschlüssels wäre eine drastische Reduzierung der Population von Ersatzfreiheitsstrafe Verbüßenden im Vollzug, da jede zu verbüßende Ersatzfreiheitsstrafe unmittelbar in ihrer Dauer halbiert würde.[854] Dies wäre mit erheblichen Einsparungen verbunden und könnte die Justiz dauerhaft weiter entlasten. Entgegen der Ansicht von *Mosbacher/Claus* ist das jedoch nicht der primäre Zweck der Reform.[855] Primär geht es darum, Strafgerechtigkeit herzustellen und dem Schuldprinzip angemessen Rechnung zu tragen. Die Tatsache, dass dies auch finanzielle Vorteile für die Staatskasse mit sich bringt, ist lediglich als positiver Nebeneffekt anzusehen.

Ob eine Reform dieser Art einen negativen Einfluss auf die Zahlungsmoral der Geldstrafenschuldner haben würde, erscheint zweifelhaft. Dem Betroffenen

---

848 HansOLG MDR 1982, S. 776; Löwe/Rosenberg-*Gössel* 2013, § 331 Rn. 44; Meyer-Goßner/Schmitt-*Schmitt* 2018, § 331 Rn. 13; *von Selle* 1997, S. 103; auch klargestellt in BGH StV 1997, S. 465 in einem Urteil bzgl. der Vermögensstrafe.

849 *Grebing* 1976, S. 1111; *Malolepszy* 2007, S. 89; *Tröndle* 1974, S. 576 f.; *Weber* 1978, S. 184 f.; *Tröndle* 1976, S. 163 folgert daraus sogar verfassungsrechtliche Bedenken.

850 *Köhler* 1987, S. 161.

851 *Lüderssen* 1999, S. 577; a. A. DDKR-*Hartmann* 2017, § 43 Rn. 4.

852 So aber BeckOK-*von Heintschel-Heinegg* 2019, § 40 Rn. 2.

853 *Tröndle* 1974, S. 576 f.

854 BT-Drucks. 15/2725, S. 19; *Dünkel/Scheel* 2006, S. 176; *Meier* 2008, S. 270.

855 SSW-*Mosbacher/Claus* 2016, § 43 Rn. 1.

wird es üblicherweise hauptsächlich darauf ankommen, den Freiheitsentzug an sich zu vermeiden, unabhängig von seiner Dauer.[856] Zudem spricht § 43 StGB nach wie vor von der „Uneinbringlichkeit", der Betroffene kann sich also nicht einfach dafür entscheiden, die Geldstrafe nicht zu zahlen. Die Vollstreckungsbehörde kann nach § 459 StPO i. V. m. §§ 6 ff. JBeitrO die Geldstrafe im Rahmen der Zwangsvollstreckung entsprechend den Regelungen der ZPO beitreiben.[857] Daher ist hier keine reduzierte Zahlungsmoral zu befürchten. Die Ersatzfreiheitsstrafe ist Ersatzstrafe, kein Drohmittel, um dessen Wirkung man fürchten müsste.[858] Nur weil sie aus Kostengründen in der Praxis möglicherweise als Druckmittel zweckentfremdet wird, muss bei einer Reform nicht darauf Rücksicht genommen werden, ob diese nicht vorgesehene Funktion nach wie vor mit gleicher Effektivität erfüllt werden kann.

Befürchtet werden zudem „*net-widening*-Effekte" durch den neuen Umrechnungsschlüssel, da die Richter sich dem Schlüssel anpassen und aus diesem Grund die Geldstrafen entsprechend anheben könnten.[859] Aufgrund des an sich verhältnismäßig geringen Anteils an Geldstrafen, die durch Ersatzfreiheitsstrafen vollstreckt werden, erscheint es jedoch abwegig, dass die Richter den Umrechnungsschlüssel bei der Bestimmung der Tagesatzzahl berücksichtigen.[860] Warum sollte ein Richter die Schuldangemessenheit einer Strafe anhand einer nur hypothetischen Ersatzsanktion bestimmen und nicht anhand der tatsächlich verhängten Primärsanktion, gerade da nur ein kleiner Teil der Geldstrafen überhaupt durch eine Ersatzfreiheitsstrafe vollstreckt wird? Mit *Grebing* ist daher davon auszugehen, dass man sich insgesamt aus Gerechtigkeitserwägungen heraus von der strikten Verknüpfung von Geld- und Freiheitsstrafe lösen sollte.[861] Ein Tagessatz Geldstrafe und ein Tag Freiheitsstrafe können nicht gleichwertig sein.

Im Ergebnis erscheint es folglich angemessen, einen Tag Freiheitsstrafe mit zwei Tagessätzen Geldstrafe gleichzusetzen.[862] Dieser Umrechnungsschlüssel müsste dann ausdrücklich in § 43 S. 2 StGB festgesetzt werden.

---

856 *Kommission* 2000, S. 47; a. A. *DRB* 2001.

857 Löwe/Rosenberg-*Graalmann-Scheerer* 2010, § 459 Rn. 7 f.; Karlsruher-Kommentar-*Appl* 2019, § 459 Rn. 5.

858 *Seebode* 1999, S. 534; in diese Richtung argumentiert jedoch *Zipf* 1965, S. 559.

859 DDKR-*Hartmann* 2017, § 43 Rn. 4; *Fischer* 2019, § 43 Rn. 4b; BT-Drucks. 15/2725, S. 37 (Stellungnahme des Bundesrats)

860 *Kommission* 2000, S. 47; Der BGH geht davon aus, dass derartige Überlegungen zwar berücksichtigt werden können, dies jedoch nicht zwingend ist, vgl. BGH NJW 1977, S 442.

861 *Grebing* 1976, S. 1111.

862 BT-Drucks. 14/761; BT-Drucks. 13/9612, S. 6; *Dünkel/Scheel* 2006, S. 176; *Hamdorf/Wölber* 1999, S. 948; *Jescheck* 1973, S. 43; *Jescheck/Weigend* 1996, S. 775 f.; *Laun*

Mit diesem Ergebnis ist nun nach einem Umrechnungsfaktor zwischen Geld oder Freiheitsstrafe und gemeinnütziger Arbeit zu suchen. Dabei bietet sich eine Orientierung an der Geldstrafe an. Denn aufgrund des Nettoprinzips der Geldstrafe lässt sich ermitteln, in welcher Zeit ein Nettogehalt üblicherweise verdient wird. Man könnte dabei zunächst daran denken, dass ein üblicher Arbeitstag eines Vollzeitbeschäftigten acht Stunden dauert, und daraus folgern, dass auch acht Arbeitsstunden nötig sein müssten, um einen Tagessatz Geldstrafe „abzuarbeiten". Der E-2004 sah hingegen eine Leistung von sechs Stunden pro Tag Freiheitsstrafe vor,[863] genau wie ein großer Teil der Länderverordnungen zur Ersatzfreiheitsstrafenvermeidung.[864] Diese Lösungen übersehen jedoch einige maßgebliche Faktoren bei ihrer Berechnung. Zunächst ist festzustellen, dass nicht 365 Tage im Jahr gearbeitet wird. Zieht man 52 Samstage und Sonntage sowie die gesetzlichen Feiertage und den gesetzlichen Urlaub ab, bleiben ungefähr 234 Tage übrig. Legt man dann einen Achtstundentag zugrunde, bleiben zwischen fünf und sechs Stunden übrig.[865] Der Bruttoverdienst eines Vollzeitbeschäftigten wird also im Schnitt in etwas mehr als fünf Stunden pro Tag im Jahr erarbeitet. Da die Tagessatzhöhe aber abzüglich Steuern, Sozialabgaben und gesetzlichem Unterhalt festgesetzt wird, sind diese ebenfalls zu berücksichtigen.[866] Man wird wohl davon ausgehen können, dass ungefähr 50% vom Brutto auch Netto übrig bleiben. Werden dann die oben genannten Werte zwischen 5,2 und 5,8 Stunden zugrunde gelegt, ergibt sich daraus, dass ein Netto-Tageseinkommen zwischen 2,6 und 2,9 Stunden verdient wird. Acht Stunden erscheinen bereits aus diesem Gesichtspunkt entschieden zu hoch angesetzt, ebenso wie die sechs Stunden, die in den meisten Länderverordnungen zur Ersatzfreiheitsstrafenvermeidung vorgesehen sind.[867] Die dargestellte Rechnung spricht für zwei oder drei Stunden, und auch wenn zunächst eher drei Stunden angezeigt erscheinen (2,6–2,9 Stunden), sprechen gute Gründe dafür, dennoch zwei Stunden zu veranschlagen. Zunächst einmal ist bei der Berechnung der Tagessatzhöhe zusätzlich zu den üblichen Sozialabgaben

---

2002, S. 265 ff.; *Meier* 2008, S. 269 f.; *Zieschang* 1992, S. 269 f.; eher für drei Tagessätze pro Tag Freiheitsstrafe NK-*Albrecht* 2017, § 43 Rn. 6; *Tröndle* 1976, S. 575 ff; für die Beibehaltung der aktuellen Regelung *Bittmann* 2001, S. 510; *Fischer* 2019, § 43 Rn. 4b; BeckOK-*von Heintschel-Heinegg* 2019, § 40 Rn. 2; *Horn* 1977, S. 100; SSW-*Mosbacher/Claus* 2016, § 43 Rn. 1.

863 BT-Drucks. 15/2726, S. 9.

864 Lediglich Bremen und Baden-Württemberg (vier Stunden), sowie Sachsen und Hamburg (fünf Stunden) sehen nicht im Grundsatz (also abgesehen von Härtefall- oder Wochenendarbeitsregelungen) sechs Stunden vor.

865 Die Berechnungen weichen hier zum Teil ab. *Schall* 1985, S. 110 und *Heghmanns* 1999, S. 301 kommen auf 5,6 Stunden; *Böhm* 1998, S. 360 auf 5,2; *Schöch* 1992, C 87 auf 5,8; BT-Drucks. 15/2527 S. 21 auf 4,5 bis fünf Stunden.

866 *Böhm* 1998, S. 360; *Redlich* 2005, S. 162 f.; *Dünkel/Scheel* 2006, S. 176.

867 *Redlich* 2005, S. 161.

noch ein ggf. zu leistender Unterhalt abzuziehen. Außerdem wäre zu hinterfragen, ob es angemessen erscheint, dass in der heutigen Zeit bei der Berechnung überhaupt noch von einer Vollzeitbeschäftigung als Grundlage ausgegangen werden sollte, gerade in Anbetracht der Klientel, die hier üblicherweise betroffen ist. Aus diesen Gründen sollte eher beim unteren Rand der Berechnung angesetzt werden, also bei zwei Stunden gemeinnütziger Arbeit pro Tagessatz Geldstrafe.

Für eine Beschränkung auf zwei Stunden spricht außerdem, dass nicht allein der „monetäre Wert" der Arbeitsleistung relevant ist, sondern es daneben auch auf die aufgegebene Freizeit ankommt. Diese wäre daran zu messen, wie viel Freizeit im Durchschnitt pro Tag geopfert werden kann. *Schöch* geht dabei von 18 Stunden pro Woche (zwei pro Werktag und acht am Wochenende) aus. Auch danach wären im Ergebnis drei Stunden angemessen.[868] Die entbehrliche Freizeit mit wöchentlich 18 Stunden anzusetzen erscheint jedoch sehr hoch, gerade vor dem Hintergrund, dass nicht die gesamte Zeit außerhalb der Arbeitszeit als theoretisch verfügbare Freizeit angesehen werden kann. In dieser Zeit muss die nötige Hausarbeit erledigt werden und ggf. müssen Kinder oder Angehörige betreut werden. Hinzu kommen Arbeitswege sowohl zur regulären Arbeitsstelle als auch zur gemeinnützigen Arbeit. Daher wäre eine Stunde Freizeit am Tag als entbehrlich eher realistisch. Verbunden mit den acht Stunden am Wochenende käme man auf insgesamt 13 Stunden, was für einen Umrechnungsschlüssel von zwei Stunden pro Tagessatz spricht. Insgesamt sollten daher unabhängig davon, ob man die Umrechnung zu anderen Sanktionen oder den geopferten Freizeitwert zugrunde legt, zwei Stunden pro Tagessatz Geldstrafe veranschlagt werden.[869]

Daraus ergibt sich für die Freiheitsstrafe, dass, wenn zwei Tagessätze Geldstrafe einem Tag Freiheitsstrafe entsprechen, vier Stunden gemeinnütziger Arbeit einem Tag Freiheitsstrafe entsprechen. Dies gilt zunächst einmal für die unbedingte Freiheitsstrafe; es wäre daher weiter zu überlegen, was für die bedingte Freiheitsstrafe gelten soll. Für eine Gleichsetzung spricht zunächst, dass es sich letztlich nur um eine modifizierte Vollstreckung derselben Strafe handelt.[870] Wenn man sich streng daran halten will, wäre eine Gleichsetzung zwingend.[871] Dagegen sprechen jedoch auch praktische Gründe. Es dürfte für jedermann offensichtlich sein, dass es sich bei einer ausgesetzten Freiheitsstrafe faktisch um eine mildere Sanktion handelt. Die ausgesetzte Freiheitsstrafe dürfte rein tatsächlich

---

868 *Schöch* 1992, C. 87; *Pfohl* 1983, S. 171.

869 *Bundesamt für Justiz* 1993, S. 47; das Bundesamt geht in seinem Bericht von 14 Stunden entbehrlicher Freizeit pro Woche aus.

870 BGHSt 24, S. 40; 31, S. 28; MüKo-*Groß* 2016, § 56 Rn. 1; SSW-*Mosbacher-Claus* 2016, § 56 Rn. 1.

871 So *Feuerhelm* 2003, S. 36.

eher als eigene Sanktion zu verstehen sein.[872] Es kann daher nicht überzeugen, beide Sanktionen durch eine identische Stundenzahl ersetzen zu lassen.

Auch dürfte eine Gleichsetzung der Stundenzahl dazu führen, dass kaum jemand seine bedingte Freiheitsstrafe ersetzen wollen würde. Ist die Anzahl der abzuleistenden Stunden identisch, bestünde die Befürchtung, dass immer zunächst ein möglicher Widerruf abgewartet wird, da keine Nachteile dadurch zu befürchten wären. Es ist daher sinnvoll, die ausgesetzte Freiheitsstrafe bezüglich der Stundenzahl zwischen einem Tagessatz Geldstrafe und einem Tag unbedingte Freiheitsstrafe anzusetzen, also im Ergebnis bei drei Stunden gemeinnütziger Arbeit.

Zusammengefasst ergeben sich damit folgende Umrechnungsschlüssel: Ein Tag Freiheitsstrafe entspricht zwei Tagessätzen Geldstrafe. Ein Tagessatz Geldstrafe kann durch zwei Stunden gemeinnützige Arbeit ersetzt werden. Daraus folgt, dass vier Stunden gemeinnützige Arbeit einen Tag unbedingte Freiheitsstrafe ersetzen können. Für die bedingte Freiheitsstrafe ist der Umrechnungsschlüssel auf drei Stunden anzupassen.

5.3.2 Gemeinnützige Arbeit als eigenständige Hauptstrafe

Der erste zu untersuchende Vorschlag wäre, die gemeinnützige Arbeit als selbstständige Hauptstrafe neben Geld- und Freiheitsstrafe in das Erwachsenenstrafrecht zu implementieren. Als sanktionspraktischer Anwendungsbereich erscheint die geringere und mittlere Kriminalität realistisch. Eine Arbeitsstrafe würde also genau in der problematischen Schnittstelle zwischen hohen Geld- und kurzen Freiheitsstrafen zu verorten sein. Bzgl. der Strafandrohung ließe sie sich vergleichbar mit der Geldstrafe ausgestalten, also mit einem einheitlichen und nicht mit einem deliktsspezifischen Strafrahmen wie bei der Freiheitsstrafe. Gesetzessystematisch wäre die gemeinnützige Arbeit sodann alternativ zumindest bei allen Delikten anzudrohen, die auch die Geldstrafe als Sanktion vorsehen. Eine gesetzlich festgelegte Mindest- und Höchstzahl an Stunden wäre allein aus Gründen der Bestimmtheit und der Verhältnismäßigkeit notwendig.[873] Bei der Höchstgrenze ist dabei v. a. darauf zu achten, welche Sanktionen die gemeinnützige Arbeit ersetzen soll und wie viele Stunden realistisch abgeleistet werden können. Wenn man sie, wie hier, als Alternative zur kurzen Freiheitsstrafe (und ggf. auch höheren Geldstrafen) ansieht, dann muss es auch möglich sein, eine entsprechend hohe Stundenanzahl zu verhängen, um diese Sanktionen tatsächlich ersetzen zu können. Ein Blick ins europäische Ausland zeigt, dass dort Obergrenzen zwischen 200 und 420 Stunden üblich sind.[874] Verstünde man vier Stunden gemeinnütziger

---

872 *von Selle* 2002, S. 230.

873 *Jung* 1992, S. 173; *Dünkel/Lappi-Seppällä* 2014, S. 430.

874 *Dünkel* 2013, S. 844.

Arbeit als das Maß, das einem Tag Freiheitsstrafe entspricht,[875] könnten beispielsweise mit einer Höchststrafe von 200 bis 250 Stunden lediglich Freiheitsstrafen von weniger als drei Monaten ersetzt werden. Es fiele also nur ein minimaler Teil der kurzen Freiheitsstrafen überhaupt darunter. An die Stelle höherer
Geldstrafen könnte sie ebenso wenig treten.[876] Daher sollte sich eine Reform tendenziell am oberen Ende des europäischen Spektrums orientieren. Auch wenn
eine höhere Obergrenze im Hinblick auf die Verhältnismäßigkeit und die Gefahr
einer zu großen Belastung des Täters als bedenklich angesehen wird, ist sie dennoch vorzugswürdig, um einen entsprechenden Anwendungsbereich zu gewährleisten.

Fraglich ist, ob es Kombinationsmöglichkeiten mit Geld- oder Freiheitsstrafen geben sollte. Eine Verbindung von Freiheitsstrafe und gemeinnütziger Arbeit
erscheint dabei abwegig. Eine weitere Strafe nach der Freiheitsstrafe erweckt den
Eindruck einer Doppelbestrafung und zudem würde eine solche Kombinationsmöglichkeit die Gefahr eines Missbrauchs als *short-sharp-shock*-Strafe bergen.
Die gemeinnützige Arbeit soll kurze Freiheitsstrafen vermeiden und nicht kurze
Freiheitsstrafen i. V. m. gemeinnütziger Arbeit ermöglichen. Bzgl. einer ausgesetzten Freiheitsstrafe besteht außerdem schon die Möglichkeit einer Arbeitsauflage und die Möglichkeit, eine ausgesetzte Freiheitsstrafe mit zwei unterschiedlichen Formen gemeinnütziger Arbeit verbinden zu können, ließe sich schwer
begründen.

Für eine Kombinationsmöglichkeit von gemeinnütziger Arbeit und Geldstrafe
könnte sprechen, dass auf diese Weise ein größeres Spektrum an kurzen Freiheitsstrafen ersetzt werden kann, auch ohne den Täter ggf. durch eine zu hohe Stundenzahl zu überlasten. Allerdings besteht auch hier die Gefahr, dass durch zu freie
Kombinationsmöglichkeiten „*net-widening*-Effekte" eintreten und somit nur
Geldstrafen, die ohnehin verhängt worden wären, durch Arbeitssanktionen ergänzt werden. Wenn der Richter also zu dem Schluss kommen sollte, selbst die
Höchstzahl an Arbeitsstunden sei nicht schuldangemessen, muss er eine andere
Sanktion, also eine (ggf. ausgesetzte) Freiheitsstrafe, verhängen. Von Kombinationsmöglichkeiten zwischen gemeinnütziger Arbeit und den anderen Hauptstra-
fen sollte abgesehen werden.

5.3.2.1 Vereinbarkeit mit höherrangigem Recht

Da die gemeinnützige Arbeit für den Betroffenen nicht vollständig freiwillig, sondern je nach Art der Ausgestaltung mit Zwang oder zumindest mit einem gewissen Druck verbunden ist, stellt sich zunächst die Frage, inwieweit eine derartige
Reform verfassungsrechtlich umsetzbar wäre. In Betracht kommt dabei vor allem

---

875 Zur Herleitung dieses Umrechnungsschlüssels vgl. *Kap. 5.3.1.*

876 Auch hier wäre nur der Bereich bis zu 60 Tagessätzen eröffnet.

ein Verstoß gegen das Verbot der Zwangsarbeit bzw. des Arbeitszwangs aus Art. 12 Abs. 2, 3 GG sowie gegen das Verbot von Zwangs- und Pflichtarbeit aus Art. 4 Abs. 2 EMRK in Verbindung mit den Abkommen Nr. 29 und Nr. 105 der Internationalen Arbeitsorganisation (ILO).

5.3.2.1.1 Art. 12 Abs. 2, 3 GG

Verfassungsrechtlich könnten sowohl Abs. 2 als auch Abs. 3 des Art. 12 GG einschlägig sein. Daher ist zunächst eine Abgrenzung zwischen beiden Absätzen erforderlich, bevor anschließend die Verfassungskonformität einer Hauptstrafe gemeinnützige Arbeit geprüft werden kann.

Abgrenzung zwischen Arbeitszwang und Zwangsarbeit

Bei dem Verbot von Zwangsarbeit bzw. Arbeitszwang ist zunächst zu klären, ob es sich dabei um ein einheitliches Grundrecht oder zwei eigenständige Rechte handelt. Das Bundesverfassungsgericht sieht die beiden Absätze grundsätzlich als ein einheitliches Grundrecht an.[877] Eine Abgrenzung findet nicht statt, die Einheitlichkeit wird wie selbstverständlich hingenommen. Die zustimmenden Meinungen in der Literatur begründen dies meist mit den fehlenden Kriterien der Abgrenzung zwischen den beiden Absätzen.[878]

Dem entgegen sehen Teile des Schrifttums die Absätze als jeweils eigene Grundrechte an.[879] Begründet wird dies zunächst mit dem Wortlaut und der Systematik des Art. 12 GG, denn beide Verbote werden unterschiedlich bezeichnet und je in einem eigenen Absatz genannt.[880] Dem ist zuzustimmen; es ist kein Grund ersichtlich, warum der Verfassungsgeber die beiden Institute so ausdrücklich trennt, wenn sie ein einheitliches Recht darstellen sollen. Wäre dies der Fall, dann wäre eine Regelung innerhalb eines Absatzes (oder sogar eines Satzes) naheliegender gewesen. Zudem dürfen angebliche Probleme der Abgrenzung nicht als Begründung für eine Vereinheitlichung ausreichen – stattdessen ist nach sinnvollen Abgrenzungskriterien zu suchen. Teilweise wird versucht, anhand der Art der Arbeitsleistung zu differenzieren.[881] Danach wäre die gemeinnützige Arbeit,

---

877 BVerfG NJW 1988, S. 45; NJW 1991, S. 1044, zwar wird dies nicht explizit ausgesprochen, die Absätze werden jedoch, wie selbstverständlich, gemeinsam geprüft und nicht unterschieden; zustimmend Jarass/Pieroth-*Jarass* 2018, Art. 12, Rn. 113; Maunz/Dürig-*Scholz* 2019, Art. 12, Rn. 490; Höming/Wolf-*Wolf* 2016, Art. 12, Rn. 24.

878 Maunz/Dürig-*Scholz* 2019, Art. 12, Rn. 503.

879 Bonner-Kommentar-*Manssen* 2018, Art. 12, Rn. 294 f.; BeckOK-GG-*Ruffert* 2019, Art. 12, Rn. 139.

880 BeckOK-GG-*Ruffert* 2019, Art. 12, Rn. 139.

881 *Stern* 2006, S. 1021.

da sie in der gesetzlichen Strafandrohung nicht genauer spezifiziert ist, Zwangs-arbeit im Sinne von Abs. 3.[882] Überzeugender erscheint jedoch der Ansatz von *Gusy*,[883] der danach unterscheiden möchte, ob die Arbeitsleistung primär den Staat bei seiner Aufgabenerfüllung unterstützen soll (dann Arbeitszwang) oder ob es sich um eine Sanktion mit pädagogischem oder strafendem Charakter handelt (dann Zwangsarbeit). Dafür sprechen die in den jeweiligen Absätzen genannten Ausnahmen der Verbote, denn allgemeine Dienstpflichten unterstützen den Staat (Abs. 2), wohingegen die Arbeit im Strafvollzug dies gerade nicht tut, sondern pädagogischen bzw. strafenden Charakter hat (Abs. 3). Da die gemeinnützige Arbeit im Strafrecht stets pädagogischen oder Strafcharakter hat und zur Aufgaben-erfüllung des Staates gerade nicht erforderlich sein soll, handelt es sich daher hier um Zwangsarbeit und Art. 12 Abs. 3 GG ist einschlägig.[884] Jedoch käme auch die Meinung, die von einem einheitlichen Grundrecht ausgeht, im Ergebnis zu denselben Rechtfertigungsvoraussetzungen,[885] weshalb der Streit hier nicht wei-ter vertieft werden soll.

Da die verschiedenen Reformansätze mit unterschiedlicher Intensität in Art. 12 Abs. 3 GG eingreifen, sind sie auch getrennt auf einen Grundrechtsver-stoß hin zu untersuchen. An dieser Stelle wird also zunächst mit der gemeinnüt-zigen Arbeit als eigene Sanktion begonnen.

Eingriff in den Schutzbereich

Zunächst müsste in den Schutzbereich[886] des Art. 12 Abs. 3 GG eingegriffen worden sein, es sich also um Zwangsarbeit handeln. Unstreitig erscheint dabei zunächst, dass es sich um eine Form der Arbeitspflicht handelt, die auch auf ir-gendeine Weise vom Staat mit Zwang durchgesetzt werden kann.[887] Dennoch wird teilweise mit einer historischen und teleologischen Auslegung des Grund-rechts eine Eröffnung des Schutzbereichs verneint. Nach dieser Ansicht ist das Verbot von Zwangsarbeit, das aufgrund der Erfahrungen der nationalsozialisti-schen Terrorherrschaft eingefügt wurde, in diesem Kontext auszulegen.[888] Der

---

882 So zum Beispiel *Laun* 2002, S. 241,

883 *Gusy* 1989, S. 712 f.

884 *Gusy* 1989, S. 712 f.

885 *Stern* 2006, S. 1019.

886 Der persönliche Schutzbereich ist insoweit unproblematisch, als er zumindest allen Deut-schen eröffnet ist Dreier-*Wieland* 2013, Art. 12, Rn. 56.

887 Auch eine Hauptstrafe gemeinnützige Arbeit müsste mit einer Ersatzsanktion ausgestattet werden um nicht leerzulaufen. Möglich wäre z. B. wie bei der Geldstrafe ein Freiheits-entzug.

888 *Jung* 1992, S. 178 f.

Verfassungsgeber habe danach nur vor herabwürdigenden, in diktatorischen Ländern verbreiteten Formen der Zwangsarbeit schützen wollen. Erfasst wären damit vor allem jegliche Formen von Arbeits- oder Vernichtungslagern,[889] nicht allerdings richterlich angeordnete gemeinnützige Arbeit.

Das Bundesverfassungsgericht hatte bis jetzt nur über die Verfassungskonformität der gemeinnützigen Arbeit als Weisung im Jugendstrafrecht nach § 10 Abs. 1 S. 3 Nr. 4 JGG[890] sowie als Bewährungsauflage im Erwachsenenstrafrecht nach § 56b Abs. 2 Nr. 3 StGB[891] zu entscheiden. Einen Verstoß gegen Art. 12 GG nahm das Gericht in beiden Fällen im Ergebnis nicht an und schloss sich der oben dargestellten Meinung an. Diese Formen der gemeinnützigen Arbeit seien erst gar nicht in den Schutzbereich der Art. 12 Abs. 2, 3 GG einbezogen. Neben der erwähnten historischen Auslegung wurde dies im Rahmen von § 10 Abs. 1 S. 3 Nr. 4 JGG zusätzlich mit dem im Jugendstrafrecht maßgeblichen Erziehungsgedanken begründet.

Zu überprüfen bleibt, ob diese Rechtsprechung auch auf eine als Hauptstrafe ausgestaltete gemeinnützige Arbeit übertragbar wäre. Gerade in Bezug auf die Entscheidung zum Jugendstrafrecht erscheint dies problematisch, denn das Abstellen auf den Erziehungsgedanken kommt dabei nicht mehr in Frage. Auch in der Entscheidung zum Erwachsenenstrafrecht führt das Bundesverfassungsgericht aus, dass die Bewährungsauflage keinen „Zwang im Sinne einer Arbeitsstrafe"[892] begründe. Verfassungsrechtlich sind eine jugendstrafrechtliche Weisung und eine Bewährungsauflage zur gemeinnützigen Arbeit daher von einer Hauptstrafe gemeinnützige Arbeit zu unterscheiden.

Auch die Beschränkung des Schutzbereichs auf bestimmte Arten von Zwangsarbeit und Arbeitszwang kann nicht überzeugen. Dagegen spricht vor allem der eindeutige Wortlaut des Grundrechts. Dieser benennt explizit jede Form der Zwangsarbeit; weitere Einschränkungen erfolgen nicht und gerade bei Grundrechten sollte nicht vorschnell eine Reduktion vorgenommen werden.[893] Denn dadurch besteht die Gefahr, dass sie vergleichsweise einfach unterlaufen werden können, indem man den Schutzbereich entgegen dem ausdrücklichen Wortlaut

---

889   Eine in dieser Art ausgestaltete Arbeitsstrafe wird von niemandem ernsthaft gefordert.

890   BVerfGE 74, S. 102 ff.

891   BVerfGE NJW 1991, S. 1043 f.

892   BVerfGE NJW 1991, S. 1044.

893   *Köhler* 1987, S. 150; *Gerksen/Henningsen* 1989, S. 226.

verkleinert.[894] Hinzu kommt, dass Arbeits- oder Vernichtungslager ohnehin bereits von anderen Grundrechten erfasst werden[895] (vor allem denen der Menschenwürde und der körperlichen Unversehrtheit), damit hätte Art. 12 Abs. 3 GG gar keinen eigenen Anwendungsbereich mehr. Auch gemeinnützige Arbeit fällt daher in den Schutzbereich des Art. 12 Abs. 3 GG. Da es sich bei der gemeinnützigen Arbeit auch nicht um einen gerichtlich angeordneten Freiheitsentzug handelt, scheint ein Verstoß vorzuliegen.

Zum Teil wird jedoch versucht, aufgrund des zweiten Halbsatzes des Art. 12 Abs. 3 GG mit dem Argument *maiore ad minus* einen Verstoß gegen das Verbot von Zwangsarbeit zu verneinen. Da die Zwangsarbeit innerhalb eines gerichtlich angeordneten Freiheitsentzugs gerechtfertigt sei, müsse sie auch anstatt eines solchen Freiheitsentzugs als milderes Mittel gerechtfertigt sein.[896] Diese Argumentation kann jedoch überhaupt nur dann überzeugen, wenn die gemeinnützige Arbeit auch tatsächlich statt eines Freiheitsentzugs verhängt wird. Dies wäre jedoch bei der gemeinnützigen Arbeit als eigene Hauptstrafe nicht zu garantieren, sie könnte genauso anstatt einer Geldstrafe oder einer bedingten Freiheitsstrafe ausgesprochen werden. Zudem bleibt die Argumentation, dass die Arbeitssanktion zwangsweise einen geringeren Eingriff darstellt, nicht nachweisbar. Beide finden auf unterschiedlichen Ebenen statt, allein damit lässt sich ein Eingriff in Art. 12 Abs. 3 GG somit nicht verneinen.[897]

Nach der hier vertretenen Ansicht würde eine Hauptstrafe gemeinnützige Arbeit also gegen Art. 12 Abs. 3 GG verstoßen und wäre verfassungswidrig.[898] Deshalb muss die Idee jedoch nicht unmittelbar verworfen werden. Durch eine Verfassungsänderung könnte Art. 12 Abs. 3 GG entsprechend angeglichen werden, um eine derartige Hauptstrafe zu ermöglichen. Am naheliegendsten wäre es, dabei eine weitere Ausnahme vom Zwangsarbeitsverbot einzufügen, namentlich die Zwangsarbeit aufgrund richterlicher Verurteilung. Damit wäre die Zwangsarbeit also wie der Freiheitsentzug unter einen Richtervorbehalt zu stellen. Eine andere Lösung wäre es, die Strafe an die Einwilligung der Betroffenen zu koppeln.

Auch wenn die gemeinnützige Arbeit als Hauptstrafe damit nicht grundsätzlich verfassungsrechtlich ausgeschlossen ist, stellt der verfassungsrechtliche Rahmen dennoch ein nicht unerhebliches Hindernis dar. Eine Umsetzung scheint zudem politisch schwer, da die für eine Verfassungsänderung notwendige Zweidrittelmehrheit im Bundestag erforderlich wäre.

---

894 *Gusy* 1989, S. 716; *Stern* 2006, S. 1020.

895 Handbuch-Grundrechte-*Schneider* 2013, § 113 Rn. 164, der dies jedoch anscheinend als nicht problematisch ansieht.

896 *Pfohl* 1995, S. 115.

897 *Gerken* 1989, S. 72; *Pollähne* 2012.

898 So auch *Streng* 1999, S. 838.

5.3.2.1.2 Internationales Recht

Neben Art. 12 Abs. 3 GG käme auch ein Verstoß gegen das Verbot der Zwangs- und Pflichtarbeit aus Art. 4 Abs. 2 EMRK in Betracht. Was genau mit Zwangs- und Pflichtarbeit gemeint ist, wird in der EMRK nicht definiert.[899] Der EGMR nimmt deshalb auf die internationalen Abkommen in diesem Bereich Bezug, namentlich auf die ILO-Abkommen Nr. 29 und Nr. 105.[900] Nach Art. 2 Nr. 1 des Abkommens Nr. 29 gilt als Zwangs- bzw. Pflichtarbeit jede Art von Arbeit oder Dienstleistung, die von einer Person unter Androhung irgendeiner Strafe verlangt wird und für die sie sich nicht freiwillig zur Verfügung gestellt hat. Darunter würde zweifellos auch eine als Hauptstrafe ausgestaltete Form der gemeinnützigen Arbeit fallen. Allerdings gilt gemäß Art. 2 Nr. 2c des Abkommens Nr. 29 aufgrund einer gerichtlichen Verurteilung angeordnete Arbeit, die unter staatlicher Aufsicht und nicht bei Privaten abgeleistet wird, nicht als Zwangs- oder Pflichtarbeit. Damit würde auch eine als Hauptstrafe ausgestaltete Form der gemeinnützigen Arbeit nur dann als Zwangsarbeit gelten, wenn sie bei privaten Stellen abgeleistet wird. Die Tatsache, dass die richterliche Verurteilung als Ausnahme genannt ist, legt nahe, dass die Arbeit als strafrechtliche Sanktion nicht dem Verbot unterfallen sollte.

Ein Verstoß gegen das ILO-Abkommen Nr. 29 ist daher nicht anzunehmen, solange die gemeinnützige Arbeit ausschließlich unter staatlicher Aufsicht und in staatlichen Stellen erfolgt. Fraglich bleibt jedoch, ob der EGMR, wenn dieser die ILO-Abkommen zur Definition von Zwangs- und Pflichtarbeit heranzieht, damit nur die Definition aus Nr. 1 oder auch zusätzlich die Ausnahmen aus Nr. 2 meint. Dagegen spricht bereits der Wortlaut beider Vorschriften, denn auch die EMRK nennt ihre eigenen Ausnahmen vom Verbot in Art. 4 Abs. 3 EMRK, die sich z. T. mit denen des Abkommens Nr. 29 überschneiden.[901] Es ist daher davon auszugehen, dass bzgl. der EMRK nur die explizit dort genannten Ausnahmen gelten sollen und nicht zusätzlich die aus dem Abkommen Nr. 29. Die EMRK kennt jedoch nur die Ausnahme bei berechtigtem Freiheitsentzug bzw. der bedingten Entlassung aus diesem (Art. 4 Abs. 3a EMRK). Der Katalog der Ausnahmen aus Art. 4 Abs. 3 EMRK ist daher als abschließend zu verstehen.[902] Damit stellt sich ein vergleichbares Problem wie bei Art. 12 Abs. 3 GG: Die gemeinnützige Arbeit als Hauptstrafe könnte allenfalls *maiore ad minus* gerechtfertigt werden, wenn sie

899   *Schneider* 2002, S. 28.

900   EGMR-E 2, S. 303 f.; HK-EMRK-*Meyer-Ladewig/Huber* 2017, Art. 4, Rn. 4.

901   Zum Beispiel der Militärdienst (Art. 4 Abs. 3b EMRK bzw. Art. 2 Nr. 2a ILO Abkommen); allgemeine Bürgerpflichten (Art. 4 Abs. 3d EMRK bzw. Art. 2 Nr. 2b ILO Abkommen).

902   *Peters/Altwicker* 2012, § 7 Rn. 3.

anstatt einer Freiheitsstrafe verhängt wird, oder durch das Erfordernis der Einwilligung des Betroffenen.[903]

5.3.2.2 Zusammenfassung

Damit ergibt sich Folgendes: Die Hauptstrafe gemeinnützige Arbeit könnte allenfalls in Verbindung mit einem Einwilligungserfordernis oder nach einer Verfassungsänderung eingeführt werden.[904] Ansonsten würde sie gegen Art. 12 Abs. 3 GG sowie Art 4 Abs. 2 EMRK verstoßen. Ein Einwilligungserfordernis scheint jedoch dem Charakter einer Hauptstrafe zu widersprechen.[905] Zu befürchten wäre das Verständnis in der Bevölkerung, der Täter könne sich eine Strafe „aussuchen". Dies könnte zum einen der positiven Generalprävention abträglich sein, erschwert zusätzlich aber auch die politische Durchsetzbarkeit des Vorschlags. Die im Urteil festgesetzte Hauptstrafe sollte nicht von der Zustimmung des Verurteilten abhängen. Vorzugswürdig erscheint daher eine Freiheitsstrafen-Ersetzungslösung, die von der Natur ihrer Ausgestaltung her ohnehin die Zustimmung des Betroffenen voraussetzt. Zusätzlich kann die Ersetzungslösung eher garantieren, dass die gemeinnützige Arbeit tatsächlich eine Freiheitsstrafe ersetzt und nicht anstatt einer Geldstrafe verhängt wird.[906] Auch hier lässt sich an die bereits beim Fahrverbot angesprochenen Täter denken, bei denen der Richter davon ausgeht, die Geldstrafe würde sie nicht ausreichend treffen, und daher entgegen der Intention gemeinnützige Arbeit verhängt. Zwar kann der Richter auch nach der Ersetzungslösung zunächst eine kurze Freiheitsstrafe verhängen, um so „über Umwege" doch zur gemeinnützigen Arbeit zu gelangen, dies gestaltet sich jedoch aufgrund des Begründungserfordernisses aus § 47 Abs. 1 StGB deutlich schwieriger. Die Gefahr des „*net-widening*" ist damit erheblich reduziert und es ist wahrscheinlicher, dass die gemeinnützige Arbeit ausschließlich dem Zweck dient, Freiheitsentzug zu vermeiden, und nicht als zusätzlicher „Nadelstich" eingesetzt wird, wenn der Richter davon ausgeht, eine Geldstrafe würde den Täter nicht ausreichend treffen. Damit ist eine Hauptstrafe gemeinnützige Arbeit insgesamt abzulehnen; sie kann ohnehin nur mit Einwilligung des Täters überhaupt rechtmäßig sein und dies entspräche nicht dem Charakter einer eigenständigen Strafe. Die Ersetzungslösung erscheint daher grundsätzlich vorteilhafter und ist einer Hauptstrafe gemeinnützige Arbeit vorzuziehen.

---

903 *Morgenstern* 2002, S. 239.

904 Wobei auch dies aufgrund der bei verweigerter Einwilligung drohenden Geld- oder Freiheitsstrafe nicht eindeutig ist, siehe dazu *Kap. 5.3.3.1.*

905 *Kommission* 2000, S. 108: „systematische Brüche".

906 *Jung* 1992, S. 170.

5.3.3 Freiheitsstrafen-Ersetzungslösung

Der zweite Ansatz wäre damit die sog. Freiheitsstrafen-Ersetzungslösung. Grundsätzlich ist damit die Vermeidung der Vollstreckung einer kurzen Freiheitsstrafe durch gemeinnützige Arbeit gemeint; die Freiheitsstrafe soll quasi „abgearbeitet" werden können. Diese Lösung wurde erstmals von der Kommission zur Reform des strafrechtlichen Sanktionensystems[907] entwickelt und im darauf folgenden Referentenentwurf aufgegriffen. Als Anknüpfungspunkt soll hier § 55a des Referentenentwurfs zur Reform des Sanktionenrechts aus dem Jahr 2000 dienen.[908] Nach dieser Vorschrift könnte das Tatgericht einem Täter, der zu einer unbedingten Freiheitsstrafe von bis zu sechs Monaten verurteilt wurde, gestatten, die Vollstreckung der Freiheitsstrafe durch Ableistung gemeinnütziger Arbeit abzuwenden. Dies würde nach Abs. 2 dieser Vorschrift auch für zur Bewährung ausgesetzte Freiheitsstrafen gelten. Die gemeinnützige Arbeit ist bei der Ersetzungslösung also als eine Art Bringschuld ausgestaltet, was zumindest eine gewisse Motivation zur Arbeit bei den Betroffenen sicherstellen sollte.[909] Bei erstmaliger Verurteilung zu einer unbedingten Freiheitsstrafe war die Ersetzung zwingend zu gestatten. Gemäß Abs. 3 waren vier Stunden gemeinnützige Arbeit für einen Tag Freiheitsstrafe vorgesehen (bzw. drei Stunden bei einer ausgesetzten Freiheitsstrafe). Wünschenswert wäre jedoch eine Norm, die über eine „Kann-Regelung" hinausgeht. Die Gestattung sollte die Regel sein und nur unter gesetzlich genau festgelegten Voraussetzungen verwehrt werden dürfen.[910] Dabei sollten lediglich spezialpräventive Faktoren aufgenommen werden, ein generalpräventiver Vorbehalt („unerlässlich zur Verteidigung der Rechtsordnung") sollte nicht zu einer Verwehrung der Ersetzung führen können. Mit dieser Ausgestaltung könnte auch Befürchtungen, eine entsprechende Sanktion würde von der richterlichen Praxis nicht ausreichend angenommen,[911] vorgebeugt werden.

Bzgl. des Umrechnungsschlüssels gilt ansonsten das oben Gesagte.[912] Ein Tag unbedingter Freiheitsstrafe sollte durch vier Stunden gemeinnütziger Arbeit ersetzt werden können. Dieser Wert lässt sich zum einen durch das Verhältnis zur Geldstrafe logisch errechnen, zum anderen würde ein höherer Wert den Täter unverhältnismäßig belasten. So dürften unbedingte Freiheitsstrafen von bis zu vier

---

907 *Kommission* 2000, S. 120 ff.

908 *BMJ* 2000, S. 9 f.

909 *Schneider* 2002, S. 28 f.

910 Auch *Feuerhelm* 2003, S. 34 merkt das Problem einer Kann-Regelung ohne Konkretisierung der maßgeblichen Entscheidungskriterien an. Der E 2004 ergänzte immerhin das Merkmal der Gefährdung von Opferansprüchen als Grund dafür, dass die Ersetzung gestattet werden „soll", vgl. BT-Drucks. 15/2725, S. 8.

911 *H.-J. Albrecht* 1985, S. 130.

912 Vgl. *Kap. 5.3.1.*

Monaten realistisch ersetzbar sein, in Ausnahmefällen könnten sogar längere Freiheitsstrafen ersetzt werden.[913] Ein derart angepasster Stundensatz kann zudem die Bereitschaft der Betroffenen fördern, sich überhaupt auf die gemeinnützige Arbeit einzulassen. Dafür sprechen auch die bisherigen Untersuchungen im Rahmen der Ersatzfreiheitsstrafe. Diese haben ergeben, dass die Chance, dass die Arbeitsleistung vollständig erbracht wird, umso geringer ist, je höher die insgesamt abzuleistende Stundenzahl angesetzt wird.[914] Gerade für Berufstätige sind sechs oder gar acht Stunden pro Tag kaum zu leisten.[915] Die gemeinnützige Arbeit könnte sich dann selbst bei verhältnismäßig kurzen Strafen über Jahre hinziehen. Für bedingte Freiheitsstrafen wären hingegen lediglich drei Stunden zu veranschlagen, denn eine Gleichsetzung mit der unbedingten Freiheitsstrafe erscheint schon aus Gerechtigkeitserwägungen nicht gerechtfertigt und dürfte zudem auch dazu führen, dass sich kaum ein Betroffener vor einem Widerruf dafür entscheiden dürfte, seine bedingte Strafe „abzuarbeiten".

Damit ist also im Ergebnis eine leicht veränderte Variante des Vorschlags aus dem Referentenentwurf zu diskutieren. Zunächst wird dabei die Vereinbarkeit mit höherrangigem Recht geprüft und erst anschließend erfolgt eine Stellungnahme.

5.3.3.1 Vereinbarkeit mit höherrangigem Recht

Auch im Rahmen der Freiheitsstrafen-Ersetzungslösung stellt sich die Frage nach der Vereinbarkeit mit dem Verbot von Zwangsarbeit aus Art. 12 Abs. 3 GG. Die Konstellation unterscheidet sich jedoch insoweit von der Problematik der Hauptstrafe gemeinnützige Arbeit, dass hier die Zustimmung des Täters schon von der Ausgestaltung der Ersetzungslösung her notwendig ist. Er kann damit also an sich frei entscheiden, ob er die gemeinnützige Arbeit ableisten möchte oder nicht. Damit fehlt auf den ersten Blick bereits die Zwangskomponente, weshalb der Schutzbereich des Grundrechts gar nicht erst eröffnet zu sein scheint. Davon, dass eine Einwilligung dazu führt, dass bereits das Zwangselement entfällt, ist auszugehen.[916] Eine Einwilligung ist jedoch nur dann wirksam, wenn sie freiwillig und

---

913 So sieht auch die Schweiz ab 01.01.2018 Freiheitsstrafen von bis zu sechs Monaten bei einem Umrechnungsschlüssel von vier Stunden Arbeit pro Tag als ersetzbar an und kommt damit ebenfalls zu einer Höchstgrenze von 720 Stunden. Eine eigenständige Arbeitsstrafe ist ab 01.01.2018 nicht mehr vorgesehen, vgl. *Bundesrat (Schweiz)* 2012, S. 4738.

914 *Schneider* 2001, S. 278; *Dünkel/Grosser* 1999, S. 30; *Schall* 1985, S. 111.

915 *Streng* 1999, S. 840.

916 Bei Grundrechten, die persönliche Rechtsgüter schützen und das ist bei Art. 12 der Fall, spricht eine Vermutung für die Möglichkeit des Verzichts/der Einwilligung, vgl. *Pieroth u. a.* 2015, § 5 Rn. 152; *Stern* 1994, S. 911.

ohne Zwang erfolgt.[917] Allerdings ist die Freiwilligkeit der Einwilligung vor dem Hintergrund der bei Verweigerung drohenden Freiheitsstrafe zumindest zweifelhaft.[918] Wie freiwillig kann eine Einwilligung sein, wenn die persönliche Freiheit von ihr abhängt? Der Staat nutzt ein gesetzlich vorgesehenes, rechtmäßiges Mittel (in diesem Fall die Freiheitsstrafe), um so die Zustimmung des Betroffenen in einen Grundrechtseingriff zu erreichen. *Amelung* hat für solche Fälle, in denen die Einwilligung unter einem gewissen staatlichen Druck erfolgt ist, die Figur der „eingriffsmildernden Einwilligung" entwickelt.[919] Nach dieser Konstruktion handelt es sich hier um eine die „Hauptfolgen vermeidende" Einwilligung, der Täter willigt also in den Eingriff in ein bestimmtes Grundrecht ein, um damit einen für ihn schwerwiegenderen Eingriff in ein anderes Grundrecht zu verhindern, hier[920] willigt der Täter in einen Eingriff in Art. 12 Abs. 3 GG ein, um einen (für ihn schwerer wiegenden) Eingriff in Art. 2 Abs. 2 GG zu verhindern. Voraussetzung einer solchen Einwilligung wäre zunächst eine gesetzliche Grundlage für den Eingriff.[921] Diese würde hier durch die Reform ja gerade geschaffen werden. Zusätzlich wird ein legitimationsfähiger Zweckzusammenhang zwischen beiden Eingriffen vorausgesetzt.[922] Hier dienen sowohl Freiheitsentzug als auch Arbeitsleistung der Prävention und dem Schuldausgleich, was einen ausreichenden Zusammenhang darstellt. Der Zwang dürfte zudem nicht gegen das Übermaßverbot verstoßen. Kriterien sind dabei zunächst die Rechtmäßigkeit des angedrohten Zwangsmittels sowie das Fehlen eines darüber hinausgehenden Drucks auf den Betroffenen.[923] Die drohende Freiheitsstrafe wäre hier rechtmäßig und es würde kein weiterer Druck ausgeübt werden. Außerdem soll die Arbeit sinnvoll ausgestaltet sein und durch Sozialarbeiter betreut werden. Mit einem Umrechnungsschlüssel von drei Stunden pro Tag Freiheitsstrafe ist auch eine Überbelastung des Täters nicht zu erwarten. Zuletzt gewinnt der Täter nach dieser Ausgestaltung eine Entscheidungsmöglichkeit. Anstatt der vorher zwingenden Freiheitsstrafe hätte er nun die Wahl zwischen Freiheitsstrafe oder gemeinnütziger Arbeit. Damit liegt kein Verstoß gegen das Übermaßverbot vor und nach der Figur der „eingriffsmildernden Einwilligung" auch kein Verstoß gegen Art. 12 Abs. 3 GG.

---

917 *Robbers* 1985, S. 926; *Pieroth u. a.* 2015, § 5 Rn. 151; BVerwGE 19, S. 161 f.

918 *Schall* 1985, S. 108.

919 *Amelung* 1981, S. 105 ff; 2006, S. 319 f.

920 *Amelung* 1981, S. 109.

921 Einwilligungen, die gänzlich ohne Zwang erfolgen, machen hingegen eine gesetzliche Grundlage für den Eingriff entbehrlich, vgl. *Anmelung* 2006, S. 320.

922 *Amelung* 1983, S. 15 ff.

923 *Amelung* 1984, S. 39.

Abgelehnt wird diese Lösung jedoch von *Gerken/Henningsen*, für die jede Einflussnahme auf den Willen bereits Zwang darstellt und eine wirksame Einwilligung daher in Fällen der Ersetzungslösung nicht vorläge.[924] Dem widerspricht jedoch der Grundsatz der Verhältnismäßigkeit besonders in der Ausprägung der Erforderlichkeit. Denn durch eine derartige Ausgestaltung kann gerade der Betroffene entscheiden, welcher Eingriff ihm weniger intensiv erscheint, so kann dem Übermaßverbot besonders Rechnung getragen werden.[925] Wie *Mühlen* zutreffend anmerkt, überzeugt dies indes nur, wenn „die Arbeit als solche [...] nicht als Übel ausgestaltet [wird]".[926]

Außerdem werden Einwilligungen in Grundrechteingriffe stets der Erlangung einer Belohnung oder der Abwendung eines anderen drohenden Übels dienen, denn warum sollte sonst ein Grundrechtsträger in die Beeinträchtigung seiner Rechte einwilligen? Er wird dies nur dann tun, wenn er sich daraus einen anderweitigen Vorteil erhofft. Schließt man jegliche Einflussnahme auf den Willen des Grundrechtsträgers aus, bliebe wahrscheinlich in der Praxis kein Anwendungsbereich für die Einwilligung in Eingriffe. Daher ist im Falle einer Einwilligung zur gemeinnützigen Arbeit anstatt einer kurzen Freiheitsstrafe von einer eingriffsmildernden Einwilligung auszugehen und Art. 12 Abs. 3 GG wäre im Falle einer Freiheitsstrafen-Ersetzungslösung nicht verletzt.

Für Art. 4 EMRK kann letztlich nichts anderes gelten, auch hier ist eine Einwilligung möglich, sofern sie freiwillig erfolgt und das betroffene Recht keine fremden Interessen schützt.[927] Da der drohende Freiheitsentzug die Freiwilligkeit nicht ausschließt und das Zwangsarbeitsverbot lediglich Individualinteressen schützt, kann hier eine wirksame Einwilligung erfolgen und es liegt daher kein Verstoß vor. Die Freiheitsstrafen-Ersetzungslösung wäre also mit höherrangigem Recht unproblematisch vereinbar.

5.3.3.2 Stellungnahme

Abschließend soll nun erörtert werden, ob die gemeinnützige Arbeit in Form einer Freiheitsstrafen-Ersetzungslösung kriminalpolitisch wünschenswert wäre. Dafür spricht zunächst, dass es sich nicht um eine ausschließlich repressive Maßnahme mit einer reinen Duldung durch den Täter handelt, wie etwa die Geld- oder die Freiheitsstrafe. Zwar hat selbstverständlich auch die gemeinnützige Arbeit statt Freiheitsstrafe einen gewissen repressiven Zwangscharakter, doch sie verlangt vom Betroffenen zusätzlich eine aktive, sinnvolle und konstruktive Leistung.[928]

---

924 *Gerken/Henningsen* 1989, S. 227.

925 *Amelung* 1981, S. 106 f.; 2006, S. 319; *Schall* 1985, S. 108.

926 *Mühlen* 2015, S. 117.

927 *Grabenwarter/Pabel* 2016, § 18 Rn. 32 f.

928 *Brughelli* 1989, S. 6; *Bemmann* 1975, S. 211 f.; *Roxin* 1980, S. 550.

Dadurch wird er in die Gesellschaft integriert, anstatt durch eine Freiheitsstrafe von ihr isoliert zu werden. Der Betroffene erhält Kontakt zu einem neuen Umfeld im Rahmen der zu leistenden Tätigkeit, welches möglicherweise einen positiven Einfluss auf ihn haben kann.[929] Er leistet einen aktiven Beitrag, anstatt die Bestrafung lediglich passiv hinzunehmen.[930]

Teilweise wird eingewandt, die Klientel der unbedingten kurzen Freiheitsstrafe sei für die gemeinnützige Arbeit grundsätzlich nicht geeignet,[931] da es sich um auf vielen Ebenen problembelastete Wiederholungstäter handele.[932] Dies mag zwar vom Ansatz her stimmen, doch die Behauptung „Es liegt auf der Hand, dass die gemeinnützige Arbeit bei ihnen nichts bewirken werde",[933] ist eher unter politischem Populismus zu verorten und deckt sich nicht mit den Ergebnissen der empirischen Rückfallforschung.[934] Zwar lässt sich nicht abstreiten, dass die Klientel noch problematischer ist als die der säumigen Geldstrafenschuldner und dass daher wohl auch nicht mit einer vergleichbaren Erfolgsquote wie bei der Ersatzfreiheitsstrafenvermeidung zu rechnen wäre. Es ist auch davon auszugehen, dass bestimmte Täter aufgrund ihrer Problembelastung nicht für die gemeinnützige Arbeit geeignet sind, zum Beispiel bei Drogenabhängigkeit.[935] Aus diesem Grund sollte jedoch nicht unmittelbar der gesamte Täterkreis der unbedingten kurzen Freiheitsstrafe von der Möglichkeit des Ersatzes durch gemeinnützige Arbeit ausgeschlossen werden. Man denke zum Beispiel an die oben angesprochenen Täter, die wegen wiederholter Bagatellen zu unbedingten Freiheitsstrafen verurteilt wurden. Bei solchen Tätern ist nicht davon auszugehen, dass die gemeinnützige Arbeit keine Wirkung haben bzw. sie nicht vollständig abgeleistet wird. Es erscheint schlicht unangemessen, einem (wenn auch sehr problembelasteten) Personenkreis von vornherein die Fähigkeit abzusprechen, unter entsprechender Betreuung ordnungsgemäß eine gewisse Zahl von Arbeitsstunden abzuleisten. Außerdem lässt sich die Anzahl der täglichen Arbeitsstunden bei Bedarf begrenzen und es besteht kein mit einer privaten Beschäftigung vergleichbarer Leistungsdruck für die Betroffenen.[936] Auch können die Tätigkeiten bei bestimmten Tätern entsprechend an ihre Leistungsfähigkeit angepasst werden, hier ist dann auch die Praxis gefragt,

---

929 *Schneider* 2001, S. 275.

930 *Rössner* 1985, S. 108.

931 *Stöckel* 2007, S. 624; *Helgerth/Krauß* 2001, S. 281 f.

932 Zur Klientel der kurzen Freiheitsstrafe vgl. *Kap. 3.4.2.*

933 So der Bundesrat in seiner Stellungnahme zum Entwurf 2004, vgl. BT-Drucks. 15/2725, S. 41.

934 *Dünkel* 2013, S. 852; *Sagel-Grande* 1995, S. 313; *Cornils* 1995, S. 326; *Bonta u. a.* 2008, S. 112 ff.; *McIvor* 2012, S. 175 ff.

935 *Laun* 2002, S. 228.

936 *Laun* 2002, S. 255.

angemessene Stellen zu finden. Doch selbst wenn der tatsächliche Anwendungsbereich nur gering sein sollte, ist dies kein Grund, die Chance der Vermeidung
kurzer Freiheitsstrafen durch gemeinnützige Arbeit nicht dennoch zu nutzen.

Aufgrund der Klientel gilt hier daher noch viel mehr als bei der Vermeidung
von Ersatzfreiheitsstrafen, dass ein wichtiger Beitrag zum Erfolg der gemeinnützigen Arbeit eine parallel erfolgende Betreuung der Probanden durch Sozialarbeiter ist. Nur so kann eine langfristige und effektive Haftvermeidung erfolgen.[937]
Dabei darf sich die Betreuung nicht nur auf die mit der Arbeit an sich verbundenen
Probleme beschränken. Vielmehr erscheint es notwendig, dass die Betroffenen
auch darüber hinausgehende Hilfe erhalten.[938] Das Strafrecht könnte sich im Bereich der gemeinnützigen Arbeit mehr von der Repression hin zur Unterstützung
entwickeln.[939] Zwar ist eine solch flächendeckende Betreuung zunächst mit nicht
unerheblichen Kosten verbunden, doch ist zu berücksichtigen, dass durch die
gleichzeitige Reduzierung von Haftplätzen[940] möglicherweise ein positiver oder
zumindest kein negativer Saldo bleibt. Das in Mecklenburg-Vorpommern initi-
ierte Projekt „Ausweg" zur Vermeidung von Ersatzfreiheitsstrafen war beispielsweise auch zunächst mit erheblichen Kosten durch die zusätzlichen Sozialarbei-
terstellen verbunden.[941] Doch durch entsprechende Einsparungen im Bereich der
Haftkosten blieben letztlich Ersparnisse im Millionenbereich.[942] Insgesamt erscheint es daher sinnvoll, die gemeinnützige Arbeit, trotz höherer Kosten, mit einer angemessenen Betreuung zu verbinden, denn nur so kann sie ihrer Aufgabe
der langfristigen Haftvermeidung gerecht werden. Die gemeinnützige Arbeit
sollte keine reine „Arbeitsstrafe" sein, sondern neben der Arbeitsleistung auch die
sozialen Probleme der Probanden im Blick haben.

Gemeinnützige Arbeit ist ohne Zweifel mit einem erheblichen organisatori-
schen und finanziellen Aufwand verbunden.[943] Neben der nötigen Betreuung ist
auch die nötige Infrastruktur einzurichten und zu unterhalten. Ohne diese wäre
die gemeinnützige Arbeit nicht sinnvoll und flächendeckend implementierbar.[944]

---

937 Dies haben die Erfahrungen mit der gemeinnützigen Arbeit zur Vermeidung von Ersatz-
     freiheitsstrafen gezeigt, vgl. *Kommission* 2000, S. 101; *Schneider* 2002, S. 29; *Dünkel/
     Cornel* 2003, S. 42.

938 *Dünkel/Scheel* 2006, S. 99; *Kawamura-Reindl* 2006, S. 15.

939 *Rössner* 1985, S. 107; *Kawamura-Reindl/Reindl* 2003, S. 52.

940 *Dünkel* 2005, S. 61 geht bei richtiger Implementation von ca. 3.000 Haftplätzen aus; vgl.
     auch *Kawamura-Reindl* 2009, S. 227.

941 *Hine* 1997, S. 111 geht auch davon aus, dass das Personal bei der Implementierung des
     Community Service der größte Kostenfaktor war.

942 Siehe dazu die Übersicht bei *Dünkel* 2011, S. 149.

943 Dies zeigen auch die Erfahrungen in Großbritannien, vgl. *Hine* 1997, S. 99.

944 *Jung* 1992, S. 174; *Dünkel* 2013, S. 849.

Mit ausreichenden Mitteln ist sie jedoch „praktikabel und organisierbar".[945] Die Probleme liegen hier also nicht in der Umsetzbarkeit, sondern in der Finanzierung. Den anfänglichen Kosten können allerdings erhebliche zukünftige Einsparungen gegenüberstehen. Die Kosten sollten daher nicht abschrecken, sondern eher als Investition in die Zukunft gesehen werden.

Auch die internationale Rückfallforschung gibt bezüglich der Rückfälligkeit nach gemeinnütziger Arbeit ein grundsätzlich positives Bild ab.[946] Zwar muss die erfolgende Vorauswahl berücksichtigt werden, aber dennoch ist keinesfalls von einer schlechteren Rückfallrate als nach Geld- oder Freiheitsstrafe auszugehen.[947]

Jedoch sollten bei der gemeinnützigen Arbeit neben den Rückfallraten zusätzlich die weiteren positiven Faktoren, die von ihr ausgehen können, betrachtet werden: Sozial schwächer gestellte, insbesondere arbeitsentwöhnte Täter können dadurch an die Arbeitswelt und einen strukturierten Tagesablauf herangeführt werden.[948] Auch wenn der teilweise nur kurze Zeitraum der gemeinnützigen Arbeit möglicherweise nicht ausreicht, um eine dauerhafte Verbesserung herbeizuführen, erscheint es dennoch realistisch, dass bei der betroffenen Klientel bereits einige Tage regelmäßiger, strukturierter Arbeit einen Schritt in die richtige Richtung darstellen können.[949] So könnte letztlich die Lebenssituation des Betroffenen insgesamt verbessert werden. Denn im Gegensatz zu einem Freiheitsentzug, der die Betroffenen sogar noch weiter von einem normalen Arbeitsalltag entfernen kann, kann ein solcher durch gemeinnützige Arbeit eher eingeübt werden.[950] So ergab die Untersuchung von *Andersen*, dass Täter nach gemeinnütziger Arbeit deutlich seltener abhängig von staatlichen Leistungen waren und insgesamt ein höheres Durchschnittseinkommen aufwiesen als vergleichbare Täter nach einem Freiheitsentzug.[951] Dies ist ein Faktor, der durchaus höher zu bewerten sein kann als die Legalbewährung. Wenn z. B. ein Täter nach gemeinnütziger Arbeit in die Arbeitswelt integriert werden kann, wäre dies wohl trotz eines Bagatellrückfalls noch insgesamt als Erfolg zu werten.

---

945 *H.- J. Albrecht* 1985, S. 123.

946 *Dünkel* 2013, S. 852; *Sagel-Grande* 1995, S. 313; *Cornils* 1995, S. 326; *Bonta u. a.* 2008, S. 112 ff.; *McIvor* 2012, S. 175 ff.; auch wenn nicht alle Studien ein ausschließlich positives Bild abgeben, vgl. *Killias u. a.* 2010, S. 1163 ff.

947 *Kommission* 2000, S. 101; *Dünkel* 2013, S. 853.

948 *Block* 1990 S. 20.

949 *Pfohl* 1985, S. 116; dagegen Zweifel bei *Mrozynski* 1983, S. 400.

950 *Andersen* 2012, S. 8 f.; *McIvor* 2012, S. 177.

951 *Andersen* 2012, S. 19 f.

Die gemeinnützige Arbeit ist auch in besonderem Maße geeignet, verschiedene Strafzwecke in sich zu vereinen: In ihr finden sich Aspekte des Schuldausgleichs, der Prävention und der Wiedergutmachung.[952] Dies dürfte auch einer der Gründe sein, warum sie gesellschaftlich eine verhältnismäßig hohe Akzeptanz genießt, Vertreter verschiedenster Strömungen finden sich in ihr wieder.[953] Gerade aus diesem Grund erscheint die gemeinnützige Arbeit in Verbindung mit einer entsprechenden Betreuung besonders geeignet für die problembelastete Klientel der kurzen Freiheitsstrafe. Im Gegensatz zu rein repressiven Alternativen zur Freiheitsstrafe wie der Geldstrafe oder dem Fahrverbot kann sich aktiv mit den sozialen Problemen der Betroffenen befasst werden. Daneben dient die grundsätzlich als Übel zu verstehende Arbeitspflicht dem Schuldausgleich und durch die Leistung an die Gemeinschaft hat die Sanktion auch wiedergutmachenden Charakter. Die angesprochene relativ große allgemeine Akzeptanz der Sanktion spricht zudem auch für eine positiv generalpräventive Wirkung.

Ein weiterer häufig angebrachter Kritikpunkt ist, dass es an den nötigen Stellen zur Ableistung der Arbeit fehle.[954] Dem steht jedoch entgegen, dass gerade im Bereich einfachster Hilfstätigkeiten genügend nützliche Tätigkeiten denkbar sind, die ansonsten unverrichtet blieben. Dafür sprechen auch die Erfahrungen mit der gemeinnützigen Arbeit zur Ersatzfreiheitsstrafenvermeidung, auch dort ist es in der Praxis gelungen, eine Vielzahl von geeigneten Stellen zu schaffen.[955] Selbst in einer eher strukturschwachen Region wie Mecklenburg-Vorpommern ließ sich die Zahl der Einsatzstellen in zehn Jahren verdreifachen und es konnten zudem zusätzliche Stellen mit speziellen Betreuungsmöglichkeiten geschaffen werden.[956] Auch die Erfahrungen aus England zeigen, dass sich bei entsprechender Organisation genügend sinnvolle Tätigkeiten finden lassen.[957] Hinzu kommt, dass durch den Wegfall der Wehrpflicht (und damit des Zivildienstes) viele Stellen für unausgebildete Helfer in sozialen Einrichtungen offen sein dürften.[958]

Außerdem wird befürchtet, die gemeinnützig verrichteten Arbeiten könnten in Konkurrenz zum regulären Arbeitsmarkt stehen.[959] Dem kann jedoch durch eine entsprechende Auswahl der zu verrichtenden Tätigkeiten Rechnung getragen

---

952 *McNeill/Whyte* 2007, S. 100; *Schneider* 2002, S, 28; *Jung* 1992, S. 167 f.; *Wittstamm* 1997, S. 12. BT-Drucks. 15/2726, S. 17.

953 *Schüler-Springorum* 1991, S. 195 f., *Schöch* 1992, C 98; *Ralphs* 1980, S. 234 f.

954 *Heitmann* 1999, S. 231; *Gerken* 1989, S. 72; *Robra* 1992, O 16.

955 *Zimmermann* 1982, S. 123; *H.-J. Albrecht* 1985, S. 123.

956 *Dünkel* 2011, S. 149; *Dünkel/Scheel* 2006, S. 87.

957 *Ralphs* 1980 S. 235.

958 *Weßlau* 1999, S. 284 hatte hier noch einen möglichen Konflikt gesehen.

959 *Gerken/Henningsen* 1987, S. 389; *Helgerth/Kraus* 2001, S. 183.

werden.[960] Es werden nur solche Tätigkeiten vermittelt, die ansonsten unerledigt blieben. Es liegt daher nahe, dass die Stellen für die gemeinnützige Arbeit neben die regulären Stellen des Arbeitsmarkts treten. Fielen die gemeinnützigen Stellen weg, würde eher das Angebot verkleinert als reguläre Arbeitsplätze geschaffen.[961] Auch die bisherigen Untersuchungen zu Projekten der Ersatzfreiheitsstrafenvermeidung lassen keine Konflikte mit dem regulären Arbeitsmarkt befürchten.[962]

Wichtig bleibt zudem ein Fokus auf den integrierenden und resozialisierenden Aspekt der Sanktion. Zusätzliche Übel neben der Arbeit an sich sind zu vermeiden. Demütigende und stigmatisierende Kleidungsvorschriften, welche die Betroffenen für Dritte als Straftäter erkennen lassen, laufen nicht nur dem wiedergutmachungsorientierten Charakter der gemeinnützigen Arbeit zuwider, sie verstoßen auch gegen Rule 23 der Recommendation of the Council of Europe concerning Community Sanctions or Measures (CSM) (Rec (92) 16),[963] die eine herabwürdigende Ausgestaltung ambulanter Sanktionen verbietet. Darunter muss bereits die offensichtliche Kennzeichnung durch einheitliche Kleidung, Uniformen oder Ähnliches fallen.[964] Solche Maßnahmen können weder durch Strafzwecke noch durch Sicherheitsüberlegungen gerechtfertigt werden. Ihr einziger Sinn bestünde darin, die Betroffenen herabzuwürdigen. Sie führen zu Stigmatisierungen und stehen der Resozialisierung entgegen. Allein maßgeblich für die Art der Ausgestaltung der Arbeit dürfen aber Aspekte der positiven Spezialprävention sein. Negative Spezial- oder Generalprävention sowie Schuldausgleich dürfen hier gerade keine Rolle spielen.[965] Die gemeinnützige Arbeit wird, da sie zu einem gewissen Grad immer öffentlich stattfinden muss, stets weniger anonym sein als eine Geldstrafe oder eine bedingte Freiheitsstrafe,[966] sie darf jedoch nicht zu einer Art „modernem Pranger"[967] werden. Daher ist bei der Auswahl und Ausgestaltung der Arbeit immer darauf zu achten, dass möglichst nicht erkennbar ist, dass es sich um eine Arbeitsleistung als Folge strafbaren Verhaltens handelt. Dies mag gerade in kleineren Ortschaften problematisch sein,[968] weshalb insbesondere

---

960 *Schall* 1985, S. 105.

961 *Laun* 2002, S. 234 f.; *Pfohl* 1985, S. 115 f.

962 *Dünkel Scheel* 2006, S. 89, die allerdings die Möglichkeit des Konflikts mit sog. Ein-Euro-Jobs sehen; *H.-J. Albrecht/Schädler* 1988, S. 280.

963 *Dünkel/Lappi-Seppällä* 2014, S. 430.

964 Extreme Formen wie die aneinander geketteten US-Amerikanischen „Chain-Gangs" würden als Verstoß gegen Art. 1 GG wohl ohnehin von vorne herein ausscheiden.

965 *Feuerhelm* 1999, S. 25.

966 *Böhm* 1998, S. 360; *H.-J. Albrecht/Schädler* 1988, S. 280.

967 *Zieschang* 1992, S.375.

968 *Weßlau* 1999, S. 285.

dort darauf zu achten wäre, eine Stigmatisierung zu verhindern – auch wenn eine vollständige Anonymität wohl gerade in ländlichen Räumen nicht zu erreichen sein dürfte. Hier handelt es sich jedoch eher um ein Problem der konkreten Ausgestaltung als um ein Hindernis für die Implementation der gemeinnützigen Arbeit als solche.[969]

Insgesamt ist auch bei der Auswahl der Arbeit der wiedergutmachende Charakter in den Vordergrund zu stellen. Eine ersichtlich sinnfreie Tätigkeit, die offensichtlich nur der Übelzufügung dient und eher eine Art „künstlicher Arbeitsbeschaffung" darstellt, kann weder der Prävention noch der Wiedergutmachung dienen. Stattdessen sollte bei der Auswahl der Arbeitsstellen auf die persönlichen Stärken und Schwächen der Betroffenen Rücksicht genommen sowie versucht werden, konstruktive und entwicklungsfördernde Tätigkeiten zu finden.[970] Auch wenn dies keinesfalls immer möglich sein dürfte, kann eine entsprechend auf den Probanden abgestimmte Auswahl der Tätigkeit nicht nur seine Motivation zur Ableistung steigern, sondern auch Integration und Resozialisierung fördern.

Ebenfalls bereits im Rahmen der Ersatzfreiheitsstrafenvermeidung bewährt hat sich die Einbeziehung freier Träger bei der Organisation der gemeinnützigen Arbeit.[971] Vor allem der Einsatz größerer freier Träger wie zum Beispiel des Roten Kreuzes oder kirchlicher Einrichtungen kann für eine Vielzahl von Einsatzstellen sorgen.[972] Diese Träger scheinen in der Vermittlung deutlich effektiver zu sein als die Rechtspfleger, für die diese Aufgabe ohnehin eigentlich nicht in das traditionelle Arbeitsgebiet fällt. Freie Träger dürften hingegen Erfahrungen mit der Vermittlung entsprechender Tätigkeiten und auch mit der sozial belasteten Klientel haben. Auch über das schlichte Verschaffen von Arbeitsstellen hinaus sind freie Träger eher als ein Rechtspfleger in der Lage, den Betroffenen zusätzlich zu betreuen.[973] Dem Betroffenen dürfte der Umgang mit einem freien Träger ebenfalls leichter fallen als der Kontakt mit dem Rechtspfleger,[974] der als Teil der Staatsanwaltschaft vermutlich eher als Gegenspieler und nicht als Helfer aufgefasst wird. Auch im Rahmen der Freiheitsstrafen-Ersetzungslösung sollte daher an der flächendeckenden Einbeziehung freier Träger festgehalten werden.

Ein „net-widening-Effekt" ist hingegen auch bei der Ausgestaltung als Ersetzungslösung nicht auszuschließen. So zeigte eine Schweizer Untersuchung von

---

969 *Laun* 2002, S 256.

970 *Kawamura-Reindl* 2009, S. 239 f.

971 *Dünkel* 2011, S. 148; *Dünkel/Grosser* 1999, S. 30; *Schädler* 1983, S. 8; *Dünkel/Cornel* 2003, S. 43; *Feuerhelm* 1991, S. 153 ff.; *H.-J. Albrecht* 1985, S. 131; *Lürßen* 2011, S. 161.

972 *Dünkel/Scheel* 2006, S. 87 ff.

973 *Kawamura-Reindl* 2006, S. 15 f.

974 *Kawamura-Reindl* 2006, S. 15.

Killias u. a., dass, nachdem es ermöglicht wurde, unbedingte Freiheitsstrafen „abzuarbeiten", bei Diebstahlsverurteilungen die unbedingten Freiheitsstrafen gegenüber den bedingten Freiheitsstrafen anstiegen.[975] Die Richter waren also eher geneigt, eine unbedingte Strafe zu verhängen, wenn ihre Vollstreckung durch gemeinnützige Arbeit verhindert werden konnte. Da nach dem hier diskutierten Vorschlag auch bedingte Freiheitsstrafen „abgearbeitet" werden können, wäre zusätzlich noch zu befürchten, dass insgesamt eher Freiheits- statt Geldstrafen verhängt werden. Hier muss jedoch auf die Wirkung des § 47 StGB vertraut werden, welcher zumindest eine zusätzliche Begründung durch den Richter erfordert. Ebenfalls problematisch könnte sein, dass unbedingte statt bedingte Freiheitsstrafen verhängt werden, um den Betroffenen dazu zu bringen, gemeinnützige Arbeit zu leisten, da wohl davon auszugehen ist, dass er sich eher dazu bereit erklären wird, wenn ansonsten unmittelbar der Freiheitsentzug droht.[976] Doch auch hier ist auf die bestehenden gesetzlichen Regelungen zu verweisen. Liegen die Voraussetzungen zur Strafaussetzung einer Strafe von bis zu einem Jahr vor,[977] ist die Aussetzung nach § 56 Abs. 1 StGB obligatorisch. Die Möglichkeit einer Ersetzung durch gemeinnützige Arbeit darf bei den Überlegungen zur Strafaussetzung keine Rolle spielen.

Allerdings wurde von *Killias u. a.* auch ein gegenläufiger Effekt festgestellt, indem längere Freiheitsstrafen (die über der Höchstgrenze der Ersetzungslösung lagen) zugunsten von solchen Freiheitsstrafen, deren Vollstreckung noch durch gemeinnützige Arbeit abgewendet werden konnte, zurückgedrängt wurden.[978] Die Ersetzungslösung könnte also auch dazu führen, dass eher verkürzte Freiheitsstrafen verhängt werden, die gerade noch „abgearbeitet" werden können und damit das Netz der staatlichen Kontrolle sogar verkleinern. Dies geschieht gar in doppelter Hinsicht: Zum einen werden kürzere Freiheitsstrafen verhängt, zum anderen können diese dann durch gemeinnützige Arbeit ersetzt werden.

Insgesamt bleibt ein „*net-widening*-Effekt" damit zwar grundsätzlich möglich, allerdings lässt sich diese Gefahr bei der Einführung neuer Sanktionsformen nie vollständig beseitigen und es ist Aufgabe der gesetzlichen Ausgestaltung, die entscheidenden Praktiker ausreichend zu kontrollieren.[979] Hier ist durch die Natur der Ersetzungslösung und die bereits bestehenden Regeln zur kurzen Freiheitsstrafe und zur Strafaussetzung zur Bewährung diesem Effekt angemessen vorgebeugt.

---

975 *Killias/Camathias/Stump* 2000, S. 646 f.

976 Ähnliche Befürchtungen äußert auch *Wolters* 2002, S. 74.

977 Längere Freiheitsstrafen spielen im Rahmen der Ersetzungslösung ohnehin keine Rolle.

978 *Killias/Camathias/Stump* 2000, S. 646 f.

979 *Tonry/Lynch* 1996, S. 102 f.

Weßlau befürchtete zudem, dass der Grundsatz der Opfergleichheit bei der gemeinnützigen Arbeit nicht gewahrt bliebe.[980] Sie geht davon aus, dass es sich bei dem Rechtsgut Freizeit zwar um ein allgemein vorhandenes Rechtsgut wie Freiheit oder Vermögen handelt, doch die Auswirkungen auf die verschiedenen Menschen so ungleich sind, dass die Opfergleichheit nicht gewährleistet werden könne. Dies mag insoweit zutreffen, dass es für einige Personen aufgrund privater und beruflicher Verpflichtungen schwieriger sein dürfte, eine bestimmte Anzahl an Stunden zu leisten. Diese Ungleichheiten dürften sich auch nicht in der Strafzumessung beseitigen lassen, da bei der Ersetzungslösung schließlich zunächst eine Freiheitsstrafe verhängt wird. Die Länge einer Freiheitsstrafe ggf. zu reduzieren, weil der Täter z. B. beruflich zu sehr eingespannt ist, kann dabei nicht überzeugen. Die Lösung kann daher nur darin liegen, die Frist für die Ableistung der Arbeit entsprechend lang auszugestalten. In Härtefällen spricht auch nichts dagegen, dass sich die gemeinnützige Arbeit über Jahre erstreckt. Warum sollte die Arbeit nicht auch über einen langen Zeitraum beispielsweise an einem Tag am Wochenende abgeleistet werden können? Dies sollte zwar die absolute Ausnahme sein, aber gerade für Vollzeitbeschäftigte, die zusätzlich noch familiär eingebunden sind, könnte sich eine derartige Lösung anbieten. So kann sichergestellt werden, dass auch Täter mit weniger zur Verfügung stehender Freizeit Freiheitsstrafen bis zur Sechsmonatsgrenze ersetzen können. Denn jedem Menschen steht ein gewisser Teil an freier Zeit zur Verfügung und diese ist grundsätzlich auch gleich viel wert. Eine weitere Anpassung im Rahmen der Strafzumessung ist nicht erforderlich und wäre ohnehin praktisch nur schwer realisierbar.

Außerdem ist *Laun*[981] dahingehend zuzustimmen, dass es nicht das Ziel sein kann, eine Sanktion zu schaffen, die jeden Täter gleichermaßen betrifft – eine solche Sanktion ist praktisch unvorstellbar. Auch Freiheits- und Geldstrafen wirken (trotz des Tagessatzsystems) unterschiedlich.[982] Ziel kann daher nur sein, diese Unterschiede so gering wie möglich zu halten. Dies kann hier durch eine entsprechend lange Frist geschehen, ggf. auch mit Verlängerungsmöglichkeiten bei bestimmten Gründen. Zudem ist eine Härtefallregelung, wie sie nahezu alle Länderverordnungen zur Ersatzfreiheitsstrafenvermeidung kennen, denkbar, um in besonderen Fällen die Anzahl an Stunden pro Tag Freiheitsstrafe zu reduzieren. Auch unterscheidet sich die Problematik von der oben diskutierten Ungleichbehandlung im Rahmen des Fahrverbots insoweit, dass jedem Menschen ein gewisses Maß an Freizeit zur Verfügung steht, jedoch nicht jeder eine Fahrerlaubnis

---

980 *Weßlau* 1999, S. 282 ff.

981 *Laun* 2002, S. 250.

982 Gleiches gilt für die in dieser Arbeit ebenfalls diskutierten Sanktionen des Fahrverbots und des elektronisch überwachten Hausarrests.

besitzt. Der Grundsatz der Opfergleichheit steht der gemeinnützigen Arbeit damit nicht entgegen.[983]

Zusammenfassend lässt sich sagen, dass die Bedenken gegen die gemeinnützige Arbeit zur Ersetzung von Freiheitsstrafen sich eher gegen die Umsetzbarkeit und die Ausgestaltung richten als gegen die Sanktionsform als solche. Gerade die Erfahrungen aus dem Ausland sowie in Deutschland im Rahmen der Ersatzfreiheitsstrafenvermeidung zeigen, dass sich diese Hindernisse überwinden lassen. Die gemeinnützige Arbeit hat großes Potenzial, kurze Freiheitsstrafen zu ersetzen, dieses ist jedoch bis jetzt ungenutzt geblieben. Wie groß der Anwendungsbereich tatsächlich ist, bleibt schwer abzuschätzen. Auf der einen Seite sollen kurze Freiheitsstrafen nur verhängt werden, wenn sie unerlässlich sind, auf der anderen Seite spricht die Sanktionspraxis dafür, dass die kurze Freiheitsstrafe keinesfalls eine Ausnahme ist, es sich also nicht ausschließlich um Täter handelt, bei denen ein Freiheitsentzug tatsächlich unerlässlich ist. Es ist daher davon auszugehen, dass trotz § 47 Abs. 1 StGB ein gewisser Anwendungsbereich für eine Ersetzungslösung vorhanden ist.

Ein großes Hindernis, welches möglicherweise auch bis jetzt eine Erweiterung der gemeinnützigen Arbeit verhindert hat, ist die politische Durchsetzbarkeit. Maßnahmen, die Straftätern den Vollzug ersparen, sind ohnehin i. d. R. bereits unpopulär. Wenn sie darüber hinaus noch mit nicht unerheblichen Investitionen verbunden sind und weitere Bedenken geschürt werden können (z. B. die oben genannte Bedrohung des Arbeitsmarktes), ist eine solche Reform politisch i. d. R. nur schwer durchsetzbar. Die Tatsache, dass sich diese Investitionen langfristig finanziell lohnen können und die übrigen Bedenken unberechtigt sind, wird in solchen Diskussionen leider gerne übersehen. Hier ist es dann also auch an der Politik, Mut zu zeigen und das Risiko einer langfristigen Investition einzugehen. Der Kampf gegen die kurze Freiheitsstrafe ist auf Alternativen angewiesen und die gemeinnützige Arbeit in Form der Ersetzungslösung erscheint dabei als eine der vielversprechendsten. Daher wird nachfolgender Entwurf vorgeschlagen. Dieser beruht im Grundsatz auf dem Referentenentwurf von 2000 und wurde entsprechend den oben genannten Argumenten modifiziert:

§ 58a Abwendung von kurzen Freiheitsstrafen durch gemeinnützige Arbeit

Abs. 1
Das Gericht soll dem Verurteilten gestatten, die Vollstreckung einer Freiheitsstrafe von bis zu sechs Monaten durch Leistung gemeinnütziger Arbeit abzuwenden. Gleiches gilt für entsprechende Freiheitsstrafen, die nach § 56 zur Bewährung ausgesetzt worden sind. Es hat dies dem Verurteilten zu gestatten, wenn

---

983 *Streng* 1999, S. 838, *Laun* 2002, S. 250.

dieser erstmals zu einer Freiheitsstrafe verurteilt wird, die nicht zur Bewährung ausgesetzt worden ist.

Abs. 2
Einem Tag Freiheitsstrafe entsprechen vier Stunden gemeinnützige Arbeit. Ist die Freiheitsstrafe zur Bewährung ausgesetzt, entsprechen drei Stunden gemeinnütziger Arbeit einem Tag Freiheitsstrafe.

Abs. 3
Das Gericht setzt dem Verurteilten eine Frist von höchstens zwei Jahren zum Nachweis der Leistung. Es kann für Teilleistungen eine gesonderte Frist setzen, wenn dies aufgrund der Gesamtzahl der zu leistenden Arbeitsstunden geboten ist.

Abs. 4
Soweit die gemeinnützige Arbeit geleistet ist, ist die Freiheitsstrafe erledigt.

Abs. 5
Das Gericht kann die Gestattung widerrufen, wenn der Verurteilte die Arbeitsleistung wiederholt schuldhaft schlecht erbringt, beharrlich gegen Anweisungen, die ihm im Rahmen der gemeinnützigen Arbeit erteilt wurden, verstößt, seinen Beschäftigungsgeber vorsätzlich schädigt oder im Zusammenhang mit der Beschäftigung eine Straftat begeht.

5.3.4 Gemeinnützige Arbeit zur Ersatzfreiheitsstrafenvermeidung

Bereits *de lege lata* wird die gemeinnützige Arbeit zur Vermeidung von Ersatzfreiheitsstrafen genutzt.[984] Obwohl auf diese Weise beachtliche Erfolge erzielt werden konnten und die Anzahl der Ersatzfreiheitsstrafen nicht unerheblich reduziert wurde, müssen, wie die Sanktionspraxis zeigt, noch verhältnismäßig viele Geldstrafen durch eine Ersatzfreiheitsstrafe vollstreckt werden. Es stellt sich daher die Frage, ob sich die Ersatzfreiheitsstrafenvermeidung durch gemeinnützige Arbeit noch optimieren lässt.

Dazu bieten sich verschiedene Reformideen an, die einzeln oder auch kombiniert umgesetzt werden könnten. Zum einen könnte die gemeinnützige Arbeit zur primären Ersatzsanktion bei nicht einbringlichen Geldstrafen hochgestuft werden. Ihr würde dann Priorität vor dem Freiheitsentzug eingeräumt werden und die Ersatzfreiheitsstrafe wäre erst bei Nicht-Leistung der Arbeitsleistung zu vollstrecken. Denkbar wäre auch, die Arbeit im Vollzug ebenfalls „anzurechnen". So könnte immerhin eine Verkürzung der Vollstreckungsdauer erreicht werden.

---

984 Vgl. *Kap. 3.3.5.*

5.3.4.1 Ersatzfreiheitsstrafenvermeidung durch Arbeit im Vollzug

Die Möglichkeit, die Vollstreckung einer Ersatzfreiheitsstrafe durch freie Arbeit zu vermeiden, ist in allen Bundesländern vorgesehen. Fraglich ist jedoch, inwieweit eine Vermeidung noch möglich sein sollte, wenn mit der Vollstreckung der Ersatzfreiheitsstrafe einmal begonnen wurde. Neun Länderverordnungen[985] sehen für solche Fälle vor, dass auch während der Vollstreckung erbrachte Arbeitsleistungen angerechnet werden können und so die Dauer der Inhaftierung entsprechend verringert werden kann. Die Arbeit kann entweder innerhalb der Anstalt oder auch im Rahmen des offenen Vollzugs erbracht werden.[986]

Zwar ist es wohl unstrittig, dass eine Ableistung der Arbeit vor der Vollstreckung einer Freiheitsstrafe sowohl aus Gesichtspunkten der Prävention als auch aufgrund fiskalischer Aspekte sinnvoller ist, doch wird die Ersatzfreiheitsstrafe einmal vollstreckt, spricht nichts dagegen, diese möglichst zu verkürzen.[987] Die Voraussetzungen für offenen Vollzug oder entsprechende Vollzugslockerungen, die Arbeit außerhalb der Anstalt ermöglichen, dürften bei Geldstrafenschuldnern regelmäßig vorliegen. Natürlich wäre dies mit weiterem organisatorischem Aufwand verbunden, doch auch hier sind die ersparten Haftkosten gegenzurechnen. Hinzu kommt, dass es sich um in der Regel ungefährliche Straftäter handelt; Sicherheitsbedenken sind also noch geringer, als sie ohnehin bei Vollzugslockerungen sein sollten.

Fraglich ist jedoch, ob man nicht einen Schritt weitergehen sollte und die Vollstreckung der Ersatzfreiheitsstrafe bei Aufnahme von Arbeit außerhalb der Anstalt zwangsweise aussetzen sollte. Dagegen sprechen eigentlich nur organisatorische Gründe. Wenn der Vollzug mehrfach unterbrochen werden muss, um immer wieder letztlich erfolglose Versuche der Ableistung von gemeinnütziger Arbeit zu ermöglichen, ist dies mit einem erheblichen Aufwand verbunden. Zumindest einmalig sollte jedoch eine Aussetzung der Vollstreckung ermöglicht werden, wenn der Inhaftierte dies beantragt und eine entsprechende Arbeitsstelle vorhanden ist.

Ebenfalls denkbar wäre es, Formen der gemeinnützigen Arbeit innerhalb des Vollzugs zu organisieren. Dies wäre zumindest organisatorisch wohl einfacher umsetzbar als die Arbeit im Rahmen von Lockerungen. Unabhängig von der konkreten Ausgestaltung wäre es wichtig, dass auch nach Beginn des Vollzugs einer Ersatzfreiheitsstrafe die Möglichkeit besteht, durch gemeinnützige Arbeit die Vollstreckung abzuwenden oder zumindest die Vollzugsdauer zu verkürzen.

---

985 § 4a ErsFrhStrAbwV SH, § 4a ErsFrhStrAbwV MV, § 5 ErsFrhStrAbwV BB, § 3 GStrTilgVO HB, § 3 Abs. 3 GStrTilgVO HE, § 3 Abs. 3 ErsFrhStrAbwV SN, § 2 Abs. 2 ErsFrhStrAbwV BE, § 2 GStrTilgV HH, § 1 Abs. 1 S. 1 ErsFrhStrAbwV ND.

986 *Eisenberg* 2003, S. 223.

987 *Eisenberg* 2003, S. 224.

5.3.4.2   Gemeinnützige Arbeit als primäre Ersatzstrafe

Obwohl es wohl kaum Zweifel daran geben dürfte, dass die Ersatzfreiheitsstrafe nicht die optimale Form der Geldstrafenvollstreckung ist, stellt sie aktuell dennoch die primäre Ersatzsanktion bei einer uneinbringlichen Geldstrafe dar. Es stellt sich daher die Frage, ob dieses Verhältnis nicht möglicherweise umzukehren ist, also zunächst die gemeinnützige Arbeit an die Stelle der Geldstrafe tritt und erst bei Nicht-Leistung der Arbeit Freiheitsentzug droht. Dies erscheint auch im Hinblick auf die Schwere der Sanktion logisch, indem die Freiheitsstrafe, als schwerste der drei Sanktionen, am Ende der Sanktionskette steht und nicht die gemeinnützige Arbeit.[988] Aus verfassungsrechtlichen Gründen (siehe dazu oben) ist allerdings auch hier eine Einwilligung des Betroffenen zu fordern, ansonsten wäre ein Verstoß gegen Art. 12 Abs. 3 GG anzunehmen.[989]

Diese Änderung mag zwar auf den ersten Blick wenig bedeutend erscheinen, da der Geldstrafenschuldner die Ersatzfreiheitsstrafe ja durch die gemeinnützige Arbeit bereits *de lege lata* abwenden kann, allerdings kann eine Umkehr der Reihenfolge dieser beiden Sanktionen dennoch nicht unerhebliche Auswirkungen in der Praxis haben. Zum einen haben Untersuchungen ergeben, dass ein häufiger Grund für die Nicht-Abwendung einer Ersatzfreiheitsstrafe ist, dass der Betroffene sich nicht darum kümmert oder gar nichts von der Möglichkeit der Abwendung wusste.[990] Dem könnte vorgebeugt werden, wenn die gemeinnützige Arbeit der Freiheitsstrafe ohnehin vorgeschaltet wäre. Außerdem sind Fälle zu beachten, in denen (trotz möglicher Ratenzahlungsvereinbarungen) von Anfang an zu befürchten ist, dass die Geldstrafe nicht bezahlt werden kann. Hier erscheint es als unnötige Bürokratie, erst die Ersatzfreiheitsstrafe anzudrohen, bevor die gemeinnützige Arbeit abgeleistet werden kann.[991] Auch wenn der Anteil der Geldstrafenschuldner, bei denen Haft vermieden werden kann, nur gering sein sollte und das Problem der Ersatzfreiheitsstrafe allein durch diese Umkehr nicht zu beheben sein wird, handelt es sich dennoch um eine sinnvolle Reform, die keine negativen Folgen mit sich bringt.

Hinzu kommt auch eine möglicherweise symbolische Wirkung durch die Voranstellung der gemeinnützigen Arbeit. Wenn der Gesetzgeber seine Priorität hin

---

988   *Redlich* 2005, S. 142.

989   Auch der Entwurf 2004 sah aus diesem Grund ein Einwilligungserfordernis vor, vgl. BT-Drucks. 15/2725, S. 21.

990   *Matt* 2005, S. 346 (16% „verschludert"); BT-Drucks. 1527/25 S. 21: „[…] häufig erst mit der Ladung zum Strafantritt informiert"; *Dolde* 1999, S. 333 schätzt, dass ca. 20% gar nicht über die Möglichkeit belehrt werden; nach *Janssen* 1994 wurden 43,3% der Vollverbüßer von Ersatzfreiheitsstrafen nicht über Möglichkeiten der Vermeidung informiert.

991   *Dünkel/Scheel* 2006, S. 175.

zur Arbeitsleistung und weg vom Freiheitsentzug setzt, kann er ggf. auch der Justiz ein Zeichen setzen, die Bemühungen zur Vermittlung zu forcieren.[992] Die gemeinnützige Arbeit sollte daher primär an die Stelle uneinbringlicher Geldstrafen treten und nur im Fall der Nicht-Leistung bzw. bei verweigerter Zustimmung des Geldstrafenschuldners sollte eine Ersatzfreiheitsstrafe angeordnet werden.[993]

5.3.4.3   Umrechnung gemeinnützige Arbeit – Ersatzfreiheitsstrafe

Eine weitere Möglichkeit der Ersatzfreiheitsstrafenvermeidung wäre es, die Zahl der benötigten Arbeitsstunden zur Ersetzung eines Tagessatzes zu verringern. Aktuell liegt dieser je nach Bundesland zwischen vier und sechs Stunden, wobei in den meisten Bundesländern sechs Stunden Arbeit zu leisten sind.[994] Unmittelbar damit verbunden ist die Frage nach einer bundeseinheitlichen Regelung, denn aktuell wird die Umrechnung von den Ländern in entsprechenden Verordnungen geregelt. Die Ermächtigungsgrundlage des Art. 293 EGStGB gibt hierbei keinerlei Hinweise auf die Höhe des Umrechnungsschlüssels. Theoretisch sind die Länder bei der Wahl des Umrechnungsfaktors also frei, wobei sie natürlich das Schuldprinzip und den Verhältnismäßigkeitsgrundsatz zu beachten haben.

Für den Umrechnungsfaktor von gemeinnütziger Arbeit zu Ersatzfreiheitsstrafen gilt das in *Kap. 3.3.1* Gesagte. Ein Tageseinkommen wird in etwas mehr als fünf Stunden erarbeitet; bezieht man Steuern und Sozialabgaben ein, ergibt sich ein Satz von zwei bis drei Stunden pro Tagessatz. Unter Berücksichtigung von möglichen Unterhaltszahlungen und der Tatsache, dass nicht immer von einer Vollbeschäftigung ausgegangen werden kann, sollten zwei Stunden veranschlagt werden. Wenn man entsprechend davon ausgeht, dass zwei Tagessätze Geldstrafe einem Tag Freiheitsstrafe entsprechen, dann ersetzen vier Stunden gemeinnützige Arbeit einen Tag Freiheitsstrafe. Hier sollte eine konsequente Linie durchgehalten werden. Ein Tag Freiheitsentzug sollte derselben Anzahl Arbeitsstunden entsprechen, unabhängig davon, ob es sich um eine normale Freiheitsstrafe oder eine Ersatzfreiheitsstrafe handelt. Gerade bei der Ersatzfreiheitsstrafe ist noch zusätzlich zu berücksichtigen, dass die Täter möglicherweise den „Wert" ihrer Arbeit bezogen auf die Geldstrafe umrechnen. Wenn man dann bedenkt, dass ein Großteil der Tagessätze im Bereich von unter 25 € liegt, käme man bei sechs Stunden

---

992 BT-Drucks. 15/2725, S. 21.

993 Zustimmend *Dünkel/Scheel* 2006, S. 175; *Redlich* 2005, S. 144; auch der Entwurf 2004 sah dies vor, vgl. BT-Drucks. 15/2725.

994 Lediglich Baden-Württemberg und Bremen (jeweils vier Stunden), sowie Sachsen und Hamburg (jeweils fünf Stunden) sehen weniger als sechs Stunden als die Regel an, wobei nahezu alle Länder zumindest eine Reduzierungsmöglichkeit in Härtefällen vorsehen; Dazu *Dünkel* 2011, S. 145 ff.

pro Tagessatz auf einen Stundenlohn von nur etwas mehr als vier Euro.[995] Dies dürfte wenig motivierend sein,[996] gerade wenn man bedenkt, dass der gesetzliche Mindestlohn mit 8,50 € mehr als das Doppelte beträgt. Zwar dürfte auch bei zwei Stunden pro Tagessatz selten ein zufriedenstellender Stundenlohn zu erreichen sein (insbesondere bei niedrigen Tagessatzhöhen, die gerade bei uneinbringlichen Geldstrafen überrepräsentiert sind), doch ist diese Diskrepanz ein weiteres Argument dafür, den Umrechnungsfaktor bei zwei Stunden pro Tagessatz festzusetzen.[997]

Für eine bundeseinheitliche Regelung dieses Faktors spricht zum einen die Akzeptanz der Sanktion in der Bevölkerung. Diese könnte darunter leiden, dass die Sanktion innerhalb der Bundesländer z. T. variiert.[998] Es dürfte für die Allgemeinheit unverständlich sein, warum innerhalb eines Bundeslandes bis zu einem Drittel mehr Arbeitsstunden für eine identische Geldstrafe geleistet werden müssen als in einem anderen.[999] Die Unterscheidung wirkt willkürlich gerade vor dem Hintergrund, dass das Strafrecht im Übrigen bundeseinheitlich ist und die Täter aufgrund desselben Bundesrechts zu einer identischen Strafe verurteilt wurden, deren Vollstreckungsdauer sich nun ohne ersichtlichen Grund erheblich unterscheidet.

Auch aus verfassungsrechtlicher Sicht ist eine (bundeseinheitliche) gesetzliche Regelung zu fordern. *Redlich*[1000] weist zu Recht auf Probleme mit dem Bestimmtheitsgebot aus Art. 103 Abs. 2 GG hin.[1001] Danach muss eine strafgesetzliche Regelung so bestimmt sein, dass für den Täter vorhersehbar ist, welche Sanktion ihn erwartet. Gerade dies kann Art. 293 EGStGB nicht gewährleisten. Es wird lediglich die Art der Sanktion genannt, jedoch keine Mindest- oder

---

995   Bei Tagessätzen von unter 25 € entsprechend sogar noch weniger.

996   *Schöch* 1992, C. 87 f.

997   Im Ergebnis für einen Umrechnungsschlüssel von drei Stunden *Heinz* 2014, S. 77; *Dünkel/Scheel* 2006, S. 176; BT-Drucks. 15/2725, S. 21.

998   *Schöch* 1992, C 86.

999   Bei einer Geldstrafe von 30 Tagessätzen handelt es sich bereits um eine Differenz von bis zu 60 Arbeitsstunden.

1000   *Redlich* 2005, S. 153 f.; zustimmend *Dünkel/Scheel* 2006, S. 173; *Schall* 1985, S. 109 f.

1001   Bereits aufgrund des Wortlauts beschränkt sich der Anwendungsbereich des Art. 103 Abs. 2 GG nicht auf die primär verhängte Kriminalstrafe, sondern gilt für alle missbilligenden staatlichen Reaktionen auf schuldhaft verübtes Unrecht; vgl. z. B. BVerfGE 26, S. 203 f. (Disziplinarstrafen); BVerfGE 42, S. 262 f. (Ordnungswidrigkeiten); ausgenommen wären lediglich rein präventive Maßnahmen; BVerfG NJW 2004, S. 744 (Maßnahmen der Besserung und Sicherung); nach diesen Grundsätzen gilt Art. 103 Abs. 2 GG auch für Ersatzstrafen, da mit ihr das schuldhaft verübte Unrecht sanktioniert wird, es handelt sich gerade nicht um eine Beugemaßnahme, vgl. *Redlich* 2005, S. 153; *Schall* 1985, S. 109.

Höchstgrenzen für deren Dauer. Diese werden allein von der Exekutive in den jeweiligen Verordnungen festgelegt. Auch bei Geld- oder Freiheitsstrafe wäre es unzureichend, wenn das Gesetz lediglich vorschreiben würde, welche Taten mit Geld- oder Freiheitsstrafe zu bestrafen sind, und die Mindest- und Maximalhöhe dem Verordnungsgeber überließe. Zwar weiß der Betroffene in der Regel, wie viele Tagessätze noch nicht bezahlt sind,[1002] doch diese allein bestimmen nicht die Dauer der Arbeitssanktion, denn auch der gesetzlich nicht geregelte Umrechnungsschlüssel bestimmt die Länge der Ersatzfreiheitsstrafe. Es werden nicht einmal grobe Maßstäbe, an denen sich der Verordnungsgeber orientieren könnte, genannt. Zwar ist es grundsätzlich möglich, dass der Gesetzgeber bestimmte Befugnisse an andere Organe delegiert, dies ist jedoch nicht ohne Grenzen zulässig. Nach dem Wesentlichkeitsgrundsatz müssen die Voraussetzungen „wesentlicher" Grundrechteingriffe vom demokratisch legitimierten Gesetzgeber festgelegt werden.[1003] Es kommt also darauf an, wie schwer der Grundrechtseingriff wiegt.[1004] Dies trifft insbesondere auf die strafrechtliche Sanktion zu, die als einer der schwersten Grundrechtseingriffe stets vom Gesetzgeber zu regeln ist.[1005] Das Bundesverfassungsgericht geht davon aus, dass Voraussetzungen der Strafbarkeit und Art der Strafe sich bereits aus der gesetzlichen Grundlage ergeben müssen.[1006] Damit kann jedoch nicht nur die zu verhängende Sanktion an sich gemeint sein, sondern dies muss sich auch auf die Höhe der Sanktion beziehen. Gerade diese kann auch maßgeblich für die Erheblichkeit eines Grundrechtseingriffs sein und muss daher in einem gewissen Maße aus dem zugrunde liegenden Gesetz vorhersehbar sein. Die hier vorliegenden von der Exekutive erlassenen Verordnungen mögen für die genaue Ausgestaltung der Vollstreckung der gemeinnützigen Arbeit ausreichend sein.[1007] Für den Umrechnungsschlüssel, der letztlich die Dauer der Strafe mit beeinflusst und damit einen erheblichen Eingriff darstellt, ist allerdings eine gesetzliche Regelung zu fordern. Das Argument, eine bundeseinheitliche Regelung sei allein im Hinblick auf die Ähnlichkeit der Länderverordnungen entbehrlich,[1008] kann daher bereits aus verfassungsrechtlichen

---

1002 *Feuerhelm* 1997, S. 197.

1003 BVerfGE 33, S. 158 ff.; E 47, S. 78 ff.; E 61, S, 275 ff; E 83, S. 142 ff.; E 108, S. 311 f; NJW 1998, S. 1520 f.; *Maurer* 2010, § 13 Rn. 119; Bonner-Kommentar-*Brenner* 2018, Art. 80, Abs. 1, Rn. 36.

1004 BVerfGE 83, S. 145; 108, S. 311 ff.; BVerfG NVwZ 2009, S. 906; Hömig/Wolf-*Schnapauff* 2018, Art. 80, Rn. 7; *Morlok/Michael* 2019, § 7 Rn. 346.

1005 BeckOK-GG-*Uhle* 2019, Art. 80, Rn. 26.

1006 BVerfGE 14, S. 186 ff.; E 75, S. 342.

1007 *Schöch* 1992, C 86, der auch davon ausgeht, dass Spielraum der Länder bei der Organisationsstruktur Innovation fördern kann.

1008 *Kommission* 2000, S. 61.

Gesichtspunkten nicht überzeugen. Hinzu kommt, dass sich der Umrechnungsmaßstab zwischen den Ländern z. T. erheblich unterscheidet.

Aktuell genügt Art. 293 EGStGB damit weder dem Bestimmtheitsgebot noch
dem Wesentlichkeitsgrundsatz. Es ist daher notwendig, eine bundeseinheitliche
Regelung zur Ersatzfreiheitsstrafenvermeidung zu schaffen. Diese sollte jedoch
nicht nur einen Rahmen für die Umrechnung vorgeben, sondern einen konkreten
Umrechnungsmaßstab. Hier spricht wie oben dargestellt einiges für vier Stunden
pro Tag Ersatzfreiheitsstrafe bzw. zwei Stunden für einen Tagessatz Geldstrafe.
Eine bundeseinheitliche Norm wäre sinnvollerweise in das StGB zu integrieren.

§ 43 Ersatzstrafen

Abs. 1
An die Stelle einer uneinbringlichen Geldstrafe tritt mit Zustimmung des Verurteilten die gemeinnützige Arbeit. Einem Tagessatz entsprechen zwei Stunden gemeinnützige Arbeit.

Abs. 2
Erteilt der Verurteilte die nach Absatz 1 erforderliche Zustimmung nicht oder
wird die gemeinnützige Arbeit nicht in angemessener Zeit oder nicht in ordnungs-
gemäßer Weise erbracht, so tritt an die Stelle einer uneinbringlichen Geldstrafe
Freiheitsstrafe. Zwei Tagessätze entsprechen einem Tag Freiheitsstrafe. Das Mindestmaß der Ersatzfreiheitsstrafe beträgt einen Tag.

Abs. 3
Auf Antrag des Betroffenen kann die Vollstreckungsbehörde die Vollstreckung
der Freiheitsstrafe zur Ableistung gemeinnütziger Arbeit unterbrechen. Die geleistete Arbeit ist nach Maßgabe des Absatzes 1 auf die zu verbüßende Ersatzfreiheitsstrafe anzurechnen.

Art. 293 Abs. 1 EGStGB entfällt.

5.3.5   Fazit

Zusammenfassend lässt sich damit Folgendes über die gemeinnützige Arbeit zur
Ersetzung von kurzen Freiheitsstrafen und zur Ersatzfreiheitsstrafenvermeidung
sagen:

Das Potenzial der gemeinnützigen Arbeit ist zwar bekannt, jedoch wird es in
Deutschland bis jetzt leider kaum genutzt. Die gemeinnützige Arbeit ist in der
Lage, verschiedenen Strafzwecken gleichzeitig zu dienen, und könnte gerade für
die problematische Klientel der Verbüßer von kurzen Freiheitsstrafen einen Ausweg darstellen, der sie nicht nur vor dem Freiheitsentzug bewahrt, sondern ihnen

gleichzeitig auch eine Chance bietet, den eigenen Alltag zu strukturieren, ggf. einen Berufseinstieg zu ermöglichen und zudem auch der Gesellschaft etwas zurückzugeben. Eine Freiheitsstrafen-Ersetzungslösung erscheint dabei als sinnvollste Alternative zum kurzen Freiheitsentzug. Die verfassungsrechtlichen Bedenken sind geringer als bei einer echten „Arbeitsstrafe", und auch „*net-widening*-Effekte" wären weniger wahrscheinlich. Wichtig wäre es jedoch, dass die Sanktion nicht auf die Arbeitsleistung allein reduziert wird, sondern dass parallel eine Betreuung der Probanden durch Sozialarbeiter stattfindet.

Darüber hinaus ist die gemeinnützige Arbeit zur Primärsanktion bei nicht beitreibbaren Geldstrafen aufzuwerten. Die Ersatzfreiheitsstrafe sollte als *ultima ratio* die letzte Stufe in der Kette der Geldstrafenvollstreckung sein. Es leuchtet nicht ein, warum sie vor der gemeinnützigen Arbeit stehen sollte. Die Ersatzfreiheitsstrafenvermeidung durch gemeinnützige Arbeit ist zudem vom Bundesgesetzgeber zu regeln. Die Wesentlichkeitstheorie gebietet eine gesetzliche Regelung insbesondere des Umrechnungsschlüssels. Aufgrund des Nettoprinzips der Geldstrafe wären dabei zwei Arbeitsstunden pro Tagessatz Geldstrafe angemessen.

Auch die Umrechnung zwischen Geld- und Freiheitsstrafe ist zu überdenken. Die Verbüßung eines Tages Ersatzfreiheitsstrafe pro Tagessatz Geldstrafe ist überhöht und entspricht nicht dem Schuldgrundsatz. Ein Tag Freiheitsstrafe wiegt für den Täter schwerer als der Verlust eines Tageseinkommens. Der Umrechnungsschlüssel ist daher anzupassen. Zwei Tagessätze Geldstrafe sollten einem Tag (Ersatz-)Freiheitsstrafe entsprechen.

Im Ergebnis entspräche dann ein Tagessatz Geldstrafe zwei Stunden gemeinnütziger Arbeit und vier Stunden gemeinnützige Arbeit einem Tag Freiheitsstrafe (wie bereits im Rahmen des Umrechnungsschlüssels erläutert, wäre dies für ausgesetzte Freiheitsstrafen auf drei Stunden zu reduzieren).

Insgesamt ist durch die gemeinnützige Arbeit und die weiteren genannten Reformen im Bereich der Ersatzfreiheitsstrafe eine große Chance zur Vermeidung von Freiheitsentzügen gegeben. Der Gesetzgeber sollte diese Chance ergreifen, auch wenn sie im Moment eine politisch möglicherweise unpopuläre Entscheidung sein mag. Nur wenn die Politik hier gewillt ist, ein gewisses Risiko einzugehen, kann sie langfristig mit einer dauerhaften Haftvermeidung rechnen, Kosten reduzieren und ein gerechtes Verhältnis zwischen Geldstrafe und Ersatzfreiheitsstrafe herstellen.

5.4 Die elektronische Überwachung

Die immer weiter voranschreitende Technisierung bringt auch neue Möglichkeiten im Bereich der strafrechtlichen Sanktion mit sich. Eine Sanktionsform, die international teilweise schon einen erheblichen Anwendungsbereich gefunden hat, in Deutschland jedoch immer noch am Anfang steht, ist die elektronische Überwachung von Straftätern. Durch moderne GPS-Technik ist es heute möglich,

Personen mit Hilfe eines an ihr befestigten Senders jederzeit beinahe punktgenau orten zu können. Dadurch besteht die Möglichkeit, die Bewegungsfreiheit eines Straftäters ohne physische Barrieren einzuschränken. International hat die elektronische Überwachung von Straftätern zum Teil bereits einen nicht unerheblichen Anwendungsbereich erlangt. In den USA und einigen europäischen Ländern (z. B. England, Niederlande und Schweden) ist sie bereits seit Jahrzehnten im Einsatz.[1009] In diesen Ländern ist diese Technik nicht nur bereits deutlich länger im Einsatz, auch die Fallzahlen sind bereits deutlich höher als in der Bundesrepublik. Großbritannien ist aktuell dabei, das größte und modernste Netz elektronischer Überwachung von Straftätern zu installieren.[1010] Es bietet sich daher an zu untersuchen, inwieweit auch in Deutschland ein Anwendungsbereich für die elektronische Überwachung zu erkennen ist. Zu diesem Zweck sollen zunächst die Begrifflichkeiten geklärt und die aktuelle Ausgestaltung der elektronischen Überwachung dargestellt werden. Anschließend wird auf die verfassungsrechtlichen Bedenken eingegangen und abschließend erfolgt eine Stellungnahme. Zum Ende des Kapitels soll zudem noch kurz auf die Vermeidung von Untersuchungshaft durch elektronische Überwachung eingegangen werden.

5.4.1 Begriffsbestimmung

Unterteilt wird in zwei unterschiedliche Ausgestaltungen der elektronischen Überwachung, den „elektronisch überwachten Hausarrest" und die „elektronische Aufenthaltsüberwachung". Die Begriffe mögen nicht immer exakt ihren Anwendungsbereich beschreiben, doch haben sie sich in der Diskussion inzwischen recht fest eingebürgert, weshalb im Rahmen dieser Arbeit an ihnen festgehalten werden soll. Als Oberbegriff für beide Formen soll der Begriff „elektronische Überwachung" dienen.

Beim elektronisch überwachten Hausarrest ist der Betroffene verpflichtet, sich grundsätzlich in seiner Wohnung aufzuhalten, nur zu bestimmten Zeiten (z. B. zum Zweck der Arbeit, zur Erledigung von Einkäufen etc.) muss bzw. darf er seinen Aufenthaltsort verlassen. Die Einhaltung dieser Verpflichtung wird mit Hilfe elektronischer Geräte überwacht.[1011] Elektronische Aufenthaltsüberwachung hingegen meint die durchgehende, in Echtzeit stattfindende Bestimmung des Aufenthaltsorts per GPS-Sender.[1012] Es wird also nicht nur überprüft, wann

1009 *Dahs* 1999, S. 3470; *H.-J. Albrecht* 2002, S. 84; *H.-J. Albrecht/Arnold/Schädler* 2000, S. 466; *Houk* 1984, S. 431 ff; *Nellis/Bungerfeld* 2013, S. 279 ff.; *Önel* 2012, S. 5 f.; *Renzema/Mayo-Wilson* 2005, S. 215: „every inhabited continent"; die Anwendungszahlen stiegen dabei europaweit kontinuierlich an, vgl. *Beyens* 2017, S. 3.

1010 *Nellis* 2014, S. 169; 2012, S. 240.

1011 *Haverkamp* 2003, S. 165; *Hochmayr* 2013, S. 13 f.; *Schöch* 1992, C 101.

1012 *Harders* 2014, S. 45.

sich der Betroffene zu Hause aufhält, sondern es kann rund um die Uhr sein aktueller Aufenthaltsort festgestellt werden. Der Betroffene darf sich im Wesentlichen frei außerhalb seiner Wohnung bewegen, muss jedoch ggf. bestimmte Orte meiden.[1013] Durch die Überwachung kann dann zum einen die Meidung dieser Orte, zum anderen aber auch allgemein der Aufenthaltsort überprüft werden.[1014]

Beide Formen der elektronischen Kontrolle verfolgen dabei unterschiedliche Zielrichtungen. Die elektronische Aufenthaltsüberwachung dient der Überwachung und Kontrolle gefährlicher Gewalt- oder Sexualstraftäter, während der elektronisch überwachte Hausarrest im Rahmen der Haftvermeidung[1015] eingesetzt wird.[1016] Diese Unterschiede müssen bei der Argumentation für oder gegen bestimmte Formen der elektronischen Überwachung stets beachtet werden.[1017] Aufgrund der Thematik dieser Arbeit ist hier vor allem der elektronisch überwachte Hausarrest einschlägig und im Folgenden ist zu untersuchen, inwieweit er sich eignet, Freiheitsstrafen zu vermeiden oder zu verkürzen.

Die beiden Formen unterscheiden sich auch in ihrer technischen Ausgestaltung. Da mit Hilfe der elektronischen Aufenthaltsüberwachung jederzeit der Aufenthaltsort des Probanden festgestellt werden können muss, ist eine Anwendung von GPS-Technik unumgänglich.[1018] Mit dieser kann per Satellit rund um die Uhr verhältnismäßig genau bestimmt werden, wo sich der Sender (und damit der Proband) befindet. Für den elektronisch überwachten Hausarrest ist es hingegen nicht notwendig, jederzeit feststellen zu können, wo genau der Proband sich aufhält.[1019] Es ist ausreichend, ermitteln zu können, ob er sich zu festgelegten Zeiten in seiner Wohnung aufhält. Zu diesem Zweck wird ein Empfänger in der Wohnung des Probanden installiert, der mit Hilfe des Senders am Körper des Probanden stets überprüfen kann, ob er sich in seiner Wohnung aufhält. Auch aus Gründen der Verhältnismäßigkeit ist es daher geboten, den Täter nur insoweit zu überwachen, wie es die Maßnahme erfordert. Eine durchgehende Aufenthaltskontrolle via GPS wäre daher schon deshalb beim überwachten Hausarrest unzulässig.

1013   *Haverkamp/Schwedler/Wößner* 2012, S. 9.

1014   *Harders* 2014, S. 46.

1015   Sowohl Freiheitsstrafe als auch Untersuchungshaft.

1016   *Kommission* 2000, S. 162; *Streng* 1999, S. 848.

1017   *Renzema/Mayo-Wilson* 2005, S. 218.

1018   *Harders* 2014, S. 35.

1019   *Mayer* 2004, S. 57 f.

5.4.2 Elektronische Überwachung de lege lata

Im Vergleich zu vielen ausländischen Rechtsordnungen steht die elektronische Überwachung in Deutschland noch im Anfangsstadium. Erste Diskussionen in diesem Bereich fanden in den 1990er Jahren statt.[1020] Darauf folgten nach der Jahrtausendwende zwei Pilotprojekte zum elektronisch überwachten Hausarrest in Baden-Württemberg und Hessen sowie die bundesweite Einführung der elektronischen Aufenthaltsüberwachung im Rahmen der Führungsaufsicht. Das hessische Projekt fokussiert sich auf den elektronisch überwachten Hausarrest im Rahmen der Straf(rest)aussetzung zur Bewährung sowie der Aussetzung eines Haftbefehls, während der baden-württembergische Versuch die Überwachung als Vollzugslösung erproben sollte, inzwischen aber eingestellt wurde.

Ausdrücklich im StGB vorgesehen ist die elektronische Straftäterüberwachung aktuell nur im 2010 eingeführten § 68b Abs. 1 Nr. 12 StGB als Weisung im Rahmen der Führungsaufsicht. Als Form der elektronischen Aufenthaltsüberwachung ist sie somit nur bei als noch möglicherweise gefährlich eingeschätzten Gewalt- und Sexualstraftätern nach ihrer Entlassung aus dem Straf- oder Maßregelvollzug möglich. Sie spielt besonders bei aufgrund der Rechtsprechung des EGMR und des BVerfG aus der Sicherungsverwahrung Entlassenen eine Rolle. Der Fokus liegt dabei auf der Kontrolle des Probanden, die Resozialisierung tritt in den Hintergrund.[1021]

Elektronisch überwachter Hausarrest[1022] zur Haftvermeidung wird in Deutschland hauptsächlich im Rahmen eines 2000 in Frankfurt a. M. gestarteten Modellprojekts durchgeführt. Er ist nicht ausdrücklich geregelt, könnte jedoch *de lege lata* im Rahmen der Strafaussetzung bzw. Strafrestaussetzung zur Bewährung sowie zur Vermeidung von Untersuchungshaft nach § 116 StPO denkbar sein.[1023] Im geschlossenen Katalog des § 56b StGB findet elektronische Überwachung keine Erwähnung. Die Anordnung einer EM-*Auflage* kommt insofern nicht in Betracht.[1024] Die elektronische Überwachung ist deshalb allenfalls als

---

1020 *Dahs* 1999, S. 3469.

1021 BT-Drucks. 17/3403, S. 17 f. spricht von einer „Doppelfunktion" der Führungsaufsicht in Form von Unterstützung und Überwachung, wobei hier der Überwachungsaspekt überwiegen soll; zur geplanten Ausweitung des Anwendungsbereichs der elektronischen Überwachung im Rahmen der Führungsaufsicht bzgl. terroristischer Straftaten vgl. BT-Drucks. 18/11162.

1022 Kritisch zu dieser Bezeichnung MüKo-*Groß* 2016, § 56c Rn. 36.

1023 Untersuchungshaftvermeidung ist jedoch als Strafprozessrecht nicht mehr Teil dieser Arbeit.

1024 Sch/Sch-*Kinzig* 2019, § 56b Rn. 8; *Schlömer* 1999, S. 35.

Weisung nach § 56c StGB einsetzbar.[1025] Das angesprochene Pilotprojekt stützt einen Großteil der praktizierten elektronischen Überwachungen auf § 56c StGB.[1026] Gemäß § 57 Abs. 3 S. 1 StGB wäre diese Weisung auch im Rahmen einer Strafrestaussetzung möglich.

Obwohl dieses Vorgehen durch das LG Frankfurt[1027] gebilligt wurde, erscheint fraglich, ob es sich bei der Aufenthaltsüberwachung überhaupt von ihrer Natur her um eine Weisung handeln kann. Denn ihrem Zweck nach müssen Weisungen dazu dienen, dem Betroffenen Hilfe zu leisten, in Zukunft ein straffreies Leben zu führen.[1028] Sie dürfen nicht primär den Zweck der Vergeltung oder der Sicherung und Kontrolle verfolgen. Die Aufenthaltsüberwachung enthält letztlich aber zumindest auch immer einen kontrollierenden Aspekt. Allein dies schließt die Einstufung als Weisung jedoch nicht zwangsweise aus; auch Weisungen dürfen grundsätzlich kontrollierend in das Leben des Probanden einwirken. Die Kontrolle darf dabei jedoch nicht alleiniger Zweck der Weisung sein.[1029] Diese muss zumindest auch den Zweck verfolgen, positiv spezialpräventiv auf den Täter einzuwirken.[1030] Damit wäre zumindest ein elektronischer Hausarrest, der ohne jegliche Form der Betreuung oder Einwirkung lediglich dafür sorgt, dass der Betroffene seine Wohnung nicht verlässt, von § 56c StGB nicht mehr gedeckt.[1031] Die Tatsache, dass Weisungen auch einen gewissen Kontrollcharakter besitzen dürfen, zeigt die in § 56c Abs. 2 Nr. 2 StGB genannte Meldepflicht auf, denn eine derartige Pflicht hat stets einen starken Kontrollcharakter.[1032] Der Fokus einer Weisung muss jedoch immer auf der positiven Einwirkung auf den Probanden liegen.

1025 Der Katalog des § 56c StGB ist nicht abschließend, vgl. LG Frankfurt NJW 2001, S. 697; MüKo-*Groß* 2016, § 56c Rn. 34; z. T. wird in der elektronischen Überwachung auch eine genannte Weisung nach § 56c Abs. 2 Nr. 1 StGB gesehen, vgl. LK-*Hubrach* 2008, § 56c Rn. 6a.

1026 *Harders* 2014, S. 109; *Hochmayr* 2013, S. 18 gehen von ca. 75 Prozent aus, in den übrigen Fällen handelt es sich im Wesentlichen um Fälle der Untersuchungshaftvermeidung.

1027 LG Frankfurt NJW 2001, S. 697.

1028 *Fischer* 2019, § 56c Rn. 1a; LK-*Hubrach* 2008, § 56c Rn. 1; MüKo-*Groß* 2016, § 56c Rn. 2.

1029 *Meier* 2015, S. 114; *Mrozynski* 1983, S. 402; *Schneider* 2003, S. 113; OLG Frankfurt NStZ 2009, S. 39; OLG Köln NStZ 1994, S. 509; OLG Oldenburg NStZ 2008, S. 461.

1030 BVerfG NJW 1993, S. 3315 f. bejaht bei der Weisung sich regelmäßig Drogentests zu unterziehen eine ausreichende positiv spezialpräventive Ausrichtung; zustimmend *Thiele* 1999, S. 441. a. A. *Mrozynski* 1983, S. 402.

1031 *Harders* 2013, S. 106; *Houk* 1984, S. 444; *Schädler/Wulf* 1999, S. 9; *Schneider* 2003, S. 113; *Thiele* 1999, S. 441.

1032 *Schlömer* 1999, Fn. 30; *Harders* 2013, S. 105; *Haverkamp* 2002, S. 197.

Die erteilte Weisung dürfte sich also nicht allein auf die bloße Überwachung beschränken. Vielmehr müsste auch Arbeit mit einem Bewährungshelfer erfolgen und eine Tagesstruktur erstellt werden. Deren Einhaltung wird dann mit elektronischen Hilfsmitteln überwacht. So kann durch die elektronische Überwachung ein Rhythmus in das Leben des Betroffenen gebracht und ein fester Tagesablauf etabliert werden.[1033] Zudem kann er für die Dauer der Überwachung von Orten ferngehalten werden, bei denen die erhöhte Gefahr einer erneuten Straftat besteht.[1034] Damit kann eine Trennung vom kriminellen Milieu zumindest gefördert werden.[1035] Um eine unterstützende Funktion zu gewährleisten, ist es nötig, dass die elektronische Überwachung mit einer intensiven Betreuung durch Bewährungshelfer verbunden wird.[1036] Diese Betreuung ist auch nicht nur aus rechtlichen Gründen notwendig. Wenn man langfristige Erfolge bei den Probanden erzielen will, muss man speziell auf ihre Bedürfnisse eingehen und sie entsprechend betreuen.[1037] Reine Kontrolle wäre also nicht nur im Rahmen einer Bewährungsweisung rechtswidrig, sie wäre auch allgemein unzweckmäßig.

Die Überwachung schränkt primär die Fortbewegungsfreiheit des Betroffenen ein, was ohne Zweifel einen strafenden Charakter hat.[1038] Sie dürfte vom Betroffenen auch regelmäßig eher als bestrafend und repressiv und nicht als unterstützend und resozialisierungsfördernd empfunden werden. Der elektronisch überwachte Hausarrest als Weisung im Rahmen der Strafaussetzung zur Bewährung weist also sowohl eine repressive als auch eine positiv spezialpräventive Komponente auf. Fraglich ist, wie sehr die präventive Komponente ausgeprägt sein muss, um noch von einer Weisung sprechen zu können. Eine genaue Trennung zwischen Unterstützung und Repression ist auf dem Gebiet des Strafrechts allerdings ohnehin schwierig.[1039] Strafrechtliche Sanktionen sind immer mit einem gewissen Maß an Zwang verbunden und können vom Betroffenen als repressiv empfunden werden, selbst wenn der mit ihnen verfolgte Zweck die Unterstützung des Betroffenen sein soll. Nach dem BVerfG ist es daher ausreichend, dass

1033   *Hochmayr* 2012, S. 537.

1034   *Harders* 2013, S. 107; a. A. *Wawzyniak* 2014, S. 227: „[…] Einsatz der elektronischen Fußfessel, der eine Totalüberwachung darstellt und dem Prinzip der Wiedereingliederung zuwider läuft".

1035   *Haverkamp* 2002, S. 196; kritisch *Stern* 1990, S. 341: „[…] inhaltsleere, ausschließlich kontrollierende Maßnahme".

1036   *Harders* 2014, S. 106 f.; *Mayer* 2004, S. 290 ff.; *Vanhaelemeesch/Beeken/Vandevelde* 2014, S. 275.

1037   *Dünkel/Thiele/Treig* 2017, S. 40; *Nellis* 2015, S. 16.

1038   *Hochmayr* 2013, S. 18.

1039   *Kawamura/Reindl* 1999, S. 111.

die Maßnahme „zumindest auch" unterstützenden Charakter hat.[1040] Andere verlangen jedoch ein Überwiegen des Hilfscharakters.[1041] Entscheidend ist daher die konkrete Ausgestaltung des Hausarrests. Wenn man eine entsprechende Betreuung gewährleistet und diese sowie die Strukturierung des Tagesablaufs in den Vordergrund stellt, wäre wohl nach beiden Ansichten von einer grundsätzlichen Zulässigkeit als Weisung auszugehen. Tritt jedoch die Überwachungskomponente in den Vordergrund, wäre der Hausarrest im Rahmen einer Weisung unzulässig.

Doch auch wenn man der Maßnahme grundsätzlich Weisungscharakter zuspricht, könnte gegen eine Zulässigkeit nach der aktuellen Form des § 56c StGB ein Umkehrschluss aus § 68b Abs. 1 Nr. 12 StGB sprechen.[1042] Denn dort ist die elektronische Überwachung ausdrücklich genannt, was dafür spricht, dass der Gesetzgeber darin einen so erheblichen Eingriff in die Rechte des Betroffenen sieht, dass er ausdrücklich gesetzlich zu regeln ist. Sollte man daher eine Weisung des elektronisch überwachten Hausarrests im Rahmen der Bewährung befürworten, wäre dies sinnvollerweise mit einer entsprechenden Ergänzung des § 56c StGB zu verbinden.[1043] Auch wenn die wohl überwiegende Ansicht bereits von einer Zulässigkeit *de lege lata* ausgeht,[1044] wäre eine explizite Aufnahme des Hausarrests in den Weisungskatalog im Falle seiner Einführung erforderlich. Ein derart intensiver Eingriff bedarf einer ausdrücklichen gesetzlichen Grundlage.

Ebenfalls im Rahmen des hessischen Projekts erprobt wird die Eignung der elektronischen Überwachung zur Vermeidung von Untersuchungshaft.[1045] In Betracht kommt der elektronisch überwachte Hausarrest als ungenannte Alternative zur Vollstreckung des Haftbefehls. Möglich ist dies im Rahmen von § 116 StPO, der für Aussetzungsmöglichkeiten in Abs. 1 S. 2 Nr. 1-4 StPO ebenfalls einen nicht abschließenden Maßnahmenkatalog enthält.[1046] Auch wenn Untersuchungshaftvermeidung in den Bereich des Strafprozessrechts fällt und daher über

---

1040 BVerfG StV 1993, S. 465; zustimmend Lackner/Kühl-*Heger* 2018, § 56c Rn. 4; *Streng* 2012, Rn. 200; *Thiele* 1999, S. 441; wohl auch Sch/Sch-*Kinzig* 2019, § 56c Rn. 1, der bei Maßnahmen, die „[…] ausschließlich der Sicherung oder Überwachung des Täters" dienen, von der Unzulässigkeit als Weisung ausgeht.

1041 DDKR-*Barsch* 2017, § 56c Rn. 1; *Fischer* 2019, § 56c Rn. 1a; NK-*Ostendorf* 2017, § 56c Rn. 1; wohl auch OLG Koblenz NStZ 1987, S. 24 f.: „in erster Linie".

1042 *Dünkel/Thiele/Treig* 2017a, S. 45; NK-*Ostendorf* 2017, § 56c Rn. 1.

1043 Ob in Abs. 2 oder 3 hängt von der Frage ab, ob eine Einwilligung zu fordern ist, dies ist im Rahmen der verfassungsrechtlichen Probleme zu erörtern.

1044 *Haverkamp* 2002 S. 198; *Harders* 2014, S. 108; LG Frankfurt NJW 2001, S. 697; MüKo-*Groß* 2016, § 56c Rn. 36; *Schlömer* 1999, S. 37; kritisch NK-*Ostendorf* 2017, § 56c Rn. 1; Lackner/Kühl-*Heger* 2018, § 56c Rn. 1.

1045 *Haverkamp* 2002, S. 168

1046 Karlsruher-Kommentar-*Graf* 2019, § 116 Rn. 9; *Harders* 2014, S. 116; *Pfeiffer* 2005, § 116 Rn. 4.

das eigentliche Thema dieser Arbeit hinausgeht, soll dennoch aufgrund des engen Zusammenhangs kurz im Rahmen eines Exkurses auf deren Möglichkeit durch elektronische Überwachung eingegangen werden.

Formen der elektronischen Überwachung wurden zudem in einem Projekt in Baden-Württemberg im Strafvollzug getestet. Dort trat 2009 das EAStVollzG in Kraft; durch dieses Gesetz wurde der elektronisch überwachte Hausarrest beim Vollzug der Ersatzfreiheitsstrafe und zur Entlassungsvorbereitung ermöglicht (§ 2 Abs. 2 EAStVollzG). Daneben war noch eine elektronische Überwachung von Vollzugslockerungen in § 9 EAStVollzG vorgesehen.[1047] Seit August 2013 ist das Gesetz jedoch nicht mehr in Kraft.

5.4.3 Kriminalpolitische Anknüpfungspunkte

Sanktionsrechtliche Anknüpfungspunkte bieten sich in verschiedener Hinsicht: im Rahmen der Strafaussetzung zur Bewährung zur Vermeidung kurzen Freiheitsentzugs sowie im Rahmen der Strafrestaussetzung, um längere Freiheitsstrafen zu verkürzen, und als Maßnahme zur Vermeidung von Untersuchungshaft. Elektronische Überwachung ist daher in allen Verfahrensstadien theoretisch anwendbar.[1048]

Im Januar 2017 wurde vom Bundeskabinett zudem beschlossen, die elektronische Überwachung sog. Gefährder einzuführen. Ein entsprechendes Gesetz trat im Mai 2018 in Kraft. Zur Anordnung der Aufenthaltsüberwachung ist nach § 56 Abs. 1 S. 1 BKAG ausreichend, dass entweder Tatsachen die „Annahme rechtfertigen" oder dass das Verhalten des Betroffenen eine „konkrete Wahrscheinlichkeit begründet", dass dieser Straftaten nach § 5 Abs. 1 S. 2 BKAG begehen wird. Diese Definition erscheint auf den ersten Blick sehr unbestimmt. Aufgrund der Eingriffsintensität der Überwachung wäre jedoch zumindest auf eine restriktive Auslegung zu hoffen. Die Maßnahme wurde als Folge des Anschlags auf einen Berliner Weihnachtsmarkt am 19.12.2016 diskutiert. Sie setzt jedoch noch vor der eigentlichen Strafbarkeit an, es handelt sich also um Gefahrenabwehr- und nicht um Strafrecht. Aus kompetenzrechtlichen Gründen (Art. 73 Abs. 1 Nr. 9a GG) ist diese Überwachung jedoch auf Gefahren des internationalen Terrorismus beschränkt (§§ 56 Abs. 1, 5 Abs. 1 S. 2 BKAG).[1049] Sie soll nach § 56

1047 *Wößner/Schwedler* 2014, S. 64; 2013, S. 133.

1048 *Beyens* 2017, S. 3.

1049 Inwieweit die Länder durch entsprechende Regelungen in den Polizeigesetzen nachziehen, bleibt abzuwarten. Baden-Württembergs Innenminister *Strobl* (CDU) kündigte diesbezüglich bereits an: „Baden-Württemberg wird hier vorangehen und im Polizeigesetz des Landes rasch entsprechende Rechtsgrundlagen schaffen. Wir reden nicht, wir handeln", vgl. der Tagesspiegel vom 02.02.2017 http://www.tagesspiegel.de/politik/ elektronische-fussfessel-bundeslaender-planen-einheitliche-regelung/19337426.html (zuletzt abgerufen am 10.08.2017)).

Abs. 1 BKAG als Aufenthaltsüberwachung erfolgen, also GPS-Technik nutzen.
Die Reform erweckt jedoch eher den Eindruck eines gesetzgeberischen Schnell-
schusses, der überstürzt in den Entwurf eingefügt wurde, und muss sich vor allem
die Frage gefallen lassen, inwieweit sich ein ernsthaft zu einem Terroranschlag
Entschlossener von einer Aufenthaltsüberwachung tatsächlich abhalten ließe. Für
länger geplante Anschläge, die ggf. langfristige Verabredungen und Materialbe-
schaffung voraussetzen, mag dies vielleicht noch gelten, aber ein Anschlag wie
auf dem Berliner Weihnachtsmarkt wäre wohl auch bei GPS-Überwachung nicht
zu verhindern gewesen.[1050] Hinzu kommt, dass aufgrund des unbestimmten Tatbestands der Norm die Verfassungskonformität ernsthaft bezweifelt werden
muss.[1051] Als Gefahrenabwehrrecht geht diese Form der elektronischen Überwachung jedoch über das Thema dieser Arbeit hinaus und soll daher nicht weiter
behandelt werden.

5.4.3.1 Kurzer Freiheitsentzug

Zur Vermeidung von kurzem Freiheitsentzug sind dabei zwei Anknüpfungspunkte für die elektronische Überwachung denkbar. Zum einen wäre eine Implementation im Rahmen der Strafaussetzung zur Bewährung, wie sie im hessischen
Modellprojekt aktuell durchgeführt wird, denkbar. Hier wäre es möglich, durch
eine entsprechende Auflage oder Weisung den Anwendungsbereich der Strafaussetzung zu erweitern und so die Vollstreckung der Freiheitsstrafe zu vermeiden.
Ebenfalls möglich wäre eine eigene Sanktion als „elektronisch überwachter Hausarrest", der ähnlich wie gemeinnützige Arbeit oder Fahrverbot für den Bereich
zwischen Geld- und Freiheitsstrafe weitere Alternativen schaffen könnte.

Eine Lösung im Bereich der Strafaussetzung zur Bewährung ist dabei vorzuziehen. Langfristig der Resozialisierung dienen kann der elektronisch überwachte
Hausarrest nur dann, wenn er mit einer intensiven Betreuung der Probanden verbunden wird. Eine solche könnte durch die Bewährungshilfe bei der Strafaussetzung gewährleistet werden. Eine eigene Strafe könnte darunter leiden, dass sie
allein als „Denkzettel" genutzt wird und somit auf ihre Straf- und Kontrollfunk-
tion reduziert wird.[1052] Gliedert man den Hausarrest jedoch in die Strafaussset-
zung zur Bewährung ein, wäre die Bewährungshilfe, sofern sie angeordnet wird,
unmittelbar eingebunden und die Gefahr, dass die Maßnahme auf eine ausschließ-
liche Kontrolle des Probanden reduziert wird, erscheint geringer. Wenn man den

---

1050 So stand beispielsweise einer der beiden Attentäter, die im Juli 2016 Geiseln in einer
      französischen Kirche nahmen, unter elektronischer Überwachung. Dienen könnte die
      Überwachung zwar der nachträglichen Aufklärung von Anschlägen, dies würde jedoch
      nicht dem Charakter als Gefahrenabwehrmaßnahme entsprechen.

1051 *Dünkel/Thiele/Treig* 2017a, S. 74.

1052 *Harders* 2014, S. 152.

elektronisch überwachten Hausarrest zur Vermeidung von kurzen Freiheitsentzügen einsetzen möchte, dann sollte dies mit einer Ausgestaltung als Bewährungsweisung geschehen.

Elektronisch überwachter Hausarrest ist daher nicht als Alternative zur kurzen Freiheitsstrafe an sich, sondern als Alternative zu ihrer Vollstreckung zu untersuchen. Es bietet sich dabei an, sich an dem oben dargestellten Modellprojekt zu orientieren. Durch die Ausgestaltung als Weisung kann eine Inhaftierung vermieden und der resozialisierende Charakter betont werden.

5.4.3.2   Längere Haftstrafen

Der elektronische Hausarrest könnte bei längeren Haftstrafen im Rahmen einer *backdoor*-Strategie in Frage kommen, also im Rahmen der Strafrestaussetzung nach § 57 StGB. Auch hier könnte der elektronisch überwachte Hausarrest als Weisung erteilt werden und wie bei § 56 StGB würde sich die Zulässigkeit am Weisungskatalog orientieren. Die Argumentation dafür ist letztlich dieselbe. Wenn man für die Strafaussetzung eine elektronische Überwachung einführen möchte, dann sollte dies gleichermaßen auch für die Restaussetzung gelten. Das Gesetz unterscheidet bei Weisungen und Auflagen bewusst nicht zwischen Aussetzung und Restaussetzung; davon sollte im Rahmen der elektronischen Überwachung nicht abgewichen werden. Auch im hessischen Modellversuch wurden beide Möglichkeiten gemeinsam untersucht.

Da hier, wie oben festgestellt, davon ausgegangen wird, dass die Einführung von elektronisch überwachtem Hausarrest mit einer ausdrücklichen Normierung im Weisungskatalog zu verbinden wäre, ist in der Stellungnahme dann zu untersuchen, ob eine solche Erweiterung des Katalogs verfassungsrechtlich zulässig und kriminalpolitisch wünschenswert wäre.

5.4.3.3   Exkurs: Untersuchungshaft

Ein dritter möglicher Anknüpfungspunkt wäre die Vermeidung von Untersuchungshaft. In Betracht kommt der elektronisch überwachte Hausarrest als ungenannte Maßnahme bei der Aussetzung eines Haftbefehls nach § 116 Abs. 1 StPO. Ebenfalls denkbar wäre die elektronische Aufenthaltsüberwachung per GPS als Maßnahme der Untersuchungshaftvermeidung. Diese erscheint zwar zumindest im Hinblick auf die Verringerung der Fluchtgefahr erfolgversprechender als der überwachte Hausarrest.[1053] Jedoch wäre mit ihr ein deutlich schwerwiegenderer Eingriff in die Rechte des Betroffenen verbunden.[1054] Diese werden aktuell le-

---

1053 *Illert* 2005, S. 116.

1054 *Fünfsinn* 2015, S. 1137 f.

diglich bei noch als gefährlich eingestuften aus der Haft oder Maßregel Entlassenen hingenommen. Potenzielle Untersuchungshäftlinge sollten als an sich Unschuldige nicht über das nötige Maß hinaus belastet werden. Deshalb und aus Gesichtspunkten der Verhältnismäßigkeit wäre daher auch bei der Aussetzung eines Haftbefehls elektronische Überwachung in der Ausgestaltung als Hausarrest vorzuziehen.

Doch auch wenn bereits die aktuelle Anwendung *de lege lata* gebilligt wird, muss, wie bereits im Rahmen der Bewährungsweisung angesprochen, ein gravierender Eingriff wie der elektronisch überwachte Hausarrest vom Gesetzgeber ausdrücklich normiert werden. Wenn man die Maßnahme einführen möchte, müsste dies durch eine Aufnahme in den Katalog des § 116 Abs. 1 StPO erfolgen. Die Argumentation, ob dies kriminalpolitisch wünschenswert wäre, wird hier abseits der Diskussion im Rahmen der Bewährung erfolgen. Da mit der Freiheitsstrafe und der Untersuchungshaft unterschiedliche Ziele verfolgt werden, unterscheidet sich auch teilweise die Argumentation.

5.4.4 Verfassungsrechtliche Bedenken

Die elektronische Aufenthaltsüberwachung stellt eine erhebliche Einschränkung der Freiheit des Betroffenen dar. Auf grundrechtlicher Ebene kommen vor allem Verstöße gegen die Menschenwürde (Art. 1 GG), das allgemeine Persönlichkeitsrecht (in Form des Rechts auf informationelle Selbstbestimmung sowie des Rechts auf Gewährleistung der Vertraulichkeit und Integrität informationstechnischer Systeme) (Art. 1 i. V. m. Art. 2 GG), das Fernmeldegeheimnis (Art. 10 GG), die Freizügigkeit (Art. 11 GG) und die Unverletzlichkeit der Wohnung (Art. 13 GG) in Betracht.[1055]

5.4.4.1 Die Menschenwürde

Zunächst ist dabei die Vereinbarkeit mit der Menschenwürde aus Art. 1 Abs. 1 GG zu prüfen. Ein Verstoß wäre hier besonders schwerwiegend, da Eingriffe in die Menschenwürde nicht gerechtfertigt werden können und auch i. d. R. keiner Einwilligung zugänglich sind.[1056] Nach der vom BVerfG verwendeten

---

1055 *Fehl* 2001, S. 179 f.; *Kommission* 2000, S. 164.

1056 BVerfG NJW 1977, S. 1526; BeckOK-GG-*Hillgruber* 2019, Art. 1, Rn. 10; Sachs-*Höfling* 2018, Art. 1, Rn. 11.

„Objektformel" liegt ein Eingriff in die Menschenwürde vor, wenn der Mensch durch staatliches Handeln zu einem bloßen Objekt des Staates gemacht wird.[1057] Bezogen auf das Strafrecht sind damit unmenschliche und erniedrigende Strafen von vorneherein ausgeschlossen.[1058] Ob die elektronische Überwachung eine solche darstellt, hängt entscheidend von deren genauer Ausgestaltung ab.[1059] Ohne Zweifel ausscheiden müssen daher Maßnahmen wie die Erstellung eines umfassenden Bewegungsprofils des Täters oder sogar seine elektronische Disziplinierung durch das System.[1060] Diese würden unmenschliche und erniedrigende Strafen darstellen und den Täter damit zum reinen Objekt staatlichen Strafens machen. Maßnahmen dieser Art sind jedoch glücklicherweise (zumindest noch) nicht auf der politischen Agenda. Allein die Feststellung, ob sich der Täter zu festgelegten Zeiten zu Hause aufhält, überschreitet die Schwelle der Objektivierung jedoch noch nicht. Gerade im Vergleich zum Strafvollzug wird die Subjektstellung des Betroffenen sogar verstärkt.[1061] Der Aufenthalt in der eigenen Wohnung im Vergleich zu einem fremdgestalteten Haftraum und die Möglichkeit der individuellen Tagesgestaltung innerhalb dieser Wohnung bekräftigen die Stellung als Subjekt. Die Kontrolle beschränkt sich zudem auf das Minimum, es wird letztlich nur zwischen den Alternativen: „Der Proband ist in seiner Wohnung." und „Der Proband ist nicht in seiner Wohnung." unterschieden, eine weitere Differenzierung erfolgt nicht. Allein die Überwachung, ob der Proband sich zu Hause aufhält, verstößt daher nicht gegen Art. 1 Abs. 1 GG.

Eine Verletzung der Menschenwürde könnte hier jedoch durch die Stigmatisierung und Bloßstellung des Betroffenen vorliegen. Durch die Verpflichtung, permanent das Gerät zur Überwachung am Körper tragen zu müssen, wird er ggf. in der Öffentlichkeit als Straftäter erkannt. Dabei ist jedoch zu beachten, dass sich strafrechtliche Sanktionen selten vollständig vom Umfeld verbergen lassen. Es sollte sich allerdings auch aus Gesichtspunkten der Menschenwürde stets bemüht werden, die Technik für die Überwachung so unauffällig wie möglich zu gestalten. Solange eine solche Stigmatisierung nicht noch forciert wird (zum Beispiel durch einen bewusst optisch auffälligen Sender), liegt hier keine Objektivierung und damit auch kein Verstoß gegen die Menschenwürde vor.[1062]

1057 BVerfG NJW 1969, S. 1707; NJW 1977, S. 1526; NJW 2005, S. 757; NJW 2015, S. 1083 f. (st. Rspr.).

1058 BVerfGE 1, S. 348; 6, S. 439; 45, S. 228; 109, S. 150.

1059 *Morgenstern* 2002, S. 170 f.; *Wittstamm* 1999, S. 112.

1060 *Laun* 2002, S. 170; *Morgenstern* 2002, S. 170 f.; auch wenn die technische Umsetzung eines solchen Modells vielleicht noch als Science-Fiction abzustempeln ist, könnte sich dies durch den rasanten technologischen Fortschritt jederzeit ändern.

1061 *Schlömer* 1998, S. 242.

1062 *H.-J. Albrecht/Arnold/Schädler* 2000, S. 468; *Harders* 2014, S. 169 f.; *Schneider* 2003, S. 175; *Wittstamm* 1999, S. 113; differenzierend *Krahl* 1997, S. 461, der zumindest bei

Ebenfalls in Frage kommt ein Verstoß gegen das *nemo-tenetur-se-ipsum ac-cusare*-Prinzip, welches vom BVerfG aus der Menschenwürde hergeleitet wird.[1063] Danach darf niemand gezwungen werden, sich selbst im Strafprozess zu belasten. Im Falle des elektronisch überwachten Hausarrests ist überhaupt fraglich, inwieweit durch ihn Beweise für eine Belastung des Probanden erhoben werden können. Denn die Informationen beschränken sich auf die Anwesenheit in der Wohnung; dass allein dies zu einem belastenden Beweis in einem Strafprozess tauglich ist, dürfte selten vorkommen. Unabhängig davon wäre die Rechtsfolge eines Verstoßes jedoch nicht die Verfassungswidrigkeit des Hausarrests, sondern lediglich ein Beweisverwertungsverbot im Strafprozess.[1064] Dies wäre jedoch unproblematisch, denn Zweck des Hausarrests ist die Resozialisierung und die Haftvermeidung, nicht das Aufklären von weiteren Straftaten.

In der aktuell vorgesehenen (bzw. im Rahmen von Modellprojekten bereits erprobten) Ausgestaltung verstößt der elektronisch überwachte Hausarrest daher nicht gegen Art. 1 Abs. 1 GG.

5.4.4.2 Das allgemeine Persönlichkeitsrecht

Ein Verstoß gegen das aus Art. 2 Abs. 1 i. V. m. Art. 1 Abs. 1 GG hergeleitete allgemeine Persönlichkeitsrecht kommt in zweierlei Hinsicht in Betracht: zum einen in Bezug auf das Recht informationeller Selbstbestimmung, zum anderen auf das Recht auf Gewährleistung der Vertraulichkeit und Integrität informationstechnischer Systeme.

Das Recht auf Gewährleistung der Vertraulichkeit und Integrität informationstechnischer Systeme („Computergrundrecht") wurde 2008 vom BVerfG als neue Ausprägung des Allgemeinen Persönlichkeitsrechts entwickelt.[1065] Aufgrund der voranschreitenden technischen Entwicklung und der wachsenden Abhängigkeit von informationstechnischen Systemen wurde befürchtet, es könnten Schutzlücken zwischen den vorhandenen Grundrechten entstehen. Vertraulichkeit meint dabei, dass nur befugte Personen auf das System zugreifen können, Integrität bezieht sich auf den Schutz des Systems vor Manipulationen durch Dritte.[1066] Eine Manipulation von Daten erfolgt durch die elektronische Überwachung nicht, die Integrität des Systems ist daher nicht tangiert. Ein Informationszugriff durch Dritte erfolgt zwar, diese sind jedoch ausdrücklich dazu befugt. Der

---

einer Verbindung mit weiteren (z. B. visuellen) Überwachungsmethoden von einem Verstoß gegen Art. 1 GG ausgeht.

1063 BVerfG NJW 1981 S. 1431 f.; NJW 2013, S. 1059 f.

1064 *Harders* 2014, S. 171; *Haverkamp* 2002, S. 191; *Laun* 2002, S. 169; *Morgenstern* 2002, S. 172.

1065 BVerfG NJW 2008, S. 822 ff.

1066 *Wehage* 2013, S. 52.

Schutzbereich des Rechts auf Vertraulichkeit und Integrität informationstechnischer Systeme ist daher nicht betroffen.

Das Recht auf informationelle Selbstbestimmung wurde vom BVerfG im sog. Volkszählungsurteil entwickelt.[1067] Auch dieses Recht stellt eine Ausprägung des Allgemeinen Persönlichkeitsrechts dar und war eine Folge von befürchteten Schutzlücken bedingt durch die moderne Datenverarbeitung.[1068] Sein Schutzbereich erfasst die Preisgabe von persönlichen Informationen eines Bürgers; dieser soll grundsätzlich selbst bestimmen können, welche persönlichen Informationen er an wen zu welchem Zweck preisgibt.[1069]

Zwar können beim elektronisch überwachten Hausarrest nicht alle Bewegungen des Probanden aufgezeichnet werden, doch bereits die Information, ob sich jemand in seiner Wohnung aufhält oder nicht, stellt eine wesentliche persönliche Information dar. Allerdings könnte auch hier eine Einwilligung den Eingriff ausschließen. Grundsätzlich kann eine Einwilligung in einen Eingriff in das allgemeine Persönlichkeitsrecht (und damit auch in das Recht auf informationelle Selbstbestimmung) erfolgen. Diese müsste jedoch konkret und freiwillig sein.[1070] Eine Einwilligung zum überwachten Hausarrest wäre entsprechend konkret, da nur der Erhebung einer bestimmten persönlichen Information zugestimmt wird. Probleme können sich jedoch hinsichtlich der Freiwilligkeit der Einwilligung ergeben. Die Situation ist vergleichbar mit der Problematik der gemeinnützigen Arbeit und Art. 12 Abs. 3 GG.[1071] Zwar ist der Betroffene nicht gezwungen, seine Zustimmung zu erteilen, doch erteilt er sie nicht, droht unmittelbar der Freiheitsentzug. Daher ist auch hier die Figur der eingriffsmildernden Einwilligung einschlägig, welche eine gesetzliche Grundlage, einen entsprechenden Zweckzusammenhang und die Wahrung des Übermaßverbots voraussetzt. Die gesetzliche Grundlage für den Hausarrest soll gerade geschaffen werden und für den angedrohten Freiheitsentzug besteht sie in § 38 StGB. Auch verfolgen beide Sanktionen mit der Resozialisierung, dem Schuldausgleich und der Prävention dieselben Zwecke. Allerdings dürfte das Androhen des Zwangs nicht das Übermaßverbot verletzen. Hier wäre die ansonsten drohende Freiheitsstrafe als solche rechtmäßig, darüber hinaus wird kein zusätzlicher Druck auf den Betroffenen ausgeübt. Daher kann eine wirksame eingriffsmildernde Einwilligung erfolgen und das Recht auf informationelle Selbstbestimmung ist nicht verletzt, wenn der Betroffene in den Hausarrest einwilligt. Im Ergebnis liegt damit kein Verstoß gegen das allgemeine Persönlichkeitsrecht vor.

1067 BVerfG NJW 1984, S. 419 ff.

1068 BVerfG NJW 1984, S. 421.

1069 BVerfG LMMR 1988, S. 15; BeckOK-GG-*Lang* 2019, Art. 2, Rn. 45.

1070 *Jarass* 1989, S. 860.

1071 Vgl. *Kap. 5.3.2.1.1.*

5.4.4.3 Das Fernmeldegeheimnis

Ebenfalls in Betracht kommt ein Verstoß gegen das Fernmeldegeheimnis aus Art. 10 Abs. 1 Var. 3 GG. Dieses schützt die unkörperliche, individuelle Informationsübermittlung mit Hilfe von Telekommunikationsmitteln vor staatlichem Zugriff.[1072] Dabei ist nicht nur der Inhalt der Kommunikation geschützt, sondern auch die äußeren Umstände der Kommunikation.[1073] Dazu gehören z. B. Dauer, Häufigkeit und Aufenthaltsort der Teilnehmer der Kommunikation.[1074]

Durch den elektronisch überwachten Hausarrest wird zumindest per individueller Telekommunikation übermittelt, ob der Proband sich zu Hause aufhält oder nicht.[1075] Damit werden Informationen aus einer individuellen Fernkommunikation erhoben. Allerdings geschieht diese Informationserhebung gerade in Kenntnis des Betroffenen; er weiß genau, welche Daten erhoben und an wen diese gesendet werden, und ist damit auch einverstanden.[1076] Es handelt sich nicht um einen unbefugten Zugriff durch Dritte. Nimmt man mit der Gegenansicht von *Hudy*[1077] dennoch einen Eingriff an, so wäre dieser wohl gerechtfertigt. Denn zum einen wäre eine gesetzliche Grundlage nötig, diese wird hier gerade diskutiert. Zum anderen müsste die Maßnahme verhältnismäßig sein.[1078] Hier werden nur in geringstmöglichem Umfang Informationen erhoben. Es werden weder der genaue Aufenthaltsort noch Inhalt oder Dauer privater Telekommunikation erfasst.[1079] Probleme könnten also nur dann auftreten, wenn weitere Informationen über den Probanden erfasst werden würden; dies ist beim elektronisch überwachten Hausarrest jedoch nicht vorgesehen. Damit liegt kein Verstoß gegen Art. 10 Abs. 1 Var. 3 GG vor.

5.4.4.4 Die Unverletzlichkeit der Wohnung

Art. 13 Abs. 1 GG garantiert die Unverletzlichkeit der eigenen Wohnung. Um den Sender am Körper des Probanden zu befestigen, ist es zwar nicht notwendig, seine Wohnung zu betreten, doch der Empfänger, der die Anwesenheit überprüft, kann

---

1072 BVerfG NJW 2002, S. 3260, NJW 2010, S. 835; NJW 2012, S. 1421; Maunz/Dürig-*Durner* 2019, Art. 10, Rn. 81.

1073 BVerfG NJW 2006, S. 978.

1074 *Harders* 2014, S. 174.

1075 *Hudy* 1999, S. 195.

1076 *Harders* 2014, S. 174 f.; *Haverkamp* 2002, S. 183 f.

1077 *Hudy* 1999, S. 195 f.

1078 BVerfG NJW 1985, S. 122.

1079 *Schneider* 2003, S. 157.

nur angebracht werden, wenn die zuständigen Techniker die Wohnung des Betroffenen betreten, was einen Verstoß gegen Art. 13 GG darstellen könnte. Dies wäre jedoch nur der Fall, wenn das Betreten ohne oder gegen den Willen des Berechtigten erfolgen würde. Hier wird jedoch regelmäßig die Einwilligung des Probanden vorliegen, weshalb man nicht von einem Betreten gegen den Willen ausgehen kann.[1080] Allerdings ist zu beachten, dass nicht nur die Zustimmung des Probanden nötig ist, sondern die aller in seinem Haushalt Wohnenden.[1081]

Ein Eingriff könnte auch darin liegen, dass durchgehend überwacht wird, ob sich der Proband in der Wohnung aufhält. Zwar lassen Art. 13 Abs. 3 bis 5 GG darauf schließen, dass Art. 13 GG auch vor der technischen Überwachung innerhalb der Wohnung schützt, doch kann die hier vorgesehene Überwachung keine Informationen über Vorgänge innerhalb der Wohnung liefern. Es wird nicht überwacht, wo genau innerhalb der Wohnung sich der Betroffene wie lange aufhält, und auch nicht, ob sich andere Personen in der Wohnung aufhalten.[1082] Allein die Feststellung, ob sich jemand in der Wohnung aufhält, kann theoretisch auch nur durch Beobachtung von außen getroffen werden, und diese Form der Kontrolle von Art. 13 GG erfasst zu sehen, würde den Schutzbereich des Grundrechts zu sehr erweitern. Sie fällt daher nicht mehr in den Schutzbereich des Art. 13 Abs. 1 GG.[1083]

5.4.4.5 Ergebnis

Damit ist der elektronisch überwachte Hausarrest grundsätzlich verfassungskonform. Allerdings nur dann, wenn entsprechend eine Einwilligung aller von der Maßnahme Betroffenen vorliegt.[1084] Dieser Einwilligung sollte stets eine ausführliche Einführung für alle Betroffenen vorausgehen.[1085] Nicht nur aus verfassungsrechtlichen Gründen, sondern auch, damit alle Betroffenen genau wissen, welche Einschränkungen mit der Überwachung verbunden sein können.[1086] Ansonsten wäre zu befürchten, dass im Lichte der drohenden Freiheitsstrafe die mit der elektronischen Überwachung verbundenen Einschränkungen unterschätzt oder überstürzt in Kauf genommen werden.

1080   *Schneider* 2003, S. 148 f.; *Wittstamm* 1999, S 131.

1081   *Morgenstern* 2002, S. 258.

1082   *Haverkamp* 2002, S. 183.

1083   BGH NJW 1998, S. 1237 f.; BeckOK-GG-*Kluckert/Fink* 2019, Art. 13, Rn. 8; Hömig/Wolff-*Wolff* 2018, Art. 13, Rn. 3; *Schlömer* 1998, S. 232.

1084   *Laun* 2002, S. 170 f.; *Thiele* 1999, S. 444 f.

1085   *Weichert* 2000, S. 337.

1086   *Nellis* 2015, S. 17; *Schlömer* 1998, S. 233 f.

5.4.5 Stellungnahme

Ein Hauptargument der Befürworter von elektronisch überwachtem Hausarrest als Alternative zum Strafvollzug war stets eine angeblich zu erwartende Kostenersparnis.[1087] Dazu nötig wäre jedoch zumindest eine tatsächliche Reduzierung der Gefangenenzahlen.[1088] Außerdem darf man nicht nur die Equipmentkosten für die Überwachung berücksichtigen, sondern muss die dazugehörige (notwendige[1089]) Betreuung durch Bewährungshelfer in die Rechnung einbeziehen.[1090] Auch müsste die entsprechende Tätergruppe groß genug sein, um tatsächlich Einsparungen in signifikanter Größenordnung erwarten zu können.[1091] Unabhängig davon, ob tatsächlich eine merkliche Kostenersparnis zu erwarten wäre,[1092] ist jedoch zu berücksichtigen, dass fiskalische Erwägungen nicht im Zentrum der Kriminalpolitik stehen dürfen.[1093] Maßgeblich müssen vielmehr die Resozialisierung und Prävention sein.[1094] Erwartete Einsparungen dürfen maximal ergänzend berücksichtigt werden.

Positiv für den Betroffenen ist, dass er weiter seiner beruflichen Tätigkeit nachgehen sowie seine familiären und freundschaftlichen Beziehungen pflegen kann.[1095] Er wird nicht aus seinem gewohnten Umfeld gerissen. Das Pflegen von Beziehungen bleibt so zwar möglich, dürfte jedoch z. T. erheblich erschwert sein.[1096] Die gegenteilige Behauptung, der Hausarrest könne in dieser Hinsicht positive Auswirkungen haben, da der Proband durch den Hausarrest viel Zeit mit seinem Partner oder seinen Kindern verbringen kann,[1097] muss hingegen stark angezweifelt werden. Für in der Wohnung des Probanden Wohnende kann die

---

1087 Dazu *Harders* 2014, S. 91 ff.

1088 *Lindenberg* 1992, S. 107 f.

1089 *Mayer* 2004, S. 353.

1090 *Lilly u. a.* 1993, S. 465 f.

1091 Das hessische Modellprojekt war in dieser Hinsicht beispielsweise viel zu klein angelegt um tatsächlich merklich Haftkosten einsparen zu können, vgl. *Mayer* 2004, S. 195.

1092 Dazu kritisch *Harders* 2014, S. 94 f.; *Lindenberg* 1992, S. 107; *Lindenberg* 1999 S. 14 ff.; *Mainprize* 1992, S. 168; *Wittstamm* 1998, S. 49.

1093 Obwohl man realistischer Weise davon ausgehen muss, dass sie regelmäßig eine Rolle spielen werden, vgl. *Nellis* 2015, S. 11 f.

1094 *Mayer* 2004, S. 198.

1095 *Payne/Gainey* 1998, S. 153; *Petersilia* 1988, S. 2.

1096 *Payne/Gainey* 1998, S. 156.

1097 *Hucklesby* 2008, S. 66. *Killias, u. a.* 2010, S. 12; ähnlich *Vanhaelemeesch/Beeken/ Vandevelde* 2014, S. 277 f.

dauernde Anwesenheit eher eine Belastung darstellen. Es wäre eine Art „Hauskoller" zu befürchten,[1098] da möglicherweise ein eigener persönlicher Rückzugsbereich fehlt. Kontakt zum Partner und zu Kindern wäre zudem erheblich erschwert, wenn diese nicht in der Wohnung des Betroffenen wohnen. Gerade bei Kindern kann es, selbst wenn diese in der eigenen Wohnung wohnen, zu Problemen kommen, wenn sie bei Aktivitäten außerhalb nicht mehr begleitet werden können. Auch vor übrigen Sozialkontakten wird sich die eingeschränkte Bewegungsfreiheit kaum dauerhaft verheimlichen lassen.[1099] Freunden und Bekannten wird schnell auffallen, dass sich der Lebensrhythmus des Probanden verändert. Elektronische Überwachung dürfte damit in Bezug auf Beziehungen zwar weniger einschneidend sein als Haft, aber einschneidender als andere ambulante Alternativen. Auch der Arbeitsplatz, sofern vorhanden, bleibt zwar erhalten, doch die Einschränkungen, die mit der Überwachung verbunden sind, können auch dort zu Nachteilen führen.[1100] Man denke z. B. an Arbeitsplätze, bei denen sich der Sender schlecht verstecken lässt, oder an spontane Überstunden oder Schichtverschiebungen, vor denen der Proband dann erst die Einwilligung der zuständigen Stelle einholen muss.

Ebenfalls für den Hausarrest wird angeführt, dass durch das Erstellen und regelmäßige Einhalten eines Tagesplans langfristig auf eine Strukturierung des Lebens des Betroffenen hingewirkt werden kann. Das gemeinsame Erstellen dieses Plans mit dem Bewährungshelfer kann möglicherweise auch dessen Zugang zu dem Probanden erleichtern. Auch ist so eine gewisse Flexibilität gewährleistet. Der Wochenplan kann im Laufe der Zeit an die Bedürfnisse und das Verhalten des Probanden angepasst werden, die Aufenthaltszeiten können verändert werden und die Maßnahme bei entsprechendem Verhalten des Probanden auch vorzeitig beendet werden.[1101]

Dadurch, dass der Täter seine Wohnung nur noch zu einer bestimmten Zeit verlassen kann, könnte zudem eine positiv wirkende Entfernung vom vorherigen Lebensstil erreicht werden.[1102] Der Kontakt zu kriminellen Gleichaltrigen bzw. zum vorherigen Milieu allgemein wird erschwert.[1103] Gerade hier besteht jedoch die Gefahr, dass es sich um einen temporären Effekt handelt und unmittelbar nach Ende der Überwachung wieder der Kontakt zum vorherigen Milieu gesucht wird.

1098 *Bohlander* 1999, S. 296; *Lindenberg* 1999, S. 17; MüKo-*Groß* 2016, § 56c Rn. 376; *Streng* 2000, S. 214, *Ostendorf* 1997, S. 475 f.; die Ergebnisse von *Mayer* 2004, S. 296 ff. waren gespalten, doch aufgrund der geringen Anzahl befragter Partner (n=11) auch nur von bedingter Aussagekraft.

1099 *Mayer* 2004, S. 350 f.

1100 *Wößner/Schwedler* 2013, S. 132.

1101 *Mayer* 2004, S. 346.

1102 *Hucklesby* 2008, S. 66.

1103 *Bourn* 2006, S. 24.

Allein das zeitweilige Entfernen aus einem Milieu ist keine erfolgversprechende Maßnahme für einen dauerhaften Ausstieg.

Zudem werden teilweise Stigmatisierungseffekte durch die Überwachung befürchtet,[1104] welche der Resozialisierung entgegenstehen können, weil das entsprechende Gerät rund um die Uhr am Körper getragen werden muss. Zwar dürften die technischen Geräte inzwischen verhältnismäßig klein sein,[1105] doch in bestimmten Situationen (z. B. im Schwimmbad) wird die Apparatur sich dennoch kaum verstecken lassen. Zudem dürfte bereits die Tatsache, die eigene Wohnung nur noch zu bestimmten Zeiten verlassen zu dürfen, einen Stigmatisierungseffekt auslösen. Wie *Mayer* zutreffend feststellt, kann eine Stigmatisierung nicht nur durch die Sichtbarkeit des Geräts eintreten, sondern schon durch das durch die Überwachung erzwungene Verhalten.[1106] Allein mit einer entsprechend unauffälligen optischen Gestaltung des Gerätes wären Stigmatisierungseffekte also nicht gänzlich zu verhindern.[1107]

Angenommen wird zum Teil zudem die Gefahr einer Art „Zwei-Klassen-Vollzug", da bestimmte Tätergruppen sich nicht für den elektronischen Hausarrest eignen und in diesen Fällen dann eine stationäre Sanktion zu befürchten ist.[1108] Diese Bedenken sind ernst zu nehmen. Gerade besonders problembelastete Täter eignen sich nicht für den Hausarrest, bei Obdachlosen z. B. ist die Sanktion aus offensichtlichen Gründen nicht tauglich. Hinzu kommt, dass eine Erwerbstätigkeit oder zumindest eine regelmäßige Beschäftigung verlangt wird, um auch entsprechend eine Tagesstruktur gewährleisten zu können.[1109] Aus diesem Grund lässt sich von dieser Voraussetzung auch nicht abweichen, denn nur wenn der Täter einer regelmäßigen Beschäftigung nachgeht, kann zumindest in gewisser Weise auch eine geregelte Struktur eingeübt werden. Für Täter, die den ganzen Tag zu Hause verbringen müssten, wäre eine positiv spezialpräventive Wirkung nicht zu erwarten, zu befürchten wäre eher eine Art „Prisonisierung daheim". Im

---

1104 *Ostendorf* 1997, S. 473 f.; *Stern* 1990, S. 342.

1105 MüKo-*Groß* 2016, § 56c Rn. 36.

1106 *Mayer* 2004, S. 278, 351; ebenso *Weichert* 2000, S. 337, der sogar von einer „Prangerwirkung" spricht.

1107 Selbst ein theoretisch „unsichtbarer" Sender würde eine Stigmatisierung also nicht ausschließen; anders hingegen die Ergebnisse von *Gibbs/King* 2003, S. 15, die eher eine aufgeschlossene neugierige Reaktion des Umfelds feststellten, wobei auch diese als belastend eingestuft werden kann, vgl. dazu die Aussagen von Probanden bei *Mayer* 2004, S. 262.

1108 *Hochmayr* 2012, S. 544; *Weber* 2004, S. 278.

1109 Unabhängig von Gerechtigkeitsbedenken kommt hinzu, dass durch den Ausschluss dieser Klientel der Anwendungsbereich der Sanktion von vornherein erheblich beschnitten ist, vgl. *Thiele* 1999, S. 444.

Ergebnis würde man mit einer derartigen Ausgestaltung also sowohl den Anwendungsbereich der Sanktion nicht unerheblich beschneiden als auch den Eindruck einer „Zwei-Klassen-Justiz" erwecken, in der dem wohlhabenden, sozial integrierten Täter ein Vollzug „zu Hause" zu ermöglicht wird, während ärmere Täter inhaftiert werden. Um dem entgegenzuwirken, könnte man zunächst daran denken, die Voraussetzung zu streichen. Dies ist jedoch nicht erfolgversprechend; eine sinnvolle Beschäftigung dürfte unerlässlich sein, um dem resozialisierenden Charakter der Maßnahme Rechnung zu tragen.[1110] Stattdessen sollte man nicht nur Erwerbstätigkeit, sondern auch andere sinnvolle Tätigkeiten als Voraussetzung zulassen und so den Anwendungsbereich möglicherweise auf sozial weniger integrierte Täter erweitern.[1111] Möglich wären z. B. Praktika, Weiterbildungsmöglichkeiten oder ehrenamtliche Tätigkeiten. Damit wäre das Problem jedoch auch nur verringert und noch nicht behoben. Die große Gruppe der Beschäftigungslosen wäre immer noch ausgeschlossen, und müsste sie nur zum Zweck der elektronischen Überwachung eine (ggf. unentgeltliche) Tätigkeit aufnehmen, so erweckt dies den Eindruck einer Doppelbestrafung (Arbeit und Überwachung). Vollständig beseitigen lassen sich die Bedenken, dass es sich bei dem elektronisch überwachten Hausarrest um eine Sanktionsform handelt, die lediglich den sozial Bessergestellten den Strafvollzug ersparen soll, dadurch also nicht.

Außerdem können auch beim elektronisch überwachten Hausarrest der Haft ähnliche Effekte auftreten, z. B. Verlust der Autonomie, da der Betroffene seinen Tag, ähnlich wie in der Haft, nicht mehr selbstständig strukturieren kann.[1112] Zudem können auch Probleme wie Vereinsamung oder Haftdeprivation, wenn auch wahrscheinlich in geringerem Umfang als im Strafvollzug, auftreten. Vergleichbare Gefahren bestünden bei den übrigen Bewährungsweisungen oder bei der gemeinnützigen Arbeit nicht. Gerade das Ableisten gemeinnütziger Arbeit dürfte deutlich näher an einem normalen Arbeitsalltag liegen als der Hausarrest, bei dem die Wohnung außerhalb der Arbeitszeiten nicht verlassen werden darf.

Als Beispiel für eine erfolgreiche Implementation des elektronisch überwachten Hausarrests wird häufig Schweden genannt.[1113] Dort wird die elektronische Überwachung sowohl im Rahmen einer Front- wie einer *back-door*-Strategie und ferner zur Untersuchungshaftvermeidung eingesetzt.[1114] Hauptanwendungsbe-

---

1110 *Hudy* 1999, S. 77 f.

1111 *Hochmayr* 2012, S. 544.

1112 *Payne/Gainey* 1998, S. 154. „The only thing this lacks is bars on windows." – Zitat eines Befragten.

1113 *Haverkamp* 1999, S. 62 ff.; 2002a, S. 7 f.; *United Nations* 2007, S. 40.

1114 *Harders* 2014, S. 225 ff.

reich sind Fälle, in denen die Täter wegen Trunkenheit im Straßenverkehr zu Freiheitsstrafen verurteilt wurden.[1115] In Schweden waren in den 1990ern überdurchschnittlich viele Häftlinge wegen Fahrens unter Alkoholeinfluss – für das obligatorisch eine Freiheitsstrafe vorgesehen war – inhaftiert.[1116] Für diese Täter konnte der elektronisch überwachte Hausarrest eine echte Alternative zur kurzen Freiheitsstrafe darstellen[1117] und es ist gelungen, die Inhaftierungsraten für diese Täter durch die elektronische Überwachung erheblich zu senken.[1118] Die Täter waren i. d. R. erwerbstätig, integriert und wiesen eine geringe Rückfallgefahr auf. Gerade diese Tätergruppe der sozial integrierten Täter, die aufgrund von Alkohol im Straßenverkehr zu unbedingten kurzen Freiheitsstrafen verurteilt werden, gibt es im deutschen Strafvollzug jedoch kaum. Fahren unter Alkoholeinfluss wird in der Regel mit einer Geldstrafe oder einer ausgesetzten Freiheitsstrafe geahndet.[1119] Die Tätergruppe, aufgrund derer die Sanktion in Schweden so erfolgreich war, fehlt im deutschen Strafvollzug. Die Klientel der kurzen Freiheitsstrafe in Deutschland ist in großen Teilen erheblich problembelasteter[1120] und die positiven Ergebnisse aus Schweden sind daher nicht einfach auf das deutsche System übertragbar.[1121] Außerdem wäre fraglich, ob die deutsche Bewährungshilfe in der Lage wäre, eine dem schwedischen Modell entsprechende Betreuungsdichte zu gewährleisten.[1122]

1115 *Haverkamp* 2002, S. 406 f.; *von Hofer* 2000, S. 353.

1116 *Nellis/Bungerfeld* 2013, S. 283 f.; *Schäferdiek* 1997, S. 83 f.

1117 *Brüchert* 2002, S. 33; *Lindenberg* 1999, S. 13; auch in Polen machen alkoholisierte Fahrer einen großen Teil der elektronisch überwachten Täter aus, vgl. *Krajewski* 2013, S. 399; bzgl. den USA vgl. *Lilly u. a.* 1993, S. 462 ff.; selbst wenn dort die Gefangenzahlen nicht merklich reduziert werden konnten, vgl. *Hudy* 1999, S. 85.

1118 *Haverkamp* 2002a, S. 14 f. Der „Erfolg" relativiert sich allerdings mit Blick auf die deutsche Strafrechtsreform von 1969 (vgl. *Kap. 4.2*), mit der kurze Freiheitsstrafen bei dieser Tätergruppe erfolgreich durch die kostengünstigere Ausweitung der Geldstrafe vermieden wurden und damit ein mindestens vergleichbarer Effekt der Haftvermeidung erreicht wurde, vgl. zusammenfassend *Heinz* 2014, S. 70 ff.

1119 *Dünkel/Thiele/Treig* 2017, S. 38; *Haverkamp* 2002, S. 407; *Lindenberg* 1999, S. 18; *Stern* 1990, S. 341.

1120 Vgl. *Kap. 3.4.2.*

1121 *P.-A. Albrecht* 2000, S. 452; *Dünkel/Morgenstern* 2003, S. 29; *Haverkamp* 1999, S. 67; *Hudy* 1999, S. 92 ff.; *Kaiser* 2001, S. 997.

1122 *Brüchert* 2002, S. 33. zu den Details des schwedischen Modells vgl. *Wennerberg* 2013, S. 113 ff.

Bei elektronisch überwachtem Hausarrest ist zudem die Gefahr des „*net widening*" ernst zu nehmen.[1123] Es ist zu befürchten, dass der elektronisch überwachte Hausarrest nicht zur Vermeidung von Freiheitsentzug eingesetzt wird, sondern Täter, deren Strafe ohnehin ausgesetzt worden wäre, zusätzlich noch elektronisch überwacht werden,[1124] entweder weil der Richter es zur Kontrolle als notwendig erachtet oder die Maßnahme als zusätzliches Übel ansieht, da ihm eine ausgesetzte Freiheitsstrafe als zu milde erscheint. Dies ist gerade dann zu erwarten, wenn es an einer Tätergruppe, bei der elektronisch überwachter Hausarrest möglicherweise sinnvoll wäre, fehlt.[1125] Diese Täter wären ohnehin zu ambulanten Sanktionen (ohne elektronische Kontrolle) verurteilt worden.[1126] Damit würde Freiheitsentzug nicht vermieden, sondern die Kontrolle innerhalb der Strafaussetzung ausgeweitet werden. Folglich wäre auch das oben genannte Argument der Kostenersparnis endgültig konterkariert.[1127] Der Argumentation von *Bales u. a.*,[1128] dass, selbst wenn nur bei jedem dritten Probanden unter elektronischer Überwachung tatsächlich ein Freiheitsentzug vermieden würde, die Maßnahme immer noch wirtschaftlich lohnenswert und damit im Ergebnis erfolgreich wäre, ist entschieden zu widersprechen. Mit dieser Argumentation würde man die Sanktionen für zwei Drittel der Täter ohne Berücksichtigung von Präventionsgesichtspunkten oder Verhältnismäßigkeit verschärfen, nur weil man sich davon Einsparungen in der Justiz erhofft.[1129]

Zudem ist zu hinterfragen, ob der elektronisch überwachte Hausarrest von den Betroffenen tatsächlich als mildere Alternative zu einer Haftstrafe empfunden wird.[1130] Das Gefühl, unter durchgehender Kontrolle zu stehen, kann zu erheblichen Belastungen führen, auch wenn faktisch nur überprüft wird, ob der Proband sich zu Hause aufhält. Gerade bei der Strafrestaussetzung wäre zu befürchten, dass der Betroffene sich dazu entscheidet, lieber den Rest seiner Freiheitsstrafe „abzusitzen", als für einen ggf. deutlich längeren Zeitraum unter elektronischer

---

1123 *Bonta/Wallace-Capretta/Rooney* 2000, S. 62; *Kommission* 2000, S. 173 f.; *Lindenberg* 1999, S. 18; *Whitfield* 1999, S. 46.

1124 *Jolin/Rogers* 1990, S. 204; *Mayer* 2004, S. 154; *Petersilia* 1988, S. 3.

1125 LK-*Häger* 2006, vor §§ 38 ff. Rn. 64; *Streng* 2000, S. 214; *van Kalmthout/Dünkel* 2000, S. 29 f.

1126 *Hudy* 1999, S. 81; *Stern* 1990, S. 341.

1127 *Dünkel/Thiele/Treig* 2017, S. 42; *Jolin/Rogers* 1990, S. 204 f.; *Mainprize* 1992, S. 164 ff.

1128 *Bales u. a.* 2010, S. XII

1129 Die bei einer so geringen Anzahl an gesparten Haftplätzen ohnehin sehr fragwürdig wäre, gerade da man auch die Kosten der elektronischen Überwachung gegenrechnen müsste.

1130 Siehe dazu *Vanhaelemeesch/Beeken/Vandevelde* 2014, S. 273 ff.

Überwachung zu stehen.[1131] Im Rahmen der Strafaussetzung nach § 56 StGB ist bezüglich des hessischen Modellprojekts jedoch festzuhalten, dass der angeordnete Zeitraum der elektronischen Überwachung i. d. R. kürzer war als die ausgesetzte Freiheitsstrafe.[1132] Jedoch kann eine Überwachung, insbesondere dann, wenn eine intensive Überwachung über einen sehr langen Zeitraum erfolgt, ähnlich gravierend oder sogar gravierender als die Haft empfunden werden.[1133] Insgesamt wird jedoch von einer geringeren Intensität des Hausarrests auszugehen sein. Wohnung und Arbeits- bzw. Ausbildungsplatz bleiben erhalten, zudem kann der Täter seine sozialen Kontakte (wenn auch eingeschränkt) pflegen. Er ist zudem auch in der Lage, seinen Alltag innerhalb der eigenen Wohnung eigenständig zu gestalten. Allerdings sollte die emotionale Belastung, die mit der elektronischen Überwachung einhergehen kann, nicht unterschätzt werden.[1134] Unter bestimmten Umständen kann auch bei Probanden, bei denen ein Freiheitsentzug vermieden wird, eine Art „net-widening-Effekt" eintreten, und zwar dann, wenn sie die Überwachung tatsächlich als eingriffsintensiver wahrnehmen, was zumindest nicht ausgeschlossen erscheint.[1135]

Kernproblem des „net-widenings" bleiben jedoch die Fälle, in denen die elektronische Überwachung nicht an die Stelle eines sonst verhängten Freiheitsentzugs tritt, sondern zu einer ohnehin ambulanten Sanktion hinzutritt. Sämtliche Vorteile, die sich von dem Hausarrest versprochen werden, wären damit hinfällig und eine wirkliche Kontrolle durch die Gerichte kann in dieser Hinsicht nicht stattfinden. Zudem spricht, wie bereits gesagt, die fehlende Klientel dafür, dass die Sanktion häufig in Fällen angewandt wird, für die sie eigentlich nicht vorgesehen war.

Auch die Präventionswirkung der elektronischen Überwachung ist zu hinterfragen. Denn ob der elektronisch überwachte Hausarrest wirklich eine langfristige spezialpräventive Wirkung entfalten kann, ist mehr als fraglich.[1136] Im hessi-

---

1131 Unabhängig davon, ob man das Merkmal der Einwilligung in § 57 Abs. 1 Nr. 3 StGB beibehält, wäre eine Einwilligung bei elektronischer Überwachung allein aus verfassungsrechtlichen Aspekten zu fordern (vgl. *Kap. 5.4.4*).

1132 Selbst wenn man den Zwei-Drittel-Vollzug als Grundlage nimmt, wäre die Dauer der Überwachung nur in wenigen Fällen länger gewesen, vgl. *Mayer* 2004, S. 187.

1133 So zumindest *Bohlander* 1991, S. 296; *Petersilia/Deschenes* 1994, S. 310 ff.; *Thiele* 1999, S. 443; bei *Mayer* 2004, S. 189 ff. gaben hingegen die Probanden in der Mehrzahl an, dass sie die Haft als weniger gravierend einstufen; *Gibbs/King* 2003, S. 9 ff. haben ähnliche Ergebnisse für Australien und Neuseeland gefunden.

1134 *Vanhaelemeesch/Beeken/Vandevelde* 2014, S. 282.

1135 *Mayer* 2004, S. 156.

1136 *Bonta/Wallace-Capretta/Rooney.* 2000, S. 73; *Renzema* 2013, S. 257 ff.; die Ergebnisse des schwedischen Modells scheinen besser zu sein, zumal elektronische Überwachung

schen Pilotprojekt waren die Widerrufsraten auf den ersten Blick erfreulich nied-rig.[1137] Die geringe Anzahl an Probanden lässt jedoch befürchten, dass dies vor allem auch auf eine entsprechende Vorauswahl zurückzuführen ist. Es ist unwahr-scheinlich, dass bei einer Ausweitung der elektronischen Überwachungen auf problematischere Probanden die Widerrufsraten ähnlich niedrig bleiben würden. Hinzu kommt, dass damit noch keine Beurteilung über die langfristige Legalbe-währung der Probanden getroffen werden kann;[1138] es wird nur festgestellt, dass es keine Verstöße im Rahmen der elektronischen Überwachung gab. Von *Mayer* wurde diesbezüglich lediglich der Zeitraum von einem Jahr nach Beendigung der Überwachung untersucht. Die Ergebnisse sind auch hier grundsätzlich posi-tiv,[1139] jedoch aufgrund der bereits angesprochenen Vorauswahl der Probanden sowie des sehr kleinen Zeitraums mit Vorsicht zu genießen. Zudem ist festzuhal-ten, dass bei den sorgfältig ausgewählten Probanden in Hessen (gut sozialisiert verbunden mit einer positiven Legalprognose)[1140] die Freiheitsstrafe möglicher-weise auch ohne elektronische Überwachung hätte ausgesetzt werden können, ohne dass weitere Straftaten bzw. ein Widerruf zu erwarten gewesen wären.[1141]

Als Fazit lässt sich damit Folgendes festhalten: Ob durch den elektronisch überwachten Hausarrest tatsächlich Freiheitsentzug vermieden werden kann, er-scheint mehr als fraglich. Die bisherigen Erfahrungen in Deutschland sprechen eher dafür, dass es zu „*net-widening*-Effekten" kommen wird als zu tatsächlicher Haftvermeidung. Dies zieht auch das Argument der Kostenersparnis erheblich in Zweifel. Die vorliegenden positiven Teilergebnisse sind hingegen eher auf eine entsprechende Vorauswahl der Probanden als auf die Sanktion an sich zurückzu-führen und dürften bei einer flächendeckenden Implementation kaum wiederhol-bar sein. Auch wird das im hessischen Modellversuch sehr günstige Verhältnis von Bewährungshelfern zu Probanden bei einer weiteren Verbreitung nicht auf-rechtzuerhalten sein.[1142]

---

dort (im Gegensatz zum untersuchten Projekt in England) jeweils stark in Behandlungs-programme und die Arbeit der Bewährungshilfe eingebunden war, vgl. *Renzema* 2013, S. 259.

1137 *Mayer* 2004, S. 131.

1138 *Harders* 2014, S. 111; auch die z. T. positiven ersten Ergebnisse aus den USA könnten so erklärt werden, vgl. *Illert* 2005, S. 19,

1139 *Mayer* 2004, S. 136 ff.

1140 Siehe zur Probandenauswahl im Detail *Mayer* 2004, S. 50 ff., der den Grund für die strenge Vorauswahl jedoch nicht in der Konzeption als solcher sieht, sondern in der Umsetzung durch die Behörden.

1141 *Brüchert* 2002, S. 34; *Harders* 2014, S. 262.

1142 *Brüchert* 2002, S. 34.

Doch selbst wenn sich der Hausarrest so ausgestalten ließe, dass tatsächlich Haft vermieden wird, sind andere Haftalternativen vorzuziehen.[1143] Sinnvolle Tagesplanung und die Betreuung durch einen Sozialarbeiter lassen sich beispielsweise ebenso mit gemeinnütziger Arbeit verbinden. Das Vorhandensein einer elektronischen Fußfessel dürfte für die Beziehung zwischen Proband und Sozialarbeiter zudem eher hinderlich sein.[1144] Auch was das Pflegen sozialer Kontakte angeht, dürfte dies mit der gemeinnützigen Arbeit deutlich einfacher zu vereinbaren sein als mit einem Hausarrest. Zudem besteht die Gefahr, dass durch die elektronische Überwachung bereits der Eindruck entsteht, es sei genug für den Probanden getan, weshalb die traditionelle Arbeit der Bewährungshilfe aus diesem Grund nicht mehr in angemessenem Ausmaß erfolgt.[1145] Der Fokus der Bewährungshilfe muss weiter auf der Unterstützung der Probanden liegen, sie darf sich nicht zu einer Art Kontrollinstitution entwickeln.[1146]

Für den elektronisch überwachten Hausarrest könnte jedoch sprechen, dass ihm eine relativ hohe punitive Wirkung zugesprochen wird, die den übrigen ambulanten Sanktionen häufig abgesprochen wird. Gerade in der öffentlichen Wahrnehmung dürfte der Hausarrest eher als strafrechtliches Übel empfunden werden als die gemeinnützige Arbeit,[1147] was es politisch deutlich einfacher machen würde, den elektronischen Hausarrest durchzusetzen. Dies läuft dem ausgemachten Zweck des elektronisch überwachten Hausarrests in seiner hier diskutierten Ausgestaltung jedoch zuwider. Er soll gerade kein zusätzliches Übel und keine punitivere Alternative zu anderen ambulanten Sanktionen sein, auch wenn er von der Bevölkerung ggf. so aufgefasst wird.[1148] Versteht man ihn so, dann fügt man ein Kontrollelement zu einer Maßnahme hinzu, die ansonsten in der öffentlichen Wahrnehmung als nicht punitiv genug gilt.[1149] Die Überwachung des Probanden (auch wenn faktisch nur festgestellt wird, ob er sich zu Hause aufhält) vermittelt ein Gefühl von Kontrolle und Sicherheit. Es wird also im Ergebnis die Strafaussetzung zur Bewährung verschärft, anstatt Freiheitsentzug zu vermeiden und den Strafvollzug zu entlasten. Dies entspricht aber gerade nicht der Zielsetzung einer

---

1143　So auch *Renzema/Mayo-Wilson* 2005, S. 232; *Nellis* 2015, S. 10.

1144　*Nellis* 2015, S. 9.

1145　*Cornel* 2008, S. 64; *Jolin/Rogers* 1990, S. 206; *Nellis* 2014, S. 185 f.; *Petersilia* 1988, S. 3.

1146　*Fritsche* 2005, S. 275; Befürchtungen dieser Art für Großbritannien äußern *Nellis/Bungerfeldt* 2013, S. 280.

1147　Dies dürfte allein die Wahrnehmung der Begriffe außerhalb des Strafrechts aufzeigen, Hausarrest dürfte durchweg negativ behaftet sein, während der Begriff Arbeit für sich sowohl positiv als auch negativ belegt sein kann.

1148　Ähnliche Befürchtungen bei *Nellis* 2012, S. 241.

1149　*Nellis/Bungerfeldt* 2013, S. 292.

modernen Kriminalpolitik. Ziel muss Resozialisierung und Prävention bleiben, nicht eine möglichst günstige, flächendeckende Kontrolle.

Im Ergebnis bleibt die elektronische Überwachung damit im Wesentlichen eine Kontrollmaßnahme, man kann den Täter deutlich effektiver und ggf. kostengünstiger kontrollieren als z. B. bei der gemeinnützigen Arbeit. Resozialisierende Faktoren wie das Einüben eines strukturierten Tagesablaufs mögen zwar eine Rolle spielen, lassen sich jedoch auch mit weniger kontrollierenden Maßnahmen erreichen. Der Grundsatz der Verhältnismäßigkeit gebietet es dann, diesen Sanktionen den Vorrang einzuräumen. Wichtig für die Resozialisierung dürfte hier vor allem die über die Überwachung hinausgehende Betreuung sein. Diese lässt sich aber auch mit anderen Maßnahmen verbinden, die ggf. eine zusätzliche positive Einwirkung auf den Betroffenen haben und weniger einschneidend und stigmatisierend sind.

Eine Aufenthaltsüberwachung hat stets einen stark einschränkenden und kontrollierenden Charakter. Sie kann schwerwiegende Folgen für den Betroffenen und sein Umfeld haben. Allein das Bedürfnis nach Strafe und Kontrolle darf nicht die Grundlage der Kriminalpolitik sein. Wenn weniger einschneidende Maßnahmen ebenso gute oder sogar bessere Chancen der Prävention aufweisen, ist ihnen der Vorrang einzuräumen.

Aus diesen Gründen ist die elektronische Überwachung keine geeignete Alternative zum Freiheitsentzug. Im Rahmen der Führungsaufsicht bei gefährlichen Gewalt- und Sexualstraftätern mag sie sich bewährt haben, für die Klientel von mittleren oder kurzen Freiheits- bzw. Ersatzfreiheitsstrafen ist sie jedoch nicht angemessen. Der Anwendungsbereich dürfte deutlich kleiner sein als bei Alternativen wie der gemeinnützigen Arbeit oder der Strafaussetzung unter anderen Weisungen/Auflagen. Sie sind zudem weniger eingriffsintensiv und können sinnvollere Hilfestellungen bieten. Die zusätzliche Kontrollkomponente, die der elektronisch überwachte Hausarrest liefern kann, ist für die Klientel, für die er angedacht wird, ohnehin überflüssig. Es wäre zu befürchten, dass der überwachte Hausarrest andere ambulante Sanktionen verdrängen würde. Projekte wie das hessische Modellprojekt sollten nicht weiterverfolgt werden.[1150] Die Erfolge sind bescheiden und lassen nicht darauf schließen, dass durch eine Ausweitung langfristig positive Ergebnisse erzielt werden können. Die Ergebnisse aus dem Ausland sind ohnehin gespalten und aufgrund der abweichenden Klientel der kurzen Freiheitsstrafe auch nur eingeschränkt übertragbar. Nur weil die technischen

---

1150　Zustimmend *Bohlander* 1991, S. 298; *Dölling* 1992, S. 286; *Harders* 2014, S. 262; *Hudy* 1999, S. 258 f.; LK-*Häger* 2006, vor §§ 38 ff. Rn. 64; *Pollände* 2012; *Streng* 2000, S. 213 f.; wohl auch *Brüchert* 2002, S. 35; a. A. *Mayer* 2004, S. 353 f., der eine Weiterführung unter bestimmten Bedingungen für sinnvoll hält; ähnlich *Fünfsinn* 2009, S. 700 f.; *Bergmann* 2007, S. 265; *Schneider* 2003, S. 138; *Hochmayr* 2013, S. 18 f. zieht hingegen eine Vollzugslösung vor, die, auch wenn mit ihr zugegebenermaßen die Gefahr des „*net-widenings*" z. T. entschärft werden kann, jedoch aus denselben Gründen wie die Ausgestaltung als Bewährungsweisung abzulehnen ist.

Möglichkeiten im Laufe der Jahre erheblich gewachsen sind (und im Laufe der Jahre mit Sicherheit weiterwachsen werden), sollte man nicht zwanghaft versuchen, die moderne Technik auch für das Strafrecht nutzbar zu machen.

5.4.6 Exkurs: Untersuchungshaftvermeidung

Auch wenn die Untersuchungshaft gerade keine strafrechtliche Sanktion darstellt, soll dennoch aufgrund des sachlichen Zusammenhangs zumindest kurz auf die Möglichkeit der Untersuchungshaftvermeidung durch elektronische Überwachung eingegangen werden. Anknüpfungspunkt kann hier die Aussetzung des Vollzugs des Haftbefehls nach § 116 StPO sein, da dessen Katalog, wie der des § 56c StGB, nicht abgeschlossen ist.[1151]

Hier müsste sich die Maßnahme dann zwangsweise tatsächlich in einer Überwachung erschöpfen; darüber hinausgehende, betreuende Maßnahmen wären aufgrund der Unschuldsvermutung unzulässig.[1152] Dies erscheint aufgrund des Zwecks der Untersuchungshaft auch nicht so problematisch wie bei der Ersetzung einer Freiheitsstrafe, da die Resozialisierung hier gerade nicht der Zweck ist, sondern die Sicherung des Verfahrens.[1153]

Fraglich erscheint allerdings, ob die elektronische Überwachung überhaupt den Haftzwecken dienen kann. Die Fußfessel dürfte kaum in der Lage sein, einen zur Flucht entschlossenen Verdächtigen tatsächlich an der Flucht zu hindern.[1154] Die Präsenzkontrolle stellt ohnehin nur fest, ob sich der Verdächtige zu Hause aufhält; ob er sich jedoch zu seinen Ausgangszeiten wie vorgesehen bei der Arbeit aufhält oder geflüchtet ist, lässt sich nicht feststellen. Die Aufenthaltsüberwachung per GPS kann ihn zwar orten, er dürfte sich der Kontrolle jedoch relativ leicht durch Entfernen des Senders entziehen können. Einen ernsthaft zur Flucht Entschlossenen kann die elektronische Überwachung daher nicht aufhalten. Auch kann die Überwachung kaum verhindern, dass der Verdächtige Beweise vernichtet, Zeugen beeinflusst oder die Tat wiederholt.[1155] Eine GPS-Überwachung könnte zwar der Aufklärung einer erneuten Straftat dienen, dies wäre jedoch nicht vom Zweck der Untersuchungshaft gedeckt.

Außerdem ist Folgendes zu bedenken: Die große Mehrheit der Haftbefehle wird in Deutschland wegen Fluchtgefahr verhängt, 2017 wurde in über 90% aller

---

1151 Karlsruher-Kommentar-*Graf* 2019, § 116 Rn. 9; Löwe/Rosenberg-*Hilger* 2008, § 116 Rn. 23; Meyer-Goßner/Schmitt-*Schmitt* 2018, § 116 Rn. 11; *Pfeiffer* 2005, § 116 Rn. 4.

1152 *Schneider* 2003, S. 176; denn damit würde man der Strafe vorgreifen, vgl. Karlsruher-Kommentar-*Graf* 2019, vor §§ 112 ff. Rn. 8.

1153 BVerfGE 19, S. 349; Löwe/Rosenberg-*Hilger* 2008, vor §112 Rn. 1; Meyer-Goßner/Schmitt-*Schmitt* 2018, vor § 112 Rn. 4.

1154 *Dünkel/Thiele/Treig* 2017, S. 39; *Haverkamp* 2002, S. 272.

1155 *Harders* 2014, S. 116.

Untersuchungshaftanordnungen (Mehrfachnennungen) Fluchtgefahr genannt.[1156] Gerade bei der Fluchtgefahr dürfte die elektronische Überwachung jedoch einen geringen Anwendungsbereich besitzen, denn wie oben dargestellt müssen die Probanden der elektronischen Überwachung bestimmte Kriterien erfüllen (eine Wohnung, ein Arbeitsplatz oder zumindest eine regelmäßige Beschäftigung).[1157] Liegen diese Kriterien vor, spricht dies für eine soziale und berufliche Integration des Verdächtigen, und Fluchtgefahr dürfte sich kaum begründen lassen.[1158] Daraus folgt, ebenso wie bei der Überwachung im Rahmen einer Bewährungsweisung, die Gefahr des „*net-widenings*", indem in Fällen, in denen sonst keine Untersuchungshaft angeordnet worden wäre, stattdessen ein Haftbefehl unter der Anweisung der elektronischen Überwachung ausgesetzt wird.[1159] Außerdem entsteht auch hier der Eindruck eines „Zwei-Klassen-Systems", wenn der Hausarrest nur für einen kleinen Teil der sozial integrierten Täter eine Alternative zur Untersuchungshaft darstellt.

Hinzu kommt das Problem der Anrechnung des Überwachungszeitraums auf eine ggf. anschließend verhängte Strafe. Nach § 51 Abs. 1 S. 1 StGB kann nur eine andere Art Freiheitsentzug auf eine Geld- oder Freiheitsstrafe angerechnet werden. Ob der elektronisch überwachte Hausarrest darunter fällt, ist umstritten und läuft letztlich auf die Unterscheidung hinaus, ob die Maßnahme als „freiheitsentziehend" oder lediglich „freiheitsbeschränkend" einzuordnen ist.[1160] Die wohl überwiegende Ansicht geht davon aus, dass eine Anrechnung nach aktueller Rechtslage nicht möglich ist, aber grundsätzlich wünschenswert wäre.[1161] Der BGH hat dabei nur bzgl. eines in Italien verbüßten (nicht elektronisch überwachten) Hausarrests entschieden und eine Anrechnung verneint.[1162] Das LG Frank-

---

1156 *Statistisches Bundesamt* 2018, S 380; in den letzten fünf Jahren lag der Wert jeweils konstant bei über 85% vgl. die Tabelle bei *Heinz* 2014, S. 112.

1157 *Schlömer* 1998, S. 287 f.

1158 *Harders* 2014, S. 117; *Pfeiffer* 2005, § 112 Rn. 6.

1159 *Weber* 2004, S 277; siehe dazu auch die Erfahrungen bei *Maes u. a.* 2012, S. 11.

1160 *Harders* 2014, S. 66; MüKo-*Maier* 2016, § 51 Rn. 15 f.

1161 *Fünfsinn* 2009, S. 6; *Hochmayr* 2013, S. 17; *Mayer* 2004, S. 352; *Morgenstern* 2002, S. 154; a. A. *Harders* 2014, S. 118; *Haverkamp* 2002, S. 195 f., die bereits *de lege lata* von der Anrechnungsfähigkeit ausgehen. Konsens scheint jedoch darüber zu bestehen, dass eine Anrechnung, zumindest *de lege ferenda*, erforderlich wäre (zustimmend für Belgien *Maes u. a.* 2012, S. 18).

1162 BGH NJW 1998, S. 767; ablehnend *Gullo/Murmann* 1998, S. 261; das OLG Zweibrücken NJW 1975, S. 509 hat zudem die Anrechnung einer sog. restriction abgelehnt, dabei handelt es sich um eine Sanktion, bei der ein US-Soldat seine Militärbasis nicht verlassen darf; Auch der EuGH hat eine Anrechnung von elektronisch überwachtem

furt spricht in Bezug auf den elektronisch überwachten Hausarrest zwar von einem Freiheitsentzug, jedoch nur bzgl. Art. 104 GG und nicht bzgl. § 51 StGB.[1163] Dennoch erfolgt im hessischen Modellprojekt keine Anrechnung, weshalb zwangsweise von einem „net-widening-Effekt" auszugehen ist, da zu jeder verhängten Strafe die Überwachungsdauer faktisch hinzuzuaddieren ist.[1164]

Eine dritte Art des „net-widenings" wäre dahingehend zu befürchten, dass sich die Verfahren weiter in die Länge ziehen, als es bei einer Inhaftierung des Verdächtigen der Fall gewesen wäre.[1165] Denn dadurch, dass keine Inhaftierung stattfindet, mag dem Richter ein Abschluss des Verfahrens weniger dringlich erscheinen.

Im Ergebnis ist die elektronische Überwachung als Alternative zur Untersuchungshaft daher abzulehnen.[1166] Der Anwendungsbereich dürfte im Hinblick auf den in Frage kommenden Personenkreis und die dort selten begründbare Fluchtgefahr minimal sein. Daher wäre eher mit „net-widening-Effekten" als mit einer Zurückdrängung der Haft zu rechnen.

5.4.7 Fazit

Von der elektronischen Überwachung von Straftätern sollte nur sehr zurückhaltend Gebrauch gemacht werden. Ihr Einsatz birgt viele Gefahren. Besonders „net-widening-Effekte" sind beim Einsatz im Rahmen einer Bewährungsweisung oder bei der Untersuchungshaftvermeidung zu befürchten. Durch die Überwachung soll eine Illusion von Sicherheit vermittelt werden, die in den hier diskutierten Anwendungsbereichen weder nötig ist noch durch sie gewährleistet werden kann. Für die hier angesprochene Tätergruppe der Straf(rest)aussetzung sind andere ambulante Alternativen sinnvoller. Gerade die gemeinnützige Arbeit in Form einer Freiheitsstrafen-Ersetzungslösung oder die Aussetzung unter anderen Auflagen oder Weisungen sind vorrangig zu berücksichtigen.

Die Untersuchungshaft sollte hingegen – gerade aufgrund des an sie anzulegenden strengen Verhältnismäßigkeitsstandards – ohnehin eine Ausnahme sein

---

Teilzeithausarrest (neun Stunden am Tag) verneint, vgl. EuGH, Urt. v. 28.07.2016 C-294/16 PPU.

1163 LG Frankfurt NJW 2001, S. 696.

1164 *Fünfsinn* 2009, S. 6; *Hochmayr* 2013, S. 17; *Mayer* 2004, S. 38; dies wird umso problematischer, je länger die Überwachung andauert. Sollte die elektronische Überwachung zur Vermeidung von Untersuchungshaft verwendet werden, wäre daher eine Regelung zu einer Anrechnung der Zeit unter elektronischer Überwachung auf die Strafhaft zu befürworten.

1165 *Mayer* 2004, S. 38.

1166 *Harders* 2014, S. 119; *Hudy* 1999, S. 159; ebenfalls eher kritisch *Mayer* 2004, S. 353; a. A. *Fünfsinn* 2009, S. 7; differenzierend *Schlömer* 1998 S. 288: „vorsichtige Erprobung".

und nur dann vollstreckt werden, wenn sie unvermeidlich ist. Die Gruppe der Täter, die sich auf der einen Seite für den überwachten Hausarrest eignen und für die auf der anderen Seite auch ein Haftgrund bejaht werden kann, dürfte sehr klein sein, unabhängig von der Frage, ob der Hausarrest überhaupt den Haftgründen dienen kann.

Bezüglich der elektronischen Überwachung von Straftätern ist also insgesamt Zurückhaltung angebracht. Auch wenn die Mittel inzwischen weit fortgeschritten sind und sich weiter verbessern werden – gerade was technische Aspekte wie die Größe des Senders, seine Genauigkeit und die Fehleranfälligkeit angeht –, so bestehen doch zahlreiche darüber hinausgehende Probleme. Die potenziellen Anwendungsfelder sind gering und die Risiken des „net-widenings" und einer Reduzierung der Maßnahme auf eine reine Kontrolle überwiegen gegenüber dem möglicherweise vorhandenen Potenzial der elektronischen Überwachung zur Haftvermeidung.

5.5 Die Verwarnung mit Strafvorbehalt

Im Folgenden soll noch eine Reform diskutiert werden, die nicht ausschließlich die Vermeidung von kurzem Freiheitsentzug zum Ziel hat. Stattdessen hat sie primär die im Rahmen der Sanktionspraxis bereits angedeutete fehlende präventive Wirkung der Geldstrafe zum Gegenstand: eine Erweiterung der Verwarnung mit Strafvorbehalt. Die Vermeidung von Ersatzfreiheitsstrafen könnte jedoch ein positiver Nebeneffekt sein. Zwar ist es zutreffend, dass *de lege lata* aufgrund der engen Voraussetzungen eine Verwarnung eher nur in Fällen ausgesprochen wird, in denen ohnehin keine Ersatzfreiheitsstrafe zu befürchten ist,[1167] doch könnte durch mögliche Lockerungen der Voraussetzungen auch in problematischeren Fällen eine Verwarnung einschlägig sein. So könnte dann möglicherweise auch die Klientel der Ersatzfreiheitsstrafe zum Teil in den Anwendungsbereich der Verwarnung einbezogen werden.

Grundsätzlich kann eine Geldstrafe im deutschen Strafrecht nur unbedingt verhängt werden. Eine Strafaussetzung wie bei der Freiheitsstrafe ist nicht vorgesehen. Dies mag auf den ersten Blick verwundern, denn es bedeutet, dass derjenige, der zur eigentlich schwerwiegenderen Freiheitsstrafe verurteilt wurde, die Chance bekommen kann, sich zu bewähren, während es diese Möglichkeit bei einer Verurteilung zu einer Geldstrafe nicht gibt.[1168]

Wie in *Kap. 3.3* dargestellt, kann auch die Geldstrafe mit negativen Folgen für den Täter und sein Umfeld verbunden sein. Diese negativen Folgen können,

---

1167 *Kommission* 2000, S. 40.

1168 BT-Drucks. 12/6141, S. 9; *Hirsch* 1990, S. 551; *Schmidt-Hieber* 1992, S. 2003; *von Selle* 2002, S. 231; Drastischer *Baumann* 1980, S. 467: „gelinde gesagt dümmlich".

ähnlich wie auch die negativen Folgen der Freiheitsstrafe, durch eine Strafaussetzung möglicherweise vermieden werden.[1169] Mit der Verwarnung mit Strafvorbehalt wird *de lege lata* eine vergleichbare Konstruktion erreicht. Sie ist jedoch im Gegensatz zu einer ausgesetzten Geldstrafe keine echte Kriminalstrafe. Zudem sind ihre Voraussetzungen in § 59 StGB so eng, dass sie in der Praxis quasi keine Bedeutung erlangen konnte.[1170] Es stellt sich daher die Frage, ob es wünschenswert wäre, den Anwendungsbereich der Verwarnung auszuweiten. Dazu kämen verschiedene Ansätze in Betracht. § 59 StGB ist aktuell als „Kann-Regelung" ausgestaltet, die Veränderung hin zu einer „Muss-" oder „Soll-Regelung" könnte den Anwendungsbereich vergrößern. Ebenfalls anknüpfen ließe sich am Prognoseerfordernis aus § 59 Abs. 1 Nr. 1 StGB oder der Würdigkeitsklausel aus § 59 Abs. 1 Nr. 2 StGB. Daneben könnte eine Streichung des generalpräventiven Vorbehalts (§ 59 Abs. 1 Nr. 3 StGB) zielführend sein. Zuletzt käme eine Ausweitung auf Strafen von mehr als 180 Tagessätzen sowie weitere Verknüpfungsmöglichkeiten mit anderen Maßnahmen in Betracht. Die bisherigen Versuche, den Anwendungsbereich der Verwarnung mit Strafvorbehalt zu erweitern, waren wenig erfolgreich. So wurde zwar durch das Ende 2006 in Kraft getretene 2. Justizmodernisierungsgesetz[1171] das Verbot, die Verwarnung bei bestimmten Wiederholungstätern anzuwenden, gestrichen, und die sog. Indizierung wurde aus der „Würdigkeitsklausel" entfernt. Eine Steigerung der Anwendungshäufigkeit des § 59 StGB hatte dies jedoch nicht zur Folge.[1172]

Gegen eine Erweiterung der Verwarnung wird häufig vorgebracht, ihr potenzieller Anwendungsbereich würde schon durch die §§ 153 f. StPO fast vollständig abgeschöpft.[1173] Wenn man dann mit *Horn* davon ausgeht, dass die Verwarnung mit Strafvorbehalt ohnehin nur eine Art Lückenfüller für Fälle sei, in denen formale Voraussetzungen der Einstellung fehlen (i. d. R. die Zustimmung des Angeklagten oder der Staatsanwaltschaft),[1174] dann wäre eine Ausweitung der Verwarnung nicht angezeigt. Denn genau diese Lücke kann die Verwarnung *de lege lata* bereits schließen. Damit wird dem Potenzial der Verwarnung mit Strafvorbehalt jedoch nicht ausreichend Rechnung getragen. Sie könnte zum Beispiel auch für Wiederholungstäter in Betracht kommen, bei denen aufgrund der Vorstrafen keine Einstellung mehr in Betracht kommt, das verwirkte Unrecht jedoch so gering ist, dass eine Bestrafung nicht notwendig erscheint. Umgekehrt kommen

1169 *Zieschang* 1992, S. 454.

1170 Vgl. *Kap. 3.3.3.*

1171 Vgl. *Kap. 4.15.*

1172 Seit 2004 liegt der Anteil an Verwarnungen regelmäßig bei ca. 1%, vgl. NK-*Albrecht* 2017, § 59 Rn. 1; 2015: 1,04%, vgl. *Kap. 3.3.3.*

1173 *Kommission* 2000, S. 39.

1174 *Horn* 1980, S. 106.

auch fahrlässige Taten in Betracht, bei denen aufgrund der schweren Folge eine Einstellung nicht mehr angemessen wäre.[1175] Auch Fälle, in denen eine Geldstrafe die Vollstreckung von Opferansprüchen erheblich gefährden würde, könnten ggf. mit einer Verwarnung geahndet werden.[1176] Denn zum einen kann dem Verwarnten dann nach § 59a Abs. 2 Nr. 1 StGB aufgegeben werden, den Schaden wiedergutzumachen, zum anderen würden die dafür nötigen Mittel nicht primär zur Begleichung der Geldstrafe benötigt. Auf diese Weise könnte der Anwendungsbereich von TOA und Wiedergutmachung durch die Verwarnung mit Strafvorbehalt erweitert werden.[1177]

Zudem dürfte es auch im Rahmen der geringfügigen Delinquenz Fälle geben, in denen vor allem eine positiv spezialpräventive Einwirkung auf den Täter angezeigt ist und ein „Denkzettel" in Form der Geldstrafe wenig erfolgversprechend wäre. Die nötige Einwirkung könnte dann durch Auflagen und Weisungen gemäß § 59a StGB erfolgen. Daher ist davon auszugehen, dass es auch neben §§ 153 f. StPO einen erheblichen Anwendungsbereich für eine Verwarnung mit Strafvorbehalt geben kann.

Ein weiteres Problem stellt ein vermeintlicher Widerspruch zum Ordnungswidrigkeitenrecht dar. Denn begeht der Täter eine eigentliche weniger schwerwiegende Ordnungswidrigkeit, wird er mit unbedingter Geldbuße belegt. Möglichkeiten, diese auszusetzen, bestehen nicht. Dementgegen könnte die eigentlich schwerer wiegende Straftat mit einer Verwarnung mit Strafvorbehalt geahndet werden.[1178] Hier wäre jedoch zu berücksichtigen, dass bereits der Vorgang der Strafverfolgung für sich eine Belastung für den Täter darstellen kann. Zudem kann eine Verwarnung mit Strafvorbehalt im Gegensatz zu einer Geldbuße mit Weisungen und Auflagen verknüpft werden, insbesondere dann, wenn der Katalog des § 59a Abs. 2 StGB noch erweitert wird (siehe dazu unten). Zuletzt bleibt während der gesamten Bewährungszeit die Gefahr bestehen, dass die vorbehaltene Geldstrafe doch vollstreckt wird.[1179] Die Sanktionierung ist daher zwar unterschiedlich, die Verwarnung muss jedoch nicht zwangsweise milder sein als

---

1175   *Dencker* 1986, S. 403.

1176   *Schöch* 1992a, S. 264 f..

1177   Ähnlich bereits vor der Einbeziehung von TOA und Wiedergutmachung in § 59a Abs. 1 Nr. 1 StGB 1994, *Dünkel/Rössner* 1987, S. 856 f.; auch *Frehsee* 1987, S. 383 stellt den Aspekt der Schadenswiedergutmachung in den Mittelpunkt.

1178   BT-Drucks. 10/5828, S. 5.; BayOLG MDR 1976, S. 333; *Zipf* 1974a, Fn. 50; bzgl. bedingter Geldstrafen in der Schweiz vgl. *Maurer* 1994, S. 397; *Sollberger* 2003, S. 259; *Youssef* 2010, S. 38 f.; die vor allem auf Ungerechtigkeiten im Straßenverkehrsrecht hinweisen.

1179   *Wolters* 2002, S. 83; a. A.: *Cremer* 1982, S. 451 f.; der davon ausgeht, dass aus der Sicht eines Laien in der Praxis kein Unterschied zwischen Geldbuße und Geldstrafe besteht.

eine Reaktion nach dem OWiG. Ein Widerspruch besteht daher nicht und die Unterscheidung zwischen Straftaten und Ordnungswidrigkeiten spricht nicht gegen einen Ausbau der Verwarnung mit Strafvorbehalt.

Für deren Ausbau sprechen die Möglichkeiten der positiv spezialpräventiven Einwirkung, die sich mit ihr eröffnen können. Anders als bei einer Geldstrafe, die lediglich als Denkzettel wirken kann, kann eine Verwarnung mit Strafvorbehalt insbesondere in Verbindung mit entsprechenden Weisungen auch positiv spezialpräventiv wirken.[1180] Denn erkennt der Richter, dass unterstützende Weisungen erforderlich sind, kann er dies aktuell nur umsetzen, indem er den Betroffenen zu einer bedingten Freiheitsstrafe verurteilt.[1181] Dies mag zum einen im Einzelfall im Hinblick auf § 47 Abs. 1 StGB schwer begründbar sein und zum anderen droht dann bei Widerruf unmittelbar der Freiheitsentzug. Das stets drohende Szenario vom Widerruf und der Vollstreckung der Freiheitsstrafe dürfte zudem eine zusätzliche der Resozialisierung hinderliche Belastung darstellen.[1182] Der Richter müsste also entgegen dem ausdrücklichen Willen des Gesetzgebers kurze Freiheitsstrafen verhängen.[1183] Eine Verwarnung mit Strafvorbehalt könnte Unterstützung für hilfsbedürftige Täter ermöglichen, ohne diese gleichzeitig zu einer Freiheitsstrafe verurteilen zu müssen. Anwendungsbereich wären nicht primär Ersttäter und Bagatelldelikte (diese sollten nach wie vor verfahrensrechtlich durch §§ 153 f. StPO erledigt werden), sondern Wiederholungstäter mit geringer Schuld und erheblichen, über die kriminelle Belastung hinausgehenden Problemen, für die eine Einstellung nach §§ 153 f. StPO jedoch nicht mehr in Betracht kommt.

An einem Prognoseerfordernis sollte grundsätzlich festgehalten werden; der Vorbehalt einer Strafe unter der Prämisse, dass jemand keine weiteren Straftaten mehr begeht, erscheint widersinnig, wenn gerade mit weiteren Straftaten zu rechnen ist.[1184] Auch wenn es sich nicht um eine Bewährungsstrafe im eigentlichen Sinne handelt, setzt zumindest der Gedanke der Bewährung, der auch in der Verwarnung mit Strafvorbehalt zu erkennen ist, eine gute Legalprognose voraus. Ebenfalls beibehalten werden sollte die Höchstgrenze von 180 Tagessätzen für eine Verwarnung. Zum einen erfasst man damit bereits so gut wie alle Geldstrafen, zum anderen dürfte in den wenigen Fällen, in denen eine Geldstrafe von mehr

---

1180 *Wiss* 1989, S. 627.

1181 *Baumann* 1980, S. 467; *Dünkel/Spieß* 1992, S. 132; *Füglein/Lagardère* 2013, S. 49 f.; *Weigend* 1992, S. 358.

1182 *Dünkel/Spieß* 1992, S. 127.

1183 *Füglein/Lagardère* 2013, S. 50.

1184 *Neumeyer-Wagner* 1998, S. 192.

als 180 Tagessätzen verwirkt wurde, die Schuld des Täters so groß sein, dass eine Verwarnung nicht mehr angemessen wäre.[1185]

Allein die aktuelle Regelung des § 59 StGB zu einer „Muss-Regelung" zu machen dürfte wenig erfolgversprechend sein.[1186] Denn die ohnehin bereits sehr engen Voraussetzungen der Norm binden das Ermessen des Gerichts bei ihrem Vorliegen i. d. R. bereits so sehr, dass das Ermessen auf null reduziert und die Verwarnung zu verhängen ist.[1187] Die Reform hin zu einer „Muss-Vorschrift" hätte also eher symbolischen bzw. klarstellenden Charakter.[1188] Den Anwendungsbereich vergrößern würde sie jedoch nicht. Dies heißt jedoch auch, dass man sich bei der Lockerung der übrigen Voraussetzungen die Frage nach dem Ermessen im Rahmen des § 59 StGB erneut stellen sollte. Denn bei weiteren Voraussetzungen wäre zu erwarten, dass deren Vorliegen nicht mehr zwangsläufig zu einer Ermessensreduzierung auf null führt.

Denkbar erscheint zunächst eine weitere Lockerung der Voraussetzungen des § 59 Abs. 1 S. 1 Nr. 2 StGB (sog. Würdigkeitsklausel). § 59 Abs. 1 S. 1 Nr. 2 StGB ist die Voraussetzung, die den Anwendungsbereich der Verwarnung in der Praxis wesentlich limitiert.[1189] Der Versuch einer Ausweitung sollte daher sinnvollerweise zumindest auch an der Würdigkeitsklausel ansetzen. Sie wurde bereits durch das 2. Justizmodernisierungsgesetz gelockert, indem die sog. Indizierung gestrichen wurde. Wie bereits angesprochen hat dies in der Praxis jedoch kaum Auswirkungen gehabt. Obwohl sich die Formulierung an § 56 Abs. 2 StGB orientiert, ist der Anteil an Verwarnten nicht im Ansatz so hoch wie die Aussetzungsrate im Rahmen von § 56 Abs. 2 StGB. Eine denkbare Lösung wäre es, § 59 Abs. 1 S. 1 Nr. 2 StGB schlicht zu streichen.[1190] Dies würde jedoch zu weit gehen und dazu führen, dass alle Geldstrafen von bis zu 180 Tagessätzen (also nahezu alle Geldstrafen) bei einer positiven Prognose ausgesetzt werden könnten, sofern die Verteidigung der Rechtsordnung dem nicht entgegensteht. Damit wäre

---

1185   *Müller* 2007, S. 635; *Neumeyer-Wagner* 1998, S. 190; a. A. *P.-A. Albrecht u. a.* 1992, S. 23.

1186   *Wolters* 2002, S. 81 f.

1187   Ermessensreduzierung auf null wurde z. B. angenommen von BGH NJW 2001, S. 1802 ff.; OLG Celle StV 1988, S. 109; zustimmend BeckOK-*von Heintschel-Heinegg* 2019, § 59 Rn. 27; *Dünkel* 2003, S. 124; *Müller* 2007, S. 637; *Neumayer-Wagner* 1998, S. 196; NK-*Albrecht* 2017, § 59 Rn. 11; Sch/Sch-*Kinzig* 2019, § 59 Rn. 16; *Streng* 2012, Rn. 152; kritisch LK-*Hubrach* 2008 § 59 Rn. 22; MüKo-*Groß* 2016, § 59 Rn. 10; SSW-*Mosbacher/Claus* 2016, § 59 Rn. 5.

1188   *Wolters* 2002, S. 82 lehnte eine Reform daher ab; *Neumayer-Wagner* 1998, S. 196 hingegen befürwortet eine Klarstellung.

1189   *Schubert* 2017, S. 238.

1190   *Frehsee* 1987, S. 383; *Horn* 1977a, S. 563.

die Verwarnung mit Strafvorbehalt wahrscheinlich eher zur Regel als zur Ausnahme gemacht und die Abgrenzung zur Geldstrafe hätte kaum noch Konturen.[1191] Eine Lockerung der Klausel ist daher zielführender. Einen entsprechenden Vorschlag unterbreitete *Schöch*.[1192] Er schlug vor, die Verwarnung dann anzuwenden, wenn „sie in Verbindung mit Auflagen und Weisungen zur Einwirkung auf den Täter besser geeignet ist als die Geldstrafe".[1193] Damit setzt er den Fokus zum einen auf die spezialpräventive Wirkung der Verwarnung, zum anderen wird konkret Bezug auf die Weisungen und Auflagen genommen. Die Verwarnung wäre danach also gerade in solchen Fällen einschlägig, in denen eine Geldstrafe im Vergleich zu Weisungen oder Auflagen nicht geeignet erscheint, den Täter von weiteren Straftaten abzuhalten. Weisungen oder Auflagen wären nach dieser Vorschrift die Regel bei der Anwendung des § 59 StGB. Man könnte auf diese Weise auch den Anwendungsbereich für die Verwarnung mit Strafvorbehalt konkreter abstecken.[1194] Neben den aktuellen Anwendungsfällen würde die Verwarnung so also auch für eine deutlich problembelastetere Klientel geöffnet werden. Es wären damit nicht nur „nicht resozialisierungsbedürftige Gelegenheitstäter"[1195] erfasst. Dafür spricht, dass Straftaten oft aufgrund sozialer Probleme oder Hilflosigkeit verübt werden.[1196] Zu denken wäre hier beispielsweise an Arbeitslosigkeit, Überschuldung, Suchtprobleme oder familiäre Schwierigkeiten. Es könnte also genau die Klientel, die im weiteren Verlauf ihrer kriminellen Karrieren häufig mit Ersatzfreiheitsstrafen oder kurzen Freiheitsstrafen belastet wäre, ggf. bereits vor der Verhängung einer Freiheitsstrafe unterstützend betreut werden. Für viele dieser Straftäter wäre ein Denkzettel in Form der Geldstrafe spezialpräventiv ungeeignet.[1197] Sinnvoller wäre es, zu versuchen, die Betroffenen bzgl. der angesprochenen Probleme zu unterstützen. Hier hätte die Verwarnung den Vorteil, dass sie mit Weisungen und Auflagen verbunden werden kann. Zur Klarstellung, dass auch der aktuelle Anwendungsbereich des § 59 StGB erhalten bleiben soll, bietet es sich an, § 59 Abs. 1 StGB nicht vollständig neu zu gestalten, sondern eine zusätzliche Alternative einzuführen, mit der die Verwarnung auf die gerade angesprochenen Fälle erweitert werden soll.

Der generalpräventive Vorbehalt bei der Verwarnung mit Strafvorbehalt ist für beide vorgesehenen Alternativen zu streichen.[1198] Ein Fall, in dem zum einen

---

1191 *Müller* 2007, S. 637; *Neumayer-Wagner* 1998, S. 194; *Schöch* 1992, C. 90.

1192 *Schöch* 1992, C. 92.

1193 *Schöch* Diskussion zum 59. DJT 1992 – Abteilung Strafrecht, O. 128.

1194 Dies war der „Würdigkeitsklausel" nicht gelungen, vgl. *Cremer* 1982, S. 450.

1195 *Hefendehl* 2000, S. 606; ähnlich *Schubert* 2017, S. 237.

1196 *Streng* 2000, S. 220.

1197 *Schöch* 1992, C. 90.

1198 *Müller* 2007, S. 637; *Neumayer-Wagner* 1998, S. 195; *Schubert* 2017, S. 238.

die Voraussetzung der Verwarnung vorliegt, zum anderen jedoch der Vorbehalt der Strafe für die Allgemeinheit völlig unverständlich ist, erscheint schwer vorstellbar. Im Bereich der geringen Kriminalität sollten generalpräventive Erwägungen keine Rolle spielen. Dafür spricht auch die Regelung des § 56 Abs. 3 StGB: Wenn die Verteidigung der Rechtsordnung der Aussetzung einer Freiheitsstrafe von unter sechs Monaten nicht entgegenstehen darf, sollte sie auch dem Vorbehalt einer Geldstrafe von bis zu 180 Tagessätzen nicht entgegenstehen dürfen.

§ 59 StGB sollte bei der hier vorgeschlagenen Erweiterung der Voraussetzungen nicht zu einer Muss-Vorschrift gemacht werden. *De lege lata* wäre zwar eine Klarstellung in dieser Form wünschenswert, das Vorliegen der neuen Voraussetzungen dürfte das Ermessen des Gerichts jedoch nicht automatisch immer auf null reduzieren. Eine „Muss-Regelung" könnte außerdem dazu führen, dass die Voraussetzungen der Norm entsprechend eng ausgelegt werden. Eine Ermessensregelung wäre eher in der Lage, die nötige Flexibilität bei der Abgrenzung zwischen Geldstrafe und Verwarnung mit Strafvorbehalt zu gewährleisten.

Aus dem eben Gesagten ergibt sich, dass bei Ausbau der Verwarnung mit Strafvorbehalt parallel untersucht werden sollte, ob es angezeigt ist, die Kombinationsmöglichkeiten mit der Verwarnung zu erweitern. Dies könnte die Verwarnung zum einen insgesamt attraktiver für die Praxis machen, zum anderen aber auch notwendig sein, um die Verwarnung auf eine problematischere Klientel erweitern zu können.

Erwogen wird diesbezüglich zum Beispiel die Verbindung mit einem Fahrverbot.[1199] *De lege lata* ist die Verbindung von Verwarnung mit Strafvorbehalt und Fahrverbot nach herrschender Meinung nicht möglich.[1200] Dafür spricht schon der eindeutige Wortlaut des § 44 Abs. 1 StGB, der eine Verurteilung zu einer Geld- oder Freiheitsstrafe voraussetzt. Gerade diese unterbleibt bei der Verwarnung jedoch.[1201] Auch ist das Fahrverbot nicht in § 59 Abs. 2 S. 1 genannt. Diese Norm regelt abschließend die Kombinationsmöglichkeiten mit einer Verwarnung mit Strafvorbehalt.[1202] Hält man eine solche Kombinationsmöglichkeit für wünschenswert, müsste sie daher gesetzlich ausdrücklich normiert werden. Dagegen sprechen jedoch bereits die unterschiedlichen Zwecke, die mit den beiden Sanktionsformen verfolgt werden. Die Verwarnung möchte eine Bestrafung gerade vermeiden und betrifft Fälle, in denen eine Bestrafung nicht angezeigt ist.

1199 BT-Drucks. 12/6141, S. 5.

1200 DDKR-*Braasch* 2017, § 59 Rn. 3; Lackner/Kühl-*Kühl* 2018, § 59 Rn. 3; LK-*Hubrach* 2008, § 59 Rn. 3; MüKo-*Groß* 2016, § 59 Rn. 4; BayOLG NStZ 1982, S. 258; OLG Frankfurt a. M. NZV 2014, S. 137 f.; OLG Stuttgart NZV 1994, S. 405; Sch/Sch-*Kinzig* 2019, § 59 Rn. 6; *Timm* 2014, S. 114; a. A. NK-*Albrecht* 2017, § 59 Rn. 3; *Plank* 1990, S. 145; *Schöch* 1978, S. 75.

1201 LK-*Hubrach* 2008, § 59 Rn. 3.

1202 *Timm* 2014, S. 112.

Es erscheint dann widersprüchlich, den Verwarnten dennoch mit einer Strafe belegen zu wollen,[1203] gerade da das Fahrverbot den Täter möglicherweise sogar schlimmer trifft, als es die Geldstrafe im Falle der Vollstreckung tun würde.[1204] Außerdem soll der Fokus der Verwarnung mit Strafvorbehalt ja auf eine unterstützende positiv spezialpräventive Wirkung gelegt werden. Diesem Zweck könnte ein mit der Verwarnung verbundenes Fahrverbot nicht dienen.[1205] Wenn man das Fahrverbot auch unabhängig von einer Geld- oder Freiheitsstrafe verhängen können möchte, wäre die in *Kap. 5.2.2* vorgeschlagene Heraufstufung zur Hauptstrafe zielführender. Die Kombinationsmöglichkeit von Verwarnung mit Strafvorbehalt und Fahrverbot ist daher weder *de lege lata* möglich noch *de lege ferenda* wünschenswert.

Weitere Kombinationsmöglichkeiten könnten jedoch durch die Einführung neuer Auflagen oder Weisungen nach § 59a StGB geschaffen werden. Vorgeschlagen wurde dabei zum Beispiel, den Katalog aus § 59a Abs. 2 StGB um gemeinnützige Arbeit zu ergänzen.[1206] Teilweise wird davon ausgegangen, der repressive Charakter und der schwerwiegende Eingriff durch die Arbeitsleistung verbiete eine Kombination mit der Verwarnung.[1207] Dem ist zumindest insoweit zuzustimmen, dass sich die Arbeitsleistung allein schon aufgrund des Verhältnismäßigkeitsgrundsatzes in einer geringen Stundenzahl erschöpfen muss. Die 2004 vorgeschlagene Höchstgrenze von 60 Stunden[1208] wäre dabei zu hoch angesetzt, gerade wenn man bedenkt, dass die Arbeitsstunden die Strafe nicht wie bei der Ersatzfreiheitsstrafenvermeidung ersetzen, sondern nur deren Vollstreckung unterbleibt. Eine Obergrenze von 40 Stunden gemeinnütziger Arbeit sollte daher ausreichend sein und dafür sorgen, dass die gemeinnützige Arbeit den Verwarnten nicht unverhältnismäßig belastet. Zudem ist die gemeinnützige Arbeit, anders als beispielsweise ein Fahrverbot, nicht ausschließlich repressiv ausgerichtet. Mit ihr werden auch positiv spezialpräventive Zwecke verfolgt und sie widerspricht damit nicht dem Charakter der Verwarnung mit Strafvorbehalt.[1209] Sie kann die Reintegration in die Gesellschaft fördern und dem Verwarnten den Einstieg in

---

1203   *Kommission* 2000, S. 38; *Müller* 2007, S. 638; *Neumayer-Wagner* 1998, S. 200; *Timm* 2014, S. 113 f.; a. A. *Schöch* 1978, S. 75, 1992, C 93.

1204   *Cramer* 1978, S. 535; *Kommission* 2000, S. 41.

1205   Im Gegenteil, bestimmte soziale Probleme können durch ein Fahrverbot verschlimmert werden bzw. überhaupt erst entstehen, vgl. *Kap. 5.2.1.2.*

1206   BT-Drucks. 15/2725, S. 9.

1207   *Neumayer-Wagner* 1998, S. 205 f.

1208   BT-Drucks. 15/2725, S. 9.

1209   *Kropp* 2004, S. 242.

einen geregelten Alltag erleichtern.[1210] Auch kann eine Verwarnung mit Strafvorbehalt i. V. m. einer Arbeitsleistung eine adäquate Rechtsfolge insbesondere für mittellose Täter darstellen, für die beispielsweise eine Geldauflage nicht leistbar und auch aus präventiver Sicht nicht zielführend wäre.[1211] Eine moderate Arbeitsauflage würde daher eine sinnvolle Ergänzung in den Katalog des § 59a Abs. 2 StGB darstellen.[1212] Um eine Schlechterstellung von Verwarnten im Vergleich zu Verurteilten zu einer Geldstrafe zu vermeiden, müsste zudem im Falle einer Verurteilung nach § 56b StGB eine Anrechnung der geleisteten Stunden erfolgen.[1213]

Ebenfalls vorgeschlagen wurde die Möglichkeit, eine Art Betreuungsweisung in die Verwarnung mit Strafvorbehalt zu integrieren.[1214] Die Betreuungsweisung ist bereits aus dem Jugendstrafrecht bekannt (§ 10 Abs. 1 S. 3 Nr. 5 JGG). Ihr Zweck ist es, positiv spezialpräventiv auf den Täter einzuwirken.[1215] Im Fokus steht dabei die sozialpädagogische Betreuung.[1216] Dies würde im Wesentlichen Täter betreffen, die zwar keine schweren Straftaten begangen haben, aber über die kriminelle Belastung hinaus mit sozialen Problemen belastet sind. Die Betreuungsweisung würde es ermöglichen, die Verwarnung mit Betreuung durch einen Sozialarbeiter zu verknüpfen. Der Betreuer kann dann im Rahmen der Weisung im Alltag des Verwarnten Hilfestellung leisten oder in akuten Gefährdungslagen ggf. aktiv eingreifen.[1217] Zusätzlich kann auch auf die langfristige Lebensplanung und Lebensführung eingewirkt werden. Bei der angesprochenen Klientel kann bereits ein kurzfristiges Eingreifen bei einem akuten Problem einen großen Effekt haben.[1218] Die Betreuung wäre zwar grundsätzlich mit der Bewährungshilfe vergleichbar, müsste sich aber mehr auf die Hilfeleistung im konkreten Bedarf beschränken und dürfte vor allem nicht von lediglich Überwachung geprägt sein.[1219] Sie wäre im Vergleich zur Bewährungshilfe eher beratend als fordernd

---

1210 Zu den potenziellen positiven Wirkungen der gemeinnützigen Arbeit vgl. *Kap. 5.3.3.3.*

1211 LK-*Hubrach* 2008, § 59a Rn. 6; *Füglein/Lagardère* 2013, S. 49 f.; als Beispiel werden Arbeitslose genannt, vgl. *Kropp* 2004, S. 242.

1212 *Deutscher Juristentag* 1992, S. 3022; *DRB* 2001; *Dünkel* 2009, S. 54 f.; *Kropp* 2004, S. 242.

1213 Für die Anrechnung sollte dabei der in *Kap. 5.3.1* gesagte, also zwei Stunden gemeinnützige Arbeit für einen Tagessatz Geldstrafe.

1214 BT-Drucks. 12/6141, S. 5; *Schöch* 1992, C 93; *Streng* 2000, S. 220 f.; zustimmend *Meier* 2009, S. 393.

1215 *Eisenberg* 2018, § 10 Rn. 22a; NK-JGG-*Buhr* 2014, § 10 Rn. 29.

1216 *Schwerin-Witkowski* 2003, S. 9.

1217 *Streng* 2000, S. 220.

1218 *Schöch* 1992, C. 103.

1219 *Schöch* 1992, C. 103.

auszugestalten.[1220] Organisatorisch wäre die Betreuung jedoch an die Bewährungshilfe anzugliedern.

Die Betreuungsweisung wäre zudem zeitlich zu begrenzen. Auch hier kann das Jugendstrafrecht als Anhaltspunkt dienen: Nach § 11 Abs. 1 S. 2 JGG soll eine Betreuungsweisung ein Jahr nicht überschreiten.[1221] Zu lange Betreuungsweisungen können zum einen eine unverhältnismäßige Belastung für den Täter darstellen, zum anderen können sie einen pädagogisch negativen Effekt mit sich bringen.[1222] Deshalb sollte die Betreuungsweisung im Rahmen der Verwarnung mit Strafvorbehalt auf maximal ein Jahr beschränkt bleiben.[1223] Eine Regelung zur Verlängerung der Weisung entsprechend § 11 Abs. 2 JGG ist ebenfalls abzulehnen. Eine Verlängerung kann nur bei einem Verstoß über §§ 59b Abs. 1, 56f Abs. 2 S. 1 Nr. 1 StGB erfolgen. Aber auch in diesen Fällen dürfte die Gesamtdauer ein Jahr nicht überschreiten.

Für eine Betreuungsweisung im Rahmen der Verwarnung mit Strafvorbehalt spricht ebenfalls, dass die mit ihr zu behebenden Probleme nicht zwangsweise jugendtypischer Natur sind.[1224] Zum Beispiel können Alltagsprobleme im Rahmen von Familie, Beruf oder bzgl. der Wohnsituation genauso bei Erwachsenen auftreten. Gleiches gilt für Unterstützung bei der Aufarbeitung der Tat oder dem Erlernen von Techniken der Konfliktlösung.[1225] Selbst die angesprochene Lebensplanung muss bei einem Erwachsenen noch nicht vollständig abgeschlossen sein. Wenn man sich die Problembelastung der Klientel von Ersatz- und kurzen Freiheitsstrafen vor Augen führt, erscheint es sinnvoll, diesen Problemen möglichst frühzeitig begegnen zu können, insbesondere vor der Verhängung einer Freiheitsstrafe. Die Unterstützung könnte auf unterschiedlichsten Ebenen erfolgen und sollte inhaltlich nicht vorgegeben sein. Nur so kann der Betreuer sich individuell auf die konkreten Problemlagen des Betroffenen konzentrieren.[1226] Ein weiterer Vorteil der Integration der Betreuungsweisung in die Verwarnung mit Strafvorbehalt wäre, dass mit der vorbehaltenen Geldstrafe unmittelbar ein Mittel zur Sicherung der Mitarbeit des Betroffenen vorhanden wäre, jedoch eine „Sanktionseskalation" in Form eines Freiheitsentzugs vermieden würde.[1227] Die

---

1220 *Neumayer-Wagner* 1998, S. 210; Ostendorf-*Ostendorf* 2016, § 10 Rn. 17.

1221 Teilweise wird zudem angenommen, dass i. d. R. bereits sechs Monate ausreichend sind, vgl. NK-JGG-*Buhr* 2014, § 10 Rn. 31; Ostendorf-*Ostendorf* 2016, § 10 Rn. 17.

1222 *Eisenberg* 2018, § 11 Rn. 2, Ostendorf-*Ostendorf* 2016, § 11 Rn. 3.

1223 Im Gegensatz zu § 11 Abs. 1 S. 2 JGG wäre die Grenze auch verpflichtend auszugestalten.

1224 *Schöch* 1992, Fn. 146.

1225 Zu den Zielen der Betreuungsweisung siehe *Schwerin-Witkowski* 2003, S. 145 ff.

1226 BeckOK-JGG-*Nehring* 2019, § 10 Rn. 39.

1227 *Streng* 1999, S. 843; 2000, S. 221.

Einführung der Betreuungsweisung wäre eine konsequente Folge der angesprochenen Reform des § 59 Abs. 1 Nr. 2 StGB zu einer „Geeignetheits"-Klausel. Will man die Verwarnung auf eine problematischere Klientel erweitern, müssen auch die entsprechenden Möglichkeiten der Unterstützung und Betreuung geschaffen werden, damit die Verwarnung die ihr zugedachte Rolle auch erfüllen kann.

Gegen die Implementation einer Betreuungsweisung ins Erwachsenenstrafrecht im Rahmen der Verwarnung mit Strafvorbehalt wurde von *Streng* eingewandt, dass so nach wie vor eine Lücke zwischen der Verwarnung und einer ausgesetzten Freiheitsstrafe vorliegen würde.[1228] Zur Lösung schlägt er eine teilbedingte Geldstrafe vor.[1229] Diese Sanktion ist z. B. in Österreich oder der Schweiz vorgesehen. Mit Teilbedingung ist gemeint, dass lediglich ein Teil der Geldstrafe unmittelbar vollstreckt wird, während der Rest zur Bewährung ausgesetzt wird. Mit dem ausgesetzten Teil könnten dann Auflagen und Weisungen verbunden werden.

Vorteil wäre wie von *Streng* vorgesehen, dass theoretisch alle Geldstrafen erfasst werden könnten und so keine Lücke mehr zwischen Verwarnung und ausgesetzter Freiheitsstrafe bestünde. Allerdings wäre eine derartige Ausgestaltung auch mit Nachteilen behaftet. Eine Strafaussetzung zur Bewährung würde auch die Möglichkeit der Bewährungshilfe eröffnen. Gerade dieser im Vergleich zur Betreuungsweisung schwerwiegendere Eingriff soll vermieden und der Unterschied gegenüber zu Freiheitsstrafen Verurteilten klargestellt werden. Zu befürchten wären zudem „*net-widening*-Effekte" in der Form, dass die Richter sich im Rahmen der Strafzumessung eher an dem Teil der Geldstrafe orientieren, der auch unmittelbar vollstreckt wird. Gerade in Verbindung mit Auflagen und Weisungen kann das Netz der staatlichen Kontrolle auf diese Weise erheblich erweitert werden. Zuletzt wäre zu hinterfragen, wie groß eine potenzielle Lücke infolge der hier vorgeschlagenen Erweiterung der Verwarnung mit Strafvorbehalt überhaupt noch wäre. Eine teilbedingte Geldstrafe ist daher im Ergebnis abzulehnen. Es wären einige negative Folgen zu befürchten und eine ausgebaute Verwarnung mit Strafvorbehalt erscheint als Betreuungssanktion für geringere und mittlere Kriminalität ausreichend.

Insgesamt ist damit also eine ausgebaute Verwarnung mit Strafvorbehalt zu befürworten. Durch eine neu gefasste Würdigkeitsklausel wird die Verwarnung auch auf eine problembelastete Klientel erweitert. Sie sollte nicht nur auf Fälle verweigerter Zustimmung zur Einstellung und ggf. in einzelnen Fällen auch fahrlässige Straßenverkehrsdelinquenz beschränkt bleiben. Das Potenzial der Verwarnung wird damit nicht ausgeschöpft. In Verbindung mit neuen Weisungen und

---

1228 *Streng* 2000, S. 221.

1229 *Streng* 2000, S. 221.

Auflagen kann die Verwarnung bereits vor der Verhängung einer bedingten Freiheitsstrafe unterstützend auf den Betroffenen einwirken und so im Idealfall zu einer langfristigen Lösung der Probleme beitragen. Durch den Ausbau der §§ 59 f. StGB könnte die Geldstrafe insgesamt einen größeren positiv spezialpräventiven Charakter zeigen und sich von einer Denkzettelsanktion mehr zu einer unterstützenden Maßnahme entwickeln. Unabhängig davon ist auch der aktuelle Anwendungsbereich der Verwarnung mit Strafvorbehalt beizubehalten. Im Bereich der Verkehrskriminalität und in Fällen, in denen eine Einstellung an der Zustimmung des Angeklagten oder der Staatsanwaltschaft scheitert, hat sie sich als taugliche Alternative bewährt. Bei einer Neuformulierung der §§ 59 ff. StGB wäre daher darauf zu achten, dass derartige Fälle nach wie vor von der Verwarnung erfasst werden können.

Zum Teil wurde zudem vorgeschlagen, die Verwarnung mit Strafvorbehalt im Zuge eines Ausbaus der Sanktion in „Verurteilung mit Strafvorbehalt" umzubenennen.[1230] Auf diese Weise soll der Charakter der Sanktion als echte Verurteilung hervorgehoben werden.[1231] Allerdings erscheint zweifelhaft, ob sich der Name der Sanktion ernsthaft auf ihre Anwendung auswirkt. Außerdem könnte in die andere Richtung argumentiert werden, dass die Bezeichnung als „Verwarnung" eher den spezialpräventiven Charakter in den Vordergrund rückt. Außerdem könnte durch eine Umbenennung der Eindruck erweckt werden, es handle sich um eine gänzlich neue Sanktion. Behält man jedoch den Kern der §§ 59 ff. StGB bei, könnte ein neuer Name sogar eher für Verwirrung sorgen. Daher sollte an der Bezeichnung „Verwarnung mit Strafvorbehalt" festgehalten werden.

Im Ergebnis könnte die Verwarnung mit Strafvorbehalt folgendermaßen ausgestaltet werden:

§ 59 Voraussetzungen der Verwarnung mit Strafvorbehalt

Abs. 1

Hat jemand eine Geldstrafe bis zu einhundertachtzig Tagessätzen verwirkt, so kann das Gericht ihn neben dem Schuldspruch verwarnen, die Strafe bestimmen und die Verurteilung zu dieser Strafe vorbehalten, wenn

1. zu erwarten ist, dass der Täter künftig auch ohne Verurteilung zu Strafe keine Straftaten mehr begehen wird und nach der Gesamtwürdigung von Tat und Persönlichkeit des Täters besondere Umstände vorliegen, die eine Verhängung von Strafe entbehrlich machen, oder
2. nach der Gesamtwürdigung der Tat, der Persönlichkeit und der Lebensverhältnisse des Täters sowie im Hinblick auf Weisungen und Auflagen zu

---

1230   BT-Drucks. 15/2725, S. 9; *Kommission* 2000, S. 44; *Müller* 2007, S. 635.

1231   *Kommission* 2000, S. 44; *von Selle* 2002, S. 231.

erwarten ist, dass die Verwarnung mit Strafvorbehalt besser geeignet ist, den Täter von zukünftigen Straftaten abzuhalten.
§ 56 Abs. 1 Satz 2 gilt entsprechend.

Abs. 2 bleibt unverändert

§ 59a StGB Bewährungszeit, Auflagen und Weisungen
[…]
Abs. 2
[…]
7. sich der Betreuung und Aufsicht einer bestimmten Person (Betreuungshelfer) zu unterstellen,
8. bis zu vierzig Stunden gemeinnützige Arbeit zu leisten.
Dabei dürfen an die Lebensführung des Verwarnten keine unzumutbaren Anforderungen gestellt werden; auch dürfen die Auflagen und Weisungen nach Satz 1 Nummer 3 bis 8 zur Bedeutung der vom Täter begangenen Tat nicht außer Verhältnis stehen. Die Weisung nach Nr. 7 darf ein Jahr nicht überschreiten. § 56c Abs. 3 und 4 und § 56e gelten entsprechend.

§ 59b StGB Verurteilung zu der vorbehaltenen Strafe
[…]
Abs. 3
Nach § 59a Abs. 2 Nr. 8 geleistete Arbeitsstunden sind im Falle der Verurteilung nach dem Maßstab des § 43 Abs. 1 auf die Strafe anzurechnen.

5.6 Strafrechtliche Behandlung von Bagatelldelinquenz

Neben der Diskussion um verschiedene Arten der strafrechtlichen Sanktionierung und der Vollstreckung von Sanktionen ist es auch denkbar, noch einen Schritt davor, beim „Ob" der Strafe anzusetzen, um unerwünschte Freiheitsentzüge zu vermeiden. Gerade da die vorgeschlagenen Alternativen zur Freiheitsstrafe nur teilweise überzeugen können, stellt sich die Frage, ob nicht durch materielle Entkriminalisierungen Freiheitsentzug effektiver vermieden werden kann. Dabei ist vor allem an die täglich massenhaft verübte Bagatelldelinquenz zu denken. Zwar werden zahlreiche Bagatellfälle bereits über die §§ 153 f. StPO verfahrensrechtlich entkriminalisiert, doch im Wiederholungsfall können auch strafrechtliche Bagatellen unmittelbar durch eine Verurteilung zur Freiheitsstrafe oder mittelbar durch Anordnung einer Ersatzfreiheitsstrafe nach § 43 StGB zu Freiheitsentzug führen. Außerdem führt die Tatsache, dass Bagatellen formell Straftaten darstellen, dazu, dass sie trotz ihres verhältnismäßig geringen Unrechtsgehalts zum Widerruf einer Straf(rest)aussetzung zur Bewährung führen können.

Bagatellen sind vom Wortlaut her „Kleinigkeiten". Bezogen auf die strafrechtliche Problematik sind Straftaten gemeint, die im Vergleich zu anderen Straftaten eine verhältnismäßig geringe Intensität aufweisen, also geringfügig sind.[1232] Kriterien der Geringfügigkeit sind dabei das verwirklichte Erfolgs- und Handlungsunrecht sowie die individuelle Tatschuld.[1233] An dieser Stelle ist auch der *ultima-ratio*-Gedanke des Strafrechts zu beachten. Die strafrechtliche Sanktion als schärfstes staatliches Mittel darf nicht zur Allzweckwaffe der staatlichen Verhaltenskontrolle werden.[1234] Nicht jedes unerwünschte oder unangenehme Verhalten sollte gleich mit Strafe bedroht sein.[1235] Stattdessen ist grundsätzlich stets, insbesondere im Bagatellbereich, auch über alternative Formen der Verhaltenskontrolle nachzudenken.

Eine Lösung könnte daher sein, bestimmte Delikte (ggf. auch nur bis zu einer gewissen Wertgrenze) vom Strafrecht z. B. in das Ordnungswidrigkeitenrecht zu verlagern. Dort könnten sie nicht unmittelbar mit einem Freiheitsentzug geahndet werden und die dann verhängte Geldbuße wird nach § 90 Abs. 1 OWiG verwaltungsrechtlich vollstreckt (nach § 5 Abs. 1 VwVG, der auf die vollstreckungsrechtlichen Vorschriften der Abgabenordnung verweist). Daher kann die Geldbuße im Gegensatz zur Geldstrafe nicht mit einer Ersatzfreiheitsstrafe vollstreckt werden.[1236] Ebenfalls denkbar erscheint eine Regelung ausschließlich über einen zivilrechtlichen Ausgleich oder eine Anpassung der Strafandrohung in der Art, dass nur noch eine Geldstrafe, jedoch keine Freiheitsstrafe mehr angedroht wird.

Das sog. Strafgeld wurde bereits im Rahmen der Sanktionspraxis angesprochen und vor allem aus verfassungsrechtlichen Gründen abgelehnt.[1237] An dieser Stelle ist Konsequenz gefordert: Wenn man bestimmte Bagatellen im Strafrecht belassen möchte, muss die Sanktionierung der Justiz überlassen bleiben. Nur bei einer verwaltungsrechtlichen Lösung könnte eine Sanktionierung durch die Exekutive erfolgen. Ein „Hybrid" wie das Strafgeld stellt dabei jedoch keine sinnvolle Lösung dar.

Bei den Delikten, die für eine solche Entkriminalisierung in Frage kommen, muss es sich einerseits um gewaltlose Bagatellen mit i. d. R. geringem Unrechtsgehalt handeln, andererseits sollten es jedoch auch solche Delikte sein, die in der

---

1232 *Harrendorf* 2018, S. 6.

1233 *Harrendorf* 2018, S. 7; *Krümpelmann* 1966, S. 62. ff.

1234 *Hamm* 2016, S. 1541.

1235 *Frisch* 2016, S. 19; *Kunz* 1984, S. 22.

1236 Allerdings mit Hilfe von Erzwingungshaft (§ 96 OWiG).

1237 Vgl. *Kap. 3.2.*

Praxis auch tatsächlich zum Teil einen Freiheitsentzug nach sich ziehen. Wie unter *Kap. 3.3.5* dargestellt, sind bzgl. der Ersatzfreiheitsstrafe vor allem Diebstahl, Erschleichen von Leistungen, Körperverletzungen und BtMG-Delikte relevant.[1238] Die einfache Körperverletzung kommt dabei als vorsätzliche Gewaltkriminalität nicht ernsthaft für eine materiellrechtliche Entkriminalisierung in Betracht. Diskutiert wird jedoch, die fahrlässige Körperverletzung (§ 229 StGB), gerade im Straßenverkehr, nicht strafrechtlich zu verfolgen.[1239] Diese Diskussion geht jedoch am Thema der Arbeit vorbei, da der Freiheitsentzug bei fahrlässiger Körperverletzung im Straßenverkehr eine Ausnahme darstellt. 2014 kam es lediglich zu 56 Verurteilungen zu unbedingter Freiheitsstrafe und zu 302 Freiheitsstrafen insgesamt, dies sind 0,5 bzw. 2,7% der Fälle des § 229 StGB. Auch die Studien zur Ersatzfreiheitsstrafe ergaben keinen besonders hohen Anteil an Häftlingen wegen fahrlässiger Körperverletzung im Straßenverkehr. Dies scheint aufgrund der Klientel des Delikts im Vergleich zu den anderen genannten Delikten auch nicht verwunderlich: Hier handelt es sich nicht regelmäßig um Täter mit einer sozialen Belastung, die weit über die strafrechtlichen Probleme hinausgeht, sondern um unachtsame Autofahrer aus allen gesellschaftlichen Ebenen. Die Geldstrafe dürfte daher i. d. R. nicht uneinbringlich sein. Außerdem umfasst § 229 StGB auch fahrlässige Körperverletzungen mit schwersten Folgen (z. B. Lähmungen), in diesen (seltenen) Fällen erscheint eine strafrechtliche Ahndung durchaus angebracht. Die oben genannten Zahlen sprechen zudem dafür, dass ausschließlich schwerste Fälle der fahrlässigen Körperverletzung zu Freiheitsentzug führen. Die Entkriminalisierung der fahrlässigen Körperverletzung im Straßenverkehr erscheint daher aktuell nicht angebracht.

Eine vollständige Entkriminalisierung des Diebstahls dürfte ebenso keine ernsthafte Alternative darstellen.[1240] Jedoch wäre es möglich, den einfachen Diebstahl, zumindest in der Form des Ladendiebstahls, bis zu einer gewissen Bagatellgrenze nicht mehr strafrechtlich zu sanktionieren. Im Rahmen des § 265a StGB ist vor allem fraglich, ob das „Schwarzfahren" im öffentlichen Personenverkehr strafrechtlich zu ahnden ist. Bzgl. der Drogenkriminalität soll hier nicht hinterfragt werden, inwieweit allgemein bestimmte sog. weiche Drogen insgesamt zu entkriminalisieren sind. Thematisch kann es hier nur darum gehen, ob bestimmte Verhaltensweisen (namentlich Besitz und Erwerb von geringen Mengen von Betäubungsmitteln) nicht mehr mit dem Mittel des Strafrechts sanktioniert werden sollen.

1238   *Kinzig* 2010, S. 655; MüKo-*Maier* 2016, § 47 Rn. 48.

1239   Siehe dazu z. B. *Backmann* 2013, S. 465 ff.; *Bönke* 2012, S. 1 ff.

1240   *Krey/Esser* 2012, § 1 Rn. 27 hielten dies mit Verweis auf die staatlichen Schutzpflichten aus Art. 14 Abs. 1 GG sogar für verfassungswidrig; a. A. *Hamm* 1993, S. 213.

5.6.1 Schwarzfahren

Ein denkbarer Anknüpfungspunkt für eine materiellrechtliche Entkriminalisierung wäre das Fahren ohne Fahrerlaubnis (Schwarzfahren). 2014 wurden 61.412 Personen wegen § 265a StGB verurteilt,[1241] 3.232 davon zu einer Freiheitsstrafe von weniger als sechs Monaten, wovon 959 unbedingt waren. Dies sind jeweils ca. 10% der kurzen Freiheitsstrafen insgesamt. Kurze Freiheitsstrafen sind damit beim Erschleichen von Leistungen verhältnismäßig überrepräsentiert. Es ist davon auszugehen, dass die Beförderungserschleichung dabei einen Großteil der Fälle ausmacht, denn die übrigen Varianten des § 265a StGB haben in der Praxis nur eine geringe Bedeutung.[1242] Hinzu kommt die relativ große Anzahl an Ersatzfreiheitsstrafe Verbüßenden, die wegen § 265a StGB verurteilt wurden. Untersuchungen ergaben, dass „Schwarzfahrer", besonders in Großstädten, einen nicht unerheblichen Teil der Ersatzfreiheitsstrafen verbüßenden Täter ausmachen.[1243] Zwar wird ein beachtlicher Teil der Fälle bereits über § 153 f. StPO prozessual erledigt, doch gerade für Wiederholungstäter ist die Möglichkeit der verfahrensrechtlichen Erledigung nicht mehr ausreichend. Statistisch nicht erfasst sind zudem Fälle, in denen das Schwarzfahren als Straftat zu einem Widerruf der Bewährung und somit zu einem Freiheitsentzug führt.[1244] Dabei ist zunächst fraglich, ob das „einfache" Schwarzfahren (also das Mitfahren im öffentlichen Personenverkehr ohne Fahrschein, wobei der Eindruck erweckt wird, man entspreche den Voraussetzungen des Betreibers, aber ohne dass Kontrollmaßnahmen überwunden werden oder es zu einer täuschungsähnlichen Handlung kommt) überhaupt von § 265a StGB erfasst ist. Argumentieren lässt sich dabei vor allem bei der Auslegung des Merkmals „Erschleichen": Kann man wirklich noch von einem Erschleichen sprechen, wenn der „Täter" ohne Erwerb eines Tickets ein Verkehrsmittel betritt, ohne dabei Kontrollmechanismen irgendeiner Art zu überwinden oder eine täuschungsähnliche Handlung zu begehen? Auch wenn meines Erachtens die besseren Argumente gegen eine Strafbarkeit des

---

1241 Bei § 265a StGB ist jedoch von einem hohen Dunkelfeld auszugehen, da aufgrund der geringen Kontrollen im Personenverkehr nur ein kleiner Teil der Schwarzfahrten überhaupt entdeckt wird. Hinzu kommt, dass Verkehrsbetriebe i. d. R., erst in Wiederholungsfällen überhaupt einen Strafantrag stellen.

1242 *P.-A. Albrecht u. a.* 1992, S. 33; *P.-A. Albrecht* 2010a, S. 327; *Harrendorf* 2017, S. 524 f.; 2018, S. 27; MüKo-*Hefendehl* 2019, § 265a Rn. 7; DDKR-*Duttge* 2017, § 265a Rn. 2.

1243 *Cornel* 2010, S. 25; *Heischel* 2011, S. 154; *Matt* 2005, S. 342; BT-Drucks.18/7374, S. 3.

1244 Bundesratsinitiative der Piratenpartei Berlin vom 21.08.2012; veröffentlicht unter https://redmine.piratenfraktion-berlin.de/issues/3278.

einfachen Schwarzfahrens *de lege lata* sprechen,[1245] hat sich die Rechtsprechung dennoch für eine Strafbarkeit entschieden, wenn der Täter sich lediglich mit dem Anschein umgibt, er erfülle die vom Betreiber verlangten Voraussetzungen zur Beförderung.[1246] Diese Auslegung ist auch vom BVerfG verfassungsrechtlich nicht beanstandet worden,[1247] weshalb keine Anhaltspunkte zu erkennen sind, dass die Rechtsprechung ihren Kurs in der näheren Zukunft ändern wird. Möchte man das „einfache" Schwarzfahren also zukünftig nicht mehr mit strafrechtlichen Mitteln verfolgen, hat diese Änderung über eine gesetzgeberische Klarstellung des § 265a StGB zu erfolgen.[1248] Im Folgenden ist daher zu untersuchen, ob das „einfache" Schwarzfahren ausdrücklich aus dem Tatbestand des § 265a StGB auszuschließen ist und wenn ja, ob ggf. eine Sanktionierung auf einem anderen Weg erfolgen sollte.

Teilweise wird befürchtet, nach einer Entkriminalisierung wäre mit einem starken Anstieg des Schwarzfahrens zu rechnen.[1249] Dem ist zwar insoweit zuzustimmen, als eine wirtschaftliche Kalkulation, ob sich Schwarzfahren lohnt oder nicht, häufiger gegen den Erwerb eines Fahrscheins ausfallen wird, wenn keine strafrechtliche Verfolgung mehr droht. Derartige Überlegungen dürften auch gerade beim Schwarzfahren häufiger stattfinden als bei anderen Delikten, da die wirtschaftliche Rechnung relativ simpel ist und zudem das (verhältnismäßig niedrige) Entdeckungsrisiko relativ realistisch einschätzbar sein dürfte. Hier liegt es jedoch an den Betreibern des Personenverkehrs, dafür Sorge zu tragen, dass in ausreichendem Maße Fahrkartenkontrollen stattfinden und sich das Schwarzfahren für die „Kunden" nicht mehr lohnt. Gerade das weitergehende Abschaffen von Zugangssperren zum Bahnsteig und die Wegrationalisierung von Kontrolleuren im Zug dürften Fahrgäste eher zum Schwarzfahren ermutigen als eine nicht mehr

---

1245 Allein die Wortlautgrenze müsste hier eigentlich ein unüberwindbares Hindernis darstellen. Gerade im Hinblick auf Art. 103 Abs. 2 GG kann im schlichten Einsteigen in ein Verkehrsmittel ohne Fahrschein kein Erschleichen gesehen werden.

1246 BGHSt 53, S. 125; BayObLG StV 2002, S. 418 f.; HansOLG NStZ 1991, S. 588; OLG Düsseldorf NJW 2000, S. 2120 f.; OLG Frankfurt a. M. NStZ-RR 2001, S. 269 f.; OLG Koblenz NStZ-RR 2011, S. 246; dem folgend *Rengier* 2019, § 16 Rn. 6; *Zschieschack/Rau* 2009, S. 244; a. A. die wohl herrschende Lehre *P.-A. Albrecht* 1988, S. 222 f.; *Alwart* 1986, S. 568; *ders.* 2016, S. 534 ff.; BeckOK-*Valerius* 2019, § 265a Rn. 21; *Fischer* 2019, § 265a Rn. 5 ff.; *Hefendehl* 2004, S. 494; *Kindhäuser* 2019, § 33 Rn. 17; LK-*Tiedemann* 2012, § 265a Rn. 47; *Putzke/Putzke* 2012, S. 504 f.; Sch/Sch-*Perron* 2019, § 265a Rn. 11; *Wessels/Hillenkamp/Schuhr* 2018, Rn. 676.

1247 BVerfG NJW 1998, S. 1135 f.; zustimmend *Stiebig* 2003, S. 699 ff.; *Zschieschack/Rau* 2009, S. 243; a. A. *Hefendehl* 2011, S. 406; *Hinrichs* 2001, S. 932ff.

1248 *P.-A. Albrecht/Hassemer/Voß* 1992, S. 60 f.; MüKo-*Hefendehl* 2019, § 265a Rn. 13.

1249 *Zschieschack/Rau* 2009, S. 245; BT-Drucks. 1340/64, S. 1 f.

vorhandene Strafandrohung. Der Großteil der Schwarzfahrer wird davon überzeugt sein, ohnehin nicht „erwischt" zu werden, unabhängig davon, ob die drohenden Konsequenzen strafrechtlicher Natur sind oder nicht.

Die Argumentation, eine fehlende Kriminalisierung würde den Ausbau entsprechender Zugangssperren erfordern, wodurch kein praktikabler Personennahverkehr mehr möglich sei, kann nicht überzeugen. Der Blick in Großstädte im europäischen Ausland zeigt, dass ein angemessener Personennahverkehr auch mit Zugangssperren organisierbar und bezahlbar ist.[1250] Es liegt dann an den Betreibern zu entscheiden, ob sie entsprechende Hindernisse für rentabel halten oder nicht. Solange sie jedoch bewusst aus betriebswirtschaftlichen Gründen auf diese Maßnahmen verzichten, erscheint eine Strafbarkeit nicht erforderlich.[1251]

Für eine Entkriminalisierung spricht zudem das geringe verwirklichte Unrecht beim Schwarzfahren. Gerade im Nahverkehr dürfte der Schaden im Einzelfall selten mehr als ein paar Euro betragen.[1252] Zudem zeugt es von nur minimaler krimineller Energie, wenn keine Kontrollen umgangen oder Personen getäuscht werden, sondern lediglich das Fehlen von Kontrollen ausgenutzt wird.[1253] Historisch wird § 265a StGB als Auffangtatbestand zum Betrug angesehen[1254] und gerade im Vergleich dazu fehlt beim einfachen Schwarzfahren eine aktive Handlung zur Erlangung des Vermögensvorteils (also ein Äquivalent zur Täuschung bei § 263 StGB).[1255] Das Unrecht liegt näher an Ordnungswidrigkeiten oder einer zivilrechtlichen Pflichtverletzung als an einem Straftatbestand des StGB. So wurde z. B. der zutreffende Vergleich von Schwarzfahren zu Falschparken angeführt, welches als Ordnungswidrigkeit geahndet wird.[1256] Auch hier nutzt es der „Falschparker" aus, dass keine Kontrollmechanismen vorhanden sind, und erweckt durch sein Parken auf dem Parkplatz den „Anschein der Ordnungsmäßigkeit".[1257]

1250 *Ellenbogen* 2005, S. 21; *Schall* 1992, S. 7 f.

1251 *Hefendehl* 2011, S. 406.

1252 *Harrendorf* 2018, S. 32.

1253 *Fischer* 1988, S. 1829.

1254 *Fischer* 2019, § 265a Rn. 1; LK-*Tiedemann* 2012, § 265a Rn. 2 f.

1255 *P.-A. Albrecht* 2010a, S. 327 f.

1256 AGH-Berlin-Drucks. 17/0544, S. 2; ebenso *Alwart* 1986, S. 569; BT-Drucks. 12/6468, S. 5.

1257 Gleiches gilt für das widerrechtliche Parken auf einem Privatparkplatz, werden hier keine Zugangskontrollen umgangen (dann wäre vor allem an ein befriedetes Besitztum i. S. von § 123 Abs. 1 StGB zu denken), ist der Berechtigte allein auf zivilrechtliche Reaktionsmöglichkeiten angewiesen (i. d. R. primär besitzrechtliche oder deliktische Ansprüche).

Bedenken bereitet außerdem die Praxis, dass Verkehrsbetriebe ihre Strafantragsbefugnis in der Form nutzen, dass sie diese als Druckmittel missbrauchen,
um den Schwarzfahrer zur Zahlung eines erhöhten (zivilrechtlichen) Fahrtentgelts
zu bewegen.[1258] Denn wird das erhöhte Entgelt sofort entrichtet, findet i. d. R.
gar keine Aufnahme der Personalien und dementsprechend auch keine Strafverfolgung statt.[1259] Das Strafrecht wird dann Mittel zum Zweck der Durchsetzung
einer zivilrechtlichen Forderung; *Albrecht* spricht in diesem Zusammenhang von
einem „Instrument betriebswirtschaftlich rationeller Kundenkontrolle".[1260] Daraus folgt dann erneut eine Art „Zwei-Klassen-System", indem sozial randständige
Täter, welche das erhöhte Entgelt nicht sofort aufbringen können, strafrechtlich
verfolgt werden, während andere Täter den Strafantrag durch Zahlung der Vertragsstrafe verhindern können. Hinzu kommt, dass Erschleichen von Leistungen
ohnehin bereits ein Delikt ist, welches häufiger von sozial schwachen Tätern verübt wird. Gerade in Großstädten sind Menschen i. d. R. auf den öffentlichen Nahverkehr angewiesen,[1261] auch wenn er für sie möglicherweise nicht bezahlbar ist.
Eine Alternative ist dann oft nur die Fahrt ohne Fahrschein und so werden Personen, die sich ohnehin bereits am Rand der Gesellschaft befinden, noch weiter ausgegrenzt.[1262]

Klarzustellen bleibt, dass mit der Herausnahme des Schwarzfahrens aus dem
Strafrecht dieses Verhalten keineswegs legitimiert werden soll: Nicht alles, was
nicht strafrechtlich sanktioniert wird, ist erlaubt oder wird geduldet.[1263] Es ist den
Betreibern weiterhin möglich, ein erhöhtes Entgelt in Form einer Vertragsstrafe
zu verlangen.[1264] Zudem ist auch eine erweiterte Sanktionierung nach dem O-
WiG denkbar. Nur weil eine bestimmte Verhaltensweise nicht mehr mit Strafe
bedroht ist, folgt daraus noch keine gesellschaftliche Billigung.

Es kann nicht Aufgabe des Strafrechts sein, den Umstand zu korrigieren, dass
die Verkehrsbetriebe ihre Kontrollen aus betriebswirtschaftlichen Gründen immer
weiter reduzieren.[1265] Es ist die Aufgabe der Verkehrsbetriebe, den Nahverkehr

---

1258　*P.-A. Albrecht* 1988, S. 223. BT-Drucks. 12/6484, S. 5.

1259　BT-Drucks. 13/2005, S. 4.

1260　*P.-A. Albrecht* 2010a, S. 328; ähnlich *Naucke* 1984, S. 208: „Entzivilisierung durch
　　　　Strafrecht".

1261　BT-Drucks. 18/7374, S. 3.

1262　*P.-A. Albrecht/Hassemer/Voß* 1992, S. 60; BT-Drucks. 13/2005, S. 4; *Ingelfinger* 2002,
　　　　S. 428.

1263　*Frisch* 2016, S. 17.

1264　*Schwenke* 2009, S. 143.

1265　AGH-Berlin-Drucks. 17/0529, S. 2.

so auszugestalten, dass er sich für sie wirtschaftlich lohnt.[1266] Reduzieren die Betriebe die Kontrollen, nehmen sie sich bewusst selbst den Schutz des § 265a StGB.[1267] Bestraft wird hier kein „Erschleichen", sondern das schlichte Unterlassen einer vertraglich gebotenen Zahlung, also ein zivilrechtlicher Vertragsbruch.[1268] Die Nicht-Zahlung einer zivilrechtlichen Forderung wird jedoch nur in absoluten Ausnahmefällen unter Strafe gestellt. Nicht jeder widerrechtlich verursachte Vermögensschaden muss zwangsweise strafrechtlich sanktioniert werden.[1269] Erleidet jemand durch seine Teilnahme am Rechtsverkehr einen Schaden, so ist es grundsätzlich die Aufgabe des Zivilrechts, dies auszugleichen.[1270] Dem Risiko, diese Forderungen dann ggf. nicht geltend machen zu können, setzt sich jeder aus, der bewusst am Rechtsverkehr teilnimmt. Dies gilt insbesondere für denjenigen, der im Massenverfahren unter Verzicht auf Kontrollen zahlreiche Verträge schließt.

Zuletzt würde sich durch eine Entkriminalisierung auch das praktische Problem erledigen, wie Fahrgäste, die offensichtlich schwarzfahren, strafrechtlich zu behandeln sind. Das Problem ergibt sich aus der Argumentation der Rechtsprechung, die eine Strafbarkeit mit der Annahme eines „Anscheins der Ordnungsmäßigkeit" bejaht. Dieser lässt sich jedoch bei einem offenkundigen Schwarzfahrer schwer begründen. Diese Schwarzfahrer machen dies i. d. R. durch eine offen an der Kleidung befestigte Mitteilung kenntlich.[1271] In der Rechtsprechung kam daraufhin die Frage auf, was genau erforderlich ist, um den Anschein der Ordnungsgemäßheit zu widerlegen.[1272] Diese Rechtsprechung kann dann im Ergebnis dazu führen, dass Größe der Kennzeichnung oder Art der Artikulation des fehlenden

---

1266 *Alwart* 2016, S. 536.

1267 *P.-A. Albrecht* 2010a, S. 328.

1268 *P.-A. Albrecht u. a.* 1992, S. 33 f.; *Ellenbogen* 2005, S. 21; *Schall* 1992, S. 5.

1269 *Hefendehl* 2004, S. 494; *Ingelfinger* 2002, S. 430.

1270 *P.-A. Albrecht* 1988, S. 222; *ders.* 2010, S. 548.

1271 „Ich fahre umsonst"; „Ich habe kein Ticket"; „Ich fahre schwarz" o. Ä.

1272 Das KG Berlin NJW 2011, S. 2600 hat beispielsweise die Strafbarkeit eines Schwarzfahrers mit einem scheckkartengroßen Schild an der Jacke unter anderem deshalb bejaht, weil dieses Schild von der Seite und von hinten nicht zu erkennen war und der Anschein der Ordnung zumindest für einige Beobachter gegeben war. Außerdem hielt es die Aussage „Ich zahle nicht" für nicht eindeutig genug um nicht möglicherweise nur eine Forderung oder Provokation darzustellen; ähnlich argumentiert das OLG Frankfurt a. M. Urt. v. 23.12.2016 – 1 Ss 253/16; auch das OLG Köln Beschl. v. 02.09.2015 – 1 RVs 118/15 argumentiert, dass die Mitreisenden an der Kleidung angebrachte Botschaften eher ignorieren dürften; die Gerichte versuchen hier also die durch ihre eigene Rechtsprechung geschaffene Lücke auf eine fragwürdige Art und Weise wieder zu schließen.

Zahlungswillens über die Strafbarkeit entscheiden, was nicht zu überzeugen vermag.[1273] Außerdem widerspricht sich die Rechtsprechung zum Teil: Denn der geforderte Anschein wird ja auch ohne aktive Täuschung, also ohne Empfänger, erzeugt. Die Widerlegung des Anscheins, dann einen Empfänger zu fordern, erscheint unlogisch.[1274] Die Ungleichbehandlung von gekennzeichneten und „geheimen" Schwarzfahrern wäre nach der Argumentation der Rechtsprechung also eigentlich konsequent, aus Gerechtigkeitserwägungen jedoch sehr fragwürdig.[1275] Durch eine vollständige Entkriminalisierung würden sich diese Ungerechtigkeiten erübrigen.

§ 265a StGB sollte daher explizit verdeutlichen, dass ein „Erschleichen" einer Beförderungsleistung nur dann vorliegt, wenn der Täter tatsächlich Kontrollpersonen oder Hindernisse umgangen hat.[1276] Damit wäre klargestellt, dass für eine strafrechtliche Sanktionierung eine Handlung zu fordern ist, die über das bloße Inanspruchnehmen einer Leistung ohne die Entrichtung des geschuldeten Entgelts hinausgeht. Dabei erscheint es am sinnvollsten, die Beförderungserschleichung aus Abs. 1 der Vorschrift zu entfernen und stattdessen in Abs. 2 unter der zusätzlichen Voraussetzung der Umgehung von Kontrollmaßnahmen neu zu regeln.[1277] So kann betont werden, dass die Reform sich nur auf diese eine Variante der Leistungserschleichung beziehen soll, ohne dass die Vorschrift unnötig verkompliziert wird. Eine Sanktionierung dieser Fälle als Ordnungswidrigkeit erscheint nicht angezeigt, der Unrechtsgehalt der Taten ist gering und über das erhöhte Beförderungsentgelt und die Möglichkeit der Einführung von Kontrollen sind auch die Verkehrsbetriebe angemessen geschützt. Ein zivilrechtlicher Vertragsbruch ohne darüber hinausgehenden Unrechtsgehalt sollte auch allein über das Zivilrecht ausgeglichen werden. Erst sobald zusätzliche Unrechtselemente (wie das aktive Erschleichen bzw. Umgehen von Kontrollen) hinzutreten, kann eine zusätzliche staatliche Sanktionierung angezeigt sein. Für einfaches Schwarzfahren genügt es, als Reaktionsmöglichkeit ein erhöhtes Beförderungsentgelt zu verlangen.[1278] Dadurch können die Verkehrsbetriebe die ihnen durch Schwarzfahren

1273 *Jahn* 2011, S. 1043; *Preuß* 2013, S. 263; *Putzke/Putzke* 2012, S. 504 f.

1274 MüKo-*Hefendehl* 2019, § 265a Rn. 169; ähnlich auch LG Hannover Urt. v. 20.08.2008 – 62 c 30/08.

1275 *Jahn* 2011, S. 1043.

1276 *P.-A. Albrecht* 2010a, S. 328; *Alwart* 1986, S. 569; BT-Drucks. 13/2005, S. 3 f. (Bündnis 90/Die Grünen); sogar für eine vollständige Abschaffung des § 265a StGB, vgl. *P.-A. Albrecht u. a.* 1992, S. 34; *Sonnen* 1995, S. 126.

1277 Eine ähnliche Ausgestaltung sahen bereits BT-Drucks. 12/6485 sowie 13/374 vor.

1278 AGH-Berlin-Drucks. 17/0529, S. 2; ein Problem kann sich dabei jedoch bei minderjährigen Schwarzfahrern ergeben, da fraglich ist, ob überhaupt ein wirksamer Vertrag geschlossen wurde. Eine überzeugende Lösung dazu bietet z. B. *Fielenbach* 2000, S. 360

entstandenen Schäden durch eine pauschalisierte Vertragsstrafe ersetzen; im Vordergrund steht also der zivilrechtliche Ausgleich, nicht die Sanktionierung der Schwarzfahrer.

§ 265a Erschleichen von Leistungen

Abs. 1
Wer die Leistung eines Automaten oder eines öffentlichen Zwecken dienenden Telekommunikationsnetzes oder den Zutritt zu einer Veranstaltung oder einer Einrichtung in der Absicht erschleicht, das Entgelt nicht zu entrichten, wird mit Freiheitsstrafe bis zu einem Jahr oder mit Geldstrafe bestraft, wenn die Tat nicht in anderen Vorschriften mit schwererer Strafe bedroht ist.

Abs. 2
Ebenso wird bestraft, wer unter Umgehung von Kontrollmaßnahmen die Beförderung durch ein Verkehrsmittel in der Absicht erschleicht, das Entgelt nicht zu entrichten.

Abs. 3
Der Versuch ist strafbar.

Abs. 4
Die §§ 247 und 248a gelten entsprechend.

5.6.2 Ladendiebstahl geringwertiger Sachen

2015 wurden 391.401 einfache Ladendiebstähle polizeilich registriert, dies waren ca. 6,2% aller bekannt gewordenen Straftaten insgesamt bzw. ca. 15,8% der registrierten Diebstahlskriminalität.[1279] Der Ladendiebstahl ist damit die am häufigsten registrierte Form des Diebstahls, noch vor dem Fahrraddiebstahl und dem

---

an, der die Genehmigung der Eltern zwar an die Bedingung des Erwerbs eines Fahrscheins knüpft, den Eintritt der Bedingung jedoch nach § 162 Abs. 1 BGB fingiert, wenn der Minderjährige gegen Treu und Glauben verstößt, was zumindest beim bewussten Schwarzfahren eines einsichtsfähigen Minderjährigen anzunehmen sein dürfte. Siehe außerdem zu der Problematik AG Bergheim NJW-RR 2000, S. 202 f.; AG Hamburg NJW 1987, S. 448; AG Jena NJW-RR 2001, S. 1469; AG Köln NJW 1987, S. 447 f.; zum Problem des Vermögensschadens bei minderjährigen Schwarzfahrern in § 265a StGB siehe *Preuß* 2013, S. 260.

1279 *Bundeskriminalamt* 2016, S. 92, vgl. dazu auch *Oberlies/Leuschner* 2017, S. 180.

Diebstahl an und aus Kraftfahrzeugen. Auch bei den Verurteilungen zu (unbedingten) kurzen Freiheitsstrafen spielt der Diebstahl eine große Rolle.[1280] Ladendiebstahl ist zudem ein ubiquitäres Delikt, es wird von Menschen in nahezu allen sozialen Schichten und verschiedenster Altersstufen begangen. Auch die PKS kann das Ausmaß des Ladendiebstahls nicht abschließend darstellen, da von einem enormen Dunkelfeld auszugehen ist. Problematisch erscheinen dabei Taten, die in einem Ladengeschäft zur Öffnungszeit begangen wurden und bei denen nur ein geringer Schaden entstanden ist. Diese Taten mit der schwersten staatlichen Reaktion, dem Strafrecht, zu sanktionieren erscheint mit Blick auf das *ultima-ratio*-Prinzip bedenklich.

Beim Ladendiebstahlt hat, wie auch beim einfachen Schwarzfahren, das veränderte Opferverhalten zur Ausbreitung beigetragen. Sowohl zur Kostenersparnis als auch, um Kunden zum Kauf anzuregen, wird die Ware offen, in der Regel ohne weitere Sicherung, im Laden ausgelegt.[1281] Zwar unterscheidet sich die Problematik insoweit vom einfachen Schwarzfahren, als eine aktive Wegnahme vorausgesetzt wird und nicht nur das Unterlassen einer Zahlung sanktioniert wird, nichtsdestotrotz ist der Unrechtsgehalt verhältnismäßig gering.

Befürchtet wird hingegen eine Abwertung des Rechtsguts Eigentum durch eine Entkriminalisierung des Bagatellladendiebstahls.[1282] Jedoch weist *Arzt* zutreffend darauf hin, dass die Drohung mit Strafe dann, wenn sie massenhaft ignoriert wird, ihre Ernsthaftigkeit verlieren kann.[1283] Zudem ändert sich durch die Reform nichts an der Tatsache, dass der Ladendiebstahl weiterhin verboten bleibt und sanktioniert werden kann, es ändert sich nur das Mittel, mit dem dieses Verbot durchgesetzt wird, „Straflosigkeit darf nicht mit Folgenlosigkeit gleichgesetzt werden."[1284] Selbst die immerhin bereits im Kaiserreich geltende Unterscheidung zwischen Mundraub und Diebstahl hat nicht dazu geführt, dass die Normgeltung des Diebstahlsverbots angezweifelt worden wäre.[1285] Daher sollten in der

---

1280 *Kinzig* 2010, S. 651 ff.; *Schaeferdiek* 1997, S. 156; vgl. zur Rolle des Diebstahls auch die Rechtsprechungsübersicht in *Kap. 3.4.2.*

1281 *P.-A. Albrecht* 2010, S. 545; *Bethge* 1966, S. 62; *Eisenberg/Kölbel* 2017, § 45 Rn. 77; die Entwicklung der Ladendiebstahlszahlen in den 1960er und 1970er Jahren lässt zudem vermuten, dass die Einführung der Selbstbedienungsläden Auslöser für einen erheblichen Anstieg der registrierten Fälle war, *Schoreit* 1979, S. 105 f.

1282 *Kuder* 2014, S. 187; *Meier* Verhandlungen des 51. DJT 1976, N. 78 spricht sogar von einem „Angriff auf die etablierte Ordnung", der „zur Anarchie" führen würde; ähnlich BT-Drucks. 1340/64, S. 1 f.: „Erosion des Rechtsbewusstseins"; *Schoreit* 1979, S. 107 befürchtet von einer Entkriminalisierung würde eine „gefährliche Signalwirkung" ausgehen.

1283 *Arzt* 1974, S. 698; *ders.* 1979 S. 17.

1284 *Sonnen* 1995, S. 121.

1285 *Grosse-Wilde* 2009, S. 372.

heutigen Zeit insoweit keine Bedenken bestehen, dass auch bei einer teilweisen Entkriminalisierung das Rechtsgut Eigentum nicht abgewertet wird. Ebenfalls rechtsgeschichtlich bemerkenswert ist, dass die Entwicklung der Bestrafung von Bagatelldiebstählen insoweit inkonsequent ist, als der Mundraub als einzige ehemalige „Übertretung" vollständig als Straftat ins StGB integriert wurde.[1286]

Das Argument, allein die verfassungsrechtlich verbürgte Eigentumsgarantie (Art. 14 GG) führe zu einer verfassungsrechtlichen Pflicht, jede Form des Diebstahls zu kriminalisieren,[1287] kann nicht überzeugen. Zwar kann sich aus Art. 14 GG durchaus eine Schutzpflicht des Gesetzgebers für Privateigentum ergeben; wie diese umgesetzt wird, bleibt dabei grundsätzlich ihm überlassen. Die Pflicht, jeglichen schuldhaften rechtswidrigen Eigentumsentzug mit dem Strafrecht zu ahnden, ergibt sich aus Art. 14 GG jedoch nicht. Wenn der Gesetzgeber sich dazu entscheidet, den Eigentumsschutz in bestimmten Bereichen durch andere Rechtsgebiete zu gewährleisten, dann ist dies verfassungsrechtlich unbedenklich.

Schict argumentiert, der Diebstahl dürfe als „eine der ältesten und elementarsten Normen in unserem Kulturkreis" nicht tiefgreifend reformiert werden.[1288] Dies vermag nicht zu überzeugen; gerade lange bestehende Normen müssen stets daraufhin untersucht werden, ob ihre aktuelle Ausgestaltung noch zeitgemäß ist. Das Massenphänomen Ladendiebstahl in seinem heutigen Ausmaß dürfte bei der Verabschiedung des Reichsstrafgesetzbuchs 1871 noch nicht einmal geahnt worden sein, da es Selbstbedienungsgeschäfte in der heutigen Form zu diesem Zeitpunkt noch nicht gab. Allein die Tatsache, dass die Sanktionierung des Diebstahls auf strafrechtlicher Ebene eine lange Tradition hat, ist kein zwingender Grund, dies nicht für bestimmte Formen des Diebstahls zu ändern. Zwar sollte die traditionelle Rolle des Diebstahls im Kernbereich des deutschen Strafrechts bei einer Reform berücksichtigt werden. Sie ist jedoch kein zwingender Grund, die aktuelle Strafandrohung beizubehalten.

Da der Diebstahl als solcher nicht vollständig entkriminalisiert werden soll, wäre im Folgenden zu fragen, welche seiner Formen überhaupt entkriminalisiert werden sollten und für welche Fälle unverändert die aktuelle Form des § 242 Abs. 1 StGB gelten soll. Anschließend wird zu prüfen sein, wie diese Handlungen stattdessen zu sanktionieren sind.

Eine Orientierung dafür kann der Gesetzentwurf der Bundestagsfraktion Bündnis 90/Die Grünen aus dem Jahre 1995 geben.[1289] Danach sollte in solchen Fällen des § 242 StGB von Strafe abgesehen werden, in denen die Tat in einem

---

1286 BT-Drucks. 13/2005, S. 2 f.

1287 *Dreher* 1974, S. 300 f.; *Krüger* 1995, S. 308 f.

1288 *Schict* 1995, S. 505.

1289 BT-Drucks. 13/2005.

Ladengeschäft zur Öffnungszeit begangen wurde, der Täter nicht einschlägig vorbestraft bzw. mehrfach bei ihm von Strafe abgesehen wurde, der Wert des Tatobjekts 250 DM nicht überstieg und die Sache herausgegeben oder ihr Wert erstattet wurde.[1290] An der Beschränkung auf Taten innerhalb von Geschäften zur Öffnungszeit ist festzuhalten; gerade das Stehlen von nicht gesicherten, frei ausliegenden Waren von geringem Wert zeugt von einem geringen Maß an Unrecht,[1291] es wird nicht in die Persönlichkeitssphäre des Opfers eingegriffen,[1292] im Gegenteil, der Ladeninhaber möchte ja gerade, dass potenzielle Kunden sein Geschäft betreten und sich Waren ansehen. Andere Formen des Diebstahls von geringwertigen Sachen, die nicht bewusst vom Berechtigten ausgelegt wurden (z. B. beim sog. Taschendiebstahl), sollten daher weiterhin unter den aktuellen § 242 Abs. 1 StGB fallen. Dafür spricht auch, dass das Maß der Schuld beim Diebstahl nicht ausschließlich vom objektiven Wert der Sache, sondern auch von der Wirkung der Tat auf das Opfer abhängt.[1293] Ist das Tatobjekt die Ware aus einem Geschäft, wird es dem Opfer allein auf den objektiven wirtschaftlichen Wert der Sache ankommen. Bei Privatpersonen spielt hingegen auch der für die Person individuelle Wert eine Rolle;[1294] so kann eine Sache im Wert von 50 € für eine Person mit geringen wirtschaftlichen Mitteln einen erheblichen Wert darstellen, für einen wohlhabenden Täter dürfte die Einbuße subjektiv deutlich geringer sein. Hinzu können auch emotionale Bindungen an bestimmte Gegenstände kommen, die ein Ladeninhaber i. d. R. zu seiner Ware nicht haben wird. Diesen individuellen Eigenheiten kann eine generalisierende Entkriminalisierung aller Diebstähle geringwertiger Sachen nicht angemessen Rechnung tragen. Daher wäre die Entkriminalisierung, wie hier vorgeschlagen, auf Ladendiebstähle zu begrenzen.

Die Entkriminalisierung an eine (mehr oder weniger genau bestimmte) Wertgrenze des Tatobjekts zu knüpfen ist ebenfalls sinnvoll, da der Wert des Diebesguts maßgeblich den Unrechtsgehalt eines Diebstahls bestimmt.[1295] Die Wertgrenze von 250 Mark (bzw. umgerechnet ca. 125 Euro) erscheint dabei hingegen zu hoch angesetzt. Eine derart weitgehende Entkriminalisierung dürfte politisch

---

1290 BT-Drucks. 13/2005, S. 1.

1291 *Harrendorf* 2018, S. 475 f.; *Vogler* 1978a, S. 159 f.; a. A. *Lange* 1976, S. 183.

1292 *Dreher* 1974, S. 931 lehnt deshalb insgesamt eine Entkriminalisierung des Diebstahls ab, ohne auf die Unterscheidung zwischen Ladendiebstahl und andere Formen des Diebstahls einzugehen.

1293 OLG Hamm Urt. v. 21.10.2014 1 RVs 82/14.

1294 *Dreher* 1979, S. 929.

1295 *Krümpelmann* 1966, S. 48.

kaum umsetzbar sein.[1296] Realistischer erscheint eine Orientierung an der Wertgrenze für ein Antragserfordernis aus § 248a StGB. Diese wird überwiegend bei ca. 50 € angesetzt.[1297] Mit dieser Grenze sollte bereits ein Großteil der Ladendiebstähle von geringem Unrechtsgehalt erfasst sein.[1298] Die Entkriminalisierung würde sich im Wesentlichen auf Alltagsgegenstände (z. B. Nahrungs- und Genussmittel) beschränken.[1299] Zudem würden Diebstähle über dieser Grenze nicht zwangsweise eine Verurteilung zur Folge haben, die Möglichkeit einer verfahrensrechtlichen Entkriminalisierung oder einer Verwarnung mit Strafvorbehalt bliebe von der Reform unberührt. Ebenfalls ernst zu nehmen ist der Einwand, Unterscheidungen im Grenzbereich wirkten willkürlich und könnten nicht plausibel gemacht werden.[1300] Teilweise dürfte es zudem nicht einfach sein, den genauen Wert eines Tatobjekts zu ermitteln, auch können sich Vorstellung des Täters und der echte Wert unterscheiden, oder was soll entscheidend sein, wenn Mittäter sich die Beute aufteilen?[1301] Diese Fragen können meist erst innerhalb eines laufenden Verfahrens beantwortet werden, was insbesondere dann problematisch erscheint, wenn davon das anzuwendende Recht und die zuständigen Stellen abhängen (wie bei der Unterscheidung zwischen Straftat und Ordnungswidrigkeit). Daher erscheint insgesamt ein unbestimmter Rechtsbegriff gegenüber einer festen Wertgrenze vorzugswürdig.

Eine Möglichkeit der Entkriminalisierung wäre dabei die ausdrückliche Herausnahme von Bagatellladendiebstählen aus § 242 StGB und die Schaffung eines

---

1296 *Arzt* 1979a, S. 9; *Baumann* in: Verhandlungen des 51. DJT 1976, N. 72.

1297 OLG Hamm NStZ-RR 2008, S. 311; Lackner/Kühl-*Kühl* 2018, § 248a Rn. 3; MüKo-*Hohmann* 2017, § 248a Rn. 6.

1298 Die Antragsbegründung 1995 ging davon aus, dass der Schaden in der Hälfte der Fälle bei bis zu 25 Mark lag, vgl. BT-Drucks. 13/2005, S. 3; ähnliche Zahlen bei *P.-A. Albrecht u. a.* 1992, S. 29 (46,1%); laut PKS lagen 2014 69,8% aller unter einem Wert von 50 Euro, vgl. *Bundeskriminalamt* 2016a, S. 42.

1299 Im Vergleich zu einigen ausländischen Regelungen wäre diese Grenze sogar recht niedrig, in Litauen beispielsweise sind alle Diebstähle bis zu 114 Euro bloße Ordnungswidrigkeiten, *Dünkel/Sakalauskas* 2017, S. 110 (Zudem ist bei dem Vergleich die geringere Kaufkraft in Litauen zu berücksichtigen); in Russland hingegen werden Diebstähle bis zu 2.500 Rubel (ca. 36,32 Euro) als Ordnungswidrigkeit behandelt (vgl. Art. 7.27 des Verwatungscodes der Russischen Föderation). Im Wiederholungsfall kann jedoch auch ein Diebstahl von unter 2.500 Rubel eine Straftat darstellen (vgl. Art. 158.1 Russ.StGB); dies könnte auch ein Grund für den erheblichen Rückgang der Verurteiltenzahlen in Russland sein, vgl. *Dünkel* 2017, S. 646.

1300 *Dreher* 1974, S. 929.

1301 *Dreher* 1974, S. 928.

entsprechenden Ordnungswidrigkeitentatbestands.[1302] Bei der Frage, ob man Bagatellladendiebstahl überhaupt zu einer Ordnungswidrigkeit herabstufen kann, kommt es darauf an, ob es sich bei der Unterscheidung zwischen Ordnungswidrigkeiten und Straftaten um einen qualitativen oder quantitativen Unterschied bei der Einordnung des Unrechts handelt. Letztlich handelt es sich bei den Ordnungswidrigkeiten um Störungen, die jedoch so geringfügig sind, dass sie strafrechtlich nicht zu verfolgen sind. Sie schützen jedoch teilweise dieselben Rechtsgüter wie Strafgesetze, eine Unterscheidung kann daher auch anhand der Quantität vorgenommen werden.[1303] In Grenzbereichen steht dann dem Gesetzgeber ein gewisser Einschätzungsspielraum zu.[1304] Gerade der Bereich der geringfügigen Vermögensdelinquenz befindet sich genau in diesem Grenzbereich, sie ist keinesfalls zwangsweise als Straftat einzuordnen.[1305] Eine Verlagerung bestimmter Diebstahlsformen in das OWiG wäre daher grundsätzlich nicht ausgeschlossen.

Dafür könnten zum Beispiel wirtschaftliche Gründe sprechen. Aufgrund der großen Zahl von Ladendiebstählen im Bagatellbereich dürfte eine möglichst schnelle Bearbeitung der Fälle angezeigt sein. Die zahlreichen Fälle belasten Polizei, Staatsanwaltschaften, Gerichte und den Strafvollzug gleichermaßen. Das schnelle, weniger formalisierte Ordnungswidrigkeitenverfahren könnte hier für Entlastung sorgen.

Gewichtig ist hingegen die Befürchtung von *Naucke*, dass gerade diese Wirtschaftlichkeit auf Kosten der Betroffenen gehen kann. Denn die schematische Bearbeitung von Ordnungswidrigkeiten in der Praxis könnte dazu führen, dass es dem Betroffenen schwerer fällt, seine materiellrechtlichen und prozessualen Rechte durchzusetzen.[1306] Da das Verfahren insgesamt straffer und schematischer ausgestaltet ist als ein aufwendiger Strafprozess, wird sich der Beschuldigte nicht immer über seine Rechte oder die Wege, diese durchzusetzen, im Klaren sein.[1307] Die durch die Reform erhoffte Prozessökonomie könnte dann zu Lasten der Betroffenen gehen.

Problematisch ist zudem, dass auch bei einem Bußgeldverfahren nach dem OWiG ein Freiheitsentzug in Form der Erzwingungshaft eintreten kann. Zwar kann diese im Gegensatz zur Ersatzfreiheitsstrafe nicht angeordnet werden, wenn Umstände bekannt sind, aus denen sich die Zahlungsunfähigkeit des Betroffenen

1302 So im Ergebnis *Baumann* 1972, S. 3; *Kramer* 1974, S. 66; *Vogler* 1978a, S. 161; zumindest für eine Verlagerung des ehemaligen Mundraubs in das OwiG *Kaufmann* 1973, S. 496.

1303 *Arzt* 1974, S. 695; *Baumann* 1972, S. 3; S. 66; *Mitsch* 2005, § 3 Rn. 7 ff.

1304 BVerfGE 45, S. 289.

1305 *Baumann* 1972, S. 3; *Kramer* 1974, S. 66; a. A. *Dreher* 1974, S. 929 f.

1306 *Naucke* 1976, D. 92 f.

1307 *Naucke* 1976, D. 93.

ergibt (§ 96 Abs. 1 Nr. 4 OWiG), doch sind daran strenge Anforderungen zu stellen,[1308] weshalb der Nachweis in der Praxis schwierig zu führen sein dürfte, gerade im straffen Ordnungswidrigkeitenverfahren. Eine Entlastung im Bereich der kurzen Freiheits- und der Ersatzfreiheitsstrafen könnte dann durch einen Anstieg von Erzwingungshaftanordnungen konterkariert werden.[1309] Damit würde sich lediglich das Etikett des kurzen Freiheitsentzugs ändern. Darüber hinaus ist eine Ahndung mit einer Geldbuße nicht zwangsweise milder als eine Geldstrafe. Gerade bei Tätern mit geringem Einkommen (für die eine Berechnung der Sanktionshöhe nach dem Tagessatzsystem vorteilhaft wäre) kann die Geldbuße möglicherweise (bedeutend) höher ausfallen;[1310] zudem besteht keine Möglichkeit der „Aussetzung" des Bußgeldes, wie es bei einer Verwarnung mit Strafvorbehalt möglich wäre.

Auch könnte bei dieser Lösung die Unterscheidung in Grenzfällen schwierig sein, da je nach Einordnung unterschiedliche Stellen zuständig sind. Ebenso wäre dies bei einer (wie oben dargestellt ohnehin problematischen) festen Wertgrenze nicht immer eindeutig. Dieses Problem wird dadurch vergrößert, dass die Abgrenzung über die Einordnung in ein bestimmtes Rechtsgebiet entscheidet und die Entscheidung von Personen unterschiedlicher juristischer Ausbildungen getroffen wird.[1311] Stellt sich im laufenden Verfahren doch die Zuständigkeit einer anderen Stelle heraus, ist dies mit nicht unerheblichem Aufwand und auch mit Unsicherheiten verbunden. Dies spricht dafür, den Diebstahl insgesamt in der Zuständigkeit der Strafjustiz zu belassen. Eine Verlagerung von Bagatellladendiebstählen in das Ordnungswidrigkeitenrecht ist daher abzulehnen.

Ebenfalls möglich erscheint eine Sanktionierung über zivilrechtlichen Schadensersatz. Zu denken wäre dabei vor allem an einen schon vom AE vorgeschlagenen pauschalen Schadensersatz, der sich nach dem Wert der gestohlenen Sache richtet.[1312] Erst bei wiederholten Auffälligkeiten würde eine strafrechtliche Verfolgung stattfinden.

Gegen eine zivilrechtliche Lösung spricht zunächst der allgemeine Charakter des Zivilrechts. Im Zivilrecht sollen rechtswidrige Schäden ersetzt werden. Ziel ist es, den Geschädigten so zu stellen, wie er stünde, wenn das schädigende Ereignis nicht eingetreten wäre, nicht die Sanktionierung des Schädigers oder die

---

1308 *Klesczewski* 2010, Rn. 1060.

1309 Die aufgrund ihres Charakters als Beugemaßnahme auch nicht dazu führt, dass die Geldbuße erledigt ist.

1310 *Naucke* 1984, S. 205.

1311 *Naucke* 1976, D. 91 f.

1312 Der AE sah pauschal den Wert der Sache, jedoch mindestens 50 Euro, vor, vgl. *Naucke* 1976, D. 98.

Prävention.[1313] Zwar kennt das Zivilrecht die Vertragsstrafe und auch im Delikts-
recht hat die Rechtsprechung in Sonderfällen eine sanktionierende Funktion anerkannt,[1314] doch der Gesetzgeber hat sich bewusst gegen Strafschadensersatz
(*„punitive damages"*) entschieden. Außerdem besteht die Gefahr, dass die Ansprüche bei insolventen Tätern nicht durchgesetzt werden können.[1315] Auf diese
Weise könnte der Eindruck eines „Freifahrtscheins" bei Ladendiebstahl für mittellose Täter entstehen. Dies mag bei einer Tat mit relativ geringem Unrechtsgehalt wie dem einfachen Schwarzfahren akzeptabel sein, überzeugt jedoch nicht
beim Diebstahl. Durch eine Verlagerung in das Zivilrecht wird zudem die Sanktionierung zu sehr in die Hand Privater gegeben.[1316] Es besteht dann die Gefahr,
dass Sanktionsmittel primär zu egoistischen Zwecken der Einzelhändler eingesetzt werden und die Prävention in den Hintergrund rückt, besonders die spezialpräventive Wirkung dürfte für die Händler i. d. R. keine Rolle spielen.[1317] Zivilrechtliche Ansprüche sollten weiter im bisher vorhandenen Rahmen möglich sein
(z. B. durch sog. Fangprämien[1318]), doch sind sie nicht geeignet, den Problem-
kreis abschließend zu regeln. Auch sind die tatbestandlichen Unterschiede zum
„einfachen" Schwarzfahren zu beachten. Beim Ladendiebstahl wird nicht nur die
zivilrechtlich gebotene Zahlung unterlassen, sondern der Täter nimmt das Tatobjekt aktiv weg. Es wird also nicht nur der Eindruck erweckt, es sei „alles in Ordnung", sondern der Täter führt aktiv die widerrechtliche Gewahrsamsänderung
herbei. Der Ladendiebstahl als eine Form der klassischen Eigentumskriminalität
sollte dementsprechend nicht allein im Wege des Zivilrechts gelöst werden.

Aus diesen Gründen sind sowohl eine Verlagerung in das Ordnungswidrigkeitenrecht als auch eine ausschließlich zivilrechtliche Lösung abzulehnen. In Betracht kommt jedoch die Möglichkeit, Bagatellladendiebstähle im Strafrecht zu
belassen und die Strafandrohung anzupassen. Die von *Grosse-Wilde*[1319] vorge-

---

1313 *Löwe* 2000, S. 118; MüKoBGB-*Oetcker* 2019, § 249 Rn. 8 f.

1314 Z. B. in Fällen der Verletzung des Allgemeinen Persönlichkeitsrechts, denn nur so können weitergehende Verletzungen verhindert werden, da sich bei „traditioneller" Berechnung des Schadenersatzes die widerrechtliche Weiternutzung wirtschaftlich lohnen
würde, vgl. BGH NJW 1995, S. 865; NJW 1996, S. 984 („Carolin von Monaco").

1315 *Berckhauer* 1979, S. 32.

1316 *Kramer* 1974, S. 66.

1317 *Kunz* 1984, S. 178; *Kramer* 1974, S. 65; Hauptgrund der Einzelhändler, einen entsprechenden Anspruch gerichtlich zu verfolgen, dürften dabei i. d. R. die Aussichten der er-
folgreichen Durchsetzung sein. *Schoreit* 1979, S. 108 befürchtet sogar, dass die Ladeninhaber sich aus entsprechenden Forderungen „ein Geschäft machen" könnten.

1318 Zu deren Zulässigkeit siehe BGHZ 75, S. 230 ff. der zumindest eine der Höhe nach angemessene Fangprämie für zulässig erklärt.

1319 *Grosse-Wilde* 2009, S. 372.

schlagene Lösung, eine Obergrenze von zwei Monaten Freiheitsstrafe für Bagatelldiebstähle einzuführen, kann dabei jedoch nicht überzeugen. Wie *Beulke* zutreffend entgegnet, ist es nicht die Länge der Freiheitsstrafe, die das Hauptproblem darstellt, sondern die Verhängung einer Freiheitsstrafe für Bagatellen an sich.[1320] Das Ziel der Vermeidung kurzer Freiheitsentzüge ist nicht mit der Einführung sehr kurzen Freiheitsentzugs zu erreichen. Wenn man den Bagatelldiebstahl im Strafrecht belassen will und lediglich den Strafrahmen anpassen möchte, sollte dies in der Form geschehen, dass nur noch eine Geld- und keine Freiheitsstrafe mehr angedroht wird.[1321] Gegen diese Lösung könnte man zunächst einwenden, dass so erneut die Verhängung von Ersatzfreiheitsstrafen droht. Doch hier können die oben dargestellten Reformen Abhilfe schaffen: Durch Ausweitung von gemeinnütziger Arbeit und eine Anpassung des Umrechnungsschlüssels könnte diese Gefahr zumindest entschärft werden. Ein anderes Argument dagegen könnte sein, dass das deutsche Strafrecht aktuell für jede Straftat zumindest auch eine Freiheitsstrafe androht.[1322] Es ließe sich also argumentieren, die Grenze zum Strafrecht verlaufe gerade dort, wo der Gesetzgeber noch eine Freiheitsstrafe androhen möchte. Zwingend erscheint dies jedoch nicht, auch die Geldstrafe unterscheidet sich als Kriminalstrafe von anderen Zahlungsverpflichtungen (vor allem durch die Vollstreckung mit der Ersatzfreiheitsstrafe) und das Unwerturteil, welches mit einer strafrechtlichen Verurteilung ausgedrückt wird, unterscheidet sich von beispielsweise einem verwaltungsrechtlichen Bescheid. Grenze für die strafrechtliche Reaktion muss daher nicht zwingend die Androhung der Freiheitsstrafe sein.

Vorteil dieses Ansatzes wäre, dass man zwar alle Formen des Diebstahls im Strafrecht belässt, jedoch die Gefahr eines Freiheitsentzugs selbst bei intensiven Wiederholungstätern von Bagatelldiebstählen minimiert. Zwar vermag diese Lösung nicht dazu beizutragen, Gerichte und Staatsanwaltschaften weiter zu entlasten, allerdings bleiben zur Entlastung weiterhin die Einstellungsmöglichkeiten nach §§ 153 f. StPO sowie das Strafbefehlsverfahren. Zudem ist die Belastung der Justiz nicht das Hauptproblem der Sanktionierung von Bagatellen, sondern die daraus folgenden (Ersatz-)Freiheitsstrafen.

Eine Regelung, die eine Privilegierung nur bis zu einer bestimmten Zahl an vorherigen Ladendiebstählen vorsieht, ist dabei abzulehnen.[1323] Der geringe Unrechtsgehalt eines Ladendiebstahls geringwertiger Sachen erhöht sich nicht durch bereits vorher begangene Ladendiebstähle. Nur durch eine konsequente Einbezie-

---

1320 *Beulke* 2012, S. 605.

1321 Überlegungen in dieser Richtung finden sich z. B. bei *Niewisch-Lennartz* 2014, S. 187.

1322 *Meier* 2014, S. 66; MüKo-*Radtke* 2016, § 40 Rn. 21.

1323 So z. B. BT-Drucks. 13/2005, dieser Vorschlag sah ein maximal fünfmaliges Absehen von Strafe vor.

hung aller Bagatellladendiebstähle kann effektiv Freiheitsentzug verhindert werden. Denn bereits *de lege lata* werden ohnehin im Wesentlichen Wiederholungstäter wegen Ladendiebstahls verurteilt. Erstmalige Ladendiebstähle dürften derzeit regelmäßig durch § 153 f. StPO erledigt werden. Problematisch sind daher nicht ein- oder zweimalige Ladendiebe, sondern Täter, die vielfach wegen Diebstählen geringwertiger Sachen auffallen und so unmittelbar durch eine Freiheitsstrafe oder mittelbar durch eine Ersatzfreiheitsstrafe inhaftiert werden.[1324] Die geminderte Strafandrohung muss dann für alle Ladendiebstähle unterhalb der Wertgrenze gleichermaßen gelten. So würde die übliche „Sanktionskette" für Bagatellladendiebstähle beibehalten, nur dass die Freiheitsstrafe an deren Ende entfällt (zumindest solange noch kein Regelbeispiel aus § 243 Abs. 1 StGB verwirklicht wurde).

Das Höchstmaß der Geldstrafe für Bagatellladendiebstähle sollte zudem bei 90 Tagessätzen liegen. Begrenzt man die Geldstrafe nicht, besteht die Gefahr, dass es bei Wiederholungstätern durch hohe Geldstrafen doch zum Freiheitsentzug in Form der Ersatzfreiheitsstrafe kommt. 90 Tagessätze sollten ausreichend sein, um für alle Fälle des Ladendiebstahls geringwertiger Sachen eine schuldangemessene Strafe verhängen zu können.[1325] Für die Beschränkung auf 90 Tagessätze sprechen auch registerrechtliche Überlegungen, da Geldstrafen bis zu 90 Tagessätzen nach § 32 Abs. 2 Nr. 5a BZRG nicht in das Führungszeugnis aufgenommen werden.

Die Ausgestaltung sollte zudem nicht im Rahmen eines *unbenannten* minder schweren Falles erfolgen. Die Regelung sollte für alle Bagatellladendiebstähle unabhängig von den übrigen Umständen gelten.[1326] Fraglich ist hingegen, ob eine feste Wertgrenze oder eine Generalklausel die Bagatellgrenze bestimmen soll. Auf den ersten Blick mag eine feste Grenze aus Gründen der Rechtssicherheit und des Bestimmtheitsgebots vorzugswürdig erscheinen. Doch wie bereits oben dargestellt, gestaltet sich die genaue Bestimmung des Werts nicht immer einfach. Außerdem müsste eine feste Grenze regelmäßig den sozialen Umständen und der Inflation angepasst werden. Eine durch die Rechtsprechung zu konkretisierende Generalklausel ist daher vorzuziehen, dabei bietet sich eine Orientierung an § 248a StGB an.

Im Ergebnis soll § 242 StGB daher einen neuen Absatz 3 erhalten, der eine spezielle Strafandrohung für Bagatellladendiebstähle enthält. Diese Privilegierung bezieht sich dabei bewusst nur auf den einfachen Diebstahl aus § 242

1324 *Hoffmann* 2000, S. 14 f.

1325 Dafür spricht auch die Sanktionspraxis, denn Geldstrafen von mehr als 90 Tagessätzen sind ohnehin die Ausnahme, vgl. *Kap. 3.3.1.*

1326 Sofern nicht die Voraussetzungen von § 243 oder 244 StGB erfüllt sind.

Abs. 1 StGB; liegt ein besonders schwerer Fall nach § 243 StGB[1327] oder ein qualifizierter Diebstahl nach §§ 244 f. StGB vor, bleibt es bei den entsprechenden Strafandrohungen dieser Normen. In Verbindung mit den vorgeschlagenen Veränderungen im Bereich der Ersatzfreiheitsstrafe soll so ein Freiheitsentzug als Folge eines Bagatellladendiebstahls die absolute Ausnahme sein. Allerdings ist festzuhalten, dass eine solche Reform nur dann sinnvoll sein kann, wenn es parallel auch zu Reformen im Bereich der Ersatzfreiheitsstrafe kommt.[1328] Ansonsten dürfte es in vielen Fällen, in denen es vorher zu einer Freiheitsstrafe gekommen wäre, durch den Umweg Ersatzfreiheitsstrafe dennoch zu einem Freiheitsentzug kommen. Dann könnte die Reform sogar kontraproduktiv sein, da die Möglichkeit einer Strafaussetzung zur Bewährung nicht besteht (mit Ausnahme der Verwarnung mit Strafvorbehalt). Der Verzicht auf die Androhung der Freiheitsstrafe bei Bagatellladendiebstählen ist daher zwangsweise an weitere Strategien zur Vermeidung von Ersatzfreiheitsstrafen zu koppeln.

§ 242 StGB Diebstahl
[…]
Abs. 3:
Der Diebstahl einer geringwertigen Sache aus einem Ladengeschäft während der Öffnungszeiten wird mit Geldstrafe bis zu 90 Tagessätzen bestraft.

5.6.3 *Besitz und Erwerb geringer Mengen Cannabis*

Ein weiteres Bagatelldelikt, über das bereits seit Jahren angeregt diskutiert wird, ist der Erwerb und Besitz geringer Mengen Cannabis zum Eigenkonsum. Die Diskussion darüber bzw. um die deutsche Drogenpolitik allgemein erhielt aktuell durch eine von 122 Strafrechtsprofessoren unterzeichnete Resolution über die Notwendigkeit der Überprüfung der Wirksamkeit des BtMG neuen Auftrieb.[1329] Durch diese Resolution sollte zum einen auf die negativen Folgen der Kriminalisierung von Betäubungsmitteln aufmerksam gemacht und zum anderen die Regierung zu einem entsprechenden Handeln angeregt werden. Auch der Bund Deutscher Kriminalbeamter hat sich in einer aktuellen Stellungnahme mit den

---

1327 Beim Ladendiebstahl dürfte vor allem die Gewerbsmäßigkeit und durch Schutzvorrischtungen gesicherte Ware in Betracht kommen.

1328 Vgl. *Kap. 5.3.4.*

1329 *„Schildower Kreis"* abrufbar unter http://schildower-kreis.de/resolution-deutscher-strafrechtsprofessorinnen-und-professoren-an-die-abgeordneten-des-deutschen-bundestages/ (zuletzt abgerufen am 10.08.2017).

Problemen der Drogenpolitik auseinandergesetzt.[1330] Neben den ebenfalls zu diskutierenden hohen Mindeststrafen im BtMG[1331] stellt sich im Rahmen des Betäubungsmittelrechts also auch das Problem der Strafbarkeit von Erwerb und Besitz geringer Mengen. Ist es tatsächlich sinnvoll, auf eine im Wesentlichen selbstschädigende Bagatelle mit der *ultima ratio* des Strafrechts zu reagieren?

Im Rahmen der Verurteilungen nach dem BtMG dominieren mit großem Abstand die §§ 29 Abs. 1 Nr. 1 und Nr. 3 BtMG, sie machten 2015 81,9% aller Verurteilungen aus.[1332] 2018 führten allein diese beiden Tatbestände zu 1.961 kurzen Freiheitsstrafen, wovon fast ein Drittel unbedingte waren. Nahezu alle unbedingten kurzen Freiheitsstrafen nach dem BtMG entfielen auf die §§ 29 Abs. 1 Nr. 1 und Nr. 3 BtMG und machten 2015 damit 8,2% aller unbedingten Freiheitsstrafen von unter sechs Monaten insgesamt aus. Sie haben damit einen erheblichen Anteil am oben dargestellten Problem der kurzen Freiheitsstrafen.

Die Strafverfolgungsstatistik schlüsselt dabei jedoch nicht nach den unterschiedlichen Betäubungsmitteln bzw. Verhaltensweisen des § 29 Abs. 1 Nr. 1 BtMG auf. Hier kann jedoch die PKS zumindest als Indiz dienen. Von den im Jahre 2018 registrierten 342.254 Betäubungsmittelverstößen bezogen sich 218.660 auf Cannabis (63,9%). Darauf folgten Amphetamine (einschließlich Ecstasy) (14,8%), Kokain (6,5%), Methamphetamin (3,8%) und Heroin (3,3%).[1333] Zusammengefasst liegt damit der Schwerpunkt der Betäubungsmittelkriminalität auf Cannabisdelikten von geringer Schwere.[1334] Aufgrund dieser erheblichen praktischen Bedeutung sowie ihrer im Vergleich relativ geringen schädlichen Wirkung[1335] ist es sinnvoll, sich in Bezug auf Bagatelldelikte nach dem BtMG zunächst auf Cannabis zu konzentrieren. Unter Bagatellen sollen hier die Handlungen fallen, von denen im Wesentlichen nur eine Eigengefährdung ausgeht (Besitz und Erwerb) und auch dann nur in Bezug auf geringe Mengen zum Eigenverbrauch. Diese Taten weisen einen so geringen Unrechtsgehalt auf, dass es angemessen erscheint, sich mit einer Entkriminalisierung auseinanderzusetzen.

Die Kriminalisierung von Besitz und Erwerb auch geringer Mengen Cannabis zum Eigenkonsum wurde zwar vom BVerfG verfassungsrechtlich gebilligt, jedoch nur mit der Einschränkung, dass die Strafandrohung für Handlungen, die den gelegentlichen Eigenkonsum geringer Mengen Cannabis vorbereiten, nur

---

1330   *Bund Deutscher Kriminalbeamter* 2018.

1331   Vgl. *Kap. 6.1.3.3.*

1332   § 29 Abs. 1 Nr. 1 BtMG: 15.723 Verurteilte (30,8%); § 29 Abs. 1 Nr. 3 BtMG: 26.098 Verurteilte (51,1%).

1333   *Bundeskriminalamt* 2019, S. 155.

1334   *Paul* 2005, S. 277.

1335   Auch wenn über die Intensität der schädlichen Wirkungen von Cannabis nach wie vor gestritten wird (z. B. im Vergleich mit Alkohol), dürfte wohl unbestritten sein, dass die Nebenfolgen von Ecstasy, Methamphetaminen und Heroin deutlich gravierender sind.

deshalb nicht gegen das Übermaßverbot verstoße, weil die Möglichkeit des Absehens von der Strafverfolgung (§§ 31a BtMG, 153 f. StPO) bestehe.[1336] Auch wenn eine vollständige Entkriminalisierung nach der Rechtsprechung des BVerfG also verfassungsrechtlich nicht zwingend geboten ist, sollte man sich vor dem Hintergrund dieser Entscheidung dennoch die Frage stellen, ob die eigene bewusste Entscheidung eines erwachsenen Menschen, Betäubungsmittel zu sich zu nehmen, mit der *ultima ratio* des Strafrechts geahndet werden sollte. An dieser Stelle soll es also nicht um eine Grundsatzdiskussion über die Drogenprohibition oder deren Verfassungsmäßigkeit gehen, sondern lediglich darum, ob es kriminalpolitisch wünschenswert wäre, bestimmte Fälle des Erwerbs und Besitzes von Drogen zum Eigenbedarf materiell aus dem Anwendungsbereich des § 29 BtMG herauszunehmen. Entkriminalisierung darf auch hier nicht mit Legalisierung gleichgesetzt werden.[1337] Dabei ist festzustellen, dass zwar der Konsum eine Selbstschädigung darstellt und als solche zunächst nicht unter § 29 BtMG fällt.[1338] Doch ist zu bedenken, dass Erwerb und vor allem Besitz i. d. R. notwendige Zwischenstadien zum Konsum sind.[1339] Besitzloser Konsum ist denkbar, dürfte aber die Ausnahme darstellen. Zudem kann die Verteilung des Strafbarkeitsrisikos willkürlich erscheinen, z. B. dann, wenn eine Gruppe gemeinsam Drogen konsumiert und dabei die Gewahrsamsverhältnisse entscheidend für die Strafbarkeit der einzelnen Personen sein sollen.[1340]

Für eine Entkriminalisierung spricht zunächst, dass der Konsument grundsätzlich nur seine eigene Gesundheit bewusst und eigenverantwortlich schädigt.[1341] Das vom BVerfG angeführte Rechtsgut der „Volksgesundheit" wirkt konstruiert.[1342] Die Gesundheit ist ein individuelles Rechtsgut. Sie steht jedem Menschen einzeln zu, eine Art „kollektive Gesundheit" gibt es nicht.[1343] Be-

---

1336 BVerfG NJW 1994, S. 1577; ebenso bereits BGH NJW 1992, S. 2975 f.

1337 *Hellebrand* 1992, S. 249.

1338 *Schneider* 1992, S. 490.

1339 *Katholnigg* 1990, S. 194; *Schneider* 1992, S. 489; *Wesemann* 2015, S. 60; wobei nach OLG Düsseldorf NStZ 1985, S. 415 zumindest das sog. Mitrauchen eines Joints nicht zwangsweise Besitz begründet und daher straflos sein kann.

1340 Allein das Überlassen von Betäubungsmitteln zum sofortigen Mitkonsum begründet keinen Besitz i. S. dieser Vorschrift, vgl. K/P/V-*Patzak* 2014, § 29 Abs. 1 S. 1 Nr. 3 Rn. 34; *Weber* 2017, § 29, Rn. 1327.

1341 Zweifel bei *Duttge/Steuer* 2015, S. 804, die mit Verweis auf die Belastung der Krankenversorgung nicht ausschließlich von einer Selbstschädigung ausgehen.

1342 *Böllinger* 2016a, S. 91; *Feltes/Ruck* 2015, S. 636 f.; *Harrendorf* 2018, S. 455; *Kaspar* 2014, S. 507; zumindest Bedenken gegen das Rechtsgut *Schneider* 1992, S. 490.

1343 *Frisch* 1993, S. 94; *Hefendehl* 2002, S. 142; *Schünemann* 2010, S. 232.

wusste Selbstschädigung ist grundsätzlich nicht strafbar, nicht einmal schwerwiegende Eingriffe in die eigene Gesundheit wie die vorsätzliche Selbstverletzung oder der (versuchte) Suizid sind mit Strafe bedroht.[1344] Zwar darf der Staat grundsätzlich gesetzliche Maßnahmen zur Vermeidung von Selbstschädigungen treffen, ein strafrechtlicher Selbstschutz erscheint jedoch überzogen. Im Gegensatz zu den anderen dargestellten Bagatelldelikten lässt sich hier also kein Opfer im eigentlichen Sinne ermitteln: „Geschädigter" ist der Täter selbst. Bereits die Tatsache, dass das von der Norm geschützte Rechtsgut umständlich konstruiert werden muss, indiziert die Geringfügigkeit des Delikts. Zwar soll die Strafverfolgung auch die Hersteller, Distributoren und Händler der illegalen Betäubungsmittel sanktionieren, in der Praxis trifft das Drogenstrafrecht in einem Großteil der Fälle jedoch die Konsumenten.[1345]

Das oben Genannte wäre jedoch zumindest dann zu überdenken, wenn es sich um Personen handelt, welche die von Betäubungsmitteln ausgehende Gefahr nicht vollständig einschätzen können und bei denen daher nicht von einer bewussten, eigenverantwortlichen Schädigung auszugehen ist, z. B. Minderjährige oder bereits Abhängige.[1346] Bei Minderjährigen oder Abhängigen erscheint zudem auch das gesundheitliche Risiko des Konsums besonders hoch.[1347] Hier bleibt jedoch festzustellen, dass die Abgabe an Minderjährige bereits nach § 29a Abs. 1 Nr. 1 BtMG strafbar ist und auch das Handeltreiben nach § 29 Abs. 1 Nr. 1 BtMG strafbar bleibt (und auch ein „Händler", dem nur der Besitz oder Erwerb nachgewiesen werden kann, dürfte meist strafbar sein, da er i. d. R. mehr als eine „geringe Menge" besitzen bzw. erwerben dürfte), denn gerade beim Handeltreiben oder der Abgabe von Betäubungsmitteln an Minderjährige besteht das Risiko, dass die Selbstschädigung nicht mehr bewusst erfolgt. Es ist jedoch zu bezweifeln, dass die genannten Risikogruppen durch eine Entkriminalisierung des Besitzes kleiner Mengen Cannabis zum Selbstkonsum erhöht gefährdet werden.[1348] Bestehen keinerlei konkrete Gefahren für Dritte, sollte es dem Staat nicht zustehen, seine Bürger in derartiger Weise zu bevormunden. Auch die zum Teil vermutete Funktion von Cannabis als sog. Einstiegsdroge, deren Konsum nur der erste Schritt auf dem Weg zu härteren Drogen sei,[1349] konnte bislang nicht nachgewiesen werden.[1350] Zudem bestünde auch die Möglichkeit, dass gerade durch

1344 *Von Hirsch* 2010, S. 57; *Kniesel* 1994, S. 354.

1345 *Böllinger* 2016, S. 478.

1346 *Harrendorf* 2018, S. 454.

1347 *Harrendorf* 2018, S. 457.

1348 *Greco* 2010, S. 87; *Hefendehl* 2002, S. 143.

1349 So jedoch z. B. BGH NJW 1992, S. 2975; BR-Drucks 665/70, S. 5 ff.

1350 Bzw. erscheint sogar eher als widerlegt, vgl. *Ambos* 1995, S. 51; BVerfG NJW 1994, S. 1588; *Haffke* 1995, S. 764; *Kniesel* 1994, S. 354.

die Kriminalisierung von Cannabis der Kontakt zum kriminellen Milieu hergestellt wird, da nur dort Cannabis beschafft werden kann und dies die Gefahr birgt, auf diese Weise dann auch mit härteren Drogen in Kontakt zu kommen.[1351] Ähnliches gilt für die Gefahr von auf den Drogenkonsum zurückgehenden Handlungen wie drogenbedingte Gewalt oder Fahren unter Drogeneinfluss. Hier handelt es sich lediglich um mittelbare Folgen, die zudem auch für sich genommen bereits unter Strafe gestellt sind (z. B. §§ 223 ff. StGB bzw. § 316 StGB).[1352] Sie bieten daher keinen konkreten Anlass, bereits den Eigenkonsum zu kriminalisieren; dies würde die Strafbarkeit unnötig weit vorverlagern.[1353] Der Täter wird bestraft, weil er die Gesundheit eines anderen schädigt bzw. die Sicherheit des öffentlichen Verkehrs gefährdet, nicht aufgrund seines vorherigen Betäubungsmittelkonsums. Der abstrakte Verdacht, allein Erwerb oder Besitz von Drogen würde zu damit zusammenhängenden Straftaten führen, erscheint sehr weit hergeholt, gerade im Vergleich zu den abstrakten Gefährdungsdelikten des StGB. § 316 StGB z. B. hat die unmittelbare Gefahr eines nicht fahrtüchtigen Fahrers im Straßenverkehr zum Gegenstand, nicht bereits den Erwerb oder Konsum von beispielsweise Alkohol. Beim bloßen Drogenbesitz oder Erwerb hingegen sind noch weitere Zwischenschritte erforderlich, bevor überhaupt von einer abstrakten Gefahr gesprochen werden kann. Die frühe Annahme einer abstrakten Gefahr erscheint zudem auch mit Blick auf das Schuldprinzip problematisch.[1354] Die Gefahr mittelbarer Schäden Dritter, die auf den Drogenkonsum zurückgehen, bildet daher keinen ausreichenden Grund, bereits den Erwerb und Besitz geringfügiger Mengen von Betäubungsmittel unter Strafe zu stellen.

Teilweise wird befürchtet, dass eine Entfernung der Strafandrohung für Besitz und Konsum zum Eigenbedarf zu einem Anstieg des Drogenkonsums insgesamt führen würde.[1355] Einen Beweis dafür gibt es jedoch nicht.[1356] Zwar sind beispielsweise in Portugal nach einer weitgehenden Entkriminalisierung von Drogenbesitz und Erwerb 2001 auch die Konsumraten gestiegen. Dies war jedoch in diesem Zeitraum auch in vielen anderen europäischen Staaten ohne entsprechende Entkriminalisierungstendenzen der Fall.[1357] Zudem hatten andere europäische

---

1351 *Köhler* 1992, S. 11.

1352 *Kaspar* 2014, S. 506.

1353 Siehe auch die abweichende Meinung des Richters *Sommer* in der oben genannten Entscheidung BVerfG NJW 1994, S. 1588 f.

1354 *Köhler* 1992, S. 39.

1355 *Duttge/Steuer* 2014, S. 183; *Katholnigg* 1990, S. 194 f.

1356 *Hughes/Stevens* 2010, S. 1000.

1357 *Da Agra* 2009, S. 111; *Hughes/Stevens* 2010, S. 1005 f.; *United Nations Office on Drugs and Crime* 2009, S. 168.

Staaten, die ihre Drogenpolitik liberalisierten (z. B. Niederlande, Tschechien), keinen merklichen Anstieg des Konsums zu verzeichnen.[1358] Gleiches gilt für die unterschiedliche Einstellungspraxis der Bundesländer, welche ebenfalls nicht zu merklichen Unterschieden bzgl. des Konsums geführt hat.[1359] Auch haben Befragungen ergeben, dass der Grund für den Nicht-Konsum von Drogen meist nicht die Angst vor Strafverfolgung ist, sondern eher fehlendes Interesse an Drogen, die Angst vor Sucht oder Rausch sowie die Gefahr gesundheitlicher Folgen.[1360] Eine Kausalität zwischen Entkriminalisierung und Konsumanstieg ist daher zweifelhaft,[1361] wahrscheinlicher dürfte sein, dass die Entwicklung der Konsumraten mit Faktoren außerhalb des Strafrechts zusammenhängt. Zudem wird hier nicht über eine vollständige Legalisierung nachgedacht, weshalb sich der Aufwand von Konsumenten für die Beschaffung von Cannabis nicht merklich verringern dürfte (bzw. aktuell auch schon nicht besonders hoch sein wird[1362]).

Das Argument, der Drogenkonsum führe durch Gesundheitsschäden zu erheblichen von der Allgemeinheit zu tragenden Folgekosten, kann schon im Hinblick auf die zahlreichen erlaubten Tätigkeiten mit ähnlich hohen Folgekosten nicht überzeugen. Zum Beispiel Alkohol trinken, Tabak rauchen, fettiges Essen oder Extremsportarten sind trotz erheblicher gesundheitlicher Risiken alle nicht mit Strafe bedroht.[1363] Auch hier müssen die Kosten von der Allgemeinheit getragen werden.[1364] Nur weil das „Kiffen" in Teilen der Bevölkerung als verwerflich angesehen wird und die Gesundheitskassen belastet, bietet dies noch keinen ausreichenden Grund für eine strafrechtliche Ahndung.[1365] Hier lässt sich nicht plausibel machen, warum ausgerechnet der Cannabiskonsum vor dem Hintergrund der drohenden Kosten kriminalisiert werden soll. Er unterscheidet sich

---

1358   *Ambos/Böllinger/Schefold* 2016, S. 82; *Wesemann* 2015, S. 60.

1359   *Reuband* 2009, S. 197, zu einer möglichen Erklärung der scheinbaren Ausnahmen Hamburg und Bayern, siehe *Reuband* 2007, S. 155 ff.

1360   *Bundeszentrale für gesundheitliche Aufklärung* 2004, S. 23; *Kemmesies* 2004, S. 136 ff.

1361   *Ambos/Böllinger/Schefold* 2016, S. 82; *Böllinger* 2016, S. 90; *Feltes/Ruck* 2015, S. 637 f.; siehe zur Auswirkungen in den USA *Reuband* 1992, S. 24 ff.; und in den Niederlanden *van Kalmthout* 1989, S. 265; auch in Portugal ist der prophezeite extreme Anstieg des Drogenkonsums ausgeblieben, *Domoslawski* 2011, S. 31.

1362   *Paul* 2005, S. 278.

1363   *Harrendorf* 2018, S. 453; *Frisch* 1993, S. 94; *Köhler* 1992, S. 18.

1364   *Haffke* 1995, S. 780; *Hefendehl* 2002, S. 143; *Kaspar* 2014, S. 507.

1365   *Greco* 2008, S. 237.

kaum von den genannten Verhaltensweisen,[1366] die Unterscheidung wirkt geradezu willkürlich. Ein Grund für die unterschiedliche Behandlung von Cannabis und z. B. Alkohol könnte die gesellschaftliche Akzeptanz der beiden Rauschmittel sein. Alkohol hat in Deutschland eine lange Tradition und ist dadurch in der Gesamtbevölkerung im Wesentlichen akzeptiert. Doch auch in der Bevölkerung scheint sich das Bild bzgl. Cannabis zu wandeln. Auch wenn es wohl keine Mehrheit für eine vollständige Legalisierung gibt, geht die Tendenz doch insgesamt eher zu einer liberaleren Drogenpolitik.[1367] Selbst die europäische Entwicklung tendiert immer weiter in Richtung Entkriminalisierung als zur Bestrafung.[1368] Auch in einigen US-Bundesstaaten wie z. B. Washington, Nevada und Kalifornien gibt es inzwischen Legalisierungsmodelle.

Bereits *de lege lata* ist die Anklage als Folge eines Cannabisdelikts bei Eigenkonsum eher die Ausnahme. Ein Großteil der Fälle wird nach § 31a BtMG oder § 153 f. StPO eingestellt, wobei die Mehrzahl der Fälle nach § 31a BtMG erledigt wird.[1369] Zwar mag diese verfahrensrechtliche Entkriminalisierung in zahlreichen Fällen dazu führen, dass keine Anklage erhoben wird und es daher zu keiner Verurteilung kommt, doch bei Wiederholungstätern dürften die Merkmale der geringen Schuld und das fehlende öffentliche Interesse an der Strafverfolgung oft problematisch sein.[1370] Dies ist das Risiko, wenn man versucht, die zu große Weite eines Tatbestands auf prozessuale Weise zu korrigieren, denn es bleibt stets ein Ermessensspielraum für Gerichte und Staatsanwaltschaften. Schränkt man hingegen von vornherein den Tatbestand ein, so besteht nicht die Gefahr, dass ab einer bestimmten Anzahl an Vorstrafen dennoch eine Verurteilung selbst bei kleinsten Mengen Cannabis erfolgt. Auch wird so der Spielraum der Strafverfolgungsbehörden limitiert und eine Ungleichbehandlung vermieden. Selbst wenn in weiten Teilen Deutschlands Einigkeit über die Grenze zur „geringen Menge" Cannabis besteht,[1371] so ist damit aufgrund der weiteren Merkmale noch keine Einheitlichkeit der Diversionspraxis sichergestellt. Zum Beispiel in Bezug auf die

---

1366 *Frisch* 1993, S. 94; *Greco* 2010, S. 85; *Böllinger* 2016, S. 478 geht sogar davon aus, dass die illegalen Drogen bei korrekter Zusammensetzung und Dosierung sowie hygienischem Gebrauch nicht gefährlicher sind als die andere Drogen.

1367 *Wurth* 2016, S. 78 f.

1368 *Ambos/Böllinger/Schefold* 2016, S. 82.

1369 *Aulinger* 1997, S. 179.

1370 BeckOK-StPO-*Ganter* 2019, § 31a BtMG Rn. 5.

1371 *Aulinger* 1999, S. 116; *Patzak/Goldhausen* 2011, S. 78.

angesprochenen Wiederholungstäter sind die regionalen Unterschiede erheblich,[1372] was auch zu einem Konflikt mit dem strafrechtlichen Bestimmtheitsgebot aus Art. 103 Abs. 2 GG führen kann.[1373] Zudem dürfte eine so erhebliche Unterscheidung zwischen den Bundesländern auch für Unverständnis innerhalb der Bevölkerung sorgen.[1374] Dieses Problem ließe sich durch eine materielle Entkriminalisierung entschärfen.[1375] Außerdem ist zu berücksichtigen, dass bereits die hohe Einstellungsquote für sich genommen die geringe Strafbedürftigkeit bei diesen Delikten aufzeigt, was ebenfalls für eine weitergehende Entkriminalisierung spricht.[1376]

Zuletzt wäre mit einer merklichen Entlastung des gesamten Justizapparates zu rechnen. Staatsanwaltschaften, Gerichte und Vollzugsanstalten wären nicht mehr mit den zahlreichen Fällen des geringen Eigenbedarfs belastet, die einen erheblichen Verwaltungsaufwand verursachen.[1377] Zwar ist jetzt bereits § 31a BtMG insoweit entlastend für die Gerichte, dass ihre Zustimmung zur Einstellung nicht erforderlich ist, doch kann diese Norm zu erhöhtem Aufwand für die Staatsanwaltschaften führen,[1378] gerade da es sich beim Großteil der zu bearbeitenden Fälle um Besitz oder Erwerb von geringen Mengen von Konsumenten handelt.[1379] Eine Entkriminalisierung, die sich nur an der i. d. R. einfach feststellbaren Menge der besessenen/erworbenen Betäubungsmittel orientiert und auf wertende Merkmale wie Schwere der Schuld oder das öffentliche Interesse verzichtet, kann damit nicht nur Freiheitsentzug vermeiden, sondern auch aufwendige Ermittlungsverfahren verhindern und Justizressourcen einsparen, die viel eher für die Verfolgung der Händler und Hersteller benötigt werden.[1380]

Im Ergebnis ist damit die aktuell bereits stattfindende (und vom BVerfG verfassungsrechtlich geforderte) prozessuale Teillegalisierung von Besitz und Erwerb von geringen Mengen Cannabis zum Eigengebrauch durch eine vollständige materielle Entkriminalisierung zu ersetzen. Die Kriminalisierung erscheint hier auch für Wiederholungstäter nicht gerechtfertigt, solange keine konkrete Gefahr für Dritte besteht. Eine Herausnahme aus dem Tatbestand wäre am besten dazu

---

1372 *Aulinger* 1999, S. 115; MüKo-*Kotz* 2013, § 31a BtMG Rn. 9; *Weber* 2017, § 31a Rn. 92.

1373 *Ambos* 1995, S. 48.

1374 *Paul* 2005, S. 279.

1375 *Roxin* 2013, S. 437.

1376 *Schneider* 1992, S. 492.

1377 *Ambos/Böllinger/Schefold.* 2016, S. 82; *Kniesel* 1994, S. 356.

1378 MüKo-*Kotz/Oğlakcıoğlu* 2017, § 31a BtMG Rn. 7.

1379 *Eisenberg/Kölbel* 2017, § 45 Rn. 111; *Hellebrand* 1992, S. 250; *Paul* 2005, S. 276; *Schulz* 1990, S. 407.

1380 BT-Drucks. 58/93, S. 1.

geeignet, die Kriminalisierung umfassend zu verhindern. Zudem werden die Gefahren einer regionalen Ungleichbehandlung reduziert. So erspart man sich den seltsam anmutenden „Kunstgriff", eine Handlung, die verfassungsrechtlich nicht unter Strafe gestellt werden darf, erst unter Strafe zu stellen, nur um sie anschließend prozessual zu entkriminalisieren und das Verfahren einzustellen.

Ein weiteres zu erörterndes Problem bzgl. einer teilweisen Entkriminalisierung von Drogenbesitz und Konsum ist die Vereinbarkeit mit internationalen Abkommen. Maßgeblich hierfür sind die *Single Convention on Narcotic Drugs* (1961), die *Convention on Psychotropic Substances* (1971) und die *Convention against Illicit Drugs and Psychotropic Substances* (1988). Während die UN-Konventionen von 1961 und 1971 zwar Maßnahmen zur Reduzierung des Drogengebrauchs bezweckten und auch ein Verbot vorsahen, ist eine Kriminalisierung von Konsum und den ihm vorgelagerten Handlungen wie Besitz und Erwerb nicht zwangsweise vorgesehen.[1381] Die Mittel zur Umsetzung sind im Wesentlichen in das Ermessen der unterzeichnenden Staaten gestellt.[1382] Die *Convention against Illicit Drugs and Psychotropic Substances* aus dem Jahre 1988 hingegen setzt sich im Gegensatz zu den anderen genannten Abkommen ausschließlich mit dem strafrechtlichen Aspekt von Betäubungsmitteln auseinander.[1383] Art. 3 Abs. 2 dieser Konvention schreibt unter anderem vor, dass Strafnormen für den vorsätzlichen Besitz und Erwerb bestimmter Betäubungsmittel zu schaffen sind. Allerdings bietet Art. 3 Abs. 4d die Möglichkeit, als Alternative zu Verurteilung und Bestrafung Maßnahmen zur Behandlung und Reintegration vorzusehen.[1384] Eine Entkriminalisierung wäre daher unter anderem dann möglich, wenn statt der Bestrafung eine andere staatliche Reaktion erfolgen würde, diese muss dem Wortlaut des Art. 3 Abs. 4d nach nicht zwangsweise strafrechtlich ausgestaltet sein.[1385] Dafür spricht auch, dass beispielsweise die portugiesische Lösung, die verwaltungsrechtlich ausgestaltet ist, vom *International Narcotics Control Board* nicht beanstandet wurde.[1386] Dort wird unter anderem der Besitz und Erwerb geringer Mengen von Betäubungsmitteln zum Eigenkonsum nicht mehr strafrechtlich sanktioniert. Stattdessen werden die Betroffenen an speziell eingerichtete Kommissionen bestehend aus drei Mitgliedern verschiedener Fachrichtungen (Justiz, Sozialarbeit und Medizin) verwiesen. Diese erörtern in Gesprächen die

---

1381 *Dorn/Jamieson* 2000, S. 8; *Dünkel* 1983a, S. 165 ff; *Keller* 1996, S. 56; *Krumdiek* 2006, S. 177; 2010, S. 105 f.

1382 Ob die *Single Convention in Narctoic Drugs* hingegen auch eine vollständige Legalisierung erlauben würde, ist umstritten, dafür *Dünkel* 1991, S. 229; a. A. *Kuckelsberg* 1994, S. 18; *Krumdiek* 2006, S. 161.

1383 *Krumdiek* 2006, S. 199.

1384 *Harrendorf* 2018, S. 542.

1385 *Dorn/Jamieson* 2000, S. 20 f.

1386 *Harrendorf* 2018, S. 542; *United Nations Office on Drugs and Crime* 2009, S. 168.

Problemlage des Betroffenen, können das Verfahren einstellen, aber auch ambulante Sanktionen verhängen oder Therapievorschläge für abhängige Täter unterbreiten.[1387] Es kommt jedoch zu keiner Verurteilung, keiner Registereintragung und auch nicht zum Freiheitsentzug.[1388] Gerade die Einbeziehung von Fachleuten außerhalb der Justiz erscheint dabei sinnvoll, da beispielsweise Sozialarbeiter oder Mediziner die Lage der Konsumenten i. d. R. besser als beispielsweise Juristen einschätzen können. Denkbar wäre z. B. eine unmittelbare polizeiliche Verweisung an neue, an die Bewährungshilfe angegliederte Stellen, die speziell auf die hier beschriebenen Fälle zugeschnitten sind. Diese müssten dann ähnlich dem portugiesischen Vorbild mit einem weiten Spektrum an Reaktionsmöglichkeiten ausgestattet sein, um für alle denkbaren Täter vom Gelegenheitskonsumenten bis hin zum schwer Abhängigen eine angemessene Reaktion finden zu können. Da Formen des Freiheitsentzugs für Bagatelldelikte gerade vermieden werden sollen, würden sie nicht zu den möglichen Reaktionen zählen, unabhängig davon, dass sie aufgrund des Richtervorbehalts aus Art. 104 Abs. 2 S. 1 GG wohl ohnehin nicht zulässig wären.

Denkbar wäre ebenfalls eine Verlagerung in das Ordnungswidrigkeitenrecht.[1389] Da es sich dabei jedoch nicht um eine Maßnahme der Behandlung oder Reintegration handelt, wäre zu prüfen, ob eine Ordnungswidrigkeit unter den Begriff der „criminal offence" aus Art. 3 Abs. 2 der Konvention subsumiert werden kann. Dagegen spricht der auf den ersten Blick eindeutige Wortlaut der Konvention und die bewusste Unterscheidung des deutschen Rechts zwischen Straftat und Ordnungswidrigkeit. Allerdings ist bei der Auslegung von völkerrechtlichen Übereinkommen zu beachten, dass es aufgrund der unterschiedlichen Ausgestaltungen der nationalen Rechtsordnungen nicht streng auf den Wortlaut ankommen kann, weil nicht alle Staaten zwischen Strafrecht und Ordnungswidrigkeitenrecht überhaupt unterscheiden. Bei der Beurteilung von nationalem Recht in Bezug auf völkerrechtliche Vereinbarungen kann die Einordnung innerhalb des nationalen Rechts maximal ein Indiz darstellen. Ansonsten stünde es den Vertragspartnern frei, beliebige Bereiche aus dem Anwendungsbereich eines Abkommens herauszudefinieren.[1390] Dies ist besonders im Grenzbereich zwischen Ordnungswidrigkeiten und Straftaten relevant, da hier ein großer Einschätzungsspielraum des Gesetzgebers vorliegt, und diese Einordnung sollte keinen Einfluss auf die

---

1387 *Hughes/Stevens* 2010, S. 1002; *Harrendorf* 2018, S. 539.

1388 *Da Agra* 2009, S. 110.

1389 So z. B. ein Gesetzesantrag des Landes Rheinland-Pfalz, vgl. BT-Drucks 58/93.

1390 So z. B. in Bezug auf die EMRK, vgl. EGMR EuGRZ 1990, S. 265 f. (Abgrenzung Straf- und Disziplinarrecht); EGMR NJW 2010, S. 2497 (Abgrenzung Straf- und Maßregelrecht); siehe auch HK-EMRK-*Meyer-Ladewig/Harrendorf/König* 2017, Art. 6, Rn. 25.

Anwendbarkeit internationaler Abkommen haben.[1391] Es ist daher vielmehr auf Art und Zweck der Maßnahme abzustellen: Ein Bußgeld nach dem OWiG soll nicht wiedergutmachen oder Ersatz leisten, sondern unrechtsvergeltend sanktionieren sowie präventiv wirken.[1392] Auch Ordnungswidrigkeiten sind daher in Bezug auf die Konvention als „criminal offence" anzusehen.[1393] Damit wäre wohl eine Verlagerung des Besitzes und Erwerbs geringer Mengen Cannabis zum Eigengebrauch in das OWiG von der Konvention gedeckt.

Zuletzt wäre auch eine Lösung über den Vorbehalt verfassungsrechtlicher Grundsätze aus Art. 3 Abs. 2 S. 1 der Konvention denkbar. Danach sind nur insoweit Strafandrohungen zu schaffen, wie sie mit den verfassungsrechtlichen Grundsätzen des jeweiligen Staates zu vereinbaren sind. Geht man mit der Rechtsprechung des BVerfG davon aus, dass zumindest eine vollumfängliche Kriminalisierung von Besitz und Erwerb geringer Mengen Cannabis zum Eigengebrauch nicht verfassungskonform ist, ließe sich damit möglicherweise auch eine materielle Entkriminalisierung dieser Handlungen ohne weitere Sanktionierung mit Blick auf die Konvention rechtfertigen.[1394]

Dem Gesetzgeber stünden daher trotz der internationalen Abkommen verschiedene Möglichkeiten der Entkriminalisierung offen. Ein mit dem portugiesischen Modell vergleichbarer therapieorientierter Ansatz erscheint dabei vorzugswürdig. Eine derartige Ausgestaltung wäre am ehesten in der Lage, auf die individuellen Probleme der Betroffenen einzugehen und gezielt zwischen verschiedenen Konsumentenarten zu unterscheiden. Zudem ist dessen Konformität mit UN-Abkommen bereits bestätigt. Die anderen beiden Lösungsansätze wären zwar vor allem auch aus Kostengründen interessant, bieten allerdings eher wenige spezialpräventive Anknüpfungspunkte. Ein „Denkzettel" wie das verwaltungsrechtliche Bußgeld könnte maximal bei Gelegenheitskonsumenten wirksam sein. Spätestens bei abhängigen Dauerkonsumenten wird es seine Wirkung jedoch verfehlen. Eine Weiterleitung an fachübergreifende Kommissionen könnte von einer Einstellung bei Gelegenheitskonsumenten bis hin zu Therapievorschlägen für schwer abhängige Täter auf die individuellen Bedürfnisse reagieren.

1391 *Keller* 1996, S. 57.

1392 *Klesczewsky* 2010, Rn. 47.

1393 BT-Drucks. 7/550, S. 194; BT-Drucks. 58/93, S. 9; *Europäische Beobachtungsstelle für Drogen und Drogensucht* 2011, S. 25; so auch *Keller* 1996, S. 57, mit Verweis auf die EGMR Rechtsprechung bzgl. Ordnungswidrigkeiten und Art. 6 Abs. 3 EMRK, vgl. EGMR NStZ 1984, S. 269 f.

1394 *Harrendorf* 2018, S. 542; ähnlich auch *Krumdiek* 2010 S. 110 ff., die eine Lösung durch einen Rückgriff auf die Menschenrechte vorschlägt; a. A. *Katholnigg* 1990, S. 194, der eine Rechtfertigung über den verfassungsrechtlichen Vorbehalt ohne nähere Begründung ablehnt.

Die Frage, ob nicht eine generell neue Ausrichtung der Drogenpolitik angezeigt sei, kann aufgrund der thematischen Eingrenzung der Arbeit hier nicht beantwortet werden.[1395] Festzuhalten bleibt jedoch, dass eine vollständige materielle Entkriminalisierung von Besitz und Erwerb geringfügiger Mengen Cannabis
zum Eigenverbrauch vorzunehmen ist. Freiheitsentzug ist für Konsumenten auch
im Wiederholungsfall schlicht unverhältnismäßig. Zudem sind Geldstrafen oder
kurze Freiheitsstrafen nicht in der Lage, Hilfestellung für abhängige Täter zu bieten. Die Beschränkung zunächst auf Cannabis kann dabei auch als eine Art Einstieg zur Drogenentkriminalisierung gesehen werden. Es dürfte im Rahmen der
Drogenpolitik sinnvoller sein, eine langsame Entwicklung anzustreben, anstatt einen abrupten Schnitt durchzuführen.[1396] Eine Ausweitung auf Besitz und Erwerb
auch sog. harter Drogen sollte daher zwar nicht ausgeschlossen werden, erscheint
allerdings aktuell politisch deutlich schwieriger durchsetzbar als eine auf Cannabis beschränkte Entkriminalisierung. Jedoch gerade dann, wenn man ein organisatorisch eher aufwendiges therapieorientiertes Modell wie das portugiesische favorisiert, bietet sich zumindest langfristig eine Ausweitung auch auf „harte
Drogen" an. Wenn bereits die Strukturen für eine umfangreiche Betreuung von
Betäubungsmittelkonsumenten geschaffen sind, sollten diese auch bestmöglich
genutzt werden. Der hier gemachte Vorschlag könnte dabei den ersten Schritt zu
einer Entfernung des Drogenstrafrechts von einer Kriminalisierung von Konsumenten hin zu einer von Betreuung und Therapie geleiteten Lösung darstellen.
Dabei kann jedoch die Entkriminalisierung nicht das „Allheilmittel" zur Lösung
der Drogenproblematik sein.[1397]
Die teilweise materiellrechtliche Entkriminalisierung sollte außerdem dazu
genutzt werden, die oben angesprochene Uneinheitlichkeit der Rechtsanwendung
zu verringern. Aktuell bestehen auch mehr als 20 Jahre nach dem Cannabis-Be-
schluss des BVerfG[1398] teils erhebliche Unterschiede in der Definition der geringen Menge und der Anwendungspraxis der Einstellungsvorschriften (siehe oben).
Dieser Zustand ist im Hinblick auf die BVerfG-Rechtsprechung und den verfassungsrechtlich garantierten Bestimmtheitsgrundsatz bedenklich. Die materielle
Entkriminalisierung würde den Strafverfolgungsorganen kein Ermessen lassen;
liegt eine geringe Menge zum Eigenverbrauch vor, liegt schon keine Straftat vor.
Es müsste also vom Bundesgesetzgeber festgelegt werden, ab wann es sich um
eine geringe Menge Cannabis handelt, deren Besitz oder Erwerb zum Eigenver-

---

1395 Siehe dazu z. B. den aktuellen Entwurf der Bundestagsfraktion der Grünen (BT-Drucks.
18/4204) der die fast vollständige Entkriminalisierung von Cannabis für Volljährige vorsieht.

1396 *Hellebrand* 1992, S. 251.

1397 *Domoslawski* 2011, S. 33.

1398 BVerfG NJW 1994, S. 1577 ff.

brauch nicht mehr strafbar sein soll. Dabei ist anzumerken, dass die üblichen Einstellungsmöglichkeiten unberührt bleiben. Liegt keine geringe Menge vor, kann dennoch nach §§ 153 f. StPO eingestellt werden. *De lege lata* bestimmt die Rechtsprechung, ob eine geringe Menge vorliegt, anhand von sog. Konsumeinheiten.[1399] Konsumeinheit meint die Menge eines Betäubungsmittels, die bei einem nicht abhängigen Konsumenten üblicherweise nötig ist, um einen Rausch zu erzeugen.[1400] Aufgrund der unterschiedlichen Qualität verschiedener Cannabisprodukte ist es sinnvoll, sich bei der Entkriminalisierung ebenfalls an Konsumeinheiten und nicht am Gewicht zu orientieren. Zwar ist zu bedenken, dass die genaue Ermittlung der THC-Konzentration (und damit der Menge, die für einen Rausch üblicherweise nötig ist) verhältnismäßig aufwendig sein kann[1401] und es deshalb im Einzelfall schwierig sein kann festzustellen, um wie viele Konsumeinheiten es sich handelt. In diesen Fällen müsste dann jedoch der Grundsatz *in dubio pro reo* gelten, die Strafverfolgungsbehörden müssen dann nachweisen, dass die THC-Konzentration einer bestimmten Menge Cannabis hoch genug ist, damit eine bestimmte Anzahl Konsumeinheiten vorliegt.

Bei der Frage, bis zu wie vielen Konsumeinheiten eine geringe Menge vorliegen soll, ist darauf abzustellen, welche Tätergruppen von der Entkriminalisierung erfasst werden sollen. Einen ersten Orientierungspunkt können die aktuellen Richtlinien der Länder zu § 31a BtMG bieten.[1402] Während einige Länder die Grenze bei zehn Gramm (also fünf Konsumeinheiten) setzen, liegt sie in den meisten Ländern bei sechs Gramm (drei Konsumeinheiten). Die neuere Entwicklung tendiert jedoch eher zu einer Anhebung: Niedersachsen (2012), Berlin (2015) und zuletzt Thüringen (2017)[1403] haben die Grenze in jüngerer Zeit erhöht. Im Schweizer Betäubungsmittelstrafrecht wurden ebenfalls bis zu zehn Gramm Cannabis als „geringe Menge" legaldefiniert (vgl. Art. 19b Abs. 2 Schw.BetmG).[1404]

1399   AG Freiburg BeckRS 2011, 22063; BayObLG NStZ 1982, S. 472 f.; NStZ 1995, S. 350; BGH NStZ 2017, S. 45 f.; KG NStZ 2012, S. 123; OLG Hamm StV 2015, S. 644.

1400   *Geschwinder* 2013, S. 903; KPV-*Patzak* 2019, § 29 Teil 29 Rn. 30; *Weber* 2013, § 29 Rn. 2109.

1401   *Geschwinder* 2013, S. 70.

1402   Vgl. auch die Übersichten bei KPV-*Patzak* 2019, § 31a Rn. 43; MüKo-*Kotz/ Oğlakcıoğlu* 2017, § 31a BtMG Rn. 21.

1403   http://www.thueringen.de/th4/tmmjv/aktuelles/medieninformationen/95990/index.aspx (zuletzt abgerufen am 29.11.2017).

1404   Bei der Festlegung der Grenze wurden sowohl die bisherigen Regelungen in den unterschiedlichen schweizer Kantonen, als auch internationale Grenzwerte berücksichtigt, vgl. Bbl. 2011 S. 8207.

In Portugal ist der Drogenbesitz zum Eigenbedarf bis zu der für zehn Tage notwendigen Menge keine Straftat mehr.[1405]

Beschränkt man die Entkriminalisierung auf diesen Bereich von bis zu fünf oder zehn Konsumeinheiten, wären im Wesentlichen nur Probierer und Gelegenheitskonsumenten erfasst. Regelmäßig Konsumierende und Abhängige werden regelmäßig auch größere Mengen Betäubungsmittel zum ausschließlichen Eigenkonsum bei sich haben. Es erscheint dann vor dem Hintergrund, dass auch diese Konsumenten lediglich sich selbst schädigen, nicht angebracht, sie mit strafrechtlichen Mitteln zu verfolgen, während andere Konsumenten nicht mehr bestraft werden. Ausschließlich selbstschädigender Konsum wird nicht deshalb strafwürdig, weil eine Person häufiger konsumiert. Für Personen mit problematischem Konsumverhalten sollten eher therapeutische Lösungsansätze gefunden werden. Wenn man den Besitz und Erwerb von Cannabis entkriminalisiert, sollte dies für alle Konsumenten, unabhängig von Art und Häufigkeit des Konsums, gelten. Denn gerade bereits abhängige Konsumenten können durch eine drohende Strafverfolgung davon abgehalten werden, therapeutische Angebote wahrzunehmen.[1406]

Die Grenze ist allerdings dort zu ziehen, wo aufgrund der vorhandenen Menge regelmäßig davon ausgegangen werden muss, dass diese nicht mehr zum Eigenbedarf, sondern zum Handeltreiben vorgesehen ist. Diese Grenze sollte mit Blick auf die angesprochenen regelmäßigen Konsumenten über den aktuellen Länderrichtlinien von drei bis fünf Konsumeinheiten liegen. Eine Grenze von zwanzig Konsumeinheiten erscheint angemessen, um eine Balance zwischen der Entkriminalisierung von Konsumenten und der Kriminalisierung von Händlern herzustellen. Selbst stark abhängige Dauerkonsumenten werden selten derartige Mengen besitzen, die ausschließlich zum Eigenkonsum vorgesehen sind. Ab dieser Menge ist die Vermutung, dass die Betäubungsmittel nicht mehr zum Eigenkonsum vorgesehen sind, gerechtfertigt.

Ein großer Kritikpunkt an dieser Regelung dürfte sein, dass Händler sich bei der Organisation ihrer Tätigkeit wahrscheinlich an diese Grenze anpassen werden und immer nur die gerade noch nicht strafbare Menge direkt bei sich tragen. In unmittelbarer Nähe wird sich dann ein Vorrat befinden, aus dem dann bei Bedarf neue Betäubungsmittel geholt werden können. Auf diese Weise könnten die Dealer versuchen, eine Strafbarkeit zu umgehen. Dabei ist jedoch zu berücksichtigen, dass der Handel mit Cannabis unabhängig von der Menge strafbar bleibt. Ist einem Dealer also nachweisbar, dass er mit den Betäubungsmitteln Handel treibt, dann macht er sich unabhängig von der sich in seinem Besitz befindlichen Menge

---

1405 *da Agra* 2009, S. 108; *Domoslawski* 2011, S. 17; dies gilt jedoch nicht nur für Cannabis, sondern auch für sog. „harte Drogen".

1406 *Domoslawski* 2011, S. 14 f.; *Feltes/Ruck* 2015, S. 639.

strafbar. Außerdem ist zu vermuten, dass sich Dealer bereits *de lege lata* regelmäßig an den Richtlinien der jeweiligen Bundesländer orientieren, um eine Anklage zu vermeiden. Gänzlich verhindern lässt sich diese Verhaltensweise daher nicht, wenn man bis zu einer bestimmten Grenze entkriminalisieren möchte. Es wird daher in diesen Fällen erforderlich sein, dem Beschuldigten das Handeltreiben nachzuweisen.

Zuletzt stellt sich noch die Frage, wie mit den übrigen Verhaltensweisen des § 29 Abs. 1 S. 1 BtMG verfahren werden soll. Dies betrifft das Anbauen, das Herstellen, das Handeln, das Veräußern, das Abgeben, die Ein- und Ausfuhr sowie das Verschaffen in sonstiger Weise. Letzteres sollte dem Besitz und Erwerb gleichgestellt werden. Sofern nicht im Beschaffungsvorgang selbst eine Straftat liegt (z. B. Diebstahl[1407]), gibt es keinen Grund, hier eine Unterscheidung vorzunehmen. Gleiches gilt für den Anbau von Cannabis bzw. die Herstellung von Cannabisprodukten. Zwar dürfte die Grenze der geringen Menge beim Eigenanbau schnell überschritten sein; bleibt der Konsument jedoch unter der gesetzlichen Grenze, sollte er nicht im Vergleich zu einem Käufer benachteiligt werden, sofern ausschließlich zum Eigenkonsum angebaut bzw. hergestellt wird.

Es ließe sich darüber nachdenken, die Ein- und Ausfuhr von Betäubungsmitteln aufgrund ihres grenzübergreifenden Charakters anders zu behandeln. Dagegen spricht jedoch, dass gerade in Deutschland viele Probierer und Gelegenheitskonsumenten Cannabis in „Coffee Shops" in den Niederlanden erwerben und dann mit nach Deutschland bringen. Es erscheint nicht sinnvoll, den Erwerb von Dealern innerhalb Deutschlands demgegenüber zu privilegieren. Außerdem bleibt auch hier die gesetzlich festgelegte Grenze zur geringen Menge zu beachten. Grenzübertritte mit einer derart geringen Menge dürften für Händler aus wirtschaftlicher Sicht unrentabel sein. Auch die Ein- und Ausfuhr von Cannabis sollte daher von der Entkriminalisierung erfasst sein.[1408]

Anderes muss jedoch für den Handel, das Veräußern und das Abgeben von Cannabis gelten. Hier kann nicht mehr nur von einer bewussten Selbstschädigung gesprochen werden, da bei diesen Verhaltensweisen regelmäßig Dritte in den Besitz der Betäubungsmittel kommen. In diesen Fällen sollte es daher unabhängig von der Menge grundsätzlich bei einer Strafbarkeit bleiben.

Bezüglich der Gesetzgebungstechnik bietet sich eine Ergänzung in § 29 BtMG an, um die genannten Verhaltensweisen ausdrücklich vom Tatbestand auszunehmen. Es bietet sich dann an, § 29 Abs. 5 BtMG zu ersetzen, der aktuell die Möglichkeit einer prozessualen Entkriminalisierung bei den in Frage stehenden Verhaltensweisen vorsieht. Eine Lösung würde folgendermaßen aussehen:

1407 Auch illegale Betäubungsmittel sind taugliches Tatobjekt, vgl. dazu BGH NJW 2007, S. 72 f.

1408 Zur besseren Lesbarkeit werden Besitz, Erwerb, Herstellen, Anbau, Ein- und Ausfuhr sowie das sich Verschaffen in sonstiger Weise im Folgenden mit: „Besitz und Erwerb etc". abgekürzt.

§ 29 Straftaten
[…]
Abs. 5
Der Besitz, der Erwerb, das Anbauen, das Herstellen, die Einfuhr, die Ausfuhr und das sonstige Sichverschaffen von geringen Mengen Cannabis zum Eigenverbrauch wird nach dieser Vorschrift nicht bestraft. Als geringe Menge im Sinne dieser Vorschrift gelten bis zu zwanzig Konsumeinheiten Cannabis.
[…]

5.6.4 Zwischenfazit

Trotz ihres verhältnismäßig geringen Unrechtsgehalts sind Bagatelldelikte in nicht unerheblichem Maße für kurzen Freiheitsentzug in Form von Freiheits- und Ersatzfreiheitsstrafen verantwortlich. Gerade das „einfache" Schwarzfahren und der Besitz und Erwerb etc. geringer Mengen Cannabis sind von ihrem Unrechtsgehalt als so gering einzustufen, dass eine strafrechtliche Reaktion nicht geboten ist. Damit soll keineswegs eine vollständige Legalisierung von Cannabis postuliert oder eine Empfehlung für das Schwarzfahren ausgesprochen werden. Die Verhaltensweisen werden nicht erlaubt, sie werden nur nicht mehr mit der *ultima ratio* des Strafrechts sanktioniert. Das Problem des Schwarzfahrens ließe sich vollständig auf dem Zivilrechtsweg lösen. Vertragsstrafen und Hausverbote können zum einen für einen Schadensausgleich sorgen und zum anderen auch eine gewisse präventive Wirkung entfalten. Für Cannabiskonsumenten sind hingegen therapeutische Ansätze zielführender als repressive strafrechtliche Sanktionen. Die Strafverfolgung sollte sich hier auf die Dealer und Großhändler konzentrieren.

Beim Ladendiebstahl geringwertiger Sachen ist eine Streichung aus dem StGB hingegen abzulehnen. Der Unrechtsgehalt ist aufgrund der aktiven Wegnahme über dem des „einfachen" Schwarzfahrens anzusiedeln. Außerdem gehört der Diebstahl nach wie vor zum traditionellen Kernbereich des Strafrechts. Vorgeschlagen wird daher, den Ladendiebstahl geringwertiger Sachen als benannten minder schweren Fall in § 242 StGB zu integrieren und die Strafandrohung auf die Geldstrafe zu beschränken. Verbunden mit den unter *Kap. 5.3.4* vorgeschlagenen Reformen zur Ersatzfreiheitsstrafe könnte so Freiheitsentzug aufgrund entsprechender Diebstähle vermieden werden.

Einfaches Schwarzfahren, Besitz und Erwerb etc. geringer Mengen Cannabis zum Eigenverbrauch sowie Ladendiebstahl geringwertiger Sachen sind von ihrem Unrechtsgehalt derart gering, dass für alle drei Verhaltensweisen Freiheitsentzug unangemessen ist. Zwar kann durch die prozessualen Einstellungsmöglichkeiten der §§ 153 f. StPO bereits ein großer Teil dieser Bagatellen mit minimalen Folgen und geringem Aufwand erledigt werden, doch im Wiederholungsfall können Bagatellen trotz der verfahrensrechtlichen Entkriminalisierung zu unbedingten Freiheits- und Ersatzfreiheitsstrafen führen. Durch materielle Entkriminalisierungen sowie mit der Anpassung der Strafandrohung für den Ladendiebstahl ließe sich ein unverhältnismäßiger Freiheitsentzug vermeiden. So wäre ein weiterer Schritt dahingehend getan, dass der Freiheitsentzug nicht nur theoretisch, sondern auch in der Praxis zur *ultima ratio* wird.

5.7 Fazit kurzer Freiheitsentzug

Als Ergebnis bezüglich der Vermeidung von kurzem Freiheitsentzug lässt sich damit Folgendes festhalten: Die untersuchten alternativen Sanktionen sind nur ansatzweise zur Vermeidung von kurzen Freiheits- und Ersatzfreiheitsstrafen geeignet.

Ein Fahrverbot als deliktsunabhängige Strafe ist abzulehnen. Ohne den Bezug zum Straßenverkehr fehlt es an dessen präventiver Wirkung. Außerdem würde eine Ausweitung des Fahrverbotes kaum überwindbare Hindernisse im Rahmen der Strafzumessung bereiten. Das aktuelle Gesetz diesbezüglich ist daher abzulehnen. Er fokussiert sich zu sehr auf „Übelzufügung" und die Sorge, bestimmte Täter könnten mit den bisherigen Sanktionen nicht ausreichend bestraft werden. Präventive Aspekte werden in den Hintergrund gerückt bzw. auf fragwürdige Denkzettel- und Abschreckungswirkungen reduziert. Die problematische Klientel der kurzen Freiheits- bzw. Ersatzfreiheitsstrafe schien der Gesetzgeber hier nicht im Blickfeld gehabt zu haben.

Eine Hauptstrafe Fahrverbot mit einer Höchstdauer von sechs Monaten, die nur bei Verkehrsdelinquenz verhängt werden kann, stellt zwar eine sinnvolle Ergänzung des Sanktionensystems dar, ist jedoch nicht in der Lage, die angesprochenen Probleme zu lösen und kurze Freiheitsentzüge weitreichend zu vermeiden. Es dürfte sich eher um eine geringe Anzahl von Fällen handeln, in denen bereits *de lege lata* ein Fahrverbot verhängt werden würde, welches nach der vorgeschlagenen Reform nicht mehr zwangsläufig mit einer Freiheitsstrafe zu verbinden wäre.

Die gemeinnützige Arbeit ist grundsätzlich die vielversprechendste Alternative zum kurzen Freiheitsentzug. Sie kann eine sinnvolle Verbindung zwischen Vergeltung, General- und Spezialprävention sein und so alle Strafzwecke in sich vereinen. Die zu leistende Arbeit stellt für den Betroffenen ohne Zweifel ein Übel dar. Doch darüber hinaus kann sie gerade durch die mit der Arbeitsleistung verbundene Betreuung auch spezialpräventiv unterstützend auf den Betroffenen einwirken. Hinzu kommt eine Integration in die Arbeitswelt und die Möglichkeit, einen geregelten Tagesablauf einzuüben. Eine eigenständige Arbeitsstrafe ist jedoch schon aufgrund verfassungsrechtlicher Bedenken abzulehnen. Die gemeinnützige Arbeit wäre daher eher auf vollstreckungsrechtlicher Ebene im Rahmen einer Freiheitsstrafen-Ersetzungslösung zu implementieren. Nach dieser wäre es möglich, kurze Freiheitsstrafen von bis zu sechs Monaten durch gemeinnützige

Arbeit „abzuarbeiten". Durch diese Ausgestaltung werden zum einen die verfassungsrechtlichen Bedenken gemindert, zum anderen ist der Betroffene so in der Pflicht, selbst tätig zu werden.

Aufgrund der guten Erfahrungen mit der gemeinnützigen Arbeit im Rahmen der Ersatzfreiheitsstrafenvermeidung sollten die Möglichkeiten diesbezüglich ausgebaut werden. Ein wichtiger Schritt wäre, die gemeinnützige Arbeit zur Primärsanktion bei nicht einbringlichen Geldstrafen zu machen. Die Ersatzfreiheitsstrafe sollte am Ende der Sanktionskette stehen. Außerdem erscheint es kriminalpolitisch sinnvoll und aufgrund des Wesentlichkeitsgrundsatzes auch geboten, die Ersatzfreiheitsstrafenvermeidung (inkl. des Umrechnungsschlüssels) durch Bundesgesetz zu regeln.

Für alle Formen der gemeinnützigen Arbeit gilt zudem, dass die Umrechnungsschlüssel zu den übrigen Sanktionen zu überarbeiten sind. Dem Nettoprinzip der Geldstrafe ist hier Rechnung zu tragen. Wenn ein Tagessatz Geldstrafe einem Netto-Tageseinkommen entsprechen soll, muss auch auf dieser Grundlage die Bestimmung des Umrechnungsschlüssels erfolgen. Wenn man alle Abgaben, die bei der Berechnung des Tagessatzes eine Rolle spielen, einbezieht, dann erscheint eine Umrechnung von zwei Stunden pro Tagessatz gerechtfertigt.

Auch die Gleichstellung zwischen einem Tag Freiheitsstrafe und einem Tagessatz Geldstrafe aus § 43 Abs. 1 S. 2 StGB vermag nicht zu überzeugen. Ein Tag Freiheitsentzug ist allein schon deshalb einschneidender, weil der Betroffene nicht nur seine Freiheit, sondern auch seinen möglichen Verdienst verliert. Es wäre daher angemessen, dass zwei Tagessätze Geldstrafe einem Tag Freiheitsstrafe entsprechen. Dies hieße zudem, dass ein Tag Freiheitsstrafe vier Stunden gemeinnütziger Arbeit entspräche. Diese Umrechnungsschlüssel mögen zwar verhältnismäßig milde wirken, entsprechen aber dem vorgegebenen Nettoprinzip der Geldstrafe und tragen der Tatsache, dass ein Tag Freiheitsentzug schwerer wiegt als der Verlust eines Tageseinkommens, Rechnung. Zusätzlich kann ein für den Betroffenen günstiger Umrechnungsschlüssel eher motivierend sein, die gemeinnützige Arbeit auch tatsächlich zu leisten und den Freiheitsentzug zu vermeiden.

Der elektronisch überwachte Hausarrest mag zwar auf den ersten Blick wie eine mildere Alternative zum Freiheitsentzug wirken, ist jedoch mit erheblichen Nachteilen verbunden. Die in Hessen gemachten Erfahrungen lassen erhebliche „net-widening-Effekte" befürchten, weil im Wesentlichen in Fällen elektronische Überwachung angeordnet wird, in denen auch ohne diese Möglichkeit der Freiheitsentzug hätte vermieden werden können. Der überwachte Hausarrest scheint für die Klientel des kurzen Freiheitsentzugs kaum geeignet. Daher lassen sich auch im Ausland gemachte positive Erfahrungen nicht 1 : 1 auf Deutschland übertragen. Wesentlich für den Erfolg des Hausarrests wäre zudem die intensive Betreuung durch einen Bewährungshelfer. Diese ließe sich jedoch auch in Verbindung mit weniger eingriffsintensiveren Maßnahmen durchführen. Die Verbindung mit elektronischer Überwachung legt den Fokus zu sehr auf die Überwachung, wodurch der Betreuungsaspekt in den Hintergrund treten könnte. Die elektronische Überwachung gefährlicher Gewalt- und Sexualstraftäter im Rahmen der Führungsaufsicht mag sich bewährt haben, für die Klientel des kurzen Freiheitsentzugs sind jedoch mehr auf Unterstützung gerichtete Maßnahmen zu befürworten. Die Betreuung durch die sozialen Dienste kann auch ohne die zusätzliche Kontrolle durch eine „Fußfessel" gewährleistet werden. Auch im Rahmen der Untersuchungshaftvermeidung stellt die elektronische Überwachung keine überzeugende Lösung dar. Sie vermag nicht den Haftzwecken zu dienen und ihre engen Voraussetzungen dürften einer Fluchtgefahr ohnehin entgegenstehen. Dies ließe eher befürchten, dass die elektronische Überwachung in Fällen angeordnet werden würde, in denen ansonsten keine Untersuchungshaft vollstreckt worden wäre.

Zusätzlich zu alternativen Sanktionsformen ließe sich zudem über die materiellrechtliche Entkriminalisierung von bestimmten Bagatelldelikten nachdenken. Dies betrifft das „einfache" Schwarzfahren, den Ladendiebstahl geringwertiger Sachen und den Besitz und Erwerb etc. geringer Mengen Cannabis zum Eigenverbrauch. Das „einfache" Schwarzfahren lässt sich schon *de lege lata* nur wenig überzeugend unter den Tatbestand des § 265a StGB subsumieren. Zudem beschränkt sich das Unrecht letztlich auf das Unterlassen einer zivilrechtlich gebotenen Zahlung. Der Betroffene ist weder Garant noch unternimmt er aktiv eine täuschende Handlung, um sich der Zahlungspflicht zu entziehen. Dementsprechend sollten diese Sachverhalte auch ausschließlich über das Zivilrecht geregelt werden. Mit der Vertragsstrafe („erhöhtes Beförderungsentgelt") und einem Hausverbot stehen den Verkehrsbetrieben ausreichend Mittel zur Ahndung der Beförderungserschleichung zur Verfügung. Auch der Besitz und Erwerb etc. geringer Mengen Cannabis sollte nicht mehr strafrechtlich geahndet werden. Es handelt sich um eine bloße Selbstschädigung und die Strafverfolgung sollte sich auf die Händler und Hersteller konzentrieren. Für Konsumenten sind therapeutische Ansätze sinnvoller und diese lassen sich auch außerhalb des Strafrechts realisieren. Die *de lege lata* praktizierte verfahrensrechtliche Entkriminalisierung ist daher durch eine materiellrechtliche Entkriminalisierung zu ersetzen, indem der Besitz und Erwerb geringer Mengen Cannabis ausdrücklich vom Tatbestand des § 29 BtMG ausgenommen werden.

Problematischer erscheint eine Entkriminalisierung des Ladendiebstahls geringwertiger Sachen. Zwar gibt es auch hier gute Gründe, die gegen eine strafrechtliche Ahndung sprechen, allerdings ist auch die Stellung des Diebstahls als einer der traditionellen Straftatbestände zu berücksichtigen. Außerdem unterscheidet sich der Ladendiebstahl vom angesprochenen Schwarzfahren insofern, dass er eine aktive Wegnahme des Täters voraussetzt. Das geringe Unrecht ergibt sich nicht aus der Tathandlung, sondern aus dem geringen Schaden und den Tatumständen. Hier wird durch die Wegnahmehandlung ein Mehr an Unrecht verübt als nur das Unterlassen einer zivilrechtlich gebotenen Zahlung. Es sollten daher alle Formen des Diebstahls grundsätzlich strafbar bleiben. Es bietet sich jedoch an, über einen genannten minder schweren Fall des Ladendiebstahls von geringwertigen Sachen nachzudenken. Dieser könnte dann als Strafandrohung nur noch Geldstrafen bis zu 90 Tagessätzen vorsehen. Freiheitsstrafen von mindestens einem Monat dürften für den Ladendiebstahl geringwertiger Sachen regelmäßig unverhältnismäßig sein. Die Geldstrafen könnten zwar die Gefahr von Ersatzfreiheitsstrafen bergen, denen kann jedoch durch die in *Kap. 5.3.4* beschriebenen Reformen und die Beschränkung auf 90 Tagessätze zumindest vorgebeugt werden. Die Lösung einer Strafandrohung ohne Freiheitsstrafe wäre zwar ein Novum im StGB, auf diese Weise könnte jedoch ein Kompromiss zwischen der aktuellen Regelung und einer vollständigen Entkriminalisierung geschaffen werden. Langfristig wären auch weitere minder schwere Fälle ohne Androhung der Freiheitsstrafe denkbar, beispielsweise eine Sachbeschädigung geringwertiger Sachen oder auch die bereits angesprochene fahrlässige Körperverletzung im Straßenverkehr. Konkreter kriminalpolitischer Bedarf besteht in dieser Hinsicht jedoch aktuell nicht.

Eine weitere Reaktionsmöglichkeit auf geringe und mittlere Kriminalität könnte ein Ausbau der Verwarnung mit Strafvorbehalt sein. Deren Potenzial wird *de lege lata* nicht ausgeschöpft. Mit einer Lockerung der aktuell sehr engen Voraussetzungen des § 59 StGB könnte die Verwarnung auch auf eine problematischere Klientel erweitert werden. Damit müsste jedoch eine Erweiterung des Katalogs aus § 59a Abs. 2 StGB einhergehen, um durch Auflagen und Weisungen den Bedürfnissen dieser Klientel besser gerecht werden zu können. Auf diese Weise wäre die Verwarnung in der Lage, positiv spezialpräventiv auf die Täter einzuwirken, was mit einer Geldstrafe *de lege lata* nicht möglich ist. Neben der Möglichkeit der spezialpräventiven Einwirkung könnte durch die Erweiterung zudem auch die Klientel der zahlungsunfähigen Täter mehr in den Anwendungsbereich des § 59 StGB einbezogen werden, um auf diese Weise Ersatzfreiheitsstrafen zu vermeiden.

Zusammenfassend lässt sich sagen, dass es kein Patentrezept zur Vermeidung kurzen Freiheitsentzugs gibt. Die gemeinnützige Arbeit erweist sich dabei jedoch als sinnvollste Alternative zur Vollstreckung kurzer Freiheits- und Ersatzfreiheitsstrafen. Aufgrund der problematischen Klientel beider Sanktionen wäre es jedoch nötig, die Arbeitsleistungen mit einer entsprechenden Betreuung durch Sozialarbeiter zu verbinden. Auf diese Weise lässt sich eine Verbindung zwischen Vergeltung und Unterstützung herstellen. Die gemeinnützige Arbeit darf sich nicht in einer reinen Arbeitsstrafe erschöpfen. Da die gemeinnützige Arbeit jedoch auf die Vollstreckung beschränkt wird, folgt daraus zugleich, dass an der kurzen Freiheitsstrafe festzuhalten ist. Ziel muss jedoch sein, ihre Vollstreckung soweit möglich zu vermeiden, sowohl durch die Strafaussetzung als auch durch die Freiheitsstrafen-Ersetzungslösung.

Das einfache Schwarzfahren und der Besitz und Erwerb etc. geringer Mengen Cannabis sind von ihrem Unrechtsgehalt hingegen so gering einzustufen, dass sie nicht mehr mit der *ultima ratio* des Strafrechts geahndet werden sollten. Für den

Ladendiebstahl geringwertiger Sachen sollte zumindest die Androhung einer Freiheitsstrafe entfernt werden; Geldstrafen von bis zu 90 Tagessätzen dürften hier vollkommen ausreichend sein, um alle denkbaren Schuldabstufungen zu erfassen. Eine zu Beginn des Kapitels angedeutete Abschaffung der kurzen Freiheitsstrafe erscheint mit Blick auf das soeben Gesagte nicht umsetzbar. Als tauglichste Alternative zur kurzen Freiheitsstrafe wurde hier eine Freiheitsstrafen-Ersetzungslösung herausgearbeitet. Diese vollstreckungsrechtliche Lösung setzt jedoch die Möglichkeit, vorher eine Freiheitsstrafe zu verhängen, zwingend voraus. Durch die hier vorgeschlagene Kombination aus Freiheitsstrafenvermeidung durch gemeinnützige Arbeit und (teilweise) Entkriminalisierung einiger Bagatelldelikte wird der kurze Freiheitsentzug zwar nicht verschwinden, doch die Reformen könnten ein großer Schritt zur weiteren Zurückdrängung von kurzen Freiheits und Ersatzfreiheitsstrafen sein.

6. Längere Freiheitsstrafen

Nicht nur kurze Freiheitsstrafen können zu Problemen führen, gerade auch mittlere und längere Freiheitsstrafen können eine erhebliche Belastung darstellen. Hohe Freiheitsstrafen können Haftschäden nach sich ziehen und so der Resozialisierung entgegenwirken. Dies kann insbesondere bei gesetzlich vorgeschriebenen Mindeststrafen zu Problemen führen: So können Täter, bei denen beispielsweise eine unbedingte Freiheitsstrafe aus präventiven Gesichtspunkten unangebracht wäre, dennoch zu einer unbedingten Freiheitsstrafe verurteilt werden, weil eine Mindeststrafe von zwei Jahren oder mehr eine Strafaussetzung nach § 56 Abs. 2 StGB unmöglich macht. Dies kann zu Konflikten mit dem Grundsatz der Resozialisierung und dem Schuldprinzip führen.

Trotz ihrer verhältnismäßig geringen Anzahl[1409] stellen längere Freiheitsstrafen aufgrund ihrer Eingriffsintensität sowie ihrer Wirkung auf den Täter eine erhebliche Belastung dar. Außerdem prägen sie in erheblichem Maße die Belegungssituation im Strafvollzug. Besonders häufig kommen höhere Strafen bei solchen Delikten vor, bei denen die Mindeststrafe bereits verhältnismäßig hoch ist. Dies ist zunächst nicht weiter überraschend, allerdings ist es dann problematisch, wenn aufgrund des im Tatbestand vertypten Unrechts und der damit verbundenen hohen Mindeststrafe die individuelle Schuld des Täters nicht mehr angemessen berücksichtigt werden kann. Daher ist zu untersuchen, inwieweit die Mindeststrafen im StGB angemessen sind und ob nicht ggf. Modifikationen angezeigt sind. Daraufhin sollen im Folgenden unter anderem einige Mindeststrafandrohungen aus dem Besonderen Teil des StGB untersucht werden. Ein weiteres Kapitel beschäftigt sich anschließend mit einem Sonderfall der Punktstrafe, der lebenslangen Freiheitsstrafe als einzig angedrohter Strafe für Mord gemäß § 211 Abs. 1 StGB.

Längere Freiheitsentzüge können jedoch nicht nur durch Veränderungen der Strafandrohungen und damit verbunden der Sanktionspraxis vermieden bzw. verkürzt werden, auch Reformen im Rahmen der Strafaussetzung zur Bewährung können hier zielführend sein. Daher soll zum Abschluss dieses Kapitels untersucht werden, ob die Höchstgrenze der Strafaussetzung zu reformieren ist, sowie der Frage nachgegangen werden, ob teilbedingte Freiheitsstrafe oder der teilweise Widerruf von Freiheitsstrafen wünschenswerte Konzepte wären.

6.1 Mindeststrafen

Als erster Anknüpfungspunkt zur Vermeidung längeren Freiheitsentzugs sollen ausgewählte Mindeststrafandrohungen des StGB betrachtet werden. Zu diesem Zweck werden nach einigen allgemeinen Ausführungen zunächst deren Sinn und

---

1409 Vgl. *Kap. 3.5.*

Zweck sowie die verfassungsrechtlichen Rahmenbedingungen dargestellt. Anschließend soll auf die Auswirkungen von Mindeststrafen eingegangen werden. Danach wird anhand von zwei konkreten Beispielen untersucht, ob und wenn ja, warum eine Reform angebracht ist. Besonders die Sanktionspraxis bei Raub und BtM-Delikten bietet einen Anlass, die Strafandrohung zu untersuchen und zu hinterfragen. Auf die Sonderproblematik der Mindeststrafandrohungen bei den vorsätzlichen Tötungsdelikten wird abschließend in einem gesonderten Kapitel eingegangen.

Neben der allgemeinen Mindeststrafe von fünf Tagessätzen für die Geldstrafe (§ 40 Abs. 1 S. 1 StGB) und einem Monat für die Freiheitsstrafe (§ 38 Abs. 1 StGB) kennt eine Vielzahl von Tatbeständen des deutschen Strafrechts eine deliktsspezifische Mindeststrafe als Rechtsfolge, teilweise bereits in der Form des Grunddelikts, in der Regel jedoch zumindest bei der Verwirklichung eines Regelbeispiels oder einer Qualifikation. Dabei ist lediglich die Freiheitsstrafe Gegenstand von deliktsabhängigen Mindeststrafen. Die Reichweite erstreckt sich von einer Mindeststrafe von drei Monaten Freiheitsstrafe (zum Beispiel für einen Diebstahl im besonders schweren Fall gemäß § 243 Abs. 1 StGB) bis hin zur lebenslangen Freiheitsstrafe als Punktstrafe.[1410] Die Geldstrafe hat unabhängig vom verwirklichten Tatbestand stets dieselbe Mindeststrafandrohung von fünf Tagessätzen (außer es liegt ein Fall des § 47 Abs. 2 S. 2 StGB vor). Ergänzt wird das System der Strafandrohungen durch die Figur des unbenannten „minder schweren Falles", welche in fast allen Tatbeständen, die eine Mindeststrafe vorsehen, enthalten ist.[1411] Nach der Rechtsprechung liegt ein minder schwerer Fall vor, wenn mildernde Umstände (einschließlich der subjektiven Elemente und der Täterpersönlichkeit) im Rahmen einer Gesamtabwägung so erheblich überwiegen, dass die Anwendung des Ausnahmestrafrahmens geboten erscheint.[1412] Liegt im Einzelfall ein minder schwerer Fall vor, so findet ein geringerer Strafrahmen Anwendung. Dieser unterscheidet sich je nach Delikt und reduziert auch die Mindeststrafe oder lässt sie vollständig entfallen. Quasi als Gegenstück dazu kennt das Gesetz bei einer Vielzahl von Delikten benannte oder unbenannte Strafschärfungsgründe, die sich in der Regel auch auf die anzuwendende Mindeststrafe auswirken. Ziel dieses Systems aus Qualifikationen, Regelbeispielen und minder schweren Fällen ist es einerseits, die Strafrahmen durch

---

1410 Zum Beispiel für Mord gemäß § 211 Abs. 1 StGB, vgl. dazu *Kap. 6.1.4.*

1411 Eine Ausnahme ist zum Beispiel der Mordparagraph, welcher nur die lebenslange Freiheitsstrafe ohne einen minder schweren Fall vorsieht.

1412 BGH StV 1984, S. 284; StV 1997, S. 6; NStZ 1991, S. 530; NStZ-RR 1996, S. 133; *Detter* 1993, S. 473; *Fischer* 2019, § 46 Rn. 85; kritisch *Frisch* 1990, S. 945 ff.; *Gerhold* 2009, S. 261.

Verschiebungen nach oben bzw. unten möglichst flexibel zu gestalten,[1413] andererseits aber auch eine einheitliche Strafzumessung zu fördern.[1414] Die Strafrahmen sind also gewissermaßen der „gesetzgeberische Anteil"[1415] an der Strafzumessung.

Die vorliegende Arbeit beschränkt sich dabei im Wesentlichen auf die gesetzlichen Mindeststrafen, die Höchstgrenzen der jeweiligen Delikte werden, wenn überhaupt, am Rande behandelt. Der Grund dafür ist, dass die Strafrahmen in der Praxis ohnehin nur selten nach oben hin ausgeschöpft werden. Die Höchststrafe hat daher keine so große Auswirkung auf die konkrete Strafzumessung im Einzelfall, wie es Mindeststrafen haben können.[1416] Zwar wird die Höchststrafe bei der Einordnung einer konkreten Tat in den Strafrahmen eines Delikts berücksichtigt, doch die Auswirkungen sind deutlich geringer als bei der Veränderung eines zwangsweise einzuhaltenden Minimums. Dies zeigte sich zum Beispiel an Veränderungen in der Sanktionspraxis nach dem 6. Strafrechtsreformgesetz 1998.[1417] Lockerungen und Verschärfungen führen vor allem in der Strafzumessungspraxis der Gerichte zu unmittelbaren Veränderungen, sodass eine Reform bei den Mindeststrafen ansetzen sollte.

Die heutigen Mindeststrafen des Besonderen Teils beruhen im Wesentlichen auf dem 6. Strafrechtsreformgesetz aus dem Jahr 1998. Ziel dieses Gesetzes war es, die Strafrahmen im StGB zu „harmonisieren".[1418] Grund dafür war, dass die Strafrahmen für Vermögens- und Eigentumsdelikte im Vergleich zu den Strafrahmen für Sexual- und Gewaltdelikte von weiten Teilen der Öffentlichkeit als nicht angemessen empfunden wurden.[1419] Dabei standen dem Gesetzgeber zwei Möglichkeiten offen, dieses Problem zu beheben. Zum einen wäre es möglich gewesen, die Strafrahmen der Vermögens- und Eigentumsdelikte zu senken; die andere Möglichkeit war, die Strafrahmen der Gewalt- und Sexualdelikte zu erhöhen. Der Gesetzgeber entschied sich dabei in den meisten Fällen für die letztere Alternative.[1420] So wurde beispielsweise die Mindeststrafe für Vergewaltigung mit Todesfolge (§ 178 StGB) von fünf auf zehn Jahre angehoben. Allgemein wurden die

1413   *Gerhold* 2009, S. 260.

1414   *Schäfer/Sander/van Gemmeren* 2017, Rn. 898.

1415   *H.-J. Albrecht* 1994, S. 92.

1416   *Götting* 1997, S. 180 f., 204 ff.

1417   Z. B. durch Verschärfungen der Strafzumessungspraxis im Rahmen der gefährlichen Körperverletzung, vgl. *Dünkel/Geng* 2003, S. 148.

1418   BT-Drucks. 13/8587, S. 1.

1419   *Freund* 1997, S. 456; *Kudlich* 1998, S. 496; *Schäfer/Sander/van Gemmeren* 2017, Rn. 899.

1420   *Wolters* 1998, S. 396; *Hoffmann* 1996, S. 615; *Kudlich* 1998, S. 496; *Frommel* 2008, S. 136.

Mindeststrafen für erfolgsqualifizierte Tötungen aneinander angeglichen: Sie erhielten alle eine Mindeststrafe von mindestens drei Jahren bzw. zehn Jahren bei durch Tötung erfolgsqualifizierten Verbrechen.[1421] Auch die Mindeststrafe für gefährliche Körperverletzung (§ 225 StGB) wurde von drei Monaten auf sechs Monate angehoben. Zwar wurden auch vereinzelt die Mindeststrafen einiger Vermögensdelikte gesenkt, zum Beispiel beim besonders schweren Fall des Betrugs/Computerbetrugs bzw. der Untreue (von einem Jahr auf sechs Monate) sowie auch beim Versicherungsbetrug (von einem Jahr auf sechs Monate). Insgesamt konzentrierte sich die Reform jedoch auf eine Anhebung von Strafrahmen bzw. Mindeststrafen.

Ein besonderes Problem, welches durch das 6. Strafrechtsreformgesetz behoben werden sollte, war die Mindeststrafe des schweren Raubes (§ 250 StGB). Denn allein das Mitführen einer Waffe oder eines anderen gefährlichen Werkzeugs führte nach altem Recht zu einer Mindeststrafe von fünf Jahren, selbst wenn der Gegenstand vom Täter nicht eingesetzt wurde. Auch das Mitführen von Scheinwaffen konnte nach wenn auch umstrittener[1422] Rechtsprechung des BGH[1423] den Tatbestand des § 250 Abs. 1 StGB (a. F.) erfüllen und so zu einer Mindeststrafe von fünf Jahren führen, ohne dass die weiteren Umstände der Tat berücksichtigt werden konnten. Folge dieser hohen Mindeststrafe war, dass die eigentlich als Ausnahme konzipierte[1424] Figur des minder schweren Falles (§ 250 Abs. 3 StGB) in der Praxis zum Regelfall wurde.[1425] Die Gerichte sahen sich also in vielen Fällen nur durch die Annahme eines minder schweren Falles dazu in der Lage, eine schuldangemessene Strafe zu verhängen. Auch der BGH erkannte an, dass die damalige Gesetzeslage „Unzuträglichkeiten" aufwies, die nach Meinung der Richter im Rahmen der Strafzumessung zu korrigieren waren.[1426]

Gesetzgeberisch gelöst werden sollte das Problem letztlich durch Aufteilung des schweren Raubes in zwei Alternativen mit unterschiedlich hohen Mindeststrafandrohungen.[1427] Das Verwenden einer Waffe (sowie das Mitführen einer Waffe bei bandenmäßiger Begehung und der Raub unter körperlicher Misshandlung oder Herbeiführung einer Todesgefahr) sollte weiter mit einer Mindeststrafe von fünf Jahren Freiheitsstrafe bestraft werden (§ 250 Abs. 2 StGB). Das Beisichführen einer Waffe oder eines sonstigen gefährlichen Werkzeugs zieht gemäß

1421 *Sander* 1998, S. 274; *Kreß* 1998, S. 636.

1422 *Eser* 1981, S. 769; LG Hamburg NJW 1997, S. 1931.

1423 BGH NJW 1976, S. 248; NStZ 1981, S. 436; NJW 1992, S. 920.

1424 *Gerold* 2009, S. 266; *Streng* 2012, Rn. 766.

1425 BT-Drucks. 13/8587, S. 44; *Hoppenworth* 1991, S. 272; *Schlüchter* 1998, S. 78; kritisch MüKo-*Sander* 2017, § 250 Rn. 5; *Sander/Hohmann* 1998, S. 277.

1426 BGH NJW 1989, S. 2549.

1427 Sch/Sch-*Bosch* 2019, § 250 Rn. 2.

§ 250 Abs. 1 StGB seit der Neuregelung noch eine Mindeststrafe von drei Jahren nach sich. Doch auch nach der aktuellen Rechtslage können sich die relativ hohen Mindeststrafen für einen (schweren) Raub als problematisch erweisen.[1428]

6.1.1 Sinn und Zweck von Mindeststrafen und verfassungsrechtlicher Zwiespalt

Mit deliktsspezifischen Mindeststrafen werden verschiedene Zwecke verfolgt. Zum einen kann der Gesetzgeber dadurch eine Rangfolge vorgeben, in der er spezielle Rechtsgüter und Tatbestände ihrer Wichtigkeit bzw. ihrem Unrechtsgehalt nach einordnet.[1429] Zum anderen dient es auch dem Prinzip der Gewaltenteilung: Durch Mindeststrafen kann garantiert werden, dass die Gewichtung der Rechtsgüter dem Gesetzgeber und nicht dem Richter obliegt.[1430] Da das Strafrecht den intensivsten staatlichen Eingriff in Individualrechtsgüter darstellt, müssen sowohl seine Voraussetzungen als auch die Rechtsfolgen vom demokratisch legitimierten Gesetzgeber und nicht von der Judikative oder der Exekutive festgelegt werden.[1431] Mindeststrafen helfen außerdem, eine Gleichbehandlung der Täter zu fördern und regionale Unterschiede in der Strafzumessung zu vermeiden oder zumindest zu vermindern. Zudem wird die Sanktion für eine konkrete Tat durch eine Mindeststrafe für den Täter vorhersehbarer. Dies trägt dem in Art. 103 Abs. 2 GG verfassungsrechtlich[1432] verankerten Bestimmtheitsgebot Rechnung. Dieses gilt nach einhelliger Meinung nicht nur für die Voraussetzungen der Strafbarkeit, sondern auch sowohl für die Höhe als auch die Art der angedrohten Rechtsfolge.[1433] Beschränkt man den Bestimmtheitsgrundsatz auf den Tatbestand, droht er leerzulaufen.[1434]

Die gesetzliche Bestimmtheit von Strafandrohungen kann jedoch in Konflikt mit dem verfassungsrechtlich garantierten[1435] Schuldgrundsatz stehen. Dieser verlangt, dass der Richter im konkreten Einzelfall stets in der Lage sein muss, eine schuldangemessene Strafe zu verhängen. Hier muss also die Balance zwischen Bestimmtheitsgrundsatz und Gewaltenteilung auf der einen Seite und

---

1428 Vgl. *Kap. 6.1.3.1.*

1429 BT-Drucks 13/8587, S. 19; *Heinz* 2007, S. 20; *Bruns* 1980, S. 35; *Baumann* 1995, § 9 Rn. 18.

1430 Sch/Sch-*Hecker* 2019, § 1 Rn. 2.

1431 *Kirsch* 2014, S. 60 f.

1432 Und in § 1 StGB einfach gesetzlich.

1433 BVerfG NJW 2002, S. 1779 f.; *Appel* 1998 S. 123; Maunz-Dürig-*Remmert* 2019, Art. 103 Abs. 2 Rn. 77; MüKo-*Schmitz* 2017, § 1 Rn. 12; *Stächelin* 1998, S. 214.

1434 *Baumann/Weber/Mitch* 1995, § 9 Rn. 7, 16.

1435 BVerfGE 35, S. 202 ff.

Schuldgrundsatz und richterlicher Unabhängigkeit auf der anderen Seite gefunden werden. Einerseits sollen die Strafen bis zu einem bestimmten Maße vorhersehbar und vom Gesetzgeber bestimmt sein. Andererseits muss es auch dem Richter im Einzelfall möglich sein, sowohl die schwerste als auch die leichtest denkbare Verwirklichung eines Tatbestandes schuldangemessen zu bestrafen. Nötig sind damit Strafrahmen, die genau genug sind, um für vorhersehbare Strafen zu sorgen und richterlicher Willkür vorzubeugen, die allerdings gleichzeitig auch flexibel genug sind, um im Einzelfall schuldangemessene Sanktionen verhängen zu können.[1436]

Niedrige Mindeststrafen sind dabei in Bezug auf den Schuldgrundsatz unproblematisch, da sie das Ermessen des Richters in dieser Hinsicht nicht beschränken. Eine zu hohe Mindeststrafe kann jedoch dazu führen, dass der Richter gezwungen wird, eine im Einzelfall nicht schuldangemessene Strafe zu verhängen. Ein in der Literatur häufiger angeführtes (nicht ganz ernst gemeintes) Beispiel ist das Verbrennenlassen einer fremden Toastscheibe in einem Toaster.[1437] Erfolgt dies mit (bedingtem) Vorsatz, so ist der Tatbestand des § 306 Abs. 1 Nr. 6 StGB erfüllt, was selbst unter der Annahme eines minder schweren Falles gemäß § 306 Abs. 2 StGB noch eine Freiheitsstrafe von mindestens sechs Monaten zur Folge hätte: eine für eine derartige Bagatelle zweifelsfrei nicht schuldangemessene Strafe. Insbesondere da die Mindeststrafe von sechs Monaten dazu führen würde, dass auch nach § 47 Abs. 2 StGB nicht mehr auf eine Geldstrafe erkannt werden kann und eine verfahrensrechtliche Erledigung nicht in Betracht kommt, da es sich auch bei einem minder schweren Fall des § 306 StGB gemäß § 12 Abs. 3 StGB um ein Verbrechen handelt, welches von §§ 153 ff. StPO ausgenommen ist. Ein vergleichbares Problem ergibt sich in Fällen des § 306a Abs. 1 StGB, in denen der Täter absolut sicher gehen konnte, dass es zu keiner konkreten Gefährdung von Personen kommen konnte.[1438] Auch hier würde eine Mindeststrafe von einem Jahr bzw. sechs Monaten in einem minder schweren Fall zur Anwendung kommen.

Umgekehrt können niedrige bzw. nicht vorhandene Mindeststrafen in Verbindung mit einer verhältnismäßig hohen Höchststrafe zur Unbestimmtheit und damit zur Verfassungswidrigkeit der angedrohten Rechtsfolge führen. Damit sind Mindeststrafen zumindest bei Delikten mit einer relativ hohen Höchststrafe verfassungsrechtlich geboten. Daraus ergibt sich für den Gesetzgeber eine schwierige Aufgabe. Eine Strafnorm muss einerseits eine Vielzahl von Sachverhalten mit

---

1436 BGHSt 30, S. 110; *Il-Su* 2001, S. 128.

1437 *Kindhäuser* 2012, § 306 Rn. 3; *Joecks* 2014, § 306 Rn. 23.

1438 Für eine teleologische Reduktion Sch/Sch-*Heine/Bosch* 2019, § 306a Rn. 2; a. A. LK-*Wolff* 2008, § 306a Rn. 4; die Rechtsprechung erkennt diese Einschränkung im Tatbestand maximal bei entsprechend kleinen Räumlichkeiten an, vgl. BGHSt 26, S. 124 f.; BGH NStZ 1985, S. 408 f.; hat die Frage jedoch noch nicht abschließend entschieden. Bei größeren Gebäuden kann nach der Rechtsprechung eine vorherige Kontrolle nur im Rahmen der Strafzumessung berücksichtigt werden, vgl. BGH NStZ 1982, S. 420.

verschiedenen Graden der Schuld abdecken, andererseits aber noch so bestimmt sein, dass die Sanktion zumindest im Ansatz vorhersehbar ist.[1439] Allerdings muss man bei der Festlegung von Strafrahmen wohl einen weiten Spielraum des Gesetzgebers anerkennen. Nur so können die einzelnen Tatbestände alle denkbaren Fälle erfassen und der Betroffene ist zudem durch das Schuldprinzip und die Strafzumessungsgrundsätze abgesichert.[1440] Dieser Spielraum spiegelt sich auch in den Strafrahmen des StGB wider. So kann sich zum Beispiel die Strafe für einen einfachen Diebstahl nach § 242 Abs. 1 StGB zwischen einer Geldstrafe von fünf Euro (mindestens fünf Tagessätze von mindestens einem Euro, vgl. § 40 Abs. 1 und 2 StGB) bis hin zu einer Freiheitsstrafe von fünf Jahren belaufen. In einem besonders schweren Fall liegt die Spanne sogar noch höher.[1441]. Sogar dieser sehr weite Strafrahmen wird nicht ernsthaft wegen mangelnder Bestimmtheit in Frage gestellt. Die Strafrahmen werden vielmehr als notwendig für eine schuldangemessene Strafzumessung hingenommen.[1442] Der BGH erklärte sogar die Androhung jeder zulässigen Strafe außer der Todesstrafe für hinreichend bestimmt.[1443] In seinem Urteil bezüglich der für zu unbestimmt erklärten Vermögensstrafe hat das BVerfG[1444] klargestellt, dass das Bestimmtheitsgebot auch für die Rechtsfolgenseite gilt. Doch die praktischen Auswirkungen des Urteils waren in der Folge gering. Bis heute wurde keine weitere Sanktionsart bzw. Sanktionsandrohung vom BVerfG für zu unbestimmt befunden. Grund dafür dürfte sein, dass das BVerfG bzgl. der Bestimmtheit von Art und Höhe der Strafandrohung eine große Einschätzungsprärogative des Gesetzgebers anerkennt, die nur eingeschränkt überprüfbar ist.[1445] Erfolgreiche Verfassungsbeschwerden wären daher wohl nur bei schlicht willkürlich anmutenden Strafrahmen zu erwarten.[1446]

Aus verfassungsrechtlicher Sicht ist daher in Bezug auf Mindeststrafen vor allem der Fall relevant, wenn die Mindeststrafe so hoch ist, dass auch trotz möglicher Milderungsgründe bzw. der Annahme eines minder schweren Falls

---

1439   *Kirsch* 2014, S. 22.

1440   *Roxin* 2006, § 5 Rn. 82.

1441   Da bei Vorliegen eines besonders schweren Falles nach § 243 StGB trotz der Mindeststrafe von drei Monaten Freiheitsstrafe gemäß § 47 Abs. 2 StGB eine Geldstrafe verhängt werden kann, liegt die mögliche Strafe hier sogar zwischen 5 € Geldstrafe und zehn Jahren Freiheitsstrafe.

1442   NK-*Hassemer/Kargl* 2017, § 1 Rn. 18: „Bedarf an Vagheit"; zu den möglichen Gründen dafür vgl. *Baumann/Weber/Mitsch* 1995, § 9 Rn. 19.

1443   BGHSt 13, S. 191 f. (Dies war allerdings vor dem Urteil des Bundesverfassungsgerichts zur Vermögensstrafe).

1444   BVerfG NJW 2002, S. 1779.

1445   BVerfGE 34, S. 266; E 50, S. 140.

1446   *Hettinger* 2007, S. 104.

keine schuldangemessene Strafe mehr verhängt werden kann. Außerhalb des Mordes[1447] ist dies von der Rechtsprechung bisher noch in keinem Fall angenommen worden. Grund dafür dürften vor allem die unbenannten minder schweren Fälle sein, die in nahezu allen Delikten mit verhältnismäßig hohen Mindeststrafen enthalten sind (Mord ist hier die Ausnahme; zur Anwendbarkeit von § 213 StGB vgl. *Kap. 6.1.4.3*), sowie die zahlreichen Milderungsgründe aus dem Allgemeinen Teil. Dadurch dürfte es in der Praxis für den Richter regelmäßig möglich sein, trotz verhältnismäßig hoher Mindeststrafandrohungen eine schuldangemessene Strafe zu verhängen.

Der Spielraum des Gesetzgebers ist hier nach der Rechtsprechung ebenso wie bzgl. der Bestimmtheit der Rechtsfolge sehr groß.[1448] Insbesondere durch die Möglichkeit des unbenannten minder schweren Falles und der Milderungsgründe aus dem Allgemeinen Teil dürften auch sehr hohe Mindeststrafen i. d. R. nicht dem Schuldgrundsatz widersprechen.[1449] Schuld- und Bestimmtheitsgrundsatz sind daher zwar zu berücksichtigen, aufgrund der großzügigen Maßstäbe durch die Rechtsprechung sind Verstöße jedoch unwahrscheinlich. Die Probleme, die sich aus den Mindeststrafen ergeben, sind daher nicht verfassungsrechtlicher, sondern kriminalpolitischer Natur.

Die Funktion von Mindeststrafen (und auch Strafrahmen allgemein) beschränkt sich zudem nicht darauf, starre Unter- bzw. Obergrenzen der Strafe festzulegen. Sie sind auch relevant für die Einordnung einer Tat innerhalb des Strafrahmens und damit für den konkreten Strafzumessungsvorgang im Einzelfall.[1450] Denn nur unter Berücksichtigung des gesamten Strafrahmens kann der Richter eine konkrete Tat darin einordnen (zu den Auswirkungen außerhalb der Strafzumessung s. u.).[1451]

1447 Vgl. dazu *Kap. 6.1.4.1.*

1448 BVerfGE 34, S. 266; 50, S. 140; *Weigend* 1999, S. 934.

1449 Zwar gibt es keine weiteren Beispiele aus der Rechtsprechung des BVerfG zur Bestimmtheit von Strafandrohungen, doch die Rechtsprechung bzgl. der Bestimmtheit der Tatbestände indiziert, dass auch bei der Rechtsfolge eine entsprechend große Einschätzungsprärogative anerkannt wird, vgl. BVerfG NJW 1969, S. 1759 (§ 360 Abs. 1 Nr. 11 StGB a. F. – „grober Unfug"); NJW 1977, S. 1815 (§ 170 Abs. 2 S. 2 StGB – besonders schwerer Fall des Landesverrats); NJW 1978, S. 933 f (Entgeltklausel des § 184 Abs. 1 Nr. 7 StGB); NJW 1987, 3175 (Blanketttatbestand des § 327 Abs. 2 Nr. 1 StGB).

1450 *Götting* 1997, S. 108 f., 204 ff.

1451 BGHSt 27, S. 3; wobei auch hier eher eine Orientierung am Minimum erfolgen muss, vgl. NK-*Streng* 2017, § 46 Rn. 102; *Wolters* 2008, S. 726; zur Ausnahme bei Strafrahmenverschiebungen vgl. BGH NStZ 1988, S. 186; siehe insgesamt dazu auch *Dreher* 1968, S. 212, der die Strafrahmen als eine kontinuierliche Schwereskala ansieht.

Teilweise wird vertreten, dass hohe Mindeststrafen der Abschreckung dienen können.[1452] Daraus könnte gefolgert werden, dass höhere Mindeststrafen letztlich zu einer Reduzierung in bestimmten Deliktsbereichen führen können. Wissenschaftlich nachgewiesen wurde diese Behauptung bis jetzt allerdings nicht.[1453]

Gerade mit dem Argument der Abschreckung werden regelmäßig Forderungen nach härteren Mindeststrafen begründet. Im besonderen Fokus der Medien stand in diesem Zusammenhang vor allem die Erhöhung der Mindeststrafe für Gewaltdelikte gegen Polizeibeamte, eine Forderung, die primär mit dem Gedanken der Abschreckung sowie mit einem höheren Schutz für Polizeibeamte begründet wurde.[1454] Auch die Polizeigewerkschaft sprach sich für eine Anhebung der Mindeststrafen aus.[1455] Ein Antrag der CDU-Fraktion des Nordrhein-Westfälischen Landtags, in dem die Landesregierung aufgefordert werden sollte, sich auf Bundesebene für eine Mindeststrafe von sechs Monaten Freiheitsstrafe bei § 113 Abs. 1 StGB einzusetzen,[1456] fand jedoch keine Mehrheit im Landtag.[1457] Ein aktueller Entwurf der Bundesregierung,[1458] der am 08.02.2017 beschlossen wurde und am 30.05.2017 in Kraft trat, geht dabei einen anderen Weg: Tätliche Angriffe wurden aus § 113 StGB ausgenommen und in einem neuen § 114 StGB mit einer Mindeststrafe von drei Monaten geregelt. Zudem wurden die Regelbeispiele aus § 113 Abs. 2 StGB (mit einer Mindeststrafe von sechs Monaten) erweitert. Dies ist im Ergebnis zumindest plausibler als eine pauschale Erhöhung der Mindeststrafe für jegliche Formen des Widerstands gegen Vollstreckungsbeamte auf sechs Monate. Durch die Begrenzung auf tätliche Angriffe und eine Mindeststrafe von drei Monaten erscheint die tatsächliche Auswirkung auf das Strafni-

---

1452 *Rat der Europäischen Union* 2013, S. 6 f.

1453 NK-*Streng* 2017, § 46 Rn. 43; Streng 2012, Rn. 59; auch Praktikerinterviews in EU-Mitgliedsländern haben ein eher skeptisches Bild bzgl. der präventiven Wirkung von Mindeststrafen ergeben, vgl. *European Commission* 2015, S. 186.

1454 BR-Drucks. 165/15, S. 4.

1455 LT-Stellungnahme (NRW) 16/1512; obwohl in der Stellungnahme anerkannt wird, dass von einer abschreckenden Wirkung nicht auszugehen sei (vgl. S. 4), wird dennoch eine Erhöhung gefordert.

1456 LT-Drucks. (NRW) 16/3442; zudem sollte die Mindeststrafe des Regelbeispiels aus § 113 Abs. 2 StGB auf ein Jahr Freiheitsstrafe angehoben werden; einen ähnlichen Versuch unternahm die Hessische Landesregierung mit einem Antrag im Bundesrat, dieser sollte jedoch einen eigenen Straftatbestand in § 112 StGB einführen, vgl. BR-Drucks. 165/15.

1457 Zu den über die Mindeststrafe hinausgehenden Reformvorschlägen bzgl. § 113 StGB vgl. *Zöller* 2015, S. 445 ff.

1458 *BMJV* 2017.

veau noch vertretbar, vor allem da wohl auch nach der alten Gesetzeslage die Alternative des tätlichen Angriffs eher zu höheren Strafen führte als andere Widerstandshandlungen.[1459] Aber auch hier bleibt die Frage offen, ob überhaupt Schutzlücken vorlagen. Die betroffenen Verhaltensweisen waren ohnehin bereits strafbar und konnten nach § 113 Abs. 1 StGB mit Freiheitsstrafen bis zu drei Jahren geahndet werden. Bei der Verwirklichung anderer Delikte, vor allem §§ 223 ff. StGB, kamen sogar höhere Strafen in Betracht. Gerade die hier in Frage kommenden tätlichen Handlungen dürften i. d. R. zumindest unter den Grundtatbestand des § 223 StGB fallen. Unsicher ist zudem, ob eine Erhöhung der Strafandrohung tatsächlich für mehr Schutz für Polizeibeamte sorgen kann. Gerade Widerstandshandlungen gegen Vollstreckungsbeamte werden häufig von Personen unter Alkoholeinfluss oder aus Konfliktsituationen heraus begangen.[1460] In derartigen Fällen dürfte das angedrohte Strafmaß erst recht nicht in der Lage sein, eine präventive Wirkung zu entfalten. Die neuen §§ 113 f. StGB sind daher zwar im Vergleich zu den vorangegangenen Vorschlägen eher als moderat zu bezeichnen, müssen sich allerdings die Frage gefallen lassen, inwieweit hier überhaupt ein kriminalpolitischer Bedarf einer Reform vorlag.

Außerdem plante die CDU/CSU-Bundestagsfraktion in der 18. Wahlperiode, die Strafrahmen für den Besitz von kinderpornografischen Schriften (§ 184b f. StGB) sowie für die Verletzung des höchstpersönlichen Lebensbereichs durch Bildaufnahmen (§ 201a StGB) zu erhöhen.[1461] Eine weitere Reform bzgl. einer Mindeststrafe trat am 22.07.2017 in Kraft.[1462] Der Privatwohnungseinbruchsdiebstahl wurde in § 244 Abs. 4 StGB durch diese Reform als eigene Qualifikation mit einer Mindeststrafe von einem Jahr ausgestaltet. Ein minder schwerer Fall zur Reduzierung der Mindeststrafe ist, anders als bei den anderen Diebstahlsqualifikationen, nicht vorgesehen.[1463] Jeder Wohnungseinbruchsdiebstahl ist nun unabhängig vom Wert der Beute oder den weiteren Umständen der Tat mit einer Freiheitsstrafe von mindestens einem Jahr zu bestrafen.

1459 Wünschenswert wäre jedoch, dass der Entwurf um einen minder schweren Fall des § 114 StGB-E ohne Mindeststrafandrohung ergänzt wird; so bereits *Göbel* 2002, S. 139 (ohne einen minder schweren Fall bliebe immerhin die Möglichkeit nach § 47 Abs. 2 StGB trotz der Mindeststrafe eine Geldstrafe zu verhängen).

1460 *Caspari* 2011, S. 327 f.; *Hoffmann-Holland/Koranyi* 2016, S. 928 f.; *Puschke* 2009, S. 158 f.; *Steinberg/Zetzmann/Dust* 2013, S. 9.

1461 *Winkelmeier-Becker* 2014, S. 223; Koalitionspartner SPD fordert hingegen nur eine Erweiterung und Klarstellung des Tatbestandes, ohne Strafrahmenerhöhung, vgl. *Fechner* 2014, S. 226 f.

1462 BGBl. I S. 2442.

1463 Https://www.bundesregierung.de/Content/DE/Artikel/2017/05/2017-05-10-wohnungseinbruch.html (zuletzt abgerufen am 10.08.2017); zustimmend *Esposito* 2017, S. 30; *CDU/CSU* 2016, S. 1 f. (Verbunden mit der Forderung bei Heranwachsenden immer Erwachsenenstrafrecht anzuwenden, ohne klarzustellen, ob dies allgemein, oder nur für

Aus den vorangegangenen Darstellungen lässt sich erkennen, dass auch das aktuelle kriminalpolitische Klima auf eine Erhöhung von Mindeststrafen ausgerichtet ist. Indem suggeriert wird, dass eine Erhöhung der Mindeststrafen die Sicherheit steigert, Kriminalität verhindert und die betroffenen Gruppen besser schützt, dienen Mindeststrafandrohungen als häufig genutztes politisches Mittel, eine Behauptung ohne empirische Stütze. Es handelte sich vielmehr um symbolische Kriminalpolitik, mit der durch die mediale Aufbereitung von Einzelfällen geschürte Ängste bekämpft werden sollen.[1464] Politischer Vorteil der Strafschärfung ist zudem, dass diese im Gegensatz zu beispielsweise aufwendiger Präventionsarbeit nicht mit Initialkosten versehen ist.[1465]

Als besonders warnendes Beispiel für eine Eskalation hoher Mindeststrafen zur vermeintlichen Erhöhung der Sicherheit können die USA dienen. Dort wurden durch *„mandatory minimum sentencing laws"* teilweise geradezu absurd hoch wirkende Mindeststrafen eingeführt. Dies betrifft insbesondere Wiederholungstäter (*„three strikes and you're out"*[1466]) sowie Drogendelikte (im Rahmen des „war on drugs"). Die dort festgelegten Mindeststrafen können ohne die Möglichkeit der Berücksichtigung der Umstände des Einzelfalls zu extrem hohen Haftstrafen führen.[1467] Derartige Entwicklungen haben das ohnehin in Amerika vorhandene Problem der Überbelegung der Haftanstalten noch weiter verschlimmert.[1468]

Dem US-Vorbild folgend hat zum Beispiel auch Australien eine eigene – wenn auch gemäßigte – Form von „*three-strikes*-Gesetzen" verabschiedet, in denen Wiederholungstätern des Wohnungseinbruchsdiebstahls mindestens ein Jahr

---

Einbruchsdiebstahl, gelten soll); kritisch zu dieser Strafschärfung LT-Drucks. (BaWü) 15/6816, S. 8 f.; *Bündnis 90/die Grünen* 2016, S. 1 ff.: „billige Law-and-Order Symbolpolitik"; zudem wird zutreffend auf die geringe Aufklärungsrate beim Wohnungseinbruchsdiebstahl hingewiesen, was die Wirkung der Strafschärfung in Zweifel zieht (2015 lag die Aufklärungsquote laut PKS bei 15,2%, vgl. BKA 2016, S. 36); der *DAV* weist neben dem Problem der Wirksamkeit zudem zutreffend auf Wertungswidersprüche innerhalb des Gesetzes hin, vgl. *DAV* 2017a, S. 5 f.; ähnlich auch *Kreuzer* 2017, S. 127.

1464 Ähnlich *Zöller* 2015, S. 454 f.

1465 *Bündnis 90/die Grünen* 2016, S. 1.

1466 Die sich jedoch z. T. nicht unerheblich unterscheiden vor allem im Hinblick darauf, welche Delikte als „Strike" zu klassifizieren sind, teilweise sind dies nur Gewaltdelikte, während beispielsweise in Kalifornien auch viele nicht-Gewaltdelikte unter diese Regelung fallen, vgl. dazu *Chen* 2008, S. 450 f.

1467 *Stolzenberg/D'Alessio* 1997, S. 458 f.; unter dem neuen US-Präsidenten *Trump* dürften Mindeststrafen wieder eine größere Rolle spielen, vgl. dazu das entsprechende Memo seines Justizministers *Jeff Sessions*: https://www.justice.gov/opa/press-release/file/965896/download (zuletzt abgerufen am 10.08.2017).

1468 *Roberts* 2003, 485; *Travis/Western/Redburn* 2014, S. 70 ff.; *Vincent/Hofer* 1994, S. 9; auch in Europa haben höhere Mindeststrafen zu höheren Gefangenenraten und Überbelegung geführt, vgl. *Dünkel* 2017, S. 633.

Haft droht und ab dem dritten einfachen Diebstahl unabhängig vom Wert der Sache ein mindestens 14-tägiger Freiheitsentzug.[1469] Auch diese Gesetzgebung wurde mit Abschreckung, Unschädlichmachung und „zu weichen" Richtern begründet.[1470]

Eine präventive Wirkung, insbesondere die erhoffte Abschreckungswirkung, durch hohe Mindeststrafen konnte hingegen weder in den USA noch in Australien nachgewiesen werden.[1471] Selbst drastische Erhöhungen von Mindeststrafen wie in den USA oder Australien konnten keine nennenswerten kriminalitätsreduzierenden Effekte erzielen.[1472] Die Forschung auf diesem Gebiet kommt überwiegend zu dem Ergebnis, dass die Wahrscheinlichkeit, überhaupt entdeckt und verurteilt zu werden, einen deutlich größeren abschreckenden Effekt hat als die Art und Höhe der angedrohten Strafe.[1473] Außerdem setzt eine abschreckende Wirkung voraus, dass die Täter die angedrohte Sanktion überhaupt kennen und sich ernsthaft mit ihr auseinandersetzen,[1474] was häufig zweifelhaft sein dürfte. Zum anderen besteht die Gefahr, dass diese Effekte, sollten sie eintreten, nur von temporärer Natur sind.[1475] Die Vergänglichkeit dieser Effekte lässt sich vermutlich damit erklären, dass die Gesetzesänderungen kurz nach der Reform durch eine mediale Aufbereitung noch im Hinterkopf der potenziellen Täter vorhanden sind.

Auch wenn Mindeststrafen nach US-amerikanischem Vorbild ohnehin mit dem deutschen Verhältnismäßigkeitsgrundsatz nicht zu vereinbaren wären und glücklicherweise auch von niemandem ernsthaft gefordert werden, so zeigen die Erfahrungen dennoch auf, dass selbst mit völlig überzogen erscheinenden Strafandrohungen keine ernsthaften Abschreckungseffekte zu erzielen wären. Abschreckung kann daher kein Argument gegen die Senkung oder für die Anhebung von Mindeststrafen sein. Vorschläge wie die oben unterbreiteten bzgl. des Widerstands gegen Vollstreckungsbeamte oder des Besitzes von kinderpornografischen Schriften sind daher abzulehnen.

Ziel muss es sein, möglichst Strafrahmen zu schaffen, die flexibel genug sind, das im Tatbestand vertypte Unrecht vollständig abdecken zu können. Ein Indiz

---

1469 *Welke* 2002, S. 208.

1470 *Morgan* 1999, S. 269.

1471 *Doob/Webster/Gartner* 2014, S. A3 ff.; *Tonry* 1996, S. 137 ff.; *Vincent/Hofer* 1994, S. 11; *Welke* 2002, S. 212.

1472 *Morgan* 1999, S. 271 ff.; *Spiess* 2004, S. 17.

1473 *H.-J. Albrecht/Dünkel/Spieß* 1981, S. 313; *Doob/Webster/Gartner.* 2014, S. A3; *European Commission* 2015, S. 187; *Heinz* 2007, S. 5; *Hettinger* 1995, S. 403; *Gabor/Crutcher* 2002, S. 7; *Mauer* 2010, S. 7; *Streng* 2012, Rn. 59.

1474 *Bundesrechtsanwaltskammer* 2013, S. 5

1475 *Schmidt-Hieber* 1992, S. 2001; *Tonry* 1996, S. 135: „short term effects that rapidly waste away".

dafür, dass die gesetzliche Mindeststrafe zu hoch angesetzt ist, kann dabei stets die Sanktionspraxis sein. Befindet sich ein großer Anteil an verhängten Strafen unter dem gesetzlichen Minimum, indiziert dies, dass die Mindeststrafe häufig nicht schuldangemessen ist. Auch wenn die Praxis sich hier mit der Figur des minder schweren Falles behelfen und so zu schuldangemessenen Sanktionen gelangen kann, sollte dieser Umstand dennoch vom Gesetzgeber korrigiert werden. Der minder schwere Fall sollte eine Ausnahme sein, um in bestimmten Fällen das gesetzliche Minimum unterschreiten zu können. Es kann nicht seine Aufgabe sein, gesetzgeberische Fehleinschätzungen dauerhaft im Wege der Strafzumessung zu korrigieren. Zudem kann diese Praxis aufgrund der Konturenlosigkeit der Figur des minder schweren Falles zu Rechtsunsicherheit führen. Sie sollte daher keine dauerhafte Lösung sein.

6.1.2 Auswirkungen außerhalb der Strafzumessung

Mindeststrafen wirken sich im Einzelfall jedoch nicht nur auf die Zumessung der Strafe an sich aus, sie haben auch darüber hinaus Bedeutung. So erfolgt die Unterteilung der Straftaten in Vergehen und Verbrechen gemäß § 12 Abs. 1 StGB anhand der Mindeststrafe. Jedes Delikt mit einer Mindeststrafe von einem Jahr oder mehr stellt demnach ein Verbrechen dar. Dies hat weiterführende Folgen. So hat diese Unterscheidung Einfluss auf die Strafbarkeit des Versuchs (§ 23 Abs. 1 StGB), die Tauglichkeit einer Tat als Vortat zur Geldwäsche (§ 261 Abs. 1 Satz 1 Nr. 1 StGB), die Aberkennung der bürgerlichen Ehrenrechte (§ 45 Abs. 1 StGB) sowie die Möglichkeit der Diversion (§§ 153 Abs. 1, 153a Abs. 1 StPO). Die Unterteilung in Vergehen und Verbrechen hat jedoch hauptsächlich formale Gründe. Durch sie ist es möglich, das Gesetz mit Hilfe von Verweisungen entsprechend kurz zu halten.[1476] Die entsprechenden Regelungen könnten allerdings auch individuell in einen Straftatbestand eingefügt werden (was z. B. bzgl. der Versuchsstrafbarkeit auch in zahlreichen Straftatbeständen des StGB erfolgt ist).

Eine weitere wichtige Grenze für die Praxis ist eine Mindeststrafe von zwei Jahren Freiheitsstrafe, denn eine Freiheitsstrafe von mehr als zwei Jahren kann nicht mehr gemäß § 56 Abs. 1, 2 StGB zur Bewährung ausgesetzt werden. Der Täter wird dann unabhängig von den individuellen Umständen allein aufgrund der Verwirklichung des Tatbestandes zwangsläufig inhaftiert, selbst dann, wenn zahlreiche präventive Gründe gerade gegen einen Freiheitsentzug sprächen. Insbesondere dieser Aspekt ist bei der Festsetzung von Mindeststrafen zu berücksichtigen. Bei Mindeststrafen von mindestens zwei Jahren ist also zu überprüfen, ob grundsätzlich eine unbedingte Freiheitsstrafe schuldangemessen wäre. Insbesondere bei Delikten, die eine Mindeststrafe von über zwei Jahren Freiheitsstrafe aufweisen,

---

1476   MüKo-*Radtke* 2017, § 12 Rn. 6 ff.; NK-*Saliger* 2017, § 12 Rn. 2.

ist die Strafandrohung daher kritisch zu hinterfragen. Denn es wird nicht nur individualschuldunabhängig über die Länge der Strafe entschieden, sondern zusätzlich noch über die Möglichkeit der Strafaussetzung. Damit wird eine möglicherweise für den Betroffenen sogar noch schwerwiegendere Entscheidung gefällt.[1477] Da die Entscheidung über die Strafaussetzung im Wesentlichen nicht aufgrund der Schuld, sondern beruhend auf einer Legalprognose getroffen wird, erscheint es sehr schwerwiegend, sie allein aufgrund der Verwirklichung des Tatbestandes ohne Berücksichtigung weiterer Umstände vorwegzunehmen.

6.1.3 Problemfälle

Aus dem zuvor Gesagten ergeben sich einige problematische Deliktsfelder, die im Folgenden erörtert werden sollen, zum einen die Raubdelikte aus den §§ 249 ff. StGB. Sie sind für einen beachtlichen Teil der längeren Freiheitsstrafen verantwortlich. Bereits das Grunddelikt hat eine Mindeststrafe von einem Jahr, im Fall einer Qualifikation reicht die Mindeststrafe bis zu fünf Jahren.[1478] Wert des Tatobjekts, Art und Qualität der Nötigungshandlung oder Motive des Täters finden bei der Mindeststrafe keine Berücksichtigung. Bereits ohne größeren Aufwand verwirklichte Qualifikationsmerkmale wie das Mitführen eines gefährlichen Werkzeugs nach § 250 Abs. 1 Nr. 1a, 2. Alt. StGB (selbst ohne Gebrauchsabsicht[1479]) können zu einer Mindeststrafe von drei Jahren führen.

Ein weiteres Problemfeld ist die Drogenkriminalität. Straftaten nach dem BtMG sind für eine große Anzahl an mittleren und langen Freiheitsstrafen verantwortlich, was zu einem nicht unerheblichen Maß an den z. T. hohen Strafandrohungen im BtMG liegen dürfte. Hohe Freiheitsstrafen erscheinen hier deshalb problematisch, weil es sich um gewaltlose Delikte meist ohne individuelles Opfer handelt. Zudem ist auch nicht zu erwarten, dass durch diese Strafandrohungen der Drogenkonsum insgesamt eingedämmt werden kann.[1480]

Trotz der relativ hohen Strafandrohungen scheinen hingegen die Brandstiftungsdelikte (§§ 306 ff. StGB) hinsichtlich der verhängten Strafen unproblematisch zu sein. Hier ist es der Rechtsprechung offenbar gelungen, durch entsprechende Reduktion der Tatbestände ein schuldangemessenes Strafen zu ermöglichen. Häufig wird entweder ein bestimmter Sachwert oder eine größere

---

1477   *P.-A. Albrecht u. a.* 1992, S. 21.

1478   Oder lebenslang im Falle eines Raubes mit Todesfolge, vgl. § 251 StGB.

1479   Der Vorsatz muss sich nur auf das bei sich Führen erstrecken, vgl. NK-*Kindhäuser* 2017, § 250 Rn. 3.

1480   Siehe dazu im Detail unten *Kap. 6.1.3.3.*

Menge an Tatobjekten verlangt[1481] oder im Rahmen von abstrakten Gefährdungsdelikten werden Fälle ausgenommen, in denen eine konkrete Gefährdung
absolut ausgeschlossen war.[1482] Dafür spricht auch die Sanktionspraxis. Die verhängten Strafen bewegen sich nicht auffällig häufig unter der Mindeststrafe und
der unbenannte minder schwere Fall scheint daher wie vorgesehen noch die Ausnahme zu sein. Trotz der verhältnismäßig hohen Mindeststrafen ist hier also kein
Reformbedarf zu erkennen.

6.1.3.1 Raubdelikte

Eine problematische Fallgruppe in Bezug auf verhältnismäßig hohe Mindeststrafen stellen die Raubdelikte (§§ 249 ff. StGB) dar. Trotz der Reformen im Bereich
der Raubtatbestände durch das 6. Strafrechtsreformgesetz 1998[1483] kann es durch
die immer noch hohen Strafandrohungen in den §§ 249 ff. StGB zu Problemen
kommen. Auch wenig eingriffsintensive Nötigungshandlungen zur Erbeutung geringwertiger Sachen oder geringer Geldbeträge können, insbesondere in Verbindung mit den Qualifikationstatbeständen, zu erheblichen Mindeststrafandrohungen führen. Korrigiert werden kann dies z. T. nur durch eine häufige Anwendung
des minder schweren Falles, was sich auch in der unter *Kap. 3.5* dargestellten
Sanktionspraxis widerspiegelt.

Problemfälle beim Raub können sich dabei, wie oben erwähnt, zunächst daraus ergeben, dass die Nötigungshandlung eine verhältnismäßig geringe Intensität
aufweist und/oder es sich bei dem Tatobjekt um eine Sache von niedrigem Wert
handelt. Bzgl. des einfachen Raubs ist jedoch zu berücksichtigen, dass die Mindeststrafe des minder schweren Falls mit sechs Monaten noch verhältnismäßig
gering ist. So ist sie, was die Grenzen zur Strafaussetzung nach § 56 Abs. 1,
2 StGB anbelangt, unproblematisch. Auch ist der Anteil an Strafen unterhalb der
Mindeststrafe im Rahmen des einfachen Raubes nur unwesentlich über denen anderer Delikte. Ein Vorteil der Absenkung wäre jedoch die Öffnung der
§§ 153 ff. StPO für den Raub. Denn aufgrund von § 12 Abs. 3 StGB sind diese
auch in minder schweren Fällen aktuell nicht anwendbar. Aufgrund der teilweise
denkbaren Fälle relativ niedriger Schuld (geringe Nötigungsintensität und geringer Beutewert) könnte so noch eine verfahrensrechtliche Lösung ermöglicht werden. Insbesondere die Möglichkeit der Diversion spricht für eine Absenkung der

---

1481   Z. B. im Rahmen der in § 306 Abs. 1 StGB genannten Objekte, vgl. Sch/Sch-*Heine/
       Bosch* 2019, § 306 Rn. 3.

1482   Z. B. wenn der Täter sich bei einer kleinen Räumlichkeit vergewissert, dass sich in ihr
       keine Menschen aufhalten, kann § 306a StGB insoweit teleologisch reduziert werden,
       dass die Qualifikation entfällt, vgl. NK-*Kargl* 2017, § 306a Rn. 3.

1483   Vgl. *Kap. 4.10* und *6.1.*

Mindeststrafe. Jedoch ist zu berücksichtigen, dass die Sanktionspraxis keine gravierenden Probleme aufzeigt und eine Absenkung im Kontext der übrigen Strafandrohungen des StGB nicht logisch erscheint (die Strafe wäre dann z. B. auf dem Level des qualifizierten Diebstahls: § 244 StGB). An der Mindeststrafe von einem Jahr Freiheitsstrafe in § 249 Abs. 1 StGB sollte daher trotz einiger Bedenken festgehalten werden.[1484]

Erheblich größere Probleme bereiten die Qualifikationen in § 250 StGB mit ihren hohen Mindeststrafen von drei (Abs. 1) bzw. sogar fünf (Abs. 2) Jahren Freiheitsstrafe. Diese gelten aufgrund der Strafandrohungen in §§ 252 bzw. 255 StGB auch für die räuberische Erpressung und den räuberischen Diebstahl.[1485] Problematisch erscheint z. B., dass bereits sog. Scheinwaffen als sonstiges Werkzeug im Sinne von § 250 Abs. 1 Nr. 1b StGB[1486] gelten, und diese führen daher unabhängig von der Art der Nötigung und dem Tatobjekt zu einer Mindeststrafe von drei Jahren (oder einem Jahr im minder schweren Fall). Ausgenommen sind lediglich Gegenstände, die eindeutig nach außen erkennbar ungefährlich sind.[1487] Bereits das bloße Mitführen einer Waffe oder eines gefährlichen Werkzeugs, ohne dieses überhaupt einsetzen zu wollen, erfüllt die Qualifikation. Als Waffe können dabei schon Schreckschusspistolen zählen, sofern sie geladen sind.[1488] Damit zählen auch Fälle, in denen mit einer Drohung mit einer Scheinwaffe ein Tatobjekt von geringem Wert erbeutet wird, als schwerer Raub mit entsprechender Mindeststrafe. Gleiches gilt für Fälle, in denen ein geringwertiges Tatobjekt mit einer relativ harmlosen Nötigungshandlung weggenommen wird und der Täter eine Schreckschusswaffe mit sich führte (obwohl er diese nicht benutzen wollte). Für solche Fälle erscheint selbst die Mindeststrafe des minder schweren Falls unverhältnismäßig. Im Rahmen der Qualifikation liegt auch ein bedeutend größerer Anteil an Strafen unterhalb der Mindeststrafe als beim einfachen Raub.[1489] Zwischen einem Viertel und 40% aller wegen qualifiziertem Raub Verurteilten lagen 2015 unter der gesetzlichen Mindeststrafe,[1490] wobei durch das 6. StrRG zumindest ein Fortschritt in der Sanktionspraxis zu er-

1484 Entscheidet man sich für eine Absenkung, wäre eine Bestimmung über die Versuchsstrafbarkeit des Raubes in § 249 Abs. 3 StGB einzufügen.

1485 Lackner/Kühl-*Kühl* 2018, § 250 Rn. 1; NK-*Kindhäuser* 2017, § 250 Rn. 1.

1486 BGH NStZ 2007, S. 333 (Metallstück als „Pistole"); NStZ 2011, S. 278 (Sporttasche mit Mobiltelefon als „Bombe").

1487 Sog. Labello-Rechtsprechung, vgl. BGH NJW 1996, S. 2663 ff. (zum alten Recht).

1488 BGHSt 48, S. 197 ff.

1489 Vgl. *Kap. 3.5.*

1490 2012 lag dieser Wert noch zwischen einem Drittel und der Hälfte aller Verurteilten.

zielen war. Vor der Reform fiel nur ca. ein Viertel aller in diesem Bereich verhängten Strafen in den Regelstrafrahmen.[1491] Dennoch geben auch die aktuellen Zahlen noch Anlass zur weiteren Anpassung. Außerdem ist zu berücksichtigen, dass ohne Annahme eines minder schweren Falles oder sonstiger Strafmilderungen eine unbedingte Freiheitsstrafe unumgänglich ist.

Zur Lösung wird Folgendes vorgeschlagen: Die Mindeststrafe in § 250 Abs. 1 StGB wird auf zwei Jahre abgesenkt. So bleibt auch ohne Annahme eines minder schweren Falles oder von Milderungsgründen eine Bewährungsstrafe möglich. Zudem hat die Sanktionspraxis gezeigt, dass Freiheitsstrafen ab zwei Jahren für schweren Raub eher die Regel sind als Strafen ab drei Jahren: So wird dem im Tatbestand vertypten Unrecht also eher Rechnung getragen als durch die bisherige Strafandrohung. Durch diese Änderung würde der minder schwere Fall wieder zu der vorgesehenen Ausnahme werden und voraussichtlich ein Großteil der verhängten Strafen im Regelstrafrahmen liegen. Ebenfalls wird vorgeschlagen, die Mindeststrafe des minder schweren Falles aus § 250 Abs. 3 StGB auf sechs Monate zu senken. Damit soll vor allem den relativ weiten Tatbeständen des § 250 Abs. 1 StGB Rechnung getragen werden. Möchte man Scheinwaffen und das bloße Mitführen von gefährlichen Werkzeugen im Tatbestand belassen, ist es notwendig, den Strafrahmen des minder schweren Falls entsprechend anzupassen, um diese Fälle mit dem geringsten Maß an Schuld angemessen sanktionieren zu können.

Der Strafrahmen des § 250 Abs. 2 StGB könnte hingegen unverändert bleiben. Die hier genannten Merkmale sind bestimmt genug und zeugen allein durch ihre Verwirklichung von einem hohen Unrechtsgehalt der Tat. Da die Statistik lediglich § 250 StGB insgesamt ausweist, lässt sich anhand der Strafverfolgungsstatistik nicht ermitteln, wie verbreitet Strafen unterhalb der Mindeststrafe in Abs. 2 sind. Außergewöhnliche Fälle können hier nach wie vor über den minder schweren Fall gelöst werden und die dort vorgesehene Mindeststrafe von einem Jahr sollte für alle Fälle des Benutzens einer Waffe beim Raub, des bewaffneten Bandenraubs und Verursachens von schweren Misshandlungen oder Todesgefahr durch einen Raub angemessen sein.

Als Fazit ist daher festzuhalten, dass vor allem die Qualifikation des § 250 Abs. 1 StGB bzgl. der Mindeststrafe problematisch erscheint. Es bietet sich daher eine Absenkung auf zwei Jahre an. Dies wäre immer noch doppelt so hoch wie die Androhung im Grunddelikt, würde jedoch vor allem auch ohne minder schweren Fall oder Milderungsgründe aus dem Allgemeinen Teil eine Strafaussetzung nach § 56 Abs. 2 StGB ermöglichen. Eine Absenkung auf ein Jahr wäre wohl nur dann umsetzbar, wenn man gleichzeitig den Strafrahmen des Grunddelikts senken würde (z. B. auf sechs Monate Freiheitsstrafe). Dies dürfte jedoch kriminalpolitisch schwer umsetzbar sein, wäre im Kontext mit anderen Strafrahmen schwer

---

1491   *H.-J. Albrecht* 1994, S. 326.

begründbar und ist wie oben dargestellt auch kriminalpolitisch nicht zwingend erforderlich.

6.1.3.2 Der räuberische Angriff auf Kraftfahrer

Eine Sonderstellung in Bezug auf die Mindeststrafe im Rahmen der Raubdelikte[1492] nimmt der räuberische Angriff auf Kraftfahrer (§ 316a StGB) ein. Auch wenn die praktische Bedeutung der Norm eher gering ist,[1493] ist sie gerade im Hinblick auf ihre Mindeststrafenandrohung interessant. Diese ist mit fünf Jahren Freiheitsstrafe eine der schärfsten Strafandrohungen im StGB und befindet sich damit auf einem Level mit der Mindeststrafe beim Totschlag.[1494] Die Sanktionspraxis bewegt sich hingegen im Wesentlichen im Bereich von unter fünf Jahren. Zwischen 2008 und 2015 kam es lediglich bei 55 Verurteilungen zu Freiheitsstrafen von mehr als fünf Jahren, dies sind weniger als 30% aller Verurteilungen wegen § 316a StGB. Hinzu kommen noch die Verurteilungen zu Freiheitsstrafen von genau fünf Jahren.[1495] Aber auch wenn man alle Freiheitsstrafen von drei bis fünf Jahren vollständig mit einbezieht, würden immer noch lediglich 54,3% aller Strafen innerhalb dieses Strafrahmens liegen.[1496] 45,6% der Strafen lagen damit trotz der fünfjährigen Mindeststrafe im Bereich bis zu drei Jahren. Auch hier ist demnach der im Jahr 1998 eingeführte minder schwere Fall (§ 316a Abs. 2 StGB: mit einer Mindeststrafe von einem Jahr) die Regel.[1497]

Es stellt sich aufgrund der Höhe der Strafandrohung hier die Frage, ob diese überhaupt verfassungskonform ist. Zweifel könnten in der Hinsicht bestehen, dass ein theoretischer Fall denkbar wäre, in dem Umstände vorlägen, die die Schuld des Täters so sehr mindern, dass die Mindeststrafe (auch mit ggf. vorgesehenen gesetzlichen Milderungsgründen) eindeutig überhöht wäre. Der BGH hat sich zwar mit dieser Frage beschäftigt, konnte im konkreten Fall jedoch noch eine

---

1492   Auch wenn er systematisch im 28. Abschnitt (gemeingefährliche Straftaten) geregelt ist und nach h. M. neben dem Eigentum und dem Vermögen noch die Sicherheit des Straßenverkehrs schützt (vgl. nur MüKo-*Sander* 2014, § 316a Rn. 1 ff.; *Fischer* 2019, § 316a, Rn. 2; NK-*Zieschang* 2017, § 316a Rn. 11; Sch/Sch-*Hecker* 2019, § 316a Rn. 1), wird er an dieser Stelle dennoch im Rahmen der Raubdelikte behandelt.

1493   2015: 19 Verurteilungen; von 2008-2015: 195 Verurteilungen.

1494   *Jesse* 2008, S. 448; *Duttge/Nolden* 2005, S. 195: „übertrieben hohe Strafandrohung".

1495   Deren genaue Anzahl lässt sich aus der Strafverfolgungsstatistik nicht entnehmen (vgl. *Kap. 3.5*). Zwischen 2008 und 2015 lagen 51 Freiheitsstrafen zwischen drei und fünf Jahren (26,1%).

1496   Dabei ist eher im Gegenteil davon auszugehen, dass ein Großteil der Freiheitsstrafen im Bereich von drei bis fünf Jahren unter fünf Jahren liegt, der Anteil an Strafen im Regelstrafrahmen also deutlich unter 54,3% liegt.

1497   Vgl. dazu auch die Auswertung von Einzelurteilen bei *Jesse* 2008a, S. 1088.

schuldangemessene Strafe innerhalb des Strafrahmens verhängen. Trotz der ver-fassungsrechtlichen Bedenken bestand mangels Entscheidungserheblichkeit in diesem Fall keine Vorlagepflicht an das BVerfG.[1498] Eine Entscheidung des BVerfG wäre also erst dann zu erwarten, wenn tatsächlich ein Gericht zu dem Schluss kommt, aufgrund der Strafandrohung keine schuldangemessene Strafe mehr verhängen zu können. Dabei ist jedoch zu berücksichtigen, dass im Jahr 1998 (und damit nach dem angesprochenen BGH-Urteil) ein minder schwerer Fall mit einer Mindeststrafe von einem Jahr in § 316a Abs. 2 StGB eingeführt wurde, was die verfassungsrechtlichen Bedenken zumindest mindert. Damit ist im Hin-blick auf den gesetzgeberischen Spielraum bei der Strafandrohung und der Mög-lichkeit des minder schweren Falles insgesamt von der Verfassungsmäßigkeit der Strafandrohung auszugehen.[1499]

Dies beseitigt jedoch nicht alle Bedenken gegen die Strafandrohung des § 316a StGB. Wenn nicht einmal die Hälfte aller verhängten Strafen innerhalb des normalen gesetzlichen Strafrahmens für eine Tat liegt, ist dies ein klares Indiz dafür, dass die Abstimmung von Tatbestand und Rechtsfolge missglückt ist.[1500] Wird der minder schwere Fall die Regel, kann der Strafrahmen seine Funktion zur Bestimmtheit der Norm nicht mehr erfüllen. Dies wiegt bei § 316a StGB aufgrund des relativ offenen Tatbestands und der verhältnismäßig hohen Strafe besonders schwer.[1501]

Die Strafandrohung des § 316a StGB ist damit insgesamt überhöht, sie spie-gelt nicht den Unrechtsgehalt dieser Vorschrift wider. Dies gilt sowohl für den Regelstrafrahmen als auch den minder schweren Fall. Dieser Umstand ist nur durch den Gesetzgeber korrigierbar.[1502] Hinzu kommen verfassungsrechtliche Bedenken in Bezug auf die Bestimmtheit des Tatbestands, die sich aus der hohen Strafandrohung ergeben: Denn je höher der angedrohte Strafrahmen ist, umso en-ger sind die verfassungsrechtlichen Anforderungen, die an die Bestimmtheit des

1498 BGH NJW 1971, S. 2035 f.; in der Folge hat auch das BVerfG (wenn auch in anderem Zusammenhang) festgestellt, dass es lediglich darauf ankommt, dass keine schuldunan-gemessene Strafe verhängt, nicht darauf, wie dies erreicht wird, vgl. BVerfGE 90, S. 191, 92, S. 335.
1499 Zweifel dahingehend bei *Jesse* 2008a, S. 1091 und *Bosch* 2013, S. 1234; keine Beden-ken hingegen bei *Schlüchter* 1998, S. 131.
1500 MüKo-*Sander* 2014, § 316a Rn. 4; *Hoppenworth* 1991, S. 272.
1501 *Jesse* 2008a, S. 1089.
1502 *Steinberg* 2007, S. 552; *Jesse* 2008a, S. 1091.

Tatbestandes zu stellen sind.[1503] Daher ist an § 316a StGB mit seiner Mindeststrafe von fünf Jahren ein besonders hoher Maßstab anzusetzen.[1504] Problematisch ist hier vor allem das relativ unbestimmte Merkmal des Ausnutzens der besonderen Verhältnisse des Straßenverkehrs,[1505] insbesondere da dieses Merkmal verhältnismäßig weit ausgelegt wird und die genaue Grenzziehung bis heute nicht vollständig geklärt erscheint. Im Hinblick auf die Höhe der Strafandrohung bereitet der ggf. bereits sehr früh eintretende Vollendungszeitpunkt zusätzliche Bedenken: Denn mit dem eigentlich geplanten räuberischen Delikt (§§ 249 ff. StGB) muss noch nicht begonnen worden sein.[1506] Derartige Zweifel könnten durch eine Entschärfung der Mindeststrafandrohung zumindest abgemildert werden.[1507]

Schuldangemessener erscheint es daher, den Strafrahmen auf drei Jahre für das Grunddelikt und sechs Monate für den minder schweren Fall zu senken.[1508] Behält man die Höchstgrenzen bei, entsteht zwar ein insgesamt sehr weiter Strafrahmen von drei bis 15 Jahren (bzw. sechs Monaten bis zehn Jahren im minder schweren Fall), dies ist jedoch aufgrund der Weite des Tatbestands vertretbar. Hier sind Abstriche bei der Bestimmtheit hinzunehmen, um alle denkbaren Schuldabstufungen eines räuberischen Angriffs auf Kraftfahrer abdecken zu können. Die weiterhin im Vergleich zum einfachen Raub erhöhte Strafandrohung rechtfertigt sich aus den zusätzlich gefährdeten Rechtsgütern.[1509]

Eine alternative Lösung wäre die vollständige Streichung des § 316a StGB.[1510] Der Raub unter Ausnutzung der Gegebenheiten des Straßenverkehrs könnte dann als Raubqualifikation in § 250 StGB (ebenfalls mit einer wie hier für § 316a StGB vorgeschlagenen Mindeststrafe von drei Jahren) ausgestaltet werden. Dies hätte zudem den Vorteil, dass neben der hohen Strafandrohung auch das Problem des

---

1503 BVerfG NJW 1962, S. 1564; NJW 1969, S. 1759; NJW 2002, S. 1780; BGH NStZ 2005, S. 106; Hömig/Wolf-*Hömig* 2018, Art. 103, Rn. 15.

1504 *Jesse* 2008, S. 448.

1505 DDKR-*Duttge* 2017, § 316a Rn. 2; *Duttge/Nolden* 2005, S. 196; *Freund* 1997, S. 482 f.; *Jesse* 2008, S. 451.

1506 BeckOK- *Hollering* 2019, § 316a Rn. 8 („Vorbereitungsdelikt"); *Bosch* 2013, S. 1234; Matt/Renzikowski-*Renzikowski* 2013, § 316a Rn. 10; MüKo-*Sander* 2014, § 316a Rn. 8; obwohl der zeitliche Anknüpfungspunkt durch das 6. StrRG bereits nach hinten verlagert wurde, liegt der Vollendungszeitpunkt immer noch vor dem des Raubes. (Bis zum 6. StrRG war bereits das „Unternehmen" eines Angriffs ausschlaggebend, nicht das „Verüben", vgl. BT-Drucks. 13/8587, S. 51).

1507 *Duttge/Nolden* 2005, S. 198.

1508 Zustimmend *Steinberg* 2007, S. 551, der jedoch auch eine Mindeststrafe von einem Jahr für denkbar hält; a. A. *Wolters* 2002a, S. 307.

1509 *Dehne-Niemann* 2008, S. 320 f.; *Dölling/Nolden* 2005 S. 195.

1510 Zustimmend *Fischer* 2019, § 316a Rn. 2; *Herzog* 2004, S. 259; *Jahn* 2014, S. 1137; Matt/Renzikowski-*Renzikowski* 2013, § 316a Rn. 1 ff.; *Sowada* 2007, S. 800.

frühen Vollendungszeitpunkts wegfallen würde. Für eine Streichung des § 316a StGB spricht auch seine NS-Vergangenheit.[1511] Aus diesen Gründen erscheint im Ergebnis die Streichung des § 316a StGB verbunden mit einer entsprechenden Erweiterung des § 250 Abs. 1 StGB als zielführender.

Für das Thema dieser Arbeit bleibt jedoch festzuhalten, dass es notwendig ist, den Strafrahmen für den Raub unter Ausnutzung des Straßenverkehrs angemessen zu senken. Ob dies durch eine Anpassung des § 316a StGB oder durch eine Integration in § 250 StGB erfolgt, ist zweitrangig, auch wenn letztere Lösung aus Gründen, die außerhalb des Strafrahmens liegen, vorzugswürdig wäre.

6.1.3.3 Betäubungsmittelkriminalität

Ein weiteres Problem verhältnismäßig hoher Strafandrohungen stellen die Betäubungsmittelstraftaten aus den §§ 29 bis 32 BtMG dar. Auch an dieser Stelle soll der Fokus auf den relativ hohen Mindeststrafen der Tatbestände liegen. Diese dürften der Hauptgrund für die hohen Strafen bei Verurteilungen nach dem BtMG sein.[1512] Da der Grundtatbestand des § 29 Abs. 1 StGB keine Mindeststrafe vorsieht, spielen hier nur die Verbrechenstatbestände der §§ 29a-30a BtMG eine Rolle. In diesen reicht die Mindeststrafe von einem Jahr (§ 29a Abs. 1 BtMG) bis zu fünf Jahren (§ 30a Abs. 1 BtMG). Diese hohen Mindeststrafen spiegeln sich auch in der Sanktionspraxis des Betäubungsmittelstrafrechts wider. 2014 wurden fast ein Drittel aller wegen BtMG-Delikten Verurteilten zu einer Freiheitsstrafe verurteilt.[1513] Dieser Wert lag damit deutlich über dem allgemeinen Anteil an Freiheitsstrafen von 15,9%.[1514] Es ist zudem auffällig, dass gerade im Rahmen der Verbrechen der §§ 29a ff. BtMG sehr häufig Strafen unterhalb der eigentlichen Mindeststrafe verhängt werden.[1515] Zwar hat der BGH bezüglich § 30a BtMG ausgeführt, dass aufgrund der hohen Mindeststrafe ein minder schwerer Fall nach Abs. 3 schneller anzunehmen sei als in Tatbeständen mit geringeren Strafrahmen.[1516] Auch wenn sich so die Probleme in der Praxis zum Teil beheben lassen, zeigt dies dennoch auf, dass der Strafrahmen nicht dem tatbestandlich vertypten Unrecht entspricht. Außerdem sollten langfristige Haftstrafen hauptsächlich für die gravierendsten Fälle von Kriminalität einschlägig sein (vor

---

1511 Siehe zur Entstehungsgeschichte *Große* 1993, S. 525 ff.; *Steinberg* 2007, S. 546 f.

1512 *Hellebrand* 1990, S. 161.

1513 9,1% aller Verurteilungen nach BtMG führten 2015 zu unbedingten Freiheitsstrafen, bei allen Verurteilten lag er bei 4,7%.

1514 *Statistisches Bundesamt* 2017, S. 160.

1515 Vgl. *Kap. 3.5.*

1516 BGH NJW 1996, S. 2317.

allem Gewalt-, Sexual- und Tötungsdelikte),[1517] nicht jedoch für gewaltlose Drogendelikte.

Auch im Strafvollzug sind Täter von Betäubungsmitteldelikten im Verhältnis übermäßig häufig vertreten. Am 31.03.2016 waren 12,6% der Insassen im Erwachsenenstrafvollzug wegen BtMG-Verstößen inhaftiert, obwohl sie regelmäßig einen geringeren Anteil der Verurteilten wegen aller Straftaten insgesamt ausmachen.[1518] Bei den Tatverdächtigen lag der Anteil der wegen Drogendelikten Verdächtigen 2015 laut PKS sogar nur bei 4,5%.[1519]

Gerade im Bereich der Betäubungsmittelkriminalität scheint die Wirksamkeit von hohen Strafandrohungen häufig überschätzt zu werden.[1520] Dass derartige Strafandrohungen (und die damit verbundenen längeren Freiheitsstrafen) jedoch nicht geeignet sind, ein Drogenproblem in der Gesellschaft zu lösen, haben bereits die Erfahrungen mit der Drogenpolitik in den USA gezeigt. Dort führten teilweise geradezu absurd hoch anmutende Strafen selbst für geringfügige Drogendelikte[1521] nicht zu einer Verringerung des Drogenproblems, im Gegenteil: Das Drogenproblem in den USA hat sich sogar verschlimmert.[1522] Statt das Drogenproblem zu lösen, wurde durch einen sprunghaften Anstieg der Gefangenenraten und der damit einhergehenden Überbelegung der Gefängnisse ein neues Problem geschaffen.[1523] Zwar ist Deutschland noch weit entfernt von amerikanischen Strafandrohungen und Gefangenenraten, doch zeigt die Lage in den USA auf, dass hohe (Freiheits-)Strafen nicht die Lösung zur Verringerung des Drogenkonsums sind. Im Gegenteil: Sie können eher zu Folgeproblemen führen. Von einer abschreckenden Wirkung hoher Strafen kann hier daher nicht ausgegangen werden.[1524]

Eine Reduzierung der Verfügbarkeit von Drogen auf dem Markt durch die Inhaftierung von Händlern erscheint ebenfalls unwahrscheinlich, da die auf diese

---

1517 *Tonry* 1996, S. 136.

1518 2015: 7,0%; 2014: 6,3%; 2013: 6,1%; 2012: 6,2%.

1519 *Bundeskriminalamt* 2016, S. 8.

1520 *Schwind* 2016, § 27 Rn. 36.

1521 Eine Übersicht über die Mindeststrafen findet sich in *United States Sentencing Commission* 2011, S. 150 f., Grundlage dieser schweren Strafandrohungen war der Anti.Drug-Abuse-Act aus dem Jahre 1986, vgl. *United States Senetencing Commission*, 2011 S. 23.

1522 *Kerner* 1993, S. 94 f.; *Welch* 2011, S. 535; auch wenn diese Entwicklung nicht zwangsweise eine Folge der erhöhten Kriminalisierung ist, hat diese jedoch zumindest keine positiven Auswirkungen gehabt.

1523 *Roberts* 2003, S. 485; *Cohen* 1998, S. 1269; von 1980 bis 2002 hat sich der Anteil der Drogenstraftäter in amerikanischen Gefängnissen mehr als verdreifacht (von sechs auf 21%), in absoluten Zahlen waren sogar mehr als 17-mal so viele Täter wegen Drogendelikten inhaftiert., vgl. *Useem/Phiel* 2008, S. 56 ff.

1524 *Welch* 2011, S. 535; *Spohn/Holleran* 2002, S. 341 ff.

Weise entstandenem Lücken schnell durch andere „Dealer" geschlossen werden.[1525] Solange die Nachfrage groß und die Gewinnspanne entsprechend hoch ist, wird es einen großen Markt an potenziellen neuen Händlern geben.[1526]

Auch kann es durch die hohen Strafandrohungen zu Problemen mit dem Schuldgrundsatz bzw. dem Verhältnismäßigkeitsprinzip kommen. Wenn für Nicht-Gewaltstraftäter Verbrechenstatbestände mit einer Mindeststrafe von zwei oder sogar fünf Jahren bestehen, kann es für den Richter unmöglich werden, schuldangemessene Strafen zu verhängen. Letztere Strafandrohung ist ebenso hoch wie die bei Totschlag oder beim erpresserischen Menschenraub, also auf dem Level schwerster Gewaltkriminalität bzw. sogar vorsätzlicher Tötung. Es kann mit der Verhältnismäßigkeit kaum in Einklang stehen, Drogendelikte mit vergleichbaren Mindeststrafen zu versehen. Ein aussagekräftiges Beispiel für diesen Widerspruch findet sich bei *Sobota*.[1527] Er stellt einen Fall des LG Augsburg dar, in dem fünf Studenten, die sich auf einer Waldlichtung ihren Jahresbedarf an Cannabis selbst angebaut hatten, wegen bandenmäßigem unerlaubtem Anbau von Betäubungsmitteln in nicht geringen Mengen verurteilt wurden,[1528] und zwar nach § 30a Abs. 1 BtMG, einem Delikt, welches mit fünf Jahren Freiheitsstrafe dieselbe Mindeststrafe aufweist wie der Totschlag. Im genannten Fall konnten alle Beteiligten aufgrund eines minder schweren Falles zu Freiheitsstrafen von unter zwei Jahren verurteilt werden, die dann zur Bewährung ausgesetzt wurden,[1529] dennoch zeigt das Beispiel, dass die Mindeststrafe hier nicht das im Tatbestand vertypte Unrecht widerspiegelt.[1530] Der Tatbestand betrifft also nicht nur, wie eigentlich vorgesehen, internationale Drogensyndikate und das organisierte Verbrechen,[1531] sondern kann, wie das Urteil des LG Augsburg zeigt, bereits eine Gruppe von Freunden, die Cannabis zum Eigenkonsum anbaut, betreffen. In dem genannten Fall kam noch hinzu, dass der THC-Gehalt des selbst

---

1525   *Cohen* 1998, S. 1261; *Vincent/Hofer* 1994, S. 11.

1526   *Mauer* 2010, S. 7.

1527   *Sobota* 2013, S. 509 ff.

1528   LG Augsburg Urt. v. 11.07.2011 1 Kls 303 Js 127958/10; die dagegen eingelegte Revision wurde vom BGH als unbegründet verworfen, vgl. Beschl. v. 12.01.2011 – 1 StR 559/11.

1529   Diese Strafen führten gleichwohl zu erheblichen beruflichen Konsequenzen für die angehenden Lehrer in der Gruppe, vgl. *Schallert/Sobota* 2013, S. 725 (vgl. § 24 Abs. 1 Nr. 1 BeamStG).

1530   Zustimmend *Sobota* 2013, S. 513 f., der die Problematik jedoch über eine teleologische Reduktion des Bandenbegriffs lösen will; a. A. K/P/V-*Patzak* 2016, § 31a Rn. 3, der die Möglichkeit eines minder schweren Falls für ausreichend erachtet; auch das BVerfG hat die Strafandrohung des § 30a BtMG für verfassungskonform erachtet, vgl. BVerfG NStZ-RR 1997, S. 377 f.; kritisch *Endriß* 1999, S. 447.

1531   BT-Drucks. 12/989, S. 30.; *Hellebrand* 1990, S. 161.

angebauten Cannabis wohl so gering war, dass es ohnehin kaum in der Lage gewesen wäre, einen ernsthaften Rausch hervorzurufen.[1532]

Für Drogenstraftäter erscheinen alternative Sanktionen sinnvoller. Beispiele dafür wurden bereits genannt. Denkbar erscheint zum einen die Ersetzung einer Freiheitsstrafe durch gemeinnützige Arbeit im Rahmen der oben dargestellten Freiheitsstrafen-Ersetzungslösung. Gerade für Gelegenheitskonsumenten kann die Einübung einer regelmäßigen Beschäftigung verbunden mit der regelmäßigen Betreuung durch einen Bewährungshelfer einen Weg aus dem Konsum bieten. Zu denken wäre außerdem an die Aussetzung von (auch längeren) Freiheitsstrafen. Diese könnte dann mit entsprechenden Therapie-Weisungen oder Auflagen verbunden werden.

Wichtig dürfte vor allem die Flexibilität bei der Sanktionierung in diesem Bereich sein. Drogenstraftäter weisen unterschiedlichste Probleme und Grade der Abhängigkeit auf.[1533] Wie bereits im Bereich der Bagatell-BtMG-Kriminalität angesprochen,[1534] wäre ein therapeutischer Schwerpunkt zu setzen. Zwar dürften in dem hier einschlägigen Bereich der mittleren/schweren Drogenkriminalität interdisziplinäre Kommissionen, die lediglich ambulante Sanktionen verhängen, nicht ausreichend sein, es erscheint jedoch notwendig, auch im Rahmen der traditionellen strafrechtlichen Sanktionen die Therapieorientierung für abhängige Täter beizubehalten. Es ist wichtig, im Rahmen der Sanktion – auch über die bestehende Möglichkeit des § 35 BtMG hinaus – entsprechend auf die unterschiedlichen Probleme der Täter reagieren zu können. Dies wird durch zu starre Strafrahmen und hohe Mindeststrafen verhindert, zum Beispiel dann, wenn aufgrund der Länge einer Freiheitsstrafe keine Strafaussetzung und keine Ersetzung durch gemeinnützige Arbeit mehr erfolgen kann, obwohl diese besser geeignet wären, einem weiteren Konsum vorzubeugen. Eine Absenkung der Mindeststrafen entspricht also nicht nur dem Schuldgrundsatz, sondern wäre auch aus Gründen der positiven Spezialprävention wünschenswert. Die genannten Gründe für die aktuell relativ hohen Strafen (Abschreckung, Reduzierung der Verfügbarkeit von Drogen) können hingegen nicht überzeugen. Gegen eine Absenkung der Mindeststrafen könnte jedoch eine daraus folgende Unbestimmtheit der Rechtsfolge sprechen. Zwar wären die Strafrahmen infolge einer Senkung der Mindeststrafen relativ weit, dies ist jedoch hinzunehmen. Denn die verhältnismäßig wenigen Tatbestände des BtMG müssen eine große Anzahl an Fallkonstellationen abdecken. Daher ist es notwendig, dass die Strafrahmen auch entsprechend ausgestaltet sind. Es erscheint daher insgesamt eine Absenkung der Mindeststrafe in den §§ 29a ff. BtMG angezeigt. Möchte man an der Abstufung zwischen den drei Normen festhalten, bietet es sich an, § 29a BtMG mit einer Mindeststrafe von

---

1532 *Schallert/Sobota* 2013, S. 725 f.

1533 *Vincent/Hofer* 1994, S. 13.

1534 Vgl. *Kap. 5.6.3.*

sechs Monaten zu versehen, um eine Abgrenzung zu § 29 BtMG beizubehalten. § 30 und § 30a BtMG sollten als schwerste Straftaten nach dem BtMG ihren Verbrechenscharakter beibehalten und wären mit Mindeststrafen von einem Jahr (§ 30 BtMG) bzw. zwei Jahren (§ 30a BtMG) zu versehen. Parallel sollte dann auch die Mindeststrafe des minder schweren Falles des § 30a Abs. 3 BtMG auf drei Monate angepasst werden.

Ab einem gewissen Grad der Abhängigkeit bleibt hingegen nur die Maßregel der Unterbringung in einer Erziehungsanstalt nach § 64 StGB. In diesen Fällen wäre weder die Freiheitsstrafe noch eine alternative Sanktion eine geeignete Strafe. Eine erforderliche Therapie kann nicht durch alternative Sanktionsformen ersetzt werden. An der Unterbringung nach § 64 StGB sollte daher weiterhin festgehalten werden.

6.1.4   Sonderfall lebenslange Freiheitsstrafe als Punktstrafe

Die lebenslange Freiheitsstrafe ist als schwerste Strafe des Strafrechts erheblichen Bedenken ausgesetzt.[1535] Mit Blick auf die oben dargestellten Probleme und die steigenden Belegungszahlen ist nach Wegen zu suchen, lebenslange Freiheitsstrafen zu vermeiden. Da § 211 StGB für nahezu alle Verurteilungen zu lebenslangen Freiheitsstrafen verantwortlich ist,[1536] ist diese Norm der erste Anknüpfungspunkt zu deren Vermeidung.

Für einen vollendeten Mord sieht das Gesetz in § 211 StGB nur eine Strafe vor: die lebenslange Freiheitsstrafe.[1537] Spielraum für die Berücksichtigung der individuellen Schuld des Täters ist darüber hinaus nicht vorgesehen.[1538] Wer vorsätzlich unter Verwirklichung eines Mordmerkmals tötet, soll nach dem Gesetz – unabhängig von den übrigen Umständen der Tat – mit lebenslanger Freiheitsstrafe bestraft werden. Auch ein minder schwerer Fall des Mordes existiert nicht, was im StGB für ein Delikt mit einer derart hohen Mindeststrafe ausgesprochen ungewöhnlich ist. Auch eine (analoge) Anwendung von § 213 StGB auf § 211 StGB wird ganz überwiegend abgelehnt.[1539] Zudem ist, wie oben festgestellt, § 211 StGB fast der einzige Anwendungsbereich der lebenslangen Freiheitsstrafe

---

1535   Vgl. *Kap. 3.6.*

1536   Vgl. *Kap. 3.6.*

1537   Seit 1953, bis dahin war der Mord mit der Todesstrafe bedroht, vgl. *Scheffler* 1996, S. 485; geändert durch das Dritte Strafrechtsänderungsgesetz, BGBl. I, S. 735.

1538   *Fischer* 2019, § 211 Rn. 4; *Müller-Dietz* 1983, S. 574.

1539   BGH NStZ 1981, S. 346; Sch/Sch-*Eser/Sternberg-Lieben* 2019, § 213 Rn. 3; Lackner/Kühl-*Kühl* 2018, vor § 211 Rn. 23; *Fischer* 2019, § 213 Rn. 1; a. A. *Zabel* 2010, S. 410 f.

(vgl. *Tabelle 3*). Sie wird also fast ausschließlich ohne Strafzumessung im eigentlichen Sinne verhängt. Dies gibt Anlass, sich mit einer Reform der Strafandrohung im Mordparagraphen auseinanderzusetzen.

Die Reformideen bei den vorsätzlichen Tötungsdelikten gehen jedoch weit über die angedrohte Rechtsfolge hinaus. Seit langem wird über eine grundsätzliche Neugestaltung der §§ 211 ff. StGB diskutiert. Im Rahmen der Reformdebatte geht es neben der Strafandrohung insbesondere darum, die NS-Terminologie zu ersetzen („Mörder ist …") sowie das umstrittene Verhältnis zwischen Mord und Totschlag klarzustellen.[1540] Dabei ist jedoch zu berücksichtigen, dass es sich keinesfalls – wie von Hessens Justizministerin *Kühne-Hörmann* (CDU) lanciert – um eine „Diskussion um reine Begrifflichkeiten"[1541] handelt, sondern vielmehr um grundlegende Probleme der vorsätzlichen Tötungsdelikte allgemein, also eine Diskussion, die weit über die verwendete Terminologie hinausgeht.[1542] Zwar sollten bei einer Reform der §§ 211 ff. StGB auch die Begrifflichkeiten an die übrigen Tatbestände des StGB angepasst werden, sie sind jedoch lediglich einer der Gründe für die Notwendigkeit einer Reform.

Eine weitere Frage, die ebenfalls kein allein akademisches „Gedankenspiel" darstellt, sondern konkrete praktische Auswirkungen hat, ist die Frage nach dem Verhältnis von Mord und Totschlag zueinander. Vor allem die Antwort, welcher der beiden Absätze des § 28 StGB Anwendung findet, hat direkten Einfluss auf das anzuwendende Strafmaß.[1543] Kern des Streitstands ist letztlich, ob der Mord ein eigener Tatbestand[1544] (dann wären die Mordmerkmale strafbegründend: § 28 Abs. 1 StGB) oder ein qualifizierter Totschlag[1545] (dann wären sie strafschärfend: § 28 Abs. 2 StGB) ist. Dabei ist insbesondere das Problem der „gekreuzten Mordmerkmale" bei Täter und Teilnehmer seit langem umstritten, ohne dass Aussicht auf Einigung ersichtlich ist. Das Ergebnis der Rechtsprechung ist dabei eher konstruiert und steht dogmatisch auf unsicheren Beinen.[1546] Daher ist auch hier dringend eine Klarstellung durch den Gesetzgeber vorzunehmen.

1540 *Köhne* 2007, S. 166; *Mitsch* 2014, S. 366; *Deckers/Fischer/König/Bernsmann* 2014, S. 9 f.; *Kubink/Zimmermann* 2014, S. 582 f.; *Wawzyniak* 2014, S. 228.

1541 Siehe dazu https://www.hna.de/kassel/wiesbaden-ort29699/mord-paragraf-muss-bleiben-5201558.html (zuletzt abgerufen am 10.08.2017)

1542 *Kommission* 2015, S. 3.

1543 *Deckers u. a.* 2014, S. 10.

1544 So die Rechtsprechung, vgl. BGH NJW 1952, S. 110 f.; NJW 1952, S. 835; NStZ 1990, S. 277 f.; NStZ 2006, S 289; zumindest Zweifel in BGH NJW 2006, S. 1013.

1545 So die ganz herrschende Lehre, vgl. *Kubik/Zimmermann* 2013, S. 582; Lackner/Kühl-*Kühl* 2018, vor § 211 Rn. 22; MüKo-*Schneider* 2012, vor §§ 211 ff. Rn. 188 f.; NK-*Neumann* 2017, vor § 211 Rn. 154.

1546 Liegen zum Beispiel bei Täter und Teilnehmer unterschiedliche täterbezogene Mordmerkmale vor, müsste die Rechtsprechung konsequent nach § 28 Abs. 1 StGB die Strafe

Lange gab es dazu keine konkreten Entwürfe des Gesetzgebers. Ausgearbeitete Vorschläge zu einer grundlegenden Reform der vorsätzlichen Tötungsdelikte fanden sich jedoch zum Beispiel bei *Eser*,[1547] *Thomas*,[1548] *Deckers u. a.*[1549] sowie in dem Alternativentwurf-Leben („AE-Leben").[1550] Die Bundesregierung hat angekündigt, sich in der 18. Legislaturperiode mit einer Reform der Tötungsdelikte zu beschäftigen.[1551] Auch die oppositionellen Grünen begrüßen eine Neugestaltung der § 211 ff. StGB,[1552] ebenso die Fraktion „Die Linke".[1553] Diese Bemühungen konkretisierten sich durch die Einberufung einer Expertenkommission zur Reform der Tötungsdelikte, auf deren Abschlussbericht noch im Detail eingegangen werden soll.[1554]

Aufgrund des thematischen Schwerpunkts dieser Arbeit liegt der Fokus jedoch auf einer Reform der angedrohten Rechtsfolgen. Allerdings ist zu berücksichtigen, dass auch eine grundlegende Neuordnung mit dieser Problematik verbunden ist. Daher ist hier das Ziel, einen über die Rechtsfolge hinausgehenden Vorschlag zu erarbeiten.

Dadurch, dass in der Konsequenz kein individueller Strafzumessungsvorgang durch den Richter im Einzelfall stattfindet, kann ein Konflikt mit dem Schuldgrundsatz entstehen. Nach aktueller Gesetzeslage kann die individuelle Schuld des Täters nur bei der Frage nach der besonderen Schwere der Schuld Berücksichtigung finden. Jeder nach § 211 StGB Verurteilte ist gleich zu bestrafen, unabhängig von der persönlichen Schuld und den individuellen Umständen der Tat. Einzig in Bezug auf die Möglichkeit einer Strafrestaussetzung zur Bewährung kann die Schuld insofern berücksichtigt werden, als das Tatgericht die „besondere

---

gemäß § 49 Abs. 1 Nr. 1 mildern (auf drei bis 15 Jahre), wären hingegen gar keine Mordmerkmale verwirklich worden, wären sowohl Täter als auch der Teilnehmer mit Freiheitsstrafen von fünf bis 15 Jahren zu bestrafen (§ 212 Abs. 1 StGB). Der BGH versucht diesen Widerspruch aufzulösen, indem er bzgl. der Mindeststrafe eine entsprechende „Sperrwirkung" konstruiert, vgl. BGH NStZ 2006, S. 288 ff., ein an sich plausibles Ergebnis, welches jedoch mit einer widersprüchlichen Begründung hergeleitet wird, vgl. *Puppe* 2006, S. 290 f.; *Walter* 2014, S. 369.

1547 *Eser* 1980, D 199 ff.

1548 *Thomas* 1985.

1549 *Deckers u. a.* 2014, S. 8 f., die § 211 StGB insgesamt streichen wollen und nur noch die Tatbestände „Tötung" und „minder schwerer Fall der Tötung" vorsehen.

1550 *Arbeitskreis* 2008, S. 193 ff.

1551 *Maas* 2014, auch wenn im Koalitionsvertrag keine entsprechende Vereinbarung getroffen wurde.

1552 *Keul* 2014, S. 231.

1553 *Wawzyniak* 2014, S. 228.

1554 Vgl. *Kap. 6.1.4.5.*

Schwere der Schuld" im Urteil feststellen kann,[1555] was nach § 57a Abs. 1 Nr. 2 StGB einer Strafrestaussetzung nach 15 Jahren entgegensteht. Bei der Strafzumessung selbst können Umstände außerhalb des gesetzlichen Tatbestandes aufgrund der festen Strafandrohung jedoch nicht berücksichtigt werden. Aus der abschließenden Regelung der Mordmerkmale folgert der BGH zudem, dass bei Verwirklichung eines Mordmerkmals zwangsweise auf Mord zu erkennen ist, da sie gerade keine Regelbeispiele mit lediglich Indizwirkung sein sollen.[1556] Die Höhe der Schuld wird also abstrakt im Tatbestand bestimmt statt individuell im Einzelfall anhand aller strafzumessungsschuldfeststellenden Merkmale. So können das Vor- und Nachtatverhalten, die voraussichtliche Wirkung der Strafe auf den Täter sowie dessen Motive und Ziele anders als bei Delikten mit einem Strafrahmen keine Berücksichtigung in der Strafzumessung finden. Positiv an einer solchen absoluten Strafandrohung ist, dass sie für Rechtssicherheit sorgt, da die Gerichte nicht zu verschiedenen Strafen in ähnlich gelagerten Fällen gelangen können; ein Strafzumessungsvorgang im eigentlichen Sinn findet nicht statt.[1557] Zwar gibt es in der Praxis Korrekturansätze über § 49 StGB analog,[1558] die zumindest teilweise eine Art Strafzumessung ermöglichen, doch sind damit zum einen nicht sämtliche Fälle erfasst und zum anderen geht diese Lösung eindeutig am Wortlaut des Gesetzes vorbei. Die Probleme der analogen Anwendung von § 49 StGB und warum diese Praxis keine dauerhafte Lösung sein kann, wird unten noch genauer erläutert.

In der Praxis werden bei einem Großteil der vollendeten Morde entsprechend der Strafandrohung auch tatsächlich lebenslange Freiheitsstrafen verhängt. So wurden aufgrund von 123 vollendeten Morden im Jahr 2015 90 lebenslange Freiheitsstrafen ausgesprochen,[1559] dies waren 73,2% aller wegen Mordes Verurteilten. Die übrigen Fälle können zum einen Milderungen gemäß § 49 Abs. 1 StGB analog sein. Den größeren Teil dürften jedoch Fälle der verminderten Schuldfähigkeit (§ 21 Abs. 1 StGB) darstellen, die insbesondere bei vorsätzlichen Tötungen regelmäßig zu prüfen ist.[1560] Daneben entfielen 2015 lediglich fünf weitere

---

1555   MüKo-*Schneider* 2012, § 211 Rn. 273.

1556   BGH NJW 1957, S. 70 f.; NJW 1958, S. 309; NStZ 1981, S. 345.

1557   BVerfG NJW 1977, S. 1532.

1558   Siehe dazu und zu den übrigen Ansätzen *Kap. 6.1.4.3.*

1559   *Statistisches Bundesamt* 2017, S. 168 f.

1560   2015 wurde in 19,1 % aller Straftaten gegen das Leben verminderte Schuldfähigkeit angenommen, vgl. *Statistisches Bundesamt* 2017, S. 370; zur Entwicklung der Anwendungshäufigkeit der §§ 20, 21 StGB siehe auch MüKo-*Streng* 2017, § 21 Rn. 4 f.; *Schreiber* 1981, S. 49 f., der vor allem auf die Entwicklung nach der Reform der Vorschriften über die Schuldfähigkeit 1975 eingeht.

lebenslange Freiheitsstrafen auf die vorsätzlichen Tötungsdelikte.[1561] Im Rahmen dieser Delikte erfolgt die Abgrenzung zwischen zeitiger und lebenslanger Freiheitsstrafe folglich im Tatbestand und nicht durch die individuelle Schuld des Täters. Die sich daraus ergebenden praktischen Probleme sollen zunächst vorgestellt werden. Im Anschluss werden die zur aktuellen Gesetzeslage erarbeiteten Lösungsvorschläge untersucht, um schließlich die Anforderungen an eine Reform darzustellen und einen eigenen konkreten Vorschlag für eine Neuregelung der vorsätzlichen Tötungsdelikte zu unterbreiten.

6.1.4.1 Problemfälle im Rahmen des § 211 StGB

Zwar sind nicht alle Verurteilungen wegen § 211 StGB zwangsweise mit Problemen verbunden. Es ergaben und ergeben sich in der Praxis in konkreten Einzelfällen allerdings Probleme, eine schuldangemessene Strafe zu verhängen, die im Folgenden dargestellt werden. Sie betreffen insbesondere die Mordmerkmale der Heimtücke und der Verdeckungsabsicht.[1562]

Nach ständiger Rechtsprechung des BGH handelt heimtückisch, wer in feindlicher Willensrichtung die Arg- und Wehrlosigkeit seines Opfers bewusst zur Tötung ausnutzt.[1563] Mit dieser sehr weiten Definition kann im Ergebnis eine Vielzahl vorsätzlicher Tötungen erfasst werden. Trotz anhaltender Kritik durch das BVerfG[1564] und große Teile der Literatur[1565] an der weiten Auslegung hält der BGH bis heute daran fest, obwohl sich einige Fälle ergeben haben, in denen eine lebenslange Freiheitsstrafe bei einer vorsätzlichen Tötung unter Ausnutzung der Arg- und Wehrlosigkeit des Opfers für nicht tatschuldangemessen gehalten wurde.

Dies betrifft zum einen die sog. Haustyrannenfälle,[1566] also Opfer häuslicher Gewalt, die ihren Peiniger zur Beendigung ihres Leidens töten. Aufgrund der in der Regel körperlichen Unterlegenheit des Opfers bleibt hier häufig nur die Möglichkeit, den Peiniger durch heimtückische Mittel umzubringen. Besonders häufig

---

1561   Also auf Fälle des § 212 Abs. 2 StGB und versuchten Mord.

1562   BVerfG NJW 1977, S. 1532 ff.

1563   BGH NJW 1952, S. 834; NJW 1966, S. 557; NStZ 1984, S. 261; NStZ 2005, S. 689; NStZ 2012, S. 271; NStZ 2013, S. 337; dem folgend *Fischer* 2019, § 211 Rn. 34; zu abweichenden Ansichten vgl. *Kap. 6.1.4.3.*

1564   Zur vom Bundesverfassungsgericht geforderten verfassungskonformen Auslegung des Merkmals (BVerfG NJW 1977, S. 1525 ff.), vgl. *Kap. 6.1.4.3.*

1565   *Lackner* 1981, S. 349; *Rengier* 1979, S. 971; NK-*Neumann/Saliger* 2017, § 211 Rn. 48; Lackner/Kühl-*Kühl* 2018, § 211 Rn. 6.

1566   BGHSt 48, S. 255ff; BGH NStZ 2005, S. 154 f.

ist dabei die Tötung eines Schlafenden. Dies stellte sowohl nach der Rechtsprechung des BGH[1567] als auch nach der herrschenden Lehre[1568] Heimtücke dar. Der Schlafende nehme seine Arg- und Wehrlosigkeit quasi mit in den Schlaf.[1569] *Haverkamp* weist hierzu darauf hin, dass umgekehrt die offenen Angriffe des „Haustyrannen" – sofern sie zum Tod des Opfers führen – als Totschlag nur eine Mindeststrafe von fünf Jahren (in einem minder schweren Fall gemäß § 213 StGB sogar nur ein Jahr) Freiheitsstrafe nach sich ziehen oder sogar als Körperverletzung mit Todesfolge (§ 227 Abs. 1 StGB) lediglich zu einer Mindeststrafe von drei Jahren (oder in einem minder schweren Fall nach § 227 Abs. 2 StGB von einem Jahr) Freiheitsstrafe führen.[1570] In solchen Haustyrannenfällen zwangsläufig eine lebenslange Freiheitsstrafe zu verhängen erscheint unverhältnismäßig. Zudem weist *Haverkamp* zu Recht darauf hin, dass letztlich derjenige härter bestraft wird, der sich aufgrund von körperlicher Unterlegenheit nicht anders als durch hinterlistige Attacken zur Wehr setzen kann.[1571] Damit wird letztlich der Schwächere bestraft. Wer stark genug ist, sich eines gegenwärtigen Angriffs durch Tötung zu erwehren, wird durch Notwehr gerechtfertigt; derjenige, dem dies nicht möglich ist und der daher die Zeit zwischen den Angriffen nutzt, wird hingegen ohne weitere Berücksichtigung der Umstände mit der schwersten Strafe des deutschen Strafrechts bestraft. Damit soll keinesfalls die Rechtfertigung der Tötung von schlafenden Haustyrannen postuliert werden. Es erscheint jedoch schlicht ungerecht, Tatumstände, die fast schon an Notwehr heranreichen, im Strafmaß aufgrund einer absoluten Strafandrohung gar nicht berücksichtigen zu können.

Zum Teil wird allerdings in Frage gestellt, ob in Haustyrannenfällen überhaupt eine Korrektur erforderlich ist. So mag man auf zahlreiche Schutzmöglichkeiten für misshandelte Partner hinweisen, wie das Gewaltschutzgesetz oder Frauenhäuser und schließlich auch die Möglichkeit der Strafverfolgung. Doch kann es zum einen an der tatsächlichen Effektivität dieser Mechanismen fehlen,[1572] zum

---

1567   BGH NJW 1969, S. 2292 f.; NJW 2003, S. 2466; NStZ 2007, S. 524 f.

1568   Sch/Sch-*Eser/Sternberg-Lieben* 2019, § 211 Rn. 24; *Fischer* 2019, § 211 Rn. 42; NK-*Neumann/Saliger* 2017, § 211 Rn. 55; a. A *Joecks* 2014, § 211 Rn. 46.

1569   Aus diesem Grund hält der BGH die Tötung eines Bewusstlosen auch grundsätzlich nicht für einen Heimtückemord, vgl. BGH NStZ 1997, S. 491; StV 2000, S. 309; a. A. MüKo-*Schneider* 2012, § 211 Rn. 173; *Kutzer* 1994, S. 110 f.; NK-*Neumann/Saliger* 2017, § 211 Rn. 57.

1570   *Haverkamp* 2006, S. 586.

1571   *Maas* 2014; *Haverkamp* 2006, S. 586; *Kommission* 2015, S. 2: „offensichtlich ungerecht".

1572   In BGH NJW 2003, S. 2464 ff. zum Beispiel waren Maßnahmen nach dem Gewaltschutzgesetz oder selbst eine Inhaftierung des Täters aufgrund seiner ranghohen Stellung in einem Rockerclub wenig erfolgversprechend.

anderen kann es vor allem aber auch an Vertrauen in deren Wirksamkeit mangeln. Zudem kommt es auch gar nicht darauf an, inwieweit sich der Misshandelte anderweitig hätte helfen können, sondern darauf, dass die Tatschuld durch die Umstände der Tat so weit reduziert ist, dass eine lebenslange Freiheitsstrafe nicht mehr angemessen ist. Dies ist bei Haustyrannenfällen regelmäßig der Fall. In diesen Fällen wäre der Richter streng nach dem Wortlaut des Gesetzes dazu verpflichtet, eine nicht schuldangemessene Strafe zu verhängen.

Ein weiterer Grenzfall war der sog. türkische Onkelfall.[1573] Darin hatte der Onkel des Täters dessen Frau vergewaltigt, welche sich daraufhin von ihm abwandte und mehrere Suizidversuche unternahm. Zudem brüstete sich das spätere Opfer vor dem Täter mit seiner Tat und bedrohte den Täter. Daraufhin erschoss dieser seinen Onkel, der in einem Lokal Karten spielte, hinterrücks, eine Verhaltensweise, welche sich unproblematisch unter die oben genannte Definition der Heimtücke des BGH subsumieren lässt. Allerdings erscheint auch hier aufgrund der Vorgeschichte zwischen Opfer und Täter, welche streng nach Gesetz gar nicht zu berücksichtigen wäre, die zwangsweise Anordnung der lebenslangen Freiheitsstrafe nicht angemessen. In diesem Fall wäre daher streng nach Gesetzeswortlaut eine schuldunangemessene Strafe zu verhängen gewesen.[1574]

Als ebenfalls problematisch stellten sich die sog. Erpresserfälle heraus. Damit sind Fälle gemeint, in denen der Täter vom späteren Opfer erpresst wird und sich daraufhin entschließt, dieses hinterrücks zu töten.[1575] Auch hier kann eine lebenslange Freiheitsstrafe aufgrund des vorherigen Angriffs durch das spätere Opfer schuldunangemessen sein. Dabei ließe sich zunächst im Tatbestand beim Merkmal der Heimtücke ansetzen, vor allem im Hinblick auf die Frage, ob der Erpresser in Gegenwart des Erpressten überhaupt arglos sein kann.[1576]

Diese Fälle zeigen, dass die absolute Strafandrohung bei Mord in Heimtücke-Fällen zu schweren Konflikten mit dem Schuldgrundsatz führen kann. Dieses Problem haben sowohl Rechtsprechung als auch Lehre erkannt und verschiedene Lösungsansätze entwickelt.[1577]

Neben der Heimtücke kann auch das Merkmal der Verdeckungsabsicht Probleme bereiten. Teilweise wird es allein schon deshalb als einschränkungswürdig angesehen, als die Selbstbegünstigung in den anderen Teilen des StGB einen Grund für eine Strafmilderung bzw. einen Verzicht auf Strafe darstellt (zum Beispiel in § 157 Abs. 1 StGB, auch Begünstigung, Hehlerei und Strafvereitelung

---

1573 BGH NJW 1981, S. 1965.

1574 Zur Lösung des BGH vgl. *Kap. 6.1.4.3.*

1575 So zum Beispiel in BGH NStZ 1995, S. 231 f.

1576 BGH NJW 2003, S. 1955 ff.; hier stellte der BGH darauf ab, dass das Opfer aufgrund der objektiv bestehenden Notwehrlage von einem Angriff ausgehen musste und daher nicht arglos war; siehe dazu auch unten.

1577 Vgl. *Kap. 6.1.4.3.*

sind nur bei Straftaten anderer einschlägig[1578]). Auch inwieweit eine befürchtete außerstrafrechtliche Verfolgung eine Verdeckungsabsicht im Sinne von § 211 Abs. 2 StGB begründen kann, ist problematisch.[1579] In Bezug auf den Schuldgrundsatz können besonders dann Probleme entstehen, wenn die Tötung im Affekt unmittelbar im Anschluss an die zu verdeckende Straftat erfolgt. Hier erscheint eine zwangsweise Verhängung der lebenslangen Freiheitsstrafe für eine Affekttat nicht immer schuldangemessen.[1580]

Doch auch wenn in den oben genannten Tatbeständen die Selbstbegünstigung zu Milderung führt, gibt es keinen allgemeinen Grundsatz, der eine geringere Bestrafung der Selbstbegünstigung postuliert.[1581] Außerdem wird lediglich die gewaltlose Selbstbegünstigung im StGB als Privilegierungsgrund genannt.[1582] Die vom BGH erwogenen Einschränkungsmethoden wie die zusätzliche Voraussetzung einer vorherigen Planung der Tat[1583] oder der Ausschluss des Merkmals, dass bereits die Vortat gegen den Körper oder das Leben desselben Opfers gerichtet ist und beide Taten spontan in unmittelbarem zeitlichem Zusammenhang erfolgen,[1584] wurden von ihm wieder aufgegeben,[1585] und dies zu Recht: Sie finden keine Grundlage im Gesetz. Zudem tragen weder die Planung der Tat noch der Zusammenhang zwischen beiden Taten dem Normzweck der besonderen Gefährlichkeit der Tatsituation Rechnung.[1586]

Nachdem diese speziell auf die Verdeckungsabsicht zugeschnittenen Lösungen auch von der Rechtsprechung verworfen wurden und die Bemühungen des BGH „auf dem Nullpunkt angelangt"[1587] sind, kommen hier nur die allgemein für den Mordtatbestand erwogenen Lösungen in Betracht.[1588]

1578   Z. B. §§ 257 ff. StGB.

1579   Siehe dazu unter anderem *Sowada* 2000, S. 1035 ff.; *Schmidhäuser* 1989, S. 55 ff.; BGH NStZ 1989, S. 68 ff.

1580   *P.-A. Albrecht* 1982, S. 704 f.; *Arzt* 1979, S. 11.

1581   MüKo-*Schneider* 2016, § 211 Rn. 223.

1582   *Dölling* 2017, S. 9 f.; MüKo-*Schneider* 2016, § 211 Rn. 223.

1583   *Schmidhäuser* 1978, S. 270; a. A. BGH NJW 1978, S. 229.

1584   So noch BGH NJW 1978, S. 1062; BGH NStZ 1985, S. 454 f. stellt diese einschränkende Auslegung bereits in Frage, gibt wegen fehlender Entscheidungserheblichkeit jedoch kein endgültiges Urteil ab.

1585   BGH NStZ 2002, S 253 f. gibt diese Einschränkung des Merkmals der Verdeckungsabsicht auf; zustimmend NK-*Neumann/Saliger* 2017, § 211 Rn. 111.

1586   *Wessels/Hettinger/Engländer* 2018, Rn. 142.

1587   Sch/Sch-*Eser/Sternberg-Lieben* 2019, § 211 Rn. 32a.

1588   Vgl. *Kap. 6.1.4.3.*

6.1.4.2 Totschlag im besonders schweren Fall

Ebenfalls ein Problem bei den Tötungsdelikten auf Rechtsfolgenseite stellt der Totschlag im besonders schweren Fall gemäß § 212 Abs. 2 StGB dar. Dieser kennt, genau wie der Mord, die lebenslange Freiheitsstrafe als einzig mögliche Rechtsfolge.

Angezweifelt wird zum einen teilweise die Bestimmtheit der Vorschrift, vor allem, da – wie in übrigen besonders schweren Fällen des StGB – keine Beispiele genannt werden, welche einen solchen Fall indizieren. § 212 Abs. 2 StGB könnte so als quasi „unbenanntes Mordmerkmal" verstanden werden. Auch wenn die Tat letztlich ein Totschlag bleibt, so ändert dies an der zu verhängenden lebenslangen Freiheitsstrafe nichts. Das Bundesverfassungsgericht hat die Vorschrift jedoch für verfassungskonform erklärt und weder einen Verstoß gegen das Bestimmtheitsgebot noch gegen das Prinzip der Verhältnismäßigkeit festgestellt.[1589] Obwohl § 212 Abs. 2 StGB keine genannten Regelbeispiele enthält, können so dennoch die Mordmerkmale aus § 211 StGB aufgrund derselben Strafandrohung für die Auslegung der Vorschrift genutzt werden. Unrechts- sowie Schuldgehalt der Tat müssen auf der Stufe eines Mordes stehen, um einen besonders schweren Fall des Totschlags annehmen zu können.[1590] Teilweise wird auch vertreten, dass allein Merkmale, die einem Mordmerkmal zumindest ähnlich sind, bei der Frage, ob es sich um einen Totschlag im besonders schweren Fall handelt, berücksichtigt werden können. Begründet wird dies damit, dass an das Bestimmtheitsgebot strengere Anforderungen zu stellen sind, je höher die angedrohte Strafe ist.[1591] Einig ist man sich jedoch darüber, dass allein die Nähe zu einem Mordmerkmal für sich genommen nicht ausreichen kann, um einen besonders schweren Fall des Totschlags zu begründen.[1592] Liegen bestimmte Komponenten eines Mordmerkmals bei Tat oder Täter nicht vor, kann dies nicht einfach durch einen Rückgriff auf § 212 Abs. 2 StGB „korrigiert" werden.[1593] In einem solchen Fall müssten weitere schuld- oder unrechtssteigernde Merkmale hinzukommen, um einen besonders schweren Fall des Totschlags annehmen zu können.[1594] Eine konkrete Definition der Merkmale fehlt jedoch.

1589 BVerfG JR 1978, S. 28. Zustimmend NK-*Neumann*/*Saliger* 2017, § 212, Rn. 42; MüKo-*Schneider* 2016, § 212 Rn. 91; *Momsen* 1998, S. 490.

1590 BGH NStZ 1991, S. 431 f.; MüKo-*Schneider* 2016, § 212 Rn. 91.

1591 *Momsen* 1998, S. 487 f.; *Saliger* 2015, S. 601.

1592 BGH NJW 1981, S. 2310 f.; NJW 1982, S. 2265; NStZ-RR 2004, S. 205 f.

1593 BGH NStZ 1981, S. 259; NStZ 1984, S. 312.

1594 MüKo-*Schneider* 2016 § 212 Rn. 91.

Auch wenn aus den genannten Gründen zu Recht auf die Verfassungskonformität der Vorschrift geschlossen wird, so ist dennoch zu fragen, ob sie kriminalpolitisch wünschenswert ist. Trotz verfassungsmäßiger Bestimmtheit bereitet die absolute Strafandrohung Probleme. Welchen Anwendungsbereich die Vorschrift neben § 211 StGB noch haben soll, ist unklar.[1595] Zudem besteht die Gefahr, dass in Fällen, in denen ein Mord ausscheidet (beispielsweise wegen fehlenden Vorsatzes bezüglich des Mordmerkmals trotz objektiver Verwirklichung), dem Richter eine Art „Hintertür" offengelassen wird, um doch zu einer lebenslangen Freiheitsstrafe zu gelangen, obwohl der Gesetzgeber dies gerade nicht vorsieht. Die Norm birgt insofern eine gewisse Missbrauchsgefahr.

Die Vorschrift läuft letztlich auf einen unbenannten Fall des Mordes hinaus.[1596] Auch *Köhne* spricht vom „faktisch zehnten Mordmerkmal",[1597] einem Zustand, der gerade aufgrund der Höhe der angedrohten Strafe nicht aufrechterhalten werden kann. Wenn der Gesetzgeber die lebenslange Freiheitsstrafe als einzige Strafe androht, dann sollte er den Tatbestand entsprechend klar und bestimmt gestalten. Auch die geringe Anzahl der Fälle in der Praxis zeigt, dass kein ausreichender kriminalpolitischer Bedarf für die Vorschrift besteht.[1598] § 212 Abs. 2 StGB ist daher ersatzlos zu streichen.[1599] Dies gilt unabhängig von einer weiteren möglichen Reform. Eine Norm, die zwangsweise eine so hohe Strafe androht und dabei eine solche Konturenlosigkeit aufweist, sollte im deutschen Strafrecht nicht bestehen. Wird die lebenslange Freiheitsstrafe angedroht, müssen die Voraussetzungen genau vom Gesetzgeber normiert sein. Auch wenn eine vielfach geforderte und auch hier unterstützte grundlegende Reform der §§ 211 ff. StGB nicht durchgeführt wird, sollte dennoch der (unbenannte) besonders schwere Fall des Totschlags abgeschafft werden. Sollte dies ohne eine Gesamtreform der vorsätzlichen Tötungsdelikte nicht umsetzbar sein, so sollte zumindest die absolute Strafandrohung durch einen Strafrahmen ersetzt werden.

1595 NK-*Neumann/Saliger* 2017, § 212 Rn. 42.

1596 Auch wenn der Täter formell „nur" einen Totschlag begeht, so unterscheidet sich die Rechtsfolge für ihn nicht; der Unterschied, dass besonders schwere Fälle des Totschlags im Gegensatz zum Mord verjähren können (§ 78 Abs. 2 StGB), ist nur von untergeordneter Bedeutung.

1597 *Köhne* 2014, S. 22.

1598 Zwar ist *Köhne* 2014, S. 742 insoweit zuzustimmen, dass allein geringe Fallzahlen nicht ausreichen, um von einer kriminalpolitischen Entbehrlichkeit ausgehen zu können, doch können sie zumindest ein Indiz dafür sein.

1599 Zustimmend NK-*Neumann/Saliger* 2017, § 212 Rn. 42; *Eser* 1980, D 199, *Rengier* 1980, S. 479.

6.1.4.3   Ansätze de lege lata

Die oben genannten Beispiele zeigen, dass Tötungsfälle denkbar sind (und auch schon tatsächlich vorgekommen sind), in denen der Wortlaut des Gesetzes den Richter dazu zwingen würde, eine verfassungswidrige, weil nicht schuldangemessene Strafe zu verhängen. Bis zum Tätigwerden des Gesetzgebers war es daher an Rechtsprechung und Literatur, Lösungen zu entwickeln, um die lebenslange Freiheitsstrafe in diesen Fällen vermeiden zu können. Ins Rollen gebracht wurde die Suche nach Lösungsansätzen für die Probleme des Mordtatbestands durch einen Vorlagebeschluss des LG Verden:

Im Jahr 1976 legte das LG Verden dem BVerfG die Vorschrift des § 211 StGB im Rahmen einer konkreten Normenkontrolle gemäß Art. 100 Abs. 1 GG vor. Das LG trug dabei verfassungsrechtliche Bedenken sowohl gegen die lebenslange Freiheitsstrafe als solche als auch gegen die absolute Androhung in § 211 StGB vor. Im Rahmen der lebenslangen Freiheitsstrafe als solche sah es aufgrund der psychischen und physischen Folgen für den Inhaftierten einen Verstoß gegen die Menschenwürde (Art. 1 Abs. 1 GG) sowie einen Verstoß gegen die Wesensgehaltsgarantie (Art. 19 Abs. 2 GG) des Art. 2 Abs. 2 GG durch die vollständige Aufhebung der Bewegungsfreiheit als gegeben.[1600] Durch die absolute Androhung im Mordtatbestand sah das LG Verden zudem einen Verstoß gegen Art. 3 GG und den Schuldgrundsatz, da den Mordmerkmalen ein „fiktiver Schuldgehalt" beigemessen würde und es so dem Richter in einigen Einzelfällen nicht mehr möglich sei, eine schuldangemessene Strafe zu verhängen.[1601]

Das BVerfG schloss sich der Ansicht des LG Verden in seiner Entscheidung nicht an und erklärte sowohl die lebenslange Freiheitsstrafe als solche als auch die absolute Strafandrohung des § 211 StGB für verfassungskonform, allerdings mit gewissen Einschränkungen.[1602] Dabei ging das Bundesverfassungsgericht davon aus, dass nicht ausreichend nachgewiesen sei, dass die lebenslange Freiheitsstrafe zwangsweise zu irreparablen Haftschäden führe.[1603] Allerdings sei es die Aufgabe des Strafvollzugs, auch bei zu lebenslanger Haft Verurteilten die Resozialisierung zu fördern und schädlichen Folgen der Haft entgegenzuwirken.[1604] Zudem sei die lebenslange Freiheitsstrafe lediglich dann mit der Menschenwürde und dem Rechtsstaatsprinzip vereinbar, wenn der Verurteilte eine realistische Chance besitze, wieder in Freiheit zu gelangen. Die Begnadigung – als damals

---

1600   LG Verden NJW 1976, S. 980.

1601   LG Verden NJW 1976, S. 980 f.

1602   BVerfG NJW 1977, S. 1525; zuletzt bestätigt in BVerfG EuGRZ 2007, S. 71 ff.

1603   BVerfG NJW 1977, S. 1526 ff.

1604   BVerfG NJW 1977, S. 1528.

einzige Möglichkeit der Freilassung – sei dazu nicht ausreichend.[1605] Daraus folgerte das BVerfG eine „verfassungsrechtliche Pflicht des Gesetzgebers", die Strafrestaussetzung der lebenslangen Freiheitsstrafe gesetzlich zu regeln.[1606] Die Folge dieser Rechtsprechung war letztlich die Einführung des § 57a StGB im Jahr 1981.[1607] Dieser brachte zwar keine merkliche Reduzierung der durchschnittlichen Vollzugsdauer, jedoch sorgte er immerhin für ein durchsichtigeres Verfahren mit klareren Voraussetzungen als im Rahmen der vorherigen Gnadenpraxis.[1608]

Zur Frage, ob die absolute Strafandrohung des § 211 StGB mit dem Schuldgrundsatz vereinbar sei, führte das BVerfG aus, dass dem Schuldgrundsatz durch eine restriktive Auslegung der Mordmerkmale Heimtücke und Verdeckungsabsicht sowie durch die im Allgemeinen Teil des StGB vorgesehenen Milderungsgründe, insbesondere die verminderte Schuldfähigkeit gemäß § 21 StGB, Rechnung getragen werden könne.[1609] Die Strafandrohung ist nach dem BVerfG also nur dann verfassungsgemäß, wenn die Gerichte die Möglichkeit haben, in Fällen, in denen eine lebenslange Freiheitsstrafe unangemessen ist, eine niedrigere Strafe zu verhängen. Die genaue Ausgestaltung wurde dabei jedoch den Fachgerichten überlassen. Angeregt wurde allerdings eine verfassungskonforme restriktivere Auslegung des Tatbestands. Eine restriktive Auslegung der Mordmerkmale unter Berücksichtigung der angedrohten Strafe erscheint auf den ersten Blick als am nächsten liegende Möglichkeit zur Einschränkung der Reichweite des Mordtatbestands.[1610] Man erspart sich damit umständliche Konstruktionen wie die Rechtsfolgenlösung oder die Typenkorrektur (siehe dazu unten). Allerdings bleiben die Gerichte im Rahmen der Auslegung an den Wortlaut des Gesetzes gebunden. Klare Wortlautgrenzen lassen sich nicht über den Weg der engen Auslegung übergehen. Damit bleibt die Anzahl der Fälle, die sich auf diesem Wege korrigieren lassen, sehr begrenzt. So wird man weder in „Haustyrannenfällen" noch im türkischen Onkelfall allein aufgrund von restriktiver Auslegung Heimtücke verneinen können. Damit soll kein Plädoyer für eine Aufgabe des Grundsatzes der restriktiven Auslegung von Mordmerkmalen ausgesprochen werden. In bestimmten Fällen lässt sich allein durch diese Art der Auslegung ein angemessenes Ergebnis

1605   BVerfG NJW 1977, S. 1529.

1606   BVerfG NJW 1977, S. 1530.

1607   BGBl. I, S. 393. Ob damit alle verfassungsrechtlichen Probleme ausgeräumt sind, ist jedoch zweifelhaft. Problematisch bleibt vor allem die Möglichkeit der lebenslangen Vollstreckung trotz positiver Prognose bei Vorliegen von besonderer Schwere der Schuld. So z. B. *Müller-Dietz* 1983, S. 634; *Beckmann* 1979, S. 451 f.; *Groß* 1979, S. 134 f.

1608   *Van Zyl Smit* 2002, S. 151.

1609   BVerfG NJW 1977, S. 1532 f.

1610   Vorgeschlagen wurde dies etwa durch *Schmidhäuser* 1989, S. 56.

erzielen und auch die sprachliche Weite einiger Merkmale gebietet diese restriktive Auslegung. Doch allein mit ihrer Hilfe lassen sich die genannten Problemfälle des Mordtatbestandes nicht vollständig lösen. So können geradezu klassische Fälle der Heimtücke, wie das Erschießen eines abgelenkten Opfers von hinten (wie im Onkelfall), nicht durch Auslegung an Sinn und Zweck sowie am Wortlaut vorbei aus dem Tatbestand herausgenommen werden.

Der BGH entschied sich im Bereich des Heimtückemordes, anders als vom BVerfG angeregt, gegen eine restriktivere Auslegung des Tatbestandes und stattdessen für eine Lösung auf der Rechtsfolgenseite. Danach soll die lebenslange Freiheitsstrafe in Fällen, in denen „außergewöhnliche Umstände vorliegen, die das Ausmaß der Tatschuld erheblich mindern",[1611] gemäß § 49 Abs. 1 StGB analog gemindert werden können (sog. Rechtsfolgenlösung). Die entsprechenden Fälle unterfallen damit zwar weiterhin § 211 StGB, die lebenslange Freiheitsstrafe wird jedoch gemäß §§ 49 Abs. 1, 38 Abs. 2 StGB durch eine Freiheitsstrafe von drei bis 15 Jahren ersetzt.[1612] Doch diese „Rechtsfolgenlösung" hat überwiegend Kritik erfahren. Zum einen wird eine Rechtszersplitterung befürchtet, da die Gerichte möglicherweise die flexiblere Lösung auf Rechtsfolgenseite bevorzugt suchen würden, anstatt sich mit eventuell komplizierten Problemen im Tatbestand auseinanderzusetzen.[1613] Auch besitzt das Merkmal der „außergewöhnlichen Umstände" nicht die nötige Bestimmtheit, um in der Praxis eine einheitliche Rechtsprechung zu gewährleisten.[1614]

Zudem fehlt es an einer für eine Analogie erforderlichen planwidrigen Regelungslücke. Die §§ 49 Abs. 1 und 211 StGB sind bewusst abschließend geregelt worden. Selbst wenn man eine Regelungslücke annähme, so würde es dennoch an der Planwidrigkeit fehlen, denn der Gesetzgeber hat für die abschließend aufgezählten Mordmerkmale eindeutig nur die lebenslange Freiheitsstrafe vorgesehen. Gleichsam sind die Fälle, in denen eine Milderung nach § 49 Abs. 1 StGB stattfinden soll, abschließend gesetzlich normiert. Eine Analogie scheidet also bereits aus methodischen Gründen aus. Zwar wird teilweise darauf hingewiesen, dass § 211 StGB bis zum 1. Oktober 1953 in Abs. 3 eine Möglichkeit zur Milderung der Mindeststrafe in „besonderen Ausnahmefällen" auf lebenslanges Zuchthaus enthielt,[1615] und die Streichung dieses Absatzes als Folge des Art. 102 GG sei ein Versehen des Gesetzgebers, welches durch eine Analogie zu § 213 StGB zu beheben sei.[1616] Die Streichung des Abs. 3 wird jedoch eher so zu verstehen sein,

1611 BGH NStZ 1981, S. 347.

1612 BGH NStZ 1981, S. 347.

1613 *Lackner* 1981, S. 349 f.

1614 *Günther* 1982, S. 357.

1615 Damals noch die Todesstrafe.

1616 In eine ähnliche Richtung argumentiert auch BeckOK-*Eschelbach* 2019, § 213 Rn. 27.

dass der Gesetzgeber davon ausging, dass zumindest das lebenslange Zuchthaus für einen Mörder stets schuldangemessen ist und eine geringere Strafe nicht in Betracht kommt.

Der BGH entwickelte hier das Recht gegen den Willen des Gesetzgebers weiter. Dies überschreitet die Grenzen der richterlichen Rechtsfortbildung,[1617] wodurch das Prinzip der Gewaltenteilung unterlaufen wird.[1618] Zudem bleibt die Stigmatisierung als „Mörder" trotz der geringeren Schuld erhalten.[1619] Die Rechtsfolgenlösung ist daher kein geeignetes Mittel, die lebenslange Freiheitsstrafe in Ausnahmefällen zu vermeiden.[1620] Deshalb ist nach weiteren Lösungsansätzen zu suchen.

Teile der Literatur versuchen dies, indem sie die Definition der Heimtücke um das Merkmal eines „verwerflichen Vertrauensbruchs" erweitern.[1621] Damit wäre Heimtücke jedoch bei jeder Tötung, bei der keine nähere Beziehung zwischen Täter und Opfer bestand, ausgeschlossen.[1622] Selbst bei der Tötung durch einen Heckenschützen, einem geradezu klassischen Fall der Heimtücke, würde im Falle einer offenen Feindschaft zwischen Täter und Opfer oder im Falle einer Auftragstötung Heimtücke ausscheiden. Zudem sieht sich das Merkmal des verwerflichen Vertrauensbruchs mit dem Vorwurf der Unbestimmtheit konfrontiert.[1623] Insbesondere wäre unklar, wie ausgeprägt ein Vertrauensverhältnis sein muss, um für eine Annahme von Heimtücke auszureichen.[1624] So wäre beispielsweise in den oben genannten Haustyrannenfällen fraglich, ob eine wenn auch zerrüttete Ehe nicht ein entsprechendes Vertrauensverhältnis begründen könnte und somit doch ein Heimtückemord zu bejahen wäre. Damit werden tendenziell eher neue Probleme geschaffen, anstatt die bestehenden zu beheben. Auch die teilweise benutzte Formulierung des „Missbrauchs sozialpositiver Vertrauensmuster"[1625] ist nicht in der Lage, dem Begriff mehr Kontur zu verleihen. Zudem könnte selbst diese Lösung nur in bestimmten Fallkonstellationen zur Korrektur dienen und nicht sämtliche problematischen Konstellationen des Mordtatbestands lösen. Zuletzt lässt sich noch anführen, dass die ohnehin ausgeprägte Problematik

---

1617 *Schmidhäuser* 1989, S. 58; *Bruns* 1981, S. 362.

1618 MüKo-*Schneider* 2012, § 211 Rn. 41.

1619 *Hirsch* 1989, S, 28.

1620 NK-*Neumann* 2017, vor § 211 Rn. 162; *Meurer* 2000, S. 2939; *Günther* 1982, S. 357; *Mitsch* 2008, S. 337.

1621 *Jakobs* 1984, S. 997; *Hassemer* 1971, S. 630.

1622 *Kaspar/Broichmann* 2013, S. 347.

1623 BGH NJW 1982, S. 1967.

1624 MüKo-*Schneider* 2012, § 211 Rn. 197; *Kaspar/Broichmann* 2013, S. 347.

1625 Sch/Sch-*Eser/Sternberg-Lieben* 2019, § 211 Rn. 26a.

der Teilnahme bei Tötungsdelikten durch dieses Merkmal noch verschärft würde.[1626] Aus diesen Gründen ist das Merkmal des „verwerflichen Vertrauensbruchs" nicht geeignet, das Mordmerkmal der Heimtücke angemessen zu beschränken, um die zwangsweise Anordnung der lebenslangen Freiheitsstrafe in bestimmten Fällen zu vermeiden.[1627]

Eine alternative Lösung wäre es, demjenigen, der dem späteren Täter gegenüber selbst aggressiv aufgetreten ist, die Arglosigkeit abzusprechen, da er grundsätzlich mit einem (Gegen-)Angriff rechnen muss.[1628] Ein solcher Lösungsansatz ist zwar möglicherweise geeignet, Erpresserfälle zu lösen, in denen aufgrund der bereits abgeschlossenen Erpressung keine Notwehrlage mehr vorliegt, da hier zumindest noch eine unmittelbare Konfliktsituation besteht.[1629] Im Falle eines schlafenden Haustyrannen überzeugt die Argumentation jedoch nicht mehr, da bei diesem kaum unterstellt werden kann, er würde mit einem Gegenangriff der unterdrückten Familie rechnen.[1630] Aber auch in Erpresserfällen wirkt dieser Ansatz zu konstruiert, insbesondere wenn man wie der BGH zunächst feststellt, dass sich das Opfer keines Angriffs versah, nur um anschließend darauf abzustellen, dass es als ursprünglicher Angreifer mit einer Verteidigungshandlung durch das Opfer zu rechnen hatte.[1631] Denn im vorliegenden Fall wurde ja gerade objektiv eine Notwehrlage angenommen.[1632] Dieser Ansatz erschöpft sich letztlich in einer reinen richterlichen Fiktion, der eigentlich Arglose soll „nicht als arglos gelten",[1633] um das gewünschte Ergebnis zu erreichen. Die Arglosigkeit als innere Tatsache kann nicht einfach aufgrund objektiver Umstände fingiert werden. Daher ist diese Lösung zum einen zu konstruiert und zum anderen nur auf bestimmte Fälle der Heimtücke überhaupt anwendbar. Aus diesen Gründen ist sie abzulehnen.

Eine ebenfalls auf Tatbestandsebene ansetzende Lösung ist die Lehre der sog. Typenkorrektur. Sie versucht den Tatbestand des Mordes dadurch einzuschränken, dass sie das ungeschriebene Tatbestandsmerkmal der „Verwerflichkeit" ergänzt. Zusätzlich zum Vorliegen eines Mordmerkmals wird nach dieser Lösung im Rahmen einer Gesamtwürdigung geprüft, ob die Tat insgesamt als so verwerf-

---

1626 *Meier* 1989, S. 44.

1627 *Roxin* 2008, S. 745.

1628 *Rengier* 2004, S. 236.

1629 So geschehen in BGH NJW 2003, S. 1955 ff. bei noch nicht beendeter Erpressung.

1630 *Meier* 1989, S. 25; a. A. *Zorn* 2013, S. 93.

1631 BGH NJW 2003, S. 1955 ff

1632 Es fehlte jedoch am von der Rechtsprechung geforderten subjektiven Verteidigungselement, weshalb der Täter trotz Notwehrlage nicht gerechtfertigt war.

1633 *Quentin* 2005, S. 130.

lich anzusehen ist, dass zwangsweise eine lebenslange Freiheitsstrafe zu verhängen ist. Dabei wird zwischen negativer und positiver Typenkorrektur unterschieden. Nach der negativen Typenkorrektur ist die Verwerflichkeit bereits durch die Verwirklichung eines Mordmerkmals indiziert. Diese Vermutung kann im Einzelfall ausnahmsweise durch den Richter widerlegt werden.[1634] Die positive Typenkorrektur behandelt die Verwerflichkeit hingegen als eigenes Tatbestandsmerkmal, welches positiv vom Richter festgestellt werden muss.[1635] Die Folge dieser Lösung wäre es, dass die entsprechenden Fälle gar nicht mehr dem § 211 StGB unterfallen würden, sondern der Täter nach § 212 Abs. 1 StGB bestraft wird. Doch die Typenkorrektur muss sich den Vorwurf der Unbestimmtheit gefallen lassen.[1636] Der Begriff der „Verwerflichkeit" ist ähnlich konturenlos wie das Merkmal der „außergewöhnlichen Umstände" der Rechtsfolgenlösung. Ein Mehr an Bestimmtheit oder Rechtssicherheit kann durch Verlagerung auf die Tatbestandsebene nicht geschaffen werden.

Auch die Gesetzesfassung gibt keine Anzeichen dafür, dass eine über die Mordmerkmale hinausgehende Verwerflichkeit für das Vorliegen eines Mordes maßgeblich sein sollte;[1637] sie stellt in abschließender Weise diejenigen Begehungsweisen dar, die einen Mord begründen sollen.[1638] Die Typenkorrektur lässt die Abgrenzung zwischen Mord und Totschlag zudem zu sehr einen „moralischen Wertungsakt des Richters" werden.[1639] Damit würde die Katalogisierung der Mordmerkmale durch den Gesetzgeber unterlaufen. Dies kann insbesondere dort, wo die schwersten Strafen im StGB angedroht sind, nicht hingenommen werden.[1640] Auch die Lehre der Typenkorrektur ist daher nicht geeignet, die Probleme im Mordtatbestand adäquat zu lösen.[1641]

Ein weiterer Vorschlag geht dahin, den minder schweren Fall des Totschlags aus § 213 StGB auch auf § 211 StGB (analog) anzuwenden.[1642] Dagegen spricht

---

1634 Sch/Sch-*Eser/Sternberg-Lieben* 2019, § 211 Rn. 10; *Schönke* 1950, S. 238; *Hassemer* 1971, S. 630.

1635 *Lange* 1978, S. 220 ff.

1636 MüKo-*Schneider* 2012, § 211 Rn. 38; *Woesner* 1980, S. 1137.

1637 BGH NJW 1957, S. 70.

1638 BGH NStZ 1981, S. 345.

1639 NK-*Neumann* 2017, vor § 211 Rn. 160.

1640 *Roxin* 2008, S. 745.

1641 Zustimmend NK-*Neumann* 2017, vor § 211 Rn. 160; MüKo-*Schneider* 2012, § 211 Rn. 38; *Roxin* 2008, S. 745; so auch teilweise die Rspr., vgl. nur BGH NJW 1957, S. 70; NStZ 1981, S. 345 ff.;

1642 *Zabel* 2010, S. 410 f.; NK-*Neumann/Saliger* 2017, § 213 Rn. 4.

zunächst der Standpunkt der Rechtsprechung, Mord sei kein qualifizierter Totschlag, sondern ein eigenes Delikt.[1643] Folgt man dieser Ansicht, wäre die Anwendung von § 213 StGB auf den Mordtatbestand schon aus systematischen Gründen ausgeschlossen. Doch auch wenn man mit der ganz herrschenden Lehre[1644] den Mord als qualifizierten Totschlag betrachtet, sprechen beträchtliche Gründe gegen eine Ausweitung des § 213 StGB auf den Mordtatbestand. Zunächst sind Wortlaut und Überschrift der Vorschrift eindeutig, sie sprechen ausschließlich von Totschlag.[1645] Zudem erscheint es fragwürdig, einen minder schweren Fall der Qualifikation gleich dem minder schweren Fall des Grunddelikts zu bestrafen.[1646] Auch haben alle anderen Qualifikationstatbestände des StGB den minder schweren Fall ausdrücklich in entsprechenden Paragraphen genannt und nutzen nicht den minder schweren Fall des Grunddelikts.[1647] Sogar wenn derselbe Strafrahmen vorgesehen ist (wie in §§ 306 Abs. 2 und 306a Abs. 3 StGB), wird der minder schwere Fall im Qualifikationsparagraphen genannt und nicht auf das Grunddelikt verwiesen. Allein der Umstand, dass die übrigen vertretenen Lösungen sich als nicht zufriedenstellend erweisen, kann nicht als Argument dienen, um den § 213 StGB entgegen seinem Wortlaut und seiner systematischen Stellung auch auf § 211 StGB anzuwenden.[1648] Die Behauptung, die Anhebung des Strafrahmens von § 213 StGB durch das 6. Strafrechtsreformgesetz spreche für eine Anwendbarkeit auf § 211 StGB,[1649] kann die oben genannten Wortlaut- und systematischen Argumente nicht widerlegen. Auch der Gesetzgeber erwähnt eine solche Auswirkung der Strafrahmenerhöhung

---

1643 BGH NJW 1952, S. 110 f.; NJW 1952, S. 835; NStZ 1990, S. 277 f.; NStZ 2006, S 289.

1644 MüKo-*Schneider* 2012, vor § 211 Rn. 188; Sch/Sch-*Eser/Sternberg-Lieben* 2019, § 211 Rn. 1; NK-*Neumann* 2017, vor § 211 Rn. 154; BeckOK-*Eschelbach* 2019, § 212 Rn. 2; Lackner/Kühl-*Kühl* 2018, vor § 211 Rn. 22; *Schmidhäuser* 1998, S. 56; auch der 5. Strafsenat des BGH hat sich der Kritik des Schrifttums in einem obiter dictum zumindest teilweise angeschlossen und angemerkt, dass die bisherige Auffassung des BGH zu Problemen führen kann, vgl. BGH NJW 2006, S. 1013, eine tatsächliche Wende in der Rechtsprechung ist bislang jedoch nicht erfolgt. Aufgrund der fehlenden Relevanz für das eigentliche Problem soll dieser Streit, in dem ohnehin im Wesentlichen alle Argumente ausgetauscht sind, hier nicht weiter dargestellt werden.

1645 Sch/Sch-*Eser/Sternberg-Lieben* 2019, § 213 Rn. 3; MüKo-*Schneider* 2012, § 213 Rn. 2.

1646 Auch wenn beispielsweise die minder schweren Fälle von § 306 und § 306a identische Strafrahmen enthalten.

1647 Zum Beispiel §§ 244 Abs. 3, 250 Abs. 3 StGB.

1648 So aber NK-*Neumann/Saliger* 2017, § 213 Rn. 4 f.

1649 BeckOK-*Eschelbach* 2019, § 213 Rn. 27.

nicht.[1650] Ein minder schwerer Fall des Mordes ist daher nach aktueller Gesetzeslage ausgeschlossen; § 213 StGB ist allein auf den Totschlag anwendbar. Insgesamt erweisen sich die Möglichkeiten zur Vermeidung der lebenslangen Freiheitsstrafe bei § 211 StGB, die zur jetzigen Gesetzeslage entwickelt wurden, als nicht geeignet, alle Probleme angemessen zu lösen – auch wenn sie vielleicht in Einzelfällen das gewünschte Ergebnis herbeiführen können. Daher kommt nur eine Lösung *de lege ferenda* in Betracht. Die Anzahl der Vorschläge und ihre Konstruktion, für die sich teilweise keinerlei Anhaltspunkte im Gesetz finden lassen, zeigen auf, dass ein Festhalten an der absoluten Strafandrohung in § 211 StGB nicht vertretbar erscheint.

6.1.4.4 Reformansätze

Wie oben dargestellt ist keine der von Literatur und Rechtsprechung erarbeiteten Lösungen in der Lage, das Problem angemessen zu lösen. Zwar mag die Rechtsprechung über ihre Korrekturmöglichkeiten bisher stets zu gerechten Ergebnissen im Einzelfall gekommen sein, langfristig überzeugt dies jedoch nicht.[1651] Eine Lösung kann daher nur durch den Gesetzgeber erfolgen.[1652] Als mögliche Ansätze kommen dabei in Betracht: Einführung eines Strafrahmens in § 211 StGB,[1653] die Einführung eines minder schweren Falles in § 211 StGB oder eine gesamte Neustrukturierung der Tötungsdelikte. Letztgenanntes erscheint aufgrund der vielen mit diesem Bereich verbundenen Probleme als am besten geeignet, um mehrere Probleme auf einmal beheben zu können. Die bisherigen Reformen im Rahmen der vorsätzlichen Tötungsdelikte nach der Aufhebung der Todesstrafe (durch das 3. Strafrechtsänderungsgesetz 1953) und des Zuchthauses (durch das 1. Strafrechtsreformgesetz 1969) beschränken sich lediglich auf eine

---

1650 BT-Drucks. 13/8587, S. 34 spricht lediglich von einer Anpassung in Bezug auf den Strafrahmen des § 212 Abs. 1 StGB und den der Körperverletzungsdelikte. Mord wird in Bezug auf § 213 StGB nicht erwähnt.

1651 *Große* 1996, S. 222; Matt/Renzykowski-*Safferling* 2013, vor §§ 211 ff Rn. 8.

1652 Zustimmend *Beck* 2016, S. 14 f.; Sch/Sch-*Eser/Sternberg-Lieben* 2019, § 211 Rn. 10b; *Mitsch* 2007, S. 337; *Kubink/Zimmermann* 2013, S. 582; *Saliger* 2015, S. 602 f. So auch *Rengier* 1982, S. 229 f., der bereits 1982 davon ausging, dass die erarbeiteten Lösungsansätze nur eine Übergangslösung sein können.

1653 Beispielsweise von fünf bis 15 Jahren oder lebenslänglich. *Elf* 1992, S. 470 schlägt zehn bis 15 Jahre vor.

Erhöhung des Strafrahmens bei minder schweren Fällen[1654] (durch das 6. Strafrechtsformgesetz), ansonsten blieben die §§ 211 ff. StGB unverändert.[1655] Der Tatbestand ist also immer noch in der Fassung vom 15. September 1941.[1656]

Aus den oben genannten Problemkreisen ergeben sich folgende Anforderungen an die neuen §§ 211 ff. StGB: Die „Tätertypenlehre" muss aus dem Tatbestand entfernt werden. Es sind keine Stimmen in Literatur oder Rechtsprechung zu sehen, die sich ausdrücklich für ein Beibehalten dieser Terminologie einsetzen. Zudem muss das Verhältnis der Tötungsdelikte untereinander vom Gesetzgeber eindeutig klargestellt werden, und zwar der Logik des StGB folgend mit dem Totschlag als Grunddelikt und dem Mord als Qualifikation oder Regelbeispiel. Die absolute Androhung der lebenslangen Freiheitsstrafe ist zu entfernen: Aus dem zwangsweisen Zusammenhang zwischen Verwirklichung eines Mordmerkmals und der lebenslangen Freiheitsstrafe ergeben sich die gravierendsten Probleme des Mordtatbestands.[1657] Aus diesem Grund ist auch der Vorschlag von *Eser* abzulehnen, der zwar die absolute Strafandrohung sowie die „Tätertypenlehre" entfernt, jedoch weiterhin am Mord als eigenem Tatbestand vor dem Totschlag festhält.[1658] Die Voraussetzungen, unter denen die lebenslange Freiheitsstrafe verhängt werden kann, sollten mit Rücksicht auf das Bestimmtheitsgebot abschließend geregelt sein. Ein unbenannter besonders schwerer Fall der Tötung, bei dem die lebenslange Freiheitsstrafe angedroht ist, wie ihn *Deckers u. a.* vorschlagen,[1659] ist abzulehnen. Gerade in den Straftatbeständen, in denen die schwersten Strafen angedroht werden, muss der Gesetzgeber die Tatbestandsmerkmale möglichst bestimmt fassen.[1660] Dies gilt also insbesondere für die vorsätzlichen Tötungsdelikte.[1661] Auch bestehen bereits nach jetziger Ausgestaltung Bedenken bezüglich der Unbestimmtheit der Norm. Der Tatbestand sollte daher nicht durch eine gänzliche Entfernung der Mordmerkmale noch mehr der Rechtsprechung zur Konkretisierung überlassen werden.[1662]

1654 Vor 1998 lag der Strafrahmen bei sechs Monaten bis zu fünf Jahren Freiheitsstrafe, er wurde auf ein bis zehn Jahre erhöht.

1655 *Beck* 2016, S 12; *Deckers u. a.* 2014, S. 9

1656 In der Fassung bis 1941 unterschied sich der Mord vom Totschlag, wie heute noch häufig von Laien angenommen, durch das Merkmal der „Überlegung".

1657 *Grünewald* 2012, S. 402.

1658 *Eser* 1980, D. 5 ff.

1659 *Deckers u. a.* 2014, S. 8 ff.

1660 *Dölling* 2017, S. 6; *Woesner* 1980, S. 1137

1661 *Walter* 2014, S. 368.

1662 *Bachmann* 2014, S. 409.

Die teilweise vorgeschlagene[1663] Rückkehr zum Tatbestandsmerkmal der „Überlegung" (wie es der § 211 StGB in seiner Fassung bis zum 15. September 1941 vorsah) als Ergänzung zu den aktuellen Mordmerkmalen ist ebenfalls abzulehnen. Zum einen fügt es sich nur schwer in die Dogmatik zu Vorsatz und Tatentschluss ein,[1664] zum anderen überzeugen auch die Ergebnisse in den genannten Problemfällen nicht. Sowohl im „türkischen Onkelfall" als auch in den meisten Haustyrannenfällen wird man wohl von vorheriger Planung und damit Mord ausgehen müssen. Zwar mag man damit akzeptable Ergebnisse bei Verdeckungsmorden im Affekt, die unmittelbar nach der zu verdeckenden Tat begangen werden, erzielen. Darüber hinaus ist das Merkmal der „Überlegung" nicht geeignet, die Probleme des Mordtatbestands zu lösen. Hinzu kommt die Unbestimmtheit des Merkmals, welche zumindest auch ein Grund für die Abschaffung war.

6.1.4.5   Die Expertenkommission zur Reform der Tötungsdelikte

Am 29.06.2015 legte die von Bundesjustizminister *Maas* eingesetzte 16-köpfige Expertenkommission zur Reform der Tötungsdelikte einen über 900 Seiten langen Abschlussbericht vor.[1665] Ziel der – aus Praktikern und Wissenschaftlern zusammengesetzten – Kommission war es, einen möglichst noch in der laufenden Legislaturperiode umsetzbaren Reformvorschlag für die vorsätzlichen Tötungsdelikte auszuarbeiten.[1666] Sie sollte dabei jedoch keinen konkreten Entwurf erarbeiten, sondern über verschiedene Einzelfragen beraten und abstimmen. Grund für die Einsetzung der Kommission waren die oben dargestellten Probleme im Rahmen der §§ 211 ff. StGB.

Um das Verhältnis von Mord und Totschlag abschließend zu klären, sprach sich die Kommission für eine Ausgestaltung als Grunddelikt und Qualifikation aus; abgelehnt wurde eine Ausgestaltung als Regelbeispiel und ein Privilegierungsmodell.[1667] Einstimmig beschlossen wurde die Entfernung der Tätertypenlehre.[1668] Diesen Vorschlägen ist im Grundsatz zuzustimmen, eine Klarstellung des Verhältnisses von Mord und Totschlag ist längst überfällig und für die Rechtssicherheit im Rahmen des § 28 StGB erforderlich. Auch die Tätertypenlehre hat keinen praktischen Nutzen und spielt bei der Anwendung der Norm keine Rolle.

1663 *Saliger* 1997, S. 334; *Köhler* 1980, S. 130; *Woesner* 1980, S. 1140.

1664 *Kubink/Zimmermann* 2013, S. 585; außerdem könnte dies Abgrenzungsprobleme nach sich ziehen, vgl. *Dölling* 2017, S. 10.

1665 Abrufbar unter: https://www.bmjv.de/SharedDocs/Downloads/DE/Artikel/Abschlussbericht_Experten_Toetungsdelikte.pdf?__blob=publicationFile&v=2 (zuletzt abgerufen am 10.08.2017).

1666 *Kommission* 2015, S. 12.

1667 *Kommission* 2015, S. 24 ff.

1668 *Kommission* 2015, S. 27.

Sie kann bedenkenlos durch eine den übrigen Tatbeständen des StGB entsprechende Formulierung ersetzt werden.

An den vorhandenen Mordmerkmalen möchte die Kommission jedoch im Kern festhalten, auch wenn sie zum Teil angepasst werden (so z. B. die Habgier[1669] oder die Heimtücke[1670]) und um die „niedrigen Beweggründe" ergänzt werden sollen.[1671]

Für die Thematik dieser Arbeit besonders relevant sind die Gedanken der Kommission über die angedrohte Rechtsfolge. Ohne Gegenstimme befürwortet sie dabei die Beibehaltung der lebenslangen Freiheitsstrafe für höchststrafwürdige Tötungen.[1672] Mit einem ähnlich klaren Ergebnis spricht sie sich aber auch dafür aus, dass allein die Verwirklichung eines Mordmerkmals auf Tatbestandsebene nicht mehr zwingend zu einer lebenslangen Freiheitsstrafe führen soll.[1673] Uneinigkeit bestand jedoch darüber, wie dieses Problem gelöst werden soll. Die Einführung eines unbenannten minder schweren Falles sowie die Androhung einer zeitigen Freiheitsstrafe neben der lebenslangen Freiheitsstrafe werden abgelehnt.[1674] Einzig angenommen wurde eine Privilegierung in Fällen „herabgesetzten Unrechts bzw. erheblich herabgesetzter Schuld".[1675] Diese Formulierung legt zwar nahe, dass es sich dabei um Ausnahmefälle handeln soll, aber genauere Kriterien liefert der Vorschlag letztlich nicht. Er erinnert stark an die Konstruktion zur Rechtsfolgenlösung[1676] und würde dem Richter keine brauchbaren Kriterien

---

1669 Die um die Drittbereicherungsabsicht ergänzt werden soll, vgl. *Kommission* 2015, S. 34. Nach aktueller Lage ist diese Problematik nicht ganz eindeutig, wobei man im Hinblick auf die Wortlautgrenze wohl davon ausgehen muss, dass Drittbereicherungsabsicht nicht ausreicht, es sich also um eine tatsächliche Reform und nicht nur um eine Klarstellung handeln soll.

1670 Auch wenn über die Reformbedürftigkeit des Merkmals nahezu Einigkeit bestand, konnte keiner der konkreten Vorschläge eine große Mehrheit erlangen, vgl. *Kommission* 2015, S. 43 f. Auch sahen nicht alle Vorschläge eine Einschränkung des Merkmals vor, z. T. wurde aus anderen Gründen eine Ergänzung um das Merkmal der Schutzlosigkeit vorgeschlagen.

1671 Um Tötung „wegen der Herkunft", „dem Glauben" der „sexuellen Orientierung" sowie aus „rassistischen Motiven", vgl. *Kommission* 2015, S. 38 f.

1672 Zu den elf Ja-Stimmen kamen vier Enthaltungen, vgl. *Kommission* 2015, S. 54.

1673 *Kommission* 2015, S. 55.

1674 Wobei die Kommission sich für den Fall, dass entgegen ihrem Willen doch eine zeitige Freiheitsstrafe alternativ angedroht werden sollte, für eine Mindeststrafe von zehn Jahren ausspricht, vgl. *Kommission* 2015, S. 57.

1675 *Kommission* 2015, S. 58.

1676 Vgl. *Kap. 6.1.4.3.*

geben, anhand derer er bestimmen kann, in welchen Fällen eine lebenslange Freiheitsstrafe nicht verhängt werden soll. Eine Anwendung von § 213 StGB auf Fälle „höchststrafwürdiger Tötungen" wird von der Kommission ebenfalls abgelehnt.[1677] Eine Abschaffung oder Änderung von § 212 Abs. 2 StGB konnte ebenso keine Mehrheit erreichen.[1678] Dabei verwundert vor allem, dass eine Abschaffung der lebenslangen Freiheitsstrafe als Punktstrafe in § 212 Abs. 2 StGB nicht einmal erwähnt wird.[1679] Anpassen möchte die Kommission hingegen den Strafrahmen des minder schweren Falls des Totschlags mit einer Erhöhung der Mindeststrafe von einem Jahr auf zwei Jahre.[1680] Ein kriminalpolitischer Bedarf ist dahingehend jedoch nicht erkennbar: 2012 wurden lediglich 15 Freiheitsstrafen von zwei Jahren oder weniger für Totschlag verhängt, das sind lediglich 5,3% aller Totschlagsdelikte. Damit finden sich in diesem Bereich ohnehin nur die Fälle der geringen Schuld und Täter mit einer guten Legalprognose.[1681] Eine weitere Erhöhung der Mindeststrafe nach 1998[1682] ist somit nicht nötig. Positiv bleibt zwar zu bewerten, dass die Kommission Rücksicht auf die Grenze des § 56 Abs. 2 nahm, um grundsätzlich auch bei vorsätzlichen Tötungen eine Strafaussetzung zu ermöglichen.[1683] Doch nichtsdestotrotz sollte an der Mindeststrafe von einem Jahr festgehalten werden. Auch die von der Kommission vorgeschlagene Beschränkung des § 213 StGB auf einen abschließend geregelten Katalog von minder schweren Fällen[1684] überzeugt nicht: Gerade bei minder schweren Fällen ist die Flexibilität unbenannter minder schwerer Fälle erforderlich, insbesondere im Hinblick auf die sonst drohende Mindeststrafe von fünf Jahren. Es erscheint kaum umsetzbar, alle denkbaren Fälle vorsätzlicher Tötung, in denen eine Freiheits-

---

1677   *Kommission* 2015, S. 63.

1678   *Kommission* 2015, S. 60.

1679   Dabei verwundert auch, dass allein davon gesprochen wird, dass es nötig sei auch Tötungen ohne Mordmerkmale ggf. mit lebenslanger Freiheitsstrafe ahnden zu können, das Problem der absoluten Androhung hingegen fehlt, vgl. *Kommission* 2015, S. 60; vgl. auch *Kap. 6.1.4.2.*

1680   *Kommission* 2015, S. 63.

1681   Alle diese 15 Freiheitsstrafen wurden im Jahr 2012 nach § 56 Abs. 2 StGB zur Bewährung ausgesetzt. Voraussetzung dafür ist eine positive Prognose.

1682   Von sechs Monaten auf ein Jahr durch das 6. Strafrechtsreformgesetz, vgl. NK-*Neumann/Saliger* 2017, § 213 Rn. 1.

1683   *Kommission* 2015, S. 62.

1684   *Kommission* 2015, S. 61 ff.

strafe von mindestens fünf Jahren schuldunangemessen wäre, abschließend auf-
zuzählen.[1685] Die Kommission vermag auch nicht zu erklären, warum ausgerechnet im Rahmen der Tötungsdelikte abschließend aufgezählte minder schwere
Fälle erforderlich sind.

Insgesamt bleibt der Abschlussbericht damit weit hinter den eigentlich notwendigen Reformen zurück. Mit der Klarstellung des Verhältnisses zwischen
Mord und Totschlag sowie der Neuformulierung des Tatbestandes werden einige
Probleme behoben, die Hauptprobleme auf Rechtsfolgenseite werden jedoch
nicht zufriedenstellend gelöst. Es wird mehr oder weniger vorgeschlagen, die bisherige richterliche Rechtsfortbildung zu kodifizieren. Kriterien, wann genau keine
lebenslange Freiheitsstrafe verhängt werden soll, fehlen. Tatsächlich flexibler
wird die Norm dadurch kaum. Die Reform findet damit eher „auf dem Papier"
statt, ohne dass in der Praxis Änderungen zu erwarten wären.

Auch ist zu berücksichtigen, dass es sich bei dem Abschlussbericht noch um
keinen Gesetzentwurf oder ein verabschiedetes Gesetz handelt. Es ist daher davon
auszugehen, dass die Ideen des Entwurfs bis dahin eher noch weiter beschnitten
als erweitert werden. Damit kann der Abschlussbericht der Kommission möglicherweise als Anstoß dienen; als abschließend dürfen die Reformideen jedoch keinesfalls erachtet werden.

1685 Nachträglich auftretende Problemfälle wären hier nahezu sicher, außer man würde einen
sehr weit gefassten genannten minder schweren Fall entwickeln, was dann aber letztlich
wieder auf einen unbenannten minder schweren Fall hinausliefe. Folge der Regelung
wäre dann wahrscheinlich ein im Laufe der Zeit, aufgrund zahlreicher Einzelfälle, wach-
sender Katalog an genannten minder schweren Fällen.

6.1.4.6 Eigener Reformvorschlag

Der Autor spricht sich daher für folgenden Lösungsvorschlag aus:

§ 211 Vorsätzliche Tötung

Abs. 1
Wer vorsätzlich einen anderen Menschen tötet, wird mit Freiheitsstrafe nicht unter fünf Jahren bestraft.

Abs. 2
Auf Freiheitsstrafe nicht unter fünf Jahren oder auf lebenslange Freiheitsstrafe ist zu erkennen, wenn der Täter:
a) aus Mordlust, zur Befriedigung des Geschlechtstriebs, aus Habgier oder sonst aus niedrigen Beweggründen tötet,
b) heimtückisch oder grausam oder mit gemeingefährlichen Mitteln tötet oder
c) tötet, um eine andere Straftat zu ermöglichen oder zu verdecken.

Abs. 3
War der Täter ohne eigene Schuld durch eine ihm oder einem Angehörigen zugefügte Misshandlung oder schwere Beleidigung von dem getöteten Menschen zum Zorn gereizt und hierdurch auf der Stelle zur Tat hingerissen worden oder liegt sonst ein minder schwerer Fall vor, so ist die Strafe Freiheitsstrafe von einem Jahr bis zu zehn Jahren.

§§ 212, 213 StGB entfallen, ebenso wie § 78 Abs. 2 StGB[1686] und § 57a Abs. 1 Nr. 2 StGB.[1687]

Der Vorschlag hat folgende Vorteile: Zum einen entfällt die gesamte Problematik zum Verhältnis von Mord und Totschlag. Es gibt nur noch ein vorsätzliches Tötungsdelikt und eine dazugehörige Qualifikation. Ob man aus traditionellen Gründen weiter an den Bezeichnungen Mord und Totschlag festhalten sollte, ist eher deklaratorischer Natur. Wichtig bleibt, dass sich das Gesetz von der NS-

---

1686 Zu den Möglichkeiten der Regelung der Verjährung von vorsätzlichen Tötungsdelikten nach einer Abschaffung des Mordtatbestands siehe *Mitsch* 2014, S. 367 f.

1687 Die Schuldschwereklausel ist entbehrlich, da ihre Wertungen nun in den Strafzumessungsvorgang einfließen können. So auch *Deckers u. a.* 2014, S. 16 f., eine lebenslange Freiheitsstrafe wäre aufgrund des Strafrahmens ohnehin nur bei Fällen zu erwarten, in denen die besondere Schwere der Schuld ohnehin vorliegt.

Terminologie „Mörder" und „Totschläger" entfernt[1688] sowie dass aus dem Gesetz klar die Systematik von Grunddelikt und Qualifikation hervorgeht. Allein die Tatsache, dass der Begriff des Mordes in der Bevölkerung weit verbreitet ist, sollte dabei kein zwingender Grund sein, an ihm festzuhalten.[1689] Das Verhältnis zu § 28 StGB wäre damit auch klargestellt. Einen tatsächlichen Mehrwert hatte die Trennung von Mord und Totschlag ohnehin nie; sie war allein historisch bedingt.[1690]

Außerdem wird die absolute Strafandrohung beseitigt.[1691] Sie führt zu kaum lösbaren Problemen, ohne einen wirklichen praktischen Nutzen zu haben.[1692] Mit einem Strafrahmen von fünf bis 15 Jahren (oder bis lebenslänglich im Falle einer qualifizierten Tötung) bleibt dem Richter genug Spielraum, um im Einzelfall die individuelle Schuld des Täters berücksichtigen zu können. Eine zum Teil befürchtete Abwertung des Rechtsguts Leben[1693] durch eine Senkung des Strafrahmens erscheint hingegen vollkommen abwegig. Mit fünf Jahren bis lebenslänglich befänden sich die vorsätzlichen Tötungsdelikte immer noch am obersten Ende des Strafspektrums und der Strafrahmen für eine einfache vorsätzliche Tötung bleibt unverändert.[1694] Solche Äußerungen sind damit wohl eher dem politischen Populismus zuzuordnen, als dass tatsächlich das Rechtsgut abgewertet würde. Auch mit einem Strafrahmen von fünf Jahren bis lebenslänglich würde das StGB das Leben weiterhin als höchstes Rechtsgut anerkennen.

An den vorherigen Mordmerkmalen soll jedoch vor allem aufgrund des Bestimmtheitsgebotes[1695] festgehalten werden. Insoweit unterscheidet sich der vorliegende Vorschlag also vom Entwurf von *Deckers u. a.*[1696] Aufgrund der verhältnismäßigen Weite der Merkmale (zur Heimtücke siehe zum Beispiel oben

---

1688 So auch *Deckers u. a.* 2014, S. 15; wobei *Köhne* 2007, S. 167 zu Recht darauf hinweist, dass mit einer Umbenennung in „vorsätzliche Tötung" der vorherigen Diskussion jegliche Grundlage entzogen wäre.

1689 Ebenso *Köhne* 2014, S. 22. Zudem ist wohl davon auszugehen, dass die tatsächlichen Abgrenzungskriterien zwischen Mord und Totschlag juristischen Laien in der Regel ohnehin unbekannt sein dürften.

1690 BeckOK-*Eschelbach* 2019, § 212 Rn. 2.

1691 A. A. *Rengier* 1980, S. 478 f., der stattdessen einen minder schweren Fall vorsehen möchte.

1692 Vgl. *Kap. 6.1.4.1.*

1693 *Hinz* 2003, S. 326; *Pisal* 2015, S. 158: „Abkehr vom klaren Bekenntnis zum absoluten Schutz menschlichen Lebens".

1694 Außerdem besteht der „Automatismus lebenslänglich" ja aufgrund der Rechtsfolgenlösung *de lege lata* auch nicht.

1695 *Bachmann* 2014, S. 409.

1696 Vgl. *Kap. 6.1.4.4.*

Kap. 6.1.4.1) wurde auf eine Anpassung der Mindeststrafe bei der Qualifikation verzichtet, sie beträgt wie im Grunddelikt fünf Jahre. So werden Verwerflichkeitsprüfungen, eine sehr enge Auslegung sowie die Milderung unter „besonderen Umständen" überflüssig. Der Gedanke von *Deckers u. a.*, durch den Verzicht auf benannte Merkmale den Fokus von den Umständen der Rechtsgutsverletzung wieder auf die Rechtsgutsverletzung selbst zu legen,[1697] überzeugt nicht. Die Neustrukturierung des § 211 StGB[1698] wie oben vorgeschlagen ist ausreichend, die Rechtsgutsverletzung wieder in den Mittelpunkt zu rücken. Ein Verzicht auf benannte Strafschärfungsgründe ist unter diesem Gesichtspunkt nicht zu rechtfertigen. Von der Möglichkeit, die Merkmale im Rahmen eines nicht abschließenden Katalogs von Regelbeispielen zu nennen, wird im Hinblick auf die auch angedrohte lebenslange Freiheitsstrafe und die Rechtssicherheit abgesehen.[1699] Diejenigen Merkmale, bei denen eine lebenslange Freiheitsstrafe in Betracht kommt, sollten abschließend im Gesetz genannt sein. Auch wenn es von Verfassungs wegen nicht zwangsweise geboten erscheint,[1700] so ist doch aus oben genannten Gründen eine abschließende Regelung als Qualifikation vorzugswürdig. Ob alle in der aktuellen Fassung des § 211 StGB enthaltenen Merkmale auch in die neue Fassung übernommen werden müssen, ist zwar fraglich, aber mit einer verhältnismäßig niedrigen Mindeststrafe – wie im obigen Entwurf – könnten auch die umstrittenen Merkmale wie Heimtücke oder sonstige niedrige Beweggründe erhalten bleiben. Denkt man jedoch über eine Anhebung der Mindeststrafe nach, müssten auch gleichzeitig diese Merkmale erneut kritisch hinterfragt werden. Insbesondere die Heimtücke, die Verdeckungsabsicht und sonstige niedrige Beweggründe wären bei einer drastischen Strafschärfung wohl ersatzlos zu streichen.

Eine Streichung der lebenslangen Freiheitsstrafe insgesamt scheint bereits aus politischen Gründen schwierig.[1701] Hinzu kommt, dass bei deren Abschaffung

---

1697 *Deckers u. a.* 2014, S. 15.

1698 Und der damit verbundene Verzicht auf die verbindliche Anordnung der lebenslangen Freiheitsstrafe bei Verwirklichung von einem der Merkmale.

1699 Diese Lösung bevorzugen jedoch *Bachmann* 2014, S. 409, sowie *Steinhilber* 2012, S. 257 f.

1700 *Krehl* 2014, S. 100, der jedoch davon ausgeht, dass zumindest Merkmale (wenn auch nicht abschließend) genannt sein müssen. Ein offener Tatbestand ohne genannte Fälle wie von *Deckers u. a.* (2014, S. 16) vorgeschlagen, wäre nach ihm wohl verfassungswidrig.

1701 *Deckers u. a.* 2014, S. 14; *Kett-Straub* 2011, S. 337; *Saliger* 2015, S. 603. Anders jedoch *Walter* 2014, S. 374, die sie durch eine Freiheitsstrafe von bis zu 30 Jahren ersetzen möchte, wobei hierbei zumindest fragwürdig ist, ob diese Änderung, abgesehen vom fehlenden Stigma des „Lebenslänglichen", tatsächliche Auswirkungen in der Praxis hätte. Nach *Rogall* 1981, S. 130 wäre eine Abschaffung „konsequent, aber unter den gegenwärtigen Bedingungen nicht zu realisieren".

eine vermehrte Anwendung der Sicherungsverwahrung sowie die kriminalpolitische Forderung nach Lockerungen der Anwendungsvoraussetzungen der Sicherungsverwahrung zu befürchten wären.[1702] Eine weitere Befürchtung wäre, dass durch eine Streichung der lebenslangen Freiheitsstrafe Forderungen nach einer Anhebung der Höchstgrenze der zeitigen Freiheitsstrafe zu befürchten wären.[1703] Dies könnte dann im Ergebnis die Sanktionspraxis sogar verschärfen. Vergleichbare Tendenzen gab es zum Beispiel in Spanien.[1704] Behält man die lebenslange Freiheitsstrafe bei, so stellt sich die Frage, für welche Delikte sie überhaupt noch anwendbar sein soll, wenn schon nicht bei Delikten, die sich gegen das höchste Rechtsgut, das Leben, richten. Sofern man die lebenslange Freiheitsstrafe als solche nicht aus dem StGB streichen möchte, so muss sie auch bei den vorsätzlichen Tötungsdelikten zur Anwendung kommen können.[1705]

Im Ergebnis versucht der hier vertretene Vorschlag vor allem eine möglichst hohe Bestimmtheit zu erreichen und zugleich dem Richter einen angemessenen Spielraum zur Berücksichtigung der individuellen Schuld des Täters einzuräumen. Um diesen Spielraum zu wahren, wird auch auf eine Schärfung der Mindeststrafe in der Qualifikation verzichtet, es wird lediglich die Höchststrafe angehoben. Dadurch wird ein zwangsweiser „Sanktionensprung", welcher unabhängig von der individuellen Schuld des Täters erfolgt, vermieden. Dem Richter wird also auch bei qualifizierten Tötungen wieder die Möglichkeit der Strafzumessung eingeräumt, wobei versucht wird, durch die abschließende Regelung der Qualifikationsmerkmale auf eine gewisse Einheitlichkeit innerhalb der Rechtsprechung hinzuwirken. Außerdem werden Konstruktionen wie die Rechtsfolgenlösung oder die Typenkorrektur überflüssig. Die (für eine qualifizierte vorsätzliche Tötung) verhältnismäßig geringe Mindeststrafe sorgt zudem dafür, dass auch bei der Verwirklichung eines Qualifikationsmerkmals, bei geringer Schuld des Täters, ein schuldangemessenes Strafen möglich bleibt.

Der Reformvorschlag mag auf den ersten Blick tiefgreifender aussehen, als er es in Wirklichkeit ist. Der einfache „alte" Totschlag bleibt an sich in seiner Ausgestaltung ebenso wie seine Rechtsfolge unverändert erhalten. Lediglich der Paragraph und der Name des Delikts ändern sich. Auswirkungen auf die Sanktionspraxis wären daher bei der einfachen vorsätzlichen Tötung nicht zu erwarten. Die Praxis in den Fällen, die vorher unter den Mordtatbestand fielen, würde sich hingegen stark verändern. Zum einen wäre zu erwarten, dass deutlich mehr Fälle als qualifizierte Tötung unter § 211 Abs. 2 StGB n. F. fallen würden als unter dem „alten" § 211 StGB. Der Grund dafür wäre, dass der Grundsatz der engen Auslegung der Merkmale nicht mehr so konsequent durchgehalten werden müsste. Dies

---

1702   *Arbeitskreis* 2008, S. 206.

1703   Z. B. auf 20 oder 30 Jahre.

1704   *Cid/Larrauri* 2010, S. 823 f.; *Kett-Straub* 2011, S. 70.

1705   *Woesner* 1980, S. 1140.

wäre aufgrund des weiten Strafrahmens und der Tatsache, dass das Etikett „Mörder" entfallen würde, auch vertretbar, selbst wenn die Annahme der qualifizierten Tötung in der Praxis nicht die Regel werden sollte.

Bei Fällen des qualifizierten Totschlags (bzw. dem früheren Mord) wäre außerdem ein Absinken des Strafniveaus zu erwarten. 2014 wurden 73,1% der nach § 211 StGB Verurteilten zu einer lebenslangen Freiheitsstrafe verurteilt.[1706] Dieser Prozentsatz sollte mit der Einführung des vorgeschlagenen Strafrahmens deutlich zurückgehen. Lebenslange Freiheitsstrafen wären lediglich für die schwersten Fälle der qualifizierten Tötung vorgesehen. Dies wäre aufgrund der Resozialisierungsfeindlichkeit langer Haftstrafen sowie der zu erwartenden Haftschäden zu begrüßen. Ob die Zwecke, die mit der lebenslangen Freiheitsstrafe verfolgt werden sollen, erreicht werden können, ist ohnehin zweifelhaft. Eine abschreckende Wirkung (die bei hohen Strafen schon generell fragwürdig ist)[1707] ist insbesondere bei Tötungsdelikten noch zweifelhafter.[1708] Denn gerade in diesem Bereich kann nicht davon ausgegangen werden, dass der Täter sich mit der potenziellen Höhe seiner Strafe auseinandersetzt. Auch die Gesichtspunkte der Spezialprävention sprechen nicht für die lebenslange Freiheitsstrafe. Sehr lange Freiheitsstrafen sind aus Sicht eines Behandlungsvollzugs eher kontraproduktiv, und für weiterhin hochgefährliche Straftäter ist ohnehin das Maßregelrecht einschlägig.[1709] Ein generelles Absinken des Strafniveaus bei qualifizierten Tötungsdelikten wäre daher eine begrüßenswerte Folge der Reform.

Als Ausblick für eine Reform der vorsätzlichen Tötungsdelikte bleibt festzuhalten, dass ein grundsätzlicher Konsens über das Erfordernis einer Reform besteht und auch eine Vielzahl von Entwürfen und Vorschlägen folgte, dies aber eine Einigung erschwert. Ob es also tatsächlich in der näheren Zukunft zu einer Neugestaltung der §§ 211 ff. StGB kommt, bleibt entgegen allen Ankündigungen und dem veröffentlichten Kommissionsbericht fragwürdig. Dieser Konsens besteht schon seit Jahren und trotzdem ist eine Reform bis jetzt unterblieben. Wünschenswert wäre daher, dass, wenn schon keine Einigung über eine grundsätzliche Neuordnung gefunden werden kann, zumindest als „Übergangslösung" ein Strafrahmen in § 211 StGB eingeführt und der besonders schwere Fall des Totschlags entfernt wird. Dies würde zwar nicht alle Probleme, die mit den vorsätzlichen Tötungsdelikten verbunden sind, lösen, jedoch zumindest Konstrukte wie die Rechtsfolgenlösung in der Praxis vermeiden und ein schuldangemessenes Strafen

---

1706 90 der insgesamt 123 vollendeten Mordfälle, vgl. *Statistisches Bundesamt* 2017, S. 168 f.

1707 *Streng* 2012, Rn. 59; *Heinz* 2007, S. 5.

1708 *Strafverteidigervereinigungen* 2014; so auch im Ansatz BVerfG NJW 1977, S. 1531, auch wenn das Bundesverfassungsgericht eine negativ generalpräventive Wirkung bei Tötungsdelikten nicht grundsätzlich ausschließt, stellt es sie jedoch zumindest in Frage.

1709 *Rogall* 1981, S. 130.

ermöglichen. Es wäre damit ein wichtiger erster Schritt in die richtige Richtung der Neuregelung der Tötungsdelikte.

6.1.5 Zwischenfazit

Zusammenfassend lässt sich mit *Michael Tonry* sagen: „mandatory penalties do not work."[1710] Die vermeintlich durch sie verfolgten Ziele wie Abschreckung der Täter und Schutz potenzieller Opfer können durch sie nicht erreicht werden. Stattdessen sind höhere Mindeststrafen mit nicht unerheblichen Folgeproblemen verbunden. Sie können das schuldangemessene Strafen für den Richter im Einzelfall erheblich erschweren. Dies führt entweder zu einer häufigen Annahme der eigentlich als Ausnahme konzipierten Figur des minder schweren Falles oder im schlimmsten Fall zu schuldunangemessenen Sanktionen. Wichtige Aufgabe der Mindeststrafen im StGB bleibt es, die nötige Bestimmtheit der Rechtsfolge zu garantieren und einen gewissen gesetzgeberischen Anteil an der Strafzumessung sicherzustellen, damit diese nicht ohne Grenzen in die Hände des Richters gelegt wird.

Anhebungen von Mindeststrafen sind daher aktuell nicht angezeigt. Forderungen hiernach dürften häufig eher politischer Natur sein, um durch vermeintliche Gefahren Kriminalitätsängste zu schüren. Als Allheilmittel für diese angeblich steigende Gefahr der Viktimisierung werden dann höhere Freiheitsstrafen präsentiert, durch die ein erhöhtes Sicherheitsgefühl geschaffen werden soll. Politiker scheinen sich mit einer Forderung nach schärferen Mindeststrafen stets der Unterstützung der Öffentlichkeit sicher, in dem Glauben, man könne damit tatsächlich entsprechende Kriminalitätsraten senken und so potenzielle Opfer schützen.[1711] Eine empirische Stütze für diese Behauptungen gibt es jedoch nicht und selbst Extrembeispiele hoher Mindeststrafen konnten, wie z. B. in den USA, nicht die gewünschten Effekte erzielen und waren teilweise mit erheblichen Nebenfolgen verbunden.

In einigen der Tatbestände sind im Gegenteil dazu Absenkungen angezeigt. Die häufige Verhängung von Strafen unterhalb der (erhöhten) Mindeststrafe zeigt, dass die angedrohte Strafe das im Tatbestand vertypte Unrecht nicht angemessen widerspiegelt. Dies betrifft die qualifizierten Raubdelikte, die Verbrechenstatbestände des BtMG und insbesondere den Mordtatbestand. Zwar gehen diese Änderungen zu Lasten der gesetzlichen Bestimmtheit, dies ist jedoch für die notwendige Flexibilität in der Strafzumessung erforderlich.[1712] Die im Gesetz kodifizierten Strafzumessungsgrundsätze (§ 46 ff. StGB) und die gefestigte

---

1710 *Tonry* 1996, S. 135.

1711 *Berwanger* 2016, S. 57; *Roberts* 2003, S. 487.

1712 Selbst wenn man diese Strafrahmen für zu unbestimmt halten würde, wäre dann eher an eine Absenkung der Höchstgrenze zu denken, vgl. *Streng* 2012, Rn. 766.

Rechtsprechung in diesem Bereich sorgen für ein ausreichendes Maß an Vorhersehbarkeit der Sanktion, so auch bei z. T. sehr weiten Strafrahmen. Sollte man dennoch, um der Bestimmtheit ausreichend Rechnung zu tragen, die Strafrahmen enger gestalten wollen, wäre dies über eine Absenkung der Höchststrafe zu erreichen.[1713] Diese werden ohnehin kaum ausgeschöpft, was ein Indiz dafür ist, dass sie eher zu hoch angesetzt sind. Eine Anpassung an dieser Stelle würde zu einem größeren Maß an Bestimmtheit führen, ohne die Sanktionspraxis merklich zu verändern.

Um es mit *Horstkotte* zu sagen: „Zu hohe Maxima sind nutzlos, zu hohe Minima sind schädlich."[1714] Die hier vorgeschlagene Lösung begrenzt sich jedoch auf wenige Tatbestände, um das Gesamtgefüge der Strafandrohungen im StGB nicht zu verschieben. Umfangreichere Reformen im Bereich der Mindeststrafen würden eine Gesamtanpassung für das gesamte Strafrecht voraussetzen. Der vorliegende Vorschlag beschränkt sich demgegenüber auf die am akutesten erscheinenden Problemfälle. Eine Anpassung des Strafniveaus insgesamt durch eine umfangreiche Absenkung der Mindeststrafen erscheint zudem politisch kaum durchsetzbar. Bereits der hier unterbreitete Vorschlag der Absenkung der Mindeststrafen in §§ 250 Abs. 1, 316a StGB sowie im Betäubungsmittelstrafrecht dürfte politisch auf erheblichen Widerstand stoßen.

Der richterliche Spielraum bei der Strafzumessung sollte insgesamt also eher erweitert als eingeschränkt werden. Nur so kann dem verfassungsrechtlich garantierten Schuldgrundsatz angemessen Rechnung getragen werden. Höhere Mindeststrafen erschweren nicht nur das schuldangemessene Strafen, sondern sind auch nicht in der Lage, die mit ihnen verfolgten Ziele zu erreichen. Die Forderung der Anhebung zum Schutz besonders gefährdeter Personengruppen mag zwar auf den ersten Blick sinnvoll erscheinen. Eine tatsächliche Schutzwirkung wäre, abgesehen von einer möglicherweise vorhandenen symbolischen Wirkung, allerdings mehr als zweifelhaft.[1715] Eine rationale Kriminalpolitik sollte sich im Bereich von Mindeststrafen auf die Fälle konzentrieren, in denen zu hohe Strafandrohungen die Verhängung von schuldangemessenen Strafen erschweren oder unmöglich machen.

6.2 Die Strafaussetzung zur Bewährung

Die Strafaussetzung zur Bewährung hat sich inzwischen sowohl in Form der unmittelbaren Aussetzung (§ 56 StGB) als auch als Strafrestaussetzung (§ 57 StGB) im deutschen Strafrecht etabliert. Ihre genaue Rechtsnatur ist jedoch immer noch nicht vollständig geklärt. Während es sich bei der Strafrestaussetzung eindeutig

---

1713 So z. B. *Dünkel/Spieß* 1992, S. 131; *Frisch* 1987, S. 799; *Streng* 1984, S. 293 f.

1714 *Horstkotte* 1992, S. 175.

1715 *European Commission* 2015, S. 187.

um eine vollstreckungsrechtliche Regelung handelt,[1716] ist die genaue dogmatische Einordnung des § 56 StGB umstritten. Die wohl herrschende Meinung geht dabei von einer Form der Strafvollstreckung einer Freiheitsstrafe aus.[1717] Vertreten werden daneben die Einordung als „Dritte Spur" neben Geld- und Freiheitsstrafe[1718] sowie als Reaktionsmittel eigener Art.[1719] Unabhängig von ihrer Rechtsnatur lässt sich feststellen, dass sie im deutschen Sanktionenrecht seit Jahren fest etabliert ist.

Wie im Rahmen der Sanktionspraxis bereits dargestellt, spielt die Strafaussetzung nach § 56 StGB in der Praxis eine erhebliche Rolle. Sie ist nach der Geldstrafe die am zweithäufigsten verhängte Sanktion. Ihre Bedeutung ist seit der Großen Strafrechtsreform zunächst konsequent gestiegen und stagniert aktuell auf hohem Niveau.[1720] 2017 wurden von den 104.417 verhängten Freiheitsstrafen 71.123 zur Bewährung ausgesetzt, dies waren 68,1%. Rechnet man die ohnehin nicht aussetzungsfähigen Freiheitsstrafen von mehr als zwei Jahren heraus, kommt man auf 74,9%, damit wurden 2017 ca. drei Viertel aller aussetzungsfähigen Freiheitsstrafen auch tatsächlich ausgesetzt.[1721] Auffällig ist dabei, dass selbst bei den höheren gerade noch aussetzungsfähigen Freiheitsstrafen der Anteil der Strafaussetzungen nicht merklich abnimmt. Bei Freiheitsstrafen zwischen neun Monaten und einem Jahr liegt der Wert mit 78,1% sogar über dem Wert für alle Freiheitsstrafen bis zu zwei Jahren. Auch bei den Freiheitsstrafen von über einem Jahr bis zu zwei Jahren sinkt der Wert mit 70,9% kaum ab. Dies ist vor allem deshalb bemerkenswert, weil die Voraussetzungen für die Aussetzung einer Freiheitsstrafe von über einem Jahr nach § 56 Abs. 2 StGB strenger sind als die des § 56 Abs. 1 StGB. § 56 Abs. 2 StGB spricht von „besonderen Umständen", was zunächst eher für eine Ausnahmeregelung zu sprechen scheint, sich in der Praxis jedoch nicht widerspiegelt.[1722] Dies spricht dafür, dass die Gerichte auch bei Freiheitsstrafen von mehr als zwei Jahren noch den Bedarf der Möglichkeit

---

1716 DDKR-*Braasch* 2017, § 57 Rn. 1; LK-*Hubrach* 2008 § 57 Rn. 1; MüKo-*Groß* 2016, Rn. 1; Sch/Sch-*Kinzig* 2019, § 57 Rn. 3

1717 MüKo-*Groß* 2016, § 56 Rn. 1; Sch/Sch-*Kinzig* 2019, § 56 Rn. 4; SSW-*Mosbacher/Claus* 2016, § 56 Rn. 1; *Streng* 2012, Rn. 168; ähnlich Lackner/Kühl-*Heger* 2018. § 56 Rn. 2, der jedoch zwischen Konstruktion und Aufgabe der Strafaussetzung unterscheidet.

1718 *Jescheck/Weigend* 1996, S. 79.

1719 *Baumann/Weber/Mitsch* 1995, § 34 Rn. 7; *Walther* 1999, S. 141.

1720 *Heinz* 2014, S. 80; *Weigelt* 2009, S. 34 f.

1721 *Statistisches Bundesamt* 2018, S. 160 f.

1722 *Harrendorf* 2017, S. 522.

einer Strafaussetzung sehen.[1723] Es ließe sich daher darüber nachdenken, den Anwendungsbereich des § 56 StGB möglicherweise auch über zwei Jahre hinaus zu erweitern.[1724]

Zahlen zur Strafrestaussetzung nach § 57 Abs. 1 und 2 StGB werden zwar in der Statistik über den Bestand der Gefangenen ausgewiesen, sind jedoch kaum aussagekräftig, da bei den Abgängen insgesamt aus dem Vollzug nicht weiter unterschieden wird. Darin sind zum einen auch Jugendstrafvollzug und Sicherungsverwahrung enthalten, zum anderen auch Freiheitsstrafen von unter zwei Monaten und Ersatzfreiheitsstrafen.[1725] Es lässt sich aus dem statistischen Material also nicht exakt ermitteln, wie hoch der Anteil der Freiheitsstrafen ist, die nach § 57 StGB ausgesetzt werden. Die Schätzungen variieren hier. *Meier* geht von „deutlich über 30%"[1726] aus, *Dünkel* hingegen schätzt, dass ca. 60% der aussetzungsfähigen Strafen auch ausgesetzt werden.[1727] Aufgrund der unterschiedlichen Bezugsgrößen dürften sich die unterschiedlichen Werte im Ergebnis zumindest annähern. Man wird daher wohl davon ausgehen können, dass zumindest in mehr als 50% der aussetzungsfähigen Strafen tatsächlich eine Restaussetzung erfolgt.[1728] Dies heißt jedoch im Umkehrschluss auch, dass in einem beachtlichen Anteil an Fällen restaussetzungsfähige Freiheitsstrafen nicht ausgesetzt werden.

Bezüglich der Halbstrafenaussetzung lässt sich trotz der statistischen Probleme feststellen, dass der Anwendungsbereich des § 57 Abs. 2 StGB insgesamt sehr gering ist,[1729] auch wenn sich der genaue Anteil an Halbstrafenaussetzungen aus den genannten Gründen nicht exakt ermitteln lässt. *Groß* geht beispielsweise auf Grundlage der Daten davon aus, dass regelmäßig weniger als 2% aller Freiheitsstrafen nach § 57 Abs. 2 StGB beendet werden.[1730] In der Aktenanalyse von

---

1723 *Weigelt* 2009, S. 77: „ergebnisorientierte" Strafzumessung.

1724 *P.-A. Albrecht/Hassemer/Voß* 1992, S. 22; *Dölling* 1992, S. 277; *Heinz* 2014, S. 81; 2017, S. 119; *Weigelt* 2009, S. 287.

1725 *Meier* 2015, S. 132; NK-*Dünkel* 2017, § 57 Rn. 104.

1726 *Meier* 2015, S. 133; bezogen auf die primären Freiheitsstrafen (also ohne Ersatzfreiheitsstrafe), allerdings ohne Eingrenzung der Dauer, weshalb auch Freiheitsstrafen, die zu kurz sind um für eine Restaussetzung in Frage zu kommen, einbezogen sind.

1727 NK-*Dünkel* 2017, § 57 Rn. 104; *Dünkel/Pruin* 2010, S. 198; bezogen auf alle aussetzungsfähigen Freiheitsstrafen; dies wird z. B. auch durch die, wenn auch ältere, Aktenanalyse von *Böhm/Erhard* 1992, S. 371 unterstützt.

1728 *von Stockhausen* 2008, S. 162; vgl. auch den Überblick bei *Schöch* 1999, S. 232.

1729 *Statistisches Bundesamt* 2017a.

1730 Müko-*Groß* 2016, § 57 Rn. 6; ähnlich NK-*Dünkel* 2017, § 57 Rn. 104 („Schattendasein"); *Meier* 2015, S. 133; *Schöch* 1986. S. 457 („[...] gehört zu den vertrockneten Früchten der Strafrechtsreform."); zwar machten die nach § 57 Abs. 2 StGB ausgesetzten Freiheitsstrafen am Stichtag 31.12.2011 8,2% der unter Bewährungshilfe Stehenden

Böhm/Erhard wurde für Hessen 1982 ermittelt, dass lediglich 0,7% der Beendigungen von Strafen von über zwei Monaten nach § 57 Abs. 2 StGB erfolgten.[1731] Die geringe Anwendungspraxis dürfte auf die engen Voraussetzungen zurückzuführen sein. Aufgrund der Mindestverbüßungsdauer von sechs Monaten kommt § 57 Abs. 2 StGB ohnehin nur für Freiheitsstrafen von mindestens einem Jahr in Betracht. Für viele Erstverbüßer (Abs. 2 Nr. 1) wird die Halbstrafenaussetzung schon deshalb selten in Betracht kommen. Dennoch überrascht die geringe praktische Bedeutung des § 57 Abs. 2 StGB insbesondere im Vergleich zu § 56 Abs. 2 StGB, der sehr ähnlich wie § 57 Abs. 2 Nr. 2 StGB formuliert ist. Auch wenn zu erwarten ist, dass aufgrund der Art der Fälle die für § 57 Abs. 2 Nr. 2 StGB in Betracht kommen (vollstreckte Freiheitsstrafe von mindestens einem Jahr und kein Erstverbüßer oder Freiheitsstrafe von über zwei Jahren) seltener „besondere Umstände" vorliegen dürften als bei Strafaussetzungen nach § 56 Abs. 2 StGB, erklärt dies kaum die drastische Diskrepanz in der Anwendungshäufigkeit.[1732] Diese zeigt, dass bei beiden Möglichkeiten der Strafrestaussetzung nach § 57 StGB noch ungenutzte Spielräume nach oben bestehen.[1733]

Exakte Daten zu allen Widerrufsfällen lassen sich aus den Kriminalstatistiken ebenfalls nicht ermitteln. Die einzige Statistik, die Widerrufe erfasst, ist die Bewährungshilfestatistik. Danach wurden 2011 nach Allgemeinem Strafrecht 45.227 Unterstellungen unter Bewährungsaufsicht beendet, davon 29,9% aufgrund eines Widerrufs.[1734] Der Großteil der Widerrufe erfolgt regelmäßig wegen der Begehung einer erneuten Straftat und nicht allein wegen Verstößen gegen Weisungen oder Auflagen.[1735]

Widerrufsraten aus der Bewährungshilfestatistik sind jedoch mit Vorsicht zu genießen. Zum einen werden nur die Fälle erfasst, in denen auch eine Unterstellung unter einen Bewährungshelfer erfolgt ist; diese erfolgt jedoch gerade bei Probanden mit einer größeren Rückfallgefahr, bei denen ein Widerruf wahrscheinlicher ist. Es ist daher zu erwarten, dass die Widerrufsquote insgesamt niedriger

aus (*Statistisches Bundesamt* 2013, S. 12), dies könnte jedoch sowohl an der schwierigeren Klientel als auch an längeren Bewährungszeiten liegen.

1731 *Böhm/Erhard* 1984, S. 371.

1732 So zur Vorgängerregelung *Schöch* 1986, S. 458.

1733 *Fritsche* 2005, S. 265.

1734 Ein Großteil davon zumindest auch aufgrund erneuter Straffälligkeit (73% aller Widerrufe).

1735 *Statistisches Bundesamt* 2013, S. 18; MüKo-*Groß* 2016, § 56f Rn. 5.

ist.[1736] Zum anderen werden aufgrund der Berechnungsmethode der Statistik unterschiedliche Personenkreise miteinander verglichen, was eine Bewertung der Zahlen erschwert.[1737] Ebenfalls ein Grund für die Höhe der Widerrufszahlen könnte eine unzureichende Ausstattung der Bewährungshilfe sein.[1738] Nur weil es teilweise zum Widerruf einer Strafaussetzung kommt, ist darin also noch kein Grund zu sehen, nicht über eine Erweiterung der Strafaussetzung nachzudenken.

6.2.1 Anpassung der Höchstgrenze des § 56 Abs. 1 StGB

Wie oben angedeutet bietet die aktuelle Praxis der Strafaussetzung Anlass, sich mit den Höchstgrenzen der § 56 Abs. 1, 2 StGB kritisch auseinanderzusetzen. Der Vorschlag, die Obergrenze auf drei Jahre anzuheben, wurde bereits 1984 von der SPD-Fraktion in den Bundestag eingebracht.[1739] Auch die oben dargestellten Entwürfe in der 12. und 13. Legislaturperiode griffen die Idee auf, wollten die Strafaussetzung von Freiheitsstrafen von mehr als zwei Jahren jedoch auf gewaltlose Delikte beschränken.[1740] Diese Entwürfe sollen hier als Orientierungspunkte dienen. Zunächst wird daher die Erweiterung der Strafaussetzung auf Freiheitsstrafen von bis zu drei Jahren insgesamt geprüft, anschließend wird noch darauf eingegangen, ob dies, wie in den Entwürfen vorgeschlagen, ggf. auf bestimmte Arten von Straftaten beschränkt bleiben sollte.

Für eine solche Anhebung der Höchstgrenze aus § 56 StGB sprechen zunächst die ohnehin bereits relativ niedrigen Widerrufsraten der Bewährung, die auch durch bisherige Ausweitungen auf eine schwierigere Klientel nicht angestiegen sind.[1741] Es wäre also nicht davon auszugehen, dass eine weitere Ausweitung zwangsweise eine Erhöhung der Widerrufsraten nach sich ziehen würde. Insgesamt sprechen die positiven Erfahrungen, die bislang mit dem Institut der Strafaussetzung zur Bewährung gemacht wurden, für eine Ausweitung des Anwendungsbereichs.[1742]

1736 *Heinz* 2014, S. 86; *Spiess* 2012, S. 21.

1737 *Heinz* 1977, S. 303 f.; *Weigelt* 2009, S. 39.

1738 *Dünkel u. a.* 2010, S. 176.

1739 BT-Drucks. 10/1116.

1740 BT-Drucks. 12/6141, S. 5; BT-Drucks. 13/4462, S. 4.

1741 *Dölling* 1992, S. 276; *Dünkel/Spieß* 1983, S. 504; *Kaiser* 1996, S. 1034; *Kommission* 2000, S. 125.

1742 BR-Drucks. 370/84, S. 1; *Dölling* 1987, S. 1042; *Dünkel/Spieß* 1992, S. 133; *Dünkel/Morgenstern* 2003, S. 29; *Jung* 1986, S. 742; dafür sprechen auch die Vergleiche unterschiedlich liberaler Gerichtskammern bzgl. der Strafrestaussetzung, vgl. *Böhm* 1996, S. 276 f.; *Hirtenlehner/Birklbauer* 2008, S. 29 f.

Der Einwand, eine Erhöhung der Grenze würde nur eine geringe Anzahl von Verurteilungen betreffen,[1743] mag zwar grundsätzlich zutreffend sein, denn 2014 wurden lediglich 4.380 Freiheitsstrafen zwischen zwei und drei Jahren verhängt und davon wären unmittelbar die Fälle mit einer negativen Prognose abzuziehen. Dies sollte jedoch kein zwingender Ausschlussgrund für eine Reform sein. Auch bei einer geringen Anzahl von Fällen kann eine Vermeidung von Freiheitsentzug sinnvoll sein, insbesondere dann, wenn es sich um relativ lange Freiheitsentzüge von über zwei Jahren handelt. Dafür, dass innerhalb der in Frage kommenden Fälle ein entsprechender Anwendungsbereich vorhanden ist, spricht außerdem die aktuell verhältnismäßig hohe Aussetzungsquote bei Freiheitsstrafen von bis zu zwei Jahren. Selbst wenn die hohe Aussetzungsquote von über 70% nicht gehalten werden kann, wäre dennoch zu erwarten, dass ein gewisser Anwendungsbereich verbleibt. Zudem ist in diesem Zusammenhang der *ultima-ratio*-Grundsatz zu beachten. Die Vollstreckung einer Freiheitsstrafe soll möglichst die Ausnahme bleiben und dies muss gerade für Fälle gelten, in denen der Täter eine positive Legalprognose aufweist. Eine Aussetzungsquote von über 70% wie im aktuellen § 56 Abs. 2 StGB wäre bei Freiheitsstrafen zwischen zwei und drei Jahren wohl nicht zu erwarten, die Aussetzung würde dort wohl die Ausnahme bleiben müssen.

Auch dominieren im Bereich zwischen zwei und drei Jahren keinesfalls gefährliche Gewaltstraftäter; gewaltlose Straftaten spielen eine nicht unerhebliche Rolle. So erfolgten 2014 28,4% der Verurteilungen zu Freiheitsstrafen in diesem Bereich aufgrund des BtMG, hinzu kommen noch 17,9% wegen Diebstahl, Unterschlagung, Betrug und Untreue. Gerade bei diesen Delikten könnte bei einer Verurteilung zu einer Freiheitsstrafe von über zwei Jahren ggf. noch eine Strafaussetzung angezeigt sein, aber auch bei Gewaltdelikten sollte sie nicht zwangsweise ausgeschlossen sein.

An der Idee einer Unterscheidung zwischen Delikten, bei denen Gewalt gegen Personen angewandt oder mit Gefahren für Leib oder Leben gedroht wurde, und anderen Delikten, so wie es die SPD-Entwürfe der 12. und 13. Legislaturperiode vorsahen, ist daher nicht festzuhalten. Dem unterschiedlichen Stellenwert der Rechtsgüter hat der Gesetzgeber bereits mit der Festlegung der Strafrahmen Rechnung getragen; eine weitere gesetzliche Unterscheidung erscheint nicht erforderlich. Außerdem können auch „gewaltlose" Delikte erhebliche Auswirkungen auf die Opfer haben und große Schäden anrichten und eine Sonderbehandlung für diese Delikte könnte den Eindruck erwecken, man wolle z. B. reiche Wirtschaftsstraftäter privilegieren.[1744] Zudem wäre eine Grenzziehung in diesem Bereich dann schwierig. Man müsste sich fragen, ob bereits leichteste Formen von Gewaltanwendung ausreichen sollen, um eine Strafaussetzung bei über zwei Jahren

---

1743 *Kommission* 2000, S. 130; *König* 2001a, S. 67.

1744 *Kommission* 2000, S. 128 ff.

zu verneinen. Problematische Einzelfallentscheidungen erschienen geradezu vorprogrammiert. Außerdem wäre die Strafe ja auch bei Gewaltdelikten ohnehin nur bei einer positiven Legalprognose aussetzbar, zudem müssten „besondere Umstände" vorliegen (vgl. § 56 Abs. 2 StGB). Ein Ausschluss bestimmter Deliktstypen (bzw. Arten der Deliktsverwirklichung) erscheint daher überflüssig und würde den neuen Anwendungsbereich der Strafaussetzung unnötig limitieren. Prognoseentscheidungen im Einzelfall sind in diesem Bereich besser geeignet, um gerechte Ergebnisse zu erzielen, als abstrakte gesetzlich festgelegte Kriterien.

Der Behauptung, eine Anhebung auf drei Jahre sei schon deshalb abzulehnen, weil sonst ein Wertungswiderspruch mit den durch das 6. Strafrechtsreformgesetz erhöhten Mindeststrafen entstehe,[1745] muss widersprochen werden. Es ist eher davon auszugehen, dass 1998 durch die Anhebung der Mindeststrafen ohne gleichzeitige Anpassung der Höchstgrenze der Strafaussetzung ein Missverhältnis entstanden ist, das korrigiert werden sollte.[1746]

Ein ebenfalls häufig genanntes Argument ist, eine Ausweitung der Strafaussetzung würde das Vertrauen der Bevölkerung in das Strafrecht und die Justiz zu sehr erschüttern.[1747] Zwar lässt sich kaum abstreiten, dass auch aktuell bereits einige Aussetzungsentscheidungen der Gerichte von den Massenmedien mit Unverständnis aufgenommen werden, aber Kritik an der vermeintlich „zu laschen" Justiz wird es immer geben, unabhängig davon, ob die Grenze der Strafaussetzung bei zwei oder drei Jahren liegt. Eine ernsthafte Destabilisierung der Rechtsordnung oder eine erhöhte Gefahr für die geschützten Rechtsgüter wären jedoch nicht zu erwarten, denn es werden weiterhin nur die Strafen von Tätern ausgesetzt, die eine positive Prognose aufweisen. Nicht jeder Versuch der Absenkung des Strafniveaus sollte mit einem simplen Verweis auf den angeblichen Vertrauensverlust in der Gesellschaft und die Generalprävention erstickt werden.[1748] Es wird immer strafrechtliche Urteile geben, die in der öffentlichen Wahrnehmung als zu weich und nicht konsequent genug gelten. Diese Einzelfälle dürfen jedoch kein Hinderungsgrund für eine progressive Kriminalpolitik sein.

Gegen eine Anhebung wird zudem vorgebracht, die Bewährungshilfe sei bereits jetzt mit schwierigen Fällen überlastet und dieses Problem würde sich mit einer Erweiterung der Strafaussetzung verschlimmern.[1749] Dem ist zumindest insoweit zuzustimmen, dass es sich bei den hinzukommenden Fällen um eher problematische handeln dürfte. Gerade in diesen Fällen bedarf es dann i. d. R. einer

---

1745 *Kommission* 2000, S. 130.

1746 *Dünkel/Morgenstern* 2003, S. 29.

1747 BT-Drucks. 10/4391, S. 16; *Hirsch* 1986, S. 137; *Kommission* 2000, S. 130; *SKG* 1994, S. 366.

1748 *Weigend* 1992, S 349.

1749 *König* 2001a, S. 69.

Unterstellung unter die Bewährungshilfe. Außerdem wäre bei besonders problematischen Fällen ggf. eine besonders intensive Betreuung erforderlich, was die
Arbeitsbelastung der Bewährungshilfe insgesamt noch größer werden ließe. Es
wäre deshalb notwendig, in entsprechendem Maße in die Bewährungshilfe zu in-
vestieren.[1750] Dies ist eine lohnende Investition; Personalaufstockungen im Bereich der Bewährungshilfe sind ohnehin angezeigt,[1751] und auch wenn es sich bei
den „neuen" Fällen um besonders problembelastete Täter handeln sollte, dürfte
ihre absolute Zahl gering bleiben.[1752] Außerdem wären die entsprechenden Einsparungen im Strafvollzug sowie die sozialen Folgekosten der Freiheitsstrafe gegen die zusätzlichen Kosten für einen Ausbau der Bewährungshilfe aufzurech-
nen.[1753] Die Erforderlichkeit des Ausbaus der Bewährungshilfe parallel zur
Ausweitung der Strafaussetzung zeigt das Beispiel Polen auf. Dort haben die geringen Betreuungsraten als Folge vieler Strafaussetzungen ohne entsprechenden
Ausbau der Bewährungshilfe zu zahlreichen Widerrufen geführt. Dies ging so
weit, dass der Großteil der Zugänge im polnischen Strafvollzug aktuell nicht
Folge einer unbedingten Freiheitsstrafe ist, sondern aus widerrufenen Strafaussetzungen stammt.[1754]

Auch im europäischen Vergleich lassen sich Beispiele entsprechend hoher
Höchstgrenzen finden. Belgien, Portugal, Lettland und Frankreich z. B. ermöglichen sogar die Aussetzung von Freiheitsstrafen von bis zu fünf Jahren,[1755] Rumänien die bei bis zu vier Jahren.[1756] Zypern und Litauen setzen die Höchstgrenze bei den hier vorgeschlagenen drei Jahren fest (wobei in Litauen im Falle
von Fahrlässigkeitsdelikten sogar Strafen von bis zu sechs Jahren aussetzbar
sind).[1757] Natürlich sind die Höchstgrenzen aufgrund der unterschiedlichen
Rechtssysteme und vor allem der unterschiedlichen Möglichkeiten der die Strafaussetzung begleitenden Kontrolle nur eingeschränkt vergleichbar, doch der Vergleich kann dennoch aufzeigen, dass eine Höchstgrenze von drei Jahren keinesfalls unrealistisch ist.

1750 *Dünkel/Cornel* 2003, S. 42; *Kaiser* 1996, § 94 Rn. 5; NK-*Ostendorf* 2017, vor §§ 56 ff.
      Rn. 7.

1751 *Dünkel u. a.* 2010, S. 176.

1752 Aufgrund der ohnehin geringen Verurteilungszahlen und der zu erwarteten restriktiven
      Anwendung der Vorschrift (s. o.).

1753 *Dünkel/Spieß* 1983, S. 505; siehe zu den Kosten von Bewährungshilfe und Strafvollzug
      Schellhoss 2004, S. 9 f., der auch aus ökonomischer Sicht einen Ausbau des Anwen-
      dungsbereichs der Strafaussetzung befürwortet.

1754 *Krajewski* 2016, S. 175 ff.

1755 *Flore u. a.* 2012, S. 10, 161, 283, 369.

1756 *Flore u. a.* 2012, S. 386.

1757 *Flore u. a.* 2012, S. 277, 294.

Zuletzt wird noch der Einwand geltend gemacht, eine Anhebung der Höchstgrenze könnte zu einer Verschärfung der Strafzumessungspraxis führen: Denn wenn die Gerichte in der Lage seien, auch Freiheitsstrafen bis zu drei Jahren auszusetzen, dann seien sie auch eher geneigt, Freiheitsstrafen von über zwei Jahren zu verhängen.[1758] Dieser Einwand wird sich nicht vollständig entkräften lassen. Es erscheint durchaus plausibel, dass Richter in der Praxis zunächst entscheiden, ob sie insgesamt eine Strafaussetzung für angemessen halten, bevor sie das genaue Strafmaß festlegen[1759] (auch wenn dies streng genommen nicht der vorgeschriebenen gesetzlichen Strafzumessungspraxis entspricht). Dies würde dann möglicherweise dazu führen, dass mehr Freiheitsstrafen bis zu drei Jahren verhängt werden.

Allerdings sind die Widerrufsraten wie erwähnt insgesamt sehr gering. Es wäre daher zu erwarten, dass ein Großteil der aufgrund der neuen Höchstgrenze erhöhten Freiheitsstrafen ohnehin nicht vollstreckt wird, gerade da man bereits jetzt beobachten kann, dass die Widerrufsgefahr bei längeren Freiheitsstrafen eher geringer ist als bei kürzeren.[1760] Der mögliche „*net-widening*-Effekt" durch mehr Freiheitsstrafen zwischen zwei und drei Jahren wäre daher als geringeres Übel bei der Ausweitung der Strafaussetzung auf Freiheitsstrafen von bis zu drei Jahren hinzunehmen.[1761] Zudem sind die Richter weiterhin an das Schuldprinzip gebunden und können nicht aufgrund der höheren Grenze in § 56 Abs. 2 StGB willkürlich längere Haftstrafen verhängen. Das Risiko der Verhängung längerer Freiheitsstrafen ist daher bei einer Anhebung der Höchstgrenzen aus § 56 StGB in Kauf zu nehmen. Daher ist insgesamt eine Ausweitung der Strafaussetzung auch auf Freiheitsstrafen von bis zu drei Jahren zu befürworten.[1762]

Wenn man im Ergebnis die Grenze in § 56 Abs. 2 auf drei Jahre anhebt, wäre gleichzeitig darüber nachzudenken, die Freiheitsstrafen zwischen einem und zwei

---

1758 *Riklin* 1994, S. 450; *Walter* 1978, S. 276; *Dölling* 1992, S. 278 sieht darin zwar den positiven Aspekt einer Zunahme an Transparenz in der Strafzumessung im Bereich um zwei Jahre, ignoriert jedoch, dass sich das Problem dann in den „neuen" Grenzbereich von drei Jahren verlagert; zu vergleichbaren Erfahrungen in der Schweiz siehe *Killias* 2011, S. 628.

1759 *Dünkel* 1983, S. 1047; *Riklin* 1994, S. 450; dafür spricht auch die aktuelle Sanktionspraxis, die einen verhältnismäßig großen Sprung zwischen Freiheitsstrafen von ein bis zwei und Freiheitsstrafen zwischen zwei und drei Jahren erkennen lässt, vgl. *Statistisches Bundesamt* 2017, S. 160 f.

1760 *Weigelt* 2009, S. 297.

1761 Auch könnte hier die Möglichkeit eines teilweisen Widerrufs (vgl. *Kap. 6.2.3*) dafür sorgen, dass die widerrufenen Freiheitsstrafen nicht voll zu verbüßen sind.

1762 *Dölling* 1992, S. 277 f.; *Dünkel/Morgenstern* 2003, S. 29; *Dünkel/Spieß* 1983, S. 507; *Kaiser* 1996, S. 1034; *Riklin* 1994, S. 449; *Weigelt* 2009, S. 297 f.; für eine Erhöhung auf fünf Jahre *P.-A. Albrecht u. a.* 1992, S. 22; a. A. *Hirsch* 1986, S. 137; *Kommission* 2000, S. 132; *König* 2001a, S. 70; *SKG* 1994, S. 366.

Jahren, die aktuell in Abs. 2 geregelt sind, in Abs. 1 zu verlagern, um die Voraussetzungen der Strafaussetzung in diesen Fällen zu lockern. Dafür spricht, dass die Aussetzung von Freiheitsstrafen von bis zu zwei Jahren bereits jetzt eher die Regel ist; diese Entwicklung könnte mit einer Erhöhung der Grenze in § 56 Abs. 1 kodifiziert werden. Zudem würde die Gefahr bestehen, dass das Merkmal der „besonderen Umstände" aus § 56 Abs. 2 StGB durch die Rechtsprechung restriktiver ausgelegt wird, sobald auch Freiheitsstrafen bis zu drei Jahren aussetzungsfähig sind, was dann die Freiheitsstrafen von bis zu zwei Jahren betreffen könnte. Dem sind auch die drei oben angesprochenen SPD-Entwürfe gefolgt; diese sahen alle eine Anhebung der Grenze des § 56 Abs. 1 StGB auf zwei Jahre vor.[1763]

Bedenken im Rahmen des § 56 StGB könnte zudem der generalpräventive Vorbehalt aus Abs. 3 bereiten. Dieser erlaubt es, eine Strafaussetzung bei einer Freiheitsstrafe von mindestens sechs Monaten zu verweigern, sofern die Verteidigung der Rechtsordnung dies gebiet, obwohl die Voraussetzungen der Aussetzung im Übrigen erfüllt sind. Die an sich auf die Spezialprävention zugeschnittene Strafvollstreckung[1764] bekommt hier also auch eine generalpräventive Komponente. Man könnte sich daher die Frage stellen, ob es aufgrund des spezialpräventiven Charakters der Strafaussetzung nicht sinnvoller erscheint, gänzlich auf generalpräventive Erwägungen zu verzichten und Tätern mit einer guten Prognose unabhängig von der Rezeption der Entscheidung eine Strafaussetzung zu ermöglichen. Dafür spricht zunächst das *ultima-ratio*-Prinzip: Wenn die Vollstreckung einer Freiheitsstrafe spezialpräventiv gerade nicht geboten ist, erscheint es auf den ersten Blick nicht gerechtfertigt, dem Betroffenen die Aussetzung aufgrund generalpräventiver Überlegungen zu verweigern.

Gegen den generalpräventiven Vorbehalt spricht zudem, dass einige für seine Anwendbarkeit voraussetzen, dass die Tat zumindest Teilen der Öffentlichkeit bekannt geworden ist, in der Regel durch mediale Berichterstattung.[1765] Es hängt stark vom Zufall ab, für welche Delikte sich die Medien interessieren; hinzu kommen regionale Unterschiede, in ländlichen Gegenden dürften bestimmte Delikte i. d. R. seltener und damit für die Medienlandschaft spannender sein als in Großstädten. Die Art und Intensität der Berichterstattung könnte damit nicht unerhebliche Auswirkungen auf die Aussetzungsentscheidung haben.[1766] Auf ein tatsächliches Bekanntwerden darf es daher nicht ankommen, maßgeblich muss allein

---

1763 BT-Drucks. 10/1116, S. 2; BT-Drucks. 12/6141, S. 4; BT-Drucks. 13/4462, S. 4.

1764 BGH NJW 1971, S. 440.

1765 NK-*Ostendorf* 2017, § 56 Rn. 34; SSW-*Mosbacher/Claus* 2016, § 56 Rn. 34; a. A. MüKo-*Groß* 2016, § 56 Rn. 40.

1766 Ähnlich MüKo-*Groß* 2016, § 56 Rn. 40.

sein, wie Tat und Urteil voraussichtlich in der Bevölkerung aufgenommen würden. Dies einzuschätzen ist dann die Aufgabe des Gerichts.[1767] Die Norm wird von der Rechtsprechung ohnehin sehr restriktiv ausgelegt; erforderlich sind „schwerwiegende Besonderheiten des Einzelfalls", die dazu führen, dass eine Strafaussetzung für das allgemeine Rechtsempfinden unverständlich erscheint und das Vertrauen der Bevölkerung in die Rechtsordnung erheblich erschüttert wird.[1768] Diese enge Auslegung des Merkmals zeigt, dass die Verweigerung der Aussetzung zur Verteidigung der Rechtsordnung die absolute Ausnahme darstellt.[1769] Deutlich wird daraus ebenfalls, dass ausschließlich Aspekte der positiven Generalprävention eine Rolle spielen dürfen; die Abschreckung potenzieller Täter darf bei der Entscheidung nicht berücksichtigt werden.[1770] Zwar wird z. T. auch der Abschreckung eine gewisse Funktion im Rahmen des § 56 Abs. 3 StGB eingeräumt,[1771] dies kann jedoch schon allein im Hinblick auf den Wortlaut der Norm nicht überzeugen. Auch die oben zitierte Auslegung des BGH deckt nicht die Berücksichtigung negativer Generalprävention.

Geht man dann insgesamt davon aus, dass der generalpräventive Vorbehalt kein tatsächliches Bekanntwerden voraussetzt, Gesichtspunkte der Abschreckung nicht berücksichtigt werden dürfen und die Verweigerung der Strafaussetzung nach § 56 Abs. 3 StGB weiterhin eine Ausnahme bleibt, lässt sich grundsätzlich an ihm festhalten. Es sind Fälle denkbar, in denen trotz Freiheitsstrafe zwischen sechs Monaten und zwei (bzw. wie hier vorgeschlagen drei) Jahren[1772] und positiver Prognose eine Strafaussetzung dennoch schlicht unverständlich erscheinen muss.[1773] In solchen Ausnahmefällen sollte der Rechtsprechung die Möglichkeit bleiben, aus generalpräventiven Gründen eine unbedingte Freiheitsstrafe zu ver-

---

1767 BayOLG StV 1978, S. 513 f.; MüKo-*Groß* 2016, § 56 Rn. 40.; Sch/Sch-*Kinzig* 2019, § 56 Rn. 48; setzt man ein tatsächliches Bekanntwerden voraus, hätte man zudem das Problem, wie mit einem „Aufschrei" nach Verkündung des Urteils umzugehen wäre.

1768 BGH NJW 1971, S. 440; NStZ 1987, S. 21; NStZ 2001, S. 319; ebenfalls für eine sehr restriktive Auslegung *Kunert* 1969, S. 709.

1769 MüKo-*Groß* 2016, § 56 Rn. 38.

1770 NK-*Ostendorf* 2017, § 56 Rn. 32; Gleiches gilt für spezialpräventive Erwägungen, vgl. BGH StV 1989, S. 150 sowie den Schuldausgleich, vgl. BGH NJW 1971, S. 440.

1771 MüKo-*Groß* 2016, § 56 Rn. 37; *Fischer* 2019, § 56 Rn. 14, BGHSt 34, S. 151 (allerdings bzgl. einer Strafaussetzung nach § 183, Abs. 3 StGB).

1772 Auch wenn in der Praxis eigentlich nur der Anwendungsbereich des § 56 Abs. 1 StGB relevant sein dürfte, da in einem Fall, in dem eine Strafaussetzung aufgrund der Verteidigung der Rechtsordnung versagt werden soll, wohl ohnehin keine „besonderen Umstände" nach § 56 Abs. 2 StGB vorliegen dürften.

1773 In großen Teilen scheint es sich dabei im Trunkenheitsfahrten mit sehr schweren Folgen (vor allem Todesfolgen) zu handeln, vgl. auch *Schröder* 1970, S. 241.

hängen, auch wenn die Generalprävention in gewissem Maße wie ein Fremdkörper im Bereich der Strafaussetzung wirken mag. Solange die Anwendung des generalpräventiven Vorbehalts weiterhin die Ausnahme bleibt und nicht als „Hintertür" zur Vermeidung von Strafaussetzungen genutzt wird, dürfte § 56 Abs. 3 StGB noch unproblematisch sein. Doch in Verbindung mit dem hier vorgeschlagenen Ausbau der Strafaussetzung sollte die Entwicklung der Anwendung des generalpräventiven Vorbehalts beobachtet werden; gerade im neuen Bereich der regelmäßigen Aussetzung nach Abs. 1 (also bis zu zwei Jahre) wäre zu befürchten, dass § 56 Abs. 3 vermehrt Anwendung findet. Sollte eine derartige Entwicklung tatsächlich eintreten, müsste sich erneut mit einer Abschaffung von § 56 Abs. 3 StGB auseinandergesetzt werden. Aktuell besteht in dieser Hinsicht jedoch kein Handlungsbedarf; konkrete Vorschläge in dieser Richtung sind in der Politik oder Literatur nicht ausfindig zu machen.

Ergebnis wäre dann folgender § 56 StGB:

§ 56 Strafaussetzung

Abs. 1
Bei der Verurteilung zu Freiheitsstrafe von nicht mehr als zwei Jahren setzt das Gericht die Vollstreckung der Strafe zur Bewährung aus, wenn zu erwarten ist, dass der Verurteilte sich schon die Verurteilung zur Warnung dienen lassen und künftig auch ohne die Einwirkung des Strafvollzugs keine Straftaten mehr begehen wird. Dabei sind namentlich die Persönlichkeit des Verurteilten, sein Vorleben, die Umstände seiner Tat, sein Verhalten nach der Tat, seine Lebensverhältnisse und die Wirkungen zu berücksichtigen, die von der Aussetzung für ihn zu erwarten sind.

Abs. 2
Das Gericht kann unter den Voraussetzungen des Absatzes 1 auch die Vollstreckung einer höheren Freiheitsstrafe, die drei Jahre nicht übersteigt, zur Bewährung aussetzen, wenn nach der Gesamtwürdigung von Tat und Persönlichkeit des Verurteilten besondere Umstände vorliegen. Bei der Entscheidung ist namentlich auch das Bemühen des Verurteilten, den durch die Tat verursachten Schaden wiedergutzumachen, zu berücksichtigen.
[…]

6.2.2 Teilbedingte Freiheitsstrafe und Strafrestaussetzung

Eine weitere Reform im Bereich der Strafaussetzung zur Bewährung zur weiteren Vermeidung von Freiheitsentzug könnte die Möglichkeit einer Teilaussetzung sein. Es würde dann also nur ein Teil der verhängten Freiheitsstrafe unmittelbar vollstreckt werden und die Reststrafe wäre zunächst ausgesetzt, könnte jedoch im Falle eines Widerrufs vollstreckt werden. Eine nur teilweise Aussetzung einer

Freiheitsstrafe ist *de lege lata* ausdrücklich ausgeschlossen (§ 56 Abs. 4 S. 1 StGB). Es kann nur die gesamte Freiheitsstrafe ausgesetzt werden.[1774] Es ließe sich aber darüber nachdenken, ob man nicht langfristige Freiheitsstrafen, die entweder aufgrund ihrer Höhe oder aufgrund einer negativen Prognose nicht mehr nach § 56 StGB ausgesetzt werden können, zumindest teilweise aussetzen sollte, um den Freiheitsentzug so zu verkürzen. Als Beispiel kann dabei Art. 41 schw.StGB dienen: Diese Regelung ermöglicht die teilweise Aussetzung einer Freiheitsstrafe zwischen einem und drei Jahren.[1775] Dabei muss mindestens die Hälfte der Strafe ausgesetzt werden (Art. 41 Abs. 2 schw.StGB). Auch Österreich sieht in § 43a Abs. 3 ö.StGB eine vergleichbare Regelung vor. Danach können Freiheitsstrafen zwischen sechs Monaten und zwei Jahren auch lediglich zum Teil ausgesetzt werden, wenn die Voraussetzungen einer vollständigen Aussetzung nicht vorliegen. Freiheitsstrafen von bis zu drei Jahren können zumindest dann teilweise ausgesetzt werden, wenn eine „hohe Wahrscheinlichkeit" besteht, dass der Täter keine weiteren Straftaten begehen wird (§ 43 Abs. 4 ö.StGB). Beide Rechtsordnungen ermöglichen damit die teilweise Strafaussetzung bei Strafen, die dort *de lege lata* nicht mehr vollständig aussetzbar sind, auch wenn die Anwendungsbereiche sich dennoch z. T. überschneiden.[1776]

Vorteil einer solchen Regelung wäre zunächst, dass durch die Erweiterung der Strafaussetzung um die Möglichkeit einer teilweisen Aussetzung die Flexibilität des Sanktionensystems insgesamt erhöht wird. Der Richter kann so besser individuell auf die Bedürfnisse eines Täters eingehen.[1777] Eine teilweise Aussetzung kann dabei sinnvoll sein, wenn von den gesetzlich vorgesehenen Aussetzungsmöglichkeiten nicht ausreichend Gebrauch gemacht wird.[1778] Insbesondere dann kann die Möglichkeit einer teilweisen Aussetzung ein Anreiz für die Richter sein, eine Freiheitsstrafe zumindest zum Teil auszusetzen. Dies ist in Deutschland aktuell jedoch nicht der Fall. Ein Großteil der aussetzungsfähigen Freiheitsstrafen wird bereits ausgesetzt, daher würde eher die Gefahr eines „*net-widening*" bestehen, indem Freiheitsstrafen, die vorher vollständig ausgesetzt worden wären, stattdessen nur noch teilweise ausgesetzt würden.[1779] Die teilbedingte Strafe

---

1774 Der BGH ging jedoch auch vor der Kodifizierung von diesem Grundsatz aus, vgl. BGH NJW 1954, S. 1086 f.

1775 Bzw. zusätzlich auch die teilweise Aussetzung von Geldstrafen und gemeinnütziger Arbeit.

1776 Die Höchstgrenze der vollständigen Aussetzung beträgt jeweils zwei Jahre vgl. § 43 Abs. 1 S. 1 ö.StGB; Art. 42 Abs. 1 schw.StGB.

1777 *Kuhn* 1997, S. 19; *SKG* 1994, S. 367; *Ziltener* 1995, S. 76.

1778 So war z. B. in Österreich die Praxis bei der Strafaussetzung von Freiheitsstrafen von mehr als einem Jahr vor der Einführung der teilbedingten Strafe eher zurückhaltend, vgl. *Zipf* 1990, S. 464.

1779 *Knüsel* 1995, S. 82; *Riklin* 2000, S. 469.

könnte dann ähnlich dem aus dem Jugendstrafrecht bekannten „Warnschussarrest" (§ 16a Abs. 1 JGG) als eine Art *short sharp shock* missbraucht werden, indem eine ausgesetzte Freiheitsstrafe mit einem kurzen Freiheitsentzug verbunden wird.[1780] Empirisch nachweisen ließ sich die entsprechende Schockwirkung einer Kombination aus ausgesetzter und unmittelbar vollstreckter Strafe jedoch nicht.[1781] Man würde sich durch diese jedoch quasi einen weiteren Anwendungsbereich der eigentlich unerwünschten kurzen Freiheitsstrafe unter Umgehung des Begründungserfordernisses aus § 47 Abs. 1 StGB schaffen, anstatt längere Freiheitsstrafen zu verkürzen. Bewahrheitet haben sich diese Befürchtungen beispielsweise in Frankreich; dort nahm der kurze Freiheitsentzug nach der Einführung des sog. *sursis partiel* im Jahre 1970 entgegen der Intention des Gesetzgebers zu.[1782] Die schädlichen Folgen der Freiheitsstrafe, die durch das Institut der Strafaussetzung zur Bewährung eigentlich vermieden werden sollen, können bei einer teilbedingten Strafe ebenso auftreten.[1783] Zudem widerspricht die teilbedingte Strafe dem positiv spezialpräventiven Charakter der Strafaussetzung und verleiht ihr eine primär repressive Komponente.[1784] Eng damit verknüpft ist das punitive Argument, eine vollständig ausgesetzte Strafe würde von den Verurteilten als eine Art Freispruch empfunden und müsse daher mit einer weiteren unmittelbar wirkenden Sanktion verbunden werden.[1785] Dabei muss jedoch berücksichtigt werden, dass bereits das Strafverfahren als solches eine Belastung für den Betroffenen darstellen kann. Hinzu kommt, dass die Bewährung mit Auflagen und Weisungen verbunden werden kann und stets der Widerruf der Aussetzung droht. Eine vollständige Strafaussetzung nach § 56 StGB darf daher keinesfalls mit einem Freispruch oder mit Folgenlosigkeit gleichgesetzt werden.[1786]

Probleme können sich zudem im Hinblick auf die Begründung der Sanktionsform mit der Legalprognose ergeben. Denn auf der einen Seite sollte die Prognose nicht positiv sein (dann wäre ja eine gesamte Aussetzung angezeigt), auf der anderen Seite jedoch zumindest noch so gut, dass keine vollständige Strafvollstreckung erforderlich ist. Wo hier die Trennlinie zu ziehen ist und welche Kriterien

---

1780 Eine Ausgestaltung, die von vorneherein auf einen *short sharp shock* ausgerichtet ist, wäre aufgrund der zweifelhaften Wirkung ohnehin abzulehnen, wird von Teilen der Befürworter jedoch als das Hauptargument für eine teilbedingte Strafe gesehen; vgl. dazu die Übersicht bei *Knüsel* 1989, S. 44 f.

1781 *H.-J. Albrecht/Dünkel/Spieß* 1981, S. 321; *MacKenzie* 1998, 3.2.

1782 *Bernards* 1983, S. 300; *Kunz* 1986, S. 196; *Riklin* 1994, S. 436.

1783 *Dünkel/Spieß* 1983, S. 509.

1784 *Knüsel* 1989 S. 58; *Schultz* 1988, S. 202.

1785 *Rochat* 1978, S. 89.

1786 *Horn* 1992, S. 829.

maßgeblich sein sollen, lässt sich nur schwer festlegen.[1787] Eine „Lücke" bei der Strafaussetzung könnte im Hinblick auf diese Überlegung dann jedoch im Bereich der Freiheitsstrafen vorliegen, die aufgrund ihrer Höhe *de lege lata* gar nicht mehr ausgesetzt werden können, die Strafaussetzung also aufgrund der Höhe der Schuld versagt werden muss und nicht aufgrund einer schlechten Prognose.

Ob eine teilbedingte Freiheitsstrafe wirklich dazu in der Lage wäre, Freiheitsstrafen bis zu zwei Jahren, die vorher nicht ausgesetzt worden wären, für die Richter aussetzbar zu machen, erscheint vor dem Hintergrund der bereits jetzt hohen Aussetzungsquoten unwahrscheinlich. Eine Teilaussetzung wäre maximal dann sinnvoll, wenn ihr Anwendungsbereich über den der vollständigen Aussetzung hinausgeht. Wenn man wie hier vorgeschlagen die Grenze des § 56 Abs. 2 StGB auf drei Jahre anhebt, dann müsste die Höchstgrenze der Teilaussetzung mindestens vier, vielleicht sogar fünf Jahre betragen.[1788] In Betracht kommen dann vor allem solche Täter, die zwar eine sehr schwere Straftat begangen haben, jedoch eine günstige Prognose aufweisen.[1789] Bei so schweren Straftaten, die zu Freiheitsstrafen von über drei Jahren führen, erscheint eine prognoseabhängige Restaussetzung nach § 57 StGB jedoch eher zielführend zu sein, gerade da in Sonderfällen nach § 57 Abs. 2 Nr. 2 StGB auch bei längeren Freiheitsstrafen eine Halbstrafenaussetzung in Betracht kommen kann. Zwar wäre es denkbar, um „*net-widening*" auszuschließen, die Teilaussetzung nur für Freiheitsstrafen über der Höchstgrenze des § 56 StGB zu ermöglichen.[1790] Dabei wäre allerdings problematisch, dass so Täter mit Freiheitsstrafen knapp unter der Grenze, bei denen eine gesamte Aussetzung jedoch dennoch nicht in Betracht kommt, möglicherweise benachteiligt wären. Für sie gäbe es gar keine Möglichkeit der teilweisen Aussetzung, während für Täter mit einer Freiheitsstrafe knapp über der Grenze ggf. durch eine Teilaussetzung eine kürzere Verbüßungszeit möglich wäre.

Solange die Aussetzungsraten bei der Strafaussetzung so hoch sind, wie es aktuell der Fall ist, besteht daher kein Bedarf nach einer teilweisen Aussetzung von Freiheitsstrafen. Es würde vielmehr die Gefahr bestehen, dass die Raten bei der vollständigen Aussetzung zugunsten der teilweisen Aussetzung sinken würden. Anzuregen wäre jedoch, im Falle einer Ausweitung der Strafaussetzung auf Freiheitsstrafen von bis zu drei Jahren die Aussetzungsraten in diesem Bereich zu beobachten. Sollten diese dann erheblich unter den aktuellen Raten der Aussetzung gem. § 56 Abs. 2 StGB liegen, wäre eine teilweise Aussetzung der Strafen, allerdings ausschließlich für diesen Bereich (und ggf. auch darüber hinaus bis zu

---

1787 *Riklin* 2000, S. 469.

1788 *Kuhn* 1997, S. 20.

1789 *Zipf* 1985, S. 987.

1790 *Weigend* 1992, S. 354.

vier oder auch fünf Jahren), zumindest zu diskutieren.[1791] Nur dort, wo eine Strafaussetzung aktuell ausgeschlossen oder zumindest die Ausnahme ist, dürfte eine teilweise Aussetzung sinnvoll sein.[1792] In einem Bereich, in dem jedoch bereits ohnehin der Großteil der Freiheitsstrafen ausgesetzt wird, birgt die teilbedingte Strafe ein hohes Risiko für einen „*net-widening*-Effekt", und die Möglichkeit, tatsächlich Freiheitsentzug zu vermeiden bzw. ihre Dauer zu verringern, dürfte verhältnismäßig gering sein. Im Ergebnis wäre damit eine Teilaussetzung von Freiheitsstrafen im Bereich von bis zu drei Jahren abzulehnen.[1793] Die Beschränkung auf längere Freiheitsstrafen hätte zudem den Vorteil, dass auf diese Weise der nicht ausgesetzte Teil wohl so lang bleibt, dass kein neuer Anwendungsbereich der kurzen Freiheitsstrafe geschaffen wird.[1794] Eine teilweise Aussetzung im Bereich von über drei Jahren ist zwar denkbar, aber die Strafrestaussetzung nach § 57 StGB erscheint zur Verkürzung von längeren Freiheitsstrafen sinnvoller.

Um die Vollstreckung längerer Haftstrafen effektiver zu verkürzen, erscheint es daher angezeigt, die Voraussetzungen der Halbstrafenaussetzung anzupassen. Aktuell ist die Praxis bzgl. der Anwendung von § 57 Abs. 2 StGB sehr restriktiv.[1795] Ein denkbarer Anknüpfungspunkt zum Ausbau der Restaussetzung ist eine Erweiterung des Erstverbüßerprivilegs aus § 57 Abs. 2 Nr. 1 StGB. So sah z. B. der Referentenentwurf des *BMJ* aus dem Jahr 2000 vor, die Höchstgrenze für Erstverbüßer ganz zu streichen und so eine Halbstrafenaussetzung bei Erstverbüßung für alle zeitigen Freiheitsstrafen zu ermöglichen.[1796] Dabei wäre die Halbstrafenaussetzung bei erstmaliger Verbüßung die Regel, sofern es sich nicht um gefährliche Straftäter handelt, bei denen die Voraussetzungen des § 57 Abs. 1 StGB nicht erfüllt sind.[1797] Dagegen wird eingewandt, dass es sich bei diesen Fällen (Erstverbüßer mit einer Freiheitsstrafe von über zwei Jahren) um Fälle der schweren Kriminalität handle, in denen eine Aussetzung bereits nach der Hälfte der Strafe nicht zu rechtfertigen sei.[1798] Gerade im Bereich der Erstverbüßer dürfte es jedoch im Vergleich zu den Tätern mit Hafterfahrung eine Vielzahl von Tätern mit guten Prognosen geben. Darunter fallen vor allem solche, deren

---

1791 Ähnlich *Riklin* 2000, S. 469.

1792 *Riklin* 1994, S. 437.

1793 *Kuhn* 1997, S. 20 f.; *Riklin* 2000, S. 469; *SKG* 1994, S. 367 f.; a. A. *Knüsel* 1989, S. 60 f.; *Ziltener* 1995, S. 79.

1794 *Zipf* 1985, S. 987.

1795 Vgl. *Kap. 6.2.*

1796 *BMJ* 2000, S. 10; zustimmend *Dünkel* 2009, S. 55.

1797 Ähnlich ist z. B. die finnische Praxis, vgl. *Lappi-Seppälä* 2010, S. 340; oder die französische Regelung, vgl. *Fritsche* 2005, S. 276.

1798 *DRB* 2001.

Strafe nur aus generalpräventiven Erwägungen oder aufgrund von Schuldausgleich vollstreckt werden (Ersttäter mit positiver Prognose, die jedoch eine schwere Tat begangen haben, z. B. Konflikttaten im Bereich der Körperverletzungs- oder Tötungsdelikte).[1799] Bei den Erstverbüßern wird es sich i. d. R. nicht um gefährliche Wiederholungstäter handeln. Bei ihnen ist daher am ehesten davon auszugehen, dass eine erfolgreiche Eingliederung nach dem Vollzug erfolgt.[1800] Dafür sprechen auch die grundsätzlich besseren Legalbewährungsdaten bei Erstverbüßern.[1801]

Daneben wäre möglicherweise auch ein Ausbau der Zwei-Drittel-Aussetzungen zielführend. Denn auch der Anwendungsbereich des § 57 Abs. 1 StGB scheint noch nicht vollständig ausgeschöpft zu sein. Im Rahmen des § 57 Abs. 1 StGB bietet sich dabei vor allem das Prognoseerfordernis (Nr. 2) als Anknüpfungspunkt für eine Reform an. Die aktuell geltende sog. Verantwortungsklausel ersetzte im Rahmen des SexBekG 1998 die bis dahin geltende „Erprobungsklausel".[1802] Trotz der Neuformulierung wird überwiegend nur von einer Klarstellung und nicht von einer Verschärfung ausgegangen.[1803] *De lege lata* erfolgt bei einer Prognose i. S. von § 57 Abs. 1 Nr. 2 StGB ähnlich wie im Rahmen von § 56 Abs. 1 StGB eine Abwägung. Dabei ist zunächst anhand empirischer Prognosekriterien das individuelle Rückfallrisiko zu bestimmen und dieses anschließend mit dem Sicherheitsrisiko für die Allgemeinheit abzuwägen.[1804] So kann auch bei einer höheren Rückfallwahrscheinlichkeit eine Aussetzung verantwortet werden, wenn die drohenden Straftaten geringfügig sind. Drohen hingegen schwere Straftaten, sind an die Rückfallwahrscheinlichkeit strengere Maßstäbe

---

1799 *Frisch* 1996, S. 26.

1800 *Fritsche* 2005, S. 276; *Meier* 2015, S. 129.

1801 *Walter/Geiter/Fischer* 1990, S. 20.

1802 *Cornel* 2002, S. 424.

1803 BVerfG NJW 2000, S. 504; *Cornel* 2002, S. 429; LK-*Hubrach* 2013, § 57 Rn. 9; NK-*Dünkel* 2017, § 57 Rn. 14; a. A. MüKo-*Groß* 2016, § 57 Rn. 16; *Schöch* 1998 S. 1258; auch einige Oberlandesgerichte gingen jedoch von einer Verschärfung durch die Neuformulierung aus. Vor allem das OLG Saarbrücken NJW 1999, S. 438 ging davon aus, dass nun das Sicherheitsinteresse Vorrang gegenüber dem Resozialisierungsinteresse haben solle. Zur Rechtsprechung zu diesem Thema siehe auch die Zusammenfassung bei *Cornel* 2002, S. 427; zudem konnten weder die von *Cornel* durchgeführte Auswertung der statistischen Daten noch die durchgeführten Praktikerinterviews oder die Aktenanalysen einen Nachweis für eine Verschärfung in der Praxis liefern, vgl. *Cornel* 2002, S. 430 ff.

1804 BGH NStZ-RR 2003, S. 201; OLG Karlsruhe StV 2007, S. 13; OLG Stuttgart StV 1998, S. 668; *Fischer* 2019, § 57 Rn. 12.

anzulegen.[1805] Zugunsten der Resozialisierung muss dabei auch ein verantwortbares Risiko eingegangen werden, es genügt also eine gewisse Wahrscheinlichkeit der Straffreiheit[1806] (eine absolute Sicherheit der Straffreiheit kann es ohnehin nicht geben). Diese Lockerung erscheint auch gerechtfertigt, da im Rahmen des Strafvollzugs bereits positiv spezialpräventiv auf den Täter eingewirkt wurde.[1807] Ein konkreter Vorschlag zur Lockerung des Prognoseerfordernisses wurde z. B. von *Dünkel* unterbreitet. Er schlägt vor, § 57 Abs. 1 Nr. 2 StGB folgendermaßen zu fassen: „... nicht aufgrund konkreter Tatsachen Umstände vorliegen, die erhebliche Straftaten erwarten lassen".[1808] Damit soll die Entlassung nach § 57 Abs. 1 StGB der Regelfall sein. Die Nicht-Aussetzung wäre die Ausnahme und es müsste bewiesen werden, dass die Voraussetzungen des vorgeschlagenen § 57 Abs. 1 Nr. 2 StGB vorliegen, um eine Aussetzung zu verweigern.[1809] Profitieren könnten von dieser Reform vor allem solche Täter, die vom sog. Mittelfeldproblem betroffen sind. Damit sind Fälle gemeint, in denen die Prognose nicht eindeutig positiv oder negativ ausfällt.[1810] Diese Fälle machen einen nicht unerheblichen Teil der Kriminalprognosen aus.[1811]

Auch im europäischen Vergleich scheint sich die Strafrestaussetzung immer weiter dahingehend zu entwickeln, dass sie entweder (fast) automatisch unter (weitgehendem) Verzicht auf eine Prognose erfolgt oder zumindest die Vermutung einer positiven Prognose zur Verweigerung der Restaussetzung zu widerlegen ist.[1812] Eine erfolgreiche Ausweitung der Zwei-Drittel-Aussetzung durch Anpassung des Prognoseerfordernisses fand beispielsweise in der Schweiz statt. Nach Art. 86 Abs. 1 Schw.StGB ist die bedingte Entlassung generell die Regel und darf nur mit entsprechender Begründung verneint werden.[1813] Dies hat dazu geführt, dass ca. 80% der aussetzungsfähigen Freiheitsstrafen auch tatsächlich ausgesetzt werden.[1814]

1805   OLG Bamberg Beschl. v. 16.03.2016 – 1 Ws 107/16; OLG Hamm StV 1988, S. 348; OLG Hamm Beschl. v. 05.02.2013 – 2 Ws 22/13; OLG Karlsruhe StV 2007, S. 13; Lackner/Kühl-*Heger* 2018, § 57 Rn. 7; *Schöch* 1999, S. 233.

1806   BVerfG NJW 1998, S. 2203; OLG Karlsruhe StV 2002, S. 322; NK-*Dünkel* 2017 § 57 Rn. 17.

1807   BGH NStZ-RR 2003, S. 201; Sch/Sch-*Kinzig* 2019, § 57 Rn. 10.

1808   NK-*Dünkel* 2017, § 57 Rn. 136.

1809   NK-*Dünkel* 2017, § 57 Rn. 134; *Dünkel* 2009, S. 56.

1810   *Streng* 2012, Rn. 823.

1811   NK-*Dünkel* 2017, § 57 Rn. 113; *Frisch* 1998, S. 790; *Zipf* 1992, S. 13.

1812   NK-*Dünkel* 2017, § 57 Rn. 95 f.

1813   Basler-Kommentar-*Baechtold* 2007, Art. 86 Rn. 14.

1814   Basler-Kommentar-*Baechtold* 2007, vor Art. 86 Rn. 10.

Die Begrenzung auf schwere Straftaten vermag zu überzeugen. Es ist nicht einzusehen, dass nach der Verbüßung von zwei Dritteln der Haft die Aussetzung nur deshalb versagt wird, weil weitere Bagatelldelinquenz befürchtet wird. Zwar kann die Schwere der drohenden Straftaten bereits *de lege lata* im Rahmen der Abwägung berücksichtigt werden, es wäre dennoch sinnvoll, befürchtete Bagatelldelinquenz ausdrücklich nicht ausreichen zu lassen, um eine Restaussetzung zu verweigern.[1815]

An der zweimonatigen Mindestverbüßungsdauer ist festzuhalten. Zwar sind damit die ganz kurzen Freiheitsstrafen von unter drei Monaten gänzlich von § 57 StGB ausgenommen, doch eine gewisse Vollzugsdauer dürfte schon deshalb notwendig sein, damit die Entscheidungsträger der Aussetzungsprognose sich in der Haft ein Bild von dem Betroffenen machen können. Es ist jedoch nicht einleuchtend, warum für die Halbstrafenaussetzung eine höhere Mindestverbüßungsdauer vorzusehen ist. § 57 Abs. 2 StGB ist daher diesbezüglich an Abs. 1 anzupassen.

Für eine Erweiterung der Strafrestaussetzung (sowohl nach § 57 Abs. 1 StGB als auch nach Abs. 2) spricht auch, dass ihr Zweck nicht allein die Vermeidung des Freiheitsentzugs ist. Die Strafrestaussetzung soll auch den Übergang in die Freiheit erleichtern und die Unterstützung der Betroffenen ermöglichen.[1816] Dies kann durch Auflagen, Weisungen und vor allem die Unterstellung unter die Bewährungshilfe gefördert werden. Bei Vollverbüßern wäre dies nur im Rahmen der Führungsaufsicht möglich und auch nur dann, wenn deren Voraussetzungen vorliegen. Zudem haben die Weisungen im Rahmen der Führungsaufsicht im Vergleich zu denen nach § 56c StGB i. d. R. einen eher überwachenden Charakter.[1817] Hinzu kommt, dass Weisungsverstöße im Rahmen der Führungsaufsicht nach § 145a StGB unmittelbar mit Strafe bedroht sind. Insgesamt bezweckt die Führungsaufsicht damit mehr die Kontrolle des Betroffenen und den Schutz der Allgemeinheit (dies entspricht insoweit auch ihrer Funktion als Maßregel).[1818]

Für eine bessere spezialpräventive Wirkung der Restaussetzung sprechen auch die Erkenntnisse der Rückfallforschung. So ergab die Rückfalluntersuchung

---

1815 Finnland geht hier sogar noch weiter und beschränkt die Verweigerung der Zwei-Drittel-Aussetzung auf sehr wenige gefährliche Gewaltstraftäter, vgl. *Lappi-Seppälä* 2010, S. 340, der darauf hinweist, dass deshalb 99% aller Freiheitsstrafen in Finnland durch eine bedingte Entlassung enden.

1816 *Feuerhelm* 1999a, S. 465; *Frisch* 1996, S. 24.

1817 LK-*Schneider* 2008, § 68b Rn. 1; MüKo-*Groß* 2016, § 68b Rn. 2; wobei sie trotz des stärkeren Kontrollcharakters dennoch grundsätzlich der Resozialisierung dienen sollen, vgl. NK-*Ostendorf* 2017, § 68b Rn. 1; OLG Stuttgart NStZ 1990, S. 279; allerdings auch ausschließlich zu Kontrollzwecken zulässig sind, vgl. *Mrozynski* 1983, S. 397; Sch/Sch-*Kinzig* 2019, § 68b Rn. 1.

1818 *Mrozynski* 1983, S. 397; sie hat einen „doppelten Zweck" aus Hilfe und Überwachung, vgl. *Rohrbach* 2014, S. 5.

von *Jehle u. a.*[1819] zum einen, dass es bei Vollverbüßern wesentlich häufiger zu Folgeentscheidungen kam,[1820] zum anderen, dass Vollverbüßer in der Folgeentscheidung häufiger zu unbedingten Freiheitsstrafen verurteilt wurden.[1821] Dabei ist zwar zu beachten, dass bei der Strafrestaussetzung grundsätzlich niedrigere Rückfallraten zu erwarten sind, da es sich ja gerade um Betroffene mit einer guten Prognose handelt.[1822] Es haben jedoch ebenfalls Untersuchungen von vergleichbaren Tätergruppen Indizien für eine bessere Legalbewährung der Täter festgestellt, bei denen der Strafrest ausgesetzt wurde.[1823] Auch hat die Ausweitung der Strafrestaussetzung insgesamt und die damit automatisch einhergehende Einbeziehung einer problematischeren Klientel nicht dazu geführt, dass eine geringere spezialpräventive Wirkung beobachtet wurde.[1824]

Selbst wenn man mit *Hirtenlehner/Birklbauer* von einer „Austauschbarkeit" der Entlassungsformen ausgeht,[1825] spricht dies nicht zwangsläufig gegen einen

---

1819   *Jehle u. a.* 2016, S. 198 f.

1820   Bei Vollverbüßern kam es nach drei Jahren in 53,6% der Fälle zu einer Folgeentscheidung, nach Strafrestaussetzung nur in 38,8%; nach sechs Jahren lag der Unterschied immer noch bei 62,8% (Vollverbüßer) gegenüber 51,5% (Restaussetzung); diese Zahlen ähneln den bereits 1982, von *Berckhauer/Hasenpusch* 1982, S. 319 ermittelten Durchschnittswerten aus älteren deutschen Rückfallstudien (62% bei Vollverbüßern gegenüber 51% nach Restaussetzung); die österreichische Untersuchung von *Bruckmüller/Hofinger* 2010, S. 66 ermittelte vergleichbar Unterschiede (Die Wiederverurteilungsraten lagen nach vier Jahren bei 54% für bedingt Entlassene und 67% für Vollverbüßer); auch hier gilt, dass die Probanden, die unter Bewährungshilfe standen, grundsätzlich schlechter abschneiden, vgl. *Jehle/Weigelt* 2004, S. 16; Grund dafür dürfte eine entsprechende Vorauswahl sein, vgl. *Hohmann-Fricke* 2014, S. 95.

1821   Vollverbüßer wurden in 30,9% zu unbedingten Freiheitsstrafen verurteilt, Täter bei denen eine Restaussetzung stattfand nur in 14,6%. Nach sechs Jahren lag der Unterschied immer noch bei 37,4% (Vollverbüßer) gegenüber 19,2% (Restaussetzung).

1822   *Hirtenlehner/Birklbauer* 2005, S. 111; *Hohmann-Fricke* 2014, S. 39; *Jehle u. a.* 2016, S. 66; NK-*Dünkel* 2017, § 57 Rn. 130 f.

1823   *Dünkel* 1981, S. 289 ff.; a. A. *Hirtenlehner/Birklbauer* 2005, S. 115, die die Unterschiede allein auf Selektionsprozesse zurückführen und von einer „Austauschbarkeit der Entlassungsformen" ausgehen; eine kurze Übersicht über deutsche und internationale Studien findet sich z. B. bei *Dünkel/Pruin* 2012, S. 141 f.

1824   *H.-J. Albrecht/Dünkel/Spieß* 1981, S. 316; ähnlich lassen sich auch die Befunde von *Baumann/Maetze/Mey* 1983, S. 145 ff. deuten, die trotz einer Aussetzungsquote von 75% noch signifikante Unterschiede in der Rückfälligkeit feststellen konnten (63% gegenüber 75%).

1825   Damit ist gemeint, dass davon ausgegangen wird, dass es für die Legalbewährung irrelevant ist, ob bedingt entlassen oder die Strafe vollständig verbüßt wird, vgl. *Hirtenlehner/Birklbauer* 2005, S. 115; 2008, S. 29 f.; ähnlich *Walter/Geiter/Fischer* 1989, S. 405 die es als gefestigte Erkenntnis sehen, dass die Restaussetzung aus spezialpräventiver

Ausbau der Restaussetzung. Denn wenn die Restaussetzung spezialpräventiv nicht schlechter ist als die vollständige Verbüßung, spricht der Verhältnismäßigkeitsgrundsatz dafür, den Strafrest im Zweifelsfall auszusetzen.[1826] Hinzu kommt, dass durch Verbesserung und Intensivierung der ambulanten Betreuung im Fall der Strafrestaussetzung eine bessere Rückfallvermeidung zu erreichen ist.[1827] Durch vermehrte Unterstellung unter die Bewährungshilfe, bessere Betreuungsraten und modernes Übergangsmanagement lassen sich also möglicherweise, sogar bei spezialpräventiver Äquivalenz der Entlassungsentscheidung an sich, bessere Ergebnisse mit einer Restaussetzung erzielen.

Fraglich ist jedoch, ob eine extensivere Anwendung der Strafrestaussetzung auf der anderen Seite zu Verschärfungen im Rahmen der Strafzumessung führen könnte. So wird teilweise befürchtet, dass, wenn die Strafrestaussetzung ausgeweitet würde, die Richter in der Folge längere Freiheitsstrafen verhängen könnten, um auf diese Weise die Ausweitung zu konterkarieren.[1828] Dagegen spricht jedoch, dass Erwägungen der Strafvollstreckung bei der Strafzumessung nicht zu berücksichtigen sind, vor allem da die Restaussetzung trotz gelockerter Voraussetzungen zum Urteilszeitpunkt nach wie vor ungewiss ist. Richter, die Strafen aufgrund erweiterter Aussetzungsmöglichkeiten verlängern, ignorieren den Willen des Gesetzgebers.[1829] Die Erhöhung der Strafe müsste, um das Strafniveau zu halten, zudem so hoch sein, dass die tatsächliche Intention hinter der Strafschärfung kaum verheimlicht werden könnte.[1830]

Eine andere Form von „*net-widening*" könnte darin gesehen werden, dass der Betroffene Weisungen und Auflagen erfüllen muss und ggf. mit einer verhältnismäßig langen Bewährungszeit belastet wird. Dabei ist jedoch zu berücksichtigen, dass nach wie vor die Zustimmung des Betroffenen für die Restaussetzung erforderlich ist. Sollte dieser die Restverbüßung für weniger einschneidend halten, steht ihm auch diese Option zur Verfügung. Außerdem können sich auch Vollverbüßer nach dem Vollzug im Rahmen der Führungsaufsicht im Netz der sozialen Kontrolle befinden.[1831]

Sicht zumindest keinesfalls schlechter ist als die Vollverbüßung; auch die Ergebnisse von *Böhm* 1996, S. 276 f. stützen die These der Austauschbarkeit.

1826 *Böhm* 1996, S. 277; *Dünkel/Pruin* 2012, S. 143; *Hirtenlehner/Birklbauer* 2005, S. 115.

1827 *Hirtenlehner/Birklbauer* 2005, S. 115; 2008, S. 31; *Frisch* 1996, S. 26.

1828 *Kreuzer* 1985, S. 481; *Oberheim* 1985, S. 381; *Doleschal* 1979, S. 91, nennt dies die „Homöostase bei der Strafverfolgung", Zu- oder Abnahmen im Sanktionsprozess werden danach regelmäßig an anderer Stelle wieder relativiert.

1829 *Walter/Geiter/Fischer* 1989, S. 409, erwägen sogar eine Strafbarkeit wegen Rechtsbeugung.

1830 Siehe dazu z. B. das Rechenbeispiel zur Halbstrafenaussetzung bei *Walter/Geiter/Fischer* 1989, Fn. 73.

1831 *Walter/Geiter/Fischer* 1989, S. 408.

Bedenken, dass die Ausweitung der Strafrestaussetzung sich möglicherweise negativ auf die Generalprävention auswirken könnte, ist zu entgegnen, dass der Großteil der Bevölkerung wohl bereits aktuell (zu Unrecht) davon ausgeht, nahezu alle Freiheitsstrafen würden irgendwann ausgesetzt.[1832] *Helgerth/Krauß* befürchten hingegen sogar, mit einer Streichung der Zwei-Jahres-Grenze aus § 57 Abs. 2 Nr. 1 StGB werde eine „Aufweichung des Strafrechts" bezweckt.[1833] Dies erinnert an US-amerikanische *„truth in sentencing"*-Ansätze[1834] und macht zudem nicht deutlich, welchen Schaden „das Strafrecht" als solches nehmen soll.[1835] Denn der Betroffene hat mindestens die Hälfte, also einen nicht unerheblichen Teil seiner Haftstrafe tatsächlich verbüßt.[1836] Auch kann der Vergeltungsgedanke bei der Erteilung von Auflagen im Rahmen der Strafrestaussetzung noch berücksichtigt werden.[1837] Zudem sollten bei der Strafvollstreckung ohnehin i. d. R. nur spezialpräventive Kriterien maßgeblich sein.[1838] Der § 57 StGB ist eine spezialpräventiv geprägte Norm,[1839] Aspekte des Schuldausgleichs spielen nach § 46 Abs. 1 S. 1 StGB bei der Strafzumessung eine Rolle und dort konnte

---

1832   MüKo-*Groß* 2016, § 57 Rn. 6.

1833   *Helgerth/Krauß* 2001, S. 283.

1834   „*Truth in sentencing*" erfordert, dass Gefangene den Großteil der verhängten Strafe auch tatsächlich verbüßen, vgl. *Tonry* 1999, S. 59. Erreicht wird dies durch Streichung oder Einengung von u. a. Restaussetzung, Gnade und Good-Time-Regelungen.

1835   Wahrscheinlich werden generalpräventive Einbußen befürchtet, ausdrücklich benannt werden sie jedoch nicht.

1836   *Walter/Geiter/Fischer* 1989, S. 409; gerade bei der vorgeschlagenen Reform des § 57 Abs. 2 Nr. 1 StGB wären nur Freiheitsstrafen von über zwei Jahren betroffen (die immer eine mindestens einjährige Verbüßung zur Folge hätten).

1837   *Wolters* 2002, S. 78.

1838   *Fritsche* 2005, S. 276; *Hohmann-Fricke* 2014, S. 17 („konsequente Umsetzung des Strafzwecks der Spezialprävention"); auch enthält § 57 StGB im Gegensatz zu beispielsweise § 56 Abs. 3 StGB keinen generalpräventiven Vorbehalt; *Zipf* 1975, S. 297 führt diesbezüglich noch an, dass Aussetzungsentscheidungen i. d. R. nicht im selben Rahmen publik gemacht werden wie die ursprünglichen Verurteilungen.

1839   Auch wenn nach wohl herrschender Ansicht im Rahmen der Ermessenentscheidung des Abs. 2 die Berücksichtigung anderer Strafzwecke anerkannt wird (vgl. BGH NStZ 1988, S. 495; DDKR-*Braasch* 2017, § 57 Rn. 27; LK-*Hubrach* 2008, § 57 Rn. 40; MüKo-*Groß* 2016, § 57 Rn. 26; OLG Düsseldorf NStZ 1999, OLG Köln Beschl. v. 27.03.2012 – 2 Ws 223/12; S. 478; OLG München NStZ 1987, S. 74), sollte dennoch der Fokus auf der Spezialprävention liegen, vgl. OLG Düsseldorf JR 2001, S. 297 f.; OLG Hamburg JR 1977, S. 167; *Fischer* 2019, § 57 Rn. 12b; *Meier* 2015, S. 143 f.; Sch/Sch-*Kinzig* 2019, § 57 Rn. 25; *Streng* 2012, Rn. 283; *Wolters* 2002, S. 78; *Zipf* 1975, S. 297; wobei z. T. vertreten wird, es seien ausschließlich spezialpräventive Faktoren zu berücksichtigen, vgl. *Bruns* 1985, S. 113; *Fritsche* 2005, S. 275; *Götting* 2001, S. 300 f.; NK-*Dünkel* 2017, § 57 Rn. 61.

der Vergeltungsgedanke bereits berücksichtigt werden. Dies spielt letztlich auch indirekt bei der Strafrestaussetzung eine Rolle, da ab bestimmten Straflängen besondere Regelungen gelten.[1840]

Wenn also im Ergebnis weder general- noch spezialpräventive Bedenken durchschlagen, sollte gemäß dem Grundsatz *„in dubio pro libertate"*[1841] ein Ausbau der Strafrestaussetzung zur Bewährung befürwortet werden. Zielführend wäre dabei zum einen eine Erleichterung des Prognoseerfordernisses aus § 57 Abs. 1 S. 1 Nr. 2 StGB, zum anderen eine Ausweitung des Erstverbüßerprivilegs aus § 57 Abs. 2 Nr. 1 StGB auf alle zeitigen Freiheitsstrafen. So könnte die Zwei-Drittel-Aussetzung als Regelform der Beendigung von zeitigen Freiheitsstrafen etabliert werden und die Halbstrafen-Aussetzung wäre zumindest für Erstverbüßer eine ernsthafte Alternative und könnte für diese Fallgruppe aus ihrem Schattendasein treten.[1842] Der neue § 57 StGB könnte dann wie folgt aussehen:

§ 57 Aussetzung des Strafrestes bei zeitiger Freiheitsstrafe

Abs. 1
Das Gericht setzt die Vollstreckung des Restes einer zeitigen Freiheitsstrafe zur Bewährung aus, wenn
1. zwei Drittel der verhängten Strafe, mindestens jedoch zwei Monate verbüßt sind,
2. nicht aufgrund konkreter Tatsachen Umstände vorliegen, die erhebliche Straftaten erwarten lassen,
3. die verurteilte Person einwilligt.
[...]

Abs. 2
Schon nach Verbüßung der Hälfte einer zeitigen Freiheitsstrafe, mindestens jedoch von zwei Monaten kann das Gericht die Vollstreckung des Restes zur Bewährung aussetzen, wenn
1. die verurteilte Person erstmals eine Freiheitsstrafe verbüßt oder
[...]

6.2.3 Teilwiderruf der Strafaussetzung zur Bewährung

Begeht ein Straftäter während der Bewährungszeit erneut eine Straftat oder verstößt er beharrlich gegen Weisungen oder Auflagen, ist § 56f StGB einschlägig.

1840 *Götting* 2001, S. 300; *Wolters* 2002, S. 77; *Zipf* 1975, S. 296.

1841 *Dünkel* 1983, S. 1072.

1842 *Wolters* 2002, S. 76 geht davon aus, die Reform des § 57 Abs. 2 Nr. 1 hätte „große praktische Auswirkungen", ebenso *Fritsche* 2005, S. 274.

Nach dieser Vorschrift kann das Gericht die Strafaussetzung entweder widerrufen (Abs. 1) oder alternativ weitere Auflagen oder Weisungen erteilen bzw. die Bewährungszeit verlängern (Abs. 2). Liegen die Voraussetzungen des § 56f StGB vor, muss das Gericht tätig werden, ein Entschließungsermessen besteht nicht. Lediglich bei der Auswahl der Rechtsfolge hat das Gericht nach pflichtgemäßem Ermessen zu handeln.[1843] Wird die Strafaussetzung zur Bewährung widerrufen, kann die Aussetzung nur insgesamt nach § 56f StGB widerrufen werden. Die bisher erfolgreich abgeleistete Bewährungszeit sowie erfüllte Weisungen und Auflagen werden im Falle eines Widerrufs grundsätzlich nicht berücksichtigt. Lediglich Leistungen, die zur Erfüllung von Auflagen geleistet wurden, können gemäß § 56f Abs. 3 S. 2 StGB nach Ermessen des Gerichts auf die Strafe angerechnet werden. Diese Regelung gewährt dem Gericht jedoch zum einen erheblichen Gestaltungsspielraum[1844] und zum anderen sind nur die in der Norm genannten Auflagen anrechnungsfähig. Erfüllte Weisungen oder das straffreie Führen während der Bewährungszeit können grundsätzlich nicht Gegenstand der Anrechnung nach § 56f Abs. 3 S. 2 StGB sein.

Es wären also Fälle denkbar, in denen die Strafaussetzung einer längeren Freiheitsstrafe (bzw. eines längeren Strafrests) kurz vor Ablauf der Bewährungszeit widerrufen wird und dann trotz eines beanstandungslosen Ableistens eines großen Teils der Bewährungszeit und der regelmäßigen Befolgung von Weisungen dennoch die gesamte (Rest-)Strafe zu vollstrecken ist.[1845] Gerade dann, wenn es sich bei der Anlasstat nur um eine geringfügige Verfehlung handelt (die z. B. nur mit einer geringen Geldstrafe oder einer ausgesetzten Freiheitsstrafe[1846] geahndet werden würde), kann der Täter unverhältnismäßig schwer belastet werden.[1847] In

---

1843 MüKo-*Groß* 2016, § 56f Rn. 20; SSW-*Mosbacher/Claus* 2016, § 56f Rn. 4.

1844 Ob die Anrechnung die Regel sein oder im Ermessen des Gerichts liegen soll, ist umstritten; für eine regelmäßige Anrechnung LK-*Hubrach* 2008, § 56f Rn. 55; Sch/Sch-*Kinzig* 2019, § 56f Rn. 24; *Zieschang* 1992, S. 469; a. A. MüKo-*Groß* 2016, § 56f Rn. 34.

1845 *Dünkel* 2011a, S. 147.

1846 Auch wenn es zunächst widersprüchlich erscheint, dass das Tatgericht aufgrund einer positiven Prognose die Freiheitsstrafe aussetzt, während ein Aussetzungsgericht die ursprünglich positive Prognose als widerlegt ansieht, wird diese Praxis dennoch gebilligt, vgl. BVerfG NStZ 1985, S. 357; NStZ 1987, S. 118; BeckOK-*von Heintschel-Heinegg* 2019, § 56f Rn. 5; *Fischer* 2019 § 56f Rn. 8b; *Stree* 1992, S. 159; kritisch LG Berlin MDR 1988, S. 794; LK-*Hubrach* 2008, § 56f Rn. 16.

1847 *Boetticher* 1991, S. 1; *Huff* 2010, S. 169; *Stree* 1992, S. 159; siehe dazu z. B. OLG Nürnberg StV 2001, S. 411 f., danach ist ein Diebstahl mit einem Schaden von 13,74 DM selbst bei mehreren einschlägigen Vorstrafen innerhalb der Bewährungszeit nicht ausreichend für den Widerruf einer Strafrestaussetzung von zwei Jahren und acht Monaten (ursprünglich waren acht Jahre wegen Totschlags verhängt), da die Erwartungen in die Strafaussetzung damit nicht automatisch widerlegt seien (alle Diebstähle wurden hier

Fällen, in denen bereits mehrere Freiheitsstrafen parallel ausgesetzt wurden, könnte daraus im Falle eines Widerrufs eine erhebliche Gesamtstraflänge resultieren.[1848] Damit ergeben sich zwei Problemfälle, die einzeln, aber auch kumulativ auftreten können: zum einen Fälle, in denen aufgrund einer geringfügigen Anlasstat eine (längere) Freiheitsstrafe vollständig widerrufen werden muss, und zum anderen Fälle, in denen die Strafaussetzung kurz vor Ablauf der Bewährungsfrist widerrufen wird (ggf. bei vorheriger beanstandungsloser Erfüllung von Auflagen/Weisungen).[1849] Derartige Grenzfälle könnten dadurch gelöst werden, dass nicht automatisch die gesamte Strafaussetzung widerrufen werden muss, sondern *de lege ferenda* die Möglichkeit eröffnet wird, den Widerruf auf einen Teil der ausgesetzten Strafe zu beschränken.

Dabei könnten zwei unterschiedliche Ausgestaltungsmöglichkeiten zielführend sein. Zum einen könnte die Regelung zu Anrechnungsmöglichkeiten auf die Strafe (§ 56 f Abs. 3 S. 2 StGB) um die genannten Aspekte erweitert werden: Sie könnte als verpflichtend ausgestaltet werden und zudem alle Auflagen und Weisungen sowie die bereits beanstandungslos abgeleistete Bewährungszeit erfassen. Der genaue Umfang der Anrechnung müsste jedoch in das Ermessen des Richters gestellt werden, da nur so den zahlreichen unterschiedlichen Weisungen und Auflagen Rechnung getragen werden kann. Eine andere Alternative wäre, grundsätzlich die Möglichkeit zu eröffnen, nur Teile der Strafaussetzung zu widerrufen. Dabei könnten entweder feste Maßstäbe für den Anteil des zu widerrufenden Teils der Strafaussetzung geschaffen oder die Bestimmung des Anteils könnte unter Nennung der einschlägigen Kriterien in das pflichtgemäße Ermessen des Gerichts gestellt werden. Ein Anknüpfen an die aktuelle Anrechnungsregel des § 56 f. Abs. 3 S. 2 StGB erscheint schon aus systematischen Gründen schwierig. Die Norm ist auf repressive Maßnahmen ausgerichtet.[1850] Eine Anrechnung von unterstützenden Maßnahmen oder des straffreien Verhaltens während der Bewährungszeit auf die Strafe wäre systemwidrig. Daher wäre eine vollstreckungsrechtliche Lösung grundsätzlich einer Anrechnung auf die Strafe vorzuziehen.

Für einen solchen Teilwiderruf bzw. eine Anrechnung könnten auch die Empfehlungen des Europarats sprechen. Auch wenn diese Regelungen für Deutschland nicht unmittelbar rechtlich bindend sind, deuten Verstöße gegen derartige Empfehlungen zumindest darauf hin, dass den grundrechtlichen Anforderungen

---

mir Geldstrafen geahndet und zudem argumentiert das Gericht damit, dass die Verurteilung bereits zehn Jahre zurücklag).

1848 *Dünkel* 2009, S. 56.

1849 So ist z. B. das längere straffrei-Halten in der Bewährungszeit grundsätzlich anerkennungswürdig, *Dünkel* 2009, S. 56.

1850 MüKo-*Groß* 2016, § 56 f. Rn. 34.

an dieser Stelle nicht ausreichend Rechnung getragen wurde.[1851] Sähen die europäischen Empfehlungen also einen teilweisen Widerruf vor, wäre dies zumindest ein Indiz für die Unverhältnismäßigkeit der aktuellen Ausgestaltung.

Zunächst könnte sich eine Regelung zum teilweisen Widerruf in den *European Rules on Community Sanctions* (ERSC) ergeben. So legt Rule 85 der ERSC fest, dass, wenn der Widerruf einer ambulanten Maßnahme erwogen wird, die erfüllten „Bedingungen und Verpflichtungen"[1852] des Betroffenen berücksichtigt werden sollen. Hierbei ist jedoch zu bedenken, dass nach dem Wortlaut der Regel zumindest allein das straffreie Verhalten in der Bewährungszeit nicht gemeint ist. Denn die Regel spricht nur von mit der Sanktion verbundenen Bedingungen und Verpflichtungen.[1853] Auch die Empfehlung N°R (92) 17 des Europarats *concerning consistency in sentencing* sieht in Appendix C Nr. 8 ausdrücklich eine Ermessensentscheidung des Gerichts im Rahmen eines Widerrufsverfahrens vor und nennt als zumindest mögliche Alternative zum vollständigen Widerruf auch die teilweise Verbüßung der Strafe. Dies heißt jedoch im Umkehrschluss, dass eine ausdrückliche Empfehlung zur Implementation eines teilweisen Widerrufs aus den ERSC nicht zu entnehmen ist.

Eine Empfehlung für einen teilweisen Widerruf könnte sich jedoch aus den *European Rules for Juvenile Offenders Subject to Sanctions or Measures* (ERJOSSM) ergeben. Rule 48.4 ERJOSSM enthält eine Rule 85 ERSC im Grundsatz vergleichbare Regelung. Diese sieht jedoch im Gegensatz zu 85 ERSC vor, dass sämtliche Voraussetzungen der ursprünglichen Sanktion, soweit sie erfüllt sind, berücksichtigt werden sollen.[1854] Der Wortlaut ist also weiter als der von Rule 85 ERCS und schließt möglicherweise auch die beanstandungsfrei abgeleistete Bewährungszeit mit ein.[1855] Zumindest spricht die Regelung aber dafür, die Erfüllung von Auflagen und Weisungen (ggf. auch anteilig) im Rahmen einer Widerrufsentscheidung zu berücksichtigen.

1851 BVerfGE 116, S. 90 f.

1852 „Conditions and obligations".

1853 Das *Explanatory Memorandum* zu Rule 85 ERSC geht zwar davon aus, dass auch eine teilweise Ableistung von ambulanten Sanktionen (als Beispiel wird die nicht vollständige Ableistung von Arbeitsstunden genannt) bei der Entscheidung über einen Widerruf berücksichtigt werden soll. Dies setzt jedoch nicht zwangsweise voraus, dass ein teilweiser Widerruf möglich ist.

1854 „fulfilled the requirements of the initial sanction or measure".

1855 So wohl *Dünkel u. a.* 2010, S. 176; *Dünkel* 2011a, S. 147 entnimmt aus Rule 48.4, dass ein teilweiser Widerruf vorgesehen werden soll; *Council of Europe* 2009, S. 58 nimmt zu der Frage nicht Stellung.

Auch wenn die ERJOSSM Empfehlungen für junge Straftäter darstellen, so sprechen dennoch gute Gründe dafür, ihre Grundgedanken auch im Erwachsenenstrafrecht zumindest zu berücksichtigen.[1856] So sehen die ERJOSSM Rule 48.4 ausdrücklich als eine Ausprägung des Verhältnismäßigkeitsgrundsatzes an. Dieser gilt im Erwachsenenstrafrecht genauso wie im Jugendstrafrecht. Die Regel ist also nicht primär eine Ausprägung des im Jugendstrafrecht dominierenden Erziehungsgedankens. Auch wenn die Empfehlungen des Europarates eine Regelung des Teilwiderrufs für Erwachsene nicht ausdrücklich vorsehen, so spricht doch zumindest der Ursprung von Rule 48.4 ERJOSSM aus dem Grundsatz der Verhältnismäßigkeit dafür, eine entsprechende Regelung auch für das Erwachsenenstrafrecht in Betracht zu ziehen.

De lege lata kann dem Verhältnismäßigkeitsgrundsatz im Rahmen des Bewährungswiderrufs lediglich durch die Nutzung von Alternativen zum Widerruf aus § 56f Abs. 2 StGB Rechnung getragen werden.[1857] Allerdings hat die Rechtsprechung z. T. auch über § 56f Abs. 2 StGB hinaus Fälle anerkannt, in denen ein Widerruf trotz Vorliegens der Voraussetzungen und fehlender Tauglichkeit der Alternativen aus Verhältnismäßigkeitsgesichtspunkten nicht in Betracht kommt.[1858] Bereits die Tatsache, dass sich Gerichte überhaupt mit der Möglichkeit auseinandersetzen, eine vom Gesetz nicht vorgesehene Verhältnismäßigkeitsprüfung durchzuführen (auch wenn sie nicht von allen Gerichten anerkannt wird), könnte indizieren, dass ein Bedarf nach einer Zwischenlösung zwischen einem Widerruf und den Alternativen aus § 56f Abs. 2 StGB besteht. Gerade diese Lücke könnte durch die Einführung eines Teilwiderrufs geschlossen werden.

1856 Auch *Dünkel* 2009, S. 56 führt die ERJOSSM als Argument für den Teilwiderruf an; ähnlich *Pruin* 2011, S. 71 f.; auch im Jugendstrafrecht besteht trotz der ERJOSSM nach wie vor keine Möglichkeit des teilweisen Widerrufs, obwohl er bereits länger gefordert wird, vgl. z. B. *Heinz* 1997, S. 60.

1857 OLG Düsseldorf 1994, S. 198; OLG Hamm NStZ-RR 2015, S. 108 f.; BeckOK-*von Heintschel-Heinegg* 2019, § 56f Rn. 27; *Dünkel/Pruin* 2010, S. 206; Lackner/Kühl-*Heger* 2018, § 56f Rn. 9; NK-*Ostendorf* 2017, § 56f Rn. 11.

1858 OLG Celle StV 1990, S. 117 f.; StV 2003, S. 345; OLG Hamm NStZ-RR 2011, S. 123; OLG Stuttgart RPfleger 2007, S. 224 ff.; das OLG Zweibrücken hat in MDR 1989, S. 477 sogar ausdrücklich betont, dass der Widerruf der Aussetzung einer längeren Freiheitsstrafe aufgrund einer geringfügigen Straftat unabhängig von einer möglicherweise negativen Legalprognose gegen das Verhältnismäßigkeitsprinzip verstößt; auch das OLG Nürnberg StV 2001, S. 411 f. erwägt im oben geschilderten Fall eine Verhältnismäßigkeitsprüfung, obwohl es i. E. bereits die Voraussetzungen des § 56f Abs. 1 StGB verneint; ähnlich auch das OLG München StraFO 2003, S. 315 bzgl. der Berücksichtigung der wirtschaftlichen Folgen des Widerrufs für den Täter und seine Familie; gegen eine derartige Verhältnismäßigkeitsprüfung, vgl. OLG Oldenburg NStZ-RR 2006, S. 189; OLG Nürnberg NStZ-RR 2011, S. 289; *Fischer* 2019, § 56f Rn. 14a; Lackner/Kühl-*Heger* 2018, § 56f Rn. 7; LK-*Hubrach* 2008, § 56f Rn. 29; SSW-*Mosbacher/ Claus* 2016, § 56f Rn. 6.

Bedenken bestehen jedoch auch hier bezüglich eines möglichen „*net-widening*-Effekts". Denn wenn die Möglichkeit besteht, nur einen Teil der Aussetzung widerrufen zu können, wäre zu befürchten, dass Richter auch in Fällen, in denen *de lege lata* eine Alternative zum Widerruf einschlägig gewesen wäre, die Aussetzung stattdessen teilweise widerrufen. Dies ist besonders vor dem Hintergrund der aktuell bereits niedrigen Widerrufsraten problematisch. Bei den nach Erwachsenenstrafrecht unter Bewährungshilfe stehenden Fällen liegt die Widerrufsrate seit den 1990er Jahren konstant bei ca. 30%.[1859] Die Rate dürfte insgesamt jedoch noch geringer sein, da die nicht unter Bewährungshilfe stehenden Probanden statistisch nicht erfasst werden und in diesen Fällen von einer geringeren Widerrufswahrscheinlichkeit auszugehen ist.[1860] Dies wird auch durch die Untersuchung von *Weigelt* gestützt. In dieser wurden die Akten eines Verurteiltenjahrgangs (1994) über einen Zeitraum von vier Jahren untersucht. Er ermittelte dabei eine Widerrufsrate von 15,9% bei Probanden ohne Bewährungshilfeunterstellung und 24,9% bei Probanden, die unter Bewährungshilfe standen.[1861] Diese Zahlen sprechen dafür, dass nur in Fällen schwerwiegender Verstöße ein Widerruf erfolgt. Stünde den Richtern nun eine mildere Form des vollständigen Widerrufs zur Verfügung, könnte dies dazu führen, dass bereits bei kleinsten Verstößen ein geringer Teil der Strafaussetzung widerrufen wird. Die geringere Konsequenz könnte also zur Folge haben, dass in der Praxis leichtfertiger mit dem Institut des Widerrufs umgegangen wird, da eine restriktive Handhabung nicht mehr geboten erscheint.

Das soeben Erörterte ist zudem eng verknüpft mit der Befürchtung, dass der teilweise Widerruf als eine Art *short-sharp-shock*-Maßnahme genutzt werden könnte, indem dem Betroffenen möglicherweise schon aufgrund eines geringfügigen Verstoßes durch den Widerruf eines kleinen Teils der Strafe eine Art Denkzettel erteilt werden soll. Es wäre also bei der Ausgestaltung eines teilweisen Widerrufs darauf zu achten, derartige Gefahren möglichst zu minimieren. Die Verlängerung der Bewährungszeit und die Erteilung weiterer Auflagen oder Weisungen sollten weiterhin den Vorrang auch vor einem teilweisen Widerruf haben. Dieser Vorrang müsste auch ausdrücklich gesetzlich festgehalten werden.

Eine weitere Form des „*net-widenings*" könnte in Fällen auftreten, in denen eine Verlängerung der Bewährungszeit an der Höchstfrist (vgl. § 56a StGB) scheitert, an sich aber zur Vermeidung eines Widerrufs geboten wäre. Teilweise

---

1859 *Heinz* 2014, S. 86; *Weigelt* 2009, S. 215; 2011: 28,9%, davon 73,2% wegen einer erneuten Straftat, vgl. *Statistisches Bundesamt* 2013, S. 19.

1860 *Heinz* 2014, S. 86; *Pruin* 2012, S. 67; Sch/Sch-*Kinzig* 2019, § 56f Rn. 2; zudem ist ein methodisches Problem der Bewährungshilfestatistik zu beachten, denn es werden hier unterschiedliche Jahrgänge miteinander verglichen: vgl. *Weigelt* 2009, S. 39, vgl. auch *Kap. 6.2.*

1861 *Weigelt* 2009, S. 216.

wird davon ausgegangen, dass in solchen Fällen die Strafe zu erlassen ist.[1862]
Hier könnte die Möglichkeit eines teilweisen Widerrufs dazu führen, dass es nun
doch zu einem erneuten (wenn auch kürzeren) Freiheitsentzug kommt. Für derartige Fälle wäre zusätzlich zum teilweisen Widerruf an eine ausdrückliche Regelung zu denken, die in Ausnahmefällen den vollständigen Erlass der Strafe ermöglicht. Es wäre also ein gesetzliches Stufenverhältnis vorzusehen. Auf der
ersten Stufe sollte weiterhin die Erteilung von weiteren Auflagen bzw. Weisungen
und die Verlängerung der Bewährungszeit stehen. Wären diese Maßnahmen geboten, jedoch rechtlich wegen der Höchstdauer der Bewährungszeit nicht mehr
möglich, sollte der Straferlass hier gesetzlich vorgeschrieben werden. Erst anschließend sollte ein teilweiser Widerruf möglich sein. Der vollständige Widerruf
der Strafaussetzung bleibt nach wie vor *ultima ratio*.

Soll die Möglichkeit eines Teilwiderrufs eingeführt werden, wäre auf der
nächsten Stufe zu fragen, welche Kriterien bei der Anwendbarkeit relevant sein
sollen. Sieht man den Teilwiderruf als Ausprägung des Grundsatzes der Verhältnismäßigkeit an, dann erscheint es sinnvoll, den zu widerrufenden Teil der Strafe
zumindest auch an der Schwere des Anlasses des Widerrufs zu orientieren.[1863]
Allerdings darf der Schweregrad der Anlasstat nicht zu sehr in den Fokus rücken.
Der Widerruf soll nicht Sanktion für die erneute Tat sein, sondern mit ihm wird
der nicht mehr zutreffenden Prognose im Rahmen der Aussetzungsentscheidung
Rechnung getragen.[1864] Dies ändert jedoch nichts an der Tatsache, dass die Tat
zumindest der Anlass des Widerrufs ist und der Widerruf für den Täter ähnlich
einer Strafe wirken kann.[1865] Es sollten also sämtliche Umstände, die Einfluss
auf die Prognose haben, berücksichtigt werden[1866] einschließlich Schwere und
Art der Durchführung der Anlasstat.[1867] Allein aus der Tatsache, dass die ursprüngliche Bewährungsstrafe schuldangemessen war, folgt nicht automatisch,
dass auch der Widerruf der Strafaussetzung verhältnismäßig ist. Als eigenständiger hoheitlicher Akt mit Eingriffscharakter muss der Widerruf als solcher einer

1862 OLG Celle NStZ 1991, S. 206; OLG Düsseldorf NStZ 1994, S. 559 f.; NK-*Ostendorf*
      2017, § 56g Rn. 1; a. A. Lackner/Kühl-*Heger* 2018, § 56f Rn. 7; *Stree* 1992, S. 160.

1863 *Lembert* 2001, S. 3530.

1864 KG StV 2010, S. 311 f.; DDKR-*Braasch* 2017, § 56f Rn. 1; *Fischer* 2019, § 56f Rn. 8;
      MüKo-*Groß* 2016, § 56f Rn. 3; *Pruin* 2012, S. 71; Sch/Sch-*Kinzig* 2019, § 56f Rn. 1;
      kritisch SSW-*Mosbacher/Claus* 2016, § 56f Rn. 2.

1865 EGMR NJW 2004, S. 45.

1866 *Stree* 1992, S. 159.

1867 *Huff* 2010, S. 173 f.

Verhältnismäßigkeitsprüfung zugänglich sein,[1868] auch wenn es sich bei ihm nicht um eine strafrechtliche Sanktion handelt.[1869]

Darüber hinaus sollten auch die bereits verstrichene Bewährungszeit sowie die (teilweise) Ableistung von Auflagen und Weisungen eine Rolle spielen. So geht z. B. das KG Berlin[1870] davon aus, dass es für die Verhältnismäßigkeit eines Widerrufs spricht, wenn die Anlasstat unmittelbar zu Beginn der Bewährungszeit begangen wird. Daraus ließe sich der Umkehrschluss ziehen, dass eine längere Ableistung der Bewährungszeit ohne Auffälligkeiten ein Indiz für die Unverhältnismäßigkeit des Widerrufs sein kann. Auch können Faktoren wie das Ableisten von Auflagen/Weisungen und das längere Straffrei-Halten ein Indiz für die Bestätigung der ursprünglichen Prognose darstellen. Ein Täter, der über einen längeren Zeitraum erfolgreich Auflagen bzw. Weisungen erfüllt hat, hat damit die positive Prognose zum Aussetzungszeitpunkt zumindest teilweise bestätigt. Es erscheint daher nicht angemessen, diese Punkte im Rahmen der Widerrufsentscheidung im Wesentlichen zu ignorieren. Aufgrund der Unbestimmtheit einiger Kriterien würde sich zudem eine schematische Bestimmung des zu widerrufenden Teils verbieten. Bzgl. der Dauer der abgeleisteten Bewährungszeit wäre zwar noch ein Umrechnungsschlüssel denkbar, doch möchte man auch den Widerrufsgrund und Weisungen berücksichtigen, wäre eine schematische Umrechnung nicht mehr möglich. Die Bestimmung des zu widerrufenden Anteils der Strafe wäre in das pflichtgemäße Ermessen des Richters zu stellen. Zur Wahrung des Bestimmtheitsgebotes wären jedoch ein Minimum und ein Maximum gesetzlich festzulegen. Mit Blick auf § 38 Abs. 2 StGB sollte der Mindestanteil, der widerrufen werden kann, mindestens einen Monat betragen. Auf diese Weise würden sehr kurze Freiheitsstrafen vermieden und in Fällen, in denen aufgrund der Umstände nur der Widerruf eines so kurzen Teils der Strafe angemessen wäre, dürften ohnehin Maßnahmen nach § 56f Abs. 2 StGB ausreichend sein. Die Höchstgrenze wäre hingegen an der Länge der insgesamt ausgesetzten Strafe zu orientieren. Die Hälfte oder ein Drittel der ausgesetzten Strafe erscheinen dabei angemessen, wobei für die lebenslange Freiheitsstrafe eine Sonderregelung getroffen werden müsste.

Neben den genannten Kriterien wären auch spezialpräventive Aspekte zu berücksichtigen. Da der Teilwiderruf eine Alternative zum vollständigen Widerruf darstellen soll, wäre nach § 56f Abs. 1 StGB ohnehin erforderlich, dass sich die Erwartungen der ursprünglichen Aussetzung nicht erfüllt haben oder es Anlass zur Befürchtung gibt, dass der Betroffene erneut Straftaten begehen wird. An-

---

1868 *Boetticher* 1991, S. 2.

1869 DDKR-*Braasch* 2017, § 56f Rn. 1; MüKo-*Groß* 2016, § 56f Rn. 1: „Strafvollstreckungsmaßnahme".

1870 Urt. v. 15.01.1997 1 AR 21/97 - 5 Ws 21/97.

schließend wäre dann, ähnlich wie es *de lege lata* schon bei den Widerrufsalternativen aus § 56f Abs. 2 StGB der Fall ist, zu fragen, ob es „ausreicht", nur einen Teil der Aussetzung zu widerrufen. Wie in Abs. 2 der aktuellen Regelung bezieht sich „ausreichen" dann darauf, dass trotz der eigentlich im Rahmen der Prüfung des Abs. 1 widerlegten ursprünglichen Prognosen bereits nach einem Teilwiderruf erwartet werden kann, dass der Betroffene keine Straftaten mehr begehen wird. Der Begriff des „Ausreichens" bezieht sich dabei also auf die spezialpräventive Wirkung auf den Betroffenen. Die Anforderungen an diese Prognose dürften dabei nicht enger sein als die im Rahmen der ursprünglichen Aussetzung (§§ 56 Abs. 1, 57 Abs. 1 StGB).[1871] Mindestvoraussetzung wäre also, dass die Wahrscheinlichkeit erneuter Strafbarkeit größer ist als die der künftigen Straffreiheit.[1872] Ähnlich wie im Rahmen der Prognose nach den §§ 56 Abs. 1, 57 Abs. 1 StGB wäre jedoch nicht ausschließlich die Wahrscheinlichkeit irgendeiner Straftat zu berücksichtigen, sondern auch die Art der erwarteten Straftaten. Je geringfügiger diese sind, umso größere Anforderungen wären an die Wahrscheinlichkeit zu stellen.[1873] Teilweise wird bereits bzgl. der Prognose in § 56 Abs. 1 StGB davon ausgegangen, die Erwartung von Bagatelldelinquenz rechtfertige schon aufgrund der Verhältnismäßigkeit nicht die Verweigerung der positiven Legalprognose.[1874] Auch wenn man der Gegenmeinung von *Mosbacher/ Clausen* wohl insoweit zustimmen muss, dass aufgrund des Gesetzeswortlauts zu erwartende Bagatelldelinquenz nicht grundsätzlich ausgeschlossen werden darf, spricht doch der Grundsatz der Verhältnismäßigkeit dafür, auch im Rahmen des § 56f StGB einen sehr restriktiven Maßstab an das Merkmal des „Ausreichens" anzulegen, wenn es sich bei den in Zukunft zu erwartenden Straftaten um Bagatelldelikte handelt.[1875] Ist lediglich Bagatelldelinquenz zu erwarten, spricht dies

---

1871 Bzgl. der aktuellen Alternativen zum Widerruf vgl. DDKR-*Braasch* 2017, § 56f Rn. 12; Lackner/Kühl-*Heger* 2018, § 56f Rn. 9; OLG Schleswig JR 1981, S. 162 f.; Sch/Sch-*Kinzig* 2019, § 56f Rn. 17; anders noch zur Vorgängerregelung § 25 Abs. 2 StGB a. F. das OLG Bremen MDR 1974, S. 593, welches davon ausgeht, dass an die Prognose zur Widerrufsvermeidung engere Voraussetzungen zu knüpfen sind als an die ursprüngliche Prognose („objektive hohe Wahrscheinlichkeit").

1872 BGHSt 7, S. 10; BGH StV 1991, S. 514; NStZ 1997, S. 594; NStZ-RR 2005, S. 38.

1873 LK-*Hubrach* 2008, § 57 Rn. 11; MüKo-*Groß* 2016, § 57 Rn. 16.

1874 Lackner/Kühl-*Heger* 2018, § 56 Rn. 8; MüKo-*Groß* 2016, § 56 Rn. 18; ähnlich NK-*Ostendorf* 2017, § 56 Rn. 5 („scheiden faktisch aus"); a. A. SSW-*Mosbacher/Clausen* 2016, § 56 Rn. 27.

1875 NK-*Ostendorf* 2017, § 56 Rn. 5 weist zudem darauf hin, dass eine Prognose bei derart ubiquitären Delikten ohnehin sehr schwierig bis unmöglich ist. Dem ist zuzustimmen: Wer vermag schon ernsthaft zu prognostizieren, ob jemand in Zukunft einen Ladendiebstahl oder ein leichtes Verkehrsdelikt begehen wird (am deutlichsten dürfte dieses Problem beim Schwarzfahren werden [vgl. oben *Kap. 5.6.1*], ein weiteres Argument für die

dafür, dass bereits die Alternativen zu einem Widerruf im Sinne des § 56f Abs. 2 StGB „ausreichend" sind. Es kann also auch dann ein Problem mit dem Verhältnismäßigkeitsgrundsatz auftreten, wenn der Widerrufsanlass als solcher zwar nicht geringfügig ist, die auf dieser Grundlage zu überdenkende Prognose allerdings dennoch nur weitere Bagatelldelinquenz befürchten lässt. In derartigen Fällen sollte nach wie vor die Verlängerung der Bewährungszeit bzw. die Verhängung weiterer Weisungen/Auflagen vorrangig sein. Dies ist zwar bereits *de lege lata* in dem Merkmal „ausreichend" enthalten, es stellt sich jedoch die Frage, ob nicht ggf. eine Klarstellung des Gesetzgebers an dieser Stelle wünschenswert wäre, um zu ergänzen, worauf sich das Merkmal genau beziehen soll. Die Prognose darüber, was „ausreichend" im Sinne von § 56f StGB sein soll, sollte sich deutlicher an dem Prognoseerfordernis des § 56 Abs. 1 StGB orientieren. Es kommt also darauf an, ob die in Frage kommenden Alternativen zum Widerruf dem Betroffenen als „Warnung dienen", und bei der Prognoseentscheidung ist neben der Wahrscheinlichkeit der Begehung von Straftaten auch deren Art und Schwere zu berücksichtigen. Vor allem in Fällen, in denen bei Alternativen zum vollständigen Widerruf lediglich Bagatelldelinquenz zu erwarten wäre, dürften diese bereits ausreichend sein. Es handelt sich damit um eine Interventionsprognose; grundsätzlich hat der Verurteilte die Erwartungen in die Prognose zwar enttäuscht (Tatbestand des § 56f Abs. 1 StGB), aber durch die prognostizierte Wirkung der Alternativen zum vollständigen Widerruf kann dennoch eine positive Prognose ausgesprochen werden.[1876]

Wie bereits *de lege lata* wäre also auch nach der hier vorgeschlagenen Lösung zunächst zu prüfen, ob eine Verlängerung der Bewährungszeit oder weitere Auflagen/Weisungen bereits ausreichend sind. Wird dies verneint, wäre im nächsten Schritt zu untersuchen, ob ein Teilwiderruf ausreichend wäre. Erst nachdem auch dies verneint wäre, käme der vollständige Widerruf in Betracht. Dieses eindeutig gesetzlich geregelte Stufenverhältnis dürfte am ehesten geeignet sein, den oben genannten Gefahren des „*net-widening*" vorzubeugen. So wird zwar letztlich ein neuer Anwendungsbereich für den kurzen Freiheitsentzug geschaffen, jedoch ausschließlich dann, wenn durch ihn ein ansonsten längerer Freiheitsentzug vermieden wird. Zudem wäre zu beachten, dass die Vollstreckung des widerrufenen Teils der Strafe durch die Freiheitsstrafen-Ersetzungslösung[1877] möglicherweise vermieden werden könnte. Dadurch, dass nicht direkt die gesamte Strafe widerrufen werden muss, dürfte es zudem wahrscheinlicher sein, dass die Anzahl der abzuleistenden Stunden zu hoch wird, um sie realistisch ableisten zu können. Um dies zu ermöglichen, wäre jedoch gesetzlich zu regeln, dass die Freiheitsstrafenerset-

---

Entkriminalisierung des Schwarzfahrens); zur weiten Verbreitung leichter Kriminalität siehe Göppinger-*Maschke* 2008, § 24 Rn. 48 f.;

1876 *Huff* 2010, S. 154.

1877 Vgl. *Kap. 5.3.3.*

zung in derartigen Fällen auch dann möglich ist, wenn die ursprüngliche Freiheitsstrafe mehr als die in *Kap. 5.3.3* festgelegten sechs Monate beträgt. Es sollte im Falle eines Teilwiderrufs zur effektiven Vermeidung von kurzen Freiheitsentzügen also möglich sein, die Ersetzung auf den widerrufenen Teil der Strafe zu beschränken.[1878] Die Ersetzung wäre jedoch auch hier auf einen Teilwiderruf von maximal sechs Monaten zu beschränken; wird ein längerer Teil der Strafaussetzung widerrufen, scheidet eine Ersetzung aus. Da der zu widerrufende Anteil im Einzelfall jedoch im Wesentlichen spezialpräventiv begründet werden sollte, wäre zu erwarten, dass der Grenze von sechs Monaten in der Abwägung eine wichtige Rolle zukommt und diese vom Richter nur dann überschritten wird, wenn Freiheitsentzug unerlässlich erscheint. Um eine Schlechterstellung bei einem vollständigen Widerruf zu vermeiden, wäre zudem der Anwendungsbereich der Ersetzungslösung auf Fälle zu erweitern, in denen ein nach § 57 StGB ausgesetzter Strafrest von sechs Monaten oder weniger vollständig widerrufen wird.[1879] Denn ansonsten könnte zwar im Falle eines Teilwiderrufs eines Strafanteils von bis zu sechs Monaten eine Ersetzung erfolgen, nicht jedoch bei einem vollständigen Widerruf des vollständigen Strafrestes in dieser Höhe. Eine derartige Unterscheidung erscheint nicht gerechtfertigt, die Ersetzung von widerrufenen Strafaussetzungen von bis zu sechs Monaten sollte unabhängig von der Art des Widerrufs möglich sein.

Insgesamt könnte die Möglichkeit, die Strafaussetzung auch nur teilweise zu widerrufen, die Flexibilität des Widerrufs deutlich erhöhen. Der Richter hätte auch bei schwereren oder wiederholten Verfehlungen andere Möglichkeiten als den vollständigen Widerruf der Aussetzung. So könnten für die (Nicht-)Bestätigung der ursprünglichen Prognose relevante Faktoren wie die Erfüllung von Weisungen und die bereits vergangene Bewährungszeit angemessener im Rahmen der Widerrufsentscheidung berücksichtigt werden. Wichtig wäre jedoch, dafür zu sorgen, dass der Teilwiderruf in der Praxis auch tatsächlich an die Stelle von vollständigen Widerrufen tritt und nicht in Fällen zur Anwendung kommt, in denen ansonsten Maßnahmen nach § 56f Abs. 2 StGB einschlägig gewesen wären. Der Teilwiderruf soll keine Form des *short sharp shock* darstellen oder zusätzliche Möglichkeiten des kurzen Freiheitsentzugs schaffen, sondern eine mildere Alternative zur *ultima ratio* des Bewährungswiderrufs zur Verfügung stellen und die Möglichkeit eröffnen, dem Grundsatz der Verhältnismäßigkeit im Rahmen des Widerrufsverfahrens effektiver Rechnung zu tragen. In Kombination mit der bereits diskutierten Freiheitsstrafen-Ersetzungslösung bestünde zudem die Möglichkeit, den kurzen Freiheitsentzug trotz eines teilweisen Widerrufs zu vermeiden.

1878 Dann allerdings mit dem für den Betroffenen ungünstigeren Umrechnungsschlüssel von vier Stunden pro Tag anstatt drei Stunden bei ausgesetzten Freiheitsstrafen (vgl. oben *Kap. 5.3.1*).

1879 Für den Widerruf von nach § 56 StGB ausgesetzten Freiheitsstrafen von sechs Monaten oder weniger gilt die Ersetzungslösung ja ohnehin unmittelbar.

Die Einführung einer entsprechenden Regelung wäre daher insgesamt zu befürworten.[1880] Eine Ergänzung des § 56f StGB um einen neuen Absatz wäre dabei wohl der sinnvollste Weg, einen Teilwiderruf zu kodifizieren. Außerdem müsste der Verweis in § 59b StGB insoweit abgeändert werden, dass der teilweise Widerruf für die Verwarnung mit Strafvorbehalt nicht gilt.

Eine gesetzliche Ausgestaltung könnte folgendermaßen aussehen:

§ 56f Widerruf der Strafaussetzung

[...]

Abs. 2

Das Gericht sieht jedoch von dem Widerruf ab, wenn es bereits ausreicht,

1. weitere Auflagen oder Weisungen zu erteilen, insbesondere die verurteilte Person einer Bewährungshelferin oder einem Bewährungshelfer zu unterstellen oder
2. die Bewährungs- oder Unterstellungszeit zu verlängern,

um dem Verurteilten als Warnung zu dienen, und zu erwarten ist, dass er auch ohne den Widerruf der Strafaussetzung keine Straftaten mehr begehen wird. Kann die Bewährungszeit nur deshalb nicht verlängert werden, weil das gesetzliche Höchstmaß überschritten würde, ist die Strafe zu erlassen.

Abs. 3

Das Gericht widerruft nur einen Teil der Strafaussetzung, wenn

1. die in Absatz 2 genannten Alternativen nicht ausreichen und
2. bereits ein teilweiser Widerruf der Strafaussetzung ausreicht, um dem Verurteilten als Warnung zu dienen, und zu erwarten ist, dass er auch ohne den vollständigen Widerruf der Strafaussetzung keine Straftaten mehr begehen wird.

Das Gericht widerruft maximal ein Drittel der ausgesetzten Strafe, mindestens jedoch einen Monat. Im Falle des teilweisen Widerrufs der Strafrestaussetzung einer lebenslangen Freiheitsstrafe beträgt der widerrufene Teil maximal fünf Jahre. Bei der Entscheidung über den Anteil der zu widerrufenden Strafaussetzung hat das Gericht den Anlass des Widerrufs, die erfüllten Auflagen und Weisungen, die bereits abgeleistete Bewährungszeit und die Wirkung auf den Täter, die vom Widerruf zu erwarten ist, zu berücksichtigen.

Abs. 4

§ 58a gilt für widerrufene Freiheitsstrafen von bis zu sechs Monaten entsprechend. Dies gilt auch dann, wenn lediglich der widerrufene Anteil einer längeren Freiheitsstrafe sechs Monate oder weniger beträgt.

1880 *Dünkel* 2009, S. 56; *Dünkel u. a.* 2010, S. 176; *Dünkel/Spieß* 1992, S. 135; *Lembert* 2001, S. 3530; *Schultz* 1988, S. 202; a. A. *Huff* 2010, S. 183 f.

Der bisherige Abs. 3 wird zu Abs. 5.

§ 59b Verurteilung zu der vorbehaltenen Strafe

Abs. 1
Für die Verurteilung zu der vorbehaltenen Strafe gelten § 56f Abs. 1, 2 und 5 entsprechend.
[…]

6.3 Zwischenfazit

Auch wenn der kurze Freiheitsentzug in der Regel (zu Recht) im Zentrum reformpolitischer Überlegungen im Bereich des Sanktionenrechts steht, sollten auch die Probleme, die durch die Verhängung und Vollstreckung von längeren Freiheitsstrafen entstehen können, nicht ignoriert werden. Sie stellen eine erhebliche Belastung für den Betroffenen dar und sind prägend für die Belegungszahlen im Vollzug. Zur Lösung des Problems kommen sowohl *front-door-* als auch *back-door-*Ansätze in Betracht.

Erster Anknüpfungspunkt können die Strafandrohungen im StGB sein. Aufgrund ihrer erheblichen Bedeutung für die Strafzumessung sollte man sich dabei auf die Mindeststrafandrohungen konzentrieren. Höchststrafen spielen eher eine untergeordnete Rolle und werden ohnehin kaum ausgeschöpft. Mindeststrafen sind hingegen, sofern keine Milderungsgründe einschlägig sind, zwingend und damit maßgeblich für die Höhe der verhängten Strafe. Dass dies zu Problemen führen kann, lässt sich aus der Sanktionspraxis erkennen. In einigen Delikten ist die als Ausnahme konzipierte Figur des unbenannten minder schweren Falles inzwischen eher die Regel geworden. Bei den qualifizierten Raubdelikten und einigen Verbrechen nach dem BtMG wird in einem nicht unerheblichen Teil der Fälle auf eine Strafe unterhalb der eigentlichen Mindeststrafe erkannt. Dies deutet an, dass das im Tatbestand vertypte Unrecht sich nicht angemessen in der angedrohten Rechtsfolge widerspiegelt und dass daher eine Absenkung angezeigt ist. Durch diese Absenkungen soll dem Grundsatz Rechnung getragen werden, dass längere Freiheitsstrafen nur in Fällen der schwersten Kriminalität verhängt werden sollten.

Aktuellen kriminalpolitischen Tendenzen, die eher in Richtung einer Verschärfung der Mindeststrafen gehen, ist hingegen nicht zu folgen. Tatsächlicher Bedarf besteht in dieser Hinsicht nicht und die erhoffte Abschreckungswirkung ist mehr als fragwürdig. Es wäre zu befürchten, dass mit einer Anhebung, wenn überhaupt, eine symbolische Wirkung eintritt.

Einen Sonderfall bzgl. der Strafandrohungen stellt die Reform der Tötungsdelikte dar. Zwar ist die Androhung der lebenslangen Freiheitsstrafe als einzige Strafe für Mord das Hauptproblem, doch die Bedenken gehen weit über die Straf-

androhung hinaus. Der Wortlaut des § 211 StGB entspricht noch der Tätertypenlehre der Nationalsozialisten und das Verhältnis von Mord und Totschlag ist weiterhin umstritten. Wenn man sich also mit einer Reform der Tötungsdelikte auseinandersetzt, erscheint es sinnvoll, sich nicht auf die Strafandrohung zu
beschränken, sondern eine Neustrukturierung der §§ 211 ff. StGB insgesamt anzustreben. Als Lösungsansatz bietet sich ein Grundtatbestand der vorsätzlichen
Tötung mit einem Strafrahmen von fünf bis 15 Jahren an. Die Mordmerkmale
könnten dann in Form eines Qualifikationstatbestandes neben einer zeitigen auch
die lebenslange Freiheitsstrafe androhen.

Neben dem Strafrahmen stellt auch die Strafvollstreckung einen möglichen
Anknüpfungspunkt zur Vermeidung oder Verkürzung von längeren Freiheitsentzügen dar. In Frage kommen sowohl die Strafaussetzung nach § 56 StGB als auch
die Restaussetzung nach § 57 StGB. Bzgl. § 56 StGB wäre es wünschenswert, die
jeweiligen Höchstfristen der unterschiedlichen Absätze zu überarbeiten. Da die
Aussetzung von Freiheitsstrafen von über einem und bis zu zwei Jahren ohnehin
bereits die Regel ist und sich die Praxis kaum von Freiheitsstrafen bis zu einem
Jahr unterscheidet, erscheint es angebracht, § 56 Abs. 1 StGB auf Freiheitsstrafen
von bis zu zwei Jahren zu erweitern. Die erhöhte Anwendung der Strafaussetzung
auf Freiheitsstrafen bis zu zwei Jahren spricht zudem dafür, Strafaussetzungen
auch bei Freiheitsstrafen von über zwei Jahren zu ermöglichen. Eine Strafaussetzung von Freiheitsstrafen bis zu drei Jahren wäre dann unter den aktuellen Voraussetzungen des § 56 Abs. 2 StGB möglich.

Eine teilbedingte Strafe, wie sie z. T. in anderen europäischen Ländern vorgesehen ist, ist hingegen abzulehnen. Eine derartige Sanktion würde vor allem die
Gefahr begründen, dass sie als *short sharp shock* missbraucht werden könnte, indem eine Freiheitsstrafe, die ohnehin zur Bewährung ausgesetzt worden wäre,
noch mit einem kurzen Freiheitsentzug verbunden wird, um so eine vermeintliche
Denkzettelwirkung zu erreichen. Es bestünde die Gefahr, dass nicht längerer Freiheitsentzug verkürzt werden, sondern stattdessen ein neuer Anwendungsbereich
des kurzen Freiheitsentzugs geschaffen wird. Im Ergebnis ist es daher sinnvoller,
längere Freiheitsstrafen weiterhin durch eine Strafrestaussetzung zu verkürzen.
Zu diesem Zweck ist eine Lockerung der Voraussetzungen des § 57 StGB angezeigt. Zum einen ist das Prognoseerfordernis aus § 57 Abs. 1 S. 1 Nr. 2 StGB zu
lockern, zum anderen sollte das Erstverbüßerprivileg aus § 57 Abs. 2 Nr. 1 StGB
auf alle zeitigen Freiheitsstrafen erstreckt werden. Auf diese Weise könnte die
bisher eher zurückhaltende Praxis der Strafrestaussetzung, besonders bzgl. der
Halbstrafenaussetzung, erweitert werden. Dies würde nicht nur zu einer Verkürzung der längeren Freiheitsstrafen führen, sondern auch die Möglichkeiten der
nachträglichen Betreuung im Rahmen von Bewährungshilfe und Weisungen erweitern.

Zuletzt ließe sich auch an den Widerruf einer Straf(rest)aussetzung anknüpfen. *De lege lata* ist es nach § 57f StGB nur möglich, entweder die gesamte Strafaussetzung zu widerrufen oder von einem Widerruf abzusehen. Vorgeschlagen

wird daher, einen Mittelweg in Form eines teilweisen Widerrufs einzuführen. So könnte der vollständige Widerruf als *ultima ratio* nur noch bei gravierenden Verstößen einschlägig sein. Bei geringfügigeren Verstößen und Verstößen nach Ablauf eines Großteils der Bewährungszeit könnte durch die Möglichkeit eines teilweisen Widerrufs dem Grundsatz der Verhältnismäßigkeit angemessener Rechnung getragen werden. Der teilweise Widerruf würde insgesamt einen deutlich flexibleren Umgang mit Verstößen im Rahmen der Bewährung erlauben, damit die Gerichte je nach Schwere des Verstoßes entsprechend reagieren können.

Insgesamt bieten sich damit auch bzgl. der längerfristigen Freiheitsstrafen verschiedene reformpolitische Anknüpfungspunkte. Über verringerte Mindeststrafen dürften sich bei den genannten Delikten bereits die Straflängen im Urteil reduzieren lassen. Zudem wird so der unbenannte minder schwere Fall, wie auch ursprünglich beabsichtigt, zur Ausnahme. Auch die Zugänge bei der lebenslangen Freiheitsstrafe würden sich erheblich reduzieren. Aktuell werden fast ausschließlich Täter, die nach § 211 StGB verurteilt wurden, mit lebenslangen Freiheitsstrafen bestraft. Entschärft man dort die Strafandrohung, wäre mit deutlich weniger verhängten lebenslangen Freiheitsstrafen zu rechnen. Die Reformen zur Ausweitung der Strafaussetzung und zur Einführung eines Teilwiderrufs wären darüber hinaus in der Lage, die Verbüßungsdauer bei verhängten Freiheitsstrafen zu verkürzen, und könnten die Unterstützungsmöglichkeiten im Rahmen von Weisungen und Unterstellungen unter die Bewährungshilfe verbessern.

7. Zusammenfassung

Über 100 Jahre nachdem *Franz von Liszt* im *Marburger Programm* die Schädlichkeit der kurzen Freiheitsstrafe postulierte, ist ihr Anwendungsbereich trotz zahlreicher gesetzgeberischer Eindämmungsversuche nach wie vor erheblich.[1881] Der Strafrechtsreform wurde, nicht zu Unrecht, „Phantasielosigkeit" vorgeworfen.[1882] Neue Sanktionsformen haben sich nach der Großen Strafrechtsreform kaum etablieren können. Aus diesem Grund nimmt der Freiheitsentzug trotz eines massiven Rückgangs unmittelbar im Anschluss an die Große Strafrechtsreform nach wie vor eine bedeutende Rolle in der Sanktionspraxis ein.[1883]

Als Alternative zur Freiheitsstrafe sieht das Gesetz die Geldstrafe vor. Obwohl sich die Geldstrafe grundsätzlich bewährt hat, ist ihr Potenzial, die kurze Freiheitsstrafe zu verdrängen, begrenzt. Dies zeigt sich bereits in ihrer Anwendungspraxis, die sich fast ausschließlich auf Geldstrafen von bis zu 90 Tagessätzen beschränkt. Der in § 47 Abs. 1 StGB festgelegte Vorrang der Geldstrafe bei Strafen bis zu 180 Tagen spiegelt sich hier also nicht wider. Dies dürfte vor allem daran liegen, dass Geldstrafen von mehr als einem Vierteljahresgehalt für die betroffene Klientel kaum realistisch bezahlbar sind. Ersatzfreiheitsstrafen wären die zu erwartende Konsequenz. Für eine weitere Zurückdrängung der kurzen Freiheitsstrafe sind also weitere sanktionsrechtliche Alternativen zu schaffen.

Fahrverbot

Die am 24.08.2017 in Kraft getretene Ausweitung des Fahrverbots auf die allgemeine Kriminalität ist nicht zu befürworten.[1884] Das Fahrverbot greift als „Denkzettelsanktion" in einen sehr speziellen Bereich der persönlichen Freiheit ein. Dieser Denkzettel erscheint nur dann wirksam, wenn er mit der Tat in Verbindung steht. Auch stellen sich bei der Strafzumessung erhebliche Probleme der Gleichbehandlung. Ein Fahrverbot trifft verschiedene Menschen auf unterschiedlichste Art und Weise. Da es im Gegensatz zur Geldstrafe kein allgemeines Kriterium wie das Einkommen gibt, wäre es in jedem Fall aufwendig festzustellen, wie sehr der Einzelne vom Fahrverbot betroffen wird. Hinzu kommt, dass das Fahrverbot für die größtenteils problembelastete Klientel der kurzen Freiheits- und Ersatzfreiheitsstrafe keine taugliche Sanktion darstellt. Der in Frage kommenden Tätergruppe fehlt es an Unterstützung, von einer Denkzettelstrafe dürfte für sie kaum eine präventive Wirkung ausgehen. Außerdem wäre schon fraglich, in wie vielen

---

1881 Vgl. *Kap. 3.4.1.*
1882 *Hirsch* 1986, S. 162.
1883 Vgl. *Kap. 3.1.*
1884 Vgl. *Kap. 5.2.1.*

Fällen überhaupt eine Fahrerlaubnis bzw. ein eigener Pkw vorhanden ist. Die Reform scheint eher eine andere Tätergruppe im Blick zu haben, nämlich sehr wohlhabende Täter, bei denen befürchtet wird, eine Geldstrafe wäre aufgrund des sehr hohen Einkommens und gebildeter Rücklagen kaum spürbar. Diese Argumentation stellt jedoch die Übelzufügung zu sehr in den Fokus der Sanktionierung und vernachlässigt den Präventionsgedanken. Neue Sanktionsformen sollten nicht darauf ausgelegt sein, die Spürbarkeit zu maximieren, sondern das Ziel haben, langfristig zukünftige Straftaten zu vermeiden.

Die Aufwertung des Fahrverbots zu einer Hauptstrafe unter Beibehaltung des Erfordernisses der Zusammenhangstat könnte hingegen eine sinnvolle Ergänzung des Sanktionensystems darstellen.[1885] Sie würde Richtern ermöglichen, flexibler auf Verkehrskriminalität reagieren zu können, da es die Möglichkeit eröffnen würde, das Fahrverbot auch ohne eine damit verbundene Geld- oder Freiheitsstrafe zu verhängen. Durch die Beschränkung auf Verkehrskriminalität wäre diese Maßnahme jedoch nicht in der Lage, flächendeckend kurze Freiheits- und Ersatzfreiheitsstrafen zu vermeiden.

Gemeinnützige Arbeit

Vielversprechendste Freiheitsstrafenalternative ist die gemeinnützige Arbeit. Sie ist in der Lage, unterschiedlichen Strafzwecken Rechnung zu tragen, und kann neben ihrer Funktion als Bestrafung einen erheblichen Beitrag zur Resozialisierung und Integration leisten. Ihr Potenzial wird in Deutschland noch nicht vollständig ausgeschöpft. Von einer echten „Arbeitsstrafe" sollte jedoch bereits aufgrund verfassungsrechtlicher Bedenken abgesehen werden.[1886] Eine Freiheitsstrafen-Ersetzungslösung hingegen wäre zum einen in der Lage, einen Verstoß gegen das Verbot von Zwangsarbeit (Art. 12 Abs. 3 GG) zu verhindern, und setzt zum anderen eher auf ein aktives Tun des Betroffenen zur Vermeidung von Freiheitsentzug. Wichtig für den Erfolg der gemeinnützigen Arbeit dürfte sein, dass sie mit entsprechender Betreuung und Unterstützung der Probanden verbunden wird. Die Problembelastung der betroffenen Klientel gebietet es, die Maßnahme nicht ausschließlich auf das Ableisten der Arbeitsstunden zu reduzieren. Wenn geboten, ist also eine begleitende Betreuung durch Sozialarbeiter vorzusehen, die über das Problem der kriminellen Belastung hinaus erfolgen muss.

Zusätzlich sollte die Vermeidung von Ersatzfreiheitsstrafen durch gemeinnützige Arbeit konsequent fortgeführt werden.[1887] Durch Heraufstufung der gemeinnützigen Arbeit zur primären Ersatzsanktion würde die Gefahr, dass die Ersetzung lediglich aufgrund von Unkenntnis unterbleibt, verringert. Außerdem erscheint es

---

1885 Vgl. *Kap. 5.2.2.*

1886 Vgl. *Kap. 5.3.2.2.*

1887 Vgl. *Kap. 5.3.4.*

nur logisch, die Ersatzfreiheitsstrafe als schwerste Sanktion erst dann zu vollstrecken, wenn die gemeinnützige Arbeit nicht erbracht wurde.

Zentraler Punkt für alle Formen der gemeinnützigen Arbeit ist die Umrechnung von anderen Sanktionsformen in zu leistende Arbeitsstunden.[1888] Als Grundlage dafür kann ein Tagessatz Geldstrafe dienen. Es wäre also zu hinterfragen, in wie viel Stunden ein Nettotagesgehalt verdient wird. Unter Berücksichtigung der tatsächlichen Arbeitstage im Jahr und der zu leistenden Steuern und Sozialabgaben ergibt sich, dass ein Nettotagesgehalt in zwei bis drei Stunden verdient wird. Bezieht man dann mit ein, dass im Gegensatz zum steuerlichen Nettobegriff auch beispielsweise der Unterhalt abzuziehen ist und zudem keineswegs jedermann Vollzeit arbeitet, bietet es sich an, den Umrechnungsschlüssel eher niedriger anzusetzen. Damit sollte ein Tagessatz Geldstrafe zwei Stunden gemeinnütziger Arbeit entsprechen.

In engem Zusammenhang dazu steht die Frage nach der Umrechnung zwischen Geld- und Freiheitsstrafe. Die aktuell in § 43 S. 2 StGB geregelte Umrechnung von 1 : 1 vermag nicht zu überzeugen. Der Verlust eines Tageseinkommens wiegt eindeutig weniger schwer als ein Tag Freiheitsentzug. Dies folgt schon allein daraus, dass der Inhaftierte i. d. R. nicht in der Lage sein dürfte, aus der Haft heraus zu arbeiten, und daher zusätzlich zu seiner Freiheit auch sein Einkommen verliert. Ein Umrechnungsschlüssel von 2 : 1 ist daher bereits aufgrund von Gerechtigkeitserwägungen überzeugender.

Insgesamt kann die gemeinnützige Arbeit auf verschiedenen Ebenen ansetzen, um Freiheitsentzug zu vermeiden. Ihr Potenzial wird *de lege lata* nicht ansatzweise ausgeschöpft. Mit Hilfe eines angepassten, bundeseinheitlichen Umrechnungsschlüssels, des Ausbaus der Ersatzfreiheitsstrafenvermeidung und einer primären Freiheitsstrafen-Ersetzungslösung ließe sich die gemeinnützige Arbeit als wichtige Säule des Sanktionenrechts etablieren.

Elektronische Überwachung von Straftätern

Abzulehnen ist hingegen der elektronisch überwachte Hausarrest als Haftalternative.[1889] Zwar mag sich elektronische Überwachung für gefährliche Straftäter im Rahmen der Führungsaufsicht etabliert haben, für die Klientel der kurzen Freiheitsstrafe erscheint sie jedoch ungeeignet. Es bestünde die Gefahr, dass die Sanktion sich zu sehr auf Kontrolle reduzieren würde und Aspekte der positiven Spezialprävention zu sehr in den Hintergrund treten. Zwar wäre auch der überwachte Hausarrest mit Betreuung durch einen Bewährungshelfer zu verbinden, doch lässt sich diese Betreuung auch ohne Fußfessel in Verbindung mit anderen ambulanten Maßnahmen (z. B. gemeinnütziger Arbeit) erreichen. Die engen Voraussetzungen

---

1888 Vgl. *Kap. 5.3.1.*
1889 Vgl. *Kap. 5.4.*

für die Anordnung des Hausarrests (fester Wohnsitz und Arbeitsplatz) lassen zudem befürchten, dass es zu „*net-widening*-Effekten" kommt und Probanden unter elektronisch überwachten Hausarrest gestellt werden, obwohl ihre Strafe auch sonst zur Bewährung ausgesetzt worden wäre.

Verwarnung mit Strafvorbehalt

Der fehlenden positiv spezialpräventiven Wirkung der Geldstrafe könnte durch einen Ausbau der Verwarnung mit Strafvorbehalt begegnet werden.[1890] *De lege lata* führt die Verwarnung ein Schattendasein.[1891] Eine Lockerung der sehr engen Voraussetzungen des § 59 Abs. 1 StGB könnte dazu führen, dass die Verwarnung mit Strafvorbehalt auch auf eine stärker problembehaftete Klientel ausgeweitet wird. Sie würde dann eine positiv spezialpräventive Alternative für den Bereich der geringen und mittleren Kriminalität darstellen, ohne dass eine bedingte Freiheitsstrafe verhängt werden muss. Um dann auch entsprechend auf die angesprochene Klientel reagieren zu können, wäre es darüber hinaus erforderlich, den Katalog von Weisungen und Auflagen aus § 59a Abs. 2 StGB anzupassen. Namentlich sollte er um die Ableistung von Arbeitsstunden und eine Betreuungsweisung erweitert werden. Eine Verwarnung mit Strafvorbehalt und einer Arbeitsweisung könnte vor allem für mittellose Täter eine sinnvolle Alternative zur sofort zu vollstreckenden Geldstrafe darstellen. Außerdem kann die Arbeit dem Betroffenen helfen, den Alltag zu strukturieren, und ihn möglicherweise in die Arbeitswelt (re-)integrieren. Eine Betreuungsweisung wäre vor allem für Täter, die mit sozialen Problemen über die kriminelle Belastung hinaus konfrontiert sind, einschlägig. Der Betreuer kann langfristige Problemlösungen initiieren sowie im Falle akuter Problemlagen unmittelbar intervenieren. Auf diese Weise wäre die Verwarnung mit Strafvorbehalt mehr als nur eine Ausnahmenorm für Fälle, in denen die Zustimmung zu einer verfahrensrechtlichen Einstellung fehlt. Sie könnte eine ernsthafte Alternative für den Bereich von Geldstrafen bis zu 180 Tagessätzen werden.

Umgang mit Bagatelldelinquenz

Neben der gemeinnützigen Arbeit als vollstreckungsrechtlicher Alternative zum vollstreckten Freiheitsentzug könnten auch materiellrechtliche Entkriminalisierungen dazu beitragen, den Freiheitsentzug zurückzudrängen. Das sog. einfache Schwarzfahren sowie der Besitz und Erwerb etc. geringer Mengen Cannabis sind dabei aus dem Anwendungsbereich des Strafrechts zu entfernen. Das einfache

---

1890 Vgl. *Kap. 5.5.*
1891 Vgl. *Kap. 3.3.3.*

Schwarzfahren bedarf keiner weiteren staatlichen Reaktion.[1892] Bereits *de lege lata* ist zweifelhaft, ob sich dieses Verhalten überhaupt unter den Tatbestand des § 265a Abs. 1 Var. 3 StGB subsumieren lässt. Hinzu kommt, dass die Tathandlung letztlich nur im Unterlassen einer zivilrechtlich gebotenen Zahlung besteht. Der Schwarzfahrer täuscht nicht aktiv und umgeht auch keine Hindernisse oder Zugangskontrollen. Die den Verkehrsunternehmen in derartigen Fällen zur Verfügung stehenden zivilrechtlichen Mittel wie ein erhöhtes Beförderungsentgelt und Hausverbote sind daher vollkommen ausreichend.

Bezüglich der Reaktion auf Besitz und Erwerb etc. geringer Mengen Cannabis zum Eigenbedarf sollte eher ein therapeutischer Ansatz gewählt werden.[1893] Die *ultima ratio* des Strafrechts sollte sich auf die Profiteure des illegalen Rauschmittelhandels beschränken und nicht auf die Konsumenten abzielen. Bereits das geschützte Rechtsgut der „Volksgesundheit" wirkt konstruiert und die Betroffenen schädigen bewusst selbst ihre eigene Gesundheit. Es wäre daher angezeigt, nicht-strafrechtliche, ambulante Maßnahmen zu schaffen, die je nach Intensität des Konsums bzw. Stadium der Sucht individuell auf die Bedürfnisse des Konsumenten eingehen können.

Bzgl. der Entkriminalisierung des Ladendiebstahls geringwertiger Sachen stellt sich die Lage hingegen anders dar.[1894] Im Gegensatz zum Schwarzfahren nimmt der Täter hier aktiv das Tatobjekt weg. Die Tathandlung geht also über das bloße Unterlassen einer zivilrechtlichen Zahlung hinaus. Hinzu kommt, dass der Diebstahl traditionell zum Kernbereich des Strafrechts gehört, er ist einer der klassischen strafrechtlichen Tatbestände. Dementgegen ist jedoch festzustellen, dass eine Freiheitsstrafe für geringwertige Ladendiebstähle, selbst im Falle mehrfach einschlägiger Vorbestrafung, schlicht unverhältnismäßig ist. Nichtsdestotrotz lassen sich in der Rechtsprechung einige entsprechende Beispiele finden.[1895] Als Kompromisslösung könnten zwar alle Formen des Diebstahls im StGB belassen werden, allerdings für einen genannten minder schweren Fall des Ladendiebstahls nur noch eine Geldstrafe angedroht werden. Dies wäre zwar ein Novum im StGB, könnte jedoch den oben angedeuteten Konflikt auflösen. Insgesamt bleibt festzuhalten, dass für alle drei genannten Bagatellen Freiheitsstrafen als eigentliche *ultima ratio* nicht angemessen sind und daher auch nicht verhängt werden sollten.

1892 Vgl. *Kap. 5.6.1.*

1893 Vgl. *Kap. 5.6.3.*

1894 Vgl. *Kap. 5.6.2.*

1895 Vgl. z. B. BayOLG NJW 2003, S. 2926; OLG Celle NStZ-RR 2004, S. 142; OLG Hamm NStZ-RR 2015, S. 205 ff.; vgl. hierzu auch insgesamt die Rechtsprechungsübersicht in *Kap. 3.4.2.*

Mindeststrafen

Längere Freiheitsstrafen sind zwar, was die Verurteilungszahlen angeht, die Ausnahme, stellen jedoch aufgrund ihrer erheblichen Auswirkungen auf die Betroffenen und die Inhaftierungszahlen dennoch ein nicht zu unterschätzendes Problem dar.[1896] Ein wesentlicher Faktor für die Verhängung von langen Freiheitsstrafen sind hohe Mindeststrafandrohungen. Diese können vor allem dann problematisch sein, wenn die Strafandrohung das im Tatbestand vertypte Unrecht nicht angemessen widerspiegelt. Dies ist dann anzunehmen, wenn ein nicht unerheblicher Anteil der für ein bestimmtes Delikt verhängten Strafen sich unterhalb der Mindeststrafandrohung befindet.[1897] Die aktuelle Sanktionspraxis spricht dabei dafür, die Mindeststrafen für den schweren Raub, den räuberischen Angriff auf Kraftfahrer und für die Verbrechen nach dem BtMG anzupassen.[1898]

Die aktuell erkennbaren Tendenzen zur Anhebung einiger Mindeststrafandrohungen dürften hingegen wenig zielführend sein. Die erhoffte Abschreckungswirkung derartiger Strafschärfungen lässt sich empirisch nicht stützen. Gerade bei Delikten mit einer geringen Aufklärungsquote wie dem Wohnungseinbruchsdiebstahl werden die Täter gar nicht davon ausgehen, überhaupt überführt und verurteilt zu werden. Dies spricht dann nicht dafür, dass sie sich mit der angedrohten Strafe überhaupt auseinandersetzen. Es erscheint eher naheliegend, dass Strafschärfungen im Wahljahr 2017 politisch instrumentalisiert werden, um den Eindruck zu vermitteln, die Politik gehe aktiv gegen Kriminalität vor.

Einen Sonderfall bzgl. der Strafandrohungen stellen die vorsätzlichen Tötungsdelikte nach §§ 211 ff. StGB insbesondere aufgrund der absoluten Androhung der lebenslangen Freiheitsstrafen als Mindeststrafe für Mord in § 211 StGB dar. Streng nach Wortlaut des Gesetzes müssen also bei vollendetem Mord, sofern keine Milderungsgründe aus dem Allgemeinen Teil vorliegen, zwangsweise lebenslange Freiheitsstrafen verhängt werden. Umstände, die außerhalb des Tatbestandes liegen, können nicht berücksichtigt werden.[1899] Dies hätte in einigen Fällen zu offensichtlich nicht schuldangemessenen Strafen führen müssen und hat Rechtsprechung und Lehre dazu bewogen, trotz fehlender gesetzlicher Grundlage Wege zu suchen, die lebenslange Freiheitsstrafe auch bei vollendetem Mord vermeiden zu können.[1900] Bereits die Entwicklung dieser Ansätze *contra legem* zeigt einen Handlungsbedarf auf. Hinzu kommt, dass die §§ 211 f. StGB nach wie vor

---

1896 Vgl. *Kap. 3.5.*

1897 Entweder durch Annahme eines minder schweren Falles oder durch Milderungsgründe aus dem Allgemeinen Teil.

1898 Vgl. *Kap. 6.1.3.1*; *6.1.3.2* und *6.1.3.3*.

1899 Vgl. *Kap. 6.1.4.1.*

1900 Vgl. *Kap. 6.1.4.2.*

der nationalsozialistischen Tätertypenlehre entsprechen. Auch bereitet das umstrittene Verhältnis von Mord und Totschlag zueinander Probleme, besonders bei der Anwendung des § 28 StGB. Daher ist es angezeigt, die vorsätzlichen Tötungsdelikte grundlegend zu reformieren und in einem Tötungstatbestand zusammenzufassen. Der Strafrahmen für die „einfache" vorsätzliche Tötung sollte dabei unverändert bleiben. Die Mordmerkmale würden als Qualifikation erhalten bleiben, jedoch mit einem Strafrahmen, an dessen oberem Ende die lebenslange Freiheitsstrafe steht.[1901] Auf diese Weise wäre der NS-Wortlaut gestrichen, das Verhältnis von Mord und Totschlag geklärt und die Probleme, die sich aus der absoluten Androhung der lebenslangen Freiheitsstrafe als Mindeststrafe ergeben, behoben.

Strafaussetzung zur Bewährung

Neben den Mindeststrafandrohungen wäre auch die Strafvollstreckung ein möglicher Anknüpfungspunkt für die Vermeidung oder Verkürzung langen Freiheitsentzugs.[1902] Die Tatsache, dass *de lege lata* trotz des Erfordernisses der „besonderen Umstände" in § 56 Abs. 2 StGB der Großteil der Freiheitsstrafen bis zu zwei Jahren zur Bewährung ausgesetzt wird, spricht für eine Anhebung dieser Höchstgrenze auf drei Jahre.[1903] Auch die verhältnismäßig geringen Widerrufsraten stützen diesen Vorschlag. Eine Grenze von drei Jahren entspräche zudem eher der allgemeinen Entwicklung in Europa. Parallel ließe sich dann die Grenze des Abs. 1 auf zwei Jahre anheben. Die Aussetzung von Freiheitsstrafen bis zu zwei Jahren ist ohnehin bereits die Regel und dies ließe sich durch eine Anpassung von § 56 Abs. 1 auch im Gesetz festhalten.

Eine teilweise Aussetzung von Freiheitsstrafen ist hingegen abzulehnen.[1904] Es wäre zu befürchten, dass dieses Institut als eine Art Schockstrafe ähnlich dem Warnschussarrest (§ 16a JGG) zweckentfremdet wird und es so zu „*net-widening*-Effekten" kommt. Stattdessen ließe sich die Dauer längerer Freiheitsstrafen zielführender mit Hilfe eines Ausbaus der Strafrestaussetzung reduzieren.[1905] Die Aussetzung nach zwei Dritteln der Strafe ist zurzeit keinesfalls üblich und die Halbstrafenaussetzung ist die absolute Ausnahme. Sowohl die kriminologischen Erfahrungen mit dem Institut als auch der Grundsatz der Verhältnismäßigkeit sprechen dafür, die Voraussetzungen der beiden Alternativen des § 57 StGB zu lockern. Die Aussetzung nach Verbüßung von zwei Dritteln der Strafe sollte die

---

1901 Vgl. *Kap 6.1.4.6.*

1902 Vgl. *Kap. 6.2.*

1903 Vgl. *Kap. 6.2.1.*

1904 Vgl. *Kap. 6.2.2.*

1905 Vgl. *Kap 6.2.2.*

Regel werden und nur dann verweigert werden können, wenn erhebliche Straftaten zu erwarten sind. Die Halbstrafenaussetzung sollte zudem für Täter, die erstmalig eine Freiheitsstrafe verbüßen, unabhängig von der Straflänge nicht an besondere Umstände gemäß § 57 Abs. 2 Nr. 2 StGB gekoppelt werden. Für
Erstverbüßer wäre dann die Halbstrafenaussetzung bereits unter den Voraussetzungen von § 57 Abs. 1 StGB möglich. In Verbindung mit den Lockerungen des
Abs. 1 wäre die Restaussetzung nach der Hälfte der Strafe somit für Erstverbüßer
die Regel.

Zuletzt ließe sich auch am Widerruf der Strafaussetzung ansetzen.[1906] *De
lege lata* besteht bei Vorliegen der Voraussetzungen des § 56f Abs. 1 StGB nur
die Möglichkeit, entweder die ganze Strafe zu widerrufen, oder eine Alternative
zum Widerruf gemäß § 56f Abs. 2 StGB zu verhängen. Eine Art Mittelweg ist im
Gesetz nicht vorgesehen. Dies kann dann problematisch sein, wenn die Voraussetzungen des Widerrufs zwar vorliegen, ein vollständiger Widerruf jedoch unverhältnismäßig wäre. Sind die Alternativen aus § 57f Abs. 2 StGB nicht einschlägig, bliebe in derartigen Fällen streng genommen nur der Widerruf der
gesamten Reststrafe, unabhängig von deren Dauer, dem Anlass des Widerrufs o-
der der bereits abgeleisteten Bewährungszeit. Um in Fällen des Widerrufs dem
Grundsatz der Verhältnismäßigkeit besser Rechnung tragen zu können und um
dem Richter im Einzelfall mehr Flexibilität im Widerrufsverfahren einzuräumen,
wäre es daher sinnvoll, den teilweisen Widerruf einer Strafaussetzung vorzusehen. Dies sollte in der Art ausgestaltet sein, dass dies nur Fälle betreffen sollte, in
denen es bereits *de lege lata* zu einem Widerruf gekommen wäre, um „*net-widening*-Effekte" zu vermeiden. Berücksichtigt werden sollte neben den oben genannten Kriterien vor allem auch die zu erwartende spezialpräventive Wirkung
eines teilweisen Widerrufs, um dem spezialpräventiven Fokus der Strafvollstreckung Rechnung zu tragen.

Fazit

Ziel einer Reform des strafrechtlichen Sanktionensystems muss die konsequente
Zurückdrängung von Freiheitsentzug sein. Dafür sprechen sowohl kriminologische Erkenntnisse als auch der *ultima-ratio*-Grundsatz. Am ehesten zielführend
erscheinen dabei vollstreckungsrechtliche Lösungsansätze zur Freiheitsstrafenvermeidung sowohl in Form einer Freiheitsstrafen-Ersetzungslösung als auch im
Rahmen eines Ausbaus der Straf(rest)aussetzung zur Bewährung. Daneben empfiehlt es sich, für den Bereich der geringen bis mittleren Kriminalität einige Bagatelldelikte materiell zu entkriminalisieren und zusätzlich den Anwendungsbereich der Verwarnung mit Strafvorbehalt auszuweiten. Bzgl. längerer
Freiheitsstrafen ließe sich neben der Vollstreckung zudem an den Mindeststrafandrohungen ansetzen.

1906 Vgl. *Kap. 6.2.3.*

Moderne Kriminalpolitik muss sich mehr auf ambulante primär positiv spezialpräventiv orientierte Alternativen fokussieren. Neben den genannten rechtlichen Rahmenbedingungen wären dazu auch langfristige Investitionen insbesondere im Bereich der Straffälligenarbeit erforderlich. Nur wenn die ambulanten Alternativen entsprechend gefördert werden, können sie nachhaltig der Vermeidung von Freiheitsentzug dienen. Drohende Kosten können kein überzeugendes Argument gegen einen Ausbau der Straffälligenhilfe sein, gerade wenn man das Potenzial der ersparten Hafttage gegenrechnet.

Insgesamt lassen sich die wesentlichen kriminalpolitischen Forderungen thesenartig wie folgt zusammenfassen:

- Die Ausweitung des Fahrverbots auf allgemeine Kriminalität ist abzulehnen. Strafrechtliche Fahrverbote sollten nur bei Kfz-bezogener Kriminalität verhängt werden dürfen (*Kap. 5.2.1*).
- Der Anwendungsbereich der gemeinnützigen Arbeit ist auszubauen. Eine Freiheitsstrafen-Ersetzungslösung könnte dabei die kurze Freiheitsstrafe nachhaltig zurückdrängen. Außerdem sollte die gemeinnützige Arbeit die primäre Ersatzsanktion bei uneinbringlichen Geldstrafen darstellen (*Kap. 5.3.2* und *5.3.3*).
- Der Umrechnungsschlüssel zwischen den Sanktionen ist anzupassen: Ein Tag Ersatzfreiheitsstrafe sollte zwei Tagessätzen Geldstrafe entsprechen. Ein Tagessatz sollte dann durch zwei Stunden gemeinnützige Arbeit abgearbeitet werden können (*Kap. 5.2.1*).
- Die elektronische Überwachung stellt keine sinnvolle Haftalternative dar. Überlegungen in dieser Hinsicht sind nicht weiterzuverfolgen (*Kap. 5.4*).
- Die Verwarnung mit Strafvorbehalt sollte zusätzlich zu ihrem aktuellen Anwendungsbereich auch auf eine hinsichtlich sozialer Integration bzw. strafrechtlicher Vorbelastung problematischere Klientel erweitert werden. Zu diesem Zweck ist es zudem erforderlich, den Auflagen- und Weisungskatalog aus § 59a Abs. 2 StGB zu erweitern (*Kap. 5.5*).
- Das einfache Schwarzfahren sowie der Besitz und Erwerb etc. geringer Mengen Cannabis sollten nicht mehr strafrechtlich geahndet werden. (*Kap. 5.6.1* und *5.6.3*).
- Die Strafandrohung für den Ladendiebstahl geringwertiger Sachen ist auf Geldstrafen bis zu 90 Tagessätzen zu beschränken (*Kap. 5.6.2*).
- Die Mindeststrafen für qualifizierte Raubdelikte und die Verbrechen nach dem BtMG sind abzusenken (*Kap. 6.1.3*).
- Die vorsätzlichen Tötungsdelikte sind grundlegend zu reformieren. Ein Tatbestand, der als Sanktion zwangsweise die lebenslange Freiheitsstrafe vorsieht, sollte in der Neufassung nicht mehr enthalten sein (*Kap. 6.1.4*).
- Die Strafaussetzung gemäß § 56 StGB ist auf Freiheitsstrafen von bis zu drei Jahren zu erweitern (*Kap. 6.2.1*).

- Die Strafrestaussetzung nach zwei Dritteln der Strafe sollte zur Regel werden; zu diesem Zweck ist das Prognoseerfordernis aus § 57 Abs. 1 Nr. 2 StGB zu lockern. Zur Ausweitung der Halbstrafenaussetzung ist zudem das Erstverbüßerprivileg des § 57 Abs. 2 Nr. 1 StGB auf alle zeitigen Freiheitsstrafen zu erweitern (*Kap. 6.2.2*).

- Ein teilweiser Widerruf der Strafaussetzung könnte ein taugliches Mittel sein, um dem Grundsatz der Verhältnismäßigkeit im Widerrufsverfahren besser Rechnung tragen zu können. Bei seiner Ausgestaltung wäre jedoch besonders darauf zu achten, „*net-widening*-Effekte" möglichst zu vermeiden (*Kap. 6.2.3*).

Es bleibt zu hoffen, dass den aktuellen kriminalpolitischen Tendenzen, pauschal Straferhöhungen zu fordern und Sanktionen oder Maßnahmen stärker kontrollierend auszugestalten, eine Absage erteilt wird, um wieder zu einer rationalen Kriminalpolitik zurückzukehren. Diese muss sich an kriminologischen Erkenntnissen orientieren und dem *ultima-ratio*-Grundsatz angemessen Rechnung tragen.

Literaturverzeichnis

Aebi, M.-F., Tiago, M., Burkhardt, C. (2016): Council of Europe Annual Penal Statistics. SPACE I. Survey 2015. Straßburg.

Albrecht. H.-J. (1980): Die Geldstrafe als Mittel moderner Kriminalpolitik. In: Jescheck, H.-H., Kaiser, G. (Hrsg.): Die Vergleichung als Methode der Strafrechtswissenschaft und der Kriminologie. Berlin. S. 235-255.

Albrecht, H.-J. (1985): Ansätze und Perspektiven für die gemeinnützige Arbeit in der Strafrechtspflege. BewHi 32, S. 121-134.

Albrecht, H.-J. (1994): Strafzumessung bei schwerer Kriminalität. Berlin.

Albrecht, H. J. (2002): Der elektronische Hausarrest. MschrKrim 85, S. 84-104.

Albrecht, H.-J., Dünkel, F, Spieß, G. (1981): Empirische Sanktionsforschung und Begründbarkeit von Kriminalpolitik. MschrKrim 64, S. 310-326.

Albrecht, H.-J., Arnold, H., Schädler, W. (2000): Der hessische Modellversuch zur Anwendung der „elektronischen Fußfessel" – Darstellung und Evaluation eines Experiments. ZRP 33, S. 466-469.

Albrecht, H.-J., Schädler, W. (1988): Die gemeinnützige Arbeit auf dem Weg zur eigenständigen Sanktion. ZRP 21, S. 178-283.

Albrecht, P. (2014): Rückschritte im Sanktionenrecht. ZStrR 132, S. 279-282.

Albrecht, P.-A. (1982): Das Dilemma der Leitprinzipien auf Tatbestandsseite des Mordparagraphen. JZ 37, S. 697-706.

Albrecht, P.-A. (1988): Anmerkungen zu HansOLG: Urt. v. 03.06.1987 1 Ss 67/87. NStZ 8, S. 222-224.

Albrecht, P.-A. (2000): Reformbemühungen und Versäumnisse aktueller Strafrechtspolitik. NJ 54, S. 449-453.

Albrecht, P.-A. (2010): Der Weg in die Sicherheitsgesellschaft – auf der Suche nach staatskritischen Absolutheitsregeln. Berlin.

Albrecht, P.-A. (2010a): Kriminologie. 4. Aufl. München.

Albrecht, P.-A., Beckmann, H., Frommel, M., Goy, A., Grünwald, G., Hannover, H., Holtfort, W, Ostendorf, H. (1992): Strafrecht – ultima ratio: Empfehlungen der Niedersächsischen Kommission zur Reform des Strafrechts und des Strafverfahrensrechts. Baden-Baden.

Albrecht, P.-A., Hassemer, W., Voß, M. (1992): Rechtsgüterschutz durch Entkriminalisierung – Vorschläge der Hessischen Kommission „Kriminalpolitik" zur Reform des Strafrechts. Baden-Baden.

Alwart, H. (1986): Über die Hypertrophie eines Unikums (§ 265a StGB). JZ 41, S. 363-369.

Alwart, H. (2016): Perpetuiertes Unrecht – Zur Kritik der massenhaften Verfolgung von Schwarzfahrern. ZIS 11, S. 534-539.

Ambos, K. (1995): „Recht auf Rausch"? – Anmerkungen zu den Entscheidungen des zweiten Senats der BVerfG vom 9.3.1994 und des kolumbianischen Verfassungsgerichts vom 5.5.1994. MschrKrim 78, S. 47-54.

Ambos, K., Böllinger, L., Schefold, D. (2016): Entwurf eines Gesetzes zur Änderung des Betäubungsmittelgesetzes – Wissenschaftlich begleitete Versuchsprojekte mit örtlich kontrollierter Cannabis-Abgabe. ZRP 49, S. 81-84.

Amelung, K (1981): Die Einwilligung in die Beeinträchtigung eines Grundrechts. Berlin.

Amelung, K. (1983): Die Einwilligung des Unfreien. ZStW 95, S. 1-31.

Amelung, K. (1984): Anmerkungen zu BVerfG, Beschl. vom 18.08.1981 - 2 BvR 166/81. NStZ 2, S. 38-40.

Amelung, K. (2006): Grundsätzliches zur Freiwilligkeit der Einwilligung des Verletzten. NStZ 26, S. 317-320.

Andersen, S.-H. (2012): Serving time or serving the community? – Exploiting a policy reform to assess the casual effects of community service on income, social benefit dependancy and recidivism. University Press of Southern Denmark. Study Paper No. 37. Odense.

Appel, I. (1998): Verfassung und Strafe. Berlin.

Aschrott, P. F., Kohlrausch, E. (1926): Reform des Strafrechts. Kritische Besprechung des Amtlichen Entwurfs eines Allgemeinen Deutschen Strafgesetzbuchs. Berlin.

Arbeitskreis deutscher, schweizerischer und österreichischer Strafrechtslehrer (1992): Alternativ-Entwurf Wiedergutmachung. München.

Arbeitskreis deutscher, schweizerischer und österreichischer Strafrechtslehrer (2008): Der Alternativentwurf-Leben. GA 155, S. 193-270.

Arzt, G. (1974): Zur Bekämpfung der Vermögensdelikte mit zivilrechtlichen Mitteln – der Ladendiebstahl als Beispiel. JuS 14, S. 693-698.

Arzt, G. (1979): Die Einschränkung des Mordtatbestandes. JR 54, S. 7-12.

Arzt, G. (1979a): Entkriminalisierung des Ladendiebstahls – Zum Vorschlag des Entwurfs eines Gesetzes gegen den Ladendiebstahl (AE). In: Schoreit, A. (Hrsg.): Problem Ladendiebstahl – Moderner Selbstbedienungskauf und Kriminalität- Heidelberg. S. 9-17.

Aulinger, S. (1997): Rechtsgleichheit und Rechtswirklichkeit bei der Strafverfolgung von Betäubungsmittelkonsumenten: Die Anwendung von § 31a BtMG im Kontext anderer Einstellungsvorschriften. Baden-Baden.

Aulinger, S. (1999): § 31a BtMG – Der Auftrag des BVerfG und die Rechtswirklichkeit. NStZ 19, S. 111-116.

Bachmann, M. (2014): Reformvorhaben der Großen Koalition auf dem Gebiet des StGB – ein kritischer Überblick. NJ 68, S. 401-409.

Backmann, J. (2013): Fahrlässige Körperverletzung und Tötung im Straßenverkehr als Straftat? NZV 26, S. 465-470.

Bales, W., Mann, K., Blomberg, T., Gaes, G., Barrik, K., Dhunga, K., McManus, B. (2010): A Quantitative and Qualitative Assessment of Electronic Monitoring. Tallahassee.

Bals, N. (2008): Häusliche Gewalt und Täter-Opfer-Ausgleich – der TOA als erfolgversprechende Alternative zur Bearbeitung von Beziehungsgewalt. Baden-Baden.

Barkemeyer, K. (2011): „Das kostet doch alles viel mehr als das, was ich zahlen muss!" FS 60, S. 139-142.

Baumann, J. (1965): Kleine Streitschriften zur Strafrechtsreform. Bielefeld.

Baumann, J. (1966): Alternativentwurf eines Strafgesetzbuches. Berlin.

Baumann, J. (1968): Was erwarten wir von der Strafrechtsreform. In: Rechtswissenschaftliche Abteilung der Rechts- und Staatswissenschaftlichen Fakultät der Universität Tübingen (Hrsg.): Tübinger Festschrift für Eduard Kern. Tübingen. S. 21-47.

Baumann, J. (1972): Über notwendige Veränderungen im Bereich des Vermögensschutzes. JZ 27, S. 1-6.

Baumann, J., Weber U., Mitsch W. (1995): Strafrecht Allgemeiner Teil. 10. Aufl., Bielefeld.

Baumann, K.-H., Maetze, W., Mey, H.-G. (1983): Zur Rückfälligkeit nach Strafvollzug. MschrKrim 66, S. 133-148.

Bausback, W. (2017): Härtere Strafen bei Gewalt gegen Polizisten? ZRP 50, S. 62.

Beck, M. (2016): Die Heimtücke – ein unzeitgemäßes und moralisierendes Mordmerkmal. ZIS 11, S. 10-18.

Beckmann, H. (1979): Ist die lebenslange Freiheitsstrafe noch ein verfassungsrechtliches Problem? GA 126, S. 441-459.

Bemmann, G: (1975): Für eine Dienstleistungsstrafe. In: Grünwald, G. (Hrsg.): Festschrift für Friedrich Schaffstein. Göttingen, S. 211-218.

Bernards, A. (1986): Frankreich. In: Jescheck, H.-H. (Hrsg.): Die Freiheitsstrafe und ihre Surrogate im deutschen und ausländischen Recht. Bd. 1, Baden-Baden, S. 259-325.

Bethge, H.-J. (1966): Der Ladendiebstahl unter besonderer Berücksichtigung des Diebstahls in Selbstbedienungsläden. Kiel.

Berckhauer, F.-H. (1979): Kriminologische und kriminalpolitische Aspekte des Ladendiebstahls. In: Schoreit, A. (Hrsg.): Problem Ladendiebstahl – Moderner Selbstbedienungskauf und Kriminalität – Heidelberg. S. 19-38.

Berckhauer, F.-H., Hasenpusch, B. (1982): Rückfälligkeit entlassener Strafgefangener – Zusammenhänge zwischen Rückfall und Bildungsmaßnahmen im Vollzug. MschrKrim 65, S. 318-334.

Bergmann, S. (2007): Die elektronische Fußfessel – Eine kritische Betrachtung über eine nicht mehr ganz so neue Straftechnik. FS 56, S. 262-265.

Berwanger, J. (2014): Fahrverbotsausweitung – ein kriminalpolitischer Wiedergänger. ZRP 47, S. 89-90.

Berwanger, J. (2016): Reaktionismus – ein hilfloser Leviathan geht seinen Weg. ZRP 49, S. 56-58.

Berwanger, J. (2017): Umstrittene Ausweitung des strafrechtlichen Fahrverbots. ZRP 50, S. 26-27.

Besozzi, C., Kunz, K.-L. (2012): Kurze Freiheitsstrafen und ihr Ersatz – eine Revision der Revision. In: Hilgendorf, E., Rengier, R. (Hrsg.): Festschrift für Wolfgang Heinz zum 70. Geburtstag. Baden-Baden. S. 580-593.

Beulke, W. (2012): Kurze Freiheitsstrafen für Bagatelldelikte? Ein Plädoyer zugunsten einer restriktiven Auslegung von § 47 StGB. In: Hilgendorf, E., Rengier, R. (Hrsg.): Festschrift für Wolfgang Heinz zum 70. Geburtstag. Baden-Baden. S. 595-608.

Beyens, K. (2017): Electronic monitoring and supervision: A comparative perspective. European Journal of Probation 9, S. 3-10.

Bittmann, F. (2001): Der Gesetzentwurf zur Reform des Sanktionenrechts. NJ 55, S. 509-513.

Blei, H. (1972): Anmerkungen zu AG-Berlin-Tiergarten MDR 1972, S. 257. JA 4, S. 309-310.

Block, P. (1990): Befragung von Vermittlern, Geldstrafenschuldnern und Mitarbeitern der Beschäftigungsstellen zur Praxis der gemeinnützigen Arbeit. In: Jehle, J.-M., Feuerhelm, W., Block, P. (Hrsg.): Gemeinnützige Arbeit statt Ersatzfreiheitsstrafe. Wiesbaden. S. 97-122.

Bockelmann, P. (1951): Zur Reform des Strafensystems. JZ 7, S. 494-498.

Bode, T. (2017): Das Fahrverbot als allgemeine Nebenstrafe. NZV 30, S. 1-7.

Boetticher, A. (1991): Der Widerruf der Strafaussetzung zur Bewährung. NStZ 11, S. 1-6.

Bögelein, N., Ernst, A., Neubacher, F. (2014): Wie kann die Vermeidung von Ersatzfreiheitsstrafen gelingen? BewHi 61, S. 282-294.

Bohlander, M. (1991): Electronic Monitoring – Elektronische Überwachung von Straftätern als Alternative zur Untersuchungshaft und Strafvollzug. ZfStrVO 40, S. 293-299.

Böhm, A. (1996): Die spezialpräventiven Wirkungen der strafrechtlichen Sanktionen. In: Jehle, J.-M. (Hrsg.): Kriminalprävention und Strafjustiz. Wiesbaden, S. 263-290.

Böhm, A. (1998): Gemeinnützige Arbeit als Strafe. ZRP 31, S. 360-365.

Böhm, A., Erhard, C. (1984) Die Praxis der Strafrestaussetzung – Eine Untersuchung zur Anwendung des § 57 StGB in Hessen. MschrKrim 67, S. 365-378.

Böhnke, D. (2012): 50 Jahre Deutscher Verkehrsgerichtstag: Die fahrlässige Körperverletzung im Straßenverkehr. NZV 25, S. 1-5.

Böllinger, L. (2016): Das Drogentabu: Soziale Kontrolle von Ekstase. In: Herzog, F., Schlothauer, R., Wohlers, W. (Hrsg.): Rechtsstaatlicher Strafprozess und Bürgerrechte – Gedächtnisschrift für Edda Weßlau. Berlin, S. 477-490.

Böllinger, L. (2016a): Freigabe (in) der Diskussion – Neue Anläufe zur Entkriminalisierung des Cannsbis Konsums. In: Pollähne, H., Lange-Joest, C. (Hrsg.): Rauschzustände: Drogenpolitik – Strafjustiz – Psychiatrie. Münster, S. 89-112.

Bommer, F. (2014): Zur dritten Änderung des Sanktionenrechts – Weshalb schon wieder eine Reform? ZStrR 132, S. 217-278.

Bonta, J., Jesseman, R., Rugge, T., Cormier, R. (2008): Restorative Justice – promises made, promises kept? In: Sullivan, D., Tifft, L. (Hrsg.): Handbook of Restorative Justice. London, New York, S. 108-120.

Bonta, J., Wallace-Capretta, S., Rooney, J. (2000): Can Electronic Monitoring make a Difference? An Evaluation of Three Canadian Programs. Crime and Delinquency 46, S. 61-75.

Bosch, N. (2013): Der räuberische Angriff auf Kraftfahrer (§ 316a StGB) – Anmerkungen zu einer ungeeigneten Norm. JURA 34, S. 1234-1245.

Bourn, J. (2006): The electronic monitoring of adult offenders. London.

Born, W. (2014): 52. Deutscher Verkehrsgerichtstag in Goslar vom 29.-31.1.2014. NZV 27, S. 154-158.

Bösling, T. (2002): Elektronische überwachter Hausarrest als Alternative zur kurzen Freiheitsstrafe. MSchrKrim 85, S. 105-125.

Bruckmüller, K., Hofinger, V. (2010): Austria. In: Padfield, N., van Zyl Smit, D., Dünkel, F. (Hrsg.): Release from Prison – European policy and practice. London. S. 49-68.

Brüchert, O. (2002): Modellversuch Elektronische Fußfessel – Strategien zur Einführung einer umstrittenen Maßnahme. NK 14, S. 32-35.

Brughelli, R. (1989): Alternativen zur Freiheitsstrafe: Gemeinnützige Arbeit und Wiedergutmachung. In: Kunz K.-L. (Hrsg.) Die Zukunft der Freiheitsstrafe. Bern, Stuttgart. S. 1-42.

Bruns, H.-J. (1985): Das Recht der Strafzumessung. 2. Aufl., Köln.

Bublies, W. (1989): Die Aussetzung des Restes der Ersatzfreiheitsstrafe. Berlin.

Bublies, W. (1992): Das Gefängnis darf kein Schuldturm sein – Strategien zur Vermeidung der Ersatzfreiheitsstrafe. BewHi 39, S. 178-194.

Bund Deutscher Kriminalbeamter (2018): Stellungnahme zum Antrag der Fraktion Die Linke und der Fraktion Bündnis 90/Die Grünen: „Beabsichtigte und unbeabsichtigte Wirkungen des Betäubungsmittelrechts überprüfen. Veröffentlicht unter: https://www.bdk.de/der-bdk/positionspapiere/drogenpolitik/ Stellungsnahme%20BDK%20Betraeubungsmittelrecht.pdf (zuletzt abgerufen am 14.02.2018).

Bundesamt für Justiz (Schweiz) (1993): Bericht zur Revision des Allgemeinen Teils und des Dritten Buches des Strafgesetzbuches und zu einem Bundesgesetz über die Jugendstrafrechtspflege. Bern.

Bundesamt für Statistik (Schweiz) (2011): Neues Sanktionenrecht und strafrechtlicher Rückfall. Neuchâtel.

Bundeskriminalamt (2018): Polizeiliche Kriminalstatistik. Jahrbuch 2018, Band 4, 66. Ausgabe. Wiesbaden.

Bundesministerium der Justiz (2000): Referentenentwurf eines Gesetzes zur Reform des Sanktionenrechts. Bonn.

Bundesministerium der Justiz (2004): Täter-Opfer-Ausgleich in der Entwicklung. Bremen, Tübingen.

Bundesministerium der Justiz (2006): Zweiter Periodischer Sicherheitsbericht. Berlin.

Bundesministerium der Justiz und für Verbraucherschutz (2016): Entwurf eines Gesetzes zur Änderung des Strafgesetzbuches, des Jugendgerichtsgesetzes und der Strafprozessordnung. Berlin.

Bundesministerium für Justiz und für Verbraucherschutz (2017): Entwurf eines Gesetzes zur Änderung des Strafgesetzbuchs – Stärkung des Schutzes von Vollstreckungsbeamten und Rettungskräften. Berlin.

Bundesrechtsanwaltskammer (2013): Stellungnahme Nr. 11, Juni 2013. Veröffentlicht unter: http://www.brak.de/zur-rechtspolitik/stellungnahmen-pdf/stellungnahmen-europa/2013/juni/stellungnahme-der-brak-2013-11.pdf (zuletzt abgerufen am 10.08.2017).

Bundeszentrale für gesundheitliche Aufklärung (2004): Die Drogenaffinität Jugendlicher in der Bundesrepublik Deutschland. Köln.

Bündnis 90/ die Grünen (2016): „Grüne Strategie gegen Wohnungseinbruchsdiebstahl" – Fraktionsbeschluss vom 29.11.2016. Veröffentlicht unter: https://www.gruene-bundestag.de/fileadmin/media/gruenebundestag_de/ fraktion/beschluesse/Wohnungseinbruchdiebstahl.pdf (zuletzt abgerufen am 10.08.2017).

Burmann, M., Jahnke, J., Heß, R., Janker, H. (2018) (Hrsg.): Straßenverkehrsrecht – Kommentar. 25. Aufl., München. (zitiert: Burmann-*Bearbeiter*).

Busch, R. (2017): Strafschärfung für Wohnungseinbruchsdiebstahl. ZRP 50, S. 30.

Busemann, B. (2010): Fahrverbot als Sanktion – contra ZRP 43, S. 239.

Bussmann, K. (1999): Konservative Anmerkungen zur Ausweitung des Strafrechts nach dem Sechsten Strafrechtsreformgesetz. StV 19, S. 613-622.

Bruns, H.-J. (1980): Leitfaden des Strafzumessungsrechts. Köln, Berlin.

Bruns, H.-J. (1981): Richterliche Rechtsfortbildung oder unzulässige Gesetzesänderung der Strafdrohung für Mord. JR 56, S. 358-363.

Bruns, H.-J. (1985): Das Recht der Strafzumessung. 2. Aufl., Köln.

Caspari, S. (2011): Gewalt gegen Polizeibeamte – Lösung durch eine Reform des § 113 StGB? NJ 65, S. 318-330.

Christlichdemokratische Volkspartei der Schweiz (2010): Stellungnahme zur Revision des Strafgesetzbuchs und des Militärstrafgesetzes. Bern.

CDU; CSU (2016): 5-Punkte Katalog zur Bekämpfung des Wohnungseinbruchsdiebstahls. Fraktionsbeschluss. Berlin.

CDU; CSU; SPD (2013): Koalitionsvertrag für die 18. Legislaturperiode des Bundestages: „Deutschlands Zukunft gestalten". Berlin.

Chen, E.-Y. (2008): Impacts of „Three Strikes and You're Out" on Crime Tends in California and Throughout the United States. Journal of Contemporary Criminal Justice 24, S. 455-470.

Cid, J., Larrauri, E. (2010): Spanien. In: Dünkel, F., u. a. (Hrsg.): Kriminalität, Kriminalpolitik, strafrechtliche Sanktionspraxis und Gefangenenraten im europäischen Vergleich. Mönchengladbach, S. 805-838.

Cohen, J. (1998): A hierarchical Bayersian analysis of arrest rates. Journal of the American Statistical Association 93, S. 1260-1270.

Cornel, H. (2002): Klarstellung oder Verschärfung der Bedingungen zur Strafrestaussetzung zur Bewährung. MschrKrim 85, S. 424-438.

Cornel, H. (2008): Alternativen zum Gefängnis zwischen Alibi, Reformpolitik und realem Abolitionismus. KrimJ 40, S. 54-66.

Cornel, H. (2010): Abschlussbericht zur wissenschaftlichen Begleitung des Projekts ISI – Integration statt Inhaftierung der Straffälligen- und Bewährungshilfe Berlin. Berlin.

Cornel, H., Dünkel, F., Pruin, I., Sonnen, B.-R., Weber, J. (2015): Diskussionsentwurf für ein Landesresozialisierungsgesetz. Mönchengladbach.

Cornils, K. (1995): Gemeinnützige Arbeit in den nordischen Ländern. MschrKrim 78, S. 322-329.

Council of Europe (2009): European Rules for juvenile offenders subject to sanctions or measures. Strasburg.

Cramer, P. (1975): Überlegungen zur Neugestaltung des Sanktionenrechts im Verkehrsbereich. DAR 44, S. 225-229.

Cramer, P. (1978): Zur Reform von Fahrerlaubnisentziehung und Fahrverbot. In: Stree, W., u. a. (Hrsg.): Gedächtnisschrift für Horst Schröder. München, S. 533-548.

Cramer S. (1998): Fahren trotz Fahrverbot – Verfassungswidrigkeit von § 21 Abs. 1 Nr. 1 StVG im Falle des § 44 StGB. DAR 67, S. 464-466.

Crasmöller, B. (1996): Wirkungen strafrechtlicher Sozialkontrolle jugendlicher Kriminalität. Pfaffenweiler.

Cremer, P.-J. (1982): Erlebt die Verwarnung mit Strafvorbehalt – § 59 StGB – eine (Re-)Naissance? NStZ 2, S. 449- 453.

da Agra, C. (2009): Requiem für den Krieg gegen Drogen – Portugiesische Erfahrungen der Entkriminalisierung. Soziale Probleme 20, S. 90-118.

Dahs, H. (1995): Das Verbrechensbekämpfungsgesetz vom 28.10.1994 – ein Produkt des Superwahljahres. NJW 48, S. 553-557.

Dahs, H. (1999): Im Banne der elektronischen Fußfessel. NJW 52, S. 3469-3471.

Dankert, P. (1992): Referat auf dem 59. Deutschen Juristentag. In: Verhandlungen des 59. Deutschen Juristentags. Hannover, O 39-50.

DBH-Fachverband (2016): Stellungnahme zum Referentenentwurf eines Gesetzes zur Reform des Strafgesetzbuchs, des Jugendgerichtsgesetzes und der Strafprozessordnung. Berlin.

Deckers, R., Fischer, T., König, S., Bernsmann, K. (2014): Zur Reform der Tötungsdelikte Mord und Todschlag – Überblick und eigener Vorschlag. NStZ 34, S. 8-17.

Dehne-Niemann, J. (2008): Zur Neustrukturierung des § 316a StGB: Der räuberische Angriff auf „noch-nicht-Kraftfahrer". NStZ 28, S. 319-324.

Dencker, F. (1986): Ein Plädoyer für § 59 StGB. StV 6, S. 399-405.

Denzlinger, K.-H. (1988): Führerschein als Menschenfalle. ZRP 21, S. 369-371.

Dessecker, A. (2012): Wie lange dauern lebenslange Freiheitsstrafen. MschrKrim 95, S. 81-92.

Dessecker, A. (2016): Lebenslange Freiheitsstrafe und Sicherungsverwahrung – Dauer und Gründe der Beendigung im Jahr 2014. Wiesbaden.

Detter, K. (1993): Zum Strafzumessungs- und Maßregelrecht. NStZ 13, S. 473-477.

Detter, K. (1999): Zum Strafzumessungs- und Maßregelrecht. NStZ 19, S. 494-500.

Deutscher, A. (2008): Die Entwicklung des Straßenverkehrsrechtlichen Fahrverbots im Jahr 2007. NZV 21, S. 182-187.

Deutscher Anwaltverein (2016): Stellungnahme zum Referentenentwurf eines Gesetzes zur Änderung des Strafgesetzbuches, des Jugendgerichtsgesetzes und der Strafprozessordnung. Berlin.

Deutscher Anwaltverein (2017): Fahrverbote für Straftäter sind ein Irrweg. Pressemitteilung; Veröffentlicht unter:

https://anwaltverein.de/de/newsroom/vgt-1-17-fahrverbote-fuer-straftaeter-sind-ein-irrweg.

Deutscher Anwaltverein (2017a): Stellungnahme zum Referentenentwurf eines Gesetzes zur Änderung des Strafgesetzbuches – Wohnungseinbruchsdiebstahl. Berlin.

Deutscher Juristinnenbund (2003): Stellungname zum „Entwurf eines Gesetzes zur Reform des Sanktionenrechts". Veröffentlicht unter: http://www.gesmat. bundesgerichtshof.de/gesetzesmaterialien/15_wp/Sanktionenrecht/stellung_ djb.pdf (zuletzt abgerufen am 10.08.2017).

Deutscher Juristentag (1984): Deutscher Juristentag: Die Beschlüsse. NJW 37, S. 2676-2685.

Deutscher Richterbund (2001): Stellungnahme des Deutschen Richterbunds zur Reform des Sanktionenrechts. Veröffentlicht unter: http://www.drb.de/ stellungnahmen/2001/stellungnahme-des-deutschen-richterbundes-zur-reform-des-sanktionenrechts.html (zuletzt abgerufen am 10.08.2017).

Deutscher Richterbund (2016): Stellungnahme Nr. 16/16 zum Referentenentwurf eines Gesetzes zur Änderung des Strafgesetzbuchs, des Jugendgerichtsgesetzes und der Strafprozessordnung. Berlin.

Deutscher Verkehrsgerichtstag (2017): Empfehlung des 55. Deutschen Verkehrsgerichtstags. Goslar.

Doleschal, E. (1979): Soziale Kräftegleichgewicht und Kriminalität. KrimJ 11, S. 81-101.

Dolde, G. (1999): Der Vollzug von Ersatzfreiheitsstrafen. Eindrücke aus einer empirischen Erhebung. In: Feuerhelm, W., Schwind, H.-D., Bock, M. (Hrsg.): Festschrift für Alexander Böhm zum 70. Geburtstag. Berlin. S. 581-596.

Dolde, G. (1999a): Vollzug von Ersatzfreiheitsstrafen – ein wesentlicher Anteil im Kurzstrafenvollzug. ZfStrVO 24, S. 330-335.

Dolde, G., Jehle, J.-M. (1986): Wirklichkeit und Möglichkeiten des Kurzstrafenvollzugs. ZfStrVo 35, S. 195-202.

Dolde, G., Rössner D. (1987): Auf dem Weg zu einer neuen Sanktion: Vollzug der Freiheitsstrafe als Freizeitstrafe. ZStW 99, S. 424-451.

Doller, H. (1977): Restaussetzung bei Ersatzfreiheitsstrafen? NJW 30, S. 288.

Dollge, A. (2010): Geldstrafen als Ersatz für kurze Freiheitsstrafen – Top oder Flop? ZStrR 128, S. 58-82.

Dölling, D. (1981): Die Aussetzung des Restes der Ersatzfreiheitsstrafe zur Bewährung. NStZ 1, S. 86-90.

Dölling, D. (1987): Das Dreiundzwanzigste Strafrechtsänderungsgesetz – Strafaussetzung zur Bewährung. NJW 40, S. 1041-1049.

Dölling, D. (1992): Die Weiterentwicklung der Sanktionen ohne Freiheitsentzug im Deutschen Strafrecht. ZStW 104, S. 259-289.

Dölling, D. (2017): Zur Reform der Strafvorschriften über die vorsätzlichen Tötungsdelikte. In: Safferlin, K., u. a. (Hrsg.): Festschrift für Franz Streng zum 70. Geburtstag. Heidelberg. S. 3-12.

Dölling D., Duttge G., König, S., Rössner, D. (2017) (Hrsg.): Gesamtes Strafrecht – Handkommentar. 4. Aufl., Baden-Baden. (zitiert: DDKR-*Bearbeiter*).

Dölling, D., Hartmann, A., Traulsen, M. (2002): Legalbewährung nach Täter-Opfer-Ausgleich im Jugendstrafrecht. MschrKrim 85, S. 185-193.

Domoslawski, A. (2011): Drogenpolitik in Portugal – Die Vorteile einer Entkriminalisierung des Drogenkonsums. Warschau.

Doob, A., Webster, C., Gartner, R (2014): Issues related to Harsh Sentences and Mandatory Minimum Sentences: General Deterrence and Incapacitation. Toronto.

Dorn, N., Jamieson, A. (2000): Room for Manoeuvre – Overview of comparative legal research into national drug laws of France, Germany, Italy, Spain, the Netherlands and Sweden and their relation to the three international drugs conventions. London.

Dreher, E. (1968): Gedanken zur Strafzumessung. JZ 23, S. 209-214.

Dreher, E. (1974): Die Behandlung der Bagatellkriminalität. In: Stratenwerth, G., u. a. (Hrsg.): Festschrift für Hans Welzel zum 70. Geburtstag. Berlin. S. 917-940.

Dreier, H. (2013) (Hrsg.): Grundgesetz – Kommentar, Band 1. 3. Aufl., Tübingen. (zitiert: Dreier-*Bearbeiter*).

Dünkel, F. (1981): Prognostische Kriterien zur Abschätzung des Erfolgs von Behandlungsmaßnahmen im Strafvollzug sowie für die Entscheidung über die bedingte Entlassung. MschrKrim 64, S. 279-295.

Dünkel, F. (1983): Rechtliche, rechtsvergleichende und kriminologische Probleme der Strafaussetzung zur Bewährung. ZStW 95, S. 1039-1075.

Dünkel, F. (1983a): Die Entwicklung der Drogenpolitik und Drogengesetzgebung im internationalen Vergleich. Recht und Politik 19, S. 165-173.

Dünkel, F. (1986): Alternativen zur Freiheitsstrafe im internationalen Vergleich. In: Ortner, H., Maelicke, B. (Hrsg.): Freiheit statt Strafe – Plädoyer für die Abschaffung der Gefängnisse – Anstöße machbarer Alternativen. Tübingen. S. 147-186.

Dünkel, F. (1991): Drogenpolitik und Drogengesetzgebung im internationalen Vergleich. RuP 27, S. 227-239.

Dünkel, F. (2003): Reform des Sanktionenrechts – Neuer Anlauf. NK 15, S. 123-124.

Dünkel, F. (2005): Das Gefängnis: Ein absurdes System? Wie die Gefängniskapazitäten in Deutschland um 25.000 Haftplätze reduziert werden könnten!

In: Pecher, W., u. a. (Hrsg.) „...die im Dunkeln sieht man nicht." Perspektiven im Strafvollzug. Festschrift für Georg Wagner. Herbolzheim, S. 52-66.

Dünkel, F. (2009): Rechtliche, rechtspolitische und programmatische Entwicklungen einer Sozialen Strafrechtspflege in Deutschland. In: DBH – Fachverband für Soziale Arbeit, Strafrecht und Kriminalpolitik e. V. (Hrsg.): Kriminalpolitische Herausforderungen – Bewährungs- und Straffälligenhilfe auf neuen Wegen. Norderstedt. S. 20-60.

Dünkel, F. (2011): Ersatzfreiheitsstrafen und ihre Vermeidung – aktuelle statistische Entwicklung, gute Praxismodelle und rechtspolitische Überlegungen. FS 60, S. 144-154.

Dünkel, F. (2011a): Die Europäischen Grundsätze für die von Sanktionen oder Maßregeln betroffenen jugendlichen Straftäter und Straftäterinnen. ZJJ 22, S. 140-154.

Dünkel, F. (2013): Gemeinnützige Arbeit – what works. In: Kuhn, A., u. a. (Hrsg.): Festschrift für Martin Killias. Bern. S. 839-860.

Dünkel, F. (2017): European penology: The rise and fall of prison population rates in Europe in times of migrant crises and terrorism. European Journal of Criminology 14, S. 629-653.

Dünkel, F., Cornel, H. (2003): Stärkung, Ausbau und Vernetzung der Ambulanten Straffälligenhilfe. NK 15, S. 42-44.

Dünkel, F., Flügge, C., Lösch, M., Pörksen, A. (2010): Plädoyer für verantwortungsbewusste und rationale Reformen des strafrechtlichen Sanktionensystems und des Strafvollzugs. ZRP 43, S. 175-178.

Dünkel, F., Geng, B. (2003): Fakten zur Überbelegung im Strafvollzug und Wege zur Reduzierung von Gefangenenraten. NK 15, S. 146-149.

Dünkel, F., Geng, B. (2007): Aktuelle Daten zum Strafvollzug in Deutschland. FS 56, S. 14-18.

Dünkel, F., Geng, B., Morgenstern, C. (2010): Strafvollzug in Deutschland. FS 59, S. 20-32.

Dünkel, F., Grosser, R. (1999): Vermeidung von Ersatzfreiheitsstrafen durch gemeinnützige Arbeit. NK 11, Heft 1, S. 28-33.

Dünkel, F., Grzywa-Holten, J., Horsfield, P. (2015): Restorative Justice and Mediation in Penal Matters in Europe – comparative overview. In: Dünkel, F., Grzywa-Holten, J., Horsfield, P. (Hrsg.): Restorative Justice and Mediation in Penal Matters, Vol. 2. Mönchengladbach. S. 1015-1096.

Dünkel, F., Lappi-Seppälä, T. (2014): Community Service in Europe. In: Bruinsma, G., Weisburd, D. (Hrsg.): Encyclopedia of Criminology and Criminal Justice, Bd. 2. New York. S. 426-442.

Dünkel, F., Morgenstern, C. (2003): Aktuelle Probleme und Reformfragen des Sanktionenrechts in Deutschland. Juridica International (Estland) VIII, S. 24-35.

Dünkel, F., Morgenstern, C. (2011): Deutschland. In: Dünkel, F., u. a. (Hrsg.): Kriminalität, Kriminalpolitik, strafrechtliche Sanktionspraxis und Gefangenenraten im internationalen Vergleich. Mönchengladbach, S. 97-230.

Dünkel, F., Pruin, I. (2010): Germany. In: Padfield, N., van Zyl Smit, D., Dünkel, F. (Hrsg.): Release from Prison – European policy and practice. London, S. 185-212.

Dünkel, F., Pruin, I. (2012): Die bedingte/vorzeitige Entlassung aus dem Strafvollzug im europäischen Vergleich. In: Matt, E. (Hrsg.): Bedingte Entlassung, Übergangsmanagement und die Wiedereingliederung von Ex-Strafgefangenen. Berlin, S. 125-146.

Dünkel, F., Rössner, D. (1987): Täter-Opfer-Ausgleich in der Bundesrepublik Deutschland, Österreich und der Schweiz. ZStW 99, S. 845-872.

Dünkel, F., Sakalauskas, G. (2017): Kriminalpolitik und Sanktionspraxis in Litauen im europäischen Vergleich. MschrKrim 100, S. 103-122.

Dünkel, F., Scheel, J. (2006): Vermeidung von Ersatzfreiheitsstrafen durch gemeinnützige Arbeit: Das Projekt „Ausweg" in Mecklenburg-Vorpommern. Mönchengladbach.

Dünkel, F., Spieß, G. (1983): Kriminalpolitische Bewertung der Strafaussetzung und Folgerungen für die Praxis in der Bundesrepublik. In: Dünkel, F., Spieß, G. (Hrsg.): Alternativen zur Freiheitsstrafe – Strafaussetzung zur Bewährung und Bewährungshilfe im internationalen Vergleich. Freiburg i. Br. S. 503-514.

Dünkel, F., Spieß, G. (1983a): Strafaussetzung zur Bewährung und Bewährungshilfe im internationalen Vergleich – ein Überblick. In: Dünkel, F., Spieß, G. (Hrsg.): Alternativen zur Freiheitsstrafe – Strafaussetzung zur Bewährung und Bewährungshilfe im internationalen Vergleich. Freiburg i. Br., S. 399-501.

Dünkel, F., Spieß, G. (1992): Perspektiven der Strafaussetzung zur Bewährung und Bewährungshilfe im deutschen Strafrecht. BewHi 39, S. 117-138.

Dünkel, F., Thiele, C., Treig, J. (2017): „You'll never stand alone" – Electronic monitoring in Germany. European Journal of Probation 9, S. 28-45.

Dünkel, F., Thiele, C., Treig, J. (2017a): Bestandsaufnahme der elektronischen Überwachung in Deutschland. In: Dünkel, F., Thiele, C., Treig, J. (Hrsg.): Elektronische Überwachung von Straffälligen im europäischen Vergleich – Bestandsaufnahme und Perspektiven. Mönchengladbach, S. 11-81.

Duttge, G., Nolden, W. (2005): Die rechtsgutsorientierte Interpretation des § 316a StGB. JuS 45, S. 193-198.

Duttge, G., Steuer, M. (2014): Legalisierung von Cannabis: Verkommt Deutschland zu einer berauschten Gesellschaft? ZRP 47, S. 181-184.

Duttge, G., Steuer, M. (2015): Zur fehlenden Empirie in der aktuellen Debatte um eine Legalisierung von Cannabis. MedR 33, S. 799-804.

Eberbach, W. (1987): Zwischen Sanktion und Prävention – Möglichkeiten der Gewinnabschöpfung nach dem StGB. NStZ 7, S. 486-492.

Eisenberg, U. (2003): „Freie Arbeit" (Art. 293 Abs. 1 EGStGB) während des Freiheitsentzuges (§ 43 StGB). ZfStrVO 52, S. 223-224.

Eisenberg, U., Kölbel, R. (2017): Kriminologie. 7. Aufl., München.

Eisenberg, U. (2018): Jugendgerichtsgesetz – Kommentar. 20. Aufl., München.

Elf, R. (1992): Die Relativierung der lebenslangen Freiheitsstrafe für Mord durch die rechtsgestaltende Wirkung der Rechtsprechung des BVerfG und der Strafgerichte. NStZ 12, S. 468-470.

Ellenbogen, K. (2005): Strafbarkeit des einfachen „Schwarzfahrens" JuS 45, S. 20-21.

Endriß, R. (1999): Verflixte Bande (Zum Bandenbegriff im Betäubungsmittel-strafrecht). StV 19, S. 445-451.

Epping, V.; Hillgruber, C. (2019) (Hrsg.): Beck'scher Onlinekommentar – Grundgesetz. 41. Ed. Stand 15.05.2019. München. (zitiert: BeckOKGG-*Bearbeiter*).

Eser, A. (1980): Empfiehlt es sich die Straftatbestände des Mordes, des Totschlags und der Kindstötung (§§ 211 bis 213, 217 StGB) neu abzugrenzen? Gutachten D für den 53. Deutschen Juristentag. In: Verhandlungen des 53. Deutschen Juristentages 1980. München, S. D5-D201.

Eser, A. (1981): „Scheinwaffe" und „schwerer Raub" (§ 250 I Nr. 2 II StGB). JZ 36, S. 761-769.

Eser, A. (1986): Hundert Jahre deutscher Strafgesetzgebung. In: van Dijk, J. (Hrsg.): Criminal law in action – an overview of current issues in western societies. Arnhem, S. 49-66.

Eser, A. (1991): Strafrechtsreform in Deutschland mit Blick auf die polnischen Reformtendenzen. In: Eser, A. (Hrsg.): Strafrechtsreform in Polen und Deutschland, Untersuchungshaft, Hilfeleistungspflicht und Unfallflucht: Viertes deutsch-polnisches Kolloquium über Strafrecht und Kriminologie. Baden-Baden, S. 47-86.

Esposito, A. (2017): Strafschärfung für Wohnungseinbruchsdiebstähle. ZRP 50, S. 30.

Europäische Beobachtungsstelle für Drogen und Drogensucht (2011): Stand der Drogenproblematik in Europa. Luxemburg.

European Commission (2015): Study on minimum sanctions in EU Member States. Luxemburg.

376

Fasoula, E. (2003): Rückfall nach Diversionsentscheidungen im Jugendstrafrecht und im allgemeinen Strafrecht. München.

Fechner, J. (2014): Sozialdemokratische Rechtspolitik in der 19. Wahlperiode. ZRP 47, S. 225-227.

Feest, J. (2016): Weg mit der Ersatzfreiheitsstrafe (§ 43 StGB) – Eine Petition mit Fußnoten. In: Herzog, F., Schlothauer, R., Wohlers, W. (Hrsg.): Rechtsstaatlicher Strafprozess und Bürgerrechte – Gedächtnisschrift für Edda Weßlau. Berlin. S. 491-494.

Fehl, E. (1998): Empfiehlt sich eine Vier-Monats-Frist für das Wirksamwerden von Fahrverboten (§ 25 IIa StVG) auch bei § 44 StGB? NZV 11, S. 439-442.

Fehl, E. (1998a): Fahrverbot als Alternative Hauptstrafe. DAR 68, S. 379-384.

Fehl, E. (2001): Monetäre Sanktionen im deutschen Rechtssystem. Frankfurt a. M.

Feltes, T., Ruck, A. (2015): Cannabis Verbot: Es ist Zeit für eine rationale Kriminalpolitik. Kriminalistik 69, S. 636-641.

Feuerhelm, W. (1991): Gemeinnützige Arbeit als Alternative in der Geldstrafenvollstreckung. Wiesbaden.

Feuerhelm, W. (1997): Stellung und Ausgestaltung der gemeinnützigen Arbeit im Strafrecht. Wiesbaden.

Feuerhelm, W. (1999): Die gemeinnützige Arbeit im Strafrecht. NK 11, Heft 1, S. 22-27.

Feuerhelm, W. (1999a): Pauschaler Sicherheits-Check statt individueller Prognose? – Die Neuregelung der Strafrestaussetzung zur Bewährung. In: Feuerhelm, W., Schwind, H.-D., Bock, M. (Hrsg.): Festschrift für Alexander Böhm zum 70. Geburtstag. Berlin. S. 463-481.

Feuerhelm, W. (2003): Durchbruch für die gemeinnützige Arbeit? – Anmerkungen zum Referentenentwurf der Bundesregierung. In: Friedrich-Ebert-Stiftung (Hrsg.): Gemeinnützige Arbeit statt Knast. Berlin, S. 33-42.

Fielenbach, M. (2000): Können Minderjährige aus zivilrechtlicher Sicht bedenkenlos schwarzfahren? NZV 13, S. 358-362.

Fischer. T. (1988): „Erschleichen" der Beförderung bei freiem Zugang? NJW 41, S. 1828-1829.

Fischer, T. (2013): 15 Jahre Sechstes Strafrechtsreformgesetz – Blick zurück nach vorn. In: Freund, G., u. a. (Hrsg.): Festschrift für Wolfgang Frisch zum 70. Geburtstag. Berlin, S. 31-48.

Fischer, T. (2019): Strafgesetzbuch mit Nebengesetzen. 66. Aufl., München.

Flore, D., Bosly, S., Honhon, A., Maggio, J. (2012): Probation Measures and Alternative Sanctions in the European Union. Cambridge.

Frank, U. (1978): Aussetzung der Ersatzfreiheitsstrafe nach § 57 StGB? NJW 31, S. 141-143.

Franke, U. (2002): Das Fahrverbot als Hauptstrafe bei allgemeiner Kriminalität. ZRP 35, S. 20-23.

Frehsee, D. (1987): Schadenswiedergutmachung als Instrument strafrechtlicher Kontrolle. Berlin.

Freund, G. (1997): Der Entwurf eines 6. Gesetzes zur Reform des Strafrechts. ZStW 109, S. 455-477.

Frisch, W. (1987): Gegenwärtiger Stand und Zukunftsperspektiven der Strafzumessungsdogmatik. ZStW 99, S. 751-805.

Frisch, W. (1993): An den Grenzen des Strafrechts. In: Küper, W., u. a. (Hrsg.): Beiträge zur Rechtswissenschaft – Festschrift für Walter Stree und Johannes Wessels. Heidelberg, S. 69-106.

Frisch, W. (1996): Verantwortbare Risiken? – Rechtsdogmatische Grundsatzfragen der bedingten Entlassung und von Vollzugslockerungen. NK 8, Heft 1, S. 24-30.

Frisch, W. (1998): Individualprognose und Strafbemessung. In: Albrecht, H.-J., u. a. (Hrsg.): Festschrift für Günther Kaiser zum 70. Geburtstag. Berlin. S. 765-792.

Frisch, W. (2007): Gesellschaftlicher Wandel als formende Kraft und als Herausforderung des Strafrechts. In: Müller-Dietz, H., u. a. (Hrsg.): Festschrift für Heike Jung. Baden-Baden, S. 189-213.

Frisch, W. (2016): Voraussetzungen und Grenzen staatlichen Strafens. NStZ 36, S. 16-25.

Frisch, W., Bergmann, M. (1990): Zur Methode der Entscheidung über den Strafrahmen. JZ 45, S. 944-954.

Fritsche, M. (2005): Vollzugslockerungen und bedingte Entlassung im deutschen und französischen Strafvollzug. Mönchengladbach.

Frommel, M. (1999): Alternative Strafen und Alternativen zum Freiheitsentzug. NK 11, Heft 3, S. 9-13.

Frommel, M. (2008): 40 Jahre Strafrechtsreform. NK 20. S. 133-139.

Füglein, F., Lagardère, P. (2013): „Geld habe ich keines, aber arbeiten kann ich" – Die Verwarnung mit Strafvorbehalt. ZRP 46, S. 48-51.

Fünfsinn, H. (2009): Elektronische Fußfessel und Prävention – ein Widerspruch? In: Müller, H.-E., Sander, G.-M., Válková, H. (Hrsg.): Festschrift für Ullrich Eisenberg. München, S. 691-704.

Fünfsinn, H. (2015): Möglichkeiten der Aussetzung des Vollzugs des Untersuchungshaftbefehls durch die Anwendung der elektronischen Aufenthaltsüberwachung. In: Fahl, C., u. a. (Hrsg.): Festschrift für Werner Beulke. Heidelberg, S. 1129-1139.

Gabor, T., Crutcher, N. (2002): Mandatory Minimum Penalties: Their Effects on Crime, Sentencing Disparities and Justice System Expenditure. Ottawa.

Geerds, F. (1977): Ladendiebstahl – gegenwärtige Situation und mögliche Konsequenzen für Rechtsanwendung und Gesetzgebung. In: Jescheck, H.-H., Lüttger, H. (Hrsg.): Festschrift für Eduard Dreher zum 70. Geburtstag. Berlin, S. 533-553.

Gentsch, J. (2010): Grundrechtliche Gleichheitsgebote. ZJS 3, S. 596-602.

Gerhold, S. (2009): Der unbekannte minder schwere Fall im Strafrecht und seine Bedeutung für die Strafzumessung. ZJS 2, S. 260-266.

Gerken, U. (1989): Die gemeinnützige Arbeit auf dem Weg zur eigenständigen Sanktion? ZRP 22, S. 72.

Gerken, U., Henningsen, J. (1987): Ersetzung der Ersatzfreiheitsstrafe durch freie Arbeit. ZRP 20, S 386-390.

Gerken, U., Henningsen, J. (1989): Arbeit als strafrechtliche Sanktion? Rechtliche und tatsächliche Aspekte gemeinnütziger Arbeit als strafrechtliche Sanktion. MschrKrim 72, S. 222-235.

Gertler, N.-F., Kunkel, V., Putzke, H. (2017) (Hrsg.): Beck'scher Online-Kommentar JGG. 14. Ed., Stand 01.08.2019. München. (zitiert: BeckOKJGG-*Bearbeiter*).

Geschwinder, T. (2013): Rauschdrogen: Marktformen und Wirkungsweisen. 7. Aufl. Berlin.

Gibbs, A., King, D. (2003): The Electronic Ball and Chain? The Operation and Impact of Home Detention with Electronic Monitoring in New Zealand. The Australian and New Zealand Journal of Criminology 36, S. 1-17.

Göbel, D. (2002): Härtere Strafen für Angriffe auf Polizeibeamte? ZRP 35, S. 139.

Goltsche, F. (2010): Der Entwurf eines allgemeinen Deutschen Strafgesetzbuches von 1922 (Entwurf Radbruch). Berlin.

Göppinger, H., Bock, M. (2008) (Hrsg.): Kriminologie. 6. Aufl., München. (zitiert: Göppinger-*Bearbeiter*).

Götting, B. (1997): Gesetzliche Strafrahmen und Strafzumessungspraxis. Frankfurt a. M.

Götting, B. (2001): Anmerkungen zu: OLG Düsseldorf Beschl. v. 8.12.1999 – 1 Ws 952/99. JR 76, S. 297-301.

Grabenwarter, C., Pabel, K. (2016): Europäische Menschenrechtskonvention. 6. Auf., München.

Graf, J.-P. (2017) (Hrsg.): Beck'scher Onlinekommentar StPO mit RiStBV und MiStra. 34. Ed. Stand 01.07.2019. München. (zitiert: BeckOKStPO-*Bearbeiter*).

Grebing, G. (1976): Probleme der Tagessatz-Geldstrafe. ZStW 88, S. 1049-1115.

Grebing, G. (1978): Die Geldstrafe in rechtsvergleichender Darstellung. In: Jescheck, H.-H., Grebing, G. (Hrsg.): Die Geldstrafe im deutschen und ausländischem Recht. Baden-Baden, S. 1185-1357.

Greco, L. (2008): Was lässt das Bundesverfassungsgericht von der Rechtsgutlehre übrig? Gedanken anlässlich der Inzestentscheidung des Bundesverfassungsgerichts. ZIS 3, S. 234-238.

Greco, L. (2010): Strafbarer Drogenbesitz, Privatsphäre, Autonomie: Überlegungen anlässlich der Entscheidung der Argentinischen Verfassungsgerichts zur Verfassungswidrigkeit des Straftatbestands des Besitzes von Betäubungsmitteln zum Eigenkonsum. In: Hefendehl, R. (Hrsg.): Grenzenlose Vorverlagerung des Strafrechts. Berlin, S. 73-88.

Greger, R. (1986): Das 23. Strafrechtsänderungsgesetz. JR 61, S. 353-358.

Grosse-Wilde, T. (2009): Eine normentheoretische Rekonstruktion der Strafzumessungsentscheidung und die Unterscheidung von Rechts- oder Tatfrage – Zugleich eine Besprechung von BGHSt 52, 84. HRRS 10, S. 363-372.

Groß, K.-H. (1979): Aussetzung der lebenslangen Freiheitsstrafe. ZRP 12, S. 133-137.

Groß, K.-H. (1999): Restaussetzung von Ersatzfreiheitsstrafen. StV 19, S. 508-510.

Große, C. (1993): Einfluss der nationalsozialistischen Strafgesetzgebung auf das heutige StGB am Beispiel des § 316a StGB – Zugleich Besprechung von BGH NStZ 1993, 540. NStZ 13, S. 525-527.

Große, C. (1996): Lebenslänglich – und kein Ende NStZ 16, S. 220-222.

Grünewald, A. (2012): Zur Abgrenzung von Mord und Totschlag – oder: Die vergessene Reform. JA 44, S. 401-406.

Grünhut, M. (1952): Bedingte Verurteilungen. ZStW 64, S. 127-140.

Gullo, A., Murmann, U. (1998): Anmerkungen zu BGH Beschl. v. 25. November 1997 – 1 StR 465/97. wistra 17, S. 261-262.

Günther, H.-L. (1982): Lebenslange für Heimtückemord. Das Mordmerkmal der Heimtücke nach dem Beschluss des Großen Senats für Strafsachen. NJW 35, S. 353-358.

Gusy, C. (1989): Arbeitszwang – Zwangsarbeit – Strafvollzug – BVerfGE 74, 102. JuS 27, S. 710-716.

Guthke, K., Kitlitoglu, F. (2015): Die Ersatzfreiheitsstrafe muss weg! Freispruch 6, S. 12-13.

Haffke, B. (1995): Drogenstrafrecht. ZStW 105, S. 761-792.

Haft, F., Gräfin von Schlieffen, K. (2009) Handbuch Mediation. 2. Aufl., München.

Haleker, M. (2009): Der „Denkzettel" Fahrverbot. Baden-Baden.

Hall, K.-A. (1954): Die Freiheitsstrafe als kriminalpolitisches Problem. ZStW 66, S. 77-110.

Hamdorf, K., Wölber, O. (1999): Die Ersatzfreiheitsstrafe in Schweden und Deutschland. ZStW 111, S. 929-948.

Hamm, R. (1993): Eigentum im Wandel der Zeit – Eigentumsschutz durch Strafrecht und Entkriminalisierungen im Bereich der Eigentums- und Vermögensdelikte. KritV 76, S. 213-226.

Hamm, R. (2016): Richten mit und über Strafrecht. NJW 69, S. 1537-1542.

Hammerschlag, H.; Schwarz, O. (1998): Das Gesetz zur Bekämpfung von Sexualdelikten und anderen gefährlichen Straftaten. NStZ 18, S. 321-326.

Hannich, R. (2019) (Hrsg.): Karlsruher Kommentar zur Strafprozessordnung. 8. Aufl., München. (zitiert: Karlsruher-Kommentar-*Bearbeiter*).

Harders, I. (2014): Die elektronische Überwachung von Straffälligen. Mönchengladbach.

Harrendorf, S. (2017). Sentencing Thresholds in German Criminal Law and Practice: Legal and Empirical Aspects. Criminal Law Forum 28, S. 501-539.

Harrendorf, S. (2018): Absolute und relative Bagatellen – Grenzen des Strafrechts bei geringfügiger Delinquenz. [im Erscheinen].

Harris, R. (1995): Probation round the world: Origins and development. In: Hamai, K., u. a. (Hrsg.): Probation round the world: A comparative Study. London, New York. S. 25-70.

Hartmann, A., Haas, M., Eikens, A., Kerner, H.-J. (2014): Täter-Opfer-Ausgleich in Deutschland Auswertung der bundesweiten Täter-Opfer-Ausgleichs-Statistik für die Jahre 2011 und 2012. Berlin.

Hassemer, W. (1971): Die Mordmerkmale, insbesondere „heimtückisch" und „niedrige Beweggründe". JuS 11, S. 626-631.

Hatz, A. (2012): Noch immer Krieg auf deutschen Straßen. SVR 12, S. 87-91.

Haus, K.-L., Krumm, C., Quarch, M. (2017) (Hrsg.): Nomos Kommentar – gesamtes Verkehrsrecht. 2. Aufl. Baden-Baden. (zitiert: NK-Verkehrsrecht-*Bearbeiter*).

Haverkamp, R. (1999): Intensivüberwachung mit elektronischer Kontrolle – das schwedische Modell, seine Bedingungen und Ergebnisse. BewHi 46, S. 51-67.

Haverkamp, R. (2002): Elektronisch überwachter Hausarrestvollzug – Ein Zukunftsmodell für den Anstaltsvollzug. Freiburg i. Br.

Haverkamp, R. (2002a): Implementing Electronic Monitoring. A Comparative, Empirical Study on Attitudes Towards the Measures in Lower Saxony/ Germany and in Sweden. Freiburg i. Br.

Haverkamp, R. (2003): Das Projekt „Elektronische Fußfessel" in Frankfurt am Main. BewHi 50, S.164-181.

Haverkamp, R. (2006): Zur Tötung von Haustyrannen im Schlaf aus strafrechtlicher Sicht. GA 153, S. 586-604.

Haverkamp, R., Schwedler, A., Wößner, G. (2012): Die elektronische Aufsicht von gefährlich eingeschätzten Entlassenen. R & P 30, S. 9-20.

Hefendehl, R. (2002): Kollektive Rechtgüter im Strafrecht. Köln.

Hefendehl, R. (2004): Vorne einsteigen, bitte! – Zum für und Wider technischer Prävention. NJ 58, S. 494.-496.

Hefendehl, R. (2011): Der fragmentarische Charakter des Strafrechts. JA 43, S. 401-406.

Hegel, G. (1986): Grundlinien der Philosophie des Rechts, Bd. 7. Frankfurt a. M. (Erstausgabe 1821).

Heghmanns, M. (1999): Fahrverbort, Arbeitsstrafe und Hausarrest als taugliche Instrumente zur Vermeidung von unnötigem Strafvollzug. ZRP 32, S. 297-302.

Heinz, W. (1977): Straf(rest)aussetzung, Bewährungshilfe und Rückfall. Ergebnisse und Probleme kriminologischer Dokumentenanalyse. BewHi 24, S. 296-314.

Heinz, W. (1982): Strafrechtsreform und Sanktionsentwicklung – Auswirkungen der sanktionsrechtlichen Regelungen des 1. und 2. StrRG 1969 sowie des EGStGB 1974 auf die Sanktionspraxis. ZStW 94, S. 632-668.

Heinz, W. (1997): Deutschland. In: Dünkel, F., van Kalmthout, A., Schüler-Springorum, H. (Hrsg.): Entwicklungstendenzen und Reformstrategien im Jugendstrafrecht im europäischen Vergleich. Mönchengladbach. S. 3-65.

Heinz, W. (2006): Rückfallverhütung mit strafrechtlichen Mitteln. Diversion – eine wirksame Alternative zu „klassischen" Sanktionen? Soziale Probleme 17, S. 174-192.

Heinz, W. (2007): Mehr und härtere Strafen = mehr Innere Sicherheit! Stimmt diese Gleichung? Internet Publikation, Konstanzer Inventar für Sanktionsforschung: http://www.uni-konstanz.de/rtf/kis/Heinz_Mehr_und_haertere_Strafen_he306.pdf (zuletzt abgerufen am 10.08.2017).

Heinz, W. (2007a): Rückfall- und Wirkungsforschung – Ergebnisse aus Deutschland. Internet Publikation, Konstanzer Inventar für Sanktionsforschung: http://www.uni-konstanz.de/rtf/kis/Heinz_Rueckfall-und_Wirkungsforschung_he308.pdf (zuletzt abgerufen am 10.08.2017).

Heinz, W. (2011): Neue Straflust der Strafjustiz – Realität oder Mythos. NK 23, S. 14-27.

Heinz, W. (2014): Das strafrechtliche Sanktionensystem und die Sanktionierungspraxis in Deutschland, 1982-2012. Internet Publikation, Konstanzer Inventar für Sanktionsforschung: http://www.uni-konstanz.de/rtf/kis/ Sanktionierungspraxis-in-Deutschland-Stand-2012.pdf (zuletzt abgerufen am 10.08.2017), Version 1/2014.

Heinz, W. (2020): Das strafrechtliche Sanktionensystem und die Sanktionierungspraxis in Deutschland, 1982-2018. Internet Publikation, Konstanzer Inventar für Sanktionsforschung (noch nicht veröffentlicht).

Heinz, W. (2014a): Entwicklung und Stand der freiheitsentziehenden Maßregeln der Besserung und Sicherung. Internet Publikation, Konstanzer Inventar für Sanktionsforschung: http://www.uni-konstanz.de/rtf/kis/Heinz2014_ Freiheitsentziehende_Massregeln.pdf (zuletzt abgerufen am 10.08.2017), Version 1/2014.

Heinz, W. (2017): Kriminalität und Kriminalitätskontrolle in Deutschland – Berichtsstand 2015 im Überblick. Internet Publikation, Konstanzer Inventar für Sanktionsforschung: http://www.uni-konstanz.de/rtf/kis/Kriminalitaet_ und_ Kriminalitaetskontrolle_in_Deutschland_Stand_2015.pdf (zuletzt abgerufen am 10.08.2017), Version 1/2017.

Heischel, O. (2011): Ersatzfreiheitsstrafer – Fakten, Thesen und Anregungen des Berlinger Vollzugsbeirats. FS 60, S. 153-159.

Heitmann, S. (1999): Schwerpunkte der Rechtspolitik in der neuen Legislaturperiode – eine Replik. ZRP 31, S. 230-233.

Helgerth, R., Krauß, F. (2001): Der Gesetzentwurf zur Reform des Sanktionenrechts. ZRP 34, S. 281-283.

Hellebrand, J. (1990): Drogen und Justiz – Überlegungen zur Einbindung der Justiz in eine fortschrittliche Drogenpolitik. Mönchengladbach.

Hellebrand, J. (1992): Große Jagd auf kleine Fische – Überlegungen zum sinnvolleren Einsatz des Strafrechts im Drogenbereich. ZRP 25, S. 247-251.

Henning, D. (1990): Vollstrecker ohne Macht. ZRP 23, S. 99-103.

Hentschel, P. (1996): Anmerkungen zu: OLG Köln, Beschluß vom 16.01.1996 - Ss 686/95 – 252. NZV 9, S. 287-288.

Hentschel, P. (2007) (Hrsg.): Straßenverkehrsrecht. 39. Aufl. München. (zitiert: Hentschel-*Bearbeiter*).

Herzog, F. (2004): Anmerkungen zu BGH Urt. v. 20.11.2003 – 4 StR 150/03. JR 79, S. 257-250.

Hettinger, M. (1995): Zur Rationablilität heutiger Strafgesetzgebung im Hinblick auf die Rechtsfolgenbestimmung. GA 142, S. 399-429.

Hettinger, M. (2007): Die Strafrahmen nach dem Sechsten Strafrechtsreformgesetz. In: Hettinger, M., Hillenkamp, T., Köhler, M. (Hrsg.): Festschrift für Wilfried Küper zum 70. Geburtstag. Heidelberg. S. 95-121.

Hine, J. (1997): Trying to unravel the Gordian Knot: an evaluation of community service orders. In: Mair, G. (Hrsg.): Evaluating the Effectiveness of Community Penalties. Aldershot. S. 96-119.

Hinrichs, U. (2001): Die verfassungsrechtlichen Grenzen der Auslegung des Tatbestandsmerkmals „Erschleichen" in § 265a Abs. 1 Alt. 3 StGB („Schwarzfahren"). NJW 54, S. 932-935.

Hinz, W. (2003): Anhebung der Mindestverbüßungsdauer bei der lebenslangen Freiheitsstrafe. ZRP 36, S. 322-327.

Hirsch, H.-J. (1986): Bilanz der Strafrechtsreform. In: Hirsch, H.-J., Kaiser, G., Marquard, H. (Hrsg.): Gedächtnisschrift für Hilde Kaufmann. Berlin, S. 133-165.

Hirsch, H.-J. (1989): Zum Spannungsverhältnis von Theorie und Praxis im Strafrecht. In: Jescheck, H.-H., Vogler, T. (Hrsg.): Festschrift für Herbert Tröndle zum 70. Geburtstag. Berlin, New York, S. 19-40.

Hirsch, H.-J. (1990): Wiedergutmachung des Schadens im Rahmen des materiellen Strafrechts. ZStW 192, S. 534-562.

Hirtenlehner, H., Birklbauer, A. (2005): Rückfallprävention durch Restaussetzung oder Austauschbarkeit der Entlassungsformen? NK 17, S. 111-116.

Hirtenlehner, H., Birklbauer, A. (2008): Rückfallprävention durch Entlassungspolitik? – Ein natürliches Experiment. NK 20, S. 25-32.

Hochmayr, G. (2012): Elektronisch überwachter Hausarrest – Zur Regelung in Deutschland und Österreich. ZIS 7, S. 537-544.

Hochmayr, G. (2013): Elektronisch überwachter Hausarrest – Gegenwart und Zukunft in Deutschland und Österreich. NStZ 33, S. 13-19.

Hoel, A., Freiberg, A. (2008): Driving while disqualified or suspended in Victoria: When little works. In: Watson, B., Hansen, R. (Hrsg.): High Risk Road Users Motivation Behaviour Change: What works and what doesn't work? Brisbane. S. 291-303.

Hoel, A., Turner, N. (2007): Driving While Disqualified or Suspended: Information Paper. Melbourne.

Hoffmann, F. (2000): Der Ladendiebstahl: Erscheinungsformen – Täter – Sanktionen. BewHi 47, S. 3-20.

Hoffmann, J. (1998): Aus der Gesetzgebung. JA 20, S. 615-616.

Hoffmann-Holland, K., Koranyi, J. (2016): Rechtsgüterschutz durch Strafrechtsvereinfachung – Zu den Auswirkungen einer Streichung der §§ 113 f. StGB. ZStW 127, S. 913-936.

Hohmann-Fricke, S. (2014): Strafwirkungen und Rückfall. Göttingen.

Hömig, D., Wolf, H., A. (2018) (Hrsg.): Grundgesetz. 12. Aufl., Baden-Baden. (zitiert: Hömig/Wolf-*Bearbeiter*)

Hoppenworth, E. (1991): Strafzumessung beim Raub. München.

Horn, E. (1977): Zwei Jahre neues Geldstrafensystem – eine Zwischenbilanz. JR 52, S. 95.-100.

Horn, E. (1977a): Neuerungen der Kriminalpolitik im deutschen Strafgesetzbuch 1975. ZStW 89, S. 547-569.

Horn, E. (1980): Ist die Verwarnung mit Strafvorbehalt noch zu retten? NJW 33, S. 106-107.

Horn, E. (1990): „Bewährungsstrafe": Bewährung, sonst Strafe. ZRP 23, S. 81-82.

Horn, E. (1992): Empfehlen sich Änderungen oder Ergänzungen bei den strafrechtlichen Sanktionen ohne Freiheitsentzug. JZ 47, S. 828-832.

Hörnle, T. (1999): Tatproportionale Strafzumessung. Berlin.

Horstkotte H. (1984): Rückblick auf die Strafrechtsreform von 1969: Erwartungen, Erfolge, Enttäuschungen. BewHi 31, S. 2-13.

Horstkotte, H. (1992): Gleichmäßigkeit und Schuldangemessenheit der Strafzumessung. In: Jehle, J.-M. (Hrsg.): Individualprävention und Strafzumessung. Wiesbaden, S. 151-180.

Houk, J. (1984): Electronic Monitoring of Probationers: A Step Toward Big Brother. Golden Gate University Law Review 14, S. 431-446.

Hucklesby, A. (2008): Vehicles of desistance – the impact of electronically monitored curfew orders. Criminology and Criminal Justice 8, S. 51-71.

Hudy, M. (1999): Elektronisch überwachter Hausarrest. Baden-Baden.

Huff, I. (2010): Der Widerruf der Strafaussetzung zur Bewährung wegen einer neuen Straftat. Hamburg.

Hughes, C.-E., Stevens, A. (2010): What we can learn from the Portuguese decriminalization of illicit Drugs. British Journal of Criminology 50, S. 999-1022.

Il-Su, K. (2001): Der Gesetzlichkeitsgrundsatz im Lichte der Rechtsidee. In: Schünemann, B. (Hrsg.): Festschrift für Claus Roxin zum 70. Geburtstag. Berlin, S. 119-143.

Illert, H. (2005): Aspekte einer Implementierung des elektronisch überwachten Hausarrests in das deutsche Recht: Elektronische Kontrolle als Alternative zum stationären Freiheitsentzug. Göttingen.

Ingelfinger, R. (2002): Anmerkungen zu: BayObLG Beschl. v. 4.7.2001 – 5 StR RR 169/01. StV 22, S. 429-430.

Jahn, M. (2011): Strafbarkeit des „Schwarzfahrens". JuS 51, S. 1042-1044.

Jahn, M. (2014): Räuberischer Angriff auf Kraftfahrer. JuS 54, S. 1135-1137.

Jakobs, G. (1984): Anmerkungen zu BGH Urteil vom 4.7.1984 – 3 StR 199/84. JZ 39, S. 996-998.

Janssen, H. (1994) Die Praxis der Geldstrafenvollstreckung. Frankfurt a. M.

Jarass, H. (1989): Das Allgemeine Persönlichkeitsrecht im Grundgesetz. NJW 42, S. 857-862.

Jarass, H., Pieroth, B. (2018): Grundgesetz für die Bundesrepublik Deutschland – Kommentar. 15. Aufl., München. (zitiert: Jarass/Pieroth-*Bearbeiter*).

Jehle, J.-M., Albrecht, H.-J., Hohmann-Fricke, S., Tetal, C. (2016): Legalbewährung nach strafrechtlicher Sanktion – Eine bundesweite Rückfalluntersuchung von 2010 bis 2013 und 2004 bis 2013. Mönchengladbach.

Jehle, J.-M., Weigelt, E. (2004): Rückfall nach Bewährungsstrafen – Daten aus der neuen Rückfallstatistik. BewHi 41, S. 149-166.

Jescheck, H.-H. (1973): Die Kriminalpolitik der deutschen Strafrechtsreformgesetze im Vergleich mit der österreichischen Regierungsvorlage 1971. In: Lackner, K., u. a. (Hrsg.): Festschrift für Wilhelm Gallas zum 70. Geburtstag. Berlin, S. 27-47.

Jescheck, H.-H. (1976): Deutsche und österreichische Strafrechtsreform. In: Warder, G., u. a. (Hrsg.): Festschrift für Richard Lange zum 70. Geburtstag. Berlin, S. 365-387.

Jescheck, H.-H. (1979): Die Krise der Kriminalpolitik. ZStW 91, S. 137-1064.

Jescheck, H.-H. (1984): Die Freiheitsstrafe und ihre Surrogate in rechtsvergleichender Darstellung. In. Jescheck, H.-H. (Hrsg.): Die Freiheitsstrafe und ihre Surrogate im deutschen und im ausländischen Recht, Band III. Baden-Baden, S. 1939-2172.

Jescheck, H.-H., Weigend, T. (1996): Strafrecht – Allgemeiner Teil. 5. Aufl., Berlin.

Jess, B. (2008): Räuberischer Angriff auf Kraftfahrer (§ 316a StGB): Ein bestimmt unbestimmter Tatbestand? JR 83, S. 448-453.

Jess, B. (2008a): § 316a StGB: unverhältnismäßig, überflüssig – verfassungswidrig? JZ 57, S. 1083-1092.

Joecks, W. (2014): Studienkommentar Strafgesetzbuch. 11. Aufl., München.

Joecks, W., Miebach, K. (2016) (Hrsg.): Münchener Kommentar zum Strafgesetzbuch, Band. 2. 3. Aufl. München. (zitiert: MüKo-*Bearbeiter*).

Joecks, W., Miebach, K. (2017) (Hrsg.): Münchener Kommentar zum Strafgesetzbuch, Band. 1. 3. Aufl. München. (zitiert: MüKo-*Bearbeiter*).

Joecks, W., Miebach, K. (2017) (Hrsg.): Münchener Kommentar zum Strafgesetzbuch, Band. 4. 3. Aufl. München. (zitiert: MüKo-*Bearbeiter*).

Joecks, W., Miebach, K. (2017) (Hrsg.): Münchener Kommentar zum Strafgesetzbuch, Band. 6. 3. Aufl., München. (zitiert: MüKo-*Bearbeiter*).

Joecks, W., Miebach, K. (2019) (Hrsg.): Münchener Kommentar zum Strafgesetzbuch, Band. 5. 3. Aufl. München. (zitiert: MüKo-*Bearbeiter*).

Jolin, A., Rogers, R. (1990): Elektronische überwachter Hausarrest: Darstellung einer Strafvollzugsalternative in den Vereinigten Staaten. MschrKrim 73, S. 201-209.

Jung, H. (1986): Fortentwicklung des strafrechtlichen Sanktionssystems. JuS 26, S. 741-745.

Jung, H. (1992): Sanktionensysteme und Menschenrechte. Bern.

Jung, H. (2002): Was ist Strafe? Ein Essay. Baden-Baden.

Kaiser, G. (1996): Kriminologie – Ein Lehrbuch. 3. Aufl., Heidelberg.

Kaiser, G. (1997): Kriminologie – Eine Einführung in die Grundlagen. 10. Aufl., Heidelberg.

Kaiser, G. (2001): Kriminalpolitik in der Zeitwende – Wandlungen der Kriminalpolitik seit der Großen Strafrechtsreform. In: Schünemann, B., u. a. (Hrsg.). Festschrift für Claus Roxin zum 70. Geburtstag. Berlin, S. 989-1000.

Kant, E. (1990): Die Metaphysik der Sitten, Ditzingen (Erstausgabe 1797).

Kapp, T. (1992): Dürfen Unternehmen ihren (geschäftsleitenden) Mitarbeitern Geldstrafen bzw. -bußen erstatten? NJW 45, S. 2796-2800.

Kaspar, J. (2004): Wiedergutmachung und Mediation im Strafrecht. München.

Kaspar, J. (2014): Verhältnismäßigkeit und Grundrechtsschutz im Präventionsstrafrecht. Baden-Baden.

Kaspar, J., Broichmann, C. (2013): Grundprobleme der Tötungsdelikte – Teil 2. ZJS 6, S. 346-354.

Katholnigg, O. (1990): Ist die Entkriminalisierung von Betäubungsmittelkonsumenten mit scharfen Maßnahmen zur Eindämmung der Betäubungsmittelnachfrage vereinbar? GA 137, S. 193-200.

Kaufmann, A. (1974): Strafrechtsreform im Einführungsgesetz. JZ 28, S. 494-496.

Kawamura-Reindl, G. (2006): Privatisierung von Strafvollstreckung am Beispiel der Vermeidung von Ersatzfreiheitsstrafen durch Gemeinnützige Arbeit in Bayern. NK 18, S. 14-17.

Kawamura-Reindl. G. (2009): Gemeinnützige Arbeit zur Vermeidung der Vollstreckung von Ersatzfreiheitsstrafen. In: Cornel u. a. (Hrsg.): Handbuch der Resozialisierung. 3. Aufl., Baden-Baden. S. 220-235.

Kawamura, G., Reindl, R. (1999): Elektronisch überwachter Hausarrest in der Bundesrepublik? – Alternative zur Haft oder kriminalpolitische Fehlentwicklung. In: Kawamura-Reindl, G., Reindl, R. (Hrsg.): Strafe zu Hause – Die elektronische Fußfessel. Freiburg, S. 109-122.

Kawamura-Reindl, G., Reindl, R. (2003): Rahmenbedingungen erfolgreicher Ableistung gemeinnütziger Arbeit. NK 15, S. 49-52.

Kawamura-Reindl, G., Sonnen, B. (2003): Gemeinnützige Arbeit zur Vermeidung der Vollstreckung von Ersatzfreiheitsstrafen. In: Cornel, H. u. a. (Hrsg.): Handbuch der Resozialisierung. 2. Aufl. Baden-Baden. S. 291-306.

Keiser, C; (2009): Die verwerfliche Tat eines würdigen Täters – Der Fall Daschner und die Verwarnung mit Strafvorbehalt als custodia honesta. GA 156, S 344-359.

Keller, A. (1996): Verhindern völkerrechtliche Abkommen eine liberale Drogen-politik? StV 16, S. 55-58.

Kemmesies, U. (2004): Zwischen Rauch und Realität – Drogenkonsum im bürgerlichen Milieu. Wiesbaden.

Kerner, H.-J. (1993): Drogen und Kriminalität. In: Kaiser u. a. (Hrsg.): Kleines Kriminologisches Wörterbuch. 3. Aufl., Heidelberg. S, 93-99.

Kett-Straub, G. (2011): Die Lebenslange Freiheitsstrafe – Legitimation, Praxis, Strafrestaussetzung und besondere Schwere der Schuld. Tübingen.

Keudel, A. (1999): Die Effizient des Täter-Opfer-Ausgleichs. Mainz.

Keul, K. (2014): Rechtspolitisches Programm der Bundestagsfraktion Bünd-nis 90/Die Grünen in der 18. Wahlperiode. ZRP 47, S. 229-232.

Kilchling, M. (1995): Opferinteressen und Strafverfolgung. Freiburg.

Kilchling, M. (1996): Aktuelle perspektiven für Täter-Opfer-Ausgleich und Wiedergutmachung im Erwachsenenstrafrecht. NStZ 16, S. 309-317.

Kilger, H. (2009): Fahrverbot als Hauptstrafe? Nein! ZRP 42, S. 13-15.

Kilger, H. (2016): Aufwertung des Fahrverbots zur Hauptstrafe? ZRP 49, S. 186.

Killias, M. (2011): Korrektur einer verunglückten Gesetzgebung – Zur erneuten Revision des AT-StGB. ZSR 130, S. 627-640.

Killias, M., Camathias,P., Stump, B. (2000): Alternative Sanktionen und der „Net-widening" Effekt – ein quasi experimenteller Test. ZStW 112, S. 637-652.

Killias, M., Gilliéron, G., Kissling, I., Villetaz, P. (2010): Community service versus electronic monitoring – what works better? British Journal of Criminology 50, S. 1155-1170.

Kindhäuser, U. (2012): Strafgesetzbuch, Lehr- und Praxiskommentar. 5. Aufl., Baden-Baden.

Kindhäuser, U. (2019): Strafrecht: Besonderer Teil 2 – Straftaten gegen Vermö-gensrechte. 10. Aufl., Baden-Baden.

Kindhäuser, U., Neumann, U., Paeffgen, H.-U. (2017) (Hrsg.): Strafgesetzbuch, 5. Aufl., Baden-Baden. (zitiert: NK-*Bearbeiter*).

Kinzig, J. (2010): Knast für den Diebstahl einer Milchschnitte? – Grenzen der Verhängung kurzer Freiheitsstrafen bei Bagatelltaten wiederholt straf-fälliger Personen. In: Dölling, D., u. a. (Hrsg.): Festschrift für Heinz Schöch zum 70. Geburtstag. Berlin, S. 645-668.

Kirsch, F. (2014): Zur Geltung des Gesetzlichkeitsprinzips im Allgemeinen Teil des Strafgesetzbuches. Berlin.

Klesczewski, D. (2010): Ordnungswidrigkeitenrecht. München.

Kniesel, M. (1994): Nach der Entscheidung des BVerfG zur Strafbarkeit weicher Drogen: Anfang vom Ende der Drogenpolitik durch Strafrecht. ZRP 27, S. 352-358.

Knüsel, M. (1989): Die teilbedingte Freiheitsstrafe: Abermals eine neue Variante der kurzen Freiheitsstrafe. In: Kunz, K.-L. (Hrsg.): Die Zukunft der Freiheitsstrafe. Bern, Stuttgart, S. 43-62.

Knüsel, M. (1995): Die teilbedingte Freiheitsstrafe. Bern, Stuttgart.

Köhler, M. (1980): Zur Abgrenzung des Mordes. Erörtert am Mordmerkmal „Verdeckungsabsicht". GA 127, S. 121-142.

Köhler, M. (1987): Zur Kritik an der Zwangsarbeitsstrafe. GA 134, S. 145-161.

Köhler, M. (1992): Freiheitliches Rechtsprinzip und Betäubungsmittelstrafrecht. ZStW 104, S. 3-64.

Kohlmann, G. (1996): Vollstreckung kurzer Freiheitsstrafen – wirksames Mittel zur Bekämpfung von Kriminalität? In: Schmoller, K. (Hrsg.): Festschrift für Otto Triffterer. Wien, New York, S. 603-616.

Köhne, M. (2004): Abschaffung der Ersatzfreiheitsstrafe? JR 79, S. 453-456.

Köhne, M. (2007): Mord und Totschlag – notwendige Reform der vorsätzlichen Tötungsdelikte. ZRP 40, S. 165-169.

Köhne, M. (2011): Totschlag in einem besonders schweren Fall. Jura 33, S. 741-744.

Köhne, M. (2014): Immer noch reformbedürftig: Die Strafvorschriften zur vorsätzlichen Tötung. ZRP 47, S. 21-24.

Kommission zur Reform des strafrechtlichen Sanktionensytems (2000): Abschlussbericht. Bonn.

Kommission zur Reform der Tötungsdelikte (2015): Abschlussbericht. Berlin.

König, A., Klatt, T., Bliesener, T. (2016): Fahrverbot als Hauptstrafe: Stellungnahme zum Antrag der Fraktion FDP betreffend das Fahrverbot bei allgemeiner Kriminalität (Drucksache 18/4594). Hannover.

König, P. (1995): Die straf- und strafverfahrensrechtlichen Regelungen des Verbrechensbekämpfungsgesetzes. NStZ 15, S. 1-6.

König, P. (2001): Fahrverbot bei allgemeiner Kriminalität? NZV 14, S. 6-11.

König, P. (2001a): Strafaussetzung zur Bewährung für Freiheitsstrafen von mehr als zwei Jahren? ZRP 34, S. 67-70.

Konopatsch, C. (2015): Geht es auch anders? Das Sanktionenrepertoire neben Freiheits- und Geldstrafe im Erwachsenenstrafrecht der Schweiz. In: Hilgendorf, E., Valerius, B. (Hrsg.): Alternative Sanktionsformen zu

Freiheits- und Geldstrafe im Strafrecht ausgewählter europäischer Staaten. Berlin, S. 117-149.

Konrad, N. (2003): Ersatzfreiheitsstrafer – Psychische Störungen, forensische und soziodemographische Aspekte. ZfStrVO 52, S. 216-223.

Körner, H.-H., Patzak, J., Volkmer, M. (2019) (Hrsg.): Betäubungsmittelgesetz – Arzneimittelgesetz, 9. Aufl., München. (zitiert: KPV-*Bearbeiter*).

Krahl, M. (1997): Der elektronisch überwachte Hausarrest. NStZ 17, S. 457-461.

Krajewski, K. (2013): Kann die Vollstreckung der Freiheitsstrafe im System der elektronischen Überwachung auf das Ausmaß der Gefängnispopulation und die Überbevölkerung von Strafanstalten in Polen Einfluss haben? In: Boers, K., u. a. (Hrsg.): Kriminologie – Kriminalpolitik – Strafrecht. Festschrift für Hans-Jürgen Kerner. Tübingen, S. 385-402.

Krajewski, K. (2016): Sentencing in Poland: Failed attempts to reduce punitiveness. Crime and Justice 45, S. 175-219.

Kramer, H. (1974): Ladendiebstahl und Privatjustiz. ZRP 7, S. 62-66.

Krehl, C (2014): Verfassungsrechtliche Grenzen einer Reform der Tötungsdelikte. ZRP 47, S. 98-101.

Krell, W. (2003): Gemeinnützige Arbeit als Alternative zur Strafe in Europa. In: Krell, W. (Hrsg.): Schwitzen statt Sitzen – gemeinnützige Arbeit als Alternative zur Strafe in Europa. Weimar, S. 11-20.

Kreß, C. (1998): Das sechste Gesetz zur Reform des Strafrechts. NJW 51, S. 633-644.

Kreuzer, A. (1985): Gefängnisüberfüllung – eine kriminalpolitische Herausforderung. In: Schwind, H.-D. (Hrsg.): Festschrift für Günter Blau zum 70. Geburtstag. Berlin, S. 459-486.

Kreuzer, A. (2017): Wohnungseinbruch – Dramatische Entwicklung? Sind Strafschärfungen die richtige Antwort? NK 29, S. 123-129.

Krey, V.; Esser, R. (2012): Deutsches Strafrecht – Allgemeiner Teil. 5. Aufl., Stuttgart.

Kropp, C. (2004): Ist die Verwarnung mit Strafvorbehalt noch zeitgemäß? ZRP 37, S. 241-242.

Krüger, G. (2002): Integration statt Ausgrenzung Arbeitsloser Frauen. BewHi 49, S. 172-180.

Krüger, R. (1995): Entkriminalisierung – Verfassungsrechtliche Aspekte zu Grenzlinien des Strafrechts. Kriminalistik 49, S. 306-310.

Krumdiek, N. (2006): Die national- und internationalrechtliche Grundlage der Cannabisprohibition in Deutschland. Münster.

Krumdiek, N. (2010): Internationale Betäubungsmittelkontrolle im Lichte der Menschenrechtsvorgaben. In: Pollähne, H., Stöver, H. (Hrsg.): Komplemente in Sachen: Kriminologie, Drogenhilfe, Psychotherapie, Kriminalpolitik. Berlin, S. 104-115.

Krumm, C. (2004): Verfassungsrechtliches Übermaßverbot und kurze Freiheitsstrafe. NJW 57, S. 328-330.

Krümpelmann, J. (1966): Die Bagatelldelikte – Untersuchungen zum Verbrechen als Steigerungsbegriff. Berlin.

Kubiciel, M. (2014): Verbandsstrafe – Verfassungskonformität und Systemkompatibilität. ZRP 47, S. 133-136.

Kubiciel, M. (2014a): Fahrverbot oder gemeinnützige Arbeit für Steuersünder. Kölner Papier zur Kriminalpolitik 3/2014. Köln.

Kubiciel, M., Gräbener, N. (2016): Grundlinien eines modernen Verbandsstrafrechts. ZRP 49, S. 137 ff.

Kubink, M. (2002): Strafen und ihre Alternativen im zeitlichen Wandel. Berlin.

Kubink, M.; Zimmermann T. (2013): Mord und/oder Totschlag – Eine kritische Analyse aktueller Reformvorschläge zur vorsätzlichen Tötung. StV 43, S. 582-589.

Kuckelsberg, S. (1994): Die Vereinbarkeit einer Reform des Betäubungsmittelgesetzes mit internationalen Übereinkommen. JA 26, S. 16-25.

Kuder, U.-M. (2014): Herunterstufung der Bagatelldelikte zu Ordnungswidrigkeiten. ZRP 47, S. 187.

Kudlich, H. (1998): Das 6. Gesetz zur Reform des Strafrechts. JuS 28, S. 468-473.

Kuhn, A. (1997): Strafaussetzung: Alles oder Nichts? NK 9, Heft 2, S. 19-21.

Kuhnert, F. (1970): Der Zweite Abschnitt der Strafrechtsreform. NJW 23, S. 537-545.

Kulemeier, R. (1993): Fahrverbot und Fahrerlaubnisentzug – Sanktionen zur Bekämpfung allgemeiner Kriminalität? NZV 6, S. 212-215.

Kunert, H. (1969): Kurze Freiheitsstrafe und Strafaussetzung zur Bewährung nach den Vorschriften des Ersten Gesetzes zur Reform des Strafrechts. MDR 23, S. 705-712.

Kunert, H. (1982): Gerichtliche Aussetzung des Restes der lebenslangen Freiheitsstrafe kraft Gesetzes - Zum 20. Strafrechtsänderungsgesetz vom 8.12.1981. NStZ 2, S. 89-96.

Kunz, K.-L. (1984): Das strafrechtliche Bagatellprinzip. Berlin.

Kunz, K-L. (1986): Die kurzfristige Freiheitsstrafe und die Möglichkeit ihres Ersatzes. Eine kriminalpolitische Bilanz. ZStrR 103, S. 182-214.

Kunz, K.-L. (1987): Der kurzfristige Freiheitsentzug in der Schweiz – Intention und Anwendung. In: Schuh, J. (Hrsg.): Aktuelle Probleme des Straf- und Maßregelvollzugs. Grüsch, S. 49-61.

Kunz, K.-L. (2007): Zwei Schritte vor und (mindestens) einer zurück: Aspekte der Sanktionenreform in der Schweiz. In: Müller-Dietz, H., u. a. (Hrsg.): Festschrift für Heike Jung. Baden-Baden, S. 467-483.

Kürzinger, J. (1984): Bundesrepublik Deutschland. In: Jescheck, H.-H. (Hrsg.): Die Freiheitsstrafe und ihre Surrogate im deutschen und im Ausländischen Recht, Band III. Baden-Baden, S. 1737-1938.

Kutzer, K. (1994): Strafrechtliche Grenzen der Sterbehilfe. NStZ 14, S. 110-115.

Lackner, K. (1981): Anmerkungen zu BGH, Beschluß vom 19.05.1981 - GSSt 1/81. NStZ 1, S. 348-350.

Lackner, K., Kühl, K. (2018) (Hrsg.): Strafgesetzbuch – Kommentar. 29. Aufl., München. (zitiert: Lackner/Kühl-*Bearbeiter*).

Lambrecht, U. (1996): Strafrecht und Disziplinarrecht – Abhängigkeiten und Überschneidungen. Frankfurt a. M.

Landau, H., Fünfsinn, H. (2000): Polizeiliches Strafgeld als Reaktion auf den Ladendiebstahl. ZRP 33, S. 5-7.

Lange, R. (1976): Privilegierung des Ladendiebes? JR 51, S. 177-183.

Lange, R. (1978): Eine Wende in der Auslegung des Mordtatbestandes. In: Stree, W., u. a. (Hrsg.): Gedächtnisschrift für Horst Schröder. München, S. 217-234.

Lappi-Seppälä, T. (2010): Finnland. In: Dünkel, F., u. a. (Hrsg.): Kriminalität, Kriminalpolitik, strafrechtliche Sanktionspraxis und Gefangenenraten im europäischen Vergleich. Mönchengladbach, S. 325-392.

Laubenthal, K. (1987): Lebenslage Freiheitsstrafe – Vollzug und Aussetzung des Strafrestes zur Bewährung. Lübeck.

Laubenthal, K. (2015): Strafvollzug. 7. Aufl., Heidelberg.

Laufhütte, H. W., Rissing-van Saan, R., Tiedemann, K. (2006) (Hrsg.): Strafgesetzbuch. Leipziger Kommentar, Bd. 2. 12. Aufl., Berlin. (zitiert: LK-*Bearbeiter*).

Laufhütte, H. W., Rissing-van Saan, R., Tiedemann, K. (2007) (Hrsg.): Strafgesetzbuch. Leipziger Kommentar, Bd. 1. 12. Aufl., Berlin. (zitiert: LK-*Bearbeiter*).

Laufhütte, H. W., Rissing-van Saan, R., Tiedemann, K. (2008) (Hrsg.): Strafgesetzbuch. Leipziger Kommentar, Bd. 3. 12. Aufl., Berlin. (zitiert: LK-*Bearbeiter*).

Laufhütte, H. W., Rissing-van Saan, R., Tiedemann, K. (2008) (Hrsg.): Strafgesetzbuch. Leipziger Kommentar, Bd. 11. 12. Aufl., Berlin. (zitiert: LK-*Bearbeiter*).

Laufhütte, H. W., Rissing-van Saan, R., Tiedemann, K. (2012) (Hrsg.): Strafgesetzbuch. Leipziger Kommentar, Bd. 9/1. 12. Aufl., Berlin. (zitiert: LK-*Bearbeiter*).

Laun, S. (2002): Alternative Sanktionen zum Freiheitsentzug und die Reform des Sanktionenrechts. Frankfurt a. M.

Leipold, K. (2013): Unternehmensstrafrecht – Eine kriminalpolitische Notwendigkeit? ZRP 46, S. 34-37.

Lembert, G. (2001): Die Beachtung des Grundsatzes der Verhältnismäßigkeit bei der Entscheidung über einen Bewährungswiderruf. NJW 54 S. 3528-3530.

Lempp, V. (2017): Die Angst des Täters vor dem Fahrverbot. SVR 17, S. 20-22.

Lilly, R., Ball, R., Curry, G., McMullen, J. (1993): Electronic Monitoring of the Drunk Driver: A Seven-Year Study of the Home Confinement Alternative. Crime and Delinquency 39, S. 462-484.

Lindenberg, M. (1992): Überwindung der Mauern: Das elektronische Halsband. München.

Lindenberg, M. (1999): Elektronisch überwachter Hausarrest auch in Deutschland? – Kritische Anmerkungen für die Diskussion in der Praxis. BewHi 46, S. 11-22.

Linke, A. (2011): Diversionstage in Nordrhein-Westfalen – Ergebnisse der Evaluation eines neuen Diversionsmodells im Jugendstrafrecht. Berlin.

Löwe, H. (2000): Der Gedanke der Prävention im deutschen Schadensersatzrecht. Frankfurt a. M.

Löwe, E., Rosenberg, W. (2008) (Hrsg.): Die Strafprozessordnung und das Gerichtsverfassungsgesetz, Bd. 4. 26. Aufl., Berlin. (zitiert: Löwe/Rosenberg-*Bearbeiter*).

Löwe, E., Rosenberg, W. (2010) (Hrsg.): Die Strafprozessordnung und das Gerichtsverfassungsgesetz. Bd. 9. 26. Aufl., Berlin. (zitiert: Löwe/Rosenberg-*Bearbeiter*).

Löwe, E., Rosenberg, W. (2013) (Hrsg.): Die Strafprozessordnung und das Gerichtsverfassungsgesetz. Bd. 7/II. 26. Aufl., Berlin. (zitiert: Löwe/Rosenberg-*Bearbeiter*).

Lüderssen, K. (1999): Gnadenweiser Erlass von Ersatzfreiheitsstrafen? In: Feuerhelm, W., Schwind, H.-D., Bock, M. (Hrsg.): Festschrift für Alexander Böhm zum 70. Geburtstag. Berlin, S. 553-580.

Lürßen, G. (2011): Praxisbericht Bremen zur Vermeidung und Reduzierung von Ersatzfreiheitsstrafen. FS 60, S. 160-163.

Maas, H. (2014): Rede zum Auftakt der Expertengruppe „Überarbeitung der Tötungsdelikte". Veröffentlicht unter: https://www.bmjv.de/SharedDocs/Reden/DE/2014/05202014_Expertengruppe_Toetungsdelikte.html?nn=6704226 (zuletzt abgerufen am 10.08.2017).

Maatz, R. (2006): Nötigung im Straßenverkehr. NZV 19, S. 337-347.

MacKenzie, D.-L. (1998): Criminal Justice and Crime Prevention. In: Sherman, L.-W., u. a. (Hrsg.): Preventing Crime: What works, what doesn't, what's promising? College Park. Chapter 9.

Maes, E., Mine, B., De Man, C., van Brakel, R. (2012): Thinking about electronic monitoring in the context of pre-trial detention in Belgium: A solution to prison overcrowding? European Journal of Probation 4, Nr. 2, S. 3-22.

Mainprize, S. (1992): Electronic monitoring in corrections: Assessing cost effectiveness and the potential for widening the net of social control. Canadian Journal of Criminology 34, S. 161-180.

Malolepszy, M. (2007): Geldstrafe und bedingte Freiheitsstrafe nach deutschem und polnischem Recht. Berlin.

Matt, H., Renzikowski, J. (2013) (Hrsg.): Strafgesetzbuch – Kommentar. München. (zitiert: Matt/Renzikowski-*Bearbeiter*).

Matt, E. (2005): Haft und keine Alternative? Zur Situation von Ersatzfreiheitsstrafen-Verbüßern am Beispiel Bremen. MschrKrim 88, S. 339-350.

Mauer, M. (2010): The impact of mandatory minimum penalties in federal sentencing. Judicature 49, S. 6-8, 40.

Maunz, T., Dürig, G. (2019) (Hrsg.): Grundgesetz – Kommentar. 87. Lieferung, München. (zitiert: Maunz/Dürig-*Bearbeiter*).

Maurer, H. (2010): Staatsrecht I. 6. Aufl., München.

Maurer, T. (1994): Die neuen Strafen. ZStrR 112, S. 388-404.

Mayer, M. (2004): Modellprojekt elektronische Fußfessel. Studien zur Erprobung einer umstrittenen Maßnahme. Freiburg.

McIvor, G. (2012): Reparative and restorative approaches. In: Bottoms, A., u. a. (Hrsg.): Alternatives to Prison – Options for an insecure society. London, S. 162-194.

McNeill, F., Whyte, B. (2007): Reducing Reoffending – Social work and community justice in Scotland. Cornwall.

Meier, B.-D. (2000): Wiedergutmachung im Strafrecht? Empirische Befunde und kriminalpolitische Perspektiven. In: Jehle, J.-M. (Hrsg.): Täterbehandlung und neue Sanktionsformen. Mönchengladbach, S. 255-276.

Meier, B.-D. (2008): Kriminalpolitik in kleinen Schritten – Entwicklungen im strafrechtlichen Rechtsfolgensystem. StV 28, S. 263-271.

Meier, B.-D. (2009): Strafrechtliche Sanktionen, 3. Aufl., Berlin.

Meier, B.-D. (2015): Strafrechtliche Sanktionen, 4. Aufl., Berlin.

Meier, B.-D. (2010): What works? – Die Ergebnisse der neueren Sanktionsforschung aus kriminologischer Sicht. JZ 65, S. 112-120.

Meier, B.-D., Rössner, D., Trüg, G., Wulf, R. (2014) (Hrsg.): Jugendgerichtsgesetz. 2. Aufl., Baden-Baden. (zitiert: NK-JGG-*Bearbeiter*).

Meier, J. (1989): Zur gegenwärtigen Behandlung des „Lebenslänglich" bei Mord. Bochum.

Merten, D., Papier, H.-J. (2013) (Hrsg.): Handbuch der Grundrechte – Bd. V, Einzelgrundrechte II. Heidelberg. (zitiert: Handbuch-Grundrechte-*Bearbeiter*).

Meurer, D. (2000): Dogmatik und Pragmatismus: Marksteine der Rechtsprechung des BGH in Strafsachen. NJW 53, S. 2936-2945.

Meyer, H. (2005): Wahlgrundsätze, Wahlverfahren, Wahlprüfung. In: Isensee, J., Kirchhof, P. (Hrsg.): Handbuch des Staatrechts Bd. 3. 3. Aufl., Heidelberg. S. 543-603.

Meyer, P. (2010): Fahrverbot als Sanktion – contra. ZRP 43, S. 239.

Meyer-Goßner, L., Schmitt, B. (2018) (Hrsg.): Strafprozessordnung. 61. Aufl., München. (Zitiert: Meyer-Goßner/Schmitt-*Bearbeiter*).

Meyer-Ladewig, J., Nettesheim, M., von Raumer, S. (2017) (Hrsg.): EMRK – Handkommentar.4. Aufl., Baden-Baden. (zitiert: HK-EMRK-*Bearbeiter*).

Minthe, E. (2003): Soforteinbehalt bei Ladendiebstahl. Wiesbaden.

Mitsch, W. (2005): Recht der Ordnungswidrigkeiten. Berlin.

Mitsch, W. (2007): Die Strafbarkeit der Fahrverbotsübertretung – Ein Unikum NZV 20, S. 66-70.

Mitsch, W. (2014): Die Verfassungswidrigkeit des § 211 StGB. JZ 62, S. 336-340.

Mitsch, W. (2014a): Konsequenzen der Abschaffung des § 211 StGB. StV 34, S. 366-369.

Momsen, C. (1998): Der besonders schwere Fall des Totschlags (§ 212 II StGB) – zwischen Mord und Totschlag. NStZ 18, S. 487-490.

Morgan, N. (1999): Capturing Crims or Capturing Votes? The Aims and Effects of Mandatories. University of New South Wales Law Journal 22, S. 267-279.

Morgenstern, C. (2002): Internationale Mindeststandards für ambulante Strafen und Maßnahmen. Mönchengladbach.

Morgenstern, C. (2007): Alternativen zur Freiheitsstrafe – Ursprung, Bedarf und Probleme. FS 56, S. 248-252.

Morlok, M., Michael, L. (2019): Staatsorganisationsrecht. 4. Aufl., Baden-Baden.

Mrozynski, P. (1983): Zur Problematik strafrechtlicher Weisungen JR 58, S. 397-403.

Mühlen, J. (2015): Strafrecht ohne Freiheitsstrafe – absurde Utopie oder logische Konsequenz. Tübingen.

Müller, E. (2007): Noch ein Plädoyer für die Verwarnung mit Strafvorbehalt. In: Müller-Dietz, H., u. a. (Hrsg.): Festschrift für Heike Jung. Baden-Baden. S. 621-639.

Müller-Dietz, H. (1983): Mord, lebenslange Freiheitsstrafe und bedingte Entlassung. JURA 4, S. 568-580.

Naucke, W. (1976): Empfiehlt es sich, in bestimmten Bereichen der kleinen Eigentums- und Vermögenskriminalität, insbesondere des Ladendiebstahls, die strafrechtliche Sanktion durch andere, zum Beispiel zivilrechtliche Sanktionen abzulösen, gegebenenfalls durch welche? Gutachten für den 51. Deutschen Juristentag. In: Verhandlungen des 51. Deutschen Juristentags. München. D. 1-D. 122.

Naucke, W. (1978): Anmerkung zu: OLG Hamburg, Urt. v. 1.11.1977 – 2 Ss 219/77, NJW 31, S. 1171.

Naucke, W. (1984): Über deklaratorische, scheinbare und wirkliche Entkriminalisierungen. GA 131, S. 199-217.

Nelles, U. (1991): Statusfolgen als „Nebenfolgen" einer Straftat (§ 45 StGB). JZ 46, S. 17-24.

Nellis, M. (2012): Electronic Monitoring and the community supervision of offenders. In: Bottoms, A., u. a. (Hrsg.): Alternatives to Prison – Options for an insecure society. London, S. 224-247.

Nellis, M. (2014): Upgrading electronic monitoring, downgrading probation: Reconfiguring "offender management" in England and Wales. European Journal of Probation 6, S. 169-191,

Nellis, M. (2015): Standards and Ethics in electronic monitoring. Strasbourg.

Nellis, M., Bungerfeldt, J. (2013): Electronic monitoring and probation in Sweden, England and Wales: Comparative policy developments. Probation Journal 60, S. 278-301.

Nestler, C., Uwer, T. (2015): Reform der Tötungsdelikte: Stellungnahme der Strafverteidigervereinigungen zur Reform der Tötungsdeliktsnormen §§ 211, 212, 213 StGB. Freispruch 5, S. 17-20.

Neumayer-Wagner, E.-M. (1998): Die Verwarnung mit Strafvorbehalt. Berlin.

Niewisch-Lennartz, A. (2014): Herunterstufung der Bagatelldelikte zu Ordnungswidrigkeiten. ZRP 47, S. 187.

Niggli, N.A., Wiprächtiger, H. (2007) (Hsrg.): Basler Kommentar Strafrecht I, Art. 1-110 StGB, Jugendstrafgesetz. Basel. (zitiert: Basler-Kommentar-*Bearbeiter*).

Oberheim, R. (1985): Gefängnisüberfüllung – Ursachen, Folgen und Lösungsmöglichkeiten in der Bundesrepublik Deutschland mit einem internationalen Vergleich. Frankfurt a. M.

Oberlies, D., Leuschner, F. (2017): Ladendiebstahl – Überlegungen zu einem rechts- und kriminalpolitisch angemessenen Umgang. NK 29, S. 179-191.

Oelbermann, J. (2015): Ehrenrecht und Wahlrechtsentzug. Freispruch 6, S. 13-15.

Önel, G. (2012): Verfassungsmäßigkeit und Effektivität der „Elektronischen Fußfessel". Hannover.

Ostendorf, H. (1997): Die „elektronische Fessel" – Wunderwaffe im „Kampf" gegen die Kriminalität. ZRP 30, S. 473-476.

Ostendorf, H. (2016) (Hrsg.): Jugendgerichtsgesetz. 10. Aufl., Baden-Baden. (zitiert: Ostendorf-*Bearbeiter*).

Patzak, J., Goldhausen, S. (2011): Die aktuellen Wirkstoffgehalt von Cannabis. NStZ 31, S. 76-78.

Paul, A. (2005): Überlegungen zum Cannabisverbot – Wie könnte eine Alternative aussehen? MschrKrim 88, S. 273-289.

Payne, B., Gainey, R. (1998): A Qualitative Assessment of the Pains Experienced on Electronic Monitoring. International Journal of Offender Therapy and Comparative Criminology 42, S. 149-163.

Peters, A., Altwicker, T. (2012): Europäische Menschenrechtskonvention. 2. Aufl., München.

Petersilia, J. (1988): House Arrest (National Institute of Justice Report No. NCJ 104599), Washington D. C.

Petersilia, J., Deschenes, E. (1994): Perceptions of punishment. The Prison Journal 74, S. 306-328.

Pfeiffer, G. (2005): Strafprozessordnung – Kommentar. 5. Aufl., München.

Pfohl, M. (1983): Gemeinnützige Arbeit als strafrechtliche Sanktion. Berlin.

Pfohl, M. (1985): Entwicklungen und Perspektiven der gemeinnützigen Arbeit als strafrechtliche Sanktion. BewHi 32, S. 110-120.

Pieroth, B., Schlink, B., Kingreen, T., Poscher, R. (2015): Grundrechte – Staatsrecht II, 31. Aufl., Heidelberg.

Piesker, H. (2002): Fahrverbot statt Entziehung der Fahrerlaubnis auch bei Trunkenheitsdelikten und anderen Katalogtaten des § 69 II StGB. NZV 15, S. 297-302.

Pisal, R. (2015): Reform des Mordparagraphen? ZRP 48, S. 158.

Plack, A. (1987): Alternativen zur staatlichen Strafe – Strafrechtsreform in der Tradition der Aufklärung. In: Maelicke, B., Ortner, H. (Hrsg.): Alternative Kriminalpolitik – Zukunftsperspektiven eines anderen Umgangs mit Kriminalität. Weinheim, Basel, S. 9-33.

Plank, R. (1990): Das Fahrverbot nach § 44 StGB und die Verwarnung mit Strafvorbehalt nach § 59 StGB. Darmstadt.

Pollähne, H. (2012): Alternativen zur Freiheitsstrafe – Eröffnungsvortrag zum 36. Strafverteidigertag am 16. März 2012 in Hannover. Veröffentlicht unter: http://www.strafverteidigervereinigungen.org/Strafverteidigertage/Material %20Strafverteidigertage/vortrag%20pollaehne.htm?sz=7 (zuletzt abgerufen am 10.08.2017).

Prätorius, R. (2008): Entkriminalisierung und alternative Sanktionen. In: Lange, H.-J. (Hrsg.): Kriminalpolitik. Wiesbaden, S. 325-342.

Preisendanz, H. (1976): Anmerkung zu OLG Zweibrücken v. 20.10.1975 – Ws 482/75. JR 51, S. 465-466.

Preuß, T. (2013): Praxis- und klausurrelevante Probleme des „Schwarzfahrens". ZJS 6, S. 257-269.

Pruin, I. (2012): Recalling conditionally released prisoners in Germany. European Journal of Probation 4, S. 63-72.

Puppe, I. (2006): Anmerkungen zu BGH Urt. v. 24.11.2005 – 4 StR 243/05. NStZ 26, S. 290-291.

Puschke, J. (2009): Widerstand gegen Vollstreckungsbeamte gem. § 113 StGB – eine Privilegierung auch in der Praxis? In: Müller, H.-E., Sander, G., Válková, H. (Hrsg.): Festschrift für Ulrich Eisenberg zum 70. Geburtstag. München, S. 153-169.

Putzke, C., Putzke, H. (2012): Schwarzfahren als Beförderungserschleichung – Zur methodengerechten Auslegung des § 265a StGB. JuS 52, S. 500-506.

Quentin, A. (2005): Kein „Heimtückemord" bei objektiv gegebener Notwehrlage? – Zum Urteil des BGH vom 12.02.2003 – 1 StR 403/02. NStZ 25, S. 128-133.

Ralphs, P. (1980): Community service: A going concern, but where to? International Journal of Offender Therapy and Comparative Criminology 24, S. 234-240.

Rat der Europäischen Union (2013): Vorschlag für eine Richtlinie des Europäischen Parlaments und des Rates über die strafrechtliche Bekämpfung von gegen die finanziellen Interessen der Europäischen Union gerichtetem Betrug.

Rat für sozial und Wirtschaftsdaten (2009): Optimierung des bestehenden kriminalstatistischen Systems in Deutschland. Baden-Baden.

Redlich, M. (2005): Die Vermeidung von Ersatzfreiheitsstrafen – wesentliches Anliegen aktueller Strafrechtsreformbestrebungen. Frankfurt a. M.

Rengier, R. (1979): Das Mordmerkmal der Heimtücke nach BVerfGE 45, 187. MDR 33, S. 969-974.

Rengier R. (1980): Ausgrenzung des Mordes aus der vorsätzlichen Tötung? – Eine rechtsvergleichende Darstellung für das österreichische, schweizerische und deutsche Recht. ZStW 92, S. 459-480.

Rengier, R. (1982): Der Große Senat für Strafsachen auf dem Prüfstand. NStZ 2, S. 225-230.

Rengier, R. (2004): Totschlag oder Mord und Freispruch aussichtslos? Zur Tötung von schlafenden Familientyrannen. NStZ 24, S. 233-240.

Rengier, R. (2019): Strafrecht: Besonderer Teil 1 – Vermögensdelikte. 21. Aufl., München.

Renzema, M. (2013): Evaluating research on electronic monitoring. In: Nellis, M., Beyens, K., Kaminski, D. (Hrsg.): Electronically Monitored Punishment. International and critical perspectives. London, S. 247-270.

Renzema, M., Mayo-Wilson, E. (2005): Can electronic monitoring reduce crime for moderate to high-risk offenders? Journal of Experimental Criminology 1, S. 215-237.

Reuband, K.-H. (1992): Drogenkonsum und Drogenpolitik – Deutschland und die Niederland im Vergleich. Leverkusen.

Reuband, K.-H. (2007): Der Stellenwert strafrechtlicher Regelungen für die Verbreitung des Cannabiskonsums in der Bundesrepublik. In: Schmidt-Semisch, H., Dollinger, B. (Hrsg.): Sozialwissenschaftliche Suchtforschung. Wiesbaden, S. 131-168.

Reuband, K.-H. (2009): Entwicklung des Drogenkonsums in Deutschland und die begrenzte Wirksamkeit der Kriminalpolitik. Soziale Probleme 20, S. 182-206.

Revel, U. (1989): Anwendungsprobleme der Schuldschwereklausel des § 57a StGB. Köln.

Riehe, B. (2000): Fahrverbot: Eine taugliche Sanktionsalternative zu Geld- oder Freiheitsstrafe im allgemeinen Strafrecht? Köln.

Ries, G. (1999): Die Vermögensstrafe. Baden-Baden.

Riklin, F. (1994): Die Schweizerische Kriminalistische Gesellschaft (SKG) und die Strafrechtsreform – Ein kritischer Kommentar. ZStrR 112, S. 432-458.

Riklin, F. (2000): Kriminalpolitische Konzepte in Europa: Statement zur Situation in der Schweiz. In: Jehle, J.-M. (Hrsg.): Täterbehandlung und neue Sanktionsformen. Mönchengladbach, S. 463-471.

Riklin, F. (2009): Kurze Freiheitsstrafen: Primitiv, kostspielig und nicht wirksamer. Dossier: Strafrecht in der Kritik, 9. Mai 2009.

Riklin, F. (2014): Die Reformen des Sanktionenrechts. ZStrR 132, S. 246-263.

Robbers, G. (1985): Der Grundrechtsverzicht. JuS 25, S. 925-931.

Roberts, J. (2003): Public Opinion and Mandatory Sentencing: A Review of International Findings.

Robra, R. (1992): Referat auf dem 59. Deutschen Juristentag. In: Verhandlungen des 59. Deutschen Juristentags. Hannover, O 7-18.

Rochat, P.-E. (1978): La Division de la peine. ZStrR 95, S. 82-96.

Rogall, K. (1981): Stillstand oder Fortschritt in der Strafrechtsreform – Möglichkeiten und Grenzen ihrer Erneuerung. ZRP 13, S. 124-131.

Rohrbach, M.-P. (2014): Die Entwicklung der Führungsaufsicht unter besonderer Berücksichtigung der Praxis in Mecklenburg-Vorpommern. Mönchengladbach.

Rolinksi, K. (1981): Ersatzfreiheitsstrafe oder gemeinnützige Arbeit. MschrKrim 63, S. 52-62.

Rönnau, T., Wegner, K. (2014): Reform des Rechts der Verbandssanktionen – europäische und internationale Vorgaben. ZRP 47, S. 158-163.

Rössner, D. (1985): Eine konstruktive Alternative zu Geld- und Freiheitsstrafe. BewHi 32, S. 105-110.

Rössner, D. (2007): Wirklichkeit und Wirkung des Täten-Opfer-Ausgleichs in Deutschland. In: Schöch, H., u. a. (Hrsg.): Festschrift für Reinhard Böttcher zum 70. Geburtstag. Berlin. S. 357-377.

Röwer, B. (2001): Fahrverbot bei allgemeiner Kriminalität? Blutalkohol 38, S. 90-98.

Roth, T. (2008): Kriminalpolitik im NS-System. In: Lange, H.-J. (Hrsg.): Kriminalpolitik. Wiesbaden. S. 37-58.

Roxin, C. (1966): Sinn und Grenze staatlicher Strafe. JuS 6, S. 377-387.

Roxin, C. (1980): Zur Entwicklung der Kriminalpolitik seit den Alternativ-Entwürfen. JA 12, S. 545-552.

Roxin, C. (1992): Zur Wiedergutmachung als einer „Dritten Spur" im Sanktionensystem. In: Fezer, G., u. a. (Hrsg.): Festschrift für Jürgen Baumann zum 70. Geburtstag. Bielefeld, S. 243-254.

Roxin, C. (2006): Strafrecht. Allgemeiner Teil, Bd. 1. 4. Aufl., München.

Roxin, C. (2008): Zur normativen Einschränkung des Heimtückemerkmals bei Mord. In: Schöch, H., u. a. (Hrsg.): Festschrift für Gunter Widmeier zum 70 Geburtstag. Köln, S. 741-757.

Roxin, C. (2013): Der gesetzgebungskritische Rechtsgutsbegriff auf dem Prüfstand. GA 160, S. 433-453.

Rüping, H., Jerouscheck, G. (2011): Grundriss der Strafrechtsgeschichte. 5. Aufl., München.

Sachs, M. (2018) (Hrsg.): Grundgesetz – Kommentar. 8. Aufl., München. (zitiert: Sachs-*Bearbeiter*).

Säcker, F.-J., Rixecker, R., Oetker, H., Limperg, B. (2019) (Hrsg.): Münchener Kommentar zum Bürgerlichen Gesetzbuch. Bd. 2. 9. Aufl. München. (zitiert: MüKoBGB-*Bearbeiter*).

Sagel-Grande, I. (1995): Das niederländische Stafensystem – Gesetzliche Regelungen und richterliche Anwendung. MschrKrim 77, S. 312-321.

Saliger, F. (1997): Zum Mordmerkmal der Verdeckungsabsicht. ZStW 109, S. 302-334.

Saliger, F. (2015): Grundfragen einer Reform der Tötungsdelikte. ZIS 10, S. 600-604.

Sander, G., Hohmann, O. (1998): Sechstes Gesetz zur Reform des Strafrechts: Harmonisiertes Strafrecht. NStZ 18, S. 273-279.

Satzger, H., Schluckebier, W., Widmaier, G. (2016) (Hrsg.): Strafgesetzbuch – Kommentar. 3. Aufl., Köln. (zitiert: SSW-*Bearbeiter*).

Schädler, W. (1983): Das Projekt „Gemeinnützige Arbeit" – die nicht nur theoretische Chance des Art. 293 EGStGB. ZRP 16, S. 5-10.

Schädler, W. (1985): Der „weiße Fleck" im Sanktionensystem. ZRP 18, S. 186-192.

Schädler, W., Wulf, R. (1999): Thesen zur Erprobung der elektronischen Überwachung als Weisung und elektronischer Hausarrest. BewHi 46, S. 3-10.

Schäfer, G., Sander, G., van Gemmeren G. (2017): Praxis der Strafzumessung, 6. Aufl., München.

Schäferdiek, S. (1997): Die kurze Freiheitsstrafe im schwedischen und im deutschen Strafrecht. Berlin.

Schaefer, H., C. (1999): Sanktionsbefugnisse für die Polizei – Eine weitere Verschiebung der Gewaltenteilung zum Nachteil der Justiz. NJW 52, S. 543-544.

Schaffmeister, D. (1985): Durch Modifikation zu einer neuen Strafe. In: Vogler, T., u. a. (Hrsg.): Festschrift für Hans-Heinrich Jescheck zum 70. Geburtstag. 2. Halbband. Berlin, S. 991-1014.

Schall, H. (1985): Die Sanktionsalternative der gemeinnützigen Arbeit als Surrogat der Geldstrafe. NStZ 5, S. 104-111.

Schall, H. (1992): Der Schwarzfahrer auf dem Prüfstand des § 265a StGB. JR 67, S. 1-8.

Schallert, C., Sobota, S. (2013): Schieflage, die II: – Risiken und Nebenwirkungen des geltenden BtmG. StV 33, S. 724-728,

Schatz, H. (2002): Strafrestaussetzung zur Bewährung: Auch bei Ersatzfreiheitsstrafen? ZRP 35, S. 438-442.

Scheffler, U (1996): Von zeitiger lebenslanger und lebenslanger zeitiger Freiheitsstrafe. JZ 51, S. 485-491.

Schellenberg, U. (2017): Härtere Strafen bei Gewalt gegen Polizisten? ZRP 50, S. 62.

Schellhoss, H. (2004): Wie teuer darf Kriminalitätsbekämpfung sein? NK 16, S. 8-10.

Schicht, G. (1995): Ladendiebstahl – Was kann man gegen ein Massendelikt tun? Kriminalistik 49, S. 501-508.

Schily, O. (1998): Der Ruf nach härteren Strafen als Ablenkung und Alibi. ZRP 31, S. 235-237.

Schlömer, U. (1998): Der elektronisch überwachte Hausarrest. Frankfurt a. M.

Schlömer, U. (1999): Die Anwendbarkeit des elektronisch Überwachten Hausarrests als Bewährungsweisung nach geltendem Recht. BewHi 46, S. 31-43.

Schlüchter, E. (1998): Bochumer Erläuterungen zum 6. Strafrechtsreformgesetz. Erlangen.

Schmidhäuser, E. (1978): Verfassungswidrigkeit der lebenslangen Freiheitsstrafe für Mord und Verfassungswidrigkeit der BGH-Rechtsprechung zur Heimtücke als Mordmerkmal. JR 53, S. 265-271.

Schmidhäuser, E. (1989): Der Verdeckungsmord und das Urteil BGH 2 StR 559/87. NStZ 9, S. 55-58.

Schmidt, C. (2015): Deliktsunabhängiges Fahrverbot – Die vorgesehene Aufwertung von einer Nebenstrafe zur selbstständigen Sanktion. In: Małolepszy, M. (Hrsg.): Die Reform des Sanktionenrechts in Deutschland, Österreich und Polen, S. 339-345.

Schmidt, E. (1925): Die Gestaltung der Ehrenstrafen im künftigen Recht. ZStW 45, S. 43.

Schmidt, E. (1967): Freiheitsstrafe, Ersatzfreiheitsstrafe und Strafzumessung im Alternativentwurf eines Strafgesetzbuchs. NJW 20, S. 1929-1940.

Schmidt-Hieber, W. (1992): Ausgleich statt Geldstrafe. NJW 45, S. 2001-2004.

Schneider, H. (1992): Zur Entkriminalisierung der Konsumverhaltensweisen des Betäubungsmittelstrafrechts im Lichte internationaler Verpflichtungen. StV 12, S. 489-492.

Schneider, K. (2003): Electronic Monitoring – Alternativer Strafvollzug oder Alternative zum Strafvollzug? Baden-Baden.

Schneider, U. (2001): Gemeinnützige Arbeit als „Zwischensanktion". MschrKrim 84, S. 273-287.

Schneider, U. (2002): Der Referentenentwurf der Bundesregierung. In: Friedrich-Ebert-Stiftung (Hrsg,): Gemeinnützige Arbeit statt Knast. Berlin. S. 25-38.

Schöch, H. (1978): Anmerkungen zu BayObLG Beschl. vom 30.09.1975 – Rreg. 2 St. 171/75. JR 53, S. 74-75.

Schöch, H. (1986): Anmerkungen zu OLG Celle, Beschl. vom 24.05.1985 - 1 Ws 126/85. NStZ 6, S. 457-458.

Schöch, H (1992): Empfehlen sich Änderungen und Ergänzungen bei den strafrechtlichen Sanktionen ohne Freiheitsentzug? – Gutachten für den 59. Deutschen Juristentag. In: Verhandlungen des 59. Deutschen Juristentages 1992. Hannover, C. 5-136.

Schöch, H. (1992a): Verwarnung statt Strafe – zum Aufblühen der Verwarnung mit Strafvorbehalt nach § 59 StGB. In: Fezer, G., u. a. (Hrsg.): Festschrift für Jürgen Baumann zum 70. Geburtstag. Bielefeld, S. 255-265.

Schöch, H. (1998): Das Gesetzt zur Bekämpfung von Sexualdelikten und anderen gefährlichen Straftaten vom 26.1.1998. NJW 51, S. 1257-1262.

Schöch, H. (1999): Individualprognose und präventive Konsequenzen. In: Rössner, D., Jehle, J.-M. (Hrsg.): Kriminalität, Prävention und Kontrolle. Heidelberg, S. 223-241.

Schöch, H. (2001): Wege und Irrwege der Wiedergutmachung im Strafrecht. In: Schünemann, B., u. a. (Hrsg.): Festschrift für Claus Roxin zum 70. Geburtstag. Berlin, S. 1045-1064.

Schöch, H. (2018): Zur Auslegung und Anwendung des neuen § 44 StGB. NStZ 38, S. 15-18.

Scholl, A. (1999): Die Bezahlung einer Geldstrafe durch Dritte – ein altes Thema und nochimmer ein Problem. NStZ 19, S. 599-605.

Schönke, A. (1950): Anmerkungen zu KG Berlin, Urteil vom 3.8.1949 - 1 Ss 167/49 (B) (444/49). NJW 3, S. 238.

Schönke, A., Schröder, H. (2019) (Hrsg.): Strafgesetzbuch, 30. Aufl., München. (zitiert: Sch/Sch-*Bearbeiter*).

Schoreit, A, (1979): Kriminalpolitische Konsequenzen aus den Ergebnissen der Kriminalstatistik und der Dunkelfeldforschung für den Bereich des Ladendiebstahls. In: Schoreit, A. (Hrsg.): Problem Ladendiebstahl – moderner Selbstbedienungsverkauf und Kriminalität. Heidelberg, S. 99-108.

Schott, T. (2003): Abkehr von der 1:1 Umrechnung von Geld- und Freiheitsstrafe? JR 78, S. 315-320.

Schreiber, H.-L. (1981): Bedeutung und Auswirkung der neugefaßten Bestimmungen über die Schuldunfähigkeit. NStZ 1, S. 46-51.

Schröder, H. (1970): Zur Verteidigung der Rechtsordnung. JZ 26, S. 241-244.

Schroth, K. (2011): Die Rechte des Opfers im Strafprozess. 2. Aufl., München.

Schubert, D. (2017): Unter Vorbehalt. HRRS 18, S. 236-239.

Schüler-Springorum, H. (1991): Kriminalpolitik für Menschen. Frankfurt a. M.

Schultz, H. (1988): Rechtsübernahme, Rechtsvergleichung und Rechtsreform in der Entwicklung des schweizerischen Strafrechts. ZStW 100, S. 189-206.

Schulz, H. (1990): Wenn nur noch die Kleinen gehängt werden – Gedanken über die Rauschgiftbekämpfung. Kriminalistik 44, S. 407-412.

Schünemann, B. (2010): Die Kritik am strafrechtlichen Paternalismus – eine Sisyphus-Arbeit? In: von Hirsch, A., Neumann, U., Seelmann, K. (Hrsg.): Paternalismus im Strafrecht – Die Kriminalisierung von selbstschädigendem Verhalten. Baden-Baden, S. 221-240.

Schwarz, O. (1991): Die strafgerichtliche Aberkennung der Amtsfähigkeit und des Wahlrechts. Baden-Baden.

Schweizerische Kriminalistische Gesellschaft (1994): Vernehmlassung zur Totalrevision des Allgemeinen Teils des Schweizerischen Strafgesetzbuchs. ZStrR 122, S. 354-375.

Schwenke, J. (2009): Zur Strafbarkeit der Beförderungserschleichung – § 265a StGB. Hamburg.

Schwerin-Witkowski, K. (2003): Entwicklungen der ambulanten Maßnahmen nach dem JGG in Mecklenburg-Vorpommern. Mönchengladbach.

Schwind, H.-D. (2016): Kriminologie. 23. Aufl., Heidelberg/München.

Seebode, M. (1999): Problematische Ersatzfreiheitsstrafe. In: Feuerhelm, W., Schwind, H.-D., Bock, M. (Hrsg.): Festschrift für Alexander Böhm zum 70. Geburtstag. Berlin, S. 519-552.

Seebode, M. (1999a): Anmerkungen zu OLG Jena v. 30.10.1997 1 Ws 195/97. NStZ 19, S. 318.

Sellert, W., Rüping, H. (1994): Studien- und Quellenbuch zur Geschichte der deutschen Strafrechtspflege. Bd. 2, Aalen.

Singelnstein, T., Puschke, J. (2011): Polizei, Gewalt und das Strafrecht – Zu den Änderungen beim Widerstand gegen Vollstreckungsbeamte. NJW 64, S. 3473-3477.

Sobota, S. (2013): „Bandenmäßiger Anbau" zum Eigenkonsum? Zur Notwendigkeit einer teleologischen Reduktion des Bandenbegriffs im BtmG. NStZ 33, S. 509-514.

Sobota, S. (2017): Die „Nebenfolge" – eigenständige Rechtsfolge oder Auffangbecken des Sanktionenrechts. ZIS 12, S. 248-256.

Sollberger, J. (2003): Besondere Aspekte der Geldstrafe. ZStrR 121, S. 244-263.

Sonnen, B.-R. (1995): Zauberwort Entkriminalisierung – Die passende Antwort auf (Bagatell)Kriminalität? In: Reindl, R., Kawamura-Reindl, G., Nickolai, W. (Hrsg.): Prävention – Entkriminalisierung – Sozialarbeit: Alternativen zur Strafschärfung. Freiburg i. Br., S. 115-127.

Sowada, C. (2000): Zur Strafbarkeit wegen Mordes bei strafvereitelungsfremdem Verdeckungszweck. JZ 55, S. 1035-1045.

Sowada, C. (2007): Im Labyrinth des § 316a StGB. In: Danneker, G. u. a. (Hrsg.): Festschrift für Harro Otto. Köln, S. 799-820.

SPD, Bündnis 90/Die Grünen (1998): Koalitionsvertrag für die 14. Legislaturperiode des Bundestages: „Aufbruch und Erneuerung - Deutschland auf dem Weg ins 21. Jahrhundert". Bonn.

Spiess, G. (2004): What works? Zum Stand der kriminologischen Wirkungsforschung zu Strafe und Behandlung im Strafvollzug. In: Cornel, H., Nickolai, W. (Hrsg.): What works? Neue Ansätze der Straffälligenhilfe auf dem Prüfstand. Freiburg, S. 12-50.

Spiess, G. (2012): Sanktionspraxis und Rückfallstatistik. BewHi 59, S. 17-39.

Spiess, G (2013): Wenn nicht mehr, wenn nicht härtere Strafen, was dann? Soziale Probleme 24, S. 87-117.

Spohn, C., Holleran, D. (2002): The effect of imprisonment on recidivism rates of felony offenders: A focus on drug offenders. Criminology 40, S. 329-358.

Stächelin, G. (1998): Strafgesetzgebung im Verfassungsstaat. Berlin.

Stächelin, G. (1998a): Das 6. Strafrechtsreformgesetz – vom Streben nach Harmonie, großen Reformen und höheren Strafen. StV 18, S. 98-104.

Statistisches Bundesamt (2013): Rechtspflege – Bewährungshilfe 2011. Wiesbaden.

Statistisches Bundesamt (2016): Strafverfolgung 2014. Wiesbaden.

Statistisches Bundesamt (2018): Strafverfolgung 2017. Wiesbaden.

Statistisches Bundesamt (2018a): Strafvollzug – demographische und kriminologische Merkmale zum Stichtag 31.03.2016. Wiesbaden.

Statistisches Bundesamt (2019): Rechtspflege – Bestand der Gefangenen und Verwahrten in den deutschen Justizvollzugsanstalten nach ihrer Unterbringung auf Haftplätzen des geschlossenen und des offenen Vollzugs jeweils zu den Stichtagen 31. März, 31. August und 30. November eines Jahres. Wiesbaden.

Statistisches Bundesamt (2019a): Staatsanwaltschaften 2015. Wiesbaden.

Statistisches Bundesamt (2019b): Strafgerichte 2018. Wiesbaden.

Stein, K. (2004): „Wer die Wahl hat..." Der Grundsatz der Allgemeinheit der Wahl und der Ausschluss vom Wahlrecht wegen strafgerichtlicher Verurteilung. GA 151, S. 22-32.

Steinberg, G. (2007): § 316a StGB – Perspektiven einer begrüßenswerten auslegungsmethodischen Trendwende. NZV 20, S. 545-552.

Steinberg, G., Zetzmann, W., Dust, J. (2013): Strafrahmenerhöhung bei § 133 StGB. JR 88, S. 7-11.

Steinhilber, B. (2012): Mord und Lebenslang – Aktuelle Rechtsprobleme und Vorschläge für die Überfällige Reform. Baden-Baden.

Stenner, D. (1970): Die kurzfristige Freiheitsstrafe und die Möglichkeiten zu ihrem Ersatz durch andere Sanktionen. München.

Stern, K. (1994): Das Staatsrecht der Bundesrepublik Deutschland. Bd. 3 2. Halbband, München.

Stern, K. (2006): Das Staatsrecht der Bundesrepublik Deutschland. Bd. 4 1. Halbband, München.

Stern, V. (1990): Ein Auge ist, das alles sieht... Elektronische Überwachung als Alternative zur Bewährungshilfe? Die Erfahrungen in Großbritannien. BewHi 37, S. 335-343.

Stiebig, V. (2003): Erschleichen i. S. d. § 265a Abs. 1 Alt. 3 StGB. JURA 24, S. 699-702.

Strafrechtskomission des deutschen Reiches (1909): Vorentwurf zu einem deutschen Strafgesetzbuch. Berlin.

Stöckel, H. (1992): Referat auf dem 59. Deutschen Juristentag. In: Verhandlungen des 59. Deutschen Juristentags. Hannover, O 23-34.

Stöckel, H. (2007): Gedanken zur Reform des Sanktionenrechts. In: Schöch, H., u. a. (Hrsg.): Recht gestalten – dem Recht dienen. Festschrift für Reinhard Böttcher zum 70. Geburtstag. Berlin, S. 617-636.

Stolzenberg, L., D'Alessio, S.-J. (1997): "Three Strikes and You're out!": The Impact of California's New Mandatory Sentencing Laws on Serious Crime Rates. Crime and Delinquency 43, S. 457-469.

Strafverteidigervereinigungen (2016): Stellungnahme zum Referentenentwurf des Bundesministeriums der Justiz und für Verbraucherschutz zur Reform des Strafgesetzbuchs, des Jugendgerichtsgesetzes und der Strafprozessordnung. Berlin.

Strecker, T. (2012): Die Franz von Liszt Schule und ihre Auswirkung auf die deutsche Strafrechtsentwicklung, Baden-Baden.

Stree, W. (1992): Probleme des Widerrufs einer Strafaussetzung wegen einer Straftat. NStZ 12, S. 153-160.

Streng, F. (1984): Strafzumessung und relative Gerechtigkeit. Heidelberg.

Streng, F. (1999): Modernes Sanktionenrecht. ZStW 111, S. 827-862.

Streng, F. (2000): Entwicklung neuer Sanktionsformen in Deutschland. In: Jehle, J.-M. (Hrsg.): Täterbehandlung und neue Sanktionsformen. Mönchengladbach, S. 207-233.

Streng, F. (2004): Allgemeines Fahrverbot und Gerechtigkeit – spezielle und generelle Anmerkungen zur Kriminalpolitik. ZRP 37, S. 237-240.

Streng, F. (2006): Sanktionseinstellung bei Jurastudierenden im Wandel. Soziale Probleme 17, S. 210-231.

Streng, F. (2012): Strafrechtliche Sanktionen, 3. Aufl., Stuttgart.

Streng, F. (2013): Einstellungen zum Täter-Opfer-Ausgleich – Hintergründe und Veränderungen in Zeiten zunehmender Punitivität. In: Boers, K., u. a.

(Hrsg.): Kriminologie – Kriminalpolitik – Strafrecht. Festschrift für Hans-Jürgen Kerner zum 70. Geburtstag. Tübingen, S. 499-515.

Streng, F. (2014): Kriminalitätswahrnehmung und Punitivität im Wandel. Kriminalitäts- und berufsbezogene Einstellungen junger Juristen. München.

Sturm, R. (1970): Die Strafrechtsreform. JZ 25, S. 81-87.

Sturm, R. (1977): Grundlinien der neueren Strafrechtsreform. In: Jescheck/Lüttger (Hrsg.): Festschrift für Eduard Dreher. Berlin, S. 513-531.

Thiele, M. (1999): Elektronisch überwachter Hausarrest – moderne Vollzugsmethode oder nur „Knast de luxe". Kriminalistik 53, S. 440-446.

Thomas, S. (1985): Die Geschichte des Mordparagraphen. Eine normgenetische Untersuchung bis in die Gegenwart. Bochum.

Timm, F. (2014): Zur rechtlichen Unmöglichkeit eines Fahrverbots (§ 44 StGB) neben einer Verwarnung mit Strafvorbehalt. NZV 27, S. 112-114.

Tonry, M. (1996): Sentencing Matters. New York.

Tonry, M. (1999): Parochialism in US Sentencing Policy. Crime & Delinquency 45, S. 48-65.

Tonry, M., Lynch, M. (1996): Intermediate Sanctions. Crime and Justice 20, S. 99-144.

Traulsen, M. (1993): Die Entwicklung der ambulanten Sanktionen nach allgemeinem Strafrecht seit der Strafrechtsreform – eine Analyse nach Deliktsarten. BewHi 40, S. 87-100.

Travis, J., Werstern, B., Redburn, S. (2014): The Growth of Incarceration in the United States – Exploring Causes and Consequences. Washington D. C.

Triffterer, O. (1994): Österreichisches Strafrecht – Allgemeiner Teil. 2. Aufl. Wien.

Tröndle, H. (1974): Die Geldstrafe in der Praxis und Probleme ihrer Durchsetzung unter besonderer Berücksichtigung des Tagessatzsystems. ZStW 86, S. 545-594.

Tröndle, H. (1976): Anmerkungen zu BayOLG Beschl. v. 30.7.1975 – Rreg. 1 St 219/75. JR 51, S. 162-163.

United Nations (2007): Handbook on basic principles and promising practices on Alternatives to Imprisonment. New York.

United Nations Office on Drugs and Crime (2009): World Drug Report 2009. Wien.

United States Sentencing Commission (2011): Mandatory minimum penalties in the Federal Justice System. Washington D. C.

Useem, B., Phiel, A.-M. (2008): Prison State – The Challenge of Mass Incarcaration. Cambridge/New York.

van Kalmthout, A. (1989): Characteristics of Drug Policy in the Netherlands. In: Albrecht, H.-J., van Kalmthout, A. (Hrsg.): Drug Policies in Western Europe. Freiburg i. Br. S.

van Kalmthout, A., Dünkel, F. (2000): Ambulante Sanktionen und Maßnahmen in Europa. NK 12, Heft 4, S. 26-30.

van Zyl Smit, D. (2002): Taking Life Imprisonment Seriously in National and International Law. Den Haag u. a.

Vanhaelemeesch, D., Beeken, T.-V., Vandevelde, S. (2014): Punishment at home: Offenders experience with electronic monitoring. European Journal of Criminology 11, S. 273-287.

Verhandlungen des Deutschen Juristentags (1992): Die Beschlüsse. NJW 45, S. 3016-3026.

Verrell, T. (2014): Das Fahrverbot als Hauptstrafe – eine sinnvolle Erweiterung des strafrechtlichen Sanktionensystems! Bonner Rechtsjournal 6, S. 135-138.

Villmow, B. (1993): Kurzstrafenvollzug: Einige Daten und Überlegungen. KrimJ 25, S. 205-224.

Villmow, B. (1998): Kurze Freiheitsstrafe, Ersatzfreiheitsstrafe und gemeinnützige Arbeit. In: Albrecht, H.-J., u. a. (Hrsg.): Festschrift für Günther Kaiser zum 70. Geburtstag. Berlin, S. 1291-1324.

Villmow, B., Sessar, K., Vonhoff, B. (1993): Kurzstrafenvollzug: Einige Daten und Überlegungen. KrimJ 25, S. 205- 224.

Vincent, B., Hofer, P. (1994): The Consequences of Mandatory Minimum Prison Terms: A Summary of Recent Findings. Federal Judicial Center.

Vogler, T. (1978): Demontage des Tagessatzsystems. JR 53, S. 353-361.

Vogler, T. (1978a): Möglichkeiten und Wege einer Entkriminalisierung. ZStW 90, S. 132-172.

von der Aa, U., Pöppelmann, C. (1999): Empfiehlt es sich die Entziehung der Fahrerlaubnis und/oder das Fahrverbot als Hauptstrafe in das StGB aufzunehmen. JURA 20, S. 462-465.

von Heintschel-Heinegg B. (2019) (Hrsg.): Beck'scher Onlinekommentar – Strafgesetzbuch, 43. Edition, Stand 01.08.2019. München. (zitiert: BeckOK-*Bearbeiter*).

von Hirsch, A. (2010): Direkter Paternalismus im Strafrecht – Sollte selbstschädigendes Verhalten kriminalisiert werden? In: von Hirsch, A., Neumann, U., Seelmann, K. (Hrsg.): Paternalismus im Strafrecht. Baden-Baden. S. 57-70.

von Hofer, H. (2000): Die elektronische Überwachung von Straftätern in Schweden. In: Jehle, J.-M. (Hrsg.): Täterbehandlung und neue Sanktionsformen. Mönchengladbach, S. 349-358.

von Hofer, H. (2010): Schweden. In: Dünkel, F., u. a. (Hrsg.): Kriminalität, Kriminalpolitik, strafrechtliche Praxis und Gefangenenraten im europäischen Vergleich. Mönchengladbach, S. 761-781.

von. Liszt, F. (1892): Der Zweckgedanke im Strafrecht. In: v. Liszt, F. (Hrsg.): Strafrechtliche Vorträge und Aufsätze, Band 1 1905. Berlin (Photomechanischer Nachdruck 1970, Berlin), S. 126-179.

von. Liszt, F. (1892a): Kriminalpolitische Aufgaben. In: v. Liszt, F. (Hrsg.): Strafrechtliche Vorträge und Aufsätze, Band 1 1905. Berlin (Photomechanischer Nachdruck 1970, Berlin), S. 290-467.

von Mangoldt, H., Klein, F., Stark, C. (2018) (Hrsg.): Bonner Grundgesetz Kommentar. Bd. 1. 7. Aufl., München. (zitiert: Bonner-Kommentar-*Bearbeiter*).

von Mangoldt, H., Klein, F., Stark, C. (2018) (Hrsg.): Bonner Grundgesetz Kommentar. Bd. 2. 7. Aufl., München. (zitiert: Bonner-Kommentar-*Bearbeiter*).

von Preuschen, A. (2007): Die Modernisierung der Justiz, ein Dauerthema - Die Rechtsänderungen durch das 2. Justizmodernisierungsgesetz. NJW 60, S. 321-325.

von Selle, D. (1997): Gerechte Geldstrafe – Konkretisierung des Grundsatzes der Opfergleichheit. Baden-Baden.

von Selle, D. (2002): Die Reform des Sanktionenrechts. JR 77, S. 227-232.

von Stockhausen, H.-C. (2008) Die Metamorphose der Strafrestaussetzung. Berlin.

Vincent, B., Hofer, P. (1994): The Consequences of Mandatory Minimum Prison Terms: A Summary of Recent Findings. Washington DC.

Vormbaum, T. (1995): „Politisches" Strafrecht. ZStW 107, S. 734-760.

Vormbaum, T. (2011): Einführung in die moderne Strafrechtsgeschichte, 2. Aufl., Heidelberg.

Wagner, J. (1979): Ladendiebstahl – Wohlstands- oder Notstandskriminalität. Heidelberg.

Walter, M. (1978): Angebote ambulanter Behandlung: Ein Ausweg aus dem Vollzugsdilemma? In: Sievering, U.-O. (Hrsg.): Behandlungsvollzug – Evolutionäre Zwischenstufe oder historische Sackgasse. Karlsruhe, S. 256-285.

Walter, M., Geiter, H., Fischer, W. (1989): Halbstrafenaussetzung – ein ungenutztes Institut zur Verringerung des Freiheitsentzugs. NStZ 9, S. 405-417.

Walter, M., Geiter, H., Fischer, W. (1990): Halbstrafenaussetzung – Einsatzmöglichkeiten dieses Instituts zur Verringerung des Freiheitsentzugs – Betrachtungen insbesondere aus der Perspektive späterer Legalbewährung. NStZ 10, S. 16-24.

Walter, T. (2014): Vom Beruf des Gesetzgebers zur Gesetzgebung – zur Reform der Tötungsdelikte und gegen *Fischer/et al.* in NStZ 2014, S. 9. NStZ 34, S. 368-376.

Walther, S. (1999): Was soll Strafe? – Grundzüge eines zeigemäßen Sanktionensytems. ZStW 111, S. 123-143.

Wawzyniak, H (2014): Freiheit bewahren, soziale Gerechtigkeit stärken. Das rechtspolitische Programm der Bundestagsfraktion die Linke in der 18. Wahlperiode. ZRP 47, S. 227-229.

Weber, H.-M. (1999): Die Abschaffung der Lebenslangen Freiheitsstrafe – für eine Durchsetzung des Verfassungsanspruchs. Baden-Baden.

Weber, J. (2004): Der elektronisch überwachte Hausarrest und seine versuchsweise Einführung in der Schweiz. Basel.

Weber, J., Pruin, I. (2017): Schweiz. In: Dünkel, F., Thiele, C., Treig, J. (Hrsg.): Elektronische Überwachung von Straffälligen im europäischen Vergleich – Bestandsaufnahme und Perspektiven. Mönchengladbach, S. 437-457.

Weber, K. (2017): Betäubungsmittelgesetz. 5. Aufl., München.

Weber, U. (1978): Aussetzung des Restes der Ersatzfreiheitsstrafe nach § 57 StGB? In: Stree, W., u. a. (Hrsg.): Gedächtnisschrift für Horst Schröder. München, S. 175-187.

Wedler, S. (2015): Fahrverbot für jugendliche Hooligans – Zur Aufwertung des Fahrverbots zu einer eigenständigen Sanktion im Erwachsenen- und Jugendstrafrecht. NZV 28, S. 209-214.

Wedler, S. (2016): Ausweitung des Fahrverbots auf alle Straftaten? ZRP 49, S. 186.

Wehage, J.-C. (2013): Das Grundrecht auf Gewährleistung der Vertraulichkeit und Integrität informationstechnischer Systeme und seine Auswirkungen auf das bürgerliche Recht. Göttingen.

Weichert, T. (2000): Der elektronische Hausarrest aus der Sicht des Datenschutzes. StV 20, S. 335-339.

Weigelt, E. (2009): Bewähren sich Bewährungsstrafen? – Eine empirische Untersuchung der Praxis von und des Erfolgs der Strafaussetzung von Freiheits- und Jugendstrafen. Göttingen.

Weigend, T. (1986): Die kurze Freiheitsstrafe – Eine Sanktion mit Zukunft? JZ 41, S. 260-269.

Weigend, T. (1992): Sanktionen ohne Freiheitsentzug. GA 139, S. 345-367.

Weigend, T. (1999): Der Grundsatz der Verhältnismäßigkeit als Grenze staatlicher Strafgewalt. In: Weigend, T., Küpper, G. (Hrsg.): Festschrift für Hans Joachim Hirsch zum 70. Geburtstag. Berlin, S. 917-938.

Welch, M. (2011): Corrections – a critical approach. 3. Aufl. New York.

Welke, W. (2002): Mandatory sentencing – Ein kritischer Bericht über die Tendenzen zu absoluten Strafen im Rechtsbereich des common law. ZRP 35, S. 207-214.

Wennerberg, I. (2013): High level of support and high level of control: an efficient Swedish model of electronic monitoring. In: Nellis, M., Beyens, K., Kaminski, D. (Hrsg.): Electronically Monitored Punishment. International and critical perspectives. London, New York, S. 113-127.

Wesemann, H. (2015): Legalize it! ZRP 48, S. 60.

Wessels, J.; Hettinger, M., Engländer, A. (2018): Strafrecht – Besonderer Teil 1. Straftaten gegen Persönlichkeits- und Gemeinschaftswerte. 42. Aufl., Heidelberg.

Wessels, J., Hillenkamp, T., Schuhr, J. (2018): Strafrecht – Besonderer Teil 2. Straftaten gegen Vermögenswerte. 41. Aufl., Heidelberg.

Weßlau, E. (1999): In welche Richtung geht die Reform des Sanktionensystems? StV 18, S. 278-287.

Whitfield, R. (1999): Electronic Monitoring – Erfahrungen aus den USA und Europa. BewHi 46, S. 44-50.

Wilde, F. (2016): Armut und Strafe: Zur strafschärfenden Wirkung von Armut im Deutschen Strafrecht. Wiesbaden.

Wilkitzki, P. (2000): Neue Kriminalpolitische Akzente in Deutschland. In: Jehle, J.-M. (Hrsg.): Täterbehandlung und neue Sanktionsformen. Mönchengladbach, S. 447-454.

Winkelmeier-Becker, E. (2014): Rechtspolitische Schwerpunkte der CDU/CSU-Bundestagsfraktion in der 18. Wahlperiode. ZRP 47, S. 224.

Winter, F. (2005): Täter-Opfer-Ausgleich – Wohin wird die Reise gehen? Zur Auswertung der Täter-Opfer-Ausgleichsstatisitk. ZJJ 8, S. 199-203.

Wiss, A. (1989): Verwarnung mit Strafvorbehalt. Jura 10, S. 622-627.

Wittstamm, K. (1997): Die kurze Freiheitsstrafe – eine Bestandsaufnahme. ZfStrVo 46, S. 3-18.

Wittstamm, K. (1998): Elektronischer Hausarrest? Zur Anwendbarkeit eines amerikanischen Sanktionsmodells in Deutschland. Baden-Baden.

Wodicka, J. (1991): Anmerkung zu BGH, Urteil vom 07.11.1990 - 2 StR 439/90. NStZ 11, S. 487-488.

Woesner, H. (1980): Neuregelung der Tötungstatbestände. NJW 33, S. 1136-1140.

Wößner, G., Schwedler, A. (2013): Elektronische Aufsicht im Vollzug der Freiheitsstrafe in Baden-Württemberg – Ergebnisse der wissenschaftlichen Begleitforschung. BewHi 60, S. 130-145.

Wößner, G., Schwedler, A. (2014): Aufstieg und Fall der elektronischen Fußfessel in Baden-Württemberg: Analysen zum Modellversuch der elektronischen Aufsicht im Vollzug der Freiheitsstrafe. NK 26, S. 60-77.

Wolters, G. (1998): Das sechste Gesetz zur Reform des Strafrechts. JZ 53, S. 397-400.

Wolters, G. (2002): Der Entwurf eines „Gesetzes zur Reform des Sanktionenrechts". ZStW 114, S. 63-87.

Wolters, G. (2002a): „Neues" vom räuberischen Angriff auf Kraftfahrer? GA 149, S. 303-317.

Wolters, G. (2008): Höchst Lebendiges im sanktionsrechtlichen Werk Eckard Horns. GA 155, S. 723-740.

Wurth, G. (2016): Repräsentative Umfragen: Wie stehen die Deutschen zu Cannabis und Legalisierung? In: Akzept e. V., Deutsche AIDS-Hilfe, JES e. V. (Hrsg.): 3. Alternativer Drogen- und Suchtbericht. Lengerich, S. 78-81.

Youssef, O. (2010): Die Schnittstellenproblematik im Lichte der Rechtsprechung des Bundesgerichts. ZStrR 128, S. 38-57.

Zabel, B. (2010): Zur Annahme des Mordtatbestands bei einer Kindestötung. HRRS 11, S. 403-412.

Zieschang, F. (1992): Das Sanktionensystem in der Reform des französischen Strafrechts im Vergleich mit dem deutschen Strafrecht. Berlin.

Ziltener, F. (1995): Bedingter Strafvollzug für einen Teil der ausgefällten Strafe(n). ZStrR 113, S. 56-81.

Zimmermann, D. (1982): Tilgung uneinbringlicher Geldstrafen durch freie Arbeit. BewHi 29, S. 113-126.

Zipf, H. (1962): Die Geldstrafe in ihrer Funktion zur Eindämmung der kurzen Freiheitsstrafe. München.

Zipf, H. (1965): Zur Ausgestaltung der Geldstrafe im kommenden Strafrecht. ZStW 77, S. 526-562.

Zipf, H. (1974): Die Rechtsfolgen der Tat im neuen Strafgesetzbuch. JuS 14, S. 137-147.

Zipf, H. (1974a): Probleme der Neuregelung der Geldstrafe in Deutschland. ZStW 86, S. 513-544.

Zipf, H. (1975): Anmerkungen zu OLG Karlsruhe v. 8.8.1975 – 1 Ws 249/74. JR 50, S. 296-297.

Zipf, H. (1985): Teilaussetzung bei Freiheits- und Geldstrafen. In: Vogler, T., u. a. (Hrsg.): Festschrift für Hans-Heinrich Jescheck zum 70. Geburtstag. Berlin, S. 977-990.

Zipf, H. (1990): Die Einführung der teilbedingten Strafe in Österreich. In: Kerner, H.-J., Kaiser, G. (Hrsg,): Kriminalität – Persönlichkeit, Lebensgeschichte und Verhalten: Festschrift für Hans Göppinger zum 70. Geburtstag. Berlin. S. 463-476.

Zöller, M. (2015): Neue Straftatbestände zum Schutz vor Gewalt gegen Polizeibeamte. ZIS 10, S. 445-455.

Zopfs, J. (2013): Steter Tropfen höhlt den Stein? – Zur Reform der Fahrverbotsstrafe. In: Zöller, M.-A., u. a. (Hrsg.): Festschrift für Jürgen Wolter zum 70. Geburtstag. Berlin, S. 815-829.

Zopfs, J. (2016): Fahrverbot für alle – Auszüge aus einem Gesetzentwurf, der einen das Fürchten lehrt. StV 46, Heft 9 Editorial.

Zorn, A. (2013): Die Heimtücke im Sinne des § 211 Abs. 2 StGB – ein das vortatliche Opferverhalten berücksichtigendes Tatbestandsmerkmal? Berlin.

Zschieschack, F., Rau, I. (2009): Anmerkungen zu BGH, Beschl. v. 8.1.2009 – 4 StR 117/08. JR 84, S. 244-245.

Reihenübersicht

ab Band 67
Schriften zur Kriminologie und Strafrechtspflege
ISSN 2698-363X
Criminal Justice Series
Hrsg. von Prof. Dr. Frieder Dünkel und
Prof. Dr. Stefan Harrendorf
Universität Greifswald

vormals (Band 1 bis Band 66)
Schriften zum Strafvollzug, Jugendstrafrecht und zur Kriminologie
ISSN 0949-8354
Hrsg. von Prof. Dr. Frieder Dünkel, Lehrstuhl für Kriminologie
an der Ernst-Moritz-Arndt-Universität Greifswald

Bisher erschienen:

Band 1
Dünkel, Frieder: Empirische Forschung im Strafvollzug. Bestandsaufnahme und Perspektiven.
Bonn 1996. ISBN 978-3-927066-96-0.

Band 2
Dünkel, Frieder; van Kalmthout, Anton; Schüler-Springorum, Horst (Hrsg.): Entwicklungstendenzen und Reformstrategien im Jugendstrafrecht im europäischen Vergleich.
Mönchengladbach 1997. ISBN 978-3-930982-20-2.

Band 3
Gescher, Norbert: Boot Camp-Programme in den USA. Ein Fallbeispiel zum Formenwandel in der amerikanischen Kriminalpolitik.
Mönchengladbach 1998. ISBN 978-3-930982-30-1.

Band 4
Steffens, Rainer: Wiedergutmachung und Täter-Opfer-Ausgleich im Jugend- und Erwachsenenstrafrecht in den neuen Bundesländern.
Mönchengladbach 1999. ISBN 978-3-930982-34-9.

Band 5
Koeppel, Thordis: Kontrolle des Strafvollzuges. Individueller Rechtsschutz und generelle Aufsicht. Ein Rechtsvergleich.
Mönchengladbach 1999. ISBN 978-3-930982-35-6.

Band 6
Dünkel, Frieder; Geng, Bernd (Hrsg.): Rechtsextremismus und Fremdenfeindlichkeit.
Bestandsaufnahme und Interventionsstrategien.
Mönchengladbach 1999. ISBN 978-3-930982-49-3.

Band 7
Tiffer-Sotomayor, Carlos: Jugendstrafrecht in Lateinamerika unter besonderer Berücksichtigung von Costa Rica.
Mönchengladbach 2000. ISBN 978-3-930982-36-3.

Band 8
Skepenat, Marcus: Jugendliche und Heranwachsende als Tatverdächtige und Opfer von Gewalt. Eine vergleichende Analyse jugendlicher Gewaltkriminalität in Mecklenburg-Vorpommern anhand der Polizeilichen Kriminalstatistik unter besonderer Berücksichtigung tatsituativer Aspekte.
Mönchengladbach 2000. ISBN 978-3-930982-56-1.

Band 9
Pergataia, Anna: Jugendstrafrecht in Russland und den baltischen Staaten.
Mönchengladbach 2001. ISBN 978-3-930982-50-1.

Band 10
Kröplin, Mathias: Die Sanktionspraxis im Jugendstrafrecht in Deutschland im Jahr 1997. Ein Bundesländervergleich.
Mönchengladbach 2002. ISBN 978-3-930982-74-5.

Band 11
Morgenstern, Christine: Internationale Mindeststandards für ambulante Strafen und Maßnahmen.
Mönchengladbach 2002. ISBN 978-3-930982-76-9.

Band 12
Kunkat, Angela: Junge Mehrfachauffällige und Mehrfachtäter in Mecklenburg-Vorpommern. Eine empirische Analyse.
Mönchengladbach 2002. ISBN 978-3-930982-79-0.

Band 13
Schwerin-Witkowski, Kathleen: Entwicklung der ambulanten Maßnahmen nach dem JGG in Mecklenburg-Vorpommern.
Mönchengladbach 2003. ISBN 978-3-930982-75-2.

Band 14
Dünkel, Frieder; Geng, Bernd (Hrsg.): Jugendgewalt und Kriminalprävention. Empirische Befunde zu Gewalterfahrungen von Jugendlichen in Greifswald und Usedom/Vorpommern und ihre Auswirkungen für die Kriminalprävention.
Mönchengladbach 2003. ISBN 978-3-930982-95-0.

Band 15
Dünkel, Frieder; Drenkhahn, Kirstin (Hrsg.): Youth violence: new patterns and local responses – Experiences in East and West. Conference of the International Association for Research into Juvenile Criminology. Violence juvénile: nouvelles formes et stratégies locales – Expériences à l'Est et à l'Ouest. Conférence de l'Association Internationale pour la Recherche en Criminologie Juvénile.
Mönchengladbach 2003. ISBN 978-3-930982-81-3.

Band 16
Kunz, Christoph: Auswirkungen von Freiheitsentzug in einer Zeit des Umbruchs. Zugleich eine Bestandsaufnahme des Männererwachsenenvollzugs in Mecklenburg-Vorpommern und in der JVA Brandenburg/Havel in den ersten Jahren nach der Wiedervereinigung.
Mönchengladbach 2003. ISBN 978-3-930982-89-9.

Band 17
Glitsch, Edzard: Alkoholkonsum und Straßenverkehrsdelinquenz. Eine Anwendung der Theorie des geplanten Verhaltens auf das Problem des Fahrens unter Alkohol unter besonderer Berücksichtigung des Einflusses von verminderter Selbstkontrolle.
Mönchengladbach 2003. ISBN 978-3-930982-97-4.

Band 18
Stump, Brigitte: „Adult time for adult crime" – Jugendliche zwischen Jugend- und Erwachsenenstrafrecht. Eine rechtshistorische und rechtsvergleichende Untersuchung zur Sanktionierung junger Straftäter.
Mönchengladbach 2003. ISBN 978-3-930982-98-1.

Band 19
Wenzel, Frank: Die Anrechnung vorläufiger Freiheitsentziehungen auf strafrechtliche Rechtsfolgen.
Mönchengladbach 2004. ISBN 978-3-930982-99-8.

Band 20
Fleck, Volker: Neue Verwaltungssteuerung und gesetzliche Regelung des Jugendstrafvollzuges.
Mönchengladbach 2004. ISBN 978-3-936999-00-6.

Band 21
Ludwig, Heike; Kräupl, Günther: Viktimisierung, Sanktionen und Strafverfolgung. Jenaer Kriminalitätsbefragung über ein Jahrzehnt gesellschaftlicher Transformation. Mönchengladbach 2005. ISBN 978-3-936999-08-2.

Band 22
Fritsche, Mareike: Vollzugslockerungen und bedingte Entlassung im deutschen und französischen Strafvollzug. Mönchengladbach 2005. ISBN 978-3-936999-11-2.

Band 23
Dünkel, Frieder; Scheel, Jens: Vermeidung von Ersatzfreiheitsstrafen durch gemeinnützige Arbeit: das Projekt „Ausweg" in Mecklenburg-Vorpommern. Mönchengladbach 2006. ISBN 978-3-936999-10-5.

Band 24
Sakalauskas, Gintautas: Strafvollzug in Litauen. Kriminalpolitische Hintergründe, rechtliche Regelungen, Reformen, Praxis und Perspektiven. Mönchengladbach 2006. ISBN 978-3-936999-19-8.

Band 25
Drenkhahn, Kirstin: Sozialtherapeutischer Strafvollzug in Deutschland. Mönchengladbach 2007. ISBN 978-3-936999-18-1.

Band 26
Pruin, Ineke Regina: Die Heranwachsendenregelung im deutschen Jugendstrafrecht. Jugendkriminologische, entwicklungspsychologische, jugendsoziologische und rechtsvergleichende Aspekte. Mönchengladbach 2007. ISBN 978-3-936999-31-0.

Band 27
Lang, Sabine: Die Entwicklung des Jugendstrafvollzugs in Mecklenburg-Vorpommern in den 90er Jahren. Eine Dokumentation der Aufbausituation des Jugendstrafvollzugs sowie eine Rückfallanalyse nach Entlassung aus dem Jugendstrafvollzug. Mönchengladbach 2007. ISBN 978-3-936999-34-1.

Band 28
Zolondek, Juliane: Lebens- und Haftbedingungen im deutschen und europäischen Frauenstrafvollzug. Mönchengladbach 2007. ISBN 978-3-936999-36-5.

Band 29
Dünkel, Frieder; Gebauer, Dirk; Geng, Bernd; Kestermann, Claudia: Mare-Balticum-Youth-Survey – Gewalterfahrungen von Jugendlichen im Ostseeraum.
Mönchengladbach 2007. ISBN 978-3-936999-38-9.

Band 30
Kowalzyck, Markus: Untersuchungshaft, Untersuchungshaftvermeidung und geschlossene Unterbringung bei Jugendlichen und Heranwachsenden in Mecklenburg-Vorpommern.
Mönchengladbach 2008. ISBN 978-3-936999-41-9.

Band 31
Dünkel, Frieder; Gebauer, Dirk; Geng, Bernd: Jugendgewalt und Möglichkeiten der Prävention. Gewalterfahrungen, Risikofaktoren und gesellschaftliche Orientierungen von Jugendlichen in der Hansestadt Greifswald und auf der Insel Usedom. Ergebnisse einer Langzeitstudie 1998 bis 2006.
Mönchengladbach 2008. ISBN 978-3-936999-48-8.

Band 32
Rieckhof, Susanne: Strafvollzug in Russland. Vom GULag zum rechtsstaatlichen Resozialisierungsvollzug?
Mönchengladbach 2008. ISBN 978-3-936999-55-6.

Band 33
Dünkel, Frieder; Drenkhahn, Kirstin; Morgenstern, Christine (Hrsg.): Humanisierung des Strafvollzugs – Konzepte und Praxismodelle.
Mönchengladbach 2008. ISBN 978-3-936999-59-4.

Band 34
Hillebrand, Johannes: Organisation und Ausgestaltung der Gefangenenarbeit in Deutschland.
Mönchengladbach 2009. ISBN 978-3-936999-58-7.

Band 35
Hannuschka, Elke: Kommunale Kriminalprävention in Mecklenburg-Vorpommern. Eine empirische Untersuchung der Präventionsgremien.
Mönchengladbach 2009. ISBN 978-3-936999-68-6.

Band 36/1 bis 4 (nur als Gesamtwerk erhältlich)
Dünkel, Frieder; Grzywa, Joanna; Horsfield, Philip; Pruin, Ineke (Eds.): Juvenile Justice Systems in Europe – Current Situation and Reform Developments. Vol. 1-4.
2nd revised edition.
Mönchengladbach 2011. ISBN 978-3-936999-96-9.

Band 37/1 bis 2 (Gesamtwerk)
Dünkel, Frieder; Lappi-Seppälä, Tapio; Morgenstern, Christine; van Zyl Smit, Dirk (Hrsg.):
Kriminalität, Kriminalpolitik, strafrechtliche Sanktionspraxis und Gefangenenraten im
europäischen Vergleich. Bd.1 bis 2.
Mönchengladbach 2010. ISBN 978-3-936999-73-0.

Band 37/1 (Einzelband)
Dünkel, Frieder; Lappi-Seppälä, Tapio; Morgenstern, Christine; van Zyl Smit, Dirk (Hrsg.):
Kriminalität, Kriminalpolitik, strafrechtliche Sanktionspraxis und Gefangenenraten im
europäischen Vergleich. Bd.1.
Mönchengladbach 2010. ISBN 978-3-936999-76-1.

Band 37/2 (Einzelband)
Dünkel, Frieder; Lappi-Seppälä, Tapio; Morgenstern, Christine; van Zyl Smit, Dirk (Hrsg.):
Kriminalität, Kriminalpolitik, strafrechtliche Sanktionspraxis und Gefangenenraten im
europäischen Vergleich. Bd.2.
Mönchengladbach 2010. ISBN 978-3-936999-77-8.

Band 38
Krüger, Maik: Frühprävention dissozialen Verhaltens. Entwicklungen in der Kinder- und
Jugendhilfe.
Mönchengladbach 2010. ISBN 978-3-936999-82-2.

Band 39
Hess, Ariane: Erscheinungsformen und Strafverfolgung von Tötungsdelikten in Meck-
lenburg-Vorpommern.
Mönchengladbach 2010. ISBN 978-3-936999-83-9.

Band 40
Gutbrodt, Tobias: Jugendstrafrecht in Kolumbien. Eine rechtshistorische und rechtsvergleichende Untersuchung zum Jugendstrafrecht in Kolumbien, Bolivien, Costa Rica und
der Bundesrepublik Deutschland unter Berücksichtigung internationaler Menschen-
rechtsstandards.
Mönchengladbach 2010. ISBN 978-3-936999-86-0.

Band 41
Stelly, Wolfgang; Thomas, Jürgen (Hrsg.): Erziehung und Strafe. Symposium zum 35-jährigen
Bestehen der JVA Adelsheim.
Mönchengladbach 2011. ISBN 978-3-936999-95-2.

Band 42
Yngborn, Annalena: Strafvollzug und Strafvollzugspolitik in Schweden: vom Resozialisierungs-
zum Sicherungsvollzug? Eine Bestandsaufnahme der Entwicklung in den letzten 35 Jahren.
Mönchengladbach 2011. ISBN 978-3-936999-84-6.

Band 43
Kühl, Johannes: Die gesetzliche Reform des Jugendstrafvollzugs in Deutschland im Licht der European Rules for Juvenile Offenders Subject to Sanctions or Measures (ERJOSSM). Mönchengladbach 2012. ISBN 978-3-942865-06-7.

Band 44
Zaikina, Maryna: Jugendkriminalrechtspflege in der Ukraine. Mönchengladbach 2012. ISBN 978-3-942865-08-1.

Band 45
Schollbach, Stefanie: Personalentwicklung, Arbeitsqualität und betriebliche Gesundheitsförderung im Justizvollzug in Mecklenburg-Vorpommern. Mönchengladbach 2013. ISBN 978-3-942865-14-2.

Band 46
Harders, Immo: Die elektronische Überwachung von Straffälligen. Entwicklung, Anwendungsbereiche und Erfahrungen in Deutschland und im europäischen Vergleich. Mönchengladbach 2014. ISBN 978-3-942865-24-1.

Band 47
Faber, Mirko: Länderspezifische Unterschiede bezüglich Disziplinarmaßnahmen und der Aufrechterhaltung von Sicherheit und Ordnung im Jugendstrafvollzug. Mönchengladbach 2014. ISBN 978-3-942865-25-8.

Band 48
Gensing, Andrea: Jugendgerichtsbarkeit und Jugendstrafverfahren im europäischen Vergleich. Mönchengladbach 2014. ISBN 978-3-942865-34-0.

Band 49
Rohrbach, Moritz Philipp: Die Entwicklung der Führungsaufsicht unter besonderer Berücksichtigung der Praxis in Mecklenburg-Vorpommern. Mönchengladbach 2014. ISBN 978-3-942865-35-7.

Band 50/1 bis 2 (nur als Gesamtwerk erhältlich)
Dünkel, Frieder; Grzywa-Holten, Joanna; Horsfield, Philip (Eds.): Restorative Justice and Mediation in Penal Matters. A stock-taking of legal issues, implementation strategies and outcomes in 36 European countries. Vol. 1 bis 2. Mönchengladbach 2015. ISBN 978-3-942865-31-9.

Band 51
Horsfield, Philip: Jugendkriminalpolitik in England und Wales – Entwicklungsgeschichte, aktuelle Rechtslage und jüngste Reformen. Mönchengladbach 2015. ISBN 978-3-942865-42-5.

Band 52
Grzywa-Holten, Joanna: Strafvollzug in Polen – Historische, rechtliche, rechtstatsächliche, menschenrechtliche und international vergleichende Aspekte. Mönchengladbach 2015. ISBN 978-3-942865-43-2.

Band 53
Khakzad, Dennis: Kriminologische Aspekte völkerrechtlicher Verbrechen. Eine vergleichende Untersuchung der Situationsländer des Internationalen Strafgerichtshofs. Mönchengladbach 2015. ISBN 978-3-942865-50-0.

Band 54
Blanck, Thes Johann: Die Ausbildung von Strafvollzugsbediensteten in Deutschland. Mönchengladbach 2015. ISBN 978-3-942865-51-7.

Band 55
Castro Morales, Álvaro: Jugendstrafvollzug und Jugendstrafrecht in Chile, Peru und Bolivien unter besonderer Berücksichtigung von nationalen und internationalen Kontrollmechanismen. Rechtliche Regelungen, Praxis, Reformen und Perspektiven. Mönchengladbach 2016. ISBN 978-3-942865-57-9.

Band 56
Dünkel, Frieder; Jesse, Jörg; Pruin, Ineke; von der Wense, Moritz (Eds.): European Treament, Transition Management, and Re-Integration of High-Risk Offenders. Results of the Final Conference at Rostock-Warnemünde, 3-5 September 2014, and Final Evaluation Report of the Justice-Cooperation-Network (JCN)-Project "European treatment and transition management of high-risk offenders". Mönchengladbach 2016. ISBN 978-3-942865-58-6.

Band 57
Kratochvil-Hörr, Regine: Der Beschlussarrest: Dogmatische Probleme und Anwendungspraxis im Land Berlin. Mönchengladbach 2016. ISBN 978-3-942865-60-9.

Band 58
Thiele, Christoph Wilhelm: Ehe- und Familienschutz im Strafvollzug. Strafvollzugsrechtliche und -praktische Maßnahmen und Rahmenbedingungen zur Aufrechterhaltung familiärer Beziehungen von Strafgefangenen. Mönchengladbach 2016. ISBN 978-3-942865-61-6.

Band 59
Păroşanu, Andrea: Jugendstrafrecht in Rumänien. Historische, kriminologische, rechtliche und rechtspolitische Aspekte. Mönchengladbach 2016. ISBN 978-3-942865-64-7.

Band 60
Schmidt, Katrin: Städtebau und Kriminalität: Untersuchung des Einflusses von kriminalprä-
ventiven Erkenntnissen im Rahmen städtebaulicher Projekte in Mecklenburg-Vorpommern.
Mönchengladbach 2016. ISBN 978-3-942865-67-8.

Band 61
Dünkel, Frieder; Jesse, Jörg; Pruin, Ineke; von der Wense, Moritz (Hrsg.): Die Wiedereinglie-
derung von Hochrisikotätern in Europa – Behandlungskonzepte, Entlassungsvorbereitung und
Übergangsmanagement. Ergebnisse der Abschlusskonferenz in Rostock-Warnemünde,
3.-5. September 2014, und Evaluation des Justice-Cooperation-Netzwerk-(JCN)-Projekts
„Behandlung und Übergangsmanagement bei Hochrisikotätern in Europa".
Mönchengladbach 2016. ISBN 978-3-942865-68-5.

Band 62
Kromrey, Hans: Haftbedingungen als Auslieferungshindernis. Ein Beitrag zur Verwirklichung
der Menschenrechte. Mönchengladbach 2017. ISBN 978-3-942865-75-3.

Band 63
Dünkel, Frieder; Thiele, Christoph; Treig, Judith (Hrsg.): Elektronische Überwachung von
Straffälligen im europäischen Vergleich – Bestandsaufnahme und Perspektiven.
Mönchengladbach 2017. ISBN 978-3-942865-78-4.

Band 64
Dorenburg, Bastian: Untersuchungshaft und Untersuchungshaftvermeidung bei Jugendlichen
und Heranwachsenden in Deutschland und Europa.
Mönchengladbach 2017. ISBN 978-3-942865-79-1.

Band 65
Schulze, Jan Peter: Die Untersuchungshaftvollzugsgesetze der Länder im Vergleich.
Mönchengladbach 2017. ISBN 978-3-942865-80-7.

Band 66
Janssen, Jan-Carl: Entwicklung, Praxis und kriminalpolitische Hintergründe des Strafvollzugs
in England, Wales und Schottland im nationalen und internationalen Vergleich.
Mönchengladbach 2018. ISBN 978-3-942865-89-0.

Band 67
Mohr, Nicholas: Die Entwicklung des Sanktionenrechts im deutschen Strafrecht – Bestands-
aufnahme und Reformvorschläge.
Mönchengladbach 2020. ISBN 978-3-94610-017-7.

außerhalb der Schriftenreihe

Drenkhahn, Kirstin; Geng, Bernd; Grzywa-Holten, Joanna; Harrendorf, Stefan; Morgenstern, Christine; Pruin, Ineke (Hrsg.)
Kriminologie und Kriminalpolitik im Dienste der Menschenwürde.
Festschrift für Frieder Dünkel zum 70. Geburtstag
Mönchengladbach 2020. ISBN 978-3-94610-014-6.